여러분의 합격을 응원하는

해커스경찰의 특별 혜택!

FREE 해양경찰학개론 **특강**

해커스경찰(police.Hackers.com) 접속 후 로그인 ▶ 상단의 [무료강좌 → 경찰 무료강의] 클릭하여 이용

해커스경찰 온라인 단과강의 **20% 할인쿠폰**

E7DCCDDA67272J3D

해커스경찰(police.Hackers.com) 접속 후 로그인 ▶ 상단의 [내강의실] 클릭 ▶
[쿠폰/포인트] 클릭 ▶ 쿠폰번호 입력 후 이용

* 등록 후 7일간 사용 가능(ID당 1회에 한해 등록 가능)

 합격예측 **온라인 모의고사 응시권 + 해설강의 수강권**

5C527AFDA8528E3A

해커스경찰(police.Hackers.com) 접속 후 로그인 ▶ 상단의 [내강의실] 클릭 ▶
[쿠폰/포인트] 클릭 ▶ 쿠폰번호 입력 후 이용

* ID당 1회에 한해 등록 가능

쿠폰 이용 관련 문의 **1588-4055**

단기 합격을 위한 해커스 커리큘럼

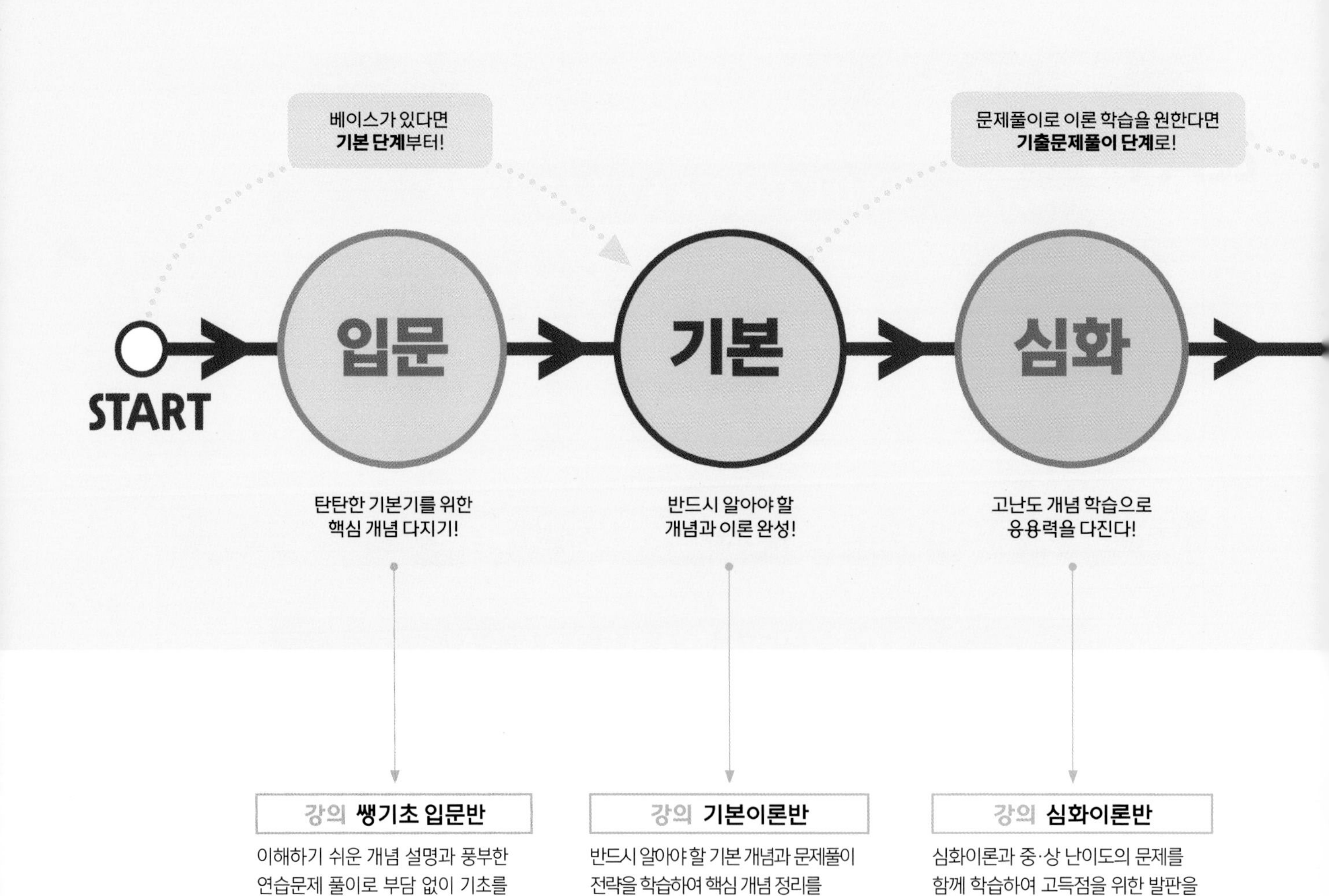

강의 쌩기초 입문반

이해하기 쉬운 개념 설명과 풍부한 연습문제 풀이로 부담 없이 기초를 다질 수 있는 강의

강의 기본이론반

반드시 알아야 할 기본 개념과 문제풀이 전략을 학습하여 핵심 개념 정리를 완성하는 강의

강의 심화이론반

심화이론과 중·상 난이도의 문제를 함께 학습하여 고득점을 위한 발판을 마련하는 강의

단계별 교재 확인 및
수강신청은 여기서!

police.Hackers.com

* 커리큘럼은 과목별·선생님별로 상이할 수 있으며, 자세한 내용은 해커스경찰 사이트에서 확인하세요.

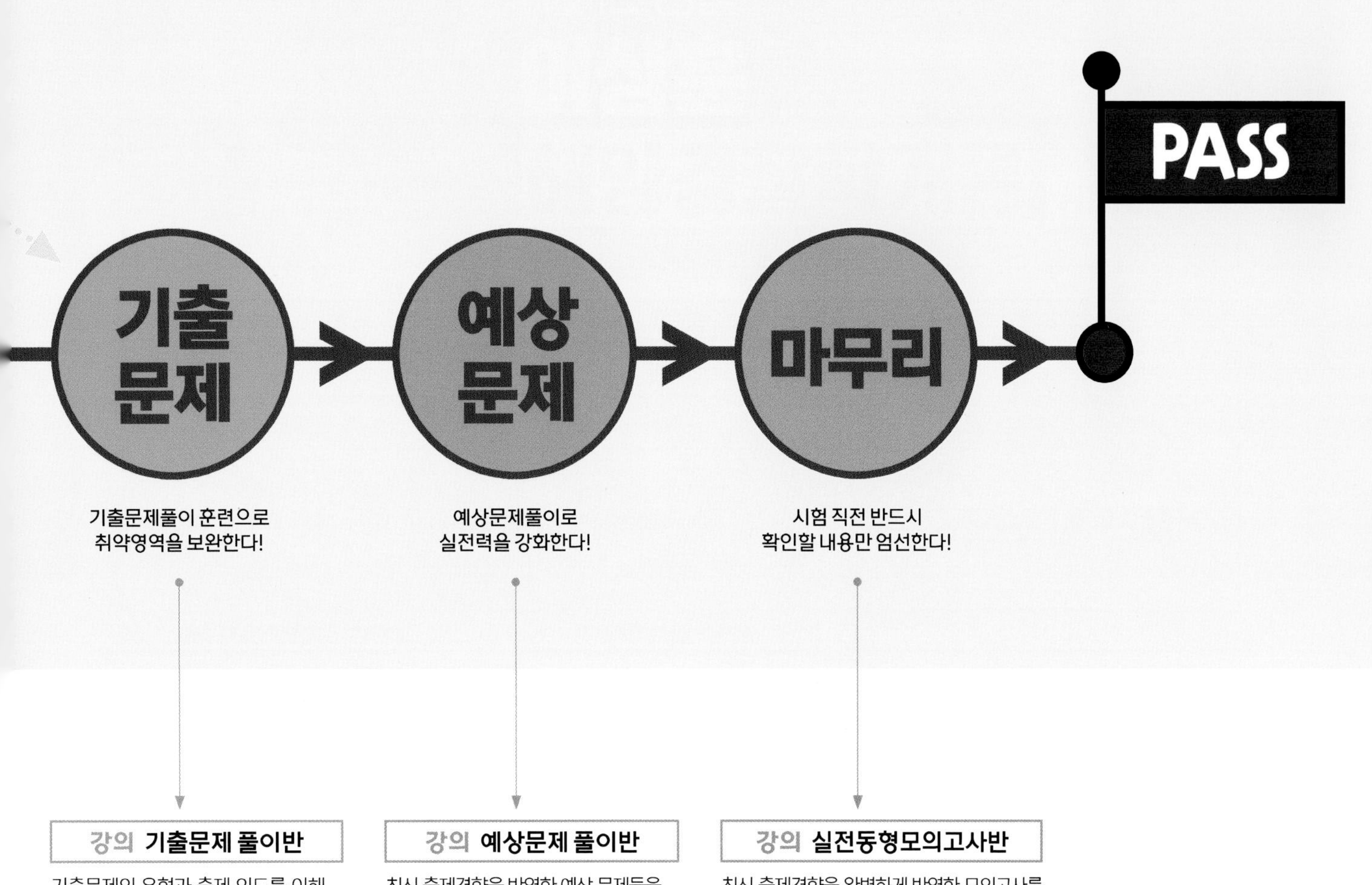

기출문제풀이 훈련으로
취약영역을 보완한다!

예상문제풀이로
실전력을 강화한다!

시험 직전 반드시
확인할 내용만 엄선한다!

강의 기출문제 풀이반

기출문제의 유형과 출제 의도를 이해하고, 본인의 취약영역을 파악 및 보완하는 강의

강의 예상문제 풀이반

최신 출제경향을 반영한 예상 문제들을 풀어보며 실전력을 강화하는 강의

강의 실전동형모의고사반

최신 출제경향을 완벽하게 반영한 모의고사를 풀어보며 실전 감각을 극대화하는 강의

강의 봉투모의고사반

시험 직전에 실제 시험과 동일한 형태의 모의고사를 풀어보며 실전력을 완성하는 강의

해커스경찰

이상훈 해양경찰학개론

기본서

해커스경찰

이상훈

약력

현 | 해커스 경찰학원 해양경찰학개론, 경찰학개론 강의
부산한국경찰학원 해양경찰학개론, 경찰학개론 강의
대구가톨릭대학교 산학협력교수

전 | 전주 한빛경찰학원 경찰학개론
윌비스 경찰학원 경찰학개론
광주스마트경찰학원 경찰학개론, 행정법 강의
대전한국경찰학원 경찰학개론 강의

저서

경찰학개론(기본서), 서울고시각, 2015~2017
경찰학개론 알고리즘(필기노트), 서울고시각, 2015
참수리 기출문제집, 유스터디, 2017
해커스경찰 경찰학개론, 해커스패스, 2018~2021
해커스경찰 경찰학개론 최신기출문제집, 해커스패스, 2019~2021

나를 배신하지 않는다
내가 흘린 땀은

해양경찰학개론은 크게 두 가지의 영역으로 구성됩니다. 우선 총론은 해양경찰의 기본적인 개념, 해양경찰의 역사, 해양경찰조직의 구성, 경찰공무원의 임용과 권리·의무·책임, 해양경찰권의 발동과 관련된 기본적인 사항 및 해양경찰관리·통제·향후 과제 등에 대한 내용으로 구성됩니다.

그리고 각론의 경우 현장에서 처리해야 할 해양경찰실무영역에 대한 내용으로 구성되어 있습니다. 다시 말해 해양경비, 해양구조안전, 해양수사, 해양국제정보, 해양오염방제 등 실제로 해양경찰조직에서 수행하는 해양경찰의 업무 전반에 걸쳐 해양오염을 방제하고 해양에서의 질서를 유지하기 위한 다양한 해양경찰권 발동에 대한 내용을 다루는 부분이 각론입니다.

해양경찰학개론은 형법이나 형사소송법과는 다르게 판례보다는 실정법 규정이 그대로 출제되는 경우가 대부분입니다. 그러므로 이러한 출제경향에 대응하기 위하여 본서는 다음과 같은 점에 유의하여 구성하였습니다.

첫째, 시험에 출제되는 실정법 규정을 가능한한 그대로 수록하여 시험장에서 마주하게 될 지문들을 기본서를 통해 자주 접할 수 있도록 구성하였습니다. 기본강의를 통하여 내용을 이해한 후 교재에 수록된 각 법령의 원문을 숙지함으로써 실제 시험에서 고득점할 수 있도록 하였습니다.

둘째, 실제로 시험에 출제되었던 다양한 형태의 지문을 본문에 수록하여 평소에 공부했던 내용이 시험에 어떠한 형태로 출제되는지 파악할 수 있도록 구성하였으며, 하나의 지문이 다양한 형태로 변형되어 출제되는 경우에도 대응할 수 있도록 본문을 구성하였습니다.

셋째, 시험을 준비하는 수험생들에게 도움이 되는 교재를 만들기 위해 교재의 편집방향을 새롭게 수정하여 수험생이 이해하기 쉽도록 표현을 고치고, 적절한 사례를 활용해서 교재를 구성하였습니다.

더불어 해양경찰공무원 시험 전문 해커스경찰(police.Hackers.com)에서 학원강의나 인터넷 동영상강의를 함께 이용하여 꾸준히 수강한다면 학습효과를 극대화할 수 있습니다.

시험이 다가올수록 스스로 올바른 길로 가고 있는지를 고민하게 되고 긴장감이 커져가는 수험생 여러분들만큼 강의를 하는 저도 수험생 여러분들과 마찬가지로 긴장감이 커져 갑니다. 그러나 그 긴장감을 극복하고 남은 시간 동안 최선을 다해서 준비하여 수험생 여러분 모두가 원하는 결과를 얻기를 바랍니다.

2021년 9월
이상훈

목차

제2편 각론

해커스경찰
police.Hackers.com

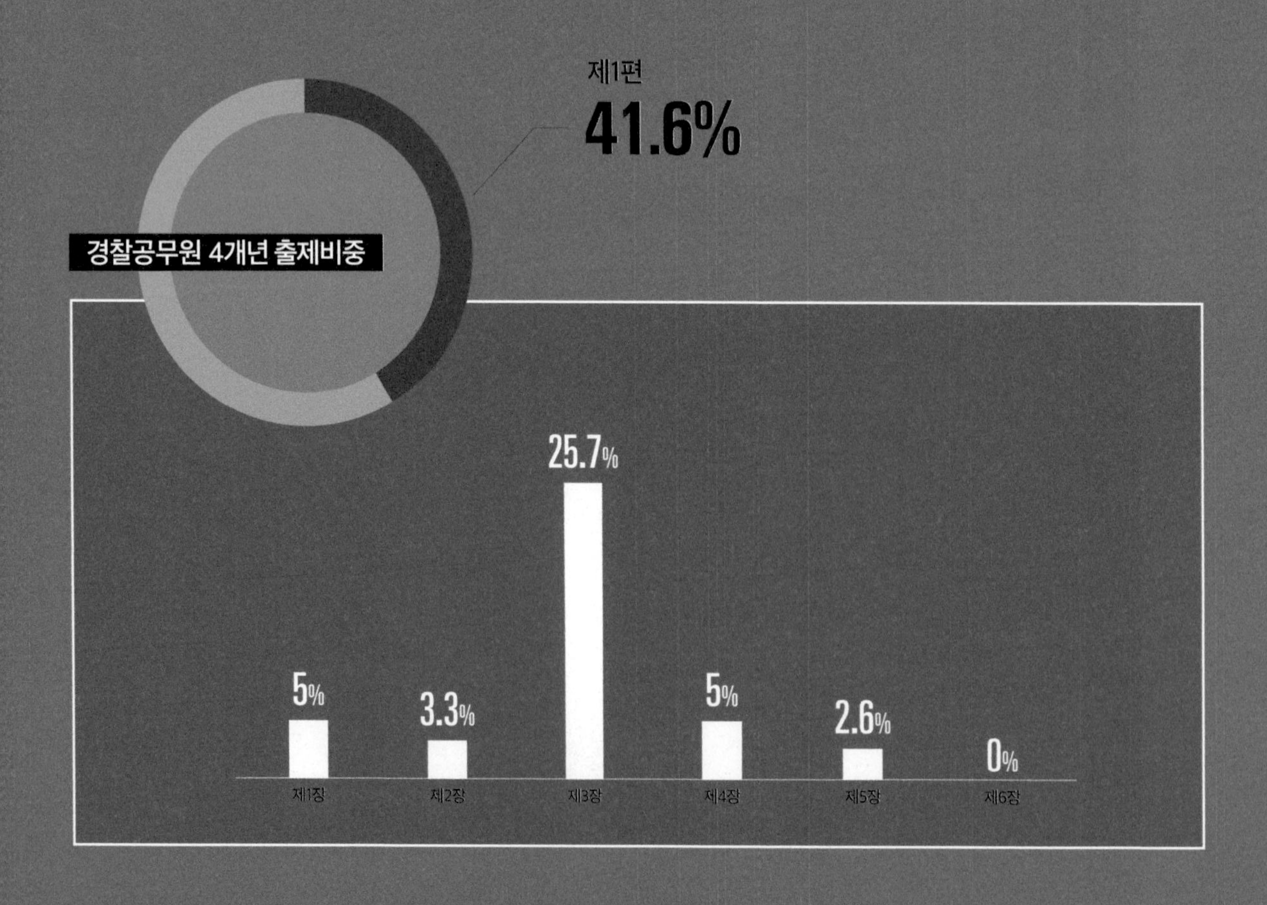

제1편 총론

제1장 해양경찰의 의의

제1절 해양경찰의 개념

경찰(警察)이라는 개념은 각 국가의 역사와 전통이 반영되어 형성된 개념이며, 각 **국가별로 해양경찰제도를 다르게 운영**하고 있다. 이렇게 복잡하고 다양한 해양경찰의 개념을 파악하고 그 실체를 규명하는 학문이 해양경찰학이기 때문에, 해양경찰학이라는 학문 또한 다양하게 구성되고 편제될 수밖에 없다.
또한 해양경찰학은 해양경찰의 개념뿐만 아니라 각 국가별 해양경찰개념의 형성과 발달과정, 그리고 해양경찰활동의 법적 근거와 조직관리 등 해양경찰행정에 대한 광범위한 영역을 다루고 있어 그 학문적 범위도 매우 넓다는 특징을 가지고 있다.
이러한 경찰개념에 해양(海洋)이라는 지역적 특수성이 결합된 국가행정작용이 해양경찰작용이라고 할 수 있다. 결국 해양경찰학이라는 학문도 경찰작용이라는 국가작용을 전제로 그 개념을 살펴보는 것이 바람직할 것이다.

제2절 형식적 의미의 해양경찰과 실질적 의미의 해양경찰

01 서설

1. 형식적 의미의 해양경찰은 **해양경찰작용의 성질에 관계없이 실정법상 보통해양경찰기관의 권한에 속하는 일체의 작용**을 의미한다. 반면, 실질적 의미의 해양경찰은 공공의 안녕과 질서에 대한 위험방지를 위하여 **일반통치권**에 근거하여 국민에게 **권력적 수단(명령 · 강제)**을 통하여 그 **자연적 자유를 제한**하는 작용을 말한다.

2. 형식적 의미의 해양경찰과 실질적 의미의 해양경찰은 서로 다른 별개의 기준으로 구분한 개념으로 경우에 따라서는 형식적 의미의 해양경찰과 실질적 의미의 해양경찰이 일치할 수도 있지만, 두 개념이 서로 일치하지 않는 경우도 있다. 또한 어느 하나의 개념이 다른 하나의 개념에 포함되는 상위개념과 하위개념의 문제가 아니라 일정한 경우에 두 개념이 일치할 수도 있는 **대등한 위치의 개념**이다.

02 형식적 의미의 해양경찰

1. 형식적 의미의 해양경찰 개념

① 형식적 의미의 해양경찰이란 **실정법상(정부조직법, 해양경찰법 등) 보통해양경찰기관(조직)**에 **분배되어** 있는 임무를 달성하기 위해 이루어지는 해양경찰활동을 의미하며 **역사적 · 제도적**으로 발전해온 개념이다.

② 현행 정부조직법 제43조와 해양경찰법 제14조 및 해양경비법 제7조 등에 규정된 직무는 형식적 의미의 해양경찰에 해당한다. 이러한 형식적 의미의 해양경찰은 조직을 중심으로 파악된 개념으로 이러한 **형식적 의미의 해양경찰개념은 각국의 전통이나 현실적 환경에 따라 다르게 규정**된다.

> **정부조직법**
>
> **제43조【해양수산부】** ② 해양에서의 경찰 및 오염방제에 관한 사무를 관장하기 위하여 해양수산부장관 소속으로 해양경찰청을 둔다.
> ③ 해양경찰청에 청장 1명과 차장 1명을 두되, 청장 및 차장은 경찰공무원으로 보한다.
>
> **해양경찰법**
>
> **제14조【직무】** ① 해양경찰은 해양에서의 수색 · 구조 · 연안안전관리 및 선박교통관제와 경호 · 경비 · 대테러작전에 관한 직무를 수행한다.
> ② 해양경찰은 해양에서 공공의 안녕과 질서유지를 위하여 해양 관련 범죄의 예방 · 진압 · 수사와 치안정보의 수집 · 작성 · 배포에 관한 직무를 수행한다.
> ③ 해양경찰은 해양오염 방제 및 예방활동에 관한 직무를 수행한다.
> ④ 해양경찰은 직무와 관련된 외국 정부기관 및 국제기구와 협력하여야 한다.
>
> **해양경비법**
>
> **제7조【해양경비 활동의 범위】** 해양경찰청 소속 경찰공무원(이하 "해양경찰관"이라 한다)은 다음 각 호의 어느 하나에 해당하는 해양경비 활동을 수행한다.
> 1. 해양 관련 범죄에 대한 예방
> 2. 해양오염 방제 및 해양수산자원 보호에 관한 조치
> 3. 해상경호, 대(對)테러 및 대간첩작전 수행
> 4. 해양시설의 보호에 관한 조치
> 5. 해상항행 보호에 관한 조치
> 6. 그 밖에 경비수역에서 해양경비를 위한 공공의 안녕과 질서유지
>
> **해양경찰청과 그 소속기관 직제**
>
> **제3조【직무】** 해양경찰청은 해양에서의 경찰 및 오염방제에 관한 사무를 관장한다.

③ 또한 앞에서 언급한 바와 같이 형식적 의미의 해양경찰과 실질적 의미의 해양경찰은 반드시 일치하는 것은 아니어서, 해양경찰기관이 행하는 해양경찰활동(형식적 의미의 해양경찰) 중에는 그 성질상 실질적 의미의 해양경찰작용으로 볼 수 없는 것(사법경찰, 정보경찰, 경찰의 서비스 제공 등)도 있다.

2. 형식적 의미의 해양경찰개념의 범위

① 형식적 의미의 해양경찰은 실정법상 해양경찰기관의 권한에 속하는 모든 작용을 말한다. 따라서 현재의 실정법에 의해 보통해양경찰기관이 담당하도록 규정되어 있는 모든 사항은 그것이 소극적 질서유지에 관한 사항이든지, 적극적 서비스 제공의 성격을 띠었는지 불문하고 모두 형식적 의미의 해양경찰에 속한다.

② 형식적 의미의 해양경찰을 위와 같이 정의한다면 **실질적 의미의 해양경찰에는 해당하지 않고 형식적 의미의 해양경찰개념에만 속하는 작용에는 정보경찰 활동, 범죄의 수사 등 이른바 사법경찰 활동 및 해양경찰이 담당하고 있는 서비스 제공 활동 등이 있다.**

03 실질적 의미의 해양경찰

1. 실질적 의미의 해양경찰개념

실질적 의미의 해양경찰은 **이론적 · 학문적**으로 발전해 온 개념으로 공공의 안녕과 질서를 유지하기 위하여 **일반통치권에 근거**하여 국민에게 **명령 · 강제**하는 권력적 작용을 의미한다. 이러한 실질적 의미의 해양경찰 개념은 해양경찰행정조직을 기준으로 파악한 개념이 아니라, **행정작용의 성질을 기준으로 하여 정립**한 개념으로 특별권력관계에 기초한 내부적 명령 · 강제작용은 명령 · 강제의 요소가 있다고 하더라도 실질적 의미의 해양경찰작용에 속하지 않는다.

2. 실질적 의미의 해양경찰개념의 범위

① 실질적 의미의 해양경찰은 '공공의 안녕과 질서유지'라는 소극적 목적을 달성하기 위해 발동되는 작용이며, 적극적으로 복지를 증진시키기 위해서는 발동될 수 없다는 경찰소극목적의 원칙이 적용된다.

② **형식적 의미의 해양경찰개념에는 해당하지 않고 실질적 의미의 해양경찰개념에만 속하는 작용**에는 공유수면 관리 및 매립에 관한 법률상 방치된 선박 등의 제거 및 공유수면매립면허, 항만법상 항만개발사업허가 등을 들 수 있다.

제3절 해양경찰의 구분

01 광의의 행정해양경찰과 사법해양경찰

1. 구분 기준

① 광의의 행정해양경찰과 사법해양경찰은 해양경찰의 **목적 · 임무**를 기준으로 한 구분이다.

② 우리나라의 경우 영미법계 국가의 영향을 받아 조직법상 행정해양경찰과 사법해양경찰이 구분되어 있지 않으며, **보통해양경찰기관이 양 사무를 모두 담당**한다는 특징이 있다.

2. 광의의 행정해양경찰

광의의 행정해양경찰은 실질적 의미의 해양경찰을 기초로 하여 형성된 경찰개념으로 일반통치권에 근거한 명령 · 강제라는 수단에 의해 국민의 자연적 자유를 제한하는 작용을 말한다.

3. 사법해양경찰

사법해양경찰작용이란 범인의 체포 · 수사 및 범죄를 진압하는 작용으로, 일반적으로 수사해양경찰이라 부르는 것을 말한다. 사법해양경찰은 보통해양경찰기관이 담당하고 있다고 하더라도 형사소송법이 적용되고 수사부서의 장의 지휘를 받는다는 데 그 특징이 있다.

광의의 행정해양경찰과 사법해양경찰의 비교

행정해양경찰	사법해양경찰
1. 공공의 안녕과 질서를 유지하기 위하여 일반통치권에 근거하여 발동하는 권력적 작용(현재 및 장래의 위험에 대하여 발동하는 국가작용) 2. 실질적 의미의 해양경찰 3. 행정법규의 적용 4. 예방경찰 5. 해양경찰청장이 지휘	1. 범죄의 진압, 수사 및 범인의 체포 등을 위하여 수사권에 근거하여 발동하는 작용(과거의 위법한 행위에 대한 작용) 2. 형식적 의미의 해양경찰 3. 형사소송법의 적용 4. 진압경찰 5. 수사부서의 장이 지휘

02 예방해양경찰과 진압해양경찰

1. 구분 기준

예방해양경찰과 진압해양경찰의 구분은 경찰권의 **발동시점**을 기준으로 한 구분이다.

2. 예방해양경찰

예방해양경찰이란 공공의 안녕과 질서에 위험이 발생하기 전에 이를 방지하기 위한 권력적 작용으로 경찰관 직무집행법상의 보호조치(정신착란자 · 술에 취한 사람 · 자살기도자의 보호) · 위험발생의 방지조치(위험한 동물 등의 출현에 대한 일정 조치), 선박의 입항 및 출항 등에 관한 법률상 정박의 제한 등이 예방해양경찰에 해당한다.

3. 진압해양경찰

진압해양경찰은 이미 발생한 범죄를 진압 · 수사하고 범인을 체포하기 위한 권력적 작용으로 사법해양경찰을 의미한다.

03 국가해양경찰과 자치해양경찰

국가해양경찰과 자치해양경찰은 경찰권과 관련하여 **권한과 책임의 소재**에 따른 구분이다.

국가해양경찰과 자치해양경찰의 비교

구분	국가해양경찰	자치해양경찰
권한과 책임의 소재	국가	지방자치단체
수단	권력적 수단(명령 · 강제)을 통해 공공의 안녕과 질서를 유지하고자 한다.	권력적 수단보다는 비권력적 수단을 통해 국민의 생명과 신체 · 재산을 보호하고자 한다.
장점	1. 강력한 해양경찰권 행사가 가능하고 비상시에 유리하다. 2. 전국에 걸쳐 통일적으로 조직 · 운영 · 관리되므로 지역에 따른 차별 없이 보편적인 서비스의 제공이 가능하다. 3. 기동성과 능률성이 높다.	1. 지역 실정을 반영한 해양경찰조직의 운영 · 관리가 가능하다. 2. 지역주민에 대한 해양경찰의 책임의식이 높다. 3. 지방자치단체별로 독립되어 있어 조직의 개혁이 용이하다.

단점	1. 해양경찰 본연의 업무 이외의 다른 행정 업무에 이용될 소지가 있다. 2. 지방의 현실에 적합한 치안행정수행이 곤란하다. 3. 지역주민을 위한 봉사자 의식이 희박하다.	1. 집행력과 기동성이 약하다. 2. 전국적 · 통일적 해양경찰활동이 곤란하다. 3. 지방세력이 해양경찰행정에 개입함으로써 해양경찰부패를 초래할 수 있다.

04 질서해양경찰과 봉사해양경찰

1. 구분 기준

질서해양경찰과 봉사해양경찰은 해양경찰서비스의 **질과 내용**에 따른 구분이다.

2. 질서해양경찰

① 질서해양경찰은 공공의 안녕과 질서를 유지하기 위하여 정부조직법 · 해양경찰법, 해양경비법 및 경찰관 직무집행법 등에서 해양경찰행정조직의 직무범위로 규정한 사항 중 명령 · 강제를 제1차적 수단으로 하는 법집행 작용을 말한다.

② 이러한 질서해양경찰작용에는 해양경비법상 해상검문검색이나 추적 · 나포, 경범죄처벌법 위반자에 대한 범칙금납부통고처분, 경찰관 직무집행법에 근거한 해양경찰상 즉시강제 등이 포함된다.

3. 봉사해양경찰

봉사해양경찰은 계몽 · 지도 · 서비스를 통하여 공공의 안녕과 질서를 유지하기 위한 해양경찰작용을 말한다. 여기에는 방범지도, 해상안전정보제공, 방범순찰, 수난구호 등이 포함된다.

05 평시해양경찰과 비상해양경찰

1. 구분 기준

평시해양경찰과 비상해양경찰은 **위해의 정도 및 담당기관**에 따른 구분이다.

2. 평시해양경찰

평시해양경찰은 평온한 상태하에서 일반 해양경찰법규에 의하여 보통해양경찰기관이 행하는 해양경찰작용을 말한다.

3. 비상해양경찰

비상해양경찰은 전시 · 사변이나 전국 또는 어느 한 지역에 통합방위법 등에 규정된 비상사태가 발생하거나 계엄이 선포될 경우, 군(軍)에 의해 공공의 안녕과 질서유지가 이루어지는 경우를 말한다.

제4절 해양경찰의 임무 및 수단

01 해양경찰의 임무(목적 · 직무 범위)

1. 해양경찰행정기관의 임무에 대하여 여러 실정법에서 개별적 규정을 두고 있다. 이를 구체적으로 살펴보면 다음과 같다.

구분	내용
정부조직법	**제43조 【해양수산부】** ② 해양에서의 경찰 및 오염방제에 관한 사무를 관장하기 위하여 해양수산부장관 소속으로 해양경찰청을 둔다.
해양경찰법	**제14조 【직무】** ① 해양경찰은 해양에서의 수색 · 구조 · 연안안전관리 및 선박교통관제와 경호 · 경비 · 대테러작전에 관한 직무를 수행한다. ② 해양경찰은 해양에서 공공의 안녕과 질서유지를 위하여 해양 관련 범죄의 예방 · 진압 · 수사와 치안정보의 수집 · 작성 · 배포에 관한 직무를 수행한다. ③ 해양경찰은 해양오염 방제 및 예방활동에 관한 직무를 수행한다. ④ 해양경찰은 직무와 관련된 외국 정부기관 및 국제기구와 협력하여야 한다.
해양경비법	**제7조 【해양경비 활동의 범위】** 해양경찰청 소속 경찰공무원(이하 '해양경찰관'이라 한다)은 다음 각 호의 어느 하나에 해당하는 해양경비 활동을 수행한다. 1. 해양 관련 범죄에 대한 예방 2. 해양오염 방제 및 해양수산자원 보호에 관한 조치 3. 해상경호, 대(對)테러 및 대간첩작전 수행 4. 해양시설의 보호에 관한 조치 5. 해상항행 보호에 관한 조치 6. 그 밖에 경비수역에서 해양경비를 위한 공공의 안녕과 질서유지
해양경찰청과 그 소속기관 직제	**제3조 【직무】** 해양경찰청은 해양에서의 경찰 및 오염방제에 관한 사무를 관장한다.
경범죄처벌법	**제7조 【통고처분】** ① 경찰서장, 해양경찰서장, 제주특별자치도지사 또는 철도특별사법경찰대장은 범칙자로 인정되는 사람에 대하여 그 이유를 명백히 나타낸 서면으로 범칙금을 부과하고 이를 납부할 것을 통고할 수 있다.

2. 이러한 실정법상의 규정을 기초로 해양경찰의 임무를 살펴보면 해양경찰의 임무는 해양경찰조직법(행정조직법)상의 보통해양경찰기관을 전제로 한 개념에 해당하고, **궁극적으로는 공공의 안녕과 질서유지를 그 임무로 한다고** 볼 수 있다.

02 해양경찰의 기본적 임무

해양경찰의 기본적 임무는 공공의 안녕과 질서에 대한 위험 방지, 범죄의 수사, 대국민 서비스 제공으로 구분할 수 있다.

1. 공공(公共)의 안녕과 질서에 대한 위험방지

(1) 공공의 안녕

공공의 안녕이란 개인의 생명 · 신체 및 재산과 같은 **개인적 법익**과 국가 및 그 밖의 공권력 주체의 제도와 시설 등과 같은 **국가적 법익**을 포함한 객관적인 **성문법** 질서가 침해되지 않는 상태를 말한다(**2중적 개념**).

① **법질서의 불가침**

㉠ 법질서의 불가침은 공공의 안녕을 구성하는 **제1의 요소**로서 공공의 안녕을 구성하는 개념적 요소 중 **가장 중요한 것**이라고 할 수 있다.

㉡ 일반적으로 **공법규범에 대한 위반**은 공공의 안녕에 대한 직접적인 위험으로 간주된다. 그러나 **사법(私法)상의 문제**에 대해서는 법적 보호가 적시에 이루어지지 않고 해양경찰의 원조 없이는 법을 실현시키는 것이 무효화되거나 사실상 어려워질 경우에 한해 최후 수단으로 해양경찰이 개입할 수 있다(**보충성의 원칙**).

② **국가의 존립과 국가기관의 기능성에 대한 불가침**

㉠ 국가의 존립과 국가기관의 기능성에 대한 불가침은 국회 · 정부 · 법원 · 헌법재판소 · 선거관리위원회와 같은 헌법기관이나 기타 정부조직 및 자치단체 등 모든 국가기관의 기능성이 보호되어야 하며, 국가 자체의 존립을 보호하는 것을 말한다.

㉡ 국가의 존립과 국가기관의 기능성의 불가침을 확보하기 위하여 해양경찰활동은 **형법상 가벌성**의 범위 내에 이르지 아니 하였더라도 국민의 자유와 권리를 침해하지 않는 범위 내에서 개별적 수권규정 없이 수사나 정보, 외사해양경찰활동 등이 가능하다. 그러나 이러한 경우에도 해당 해양경찰활동은 조직법적 근거 내에서 이루어져야 한다는 한계가 있다.

③ **개인의 권리와 법익에 대한 불가침**

인간의 존엄 · 자유 · 명예 · 생명 등과 같은 개인적 법익뿐만 아니라 **사유재산적 가치나 무형의 권리에 대한 위험방지도 해양경찰의 임무**에 해당한다. 그러나 개인적 권리와 법익이 침해된 경우라고 하더라도 해양경찰의 원조는 **잠정적인 보호**에 국한되어야 하고, **최종적인 권리구제**는 법원(法院)에 의하여야 한다.

(2) 공공의 질서

① 공공의 질서란 사회생활 속에서 각 개인이 행동할 때 준수해야 할 **불문규범의 총체**를 의미한다.

② 공공의 질서는 불문법상의 개념이므로 절대적인 것이 아니며, 시대 상황에 따라 변화하는 **유동적 개념**이다. 그러나 공공의 질서라는 개념도 일반통치권의 발동을 위한 해양경찰개입의 간접적 근거로 사용될 수 있고, 해양경찰권 발동의 한계를 설정하는 기능을 수행하므로 그 해석에 있어 **엄격한 합헌성이 요구**된다.

③ 한편 법적 안정성의 확보를 위하여 **불문규범이 성문화되어 가는 현상(법적 전면규범화 현상 또는 불문규범의 성문화 현상)**으로 인하여, 오늘날 공공의 질서라는 개념은 그 범위가 점차 **축소**되고 있다.

(3) 위험

① **위험의 개념**

㉠ 위험이란 가까운 장래에 공공의 안녕 또는 질서에 **손해가 나타날 수 있는 가능성이 개개의 경우에 충분히 존재하는 상태**를 말한다. 한편 손해란 보호받는 개인 및 공동의 법익에 관한 정상적 상태의 객관적 감소를 뜻하고, 보호법익에 대한 현저한 침해행위가 있어야만 성립한다.

㉡ 또한 단순한 성가심이나 불편함 등은 해양경찰개입의 대상이 아니며, 보호법익에 대한 위험이 인간의 행위에 의한 것인가(행위책임) 또는 단순히 자연력에 의한 결과 또는 물건의 상태(상태책임)에 의한 것인가는 문제되지 않는다.

㉢ 그러므로 해양경찰은 경찰책임자(자연인)에 의해 야기된 위험뿐만 아니라 자연적 위험도 방지해야 할 의무가 있다.

② 위험의 구분

㉠ 주관적 위험과 객관적 위험

ⓐ 현장에 출동한 경찰관이 현장 상황을 기초로 판단하는 위험은 사실에 기인하여 향후 발생할 사건에 관한 **주관적 추정을 포함**한다. 그러나 이러한 주관적 추정에 근거하여 경찰권을 발동할 경우 그러한 경찰권 발동은 정당화될 수 없다.

ⓑ 그 이유는 경찰관 개개인이 가지고 있는 가치관이라든가 성격, 성장환경 등에 의해 동일한 현장 상황에 대해서도 각 경찰관들이 위험에 대한 서로 다른 판단을 내릴 수 있기 때문이다.

ⓒ 그러므로 해양경찰권의 발동이 정당화되기 위해서는 해양경찰권의 발동 이전에 위험에 대한 일종의 객관화가 이루어져야 하고, **객관화된 위험에 근거한 해양경찰권 발동만이 정당화**될 수 있다. 그러므로 위험을 객관화시키기 위해서 각 경찰관들은 **'의무에 합당한 사려 깊은 판단'**을 통해 위험을 인식해야 한다.

㉡ 위험에 대한 인식 여부에 따른 구분

위험은 그 인식 여부에 따라 **외관적 위험, 위험혐의**, 오상위험으로 구분할 수 있다.

ⓐ 외관적 **위험**이란 **의무에 합당한 사려 깊은 상황판단을 했음에도 불구하고 위험을 잘못 긍정**하는 경우를 말한다.

CASE

1. 순찰근무 중이던 경찰관이 살려달라는 외침을 듣고 남의 집 출입문을 부수고 들어갔는데, 실제로는 귀가 어두운 노인이 TV 드라마를 보는 중 소리를 크게 켜놓아 TV 드라마의 외침소리가 밖으로 들렸던 경우
2. 의무에 합당한 사려 깊은 판단을 하였으나 집안에서 아이들이 서로 괴성을 지르며 장난치는 것을 밖에서 듣고 강도사건이 발생한 것으로 오인한 경찰관이 문을 부수고 들어간 경우
3. 이 경우 원칙적으로 경찰권의 발동은 정당화되므로 손해배상 등과 같은 문제가 발생하지 않는다.

ⓑ 위험혐의

위험혐의는 해양경찰관이 **의무에 합당한 사려 깊은 판단을 할 때 실제로 위험의 가능성은 예측이 되지만 그 실현이 불확실한 경우**를 말한다.

CASE

1. 집중호우로 하천의 수위가 높아지고 있지만 하천이 범람하여 다리가 물에 잠길지 여부가 확실하지 않은 경우
2. 이 경우 해양경찰의 개입은 위험의 존재 여부가 명백해질 때까지는 예비적 조치(조사차원의 개입)에만 국한되어야 한다. 다시 말해 위험혐의는 위험의 존재 여부가 명백해질 때까지 예비적으로 행하는 위험조사 차원의 개입을 정당화한다.

ⓒ 오상위험(추정적 위험 · 추정성 위험)

오상위험이란 **이성적이고 객관적으로 판단할 때 위험의 외관이나 위험혐의가 정당화되지 아니함에도 불구하고 경찰관이 위험의 존재를 잘못 추정한 경우**를 말한다. 오상위험은 추정적 위험 또는 추정성 위험이라고도 한다. 오상위험에 기초하여 해양경찰권을 발동하는 경우 이러한 해양경찰권 발동은 정당화될 수 없으며, **경찰관 개인에게는 민 · 형사상 책임이, 국가에게는 배상책임이 발생할 수 있다.**

ⓒ 위험의 현실화 여부에 따른 구분

ⓐ 개념

위험은 현실화 여부에 따라 추상적 위험과 구체적 위험으로 구분할 수 있다. 우선 **추상적 위험이란 '구체적 위험의 예상가능성'이 존재하는 경우**를 말한다. 그리고 **구체적 위험이란 구체적인 개개 사안에 있어 가까운 장래에 '손해발생의 충분한 가능성'이 존재하는 경우**를 말한다.

ⓑ 해양경찰개입의 방식

- 해양경찰권 발동의 기준은 공공의 안녕과 질서에 대한 위험의 존재이므로 구체적 위험뿐만 아니라 추상적 위험이 존재하는 경우에도 해양경찰의 개입이 가능하다. 그러나 해양경찰개입의 방식에 있어서는 차이가 있다.
- 범죄의 예방이나 위험의 방지를 위한 준비행위(일상적인 순찰활동이나 경찰방문 및 방범진단 등의 해양경찰활동)는 구체적 위험이 존재하는 상황뿐만 아니라 추상적 위험이 존재하는 상황에서도 할 수 있다.
- 또한 위험이 보호를 받게 되는 법익에 대해 필수적으로 존재해야만 해양경찰이 개입할 수 있는 것은 아니다.

2. 범죄의 수사

(1) 범죄수사 법정주의

행정목적의 달성을 위한 해양경찰권의 행사(행정경찰권의 발동)는 행정편의주의원칙에 입각하여 대부분의 근거규정이 '할 수 있다'고 규정되어 있는 경우가 많다. 그러나 범죄수사에 관해서는 형사소송법상의 여러 규정들이 해양경찰의 수사권 발동과 관련하여 '하여야 한다'고 규정함으로써 사법경찰권(수사권)의 발동과 관련하여 법정주의 원칙을 분명히 하고 있는 경우가 대부분이다.

(2) 범죄수사 활동의 특징

① 경찰관은 범죄행위가 있으면 친고죄 등 특별한 요건이 법에 규정된 경우를 제외하고는 수사를 하여야 할 의무가 발생한다. 이러한 범죄수사 활동은 사법해양경찰 작용에 해당하므로 광의의 행정해양경찰과 구분되는 해양경찰작용이지만 범죄수사 활동이 공공의 안녕과 질서유지 임무와 구분되는 완전히 별개의 해양경찰작용이라고 정의할 수는 없다.

② 공공의 안녕과 질서에 대한 위험이 현실화될 때, 즉 어떠한 보호법익에 대하여 손해가 발생한 경우, 이는 해양경찰위반의 상태가 되고 동시에 그것이 형법이나 행정법규에 위반하여 범죄 구성요건을 충족시키는 경우에는 해양경찰의 수사대상에 해당하게 된다. 그러므로 위험의 방지활동과 범죄의 수사는 일련의 과정 속에서 상호 연관되어 있는 작용이라고 할 수 있다.

3. 적극적인 치안서비스의 제공

(1) 현대국가는 그 기능이 확장되면서 이로 인해 행정이 전문화되고 복지서비스에 대한 수요가 강화되었다. 그 결과 전통적인 해양경찰활동인 공공의 안녕과 질서에 대한 위험방지 업무뿐만 아니라 **적극적인 서비스 제공을 통해 국민에게 봉사하는 해양경찰의 역할이 점차 중요해지고 있다.**

(2) 이러한 서비스 제공과 관련된 해양경찰활동에는 해상교통정보의 제공, 인명구조와 같은 각종 보호조치, 어린이 해상안전 교육, 해양순찰활동을 통한 범죄의 예방 등을 들 수 있다.

03 해양경찰의 수단

해양경찰의 수단이란 해양경찰이 공공의 안녕과 질서유지라는 임무를 달성하기 위해 사용하는 방법을 말한다. 전통적인 견해에 따르면 국민에 대한 명령과 강제를 통해서만 공공의 안녕과 질서유지라는 목적을 달성할 수 있다고 보았으나, 오늘날에는 해양경찰에게 부여된 다양한 임무는 권력적 수단만으로는 달성하기 어렵고 비권력적 수단을 적절하게 활용하여 해양경찰상의 목적을 달성해야 하는 것으로 파악하고 있다.

1. 권력적 수단(명령 · 강제)

(1) 개념

해양경찰은 공공의 안녕과 질서를 유지하고 위험을 방지하기 위해 권력적 수단을 사용한다. 권력적 수단은 명령과 강제로 구성되어 있으며, 이러한 명령과 강제는 법령에 의해 직접 국민에게 의무를 부과하거나 법령에 근거한 해양경찰행정관청에 의한 처분의 형식으로 의무를 부과하는 것이 일반적이다. 또한 이러한 명령과 강제는 국민의 자유 · 권리를 제한하고 새로운 의무를 부과한다는 데 그 특색이 있다.

해양경찰행정관청의 행정처분으로 인해 권리 또는 이익을 침해받은 개인은 행정소송법상의 취소소송 등과 같은 항고소송을 제기할 수 있다. 뿐만 아니라 해양경찰공무원의 고의 또는 과실에 의한 위법행위로 손해를 입은 경우에는 국가나 가해 공무원에 대한 손해배상의 청구도 가능하다.

그러나 단순히 사실상의 결과만을 가져오는 사실행위(불법주정차 차량에 대한 견인조치나 교통시설물의 설치 등)는 처분성이 부정되므로 그 행위의 성질상 항고소송으로 다툴 수는 없고 손해배상의 청구만 가능하다(견해의 대립이 있음).

① 명령(해양경찰하명)

㉠ 법령 또는 해양경찰행정관청의 처분에 의하여 개인에게 일정한 작위 · 수인 · 급부 · 부작위 의무를 과하는 행위(해양경찰금지 · 해양경찰명령) 또는 개인에게 과하여진 의무를 특정한 경우에 해제하는 행위(해양경찰허가 · 해양경찰면제)를 총칭하는 개념이다.

㉡ 그 예로 선박조종면허가 없는 사람은 선박을 조종해서는 안 되며 이는 해양경찰하명 중 해양경찰금지(부작위하명)에 해당한다.

> **수상레저안전법**
>
> **제4조 【조종면허】** ① 동력수상레저기구를 조종하는 자는 제6조에 따른 면허시험에 합격한 후 해양경찰청장의 동력수상레저기구 조종면허(이하 '조종면허'라 한다)를 받아야 한다.
> ② 조종면허는 다음 각 호와 같이 구분한다.
> 1. 일반조종면허: 제1급 조종면허, 제2급 조종면허
> 2. 요트조종면허
>
> ③ 일반조종면허의 경우 제2급 조종면허를 취득한 자가 제1급 조종면허를 취득한 때에는 제2급 조종면허의 효력은 상실된다.
> ④ 조종면허의 기준 · 절차 및 방법 등에 필요한 사항은 대통령령으로 정한다.

② 강제

해양경찰목적을 위하여 상대방의 의사에 관계없이 그의 신체 · 재산 · 가택 등에 대하여 실력을 행사함으로써 공공의 안녕과 질서유지에 필요한 상태를 실현시키는 작용을 말하며 권력적 사실행위에 해당한다. 이러한 해양경찰강제는 다시 **해양경찰상 강제집행과 해양경찰상 즉시강제로 구분**할 수 있다.

(2) 한계(해양경비법 제8조)

해양경찰관은 이 법에 따른 직무를 수행할 때 권한을 남용하여 개인의 권리 및 자유를 침해하여서는 아니 된다.

2. 범죄수사 수단

(1) 형사소송법은 범죄의 수사와 관련하여 여러 가지 수단을 마련해 놓고 있는데 수사목적의 달성과 인권 보장의 조화를 위하여 임의수사를 원칙으로 하고 예외적으로 강제수사를 허용하고 있다.

(2) 출석요구나 피의자의 신문 등은 임의수사에 해당하며 상대방의 동의나 임의적 협조를 전제로 수행되는 수사활동이다. 한편 체포·구속·압수·수색 등의 영장(집행)은 요건이나 기한 등이 엄격히 법정되어 있는 강제수사 수단에 해당하며, 이러한 강제수사가 법규정을 위반할 경우 위법한 해양경찰권 발동에 해당하게 된다. 이 경우 해양경찰관은 형법이나 경찰관 직무집행법상의 직권남용에 해당하여 형사처벌을 받을 수 있으며, 국가배상법상 손해배상책임이나 민사상의 손해배상책임을 부담할 수도 있다.

(3) 이러한 수사권의 발동과 관련하여 경찰관은 임의수사든 강제수사든 피의자 또는 다른 사람의 인권을 존중하여야 한다.

3. 비권력적 수단

(1) 오늘날 해양경찰이 수행해야 하는 다양한 임무는 권력적 수단만으로 이행하기는 어렵다. 이러한 다양한 임무의 수행을 위해 비권력적 수단의 필요성이 증대되고 있다. 비권력적 수단이란 해양경찰활동 중에 개인의 자유와 권리에 개입하지 않으면서 개별적·구체적인 수권조항 없이 해양경찰의 임무에 관한 일반적 수권조항 또는 (임무규정)만으로도 수행할 수 있는 해양경찰작용을 의미한다.

(2) 비권력적 수단에는 광의의 위험방지활동과 순찰, 일상적인 해상교통의 관리, 정보의 제공, 지리안내, 권고 등의 서비스 지향적 활동 등이 있다.

(3) 한편 정보해양경찰활동에 해당하는 치안정보의 수집이나 작성·배포 활동 및 외사해양경찰 활동은 국민에 대한 서비스 제공과는 무관하지만 이러한 활동에도 일정한 제한이 따른다.

(4) 그리고 금전의 급부, 서비스의 제공, 의료보호나 시설의 설치 등도 비권력적인 급부행정에 해당한다.

제5절 해양경찰권

광의의 해양경찰권은 **협의의 해양경찰권과 수사권으로 구성**되어 있다. 협의의 해양경찰권이란 일반통치권에 근거하여 일반 국민에게 명령·강제하는 권력적 작용으로 주로 실질적 의미의 해양경찰개념에 따른 개념으로 정의될 수 있다.

반면 수사권은 국가형벌권의 행사를 위하여 형사소송법에 근거하여 해양경찰에게 부여된 권한을 말한다. **영미법계 국가에서는 해양경찰의 수사권을 고유한 권한으로 인정**하므로, 해양경찰의 임무로서 범죄의 수사를 중요한 법집행의 한 방편으로 인정하고 있다. 그러나 **대륙법계 국가에서는 3권 분립의 원칙에 따라 해양경찰의 임무에 범죄수사가 포함되지 않는다.**

01 협의의 해양경찰권

1. 개념

협의의 해양경찰권이란 공공의 안녕과 질서에 대한 위험을 방지하기 위하여 **일반통치권에 근거**하여 국민에게 명령·강제하는 권한을 말한다. 다시 말해 협의의 해양경찰권은 국가와 국민 사이의 일반통치관계를 그 기초로 한다.

2. 협의의 해양경찰권 발동의 대상과 특징

(1) 협의의 해양경찰권 발동의 상대방으로서 해양경찰하명 또는 해양경찰강제의 대상은 법률에 특별한 규정이 없는 한 일반통치권에 복종하는 모든 자이다. 따라서 자연인·법인, 내국인·외국인(외국인의 경우 외국의 국가원수나 외교관 등의 신분을 가진 자에 대한 일정한 예외가 존재함)을 불문하고 협의의 해양경찰권에 복종하여야 한다.

(2) 그리고 법인의 경우에는 법인을 구성하는 자연인에게 해양경찰의무를 부과할 수 있을 뿐만 아니라 법인에 대해서도 경찰책임을 인정하여 위험방지에 대한 책임을 부과할 수 있다.

(3) 이러한 협의의 해양경찰권에 근거할 경우 일반처분이 가능하고 경찰책임자 이외의 경찰비책임자에 대해서도 해양경찰권의 발동(해양경찰긴급권)이 가능하다는 특징이 있다.

3. 협의의 해양경찰권 발동의 제한

(1) 협의의 해양경찰권 발동과 관련하여 외교사절 등과 같이 국제법상 특례가 인정되는 일정한 경우에는 협의의 해양경찰권 발동의 예외가 인정된다.

(2) 한편 다른 행정기관이나 행정주체가 해양경찰상의 의무를 위반하는 경우 협의의 해양경찰권을 발동할 수 있는지 여부가 문제된다. 이에 대하여 행정기관이 통치권을 행사하지 아니하고 일반사인과 마찬가지로 사법(私法)적 활동(공법상 계약 등)을 하는 경우에는 해양경찰권의 발동이 허용된다는 것이 통설적 견해이다.

CASE

군부대가 작전수행 중 군용차량이나 전차·군인 등이 신호를 위반하여 교차로를 통행하더라도 이를 도로교통법 위반으로 단속할 수는 없다. 그러나 작전수행과 무관한 상황에서 군인(공무원)이 개인적 업무처리를 하던 중 신호를 위반하거나 무단횡단을 할 경우 당사자를 도로교통법 위반으로 단속하는 것은 가능하다.

02 수사권

1. 수사권의 개념

수사권이라 함은 국가 형벌권을 행사하기 위해 **형사소송법에 의해** 해양경찰에게 부여된 권한으로 형사사건에 관하여 범죄사실을 조사하고 범인 및 증거를 발견·수집·보전하기 위한 해양경찰의 권한을 말한다.

2. 수사권의 대상과 특징

① 수사권은 자연인(내 · 외국인 불문)에게 발동될 수 있음은 물론이고, 예외적으로 법인에게 발동(압수 · 수색 등)되는 경우도 있다. 그러나 수사권은 피의자나 참고인 등 형사소송법에서 규정된 자에게 제한적으로 발동할 수 있다.

② 또한 수사권의 발동과 관련하여 해양경찰은 외국의 원수 · SOFA 적용 대상자 · 대통령이나 국회의원 등에 대해서도 일정한 제한이 있다.

제6절 해양경찰의 관할

01 사물관할

1. 사물관할의 의의

(1) 사물관할의 개념

사물관할이란 해양경찰이 처리할 수 있고 또 처리해야 하는 사무내용의 범위를 말하는 것으로서, **광의의 해양경찰권이 발동될 수 있는 범위**를 설정하는 기능을 수행한다. 해양경찰은 해양경찰의 사물관할 이외의 분야에 대해서는 개입할 수 없다.

정부조직법상 각 정부조직의 사물관할

구분	내용
인사혁신처(제22조의3)	① 공무원의 인사 · 윤리 · 복무 및 연금에 관한 사무를 관장하기 위하여 국무총리 소속으로 인사혁신처를 둔다.
기획재정부(제27조)	① 기획재정부장관은 중장기 국가발전전략수립, 경제 · 재정정책의 수립 · 총괄 · 조정, 예산 · 기금의 편성 · 집행 · 성과관리, 화폐 · 외환 · 국고 · 정부회계 · 내국세제 · 관세 · 국제금융, 공공기관 관리, 경제협력 · 국유재산 · 민간투자 및 국가채무에 관한 사무를 관장한다.
외교부(제30조)	① 외교부장관은 외교, 경제외교 및 국제경제협력외교, 국제관계 업무에 관한 조정, 조약 기타 국제협정, 재외국민의 보호 · 지원, 재외동포정책의 수립, 국제정세의 조사 · 분석에 관한 사무를 관장한다.
통일부(제31조)	통일부장관은 통일 및 남북대화 · 교류 · 협력에 관한 정책의 수립, 통일교육, 그 밖에 통일에 관한 사무를 관장한다.
법무부(제32조)	① 법무부장관은 검찰 · 행형 · 인권옹호 · 출입국관리 그 밖에 법무에 관한 사무를 관장한다. ② 검사에 관한 사무를 관장하기 위하여 법무부장관 소속으로 검찰청을 둔다.
국방부(제33조)	① 국방부장관은 국방에 관련된 군정 및 군령과 그 밖에 군사에 관한 사무를 관장한다.
행정안전부(제34조)	① 행정안전부장관은 국무회의의 서무, 법령 및 조약의 공포, 정부조직과 정원, 상훈, 정부혁신, 행정능률, 전자정부, 개인정보 보호, 정부청사의 관리, 지방자치제도, 지방자치단체의 사무지원 · 재정 · 세제, 낙후지역 등 지원, 지방자치단체간 분쟁조정, 선거 · 국민투표의 지원, 안전 및 재난에 관한 정책의 수립 · 총괄 · 조정, 비상대비, 민방위 및 방재에 관한 사무를 관장한다.

	② 국가의 행정사무로서 다른 중앙행정기관의 소관에 속하지 아니하는 사무는 행정안전부장관이 이를 처리한다. ⑤ 치안에 관한 사무를 관장하기 위하여 행정안전부장관 소속으로 경찰청을 둔다. ⑦ 소방에 관한 사무를 관장하기 위하여 행정안전부장관 소속으로 소방청을 둔다.
해양수산부(제43조)	① 해양수산부장관은 해양정책, 수산, 어촌개발 및 수산물 유통, 해운·항만, 해양환경, 해양조사, 해양수산자원개발, 해양과학기술연구·개발 및 해양안전심판에 관한 사무를 관장한다. ② 해양에서의 경찰 및 오염방제에 관한 사무를 관장하기 위하여 해양수산부장관 소속으로 해양경찰청을 둔다.

(2) 사물관할의 법적 근거 및 범위

① 해양경찰의 사물관할에 대한 법적 근거는 여러 개별법에 규정이 있으나 그중에서도 가장 대표적인 규정은 **해양경찰법 제14조와 해양경비법 제7조**이다. 동 규정은 해양경찰의 사물관할에 대하여 규정하고 있으며 해양경비와 관련된 여러 임무가 규정되어 있으나 **궁극적인 해양경찰의 임무는 공공의 안녕과 질서유지에 귀결**된다고 할 수 있다.

② 또한 해양경찰법이나 해양경비법에 경찰의 임무(직무)로서 열거되어 있지 아니하더라도, 공공의 안녕과 질서유지를 위한 활동은 다른 법령(각론상의 여러 법령)의 규정에 의하여 해양경찰이 그 범위 내에서 직무를 수행할 수 있으므로 해양경비법 외에도 해양경찰행정기관의 사물관할을 규정하고 있는 수 개의 개별 법령들이 존재한다.

> **수상레저안전법**
>
> **제4조 【조종면허】** ① 동력수상레저기구를 조종하는 자는 제6조에 따른 면허시험에 합격한 후 해양경찰청장의 동력수상레저기구 조종면허(이하 '조종면허'라 한다)를 받아야 한다.
>
> **해사안전법**
>
> **제39조 【순찰】** 해양경찰서장은 선박 통항의 안전과 질서를 유지하기 위하여 소속 경찰공무원에게 수역 등·항로 또는 보호수역을 순찰하게 하여야 한다.

2. 사물관할로서의 범죄수사

우리나라 해양경찰의 범죄수사에 관한 임무는 **영미법계 경찰개념의 영향**을 받아 해양경찰의 사물관할로 인정된 것이다.

02 인적 관할

1. 원칙

인적 관할이란 **광의의 해양경찰권이 어떤 사람에게 발동되는가**의 문제이다. 해양경찰권은 원칙적으로 모든 사람에게 발동되나 국내법상 대통령과 국회의원 등에 대해서 해양경찰권 발동의 일정한 제한을 받으며, 국제법상 외교사절과 SOFA 적용 대상자 등에 대해서 일정한 제한이 있다.

2. 예외

(1) 대통령

현행 헌법상 대통령은 내란 또는 외환의 죄를 범한 경우를 제외하고는 재직 중 형사상의 소추를 받지 아니한다. 이 외에도 여러 개별법령에 의해 대통령에 대한 해양경찰권의 발동은 일정한 제한을 받는다.

> **대한민국 헌법 제84조** 대통령은 내란 또는 외환의 죄를 범한 경우를 제외하고는 재직 중 형사상의 소추를 받지 아니한다.

(2) 국회의원

① 국회의원은 현행범인인 경우를 제외하고는 회기 중 국회의 동의 없이 체포 또는 구금되지 아니한다. 국회의원이 회기 전에 체포 또는 구금된 때에는 현행범인이 아닌 한 국회의 요구가 있으면 회기 중 석방하여야 한다.

② 또한 국회의원은 국회에서 직무상 행한 발언과 표결에 관하여 국회 외에서 책임을 지지 아니한다.

> **대한민국 헌법 제44조** ① 국회의원은 현행범인인 경우를 제외하고는 회기 중 국회의 동의 없이 체포 또는 구금되지 아니한다.
> ② 국회의원이 회기 전에 체포 또는 구금된 때에는 현행범인이 아닌 한 국회의 요구가 있으면 회기 중 석방된다.
>
> **대한민국 헌법 제45조** 국회의원은 국회에서 직무상 행한 발언과 표결에 관하여 국회외에서 책임을 지지 아니한다.

(3) 기타

외국의 원수와 외교사절, 그 가족 및 내국인이 아닌 종사자에 대해서는 대한민국 형법이 적용되지 아니한다.

03 지역관할

1. 지역관할의 의의

광의의 해양경찰권이 발동될 수 있는 지역적 범위를 지역관할이라고 하며, 대한민국의 영역 내(영해, 접속수역 및 배타적 경제수역 등)에서는 대한민국법을 적용하는 것이 원칙이다.

2. 지역관할의 예외

(1) 경찰청과의 관할 구분

경찰청은 치안에 관한 사무를 관장한다.

> **정부조직법**
>
> **제34조【행정안전부】** ⑤ 치안에 관한 사무를 관장하기 위하여 행정안전부장관 소속으로 경찰청을 둔다.

(2) 치외법권 지역

외교공관과 외교관의 개인주택 및 선박 등은 국제법상 치외법권 지역이므로 외교사절의 요청이나 동의가 없는 한 경찰은 직무수행을 위하여 치외법권 지역에 들어갈 수 없는 것이 원칙이다. 그러나 경찰상의 상태책임과 관련하여서는 화재나 전염병의 발생 등과 같이 공공의 안녕과 질서를 유지하기 위하여 긴급을 요하는 경우에는 외교사절의 동의 없이도 공관에 들어갈 수 있는데 이는 **국제 관습법으로** 인정된 것이다.

제7절 해양경찰활동의 기본이념

현행 해양경비법 제8조는 해양경찰관은 이 법에 따른 직무를 수행할 때 권한을 남용하여 개인의 권리 및 자유를 침해하여서는 아니 된다고 규정하고 있다.

01 민주주의

1. 민주주의의 개념

① 대한민국의 주권은 국민에게 있고, 모든 권력은 국민으로부터 나온다는 헌법규정에 기초하여 해양경찰이 해양경찰권을 행사하는 것은 국민으로부터의 위임에 근거한다. 그러므로 경찰공무원은 국민 전체에 대한 봉사자이며, 국민에게 책임을 지는 존재에 해당한다.

> **대한민국 헌법 제1조** ① 대한민국은 민주공화국이다.
> ② 대한민국의 주권은 국민에게 있고, 모든 권력은 국민으로부터 나온다.

② 이러한 민주주의 이념은 국가조직과 국민과의 관계에서만이 아니라 조직 내부의 관계에 있어 조직 구성원 상호간의 관계에서도 중요하다고 할 수 있다.

2. 해양경찰의 민주성 확보를 위한 장치

① 해양경찰조직이나 해양경찰권 발동에 대한 민주성을 확보하기 위해 우선 주권자인 국민이 해양경찰에 대한 민주적 통제를 가할 수 있는 참여 장치(예 행정절차법 등)가 존재해야 하고 국민 개개인에게는 이러한 절차에 참여할 수 있는 기회가 제공되어야 한다.
② 또한 해양경찰활동이 공개되어야 할 필요가 있으며 조직 내부적으로도 권한의 적절한 분배(중앙조직과 지방조직, 상·하 행정조직 상호간의 권한분배)가 이루어져야 한다. 마지막으로 경찰관 개인의 민주주의 의식이 확립되어야 할 것이다.

02 법치주의

1. 법치주의의 개념

① 법치주의란 국민의 자유와 권리를 제한하고 의무를 과하는 모든 활동은 법률로써만 가능하다는 원칙을 말한다. 다시 말해 국민의 기본권을 철저히 보장하기 위해 법치행정의 원리를 바탕으로 해양경찰권을 발동할 때는 법규정에 근거가 있어야 하며, 법률이 정하고 있는 요건에 따라 그 범위와 한계를 준수하는 것을 그 내용으로 한다.
② 해양경찰작용은 그 침해적 성격으로 인해 법치주의의 엄격한 적용을 받지만, 명령·강제의 요소가 없는 순전한 임의적(비권력적 작용이나 국민에 대한 서비스 제공) 활동은 개별적 수권규정이 없이도 가능하다. 단 이 경우에도 조직법적 근거는 있어야 하므로 직무범위 내에서 행해져야 한다.

③ 또한 해양경찰권의 발동은 사전에 상대방에게 의무를 부과함이 없이 행사되는 해양경찰상 즉시강제와 같은 경우가 많기 때문에 법치주의 원리가 강하게 요구된다. 국민의 권리 · 의무에 제한을 가하는 것은 국가안전보장, 질서유지, 공공복리를 위해 필요한 경우에 한하여 법률(법령 ×)로써만 가능하고, 그 경우에도 자유와 권리의 본질적인 내용을 침해할 수 없다.

> **대한민국 헌법 제37조** ① 국민의 자유와 권리는 헌법에 열거되지 아니한 이유로 경시되지 아니한다.
> ② 국민의 모든 자유와 권리는 국가안전보장 · 질서유지 또는 공공복리를 위하여 필요한 경우에 한하여 법률로써 제한할 수 있으며, 제한하는 경우에도 자유와 권리의 본질적인 내용을 침해할 수 없다.

④ 국민은 해양경찰권의 적극적인 행사로 인해 자유 · 권리 등에 침해가 발생한 경우 침해배제청구권을 가짐과 동시에 부작위 등 소극적인 해양경찰권의 행사에 대해서는 일정한 요건하에 해양경찰개입청구권을 행사할 수 있다.

2. 법치주의의 구체적 내용

① 권력적 작용

명령 · 강제와 같은 권력적 작용의 경우 국민의 기본권을 침해할 여지가 있기 때문에 법치주의의 원리가 강하게 요구된다. 다시 말해 해양경찰처분이나 해양경찰상 강제집행 · 즉시강제 등은 법치주의의 원리가 엄격하게 적용되어 개별적 · 구체적 수권조항을 필요로 한다.

② 비권력적 작용(임의적 활동 및 서비스 제공)

국민의 자유와 권리를 제한하지 아니하고 국민에게 의무를 과하지 아니하는 순전한 임의적 활동은 해양경찰의 직무 범위 내에서라면, 법률의 개별적 수권규정이 없더라도 해양경찰임무에 관한 일반적 수권조항(임무규정 · 조직규범)만으로도 행할 수 있다.

03 인권존중주의

해양경찰의 이념 중 인권존중주의는 헌법상 기본권 조항 등을 통하여 당연히 유추되는 개념이 아니라 **헌법과 해양경비법이 명문으로 규정**하고 있는 사항에 해당한다.

> **대한민국헌법** 제10조 모든 국민은 인간으로서의 존엄과 가치를 가지며, 행복을 추구할 권리를 가진다. 국가는 개인이 가지는 불가침의 기본적 인권을 확인하고 이를 보장할 의무를 진다.
>
> **해양경비법**
>
> **제8조 【권한남용의 금지】** 해양경찰관은 이 법에 따른 직무를 수행할 때 권한을 남용하여 개인의 권리 및 자유를 침해하여서는 아니 된다.

1. 법적 근거

(1) 헌법

헌법 제10조는 '모든 국민은 인간으로서의 존엄과 가치를 가지며, 행복을 추구할 권리를 가진다. 국가는 개인이 가지는 불가침의 기본적 인권을 확인하고 이를 보장할 의무를 진다'고 규정하고 있고 동법 제37조 제2항도 '국민의 모든 자유와 권리는 국가안전보장 · 질서유지 또는 공공복리를 위하여 필요한 경우에 한하여 법률로써 제한할 수 있으며, 제한하는 경우에도 자유와 권리의 본질적인 내용을 침해할 수 없다.'고 규정하여 인권존중주의를 명시하고 있다.

(2) 해양경비법(제8조)

해양경비법은 '해양경찰관은 이 법에 따른 직무를 수행할 때 권한을 남용하여 개인의 권리 및 자유를 침해하여서는 아니 된다'고 규정하고 있다.

2. 수사과정에서의 인권존중

① 해양경찰은 법률의 규정에 의하여 그 권한을 행사함에 있어, 직무수행에 필요한 최소한도의 범위 내에서 행사되어야 하며 이를 남용하여서는 아니 된다(권한남용의 금지). 또한 해양경찰상의 목적을 달성하기 위해 여러 수단 중에서 하나를 선택할 수 있는 경우에는 그 사태를 해결하는 데 인권제한의 정도가 가장 낮은 수단을 선택하여야 한다.

② 형사소송법이 임의수사를 원칙으로 하고, 강제처분 법정주의를 택하고 있는 것도 인권존중주의에 기초한 것이다. 결국 **피의자 등을 대면하는 과정에서 해양경찰에게 요구되는 가장 중요한 해양경찰 이념은 인권존중주의**라고 할 수 있다.

04 정치적 중립

1. 정치적 중립의 개념

해양경찰은 국민 전체에 대한 봉사자로서 정치적 중립을 준수하여야 한다. 해양경찰은 특정 정당이나 정치단체를 위해 해양경찰권을 발동해서는 안 되며, 오로지 주권자인 국민과 국가의 이익을 위하여 활동하여야 한다.

2. 구체적 내용

헌법 제7조 제2항은 '공무원의 신분과 정치적 중립성은 법률이 정하는 바에 의하여 보장된다'고 규정하고 있고, 국가공무원법 제65조는 공무원의 정치운동의 금지를 규정하고 있다.

05 능률성 · 효과성 · 경영주의

1. 능률성 · 효과성 · 경영주의의 경우 해양경찰이 예산을 집행하는 과정에 있어 최소비용으로 최대의 산출을 낼 수 있어야 하며, 경영의 차원에서 해양경찰조직을 관리하고 운용해 나가야 한다는 원칙이다.

2. 결국 우리 해양경찰이 치안서비스의 제공자로서 조직구조가 효율적인지, 인력과 예산의 짜임새 있는 배분이 이루어지고 있는지를 진단하고 이를 실천해야 할 필요가 있다.

제8절 해양경찰윤리

01 해양경찰윤리

1. 서설

① 현대국가는 복지행정이 강화되고 행정이 전문화되면서 과거에 비해 행정권이 상대적으로 강화되었다. 그 결과 행정권의 비대화와 정치화 경향이 나타나고 있고, 행정을 담당하는 관료의 복지부동(伏地不動)이나 무사안일 등 관료제 행정조직의 역기능이 나타나게 되었다.

② 이러한 문제점들이 공직사회로 침투하게 되어 또 다른 문제를 야기하므로 행정윤리의 확립이 필요하다.

2. 해양경찰윤리 확립의 필요성

(1) 재량에 의한 해양경찰권 행사

경찰관은 직무상의 권한을 사용할 때 상당한 재량이 주어져 있으므로 경찰관 개개인에 의한 합리적인 판단이 더욱 중요해진다. 또한 해양경찰업무의 상당부분이 위급할 뿐만 아니라 정상적이지 않은 상황에서 이루어지므로 이러한 위기상황하에서 합리적인 의사결정을 위해서는 경찰관으로서의 윤리의식이 확립되어야 한다.

(2) 위험상황에서의 업무수행

위험상황에 해양경찰이 개입하는 것은 경찰공무원 개인의 선택이 아니라 국민과 법에 의해 경찰공무원에게 부여된 의무에 해당한다. 다시 말해 위험상황 발생시에 경찰공무원들은 개입 여부를 선택할 수 있는 것이 아니라 위험한 상황의 해소를 위해 개입해야 할 의무가 있다. 그러므로 경찰공무원은 위기상황에 적절하게 대처하기 위한 능력과 자질을 갖추고 있어야 한다.

(3) 강한 유혹에 직면

경찰관은 다른 공무원들보다 더 많은 권한(해양경찰사범의 단속권 · 통고처분권)을 가지고 있기 때문에 유혹에 노출되어 있고 이러한 유혹은 조직 내 · 외부 모두에 존재한다.

(4) 조직 내부 규범에 대한 동조압력과 배타성

① 대부분의 행정조직은 조직구성원 상호간에 강한 유대감을 바탕으로 구성원들끼리 내부적으로 결속하려는 경향이 강하다.

② 만약 이러한 집단 내부 규범에 동조하지 않을 경우 조직의 배타적 성격에 의해 조직이나 구성원들로부터 소외되기 쉬우므로 개인의 도덕적 순결성을 지키기 위해서는 상당한 결단이 필요하다.

③ 이러한 조직 내부 규범에 대한 동조 압력은 해양경찰부패의 원인 중 '침묵의 규범'과 유사한 형태로 해양경찰조직의 부패를 야기한다.

3. 해양경찰윤리교육의 목적(John Kleinig)

(1) 도덕적 결의의 강화

경찰공무원이 직무를 수행함에 있어 조직 내 · 외부로부터 여러 형태의 압력과 유혹에 굴복하지 않고 자신의 소신과 직업의식에 따라 업무를 처리하기 위해서는 도덕적 결의가 강화되어야 한다. A형사에게 사건 관련자가 돈 100만원을 건네면서 잘 처리해 달라고 부탁을 하자, 처음에는 거절하다가 결국 돈을 받았다면 이는 도덕적 결의가 약화된 것이다.

(2) 도덕적 감수성의 배양

해양경찰이 다양한 계층의 사람들(부자나 가난한 자)을 모두 인간으로서 존중하고 공평하게 봉사하기 위해서는 도덕적 감수성이 배양되어야 한다. 파출소에 거지가 찾아왔을 때 상황근무자인 A순경이 욕설과 험담을 하면서 쫓아냈지만 부자가 찾아왔을 때는 친절하게 봉사한다면 이는 도덕적 감수성이 부족한 것이라고 볼 수 있다.

(3) 도덕적 전문능력의 함양

경찰공무원이 비판적 · 반성적 사고방식을 바탕으로 조직 내에서 관습적으로 내려오는 관행을 합리적으로 검토하여 수용하기 위해서는 경찰공무원 개개인의 전문능력이 함양되어야 한다. 클라이니히는 도덕적 전문능력의 함양은 **해양경찰윤리교육에 있어 가장 중요한 목적**이라고 보았다.

02 해양경찰부패

1. 해양경찰부패의 개념(하이덴하이머)

구분	부정부패의 내용
관직중심적 정의	부패는 일반적으로 향응 · 뇌물 등의 수수와 결부되어 있지만 반드시 금전적인 형태일 필요는 없으며, 금전적 이익 이외의 사적인 이익을 취하기 위해 권한을 남용하는 경우도 포함한다.
시장중심적 정의	부패는 강제적인 가격모델로부터 자유시장모델로 변화하는 것과 관련이 있다. 고객은 잘 알려진 위험을 감수하고 원하는 이익을 보장받기 위해 높은 가격(뇌물)을 지불하려고 하므로 부패가 일어난다.
공익중심적 정의	어떤 일을 하도록 권한과 책임이 부여되고 이러한 업무를 수행할 수 있는 사람, 즉 관료가 법적으로 규정되지 않은 금전적인 또는 다른 형태의 보수를 제공하는 사람들에게 이로운 행위를 하고, 한편으로는 공중의 이익에 손해를 가져오는 것을 부패라고 정의한다.

2. 해양경찰부패의 원인(델라트르)

구분	내용
전체사회가설	① 미국 시카고경찰의 부패원인을 분석하던 윌슨이 내린 결론으로 시카고 시민이 경찰을 부패시켰다고 본다. ② 사회전체가 경찰의 부패를 묵인하거나 조장할 때 경찰관은 자연스럽게 부패행위를 하게 되며, 초기 단계에는 불법행위를 하지 않더라도 작은 호의에 길들여져 나중에는 부정부패로 빠져들게 된다. ③ B지역은 과거부터 지역주민들이 관내 경찰관들과 어울려 도박을 일삼고, 부적절한 사건청탁을 하는 경우가 종종 있었으나 아무도 이를 문제삼지 않던 곳이었다. 이러한 B지역에 새로 발령받은 신임경찰관 A에게도 지역주민들이 접근하여 도박을 함께 하게 되는 경우 전체사회가설로 설명할 수 있다. ④ 미끄러지기 쉬운 경사로 이론과 관련이 있다.
구조원인가설	① 니더호퍼, 로벅, 바커 등이 주장한 가설이다. ② 신참경찰관들이 그들의 고참 동료들에 의해 조직의 부패전통 내에서 사회화됨으로써 부패의 길로 들어선다는 입장이다. ③ 이런 부패의 관행은 경찰관들 사이에서 침묵의 규범으로 받아들여진다는 특징이 있다. ④ 정직하고 청렴하였던 신임경찰관 A가 자신의 순찰팀장인 B로부터 관내 유흥업소 업자들을 소개받고, 이후 B와 함께 활동을 해가면서 B가 유흥업소 업자들로부터 상납금을 받는 것을 보고 점점 그 방식 등을 답습하였다면 '구조원인가설'로 설명할 수 있다.
썩은 사과가설	① 부패의 원인은 자질이 없는 경찰관들이 모집단계에서 배제되지 못하고 조직 내부로 유입됨으로써 경찰의 부패가 나타난다는 이론이다. ② 경찰부패의 원인을 개인의 윤리적 성향에서 찾는다는 특징이 있다.
미끄러운 경사로 가설 (작은 호의 가설)	① 부패에 해당하지 않는 작은 호의가 습관화될 경우 미끄러운 경사로를 타고 내려오듯이 점점 더 큰 부패와 범죄로 빠진다는 가설이다. ② 셔먼 등에 의해 주장된 이론으로 공짜 커피, 작은 선물과 같은 사소한 호의가 나중에 엄청난 부패로 이어진다는 가설이다.

	③ 이러한 셔먼의 견해에 대하여 펠드버그는 경찰공무원은 작은 호의와 부패를 구분할 수 있는 윤리성을 갖추고 있으므로 작은 호의를 받았다고 해서 반드시 큰 부패로 이어진다는 것은 아니라고 비판한다. 이를 '형성재' 이론이라고 하며, 형성재 이론은 작은 사례나 호의는 시민과의 긍정적인 사회관계를 만들어주는 형성재라는 것으로, 작은 사례나 호의의 긍정적 효과를 강조하는 이론이다. ④ 델라트르는 펠드버그가 주장한 '작은 호의의 허용'에 대하여 이를 다시 비판함으로써 셔먼과 동일한 입장을 취하고 있다. ⑤ 지구대에 근무하는 경찰관 A는 순찰 도중 동네 슈퍼마켓 주인으로부터 음료수를 얻어 마시면서 친분을 유지하다가 나중에는 폭행사건처리 무마 청탁을 받고 큰돈까지 받게 되었다면 '미끄러지기 쉬운 경사로 이론'으로 설명할 수 있다.
법규와 현실의 괴리	A가 기소중지자의 신병인수를 위해 출장을 가면서 경찰관서에서 지급되는 출장비가 충분하지 않아 사실은 1명이 갔으면서도 2명분의 출장비를 수령하였다면, 그 원인은 행정 내부의 '법규 및 예산과 현실의 괴리' 때문이라고도 볼 수 있다.
깨진 유리창 이론	경찰관의 사소한 잘못을 처벌하지 않고 방치할 경우 큰 부패로 이어질 수 있다.

3. 동료 경찰관의 부패에 대한 반응

(1) 내부고발(whistle blowing)

① 내부고발의 개념

㉠ 내부고발은 동료나 상사의 부정에 대하여 외부의 감찰기관이나 언론매체를 통하여 조직 내부의 부정·부패를 공표하는 고발행위를 말하며, 이는 **'침묵의 규범'과 반대**되는 개념이라고 할 수 있다.

㉡ 이러한 내부고발이 정당화되기 위해서는 일정한 요건이 갖추어져야 하는데 일반적으로 적절한 도덕적 동기에 의해 이루어져야 하며, 내부문제를 외부에 공표하기 전 조직 내 다른 채널을 통하여 해결할 수 있으면 먼저 내부적 해결을 시도해야 한다. 마지막으로 중대성·급박성과 어느 정도 성공할 가능성이 있어야 한다.

> **⊕PLUS 딥 스로트(Deep Throat)**
>
> '내부고발자'를 말하며 휘슬 블로어(whistle-blower)라고도 한다. 내부고발자란 기업이나 정부기관 내에 근무하는 내부자로서 조직의 불법이나 부정거래에 관한 정보를 신고하는 사람을 말한다.

② 내부고발의 정당화 요건(J. 클라이니히)

> ㉠ 적절한 도덕적 동기에 의해서 행해져야 한다.
> ㉡ 내부문제를 외부에 공표하기 전, 조직 내 다른 채널을 통하여 해결할 수 있으면 먼저 내부적 해결을 시도해야 한다.
> ㉢ 내부고발자는 부적절한 행동을 하도록 지시받았다는 자신의 신념이 합리적 증거에 근거하였는지 확인해야 한다.
> ㉣ 내부고발자는 도덕적 위반이 얼마나 중대한가, 도덕적 위반이 얼마나 급박한가 등에 대한 세심한 고려가 있어야 한다.
> ㉤ 내부고발이 어느 정도 성공할 가능성이 있어야 한다.

> **PLUS**
>
> 내부고발에 대응되는 개념으로 동료의 부정부패에 대하여 눈감아 주는 것을 침묵의 규범이라고 한다.

(2) 비지 바디니스(busy bodiness)

비지 바디니스란 남의 비행에 대하여 일일이 참견하면서 **도덕적 충고**를 하는 것을 의미한다.

(3) 도덕적 해이(moral hazard)

도덕적 해이란 도덕적 가치관이 붕괴되어 동료의 부패를 부패라고 인식하지 못하는 것을 말한다. 이는 부패를 잘못된 행위로 인식하고 있지만 동료라서 모르는 척 하는 침묵의 규범과는 구별되는 개념이다.

(4) 냉소주의와 회의주의

① 경찰관이 상부의 지시가 부당하다고 생각할 때 냉소주의가 나타날 수 있다. 냉소주의에 대해 니더호퍼는 자신의 신념체제가 붕괴되었지만 새로운 가치관으로 대체되지 않을 때 나타나는 아노미 현상이라고 정의하였다. 이러한 냉소주의는 합리적 근거 없이 사회에 대한 불신으로 인해 생겨나는 것으로 대상을 개선시키겠다는 의지가 없다는 데 그 특징이 있다. 냉소주의가 만연할 경우 조직에 대한 반발과 일탈현상을 초래할 수 있다.

② 냉소주의의 가장 큰 문제점은 조직 구성원들이 극단적인 성향을 가지게 되고, 어떤 사실관계의 판단시에 객관성이 결여되어 조직에 대하여 무조건 부정적인 태도를 가지게 된다는 데 있다. 이러한 냉소주의는 개별적 사안에 대하여 합리적으로 의심하여 비판하는 것으로 대상이 특정되어 있으며 대상을 개선시키겠다는 의지가 있는 회의주의와 구별된다.

구분	냉소주의	회의주의
공통점	대상에 대한 불신	
차이점	불특정 대상에 대하여 합리적인 근거 없이 불신하는 것으로 개선의 의지가 없다.	특정 대상에 대하여 합리적인 근거를 바탕으로 의심하는 것으로 개선의 의지가 있다.

03 사회계약설로부터 도출되는 해양경찰활동의 기준(코헨과 펠드버그)

1. 공정한 접근의 보장

(1) 개념

해양경찰은 **사회 전체의 필요에 의해 생겨난 기구**이므로 해양경찰서비스에 대한 공정한 접근이 허용되어야 한다. 다시 말해 공정한 접근이란 치안서비스는 일종의 사회적 공공재로서 누구나 차별없이 접근할 수 있어야 하며 서비스를 제공받아야 한다는 것이다. 해양경찰은 법집행과정에서 필요 이외의 기준, 예를 들어 성별과 나이, 신분 등에 따라 서비스를 차별적으로 제공해서는 안 된다.
공정한 접근을 저해하는 요소에는 **편들기, 서비스 제공의 해태·무시** 등을 들 수 있다.

> **CASE**
>
> 1. 유사한 우범지역인 A거리와 B거리에 순찰업무를 맡은 김순경이 A거리에 친척과 가족이 산다는 이유로 방범순찰시간의 대부분을 할애하여, A거리에 불균형적 방범서비스를 제공하였다.
> 2. 친구나 동료 경찰관에게 특혜를 주는 것을 들 수 있다. 가령 친구라는 이유로, 같은 직업종사자라는 이유로 속도위반이나 음주운전 사실을 적발하고서도 이를 단속하지 않았다면 공정한 접근이 저해된 사례에 해당한다.

3. 이순경이 순찰하는 A구역은 달동네로 거리가 불결하고 사람들도 경찰에 대해 위협적이고 친절하지 않다. 반면 B구역은 부자들이 살고있는 지역으로 환경이 잘 가꾸어져 거리도 상쾌하고 사람들도 이순경에게 친절하게 대한다.이런 이유로 이순경은 A구역의 순찰에 대해 거부감을 가지고 있다. 그래서 A구역을 순찰하는 날에는 대충 시간만 때울 생각만 하고 있다. 거리에서 일어나는 말다툼도 그냥 못 본 척하고 지나가는 등 A구역에서 발생하는 상황을 대부분 회피하려 한다. 반면 B구역을 순찰할 때는 거리의 주민에게 상냥하게 웃으며 친절하게 모든 문제를 해결해 준다.
4. 달동네 순찰근무 중이던 박경장이 절도신고를 받고도 현장에 늑장 출동하고, 범죄에 대해 자세히 조사하지도 않고 대략적인 사고 경위만 듣고 철수하려고 하자 신고인이 '부자동네에서 신고했어도 이렇게 할 겁니까?'하고 항의하였다.

2. 공공의 신뢰 확보

(1) 개념

공공의 신뢰 확보란 해양경찰은 시민들이 자신의 권리행사를 스스로 제한하고 치안을 해양경찰에게 믿고 맡겼다는 것을 인식하고 이러한 **국민들의 신뢰에 부응하는 것**을 의미한다. 해양경찰이 직무수행 과정에서 적법절차를 준수하고, 권한을 남용하거나 물리력을 과도하게 사용해서는 아니 되며, 오직 시민의 신뢰에 부합하는 방식으로 권한을 행사하는 것이 '공공의 신뢰'에 부합하는 해양경찰활동에 해당한다.

(2) 구체적 사례

① 시민은 해양경찰이 자신의 대리인으로서의 역할을 한다고 신뢰함

해양경찰은 시민의 생명과 재산의 보호를 위해 시민들을 대신하여 권한을 행사하고 있다. 해양경찰이 시민의 대리인으로서 그 권한을 행사할 수 있는 이유는 시민들이 해양경찰을 믿고 그들에게 강제력을 행사할 수 있는 권한을 부여했기 때문이다. 즉, 시민사회가 공공질서와 안전을 유지하기 위해서 강제력을 행사하며 구속력 있는 법적 명령을 할 수 있는 권한을 해양경찰에게 주었기 때문이다.

CASE

1주일간 출장을 마치고 집에 돌아온 A는 자신의 TV가 없어진 것을 발견하였다. 그래서 이곳저곳을 찾아보던 중에 평소부터 사이가 좋지 않던 옆집의 B가 A의 TV를 몰래 훔쳐가 사용 중인 것을 창문 너머로 확인하였다. 이때 A는 몽둥이를 들고 가서 직접 자기의 TV를 찾아오려다가 그만두고, 경찰에 신고하여 TV를 되찾았다.

② 시민은 해양경찰이 반드시 법집행을 할 것을 신뢰함

CASE

김순경은 절도사건의 신고를 받고 사건현장에 도착하였으나 건장한 체격의 범인을 본 순간 자신의 안전이 걱정되었다. 그렇지만 가게 주인이 보고 있으므로 김순경은 골목 안으로 도망가는 범인을 추격하였다. 그런데 사실은 쫓는 척하면서 절도범이 도망가도록 내버려 두었다.

③ 시민은 해양경찰이 강제력을 최소한으로 행사할 것을 신뢰함

해양경찰은 법집행을 함에 있어 법집행의 상대방에 대하여 불가피한 상황이 아니라면 법집행의 상대방에게 생명에 위협을 가하거나 부상을 입혀서는 안 된다. 그러므로 시민들은 해양경찰이 자의적이고 불필요한 강제력을 행사하지 않을 것이라고 신뢰하고 있으며 이러한 시민의 기대는 해양경찰에게 최소한의 권력을 적절하게 사용할 것을 요구한다.

CASE

1. 경찰이 불법 어로행위를 진압하면서 최루탄의 과도한 사용 등 무리한 진압으로 국민으로부터 비판을 받은 경우는 최소한의 침해만 야기할 것이라는 공공의 신뢰를 저버린 행위에 해당한다.
2. 경찰관 乙이 절도범을 추격하던 중 도주하는 범인의 등 뒤에서 권총을 쏘아 사망하게 한 경우는 공공의 신뢰를 저해하는 사례에 해당한다.

④ 시민은 해양경찰이 개인의 이익을 위해 공권력을 사용하지 않을 것을 신뢰함

CASE

교통경찰이 경범죄처벌법 위반자에 대하여 범칙금납부 통고처분을 하지 않고 뇌물을 받는 경우와 매춘을 단속하는 경찰관이 업주로부터 뇌물을 상납받는 경우를 들 수 있다. 이러한 사례는 공권력의 행사를 통하여 개인의 이익을 추구한 것이다.

3. 생명과 재산의 안전보호

① 사회계약설에 기초할 때 **해양경찰활동의 궁극적인 목적은 시민의 생명과 재산의 보호**에 있으므로 해양경찰은 시민의 생명과 재산의 보호를 해양경찰활동의 지표로 삼아야 한다. 해양경찰의 법집행은 시민의 생명·재산의 안전을 보호하기 위한 수단이지 법집행 자체는 해양경찰권 발동의 목적이 아니다. 결국 해양경찰의 법집행은 궁극적으로 시민의 생명과 재산의 안전을 보호하는 데 그 목적이 있다.

② **로크의 사회계약설에 가장 부합하는 해양경찰활동**은 살인사건의 범인 검거와 같이 국민의 생명과 재산의 안전을 보호하는 활동이라고 할 수 있다.

CASE

1. 경찰관이 오토바이를 타고 도망가는 난폭운전자를 과도하게 추격(법집행·수단)하여 오토바이 운전자가 전신주에 부딪혀 사망(목적)한 경우 경찰은 생명과 재산의 안전보호에 실패한 것이다.
2. 은행강도가 어린이를 인질로 잡고 차량도주를 하고 있다면 경찰은 주위 시민들의 안전에 대한 위험에도 불구하고 법집행을 하여야 한다. 이는 시민들의 안전(잠재적 위험)과 인질인 어린이의 안전(현재의 위험)이 경합하는 경우에 해당하므로 법집행의 당위성이 인정되기 때문이다.

4. 협동과 팀워크

① 자신의 역할에 대한 한계를 인식하고 상호간에 협동을 통해 해양경찰은 그들에게 부여된 활동을 해야 한다. 이러한 협동은 정부의 각 기관들이 자신의 업무영역의 한계와 본분을 지킨다는 전제에서 출발해야 한다. 상호간의 역할 한계를 지키지 않을 때 정부기능 상호간에 충돌이 발생하게 되고 이로 인해 시민의 권리가 침해되는 것이다.

② 그리고 국민의 생명과 재산의 안전을 보호하기 위해서는 **정부 조직간의 협동뿐만 아니라 조직 내에서 구성원간의 협동도 중요하다.**

CASE

1. 형사과에서 근무하는 A경사는 사건을 해결함에 있어서 좋은 사람과 나쁜 사람을 구별하여 나쁜 사람에게 면박을 주거나 구타를 가한다. 이러한 사례는 경찰이 역할한계의 오류를 범한 것이다. 경찰의 임무는 사건을 수사하는 것이고, 피의자에 대한 유죄·무죄를 판단하는 것은 경찰의 임무가 아닌 법원의 역할이다. 그러므로 경찰은 범죄의 수사과정에서 피의자에 대한 유죄·무죄 여부를 판단해서는 안 된다.
2. 탈주범이 자기 관내에 있다는 첩보를 입수하고도 이를 상부에 보고하지 않고, 단독으로 검거하려다 실패했다면 '협동과 팀워크'에 위배된다.

5. 냉정하고 객관적인 자세

① 사회계약론적 입장에서 볼 때 해양경찰은 사회 일부분이 아닌 **사회 전체의 이익**을 염두에 두어야 하며, 냉정하고 객관적인 방식으로 업무를 처리하여야 한다. 경찰관이 냉정하고 객관적인 자세를 유지하지 못하는 주된 원인에는 사건에 대한 **'지나친 관여'**를 들 수 있다. 지나친 관여는 '열정'이나 '개인적 편견과 선호'에 의해 초래된다.

② 그러나 지나치게 냉정하고 객관적인 자세를 유지할 경우 경찰관이 냉소주의에 빠질 수 있으며, 이러한 **냉소주의도 냉정하고 객관적인 자세를 저해하는 원인**이 될 수 있다.

CASE

1. 아버지로부터 가정폭력을 경험한 김경장은 가정문제의 모든 원인이 아버지 또는 남편에게 있다고 생각하고, 간통사건 처리시 항상 여자 쪽에 감정을 이입하여 사건을 처리하는 경향을 보인다.
2. 김순경은 도둑을 맞은 경험이 있는데 경찰이 된 후 절도죄의 피의자에 대하여 과거 도둑맞은 경험이 생각나서 욕설과 가혹행위를 하였다.

04 해양경찰윤리강령

1. 의의

해양경찰윤리강령이란 경찰공무원의 공직윤리를 확보하기 위해 제정된 여러 규정을 의미한다.

2. 기능

(1) 대내적 기능

해양경찰윤리강령은 경찰공무원의 개인적 기준을 설정하고 해양경찰조직의 기준을 제시하는 기능을 수행한다. 또한 경찰공무원의 조직에 대한 소속감을 고취할 수 있다.

(2) 대외적 기능

해양경찰윤리강령은 국민에 대한 해양경찰의 서비스 수준을 보장하고, 국민과의 신뢰 형성 및 과도한 요구에 대한 책임을 제한하는 기능을 수행한다.

3. 해양경찰헌장

해양경찰헌장은 1998년 제정됐으나 시간이 지나면서 사문화되었다. 변화된 시대상황에 맞추어 2021년 1월에 신헌장을 제정 · 공포하였다.

해양경찰헌장

우리는 자랑스러운 대한민국 해양경찰이다.
우리는 헌법을 준수하며 국가에 헌신하고 국민에게 봉사한다.
우리는 해양주권 수호와 해상치안 확립에 힘쓰며 안전하고 깨끗한 바다를 만들기 위해 최선을 다한다.
이에 굳은 각오로 다음을 실천한다.
1. '바다의 수호자'로서 국민의 생명과 안전을 지키며 인류의 미래 자산인 해양 보전에 맡은 바 책임을 다한다.
1. '정의의 실현자'로서 청렴과 공정을 생활화하며 원칙과 규범을 준수하고 올바르게 법을 집행한다.
1. '국민의 봉사자'로서 소통과 배려를 바탕으로 국민이 만족하고 신뢰하는 해양서비스를 제공한다.
1. '해양의 전문가'로서 창의적 자세와 도전정신으로 어떠한 어려움도 극복하며 임무를 완수한다.

05 해양경찰청 공무원 행동강령

1. 서설

(1) 목적(제1조)

이 훈령은 부패방지 및 국민권익위원회의 설치와 운영에 관한 법률 제8조 및 공무원 행동강령 제24조에 따라 해양경찰청 소속 공무원(이하 '공무원' 이라 한다)이 준수하여야 할 행동기준을 규정하는 것을 목적으로 한다.

(2) 용어의 정의(제2조)

이 훈령에서 사용하는 용어의 뜻은 다음과 같다.

구분	내용
직무관련자	공무원의 소관 업무와 관련되는 자로서 다음 각 목의 어느 하나에 해당하는 개인(공무원이 사인(私人)의 지위에 있는 경우에는 개인으로 본다) 또는 단체를 말한다. 가. 다음의 어느 하나에 해당하는 민원을 신청하는 중이거나 신청하려는 것이 명백한 개인 또는 단체 1) 민원 처리에 관한 법률 제2조 제1호 가목1)에 따른 법정민원(장부 · 대장 등에 등록 · 등재를 신청 또는 신고하거나 특정한 사실 또는 법률관계에 관한 확인 또는 증명을 신청하는 민원은 제외한다) 2) 민원 처리에 관한 법률 제2조 제1호 가목2)에 따른 질의민원 3) 민원 처리에 관한 법률 제2조 제1호 나목에 따른 고충민원 나. 인가 · 허가 등의 취소, 영업정지, 과징금 또는 과태료의 부과 등으로 이익 또는 불이익을 직접적으로 받는 개인 또는 법인 · 단체 다. 수사, 감사(監査), 감독, 검사, 단속, 행정지도 등의 대상인 개인 또는 법인 · 단체 라. 재결(裁決), 결정, 검정(檢定), 감정(鑑定), 시험, 사정(査定), 조정, 중재 등으로 직접적인 이익 또는 불이익을 받는 개인 또는 법인 · 단체 마. 징집, 소집, 동원 등의 대상인 개인 또는 법인 · 단체 바. 해양경찰관서와 계약을 체결하거나 체결하려는 것이 명백한 개인 또는 법인 · 단체 사. 정책 · 사업 등의 결정 또는 집행으로 이익 또는 불이익을 직접적으로 받는 개인 또는 법인 · 단체

	아. 해양경찰청과 그 소속 기관 직제 및 해양경찰청과 그 소속 기관 직제 시행규칙으로 정한 직무와 관련하여 해양경찰청과 소속 기관이 지도·감독하는 투자·출자·출연기관, 관련 법인 및 이에 소속된 업무담당자 자. 해양경찰관서에 복무 중인 의무경찰의 부모·형제자매 차. 그 밖에 해양경찰관서에 대하여 특정한 행위를 요구하는 개인 또는 법인·단체
직무관련 공무원	공무원의 직무수행과 관련하여 이익 또는 불이익을 직접적으로 받는 다른 공무원(기관이 이익 또는 불이익을 받는 경우에는 그 기관의 관련 업무를 담당하는 공무원을 말한다) 중 다음 각 목의 어느 하나에 해당하는 공무원을 말한다. 가. 상급자의 직무상 지휘·명령을 받는 하급자 나. 인사·예산·감사·상훈 또는 평가 등의 직무를 수행하는 공무원의 소속 기관 공무원 또는 이와 관련되는 다른 기관의 담당 공무원 및 관련 공무원 다. 사무를 위임·위탁하는 경우 그 사무를 위임·위탁하는 공무원 및 사무를 위임·위탁받는 공무원 라. 그 밖에 제2조 제1호 아목에서 정하고 있는 직무수행과 관련하여 이익 또는 불이익을 직접적으로 받는 공무원
금품 등	다음 각 목의 어느 하나에 해당하는 것을 말한다. 가. 금전, 유가증권, 부동산, 물품, 숙박권, 회원권, 입장권, 할인권, 초대권, 관람권, 부동산 등의 사용권 등 일체의 재산적 이익 나. 음식물·주류·골프 등의 접대·향응 또는 교통·숙박 등의 편의 제공 다. 채무 면제, 취업 제공, 이권(利權) 부여 등 그 밖의 유형·무형의 경제적 이익

(3) 적용범위(제3조)

이 훈령은 해양경찰청 소속 공무원과 해양경찰청에 파견된 공무원에게 적용하며, 국가공무원 복무규정에 따른 근무시간 이외의 휴무, 휴가 등인 때에도 적용된다.

2. 공정한 직무수행

구분	내용
공정한 직무수행을 해치는 지시에 대한 처리 (제4조)	① 공무원은 상급자가 자기나 타인의 부당한 이익을 위하여 제1항 각 호를 위반하여 공정한 직무수행을 현저하게 해치는 지시를 하였을 때에는 그 사유를 그 상급자에게 별지 제1호 서식 또는 전자우편 등의 방법으로 소명하고 그 지시에 따르지 아니하거나, 별지 제2호 서식 또는 전자우편 등의 방법으로 제35조에 따라 지정된 행동강령에 관한 업무를 담당하는 공무원(이하 '행동강령책임관'이라 한다)과 상담할 수 있다. ② 제1항에 따라 지시를 이행하지 아니하였는데도 같은 지시가 반복될 때에는 별지 제2호 서식 또는 전자우편 등의 방법으로 즉시 행동강령책임관과 상담하여야 한다. ③ 제1항이나 제2항에 따라 상담 요청을 받은 행동강령책임관은 지시 내용을 확인하여 지시를 취소하거나 변경할 필요가 있다고 인정되면 소속 기관의 장에게 보고하여야 한다. 다만, 지시 내용을 확인하는 과정에서 부당한 지시를 한 상급자가 스스로 그 지시를 취소하거나 변경하였을 때에는 소속 기관의 장에게 보고하지 아니할 수 있다. ④ 제3항에 따른 보고를 받은 소속 기관의 장은 필요하다고 인정되면 지시를 취소·변경하는 등 적절한 조치를 하여야 한다. 이 경우 공정한 직무수행을 해치는 지시를 제1항에 따라 이행하지 아니하였는데도 같은 지시를 반복한 상급자에게는 징계 등 필요한 조치를 할 수 있다.

사적 이해관계의 신고 등 (제5조)	① 공무원은 자신이 수행하는 직무가 다음 각 호의 어느 하나에 해당하는 경우에는 소속 기관의 장에게 해당 사실을 별지 제3호 서식에 따라 서면(전자문서를 포함한다. 이하 같다)으로 신고하여야 한다. 다만, 각종 증명서 발급, 민원 접수, 문서 송달, 그 밖에 이와 유사한 단순 민원업무의 경우에는 그러하지 아니하다. 1. 공무원 자신이 직무관련자인 경우 2. 공무원의 4촌 이내 친족(민법 제767조에 따른 친족을 말한다)이 직무관련자인 경우 3. 공무원 자신이 2년 이내에 재직하였던 법인·단체가 직무관련자인 경우 4. 공무원 자신 또는 그 가족(민법 제779조에 따른 가족을 말한다. 이하 같다)이 임직원 또는 사외이사로 재직하고 있는 법인·단체가 직무관련자인 경우 5. 공무원 자신 또는 그 가족이 직무관련자를 대리하거나 직무관련자에게 고문·자문 등을 제공하거나 해당 대리·고문·자문 등의 업무를 하는 법인·단체에 소속되어 있는 경우 6. 공무원 자신 또는 그의 가족이 다음 각 목에 해당하는 비율 이상의 주식·지분, 자본금 등을 소유하고 있는 법인·단체(이하 '특수관계사업자'라 한다)가 직무관련자인 경우 가. 공무원 자신 또는 그의 가족이 소유하는 주식 총수가 발행주식총수의 100분의 30 이상인 사업자 나. 공무원 자신 또는 그의 가족이 소유하는 지분 총수가 출자지분총수의 100분의 30 이상인 사업자 다. 공무원 자신 또는 그의 가족이 소유하는 자본금 합산금액이 자본금 총액의 100분의 50 이상인 사업자 7. 그 밖에 공정한 직무수행이 어려운 관계에 있다고 판단하는 다음 각 목에 해당하는 자가 직무관련자인 경우 가. 300만원 이상의 금전거래가 있는 자 나. 해양경찰청 공무원 퇴직자로서 퇴직 전 5년간 같은 부서에서 근무하였던 자 다. 학연, 지연, 종교, 직연(職連) 또는 채용동기 등 지속적인 친분 관계가 있어 공정한 직무수행이 어렵다고 판단되는 자 라. 최근 2년 이내에 인·허가, 계약의 체결, 정책·사업의 결정 또는 집행 등 직무수행으로 직접적인 이익을 주었던 자 중 지속적인 친분 관계가 형성되어 공정한 직무수행이 어렵다고 판단되는 자 ② 직무관련자 또는 공무원의 직무수행과 관련하여 이해관계가 있는 자는 해당 공무원이 제1항 각 호의 어느 하나에 해당하는 경우에는 그 공무원의 소속 기관의 장에게 별지 제4호 서식에 따라 서면으로 제4항 각 호의 조치를 신청할 수 있다. 다만, 소속 기관의 장은 조치 신청의 대상이 된 공무원에게 그에 대한 의견을 요구할 수 있고, 이 경우 해당 공무원은 지체 없이 그에 대한 의견을 별지 제5호 서식에 따라 문서로 제출하여야 한다. ③ 공무원은 직무관련자와 제1항 각 호 외의 사적 이해관계가 있다고 인정하는 경우에도 소속 기관의 장에게 별지 제6호 서식에 따라 서면으로 제4항 각 호의 조치를 신청할 수 있다. ④ 제1항 본문에 따른 신고나 제2항 및 제3항에 따른 신청을 받은 소속 기관의 장은 소속 공무원의 공정한 직무수행을 저해할 수 있다고 판단하는 경우에는 해당 공무원에게 다음 각 호의 조치를 할 수 있다. 1. 직무 참여의 일시중지 2. 직무 대리자 또는 직무 공동수행자의 지정 3. 직무 재배정 4. 전보

	⑤ 제4항에도 불구하고 소속 기관의 장은 다음 각 호의 어느 하나에 해당하는 경우에는 해당 공무원에게 그 직무를 수행하도록 할 수 있다. 이 경우 소속 기관의 장은 행동강령책임관에게 공정한 직무수행 여부를 확인·점검하도록 하여야 한다. 1. 직무를 수행하는 공무원을 대체하기 지극히 어려운 경우 2. 공익 증진을 이유로 직무수행의 필요성이 더 큰 경우 ⑥ 소속 기관의 장은 제1항 본문에 따른 신고, 제2항 및 제3항에 따른 신청, 제4항에 따른 조치 및 제5항 후단에 따른 확인·점검에 관한 현황을 별지 제7호 서식에 따라 기록·관리하여야 한다. ⑦ 제1항부터 제6항까지에서 규정한 사항 외에 공무원의 사적 이해관계 신고 등에 관하여 필요한 사항은 해양경찰청장이 정한다.
고위공직자의 민간 분야 업무활동 내역 제출 (제6조)	① 해양경찰청장은 임용 또는 임기 개시 3년 전의 민간 분야 업무활동 내역이 있을 경우 그 직위에 임용된 날 또는 임기를 개시한 날부터 30일 이내에 행동강령책임관에게 별지 제8호 서식에 따른 서면으로 제출하여야 한다. ② 제1항에 따른 민간 분야 업무활동 내역에는 다음 각 호의 사항이 포함되어야 한다. 1. 재직하였던 법인·단체와 그 업무 내용 2. 관리·운영하였던 사업 또는 영리행위의 내용 3. 그 밖에 행동강령책임관이 정하는 사항 ③ 행동강령책임관은 제1항에 따라 제출된 민간 분야 업무활동 내역을 보관·관리하여야 한다.
직무 관련 영리행위 등 금지 (제7조)	① 공무원은 직무와 관련하여 다음 각 호의 행위를 해서는 아니 된다. 다만, 다른 규정에 따라 허용되는 경우에는 그러하지 아니하다. 1. 직무관련자에게 사적으로 노무 또는 조언·자문을 제공하고 대가를 받는 행위 2. 자신이 소속된 기관이 쟁송 등의 당사자가 되는 직무이거나 소속된 기관에게 직접적인 이해관계가 있는 직무인 경우에 소속 기관의 상대방을 대리하거나 상대방에게 조언·자문 또는 정보를 제공하는 행위 3. 외국의 정부·기관·법인·단체를 대리하는 행위. 다만 소속 기관의 장이 허가한 경우는 제외한다. 4. 직무와 관련된 다른 직위에 취임하는 행위. 다만, 소속 기관의 장이 허가한 경우는 제외한다. 5. 그 밖에 소속 기관의 장이 공정하고 청렴한 직무수행을 저해할 우려가 있다고 판단하는 직무 관련 행위 ② 소속 기관의 장은 소속 공무원의 행위가 제1항 각 호의 어느 하나에 해당한다고 인정하는 경우에는 그 행위를 중지하거나 종료하도록 해당 공무원에게 명하여야 한다.
가족 채용 제한 (제8조)	① 계장급 이상 직위(경찰공무원 승진임용 규정 시행규칙 제6조에 따른 근무성적 제1차 평정자를 말한다. 이하 같다)의 공무원은 자신이 소속된 기관, 그 기관의 소속 기관이나 산하기관(공직자윤리법 제3조의2 제1항에 따른 공직유관단체와 공공기관의 운영에 관한 법률 제4조 제1항에 따른 공공기관을 말한다. 이하 같다)에 자신의 가족이 채용되도록 지시하는 등 부당한 영향력을 행사해서는 아니 된다. ② 인사업무를 담당하는 공무원(인사업무에 사실상 영향력을 행사할 수 있는 공무원을 포함한다)은 자신이 소속된 기관에 자신의 가족이 채용되도록 지시하는 등 부당한 영향력을 행사해서는 아니 된다. ③ 산하기관을 지휘·감독·규제 또는 지원하는 업무를 담당하는 공무원은 자신의 가족이 자신이 소속된 기관의 산하기관에 채용되도록 지시하는 등 부당한 영향력을 행사해서는 아니 된다.

수의계약 체결 제한 (제9조)	① 계장급 이상 직위의 공무원은 자신이 소속된 기관, 그 기관의 소속 기관이나 산하기관과 물품 · 용역 · 공사 등의 수의계약(이하 '수의계약'이라 한다)을 체결해서는 아니 되며, 자신의 가족이나 특수관계사업자가 자신이 소속된 기관, 그 기관의 소속 기관이나 산하기관과 수의계약을 체결하도록 해서는 아니 된다. ② 계약업무를 담당하는 공무원은 자신이 소속된 기관과 수의계약을 체결해서는 아니 되며, 자신의 가족이 그 기관과 수의계약을 체결하도록 해서는 아니 된다. ③ 산하기관을 지휘 · 감독 · 규제 또는 지원하는 업무를 담당하는 공무원은 자신이 소속된 기관의 산하기관과 수의계약을 체결해서는 아니 되며, 자신의 가족이 그 산하기관과 수의계약을 체결하도록 해서는 아니 된다.
퇴직자와의 사적 접촉 신고 (제10조)	① 공무원은 직무관련자인 소속 기관의 퇴직자(퇴직한 날부터 2년이 지나지 아니한 사람만 해당한다)와 사적 접촉을 하는 경우 소속 기관의 장에게 신고하여야 한다. 다만, 다른 규정 또는 사회상규에 따라 허용되는 경우에는 그러하지 아니하다. ② 제1항에 따라 공정한 직무수행을 저해하는 직무관련자인 퇴직자와의 사적 접촉의 유형은 다음 각 호와 같다. 1. 직무관련자인 퇴직자와 골프를 함께 하는 행위 2. 직무관련자인 퇴직자와 여행을 함께 하는 행위 3. 직무관련자인 퇴직자와 사행성 오락을 함께 하는 행위 4. 직무관련자인 퇴직자가 비용을 부담하는(퇴직자가 재직하고 있는 법인 · 단체, 후원자 등이 비용을 부담하는 경우도 포함한다) 식사 · 음주 등의 향응을 함께 하는 행위 ③ 공무원은 직무관련자인 퇴직자와 사적 접촉을 할 때에는 미리 별지 제9호 서식에 따라 서면으로 신고하여야 한다. 다만, 사전에 신고가 곤란한 경우에는 접촉을 마친 날부터 5일 내에 신고하여야 한다.
특혜의 배제 (제11조)	공무원은 직무를 수행함에 있어 지연 · 혈연 · 학연 · 종교 등을 이유로 특정인에게 특혜를 주거나 특정인을 차별하여서는 아니 된다.
예산의 목적 외 사용 금지 (제12조)	공무원은 여비, 업무추진비 등 공무 활동을 위한 예산을 목적 외의 용도로 사용하여 소속 기관에 재산상 손해를 입혀서는 아니 된다.
정치인 등의 부당한 요구에 대한 처리 (제13조)	① 공무원은 정치인이나 정당 등으로부터 부당한 직무수행을 강요받거나 청탁을 받은 경우에는 별지 제10호 서식 또는 전자우편 등의 방법으로 소속 기관의 장에게 보고하거나 행동강령책임관과 상담한 후 처리하여야 한다. ② 제1항에 따라 보고를 받은 소속 기관의 장이나 상담을 한 행동강령책임관은 그 공무원이 공정한 직무수행을 할 수 있도록 적절한 조치를 취하여야 한다.
인사청탁 등의 금지 (제14조)	① 공무원은 자신의 임용 · 승진 · 전보 등 인사에 부당한 영향을 미치기 위하여 타인으로 하여금 인사업무 담당자에게 청탁을 하도록 해서는 아니 된다. ② 공무원은 직위를 이용하여 다른 공무원의 임용 · 승진 · 전보 등 인사에 부당하게 개입하여서는 아니 된다.
투명한 회계 관리 (제15조)	공무원은 관련 법령과 일반적으로 인정된 회계원칙 등에 따라 사실에 근거하여 정확하고 투명하게 회계를 관리하여야 한다.

3. 부당 이득의 수수 금지 등

구분	내용
이권 개입 등의 금지 (제16조)	공무원은 자신의 직위를 직접 이용하여 부당한 이익을 얻거나 타인이 부당한 이익을 얻도록 해서는 아니 된다.
직위의 사적 이용 금지 (제17조)	공무원은 직무의 범위를 벗어나 사적 이익을 위하여 소속 기관의 명칭이나 직위를 공표·게시하는 등의 방법으로 이용하거나 이용하게 해서는 아니 된다.
알선·청탁 등의 금지 (제18조)	① 공무원은 자기나 타인의 부당한 이익을 위하여 다른 공직자(부패방지 및 국민권익위원회의 설치와 운영에 관한 법률 제2조 제3호 가목 및 나목에 따른 공직자를 말한다. 이하 같다)의 공정한 직무수행을 해치는 알선·청탁 등을 해서는 아니 된다. ② 공무원은 직무수행과 관련하여 자기나 타인의 부당한 이익을 위하여 직무관련자를 다른 직무관련자나 공직자에게 소개해서는 아니 된다. ③ 공무원은 자기 또는 타인의 부당한 이익을 위하여 자신의 직무권한을 행사하거나 지위·직책 등에서 유래되는 사실상 영향력을 행사하여 공직자가 아닌 자에게 다음 각 호의 어느 하나에 해당하는 알선·청탁 등을 해서는 아니 된다. 1. 특정 개인·법인·단체에 투자·예치·대여·출연·출자·기부·후원·협찬 등을 하도록 개입하거나 영향을 미치도록 하는 행위 2. 채용·승진·전보 등 인사업무나 징계업무에 관하여 개입하거나 영향을 미치도록 하는 행위 3. 입찰·경매·연구개발·시험·특허 등에 관한 업무상 비밀을 누설하도록 하는 행위 4. 계약 당사자 선정, 계약 체결 여부 등에 관하여 개입하거나 영향을 미치도록 하는 행위 5. 특정 개인·법인·단체에 재화 또는 용역을 정상적인 관행에서 벗어나 매각·교환·사용·수익·점유·제공 등을 하도록 하는 행위 6. 각급 학교의 입학·성적·수행평가 등의 업무에 관하여 개입하거나 영향을 미치도록 하는 행위 7. 각종 수상, 포상, 우수기관 또는 우수자 선정, 장학생 선발 등에 관하여 개입하거나 영향을 미치도록 하는 행위 8. 감사·조사 대상에서 특정 개인·법인·단체가 선정·배제되도록 하거나 감사·조사 결과를 조작하거나 또는 그 위반사항을 묵인하도록 하는 행위 9. 그 밖에 소속 기관의 장이 공직자가 아닌 자의 공정한 업무 수행을 저해하는 알선·청탁 등에 해당한다고 판단하는 행위
직무관련 정보를 이용한 거래 등의 제한 (제19조)	① 공무원은 직무수행 중 알게 된 정보를 이용하여 유가증권, 부동산 등과 관련된 재산상 거래 또는 투자를 하거나 타인에게 그러한 정보를 제공하여 재산상 거래 또는 투자를 돕는 행위를 해서는 아니 된다. ② 제1항에 따라 이용 또는 제공이 제한되는 정보란 공무원이 다음 각 호의 사항에 관한 직무를 수행하던 중 알게 된 미공개 정보를 말한다. 1. 경비함정 및 항공기 등 주요 장비도입·관리 계획의 수립 및 조정 2. 해양경비기본계획 및 시행계획의 수립 및 조정 3. 수난대비기본계획 및 집행계획의 수립 및 조정 4. 연안사고예방기본계획 및 시행계획의 수립 및 조정 5. 동력수상레저기구 조종면허시험 업무대행 기관 및 면허시험 면제교육기관, 수상안전교육 업무위탁기관 지정에 관한 계획 수립 및 조정

<table>
<tr><td></td><td>6. 유 · 도선의 면허 · 신고, 수상레저사업 등록에 관한 계획 수립 및 조정
7. 해양환경관리업의 등록에 관한 계획 수립 및 조정
8. 해양오염물질 방제 자재 · 약제의 형식승인 · 성능인증에 관한 계획 수립 및 조정
9. 그 밖에 제1호부터 제8호에 준하는 업무의 계획 수립 및 조정</td></tr>
<tr><td>공용재산의 사적 사용 · 수익 금지 (제20조)</td><td>공무원은 관용 차량 · 선박 · 항공기 등 공용재산과 예산의 사용으로 제공되는 항공마일리지, 적립포인트 등 부가서비스를 정당한 사유 없이 사적인 용도로 사용 · 수익해서는 아니 된다.</td></tr>
<tr><td>사적 노무 요구 금지 (제21조)</td><td>공무원은 자신의 직무권한을 행사하거나 지위 · 직책 등에서 유래되는 사실상 영향력을 행사하여 직무관련자 또는 직무관련공무원으로부터 사적 노무를 제공받거나 요구 또는 약속해서는 아니 된다. 다만, 다른 법령 또는 사회상규에 따라 허용되는 경우에는 그러하지 아니하다.</td></tr>
<tr><td>직무권한 등을 행사한 부당 행위의 금지 (제21조의2)</td><td>공무원은 자신의 직무권한을 행사하거나 지위 · 직책 등에서 유래되는 사실상 영향력을 행사하여 다음 각 호의 어느 하나에 해당하는 부당한 행위를 해서는 안 된다.
1. 인가 · 허가 등을 담당하는 공무원이 그 신청인에게 불이익을 주거나 제3자에게 이익 또는 불이익을 주기 위하여 부당하게 그 신청의 접수를 지연하거나 거부하는 행위
2. 직무관련공무원에게 직무와 관련이 없거나 직무의 범위를 벗어나 부당한 지시 · 요구를 하는 행위
3. 공무원 자신이 소속된 기관이 체결하는 물품 · 용역 · 공사 등 계약에 관하여 직무관련자에게 자신이 소속된 기관의 의무 또는 부담의 이행을 부당하게 전가하거나 자신이 소속된 기관이 집행해야 할 업무를 부당하게 지연하는 행위
4. 공무원 자신이 소속된 기관의 소속 기관 또는 산하기관에 자신이 소속된 기관의 업무를 부당하게 전가하거나 그 업무에 관한 비용 · 인력을 부담하도록 부당하게 전가하는 행위
5. 그 밖에 직무관련자, 직무관련공무원, 공무원 자신이 소속된 기관의 소속 기관 또는 산하기관의 권리 · 권한을 부당하게 제한하거나 의무가 없는 일을 부당하게 요구하는 행위</td></tr>
<tr><td>금품 등의 수수 금지 (제22조)</td><td>① 공무원은 직무 관련 여부 및 기부 · 후원 · 증여 등 그 명목에 관계없이 동일인으로부터 1회에 100만원 또는 매 회계연도에 300만원을 초과하는 금품 등을 받거나 요구 또는 약속해서는 아니 된다.
② 공무원은 직무와 관련하여 대가성 여부를 불문하고 제1항에서 정한 금액 이하의 금품 등을 받거나 요구 또는 약속해서는 아니 된다.
③ 제24조의 외부강의 등에 관한 사례금 또는 다음 각 호의 어느 하나에 해당하는 금품 등은 제1항 또는 제2항에서 수수(收受)를 금지하는 금품 등에 해당하지 아니한다.
1. 소속 기관의 장이 소속 공무원이나 파견 공무원에게 지급하거나 상급자가 위로 · 격려 · 포상 등의 목적으로 하급자에게 제공하는 금품 등
2. 원활한 직무수행 또는 사교 · 의례 또는 부조의 목적으로 제공되는 음식물 · 경조사비 · 선물 등으로서 별표 1에서 정하는 가액 범위 안의 금품 등

[별표 1]
음식물 · 경조사비 · 선물 등의 가액 범위(제22조 제3항 관련)
<table><tr><th>구분</th><th>가액 범위</th></tr><tr><td>1. 음식물(제공자와 공직자 등이 함께하는 식사, 다과, 주류, 음료, 그 밖에 이에 준하는 것을 말한다)</td><td>3만원</td></tr><tr><td>2. 경조사비: 축의금 · 조의금. 다만, 축의금·조의금을 대신하는 화환 · 조화는 10만원으로 한다.</td><td>5만원
(10만원)</td></tr></table></td></tr>
</table>

3. 선물: 금전, 유가증권, 제1호의 음식물 및 제2호의 경조사비를 제외한 일체의 물품, 그 밖에 이에 준하는 것. 다만, 농수산물 품질관리법 제2조 제1항 제1호에 따른 농수산물(이하 '농수산물'이라 한다) 및 같은 항 제13호에 따른 농수산가공품(농수산물을 원료 또는 재료의 50퍼센트를 넘게 사용하여 가공한 제품만 해당하며, 이하 '농수산가공품'이라 한다)은 10만원으로 한다.	5만원 (10만원)

비고

가. 제1호, 제2호 본문 · 단서 및 제3호 본문 · 단서의 각각의 가액 범위는 각각에 해당하는 것을 모두 합산한 금액으로 한다.

나. 제2호 본문의 축의금 · 조의금과 같은 호 단서의 화환 · 조화를 함께 받은 경우 또는 제3호 본문의 선물과 같은 호 단서의 농수산물 · 농수산가공품을 함께 받은 경우에는 각각 그 가액을 합산한다. 이 경우 가액 범위는 10만원으로 하되, 제2호 본문 또는 단서나 제3호 본문 또는 단서의 가액 범위를 각각 초과해서는 안된다.

다. 제1호의 음식물, 제2호의 경조사비 및 제3호의 선물 중 2가지 이상을 함께 받은 경우에는 그 가액을 합산한다. 이 경우 가액 범위는 함께 받은 음식물, 경조사비 및 선물의 가액 범위 중 가장 높은 금액으로 하되, 제1호부터 제3호까지의 규정에 따른 가액 범위를 각각 초과해서는 안 된다.

라. 공공기관의 장은 업무 특성에 따라 위 기준보다 강화된 기준을 정할 수 있으며, 직무관련자, 직무관련공무원 또는 직무관련임직원으로부터의 금품 등 수수 제한에 대하여는 보다 엄격한 별도의 기준을 마련할 수 있다.

3. 사적 거래(증여는 제외한다)로 인한 채무의 이행 등 정당한 권원(權原)에 의하여 제공되는 금품등
4. 공무원의 친족(민법 제777조에 따른 친족을 말한다)이 제공하는 금품 등
5. 공무원과 관련된 직원상조회 · 동호인회 · 동창회 · 향우회 · 친목회 · 종교단체 · 사회단체 등이 정하는 기준에 따라 구성원에게 제공하는 금품 등 및 그 소속 구성원 등 공무원과 특별히 장기적 · 지속적인 친분관계를 맺고 있는 자가 질병 · 재난 등으로 어려운 처지에 있는 공무원에게 제공하는 금품 등
6. 공무원의 직무와 관련된 공식적인 행사에서 주최자가 참석자에게 통상적인 범위에서 일률적으로 제공하는 교통, 숙박, 음식물 등의 금품 등
7. 불특정 다수인에게 배포하기 위한 기념품 또는 홍보용품 등이나 경연 · 추첨을 통하여 받는 보상 또는 상품 등
8. 그 밖에 사회상규(社會常規)에 따라 허용되는 금품 등

④ 공무원은 제3항 제5호에도 불구하고 같은 호에 따라 특별히 장기적 · 지속적인 친분관계를 맺고 있는 자가 직무관련자 또는 직무관련공무원으로서 금품 등을 제공한 경우에는 그 수수 사실을 별지 제11호 서식에 따라 지체 없이 소속 기관의 장에게 신고하여야 한다.

⑤ 공무원은 자신의 배우자나 직계 존속 · 비속이 자신의 직무와 관련하여 제1항 또는 제2항에 따라 공무원이 받는 것이 금지되는 금품 등(이하 '수수 금지 금품 등'이라 한다)을 받거나 요구하거나 제공받기로 약속하지 아니하도록 하여야 한다.

⑥ 공무원은 다른 공무원에게 또는 그 공무원의 배우자나 직계 존속 · 비속에게 수수 금지 금품 등을 제공하거나 그 제공의 약속 또는 의사표시를 해서는 아니 된다.

감독기관의 부당한 요구 금지(제22조의2)	① 감독·감사·조사·평가를 하는 기관(이하 이 조에서 '감독기관'이라 한다)에 소속된 공무원은 자신이 소속된 기관의 출장·행사·연수 등과 관련하여 감독·감사·조사·평가를 받는 기관(이하 이 조에서 '피감기관'이라 한다)에 다음 각 호의 어느 하나에 해당하는 부당한 요구를 해서는 안 된다. 1. 법령에 근거가 없거나 예산의 목적·용도에 부합하지 않는 금품등의 제공 요구 2. 감독기관 소속 공무원에 대하여 정상적인 관행을 벗어난 예우·의전의 요구 ② 제1항에 따른 부당한 요구를 받은 피감기관 소속 공직자는 그 이행을 거부해야 하며, 거부했음에도 불구하고 감독기관 소속 공무원으로부터 같은 요구를 다시 받은 때에는 그 사실을 피감기관의 행동강령책임관(피감기관이 공직자윤리법 제3조의2 제1항에 따른 공직유관단체인 경우에는 행동강령에 관한 업무를 담당하는 직원을 말한다. 이하 이 조에서 같다)에게 별지 제22호 서식에 따른 서면으로 알려야 한다. 이 경우 행동강령책임관은 그 요구가 제1항 각 호의 어느 하나에 해당하는 경우에는 지체 없이 피감기관의 장에게 보고해야 한다. ③ 제2항 후단에 따른 보고를 받은 피감기관의 장은 제1항 각 호의 어느 하나에 해당하는 경우에는 그 사실을 해당 감독기관의 장에게 알려야 하며, 그 사실을 통지받은 감독기관의 장은 해당 요구를 한 소속 공무원에 대하여 징계 등 필요한 조치를 해야 한다.
청렴한 계약의 체결 및 이행(제23조)	① 공무원은 해양경찰관서에서 시행하는 입찰, 계약 및 계약이행 등에 있어서 관계 법령에서 정한 절차에 따라 공정하고 투명하게 업무를 수행하여야 한다. ② 공무원은 제1항의 입찰, 계약 및 계약이행 과정에서 거래상의 우월적인 지위를 이용하여 금지된 금품 등을 요구하거나 불공정한 거래 조건의 강요, 경영간섭 등 부당한 요구를 해서는 아니 된다.

4. 건전한 공직풍토의 조성

구분	내용
외부강의 등의 사례금 수수 제한(제24조)	① 공무원은 자신의 직무와 관련되거나 그 지위·직책 등에서 유래되는 사실상의 영향력을 통하여 요청받은 교육·홍보·토론회·세미나·공청회 또는 그 밖의 회의 등에서 한 강의·강연·기고 등(이하 '외부강의 등'이라 한다)의 대가로서 별표 2에서 정하는 금액을 초과하는 사례금을 받아서는 아니 된다. [별표 2] 외부강의 등 사례금 상한액(제24조 제1항 관련) 1. 사례금 상한액 가. 해양경찰청 소속 공무원: 40만원(사례금 최대한도 60만원) 나. 가목에도 불구하고 국제기구, 외국정부, 외국대학, 외국연구기관, 외국학술단체, 그 밖에 이에 준하는 외국기관에서 지급하는 외부강의 등의 사례금 상한액은 사례금을 지급하는 자의 지급기준에 따른다. 2. 적용기준 가. 사례금 상한액은 강의 등의 경우 1시간당, 기고의 경우 1건당 상한액으로 한다. 나. 1시간을 초과하여 강의 등을 하는 경우에도 사례금 총액은 강의시간에 관계없이 1시간 상한액의 100분의 150에 해당하는 금액을 초과하지 못한다. 다. 상한액에는 강의료, 원고료, 출연료 등 명목에 관계없이 외부강의 등 사례금 제공자가 외부강의 등과 관련하여 공직자에게 제공하는 일체의 사례금을 포함한다.

	라. 나목에도 불구하고 공직자가 소속 기관에서 교통비, 숙박비, 식비 등 여비를 지급받지 못한 경우에는 공무원 여비 규정의 기준 내에서 실비수준으로 제공되는 교통비, 숙박비 및 식비는 제1호의 사례금에 포함되지 않는다. ② 공무원은 사례금을 받는 외부강의 등을 할 때에는 외부강의 등의 요청 명세 등을 소속 해양경찰관서장에게 그 외부강의 등을 마친 날부터 10일 이내에 전자인사관리시스템(e-사람) 또는 별지 제12호 서식에 따른 서면으로 신고하여야 한다. 다만, 외부강의 등을 요청한 자가 국가나 지방자치단체인 경우에는 예외로 한다. ③ 공무원은 제2항 본문에 따른 신고를 할 때 상세 명세 또는 사례금 총액 등을 미리 알 수 없는 경우에는 해당 사항을 제외한 사항을 신고한 후 해당 사항을 안 날부터 5일 이내에 보완하여야 한다. ④ 해양경찰관서장은 제2항에 따라 공무원이 신고한 외부강의 등이 공정한 직무수행을 저해할 수 있다고 판단하는 경우에는 그 공무원의 외부강의 등을 제한할 수 있다. ⑤ 공무원은 제1항에 따른 금액을 초과하는 사례금을 받은 경우에는 해양경찰관서장에게 신고하고, 제공자에게 그 초과금액을 지체 없이 반환하여야 한다. ⑥ 공무원은 제5항에 따라 초과금액을 반환한 경우에는 증명자료를 첨부하여 별지 제13호 서식에 따라 그 반환 비용을 해양경찰관서장에게 청구할 수 있다. ⑦ 공무원은 월 3회 또는 월 6시간을 초과하여 대가를 받고 외부강의 등을 하려는 경우에는 미리 소속 해양경찰관서장의 승인을 받아야 한다. 다만, 국가나 지방자치단체에서 요청하거나 겸직허가를 받고 수행하는 외부강의 등은 그 제한 횟수나 시간을 포함하지 아니한다.
초과사례금의 신고방법 등 (제25조)	① 공무원은 제24조 제1항에 따른 금액을 초과하는 사례금(이하 '초과사례금'이라 한다)을 받은 경우에는 소속 해양경찰관서장에게 초과사례금을 받은 사실을 안 날부터 2일 이내에 별지 제14호 서식에 따라 서면으로 신고하고, 제공자에게 그 초과사례금을 지체 없이 반환하여야 한다. ② 제1항에 따른 신고를 받은 해양경찰관서장은 초과사례금을 반환하지 않은 공무원에 대하여 신고사항을 확인한 후 7일 이내에 반환하여야 할 초과사례금의 액수를 산정하여 해당 공무원에게 통지하여야 한다. ③ 제2항에 따라 통지를 받은 공무원은 지체 없이 초과사례금(신고자가 초과 사례금의 일부를 반환한 경우에는 그 차액으로 한정한다)을 제공자에게 반환하고 그 사실을 해양경찰관서장에게 알려야 한다.
직무관련자 등과의 거래 신고 (제26조)	① 공무원은 자신, 배우자, 직계존속 · 비속(생계를 같이 하는 경우만 해당한다. 이하 이 조에서 같다) 또는 특수관계사업자가 공무원 자신의 직무관련자 또는 직무관련공무원과 직접 다음 각 호의 어느 하나에 해당하는 행위를 하는 경우(무상인 경우를 포함한다)에는 소속 기관의 장에게 미리 별지 제15호 서식에 따른 서면으로 신고하여야 한다. 1. 금전을 빌리거나 빌려주는 행위 및 유가증권을 거래하는 행위. 다만, 금융실명거래 및 비밀보장에 관한 법률 제2조 제1호에 따른 금융회사 등으로부터 통상적인 조건으로 금전을 빌리는 행위 및 유가증권을 거래하는 행위는 제외한다. 2. 부동산, 자동차, 선박, 항공기, 건설기계, 그 밖에 이에 준하는 재산을 거래하는 행위. 다만, 공매 · 경매 · 입찰 및 공개추첨(이하 '공매 등'이라 한다)을 통한 거래 행위는 제외한다. 3. 제1호 및 제2호의 거래 행위 외에 물품(일상생활용품은 제외한다), 용역, 공사 등의 계약을 체결하는 행위. 다만, 공매 등을 통한 계약 체결 행위 또는 거래관행상 불특정다수를 대상으로 반복적으로 행해지는 계약 체결 행위는 제외한다.

	② 공무원은 자신, 배우자, 직계존속·비속 또는 특수관계사업자가 공무원 자신의 직무관련자이었던 자이거나 직무관련공무원이었던 사람과 제1항 각 호의 어느 하나에 해당하는 행위를 하는 경우에는 소속 기관의 장에게 미리 별지 제15호 서식에 따른 서면으로 신고하여야 한다. 다만, 그 직무관련자 또는 직무관련공무원과 관련된 직무 수행이 종료된 날부터 2년이 지난 경우에는 그러하지 아니하다. ③ 제1항 및 제2항에도 불구하고 직무관련자나 직무관련공무원 또는 직무관련자이었던 자나 직무관련공무원이었던 사람이 민법 제777조에 따른 친족인 경우는 신고대상에서 제외한다. ④ 공무원은 제1항 및 제2항에 따른 사전 신고가 곤란한 경우에는 해당 거래 등의 행위를 마친 날부터 5일 이내에 별지 제15호 서식에 따른 서면으로 신고하여야 한다. 다만, 공무원 자신의 거래 등의 행위가 아니거나 제3자가 중개 또는 대리하여 거래한 경우로서 미리 이를 알고 신고하기 어려운 경우에는 거래 등의 사실을 안 날부터 5일 이내에 신고하여야 한다. ⑤ 소속 기관의 장은 제1항 및 제2항에 따라 공무원이 신고한 행위가 공정한 직무수행을 저해할 수 있다고 판단되는 경우에는 해당 공무원에게 제5조 제4항 및 제5항에 따른 조치 등을 할 수 있다.
직무관련자와 골프 및 사적 여행 제한 (제26조의2)	① 공무원은 직무관련자와는 비용 부담 여부와 관계없이 골프를 같이 하여서는 아니 된다. 다만, 다음 각 호와 같은 부득이한 사정에 따라 골프를 같이 하는 경우에는 소속관서 행동강령 책임관에게 별지 제23호 서식에 따른 서면으로 사전에 신고하여야 하며 사전에 신고하기 어려운 특별한 사유가 있는 경우에는 사후에 즉시 신고하여야 한다. 1. 정책의 수립·시행을 위한 의견교환 또는 업무협의 등 공적인 목적을 위하여 필요한 경우 2. 직무관련자인 친족과 골프를 하는 경우 3. 동창회 등 친목단체에 직무관련자가 있어 부득이 골프를 하는 경우 4. 그 밖에 위 각 호와 유사한 사유로 부득이하다고 인정되는 경우 ② 공무원은 직무관련자와 함께 사적인 여행을 하여서는 아니 된다. 다만, 제1항 각 호의 사유가 있어 같은 항 단서에 따른 신고를 한 경우에는 그러하지 아니하다.
건전한 경조사 문화의 정착 (제27조)	① 공무원은 건전한 경조사 문화의 정착을 위하여 솔선수범하여야 한다. ② 공무원은 직무관련자나 직무관련공무원에게 경조사를 알려서는 아니 된다. 다만, 다음 각 호의 어느 하나에 해당하는 경우에는 경조사를 알릴 수 있다. 1. 친족(민법 제767조에 따른 친족을 말한다)에게 알리는 경우 2. 현재 근무하고 있거나 과거에 근무하였던 기관의 소속 직원에게 알리는 경우 3. 신문, 방송 또는 제2호에 따른 직원에게만 열람이 허용되는 내부통신망 등을 통하여 알리는 경우 4. 공무원 자신이 소속된 종교단체·친목단체 등의 회원에게 알리는 경우

5. 위반 시의 조치 등

구분	내용
위반 여부에 대한 상담 (제28조)	① 공무원은 알선·청탁, 금품 등의 수수, 외부강의 등의 사례금 수수, 경조사의 통지, 직무권한 등을 행사한 부당행위, 감독기관의 부당한 요구 등에 대하여 이 훈령을 위반하는 지가 분명하지 아니할 때에는 행동강령책임관과 상담한 후 처리하여야 하며, 행동강령책임관은 별지 제16호 서식에 따라 상담내용을 관리하여야 한다. ② 행동강령책임관은 제1항에 따른 상담이 원활하게 이루어질 수 있도록 전용전화·상담실 설치 등의 필요한 조치를 취하여야 한다.

위반행위의 신고 및 확인 (제29조)	① 누구든지 공무원이 공무원 행동강령이나 이 훈령을 위반한 사실을 알게 되었을 때에는 별지 제17호 서식에 따라 그 공무원이 소속된 기관의 장, 그 기관의 행동강령책임관 또는 국민권익위원회에 신고할 수 있다. ② 제1항에 따라 신고하는 자는 본인과 위반자의 인적 사항과 위반내용을 구체적으로 제시하여야 한다. ③ 행동강령책임관은 제1항에 따라 신고된 위반행위를 확인한 후 해당 공무원으로부터 받은 소명자료를 첨부하여 소속 기관의 장에게 보고하여야 한다.
신고인의 신분보장 (제30조)	① 소속 기관의 장과 행동강령책임관은 제29조에 따른 신고인과 신고내용에 대하여 비밀을 보장하여야 하며, 신고인이 신고에 따른 불이익을 받지 아니하도록 하여야 한다. ② 제1항에도 불구하고 불이익을 받은 신고인은 행동강령책임관 · 소속 기관의 장 또는 국민권익위원회에 보호조치 및 불이익의 구제 등을 요청할 수 있으며, 이 경우 소속 기관의 장과 행동강령책임관은 그에 필요한 적절한 조치를 취하여야 한다. ③ 제29조에 따른 신고로 자신의 위반행위가 발견된 경우 그 신고인에 대한 징계 처분 등을 함에 있어서는 이를 감경 또는 면제할 수 있다. ④ 제1항부터 제3항까지는 이 훈령에 의한 상담 · 보고 등의 경우에도 준용한다.
행동강령 위반행위 조사위원회 (제31조)	① 소속 기관의 장은 소속 공무원의 행동강령 위반행위에 대한 공정한 조사를 위하여 필요한 경우에는 행동강령책임관을 장으로 하는 조사위원회를 구성하여 운영할 수 있다. ② 제1항에 따른 조사위원회는 3인 이상으로 구성하여야 한다.
징계 (제32조)	① 소속 기관의 장은 이 훈령에 위반된 행위를 한 공무원에 대하여는 징계 등 필요한 조치를 하여야 한다. ② 제1항에 따른 징계의 종류, 절차, 효력 등은 국가공무원법 및 공무원 징계령, 경찰공무원 징계령, 해양경찰 공무원 징계양정 등에 관한 규칙에 따른다. 다만, 제30조 제1항을 위반하여 신고자에게 불이익 등을 가한 경우에는 가중하여 징계할 수 있다.
수수 금지 금품 등의 신고 및 처리 (제33조)	① 공무원은 다음 각 호의 어느 하나에 해당하는 경우에는 소속 기관의 장에게 지체 없이 별지 제18호 서식에 따라 신고하여야 한다. 1. 공무원 자신이 수수 금지 금품 등을 받거나 그 제공의 약속 또는 의사표시를 받은 경우 2. 공무원이 자신의 배우자나 직계 존속 · 비속이 수수 금지 금품 등을 받거나 그 제공의 약속 또는 의사표시를 받은 사실을 알게 된 경우 ② 공무원은 제1항 각 호의 어느 하나에 해당하는 경우에는 금품 등을 제공한 자(이하 이 조에서 '제공자'라 한다) 또는 제공의 약속이나 의사표시를 한 자에게 그 제공받은 금품 등을 지체 없이 반환하거나 반환하도록 하거나 그 거부의 의사를 밝히거나 밝히도록 하여야 한다. ③ 공무원은 제2항에 따라 금품 등을 반환한 경우에는 증명자료를 첨부하여 별지 제13호 서식에 따라 그 반환 비용을 소속 기관의 장에게 청구할 수 있다. ④ 공무원은 제2항에 따라 반환하거나 반환하도록 하여야 하는 금품 등이 다음 각 호의 어느 하나에 해당하는 경우에는 소속 기관의 장에게 인도하거나 인도하도록 하여야 한다. 1. 멸실 · 부패 · 변질 등의 우려가 있는 경우 2. 제공자나 제공자의 주소를 알 수 없는 경우 3. 그 밖에 제공자에게 반환하기 어려운 사정이 있는 경우 ⑤ 소속 기관의 장은 제4항에 따라 금품 등을 인도받은 경우에는 즉시 사진으로 촬영하거나 영상으로 녹화하고 별지 제19호 서식에 따라 관리하여야 하며, 다른 법령에 특별한 규정이 있는 경우를 제외하고는 다음 각 호에 따라 처리한다.

	1. 수수 금지 금품 등이 아닌 것으로 확인된 경우: 금품 등을 인도한 자에게 반환 2. 수수 금지 금품 등에 해당하는 것으로 확인된 경우로서 추가적인 조사·감사·수사 또는 징계 등 후속조치를 위하여 필요한 경우: 관계 기관에 증거자료로 제출하거나 후속조치가 완료될 때까지 보관 3. 제1호 및 제2호의 규정에도 불구하고 멸실·부패·변질 등으로 인하여 반환·제출·보관이 어렵다고 판단되는 경우: 별지 제20호 서식에 따라 금품 등을 인도한 자의 동의를 받아 폐기처분 4. 그 밖의 경우에는 세입조치 또는 사회복지시설·공익단체 등에 기증하거나 소속 기관의 장이 정하는 기준에 따라 처리 ⑥ 소속 기관의 장은 제5항에 따라 처리한 금품 등에 대하여 별지 제21호 서식에 따라 관리하여야 하며, 제5항에 따른 처리 결과를 금품 등을 인도한 자에게 통보하여야 한다. ⑦ 소속 기관의 장은 금지된 금품 등의 신고자에 대하여 인사우대·포상 등을 시행할 수 있다.

6. 보칙

구분	내용
교육 (제34조)	① 해양경찰청장 및 소속기관장은 소속 공무원에 대하여 이 훈령의 준수를 위한 교육계획을 수립·시행하여야 하며, 매년 1회 이상 교육을 하고 그 결과를 기록·관리하여야 한다. ② 해양경찰교육원장은 신임 및 기본교육과정 교육생에 대하여 이 훈령 준수를 위한 교육을 하여야 한다. ③ 제1항에 따라 실시하는 교육은 다음 각 호의 사항을 포함하여야 한다. 1. 직무와 관련하여 향응·금품 등을 받는 행위의 금지·제한에 관한 사항 2. 직위를 이용한 인사관여, 이권개입, 알선·청탁행위 및 부당행위 등의 금지·제한에 관한 사항 3. 공정한 인사 등 건전한 공직풍토 조성을 위하여 공무원이 지켜야 할 사항 4. 공무원 행동강령 위반행위에 대한 신고·처리 절차 및 신고자 보호 등에 관한 사항 5. 그 밖에 부패의 방지와 공무원 직무의 청렴성 및 품위유지 등을 위하여 필요한 사항
행동강령책임관의 지정 (제35조)	① 해양경찰청과 그 소속 기관에 이 훈령의 원활한 운영을 위하여 행동강령책임관을 둔다. ② 해양경찰청의 감사담당관, 해양경찰교육원의 교육지원과장, 지방해양경찰청의 청문감사담당관, 해양경찰서의 기획운영과장, 중앙해양특수구조단의 행정지원팀장, 해양경찰정비창의 기획운영과장을 각각 그 기관의 행동강령책임관으로 한다. ③ 행동강령책임관은 부정청탁 및 금품 등 수수의 금지에 관한 법률 제20조에 따른 부정청탁 금지 등을 담당하는 담당관을 겸할 수 있다. ④ 행동강령책임관은 다음 각 호의 업무를 수행한다. 1. 행동강령의 교육·상담에 관한 사항 2. 행동강령의 준수 여부에 대한 점검 및 평가에 관한 사항 3. 행동강령 위반행위의 신고접수·조사처리 및 신고인 보호에 관한 사항 4. 그 밖에 행동강령의 운영을 위하여 필요한 사항 ⑤ 행동강령책임관은 제3항에 따른 업무를 수행하면서 알게 된 비밀을 누설해서는 아니 된다. ⑥ 행동강령책임관은 상담내용을 별지 제16호 서식에 따라 기록·관리하여야 한다.
준수 여부 점검 (제36조)	① 행동강령책임관은 공무원의 행동강령 이행실태 및 준수 여부 등을 매년 2회 이상 정기적으로 점검하여야 한다. ② 행동강령책임관은 제1항에 따른 정기점검 이외에도 휴가철, 명절 전후 등 부패 취약 시기에 수시점검을 실시할 수 있다.

	③ 행동강령책임관은 제1항과 제2항에 따른 점검 결과를 해양경찰청장 및 소속 기관의 장에게 보고하여야 한다.
포상 (제37조)	해양경찰청장 및 소속 기관의 장은 행동강령의 이행 및 발전에 기여한 청렴업무 담당 등 소속 공무원에 대하여 인사우대나 포상 등을 실시할 수 있다.
기록 보관 · 관리 (제38조)	① 해양경찰관서장은 이 규칙에서 정한 제출된 사항, 확인 및 조치 내역 등을 관리하여야 한다. ② 해양경찰관서장은 제1항의 기록을 전자 매체 또는 마이크로필름 등 전자적 처리가 가능한 방법으로 관리하여야 한다.
행동강령 운영실적 등 제출 (제39조)	① 해양경찰청 행동강령책임관은 이 규칙을 제정 · 개정하였을 때에는 이를 국민권익위원회에 통보하여야 한다. ② 해양경찰청 행동강령책임관은 행동강령 운영실적 및 이 규칙의 현황을 국민권익위원회에 반기별로 제출하여야 한다. 이 경우 다음 각 호의 기한 내에 공공기관 청렴e시스템(https://ep.clean.go.kr)에 입력하여야 한다. 1. 상반기 운영실적: 7월 31일 2. 하반기 운영실적: 다음해 1월 31일
행동강령 위반행위자 조치결과 통보 (제40조)	① 해양경찰관서장은 국민권익위원회로부터 통보받은 행동강령 위반행위에 대한 조치결과를 다음 각 호의 서류를 첨부하여 국민권익위원회에 통보하여야 한다. 1. 징계의결요구서 사본 2. 징계의결서 사본 ② 해양경찰관서장은 국민권익위원회로부터 통보받은 행동강령 위반행위자에 대하여 징계의결을 요구하지 않은 경우 별지 제24호 서식을 첨부하여 국민권익위원회에 통보하여야 한다.
공무원 행동강령 세부운영 지침 (제41조)	소속 기관의 장은 이 규칙의 운영에 필요한 세부사항을 따로 정하여 시행할 수 있다.

06 해양경찰청 감찰규칙

1. 서설

이 규칙은 해양경찰청 소속 공무원의 공직기강 확립과 해양경찰 행정의 적정성 확보를 위한 감찰에 필요한 사항을 규정함을 목적으로 한다.

(1) 정의(제2조)

이 규칙에서 사용하는 용어의 뜻은 다음 각 호와 같다.

구분	내용
의무위반행위	해양경찰청 및 그 소속 기관(이하 '해양경찰관서'라 한다)에 소속하는 경찰공무원, 의무경찰, 일반 · 계약직공무원(이하 '해양경찰공무원 등'이라 한다)이 국가공무원법 등 관련 법령 또는 직무상 명령 등에 따른 각종 의무를 위반한 행위를 말한다.
감찰	복무기강 확립과 해양경찰 행정의 적정성을 확보하기 위해 해양경찰관서 또는 해양경찰공무원 등의 모든 업무와 활동 등을 조사 · 점검 · 확인하고 그 결과를 처리하는 감찰관의 직무활동을 말한다.
감사기구의 장	공공감사에 관한 법률 제2조 제6호에서 규정한 감사기구의 장을 말한다.
감찰관	감찰업무를 담당하는 해양경찰공무원 등을 말한다.

(2) 적용 범위(제3조)

해양경찰관서의 감찰업무는 다른 법령에 특별한 규정이 있는 경우를 제외하고는 이 규칙이 정하는 바에 따른다.

2. 감찰관

(1) 감찰관의 자격(제4조)

감찰관은 다음의 어느 하나에 해당하는 자격을 갖추어야 한다.

① 1년 이상 감찰 · 감사 · 수사 · 법무, 예산 · 회계, 조사 · 기획 · 평가 등의 업무를 담당한 사람
② 감찰 · 감사업무 수행에 필요한 자격증 또는 감사분야에 전문학사 이상의 학위를 소지한 사람
③ 그 밖에 감사기구의 장이 감찰업무 수행에 필요한 전문성, 자질, 적성을 갖추었다고 인정하는 사람

(2) 감찰관의 결격사유(제5조)

다음의 어느 하나에 해당하는 사람은 감찰관이 될 수 없다.

① 직무와 관련한 금품 및 향응 수수, 공금의 횡령 · 유용, 성폭력범죄의 처벌 등에 관한 특례법에 따른 성폭력범죄, 성매매알선 등 행위의 처벌에 관한 법률에 따른 성매매 · 성매매 알선 등 행위 · 성매매 목적의 인신매매, 국가인권위원회법에 따른 성희롱 및 도로교통법에 따른 음주운전으로 징계처분을 받은 사람
② 제1호 이외의 사유로 징계처분을 받아 말소기간이 지나지 않은 사람
③ 질병 등으로 감찰관으로서의 업무수행이 어려운 사람
④ 민원, 복무규율 위반 등으로 수시 감찰조사대상이 되었던 자
⑤ 그 밖의 감찰관으로서 적합하지 아니하다고 판단되는 사람

(3) 감찰관의 신분보장(제6조)

① 해양경찰관서의 장(이하 '해양경찰관서장'이라 한다)은 감찰관이 제5조에 따른 결격사유에 해당되는 것으로 밝혀졌을 경우와 다음의 어느 하나에 해당하는 경우를 제외하고는 **2년 이내**에 본인의 의사에 반하여 전보하여서는 아니 된다.

㉠ 징계사유가 있는 경우
㉡ 형사사건에 계류된 경우
㉢ 직무수행 능력이 현저히 부족하다고 판단되는 경우
㉣ 고압 · 권위적인 감찰활동을 반복하여 물의를 야기한 경우

② 해양경찰관서장은 **1년 이상** 성실히 근무한 감찰관 중 다른 부서 근무를 희망하는 자에 대해서는 희망부서를 고려하여 전보한다.

(4) 감찰관의 행동준칙(제6조의2)

감찰관이 감찰활동을 할 때에는 다음의 준칙에 따라 행동하여야한다.

① 감찰관은 관계 법령과 절차를 준수한다.
② 감찰관은 경찰공무원등의 권위와 인격을 존중한다.
③ 감찰관은 객관적인 증거와 조사로 사실관계를 명확히 하고, 공정하게 직무를 수행한다.

④ 감찰관은 직무상 알게 된 사항에 대하여 비밀을 엄수한다.
⑤ 감찰관은 선행·수범 직원을 발견하는 데 적극 노력한다.

3. 감찰활동

(1) 감찰활동의 관할(제7조)

감찰관은 소속 해양경찰관서의 관할구역 안에서 활동하는 것을 원칙으로 한다. 다만, 필요한 경우에는 관할구역 밖에서도 활동할 수 있다.

(2) 감찰관의 권한(제8조)

① 감찰관은 직무상 다음의 사항을 요구할 수 있다.

㉠ 조사를 위한 출석
㉡ 질문에 대한 답변 및 진술서 제출
㉢ 증거품 및 자료 제출
㉣ 현지조사의 협조

② 해양경찰공무원 등은 감찰관으로부터 제1항에 따른 요구를 받은 때에는 정당한 사유가 없는 한 그 요구에 따라야 한다.
③ 감찰관은 직무수행 중 알게 된 정보나 제출받은 자료를 감찰 목적 외의 용도로 이용할 수 없다.

(3) 감찰관 증명서 등 제시(제9조)

감찰관이 제8조에 따른 요구를 할 때에는 소속 해양경찰관서장이 발행한 별지 제1호 서식의 감찰관 증명서 또는 공무원증을 제시하여 신분을 밝히고 감찰활동 목적을 설명하여야 한다.

(4) 감찰 활동의 구분(제10조)

감찰관의 활동은 다음과 같이 구분 실시한다.

① **예방감찰**
해양경찰청 및 소속 해양경찰공무원 등의 직무실태를 감찰하여 불합리한 요소와 사고성 요인을 제거하기 위하여 점검할 수 있다.
② **특별감찰**
의무위반행위가 자주 발생하거나 그 발생 가능성이 높다고 인정되는 시기, 업무분야 및 해양경찰관서 등에 대하여는 일정기간 동안 전반적인 조직관리 및 업무추진 실태 등을 집중 점검할 수 있다.
③ **교류감찰**
감찰관은 상급 해양경찰관서장의 지시에 따라 일정기간 동안 소속 해양경찰관서가 아닌 다른 해양경찰관서의 소속 직원에 대한 복무실태, 업무추진 실태 등을 점검할 수 있다.

(5) 감찰활동 결과의 보고 및 처리(제11조)

① 감찰관은 감찰활동 결과 소속 해양경찰공무원등의 의무위반행위, 불합리한 제도·관행, 선행·수범 직원 등을 발견한 때에는 이를 소속 해양경찰관서장에게 보고하여야 한다.
② 해양경찰관서장은 제1항의 결과에 대하여 문책 요구, 시정·개선, 포상 등 필요한 조치를 하여야 한다.

4. 감찰조사

구분	내용
첩보 등의 처리 (제12조)	① 감찰관은 해양경찰공무원 등의 의무위반행위에 관한 첩보, 진정·탄원 등이 있을 때, 그 사실을 확인한 후 의무위반혐의가 있다고 판단될 때에는 감찰업무 담당 부서장에게 보고하고 감찰조사에 착수하여야 한다. ② 감찰관은 첩보 등 제공자의 신분 등을 누설하지 않도록 하여야 한다.
감찰활동 현장에서 의무위반행위 발견시의 조치(제13조)	감찰관은 감찰활동 현장에서 의무위반행위를 발견한 경우에는 사안의 경중을 고려하여 현지시정, 감찰조사 등 필요한 조치를 취하여야 한다.
민원사건의 처리 (제14조)	① 감찰관은 소속 해양경찰공무원 등의 의무위반사실에 대한 민원을 접수하였을 때에는 접수일로부터 2개월 내에 신속히 처리하여야 한다. 다만, 부득이한 사유로 민원을 기한 내에 처리할 수 없을 때에는 감찰업무 담당 부서의 장에게 보고하여 그 처리 기간을 연장할 수 있다. ② 민원사건을 배당받은 감찰관은 민원인, 피민원인 등 관련자에 대한 감찰조사 등을 거쳐 사실관계를 명확히 하여야 한다. ③ 감찰관은 불친절 또는 경미한 복무규율위반에 관한 민원사건에 대해서는 민원인에게 정식 조사절차 또는 조정절차를 선택할 수 있음을 고지하고, 민원인이 조정절차를 선택한 때에는 해당 해양경찰공무원 등의 사과, 해명 등의 조정절차를 진행하여야 한다. 다만, 조정이 이루어지지 아니한 때에는 지체 없이 조사절차를 진행하여야 한다.
기관통보사건의 처리 (제15조)	① 감찰관은 다른 경찰기관 또는 검찰, 감사원 등 다른 행정기관으로부터 통보받은 소속 직원의 의무위반행위에 대해서는 통보받은 날로부터 1개월 이내에 신속히 처리하여야 한다. ② 감찰관은 검찰·경찰, 그 밖의 수사기관으로부터 수사개시 통보를 받은 경우에는 징계의결요구권자의 결재를 받아 해당 기관으로부터 수사결과를 통보받을 때까지 감찰조사, 징계의결 요구 등의 절차를 진행하지 아니할 수 있다.
출석요구 (제16조)	① 감찰관은 감찰조사를 위해서 의무위반행위와 관련된 해양경찰공무원 등(이하 '조사대상자'라 한다)의 출석을 요구할 때에는 조사기일 2일 전까지 별지 제2호 서식의 출석요구서 또는 구두로 조사일시, 의무위반행위사실 요지 등을 통지하여야 한다. 다만, 사안이 급박한 경우에는 즉시 조사에 착수할 수 있다. ② 제1항의 경우 조사일시 등을 정할 때에는 조사대상자의 의사를 존중하여야 한다. ③ 감찰관은 의무위반행위와 관련된 내용을 조사할 때에는 사전에 준비를 철저히 하여 잦은 출석으로 인한 피해를 주지 않도록 하여야 한다.
심야 조사의 금지 (제17조)	감찰관은 심야(자정부터 오전 6시까지를 말한다)에 조사를 하여서는 아니 된다. 다만, 사안에 따라 신속한 조사가 필요하고, 조사대상자로부터 별지 제3호 서식의 심야 조사 동의서를 받은 경우에는 심야에도 조사할 수 있다. 이 경우에는 동의 여부와 심야 조사의 사유를 문답서 등 관련서류에 명확히 기재하여야 한다.
감찰조사 전 고지 (제18조)	① 감찰관은 감찰조사를 실시하기 전에 조사대상자에게 의무위반행위사실의 요지를 알려야 한다. ② 제1항의 경우 감찰관은 조사대상자에게 다음 각 호의 사항을 요구 또는 신청할 수 있다는 사실을 고지하여야 한다. 1. 다른 감찰관 또는 조사대상자가 여성일 경우 여성 해양경찰공무원 등의 참여 요구 2. 조사대상자의 동료 해양경찰공무원 등 또는 변호인의 동석 신청

조사 참여 (제19조)	① 감찰관은 조사대상자가 제18조 제2항 제1호의 사항을 요구할 경우 1명의 감찰관 또는 여성 해양경찰공무원 등을 참여시켜야 한다. ② 감찰관은 조사대상자가 제18조 제2항 제2호의 사항을 신청할 경우 조사대상자의 동료 해양경찰공무원등 또는 변호인을 조사에 참여하도록 하여야 한다. ③ 감찰관은 다음 각 호의 사유가 발생한 경우에는 조사에 참여한 제2항의 동석자에게 퇴거를 요구할 수 있다. 1. 조사 과정에 부당하게 개입하거나 조사를 제지·중단시키는 경우 2. 조사대상자에게 특정한 답변을 유도하거나 진술 번복을 유도하는 경우 3. 그 밖의 동석자의 언동 등으로 조사에 지장을 초래하는 경우 ④ 감찰관은 제2항의 동석자를 퇴거하게 한 경우 그 사유를 조사대상자에게 설명하고 그 구체적 정황을 문답서 등 관련서류에 기재하여 기록에 편철하여야 한다.
조사시 유의사항 (제20조)	① 감찰관은 조사시 엄정하고 공정하게 진실 발견에 노력하여야 한다. ② 감찰관은 조사시 조사대상자의 이익이 되는 주장 및 제출자료 등에 대해서도 사실관계를 명확히 하여 조사내용에 반영하여야 한다. ③ 감찰관은 조사시 조사대상자의 연령, 성별 등을 고려하여 언행에 유의하여야 한다. ④ 감찰관은 감찰에 필요한 정보 등을 제공한 자에 대해서는 정보제공 등으로 인하여 불이익을 받지 않도록 비밀을 유지하고 그 신원을 보호하여야 한다. ⑤ 성폭력·성희롱 등 성범죄 피해 여성에 대하여는 여성 해양경찰공무원이 조사하거나 여성 해양경찰공무원 등을 조사에 참여시켜야 하고, 조사 과정에서 피해자의 인격이나 명예가 손상되거나 사적인 비밀이 침해되지 않도록 하여야 한다. 다만, 피해 여성이 원하지 않을 경우에는 여성 해양경찰공무원 등을 참여시키지 않고 조사할 수 있다.
감찰조사 후 처리 (제21조)	① 감찰관은 감찰조사를 종료한 때에는 소속 해양경찰관서장에게 별지 제4호 서식의 진술조서와 증빙자료 등을 포함하여 감찰조사 결과를 보고하여야 한다. ② 감찰관은 조사한 의무위반행위 사건이 소속 해양경찰관서의 징계관할이 아닌 때에는 관할 해양경찰관서로 이송하여야 한다. ③ 의무위반행위 사건을 이송 받은 해양경찰관서의 감찰업무 담당 부서장은 필요시 해당 사건에 대하여 추가 조사 등을 실시할 수 있다.

5. 보칙

(1) 감찰관의 징계 등(제22조)

① 해양경찰관서장은 감찰관이 이 규칙에 위배하여 직무를 태만히 하거나 권한을 남용한 경우 및 직무상 취득한 비밀을 누설한 경우에는 해당 사건의 담당 감찰관 교체, 징계의결 요구 등의 조치를 한다.

② **감찰관의 의무위반행위**에 대해서는 해양경찰공무원 징계양정 등에 관한 규칙의 징계양정 기준보다 가중하여 징계의결을 요구할 수 있다.

(2) 감찰활동의 방해 등(제23조)

해양경찰관서장은 조사대상자가 정당한 이유 없이 출석 거부, 현지조사 불응, 협박 등의 방법 또는 관련자에게 호의적으로 진술할 것을 회유하거나 협박하는 등의 방법으로 감찰조사를 방해하는 경우에는 징계의결 요구 등의 조치를 할 수 있다.

(3) 감찰관의 당직근무 제외 등(제24조)

감찰관(감사담당관, 청문감사담당관을 포함한다)은 해양경찰공무원등의 복무기강 확립과 감찰대상 개소에 대한 지속적인 확인 점검 등을 위하여 당직근무 편성에서 제외한다.

(4) 감찰관의 우대 (제25조)

감찰관에 대하여 관계 법령 등에서 정하는 바에 따라 포상·성과평가, 근무성적 평정, 예산지원 등에서 우대할 수 있다.

(5) 교육 (제26조)

감찰관은 감찰관련 교육과정에 적극 참여하여 감찰활동의 전문성을 제고할 수 있도록 노력하여야 한다.

제2장 해양경찰의 역사

제1절 해양경찰의 태동기(1945~1952)

01 맥아더 라인(McArthur Line)

1. 연합군이 미군 제5함대 사령관 명의의 각서 제80호로 이 선을 명문화하여 일본정부에 전달한 것으로 연합군이 1945년 9월 일본주변에 선포한 해역제한선이다. 이는 해방 이후 해양주권과 관련한 **최초의 조치**에 해당한다.

2. 그러나 맥아더 라인은 대한민국의 주권선 개념이라기보다 일본에 대한 군사상 통제선이자, 일본어선의 무차별적인 어족자원 남획행위를 규제하는 어로제한수역선의 성격을 띄고 있었다.

02 해방병단(해군의 모체)

1945년 해방 직후 손원일 등 해군 창설의 뜻을 같이하는 인사들이 모여 해사협회를 결성하고 1945년 11월 11일에 미 군정청의 인가받아 **해방병단을 창설**하였다.

03 조선해양경비대

1. 1946년 6월 15일 해방병단은 미 군정청의 승인으로 조선해양경비대를 정식으로 창설하였다. 조선해양경비대는 조선영해의 해상 및 도서순찰과 치안유지, 사고조사를 담당, 선박검사에 관한 일체의 임무와 선원의 면허, 증명 등 선원관리 업무를 담당하였다.

2. 조선해양경비대는 장교급 대원에 이어 사병급 대원에게도 계급을 부여하고 **전체대원을 일정한 계급체계로 조직화하여 관리**하였다.

04 평화선(이승만 라인) 설정

1. 1952년 1월 18일 '인접해양의 주권에 관한 대통령 선언'을 선포하여 연안으로부터 평균 60마일의 해역을 대한민국 주권선으로 설정하였다. 평화선은 우리 해역의 광물과 수산자원을 보존하기 위해 설정한 해양주권선으로 '이승만 라인'으로도 불린다.

2. 1965년 6월 한일어업협정에 따라 평화선은 철폐되었으며 이 기간 동안 평화선은 **해양주권선의 기능을 하였다.**

05 클라크 라인(Clark Line)

1952년 4월 25일 맥아더 라인을 철폐하고 동년 9월 27일 클라크 라인이라는 해상방위수역 선포하였다. 연합군 총사령관 클라크 장군이 북한침투를 막고 전시 밀수출입품의 유통을 봉쇄할 목적으로 **평화선과 거의 비슷한 수역선으로 설정**되었다.

제2절 해양경찰조직의 창설

01 해양경찰대 창설(1953)

1953년 12월 14일 '해양경찰대 편성령 및 시행규칙'의 제정으로 **내무부 치안국 경비과 소속**으로 해양경찰대가 설치되었다. 당시 기지는 부산에 두었으며, 해양경찰대장은 경무관급 경찰관으로 보하였다(초대 대장 이상열).

02 해양경비대

1955년 2월 7일 상공부 산하에 해무청이 신설되어 **수산국 소속으로 해양경비과를 신설**하였다.
해양경비과는 어업자원보호법에 관련되는 해양경비와 항로표지 보호에 관한 사항을 분장하였으며, 이를 위해 해양경비과에 해양경비대를 편성하고 필요한 곳에 해양순찰반을 운영토록 하였다.

03 해양경비대사령부

1956년 7월 23일 해양경비대의 전력강화를 위해 **해양경비대사령부로 조직명칭을 변경**하였다. 이를 계기로 참모장 제도가 부활했고, 본부사령실과 본부통신대 신설하였다.
그러나 정부의 예산절감 시책전개로 인해 1957년 11월 6일 해양경비대사령부의 조직 및 인원이 축소되어 해양경비대 체제로 환원되었다

04 해양경찰대

1961년 10월 2일 정부조직 개편의 일환으로 해무청을 해체하고 **해양경비대를 내무부 치안국 소속으로 이관**하였다.
이후 1962년 4월 3일에 해양경찰대설치법 제정 및 공포하여 해양경찰대의 존립의 법률적 근거가 마련되었으며 해양경찰대는 내무부장관 소속으로 그 권한은 어업자원보호법에 따른 관할수역 내의 범죄수사, 기타 해양에 있어서의 경찰에 관한 사무를 관장하였다.
종전에는 어업자원보호에 한정하여 제한된 사법권만 행사할 수 있었지만, **해양경찰대설치법의 제정**으로 간첩의 해상침투방지, 밀수 및 밀항자 단속 등 거의 모든 해상사법권을 행사하게 되었다.

1. 서해어로본부 설치

1969년 3월 15일 경기도 부천군(현재 옹진군) 덕적도에 서해어로보호본부를 설치하였다.

2. 속초기지대 발대식

1969년 11월 1일 동해어로보호본부 설치하였다. 이 후 1972년 4월 17일 선박안전조업규칙이 제정되면서 동해어로보호본부는 속초지구해양경찰대(속초해양경찰서)에, 서해어로보호본부는 인천지구해양경찰대(인천해양경찰서)에 상설조직으로 운영되었다.

05 치안본부 발족

1974년 12월 31일 해양경찰대의 상급기관인 **내무부 치안국이 치안본부로 개편**되었고, 치안본부장은 차관급(치안총감)으로 승격되었다. 치안본부 내에는 3개의 부를 설치하여 치안감으로 보하고, 지방에 지방경찰국을 설치하였다.

1. 해양오염방제업무

1978년 해양오염관리실을 신설하고, 각 지구해양경찰대에 해상공해과를 두었다.

2. 선발출 · 입항신고업무 인수

1986년부터 1989년에 걸쳐 선박에 대한 안전조업, 운항지도 및 월선, 피랍방지 등을 위해 육상 연안경찰서로부터 368개의 선박출 · 입항신고기관을 인수하였다.

06 해양경찰청

1991년 5월 31일 경찰법의 제정으로 내무부 치안본부가 경찰청으로 승격되고, 지방경찰국도 지방경찰청으로 승격되었다.
이때 해양경찰대는 **경찰청장 소속의 해양경찰청으로 소속 기관과 명칭이 변경**되었고, 지구해양경찰대는 해양경찰서로, 지대는 해양경찰지서로 승격되었다.

1. 서해훼리호 침몰사고

1993년 10월 10일 여객선 서해훼리호(110톤, 정원 221명)가 위도 동쪽 해상에서 선체가 기울며, 전복 침몰하여 292명이 사망한 해양사고를 계기로 '유선 및 도선사업법'의 개정으로 해양경찰청은 해상을 운항하는 유선 · 도선의 관리업무를 담당하게 되었다.
또한 해운항만청으로부터 여객선운항에 대한 안전관리업무 이관받아 여객선 안전운항 지도 및 감독업무를 수행하게 되었다.

2. 수난구호법 개정

1994년 수난구호법의 제정으로 모든 해양사고에 대한 구호활동의 책임기관을 해양경찰로 일원화하였다.
또한 1995년 10월에 본청에 중앙구조조정본부를, 인천 · 목포 · 제주 · 부산 · 동해 해양경찰서에 구조조정본부를, 그리고 나머지 8개 해양경찰서에 구조지부를 설치하였다.

3. SAR 협약 가입완료

해양경찰청을 SAR 협약 이행기관으로 하며, 1995년 10월 4일 국내에서 SAR 협약 발효되었다.

4. 해양오염방제업무 해양경찰청으로 일원화

1995년 7월 씨프린스호 해양오염사고 등 대형 해양오염사고 빈발에 따라 보다 신속하고 체계적인 방제필요성이 제기되었다. 이에 1995년 12월 29일 내무부(해양경찰청), 수산청, 해운항만청 및 각 시, 도에 분담되어 있던 해양오염방제업무의 책임기관을 해양경찰청으로 일원화하였다.

07 해양경찰 독립 외청

1. 독립관청화

배타적 경제수역 선포 후, 1996년 정부는 16개 부처에 산재해 있는 해양행정체제를 일원화하여 해양수산부를 신설하고 **해양경찰청을 해양수산부 소속의 외청으로 독립 관청화**하였다.
정부조직법에 해양경찰청의 설치근거를 명시하고, 해양에서의 경찰 및 오염방제에 관한 사무를 신설하였다.
당시 해양경찰청의 존립근거로 **대통령령인 '해양경찰청과 그 소속 기관 직제'가 제정**되어 기존의 부(部)에서 국(局)체제로 전환되어 경무부는 경무국으로, 경비부는 경비구난국으로, 정보수사부는 경보수사국으로, 해양오염관리부는 해양오염관리국으로 승격되었다.

2. 해양경찰청 차장직위 신설

1999년 5월 해양경찰청장의 업무 대행체제를 확립하기 위해 차장 직위를 신설하였다.

3. 주요 정책

1999년 해상교통문자방송(NAVTEX) 시작, 2000년 수상레저안전법 시행, 2002년 해양경찰특공대 신설, 2004년 해양경찰학교 개교, 2005년 광역위성지휘통신망(KOSNET) 구축, 2006년 동·서·남해 지방해양경찰청 설립, 2007년 122 해양사고 긴급번호 서비스 실시, 2010년 연안 VTS 인수, 2012년 해양경비법 제정 등이 이루어졌다.

08 국민안전처 해양경비안전본부

2014년 4월 세월호사건을 계기로 해양경찰청의 구조실패 책임을 물어 조직을 해체하고 국민안전처 해양경비안전본부를 두어 동, 서, 남해 및 제주 4개 지역본부를 중심으로 현장 구조구난 기능을 강화하였다.

09 해양경찰청(현재)

2017년 7월 해양수산부 소속의 해양경찰청으로 다시 개편되어 해양에서의 경찰 및 오염방제에 관한 사무를 관장하고 있다.
또한 2014년에 조정되었던 해양경찰 수사·정보업무가 다시 해양경찰로 환원되었고, 2019년에는 해양경찰 조직의 근거법으로 **해양경찰법이 제정되어 2020년 2월 21일부터 시행**되었다.

제3절 외국 해양경찰

01 미국 코스트가드(USCG)

1. 설치

미국 코스트가드의 전신으로 1790년 8월 재무성 산하에 Revenue Marine(해양관세청)이 설치되어 밀수감시를 주요 임무로 하였다.

2. 조직

국토안보부 소속의 코스트가드는 현역과 예비인력으로 구성되어 있으며, 현역은 신분에 따라 장교, 사병, 민간으로 구별, 예비인력으로 자원봉사자와 보조대를 두고 있다. 코스트가드는 육군, 해군, 공군, 해병대에 이어 제5군으로 분류, 전시에는 해군의 통제를 받는다.

3. 임무

해양은 물론 오대호 등 내수에 대한 해양안전, 해양안보, 해상교통, 자원보호, 국방에 관한 임무 등 5개 분야로 구분된다.

구분	내용
해상안전	수색구조, 선박표준설계 개발 및 검사, 선박등록, 선원면허발급 및 교육훈련, 여객선 · 어선 · 레저선박 총괄관리, 항만국통제, 해난조사 등
해상보안	해양경비, 불법어로단속, 고래 등 해양보호종 보호, 마약단속, 정보수집, 밀수 · 밀항 단속
해상교통	항만운영 및 관리, 교통관제, 조류 · 해류 정보수집 등 수로관리, 등대 등 항로표지관리, 극지역 쇄빙활동, 선박 항행안전을 위한 교각 관리, 오염방제, 폐기물 규제 등
해상수사	범죄의 예방 · 적발 · 진압 및 법령위반자에 대한 질문 · 심사 · 수색 · 압류 · 체포
국방	해군과의 통합 해상작전, 해군의 전력보강, 미국의 해양방어지역에 대한 보호 등의 임무수행

02 일본 해상보안청

1. 설치

일본의 해상보안청은 운수성 외청으로 출범하여 2001년 국토교통성 외청으로 이관되었다.

2. 임무

해상보안청법에 따른 해상보안청의 임무는 "해상에서의 법령 시행, 해난구조, 오염 등의 방지, 범죄예방 및 진압, 범인수사 및 체포, 선박교통에 관한 규제, 수로, 항로표식에 관한 사무 기타 해상안전 확보에 관한 사무 및 이에 부대하는 사항에 관한 사무를 행함에 의해 해상안전 및 치안확보"에 관한 임무를 수행하고 있다.

03 중국 해양경찰국

중국의 해양행정기관으로 국토자원부 국가해양국 해양감시총대, 공안부 변방관리국 변방해경부대, 농업부 어정국, 교통운수부 해사국 및 국무원 직속기관인 해관총서로 구분된다.

1. 해양감시총대

관할해역 해양환경 및 자원파괴, 해상시설물 손괴, 해상질서 교란 등 불법행위 감시 · 단속 및 해양조사 등의 임무수행, 직속총대와 직속지대 및 직속항공지대 지휘 업무를 수행한다.

2. 변방해경부대

영해 내 해상범죄 단속 및 해난구조 등의 임무를 수행, 직속총대와 직속지대 및 직속항공대지대를 지휘한다.

3. 어정국

어업자원관리 및 불법어로 단속 등의 임무 수행, 어정어항감독관리국과 해양어업국을 지휘한다.

4. 해사국

수색구조, 통항관리, 선박오염방지, 선박 및 해상시설 검사 등의 임무 수행, 중앙해사국과 지방해사국 및 지국을 지휘한다.

5. 해관총서

밀수단속을 주 임무로 한다.

제3장 해양경찰법학

제1절 해양경찰법학 일반

01 해양경찰법학의 구성

1. 해양경찰법학의 의의

① 국가조직은 법률에 근거하여 설치되는 것이 원칙이고, 법률에 의해 설치된 국가조직은 법률에 근거하여 그 권한을 발동하여야 한다. 그러므로 해양경찰조직 역시 법률에 근거하여 설치되어야 하며 해양경찰권의 발동 또한 법치주의의 원칙에 따라 법률에 근거하여 해양경찰권을 발동하여야 한다.
② 해양경찰법학은 해양경찰조직의 설치근거와 그 구성원들의 임용 및 권리 · 의무 · 책임, 해양경찰조직의 해양경찰권 발동과 이로 인해 피해를 입은 국민의 구제절차를 규정하고 있는 제 법률에 대한 내용으로 구성되어 있다.

2. 해양경찰행정법의 구성

현행헌법은 행정 각부의 설치 · 조직과 직무범위는 국민의 대표기관인 국회가 법률의 형식으로 결정하도록 규정하고 있으며(헌법 제96조), 그 결과 해양경찰행정에 관한 법률은 상당한 수준으로 정비되어 있다.

대한민국헌법 제96조 행정각부의 설치 · 조직과 직무범위는 법률로 정한다.

이러한 해양경찰행정법의 경우 통일된 단일 법전은 없으나 전반적으로 통일된 법체계를 구성하고 있다는 특징이 있다.

(1) 해양경찰조직법

해양경찰행정 **조직이나 기구에 관해 규정한 법**을 말한다. 해양경찰법이나 해양경찰청과 그 소속기관 직제 등이 해양경찰조직에 대한 규정을 두고 있으며 이러한 법령들을 해양경찰조직법이라고 한다.

(2) 해양경찰공무원법

해양경찰조직의 **구성원을 임용하고 그 구성원들이 가지는 권리 · 의무 · 책임 등에 대하여 규정한 법**을 말한다. 국가공무원법, 경찰공무원법과 그 시행에 관련된 여러 규정들이 있으며, 해양경찰공무원에게는 국가공무원법보다 경찰공무원법을 우선해서 적용한다.

(3) 해양경찰작용법

해양경찰조직이 실시해야 할 **해양경찰활동의 내용을 정한 법**으로 실질적으로는 해양경찰조직의 구성원들이 위험상황의 발생시 어떤 대상에게 어떤 방식으로 해양경찰권을 발동할 수 있는지와 그 발동의 한계에 대하여 규정한 법을 말한다.
이러한 작용법 영역도 단일 법전은 존재하지 않으며, 즉시강제의 일반법인 해양경비법 · 경찰관직무집행법을 비롯하여 해양경찰활동을 위한 각론상의 여러 개별법들이 해양경찰작용법에 해당한다. 그러므로 해양경찰은 각 개별법에 근거한 해양경찰권의 발동이 가능하다.

(4) 해양경찰구제법

해양경찰조직이 해양경찰권을 발동하는 과정에서 **해양경찰활동에 의해 침해를 받은 국민의 구제절차를 정한 법**을 말한다. 국가배상법이나 행정심판법 · 행정소송법 등이 있으며, 이러한 해양경찰구제법은 위법한 해양경찰활동의 효력자체를 다투거나 또는 위법한 해양경찰활동으로 인한 손해를 회복하는 데 그 목적이 있다.

02 법치주의와 해양경찰행정

1. 법치주의의 개념

법치주의(법치행정의 원칙)는 해양경찰행정이 국민의 권리 또는 의무에 관계되는 작용을 행할 경우에는 반드시 국민의 대표기관인 국회에서 제정한 법률에 따라야 한다는 원칙으로 '법률에 의한 행정의 원리'라고도 하며 이는 법치국가의 필수요건이다.

2. 법치주의의 내용

(1) 법률의 법규창조력

법률의 법규창조력이란 국민의 권리 · 의무에 관한 법규는 원칙적으로 국민의 대표기관인 국회가 **법률로만 규정**할 수 있다는 원칙을 말한다.

> **대한민국헌법 제37조** ② 국민의 모든 자유와 권리는 국가안전보장 · 질서유지 또는 공공복리를 위하여 필요한 경우에 한하여 법률로써 제한할 수 있으며, 제한하는 경우에도 자유와 권리의 본질적인 내용을 침해할 수 없다.
>
> **질서위반행위규제법**
>
> **제6조 【질서위반행위 법정주의】** 법률에 따르지 아니하고는 어떤 행위도 질서위반행위로 과태료를 부과하지 아니한다.

(2) 법률우위의 원칙

① 국가작용을 입법 · 행정 · 사법으로 구분할 때 법률의 형식으로 표현된 국가의사는 **다른 모든 국가작용(행정 · 사법)보다 우위에 있다**는 것을 말한다. 그러므로 행정권의 발동이 법률에 저촉되거나 위반되어서는 안 된다.

② 이러한 법률우위의 원칙은 모든 행정작용에 적용되며 법치주의의 소극적 측면에 해당한다.

(3) 법률유보의 원칙

법률유보의 원칙이란 행정권의 발동에 있어서 반드시 **개별적인 법률의 수권(법적 근거)을 필요로 한다**는 원칙이다. 이는 모든 행정작용에 적용되는 원칙이 아니며(학설의 다툼이 있음) 법치주의의 적극적 측면을 의미한다.

법률우위의 원칙과 법률유보의 원칙

법률우위의 원칙(발동의 한계)	법률유보의 원칙(발동의 근거)
소극적 의미의 법률적합성을 의미한다.	적극적 의미의 법률적합성을 의미한다.
모든 행정작용에 적용된다.	일부 행정작용에만 적용된다(견해 대립).
법률이 있는 경우에 문제가 된다.	법률이 없는 경우에 문제가 된다.
법률-형식적 의미의 법률뿐만 아니라 법규명령이나 불문법도 포함하는 개념이다.	법률-형식적 의미의 법률이나 법규명령 등 성문법만을 의미하는 개념으로 불문법은 포함되지 않는다.

⊕ PLUS 일반적 · 추상적 법적근거와 개별적 · 구체적 법적 근거

구분		내용
대상	일반적	특정인을 대상으로 하지 않고 일반 국민을 대상으로 규정
	개별적	일반 국민을 대상으로 하지 않고 특정인을 대상으로 규정
내용	추상적	구체적인 행위유형을 규정하는 것이 아니라 일반적인 행위방식을 규정
	구체적	대상자가 준수해야 할 구체적인 행위유형을 규정

구분		내용
대상	일반적	해양환경 보전 및 활용에 관한 법률 제4조 【국민 및 사업자의 책무】 ① 모든 국민은 일상생활에서 해양오염 및 해양생태계 훼손이 발생하지 아니하도록 노력하여야 하며, 국가 및 지방자치단체의 해양환경 보전 및 활용 시책에 협력하여야 한다.
	개별적	수상레저안전법 제4조 【조종면허】 ① 동력수상레저기구를 조종하는 자는 제6조에 따른 면허시험에 합격한 후 해양경찰청장의 동력수상레저기구 조종면허(이하 '조종면허'라 한다)를 받아야 한다.
내용	추상적	해사안전법 제4조 【국가 등의 책무】 ① 국가 및 지방자치단체는 해양을 이용하거나 보존하기 위한 시책을 수립하는 경우에는 해사안전에 관한 사항을 고려하여야 한다.
	구체적	해양경비법 제12조 【해상검문검색】 ② 해양경찰관은 해상검문검색을 목적으로 선박 등에 승선하는 경우 선장(선박 등을 운용하는 자를 포함한다. 이하 같다)에게 소속, 성명, 해상검문검색의 목적과 이유를 고지하여야 한다.

3. 법과 해양경찰활동의 관계

(1) 조직규범(합법성의 원칙)

① 모든 해양경찰기관의 활동은 조직규범으로서 법률에 정해진 권한의 범위 내에서 행해져야 하며, 경찰관이 조직법상 직무범위 내의 행위를 하면 그 행위는 **직무행위로서 효과가 국가에 귀속**된다.

② 그러나 경찰관이 직무범위 외의 행위를 하게 될 경우 그 행위는 직무행위로 볼 수 없고 그 효과도 국가에 귀속되지 않는다. 직무범위를 벗어난 행위의 법률상 효과는 행위자 **개인에게 귀속**된다.

(2) 제약규범(법률우위의 원칙)

① 의의

해양경찰행정관청은 국민에게 법의 취지에 저촉되는 명령을 해서는 안 되며, 해양경찰조직 내부에서도 법의 취지에 반하는 직무명령을 발해서는 안 된다는 원칙이다.

② **제약규범의 적용범위**

제약규범(법률우위의 원칙)은 행정의 모든 영역에서 적용되며 특별권력관계에서도 법치행정의 원리(제약규범)가 적용된다.

(3) 근거규범(법률유보의 원칙)

① **의의**

법률에 일정한 행위를 일정한 요건하에 수행하도록 수권하는 근거규정, 즉 '근거규범'이 없으면 해양경찰기관은 자기의 판단에 따라 **독창적으로 해양경찰권을 발동할 수 없다**는 원칙을 말한다.

② **근거규범의 적용범위**

비권력적 수단이나 순수한 서비스 활동에 대해서 구체적인 근거규범을 요구할 수는 없고 해양경찰기관이 권력적 수단으로 활동하는 경우에만 법률의 수권이 필요하다(권력유보설)는 것이 통설적 견해이다. 그러므로 근거규범(법률유보의 원칙)은 행정의 일부 영역에서만 적용된다(견해의 대립이 있음).

03 해양경찰법원(法源 - 법의 존재형식)

1. 해양경찰행정의 법원

(1) 법원의 개념

해양경찰행정의 법원이란 해양경찰조직과 작용에 관한 법이 어떻게 성립하고 어떠한 형식으로 존재하는가에 대한 내용으로 법의 존재형식을 말한다. 이러한 법원은 일정한 형식을 갖춘 성문법원과 일정한 형식을 갖추지 못한 불문법원으로 구분할 수 있다.

(2) 원칙

국민에게 예측 가능성을 보장하고 해양경찰권의 발동에 있어 민주적 정당성을 부여하기 위한 법치주의 원칙에 따라 성문법원이 원칙이고 불문법원은 예외적 · 보충적으로 적용된다.

2. 성문법원

(1) 헌법

① 헌법은 국민이 누리는 기본권과 국가의 기본적인 통치구조를 정한 법으로서 헌법전의 규정 중 행정의 조직이나 작용의 기본원칙을 정한 부분은, 그 한도 내에서 해양경찰행정의 법원이 된다.

② 구체적으로는 헌법 제37조 제2항이 '국민의 모든 자유와 권리는 국가안전보장 · 질서유지 또는 공공복리를 위하여 필요한 경우에 한하여 법률로써 제한할 수 있으며, 제한하는 경우에도 자유와 권리의 본질적인 내용을 침해할 수 없다.'고 규정하고 있고, 또 동법 제96조가 '행정각부의 설치 · 조직과 직무범위는 법률로 정한다.'고 규정하고 있는데 이러한 헌법규정이 해양경찰행정에 대한 법원이 될 수 있다.

(2) 법률

① **법률의 개념**

법률이란 국회가 제정하는 법형식을 의미하며 법률은 해양경찰행정상의 법률관계에 있어 가장 중심적인 법원이다. 원칙적으로 해양경찰행정상의 조직이나 작용에 관한 기본적 사항은 법치주의의 원칙에 따라 모두 법률에 의해 정해져야 한다.

② **해양경찰권 발동의 원칙**

해양경찰권의 발동은 원칙적으로 법률에 근거하여야 하므로, 별도의 수권(근거규정)이 없는 경우 해양경찰행정관청은 국민에 대하여 명령 · 강제하는 것이 불가능하다.

③ **현행 법규범의 체계**

우리나라의 경우 입법권은 국회에 속하므로(헌법 제40조), 국민의 권리와 의무에 관계되는 국가의 일체의 법규는 법률에 의해 규정되어야 하며, 이를 법률의 법규창조력이라고 한다. 우리의 법체계는 일반적인 해양경찰조직과 관련하여 해양경찰법, 해양경찰청과 그 소속 기관 직제 등을 두고 있으며 그 작용과 관련하여 경찰관 직무집행법, 해양경비법 및 각론상의 여러 개별법 등을 두고 있다.

(3) 헌법에 의하여 체결 · 공포된 조약과 일반적으로 승인된 국제법규

① 헌법에 의하여 체결 · 공포된 조약과 일반적으로 승인된 국제법규는 국내법과 동일한 효력을 가지므로(헌법 제6조), 별도의 국내법 제정절차 없이도 직접 해양경찰권 발동을 위한 법원이 된다(한미행정협정, 외교특권에 관한 비엔나 협약 등).

> **대한민국헌법 제6조** ① 헌법에 의하여 체결 · 공포된 조약과 일반적으로 승인된 국제법규는 국내법과 같은 효력을 가진다.

② 여기서 '일반적으로 승인된 국제법규'는 성문의 국제법규, 국제사회에서 일반적으로 승인된 국제조약뿐만 아니라 국제관습법도 포함하는 개념이다.

(4) 명령

전문적이고 기술적인 입법사항이 증가하고 행정이 전문화되면서 행정입법의 필요성이 증가하고 있으며 또한 국회의 부담경감이나 행정가의 전문적인 지식 및 경험의 활용차원에서도 행정입법이 필요하다고 할 수 있다.

① **의의**

국회가 제정하는 법규범 형식을 법률이라고 부르는데 반하여 행정부가 제정하는 법규범 형식을 총칭하여 명령이라고 한다. 명령이란 행정권이 정립하는 일반적 · 추상적 규범으로서 법규성을 지닌 것, 즉 국민과 행정관청을 구속하고 재판규범이 되는 행정입법을 말하며 이러한 명령은 해양경찰행정법의 법원으로 한 부분을 담당한다. 그러나 원칙적으로 입법권은 국회의 고유권한에 해당하므로 법률의 규정에 기초하지 않은 독자적인 행정입법 작용은 허용되지 않는다.

② **명령의 구분**

구분	내용		
제정권자에 따른 구분	대통령령 · 총리령 · 부령		
법규성의 유무에 따른 구분	법규명령	위임명령	새로운 입법사항 규정 ○
		집행명령	새로운 입법사항 규정 ×
	행정규칙(행정명령 · 훈령)	협의의 훈령, 지시, 예규, 일일명령 등	

㉠ **제정권자(법형식)에 따른 구분**

대통령령은 대통령이 법률에서 구체적으로 범위를 정하여 위임받은 사항이나 법률을 시행하기 위하여 필요한 사항에 관하여 발하는 명령이다. 총리령 · 부령은 국무총리나 행정 각부의 장이 법률이나 대통령령의 위임을 받거나 또는 직권으로 발하는 명령이다. 총리령과 부령의 효력은 동등하다는 것이 다수설의 입장이다.

법률 · 명령의 기본적 체계

법률	대통령령	부령
경찰공무원법	해양경찰청 소속 경찰공무원 임용에 관한 규정	해양경찰청 소속 경찰공무원 임용에 관한 규정 시행규칙
해양경비법	해양경비법 시행령	해양경비법 시행규칙
경범죄처벌법	경범죄처벌법 시행령	경범죄처벌법 시행규칙

㉡ 법규성의 유무에 따른 구분

ⓐ 명령은 법규성의 유무에 따라 **법규명령과 행정규칙**으로 구분할 수 있다. 다시 말해 명령이 일반국민에게도 적용되는지의 여부 · 국민의 자유와 권리를 제한하고 새로운 의무를 부과할 수 있는지의 여부 · 재판규범으로 사용될 수 있는지의 여부에 따른 구분이다. 법규성을 가지는 명령을 법규명령이라고 하며 법규성을 가지지 않는(일반국민에게 적용되지 않고 특별권력관계 내부에서만 적용되는) 명령을 행정규칙이라고 한다.

ⓑ 법규명령은 다시 위임명령과 집행명령으로 구분할 수 있다. **위임명령**은 법률 또는 상위명령에 의해 개별적 · 구체적으로 위임된 사항에 관하여 발하는 명령으로 국민의 권리 · 의무에 관한 새로운 입법사항을 규정할 수 있다.

ⓒ 반면 **집행명령**의 경우 법률 또는 상위명령의 규정의 범위 안에서 그 집행에 관한 세부적 사항을 정하는 명령으로 상위법령의 집행시 필요한 절차나 형식을 정하는 데 그쳐야 하며, 국민의 권리 · 의무에 관한 새로운 입법사항을 정할 수는 없다.

(5) 자치법규(조례와 규칙)

① 의의

조례란 지방의회가 법령의 범위 안에서 지방자치권에 근거하여 제정하는 법규범을 말한다. 또한 규칙은 지방자치단체의 장이 법령 또는 조례가 위임한 범위 내에서 그 권한에 속하는 사무에 관하여 제정하는 법규범을 말한다.

② 범위

조례로서 주민의 권리제한 또는 의무부과에 관한 사항이나 벌칙을 정할 때는 법률의 위임이 있어야 한다. 또한 조례로서 조례위반행위에 대하여 과태료를 부과할 수는 있지만, 징역 또는 금고나 벌금 · 구류 · 과료 등과 같은 형벌을 부과할 수는 없다.

지방자치법

제22조 【조례】 지방자치단체는 법령의 범위 안에서 그 사무에 관하여 조례를 제정할 수 있다. 다만, 주민의 권리 제한 또는 의무 부과에 관한 사항이나 벌칙을 정할 때에는 법률의 위임이 있어야 한다.

제23조 【규칙】 지방자치단체의 장은 법령이나 조례가 위임한 범위에서 그 권한에 속하는 사무에 관하여 규칙을 제정할 수 있다.

제27조 【조례위반에 대한 과태료】 ① 지방자치단체는 조례를 위반한 행위에 대하여 조례로써 1천만원 이하의 과태료를 정할 수 있다.

질서위반행위규제법

제2조 【정의】 이 법에서 사용하는 용어의 뜻은 다음과 같다.

1. '질서위반행위'란 법률(지방자치단체의 조례를 포함한다. 이하 같다)상의 의무를 위반하여 과태료를 부과하는 행위를 말한다. 다만, 다음 각 목의 어느 하나에 해당하는 행위를 제외한다.
   가. 대통령령으로 정하는 사법(私法)상 · 소송법상 의무를 위반하여 과태료를 부과하는 행위
   나. 대통령령으로 정하는 법률에 따른 징계사유에 해당하여 과태료를 부과하는 행위

3. 불문법원

불문법은 성문법의 공백을 보안하거나 또는 성문법의 불확정적인 개념을 **보충 · 해석**하기 위하여 행정관계에 있어서 법원이 될 수 있다. 관습법, 판례법, 조리 등이 주요한 불문법원에 해당한다.

(1) 관습법

① 관습법이란 사람과 사람 사이에 다년에 걸쳐 행해진 **관행이 법적 확신**을 얻게 되어 법적 규율로서 여겨지는 것을 말한다. 행정법 관계에 있어서는 성문법원의 원칙이 비교적 강하게 요구되므로 민사의 법률관계(민중적 관습법)와 달리 관습법이 성립할 여지가 적다.

⊕ PLUS

관습법의 성립에 대해 소수설은 관행의 존재 · 법적 확신뿐만 아니라 국가의 승인이 필요하다고 본다. 그러나 법률의 근본적 개념에 기초할 경우 국가의 승인은 법률의 성립에 있어 필요한 요소라고 볼 수 없다.

② 그러나 행정선례법과 같이 해양경찰행정관청의 행위가 수년간에 걸쳐 관행이 존재하고 그것이 국민에게 법적 확신을 얻는 경우에는 해양경찰권의 발동도 행정선례법에 구속된다.

(2) 판례법

① **판례법의 개념**

㉠ 법원의 판결은 당사자 사이의 개별적 분쟁을 해결하기 위한 것이지, 일반적으로 통용되는 법을 정립하는 작용이 아니다. 그런데 이러한 법원의 판결은 당사자 사이의 구체적 사건에 관한 판단에 해당하면서, 동시에 어떤 사실에 대한 법률적 견해가 포함되므로 법원의 판결은 추상적인 이론 또는 법칙이 내재되어 있을 수밖에 없다. 결국 동종 사건에 대한 법원의 동일한 판단이 누적됨에 따라 점차 일반적인 법리로 발전하여 추상적인 규범이 형성된다.

㉡ 이런 과정을 거쳐 판례로부터 도출된 추상적 규범이 법으로서의 구속력을 갖는 경우에 이를 판례법이라 한다. 판례를 법원으로 인정할지의 여부는 각국의 법제에 따라 달리지고, 불문법이 중심이 되어 법체계를 형성해온 영미법계 국가에서는 판례법이 법체계의 근간을 이루는 가장 중요한 법원이 되고 있다.

㉢ 행정법 영역에서는 법규범의 불비(不備) · 결함 · 모순 등이 존재할 경우 판례가 이러한 공백을 보충하게 되고, 판례를 통해 제시된 법해석이 사실상 일반적인 법으로 인식되기에 이른다. 이후 유사한 법률관계에서 이를 규율하는 법원(法院)으로 간주된다. 그러나 소송의 제기기간과 같이 실정법에 명문화되어 있는 사항에 대해서는 판례법이 성립할 수 없다.

② **대법원 판례와 헌법재판소 판례**

㉠ 일반적으로 대륙법계 국가는 성문법주의를 채택하고 있으므로 판례의 법원성을 부정하는 반면 영미법계 국가에서는 판례의 법원성을 긍정한다. 우리나라도 대륙법계 국가에 속하므로 원칙적

으로 판례의 법원성은 부정되며 법률상 상급법원의 판결은 당해 사건에 한하여 하급심만을 구속한다.

> **법원조직법**
>
> **제8조 【상급심재판의 기속력】** 상급법원 재판에서의 판단은 해당 사건에 관하여 하급심을 기속한다.

㉡ 그러나 법적 규정은 없지만 대법원 판결의 경우 대법원 판결이 가지는 사실상의 구속력, 판례변경의 곤란성 등에 기초하여 법원성이 어느 정도 인정된다는 것이 다수설의 견해이다.

> **법원조직법**
>
> **제7조 【심판권의 행사】** ① 대법원의 심판권은 대법관 전원의 3분의 2 이상의 합의체에서 행사하며, 대법원장이 재판장이 된다. 다만, 대법관 3명 이상으로 구성된 부(部)에서 먼저 사건을 심리(審理)하여 의견이 일치한 경우에 한정하여 다음 각 호의 경우를 제외하고 그 부에서 재판할 수 있다.
>
> 1. 명령 또는 규칙이 헌법에 위반된다고 인정하는 경우
> 2. 명령 또는 규칙이 법률에 위반된다고 인정하는 경우
> 3. 종전에 대법원에서 판시(判示)한 헌법·법률·명령 또는 규칙의 해석 적용에 관한 의견을 변경할 필요가 있다고 인정하는 경우
> 4. 부에서 재판하는 것이 적당하지 아니하다고 인정하는 경우

㉢ 또한 헌법재판소의 위헌결정은 법원이나 기타 국가기관 및 지방자치단체를 기속하므로 법원성이 인정된다.

> **헌법재판소법**
>
> **제47조 【위헌결정의 효력】** ① 법률의 위헌결정은 법원과 그 밖의 국가기관 및 지방자치단체를 기속(羈束)한다.
>
> ② 위헌으로 결정된 법률 또는 법률의 조항은 그 결정이 있는 날부터 효력을 상실한다.
>
> ③ 제2항에도 불구하고 형벌에 관한 법률 또는 법률의 조항은 소급하여 그 효력을 상실한다. 다만, 해당 법률 또는 법률의 조항에 대하여 종전에 합헌으로 결정한 사건이 있는 경우에는 그 결정이 있는 날의 다음 날로 소급하여 효력을 상실한다.

(3) 조리(법의 일반원칙)

① 조리란 법령상 명시되어 있지는 않으나, 일반적으로 정의에 합치되는 보편적 원리로서 인정되고 있는 제 원칙을 말한다. 조리는 법령의 해석상 의문이 있는 경우에 그 해석의 기본원리로서 작용하고, **'최후의 보충적 법원'**으로서 중요한 의미를 가진다.

② 조리는 불문법원으로서 사인간의 법률관계뿐만 아니라, 행정상의 법률관계도 구속한다. 그러므로 해양경찰행정관청의 행위가 형식상 적법하다고 하더라도, 이러한 **법의 일반원칙(조리)에 위반할 경우에는 위법한 행위가 될 수 있다.**

③ 이러한 조리는 평등의 원칙, 비례의 원칙, 금반언의 원칙, 신의성실의 원칙, 신뢰보호의 원칙 등으로 구성되어 있으며, 오늘날 법의 일반원칙은 **성문화되어 가는 추세**에 있다(경찰관 직무집행법상의 비례의 원칙, 행정절차법상의 신의성실 및 신뢰보호의 원칙 등).

제2절 해양경찰조직법

01 해양경찰조직법 일반

1. 해양경찰조직법의 기초개념

(1) 해양경찰조직법의 개념

해양경찰조직법은 해양경찰조직에 그 존립의 근거를 부여하고, 해양경찰이 설치할 기관의 명칭 · 권한, 해양경찰행정관청 상호간의 관계 및 해양경찰행정관청의 임면 · 신분 · 직무 등에 대하여 규정하는 법을 말한다.

(2) 해양경찰조직의 근거법

우리나라의 국가행정조직의 기본법은 정부조직법이다. 그리고 해양경찰조직에 관한 기본법은 해양경찰법이다.

2. 해양경찰조직법상의 원칙

(1) 민주성

헌법은 민주주의를 그 기본적 원리의 하나로 하고 있으므로 해양경찰조직은 민주적 이념에 충실하여야 한다. 해양경찰은 국민을 위하여 국민에 의해 그 권한을 부여받아 조직되었기 때문에 그 권한행사는 국민의 대표자가 결정하는 바에 따라 어디까지나 국민 본위로 행해져야 한다.

(2) 정치적 중립성

① 공무원은 국민 전체에 대한 봉사자이며 국민에 대하여 책임을 진다. 이를 위해 헌법 제7조 제1항은 '공무원은 국민전체에 대한 봉사자이며, 국민에 대하여 책임을 진다.', 제2항은 '공무원의 신분과 정치적 중립성은 법률이 정하는 바에 의하여 보장된다'고 규정하고 있다.

② 또한 국가공무원법 제65조는 공무원의 정치운동을 금지하고 있으며, 해양경찰법은 해양경찰의 공정중립과 해양경찰위원회 위원의 자격을 제한하여 정치적 중립을 보장하고자 한다.

> **국가공무원법**
>
> **제65조 【정치 운동의 금지】** ① 공무원은 정당이나 그 밖의 정치단체의 결성에 관여하거나 이에 가입할 수 없다.
>
> ② 공무원은 선거에서 특정 정당 또는 특정인을 지지 또는 반대하기 위한 다음의 행위를 하여서는 아니 된다.
>
> 1. 투표를 하거나 하지 아니하도록 권유 운동을 하는 것
> 2. 서명 운동을 기도(企圖) · 주재(主宰)하거나 권유하는 것
> 3. 문서나 도서를 공공시설 등에 게시하거나 게시하게 하는 것
> 4. 기부금을 모집 또는 모집하게 하거나, 공공자금을 이용 또는 이용하게 하는 것
> 5. 타인에게 정당이나 그 밖의 정치단체에 가입하게 하거나 가입하지 아니하도록 권유 운동을 하는 것
>
> ③ 공무원은 다른 공무원에게 제1항과 제2항에 위배되는 행위를 하도록 요구하거나, 정치적 행위에 대한 보상 또는 보복으로서 이익 또는 불이익을 약속하여서는 아니 된다.
>
> ④ 제3항 외에 정치적 행위의 금지에 관한 한계는 대통령령 등으로 정한다.

해양경찰법

제3조【권한남용의 금지 등】 해양경찰은 그 직무를 수행할 때 국민 전체에 대한 봉사자로서 공정·중립을 지켜야 하고, 헌법과 법률에 따라 국민의 자유와 권리를 존중하며, 부여된 권한을 남용하여서는 아니 된다.

제6조【위원회의 구성 및 위원의 임명】 ③ 위원은 해양수산부장관의 제청으로 국무총리를 거쳐 대통령이 임명한다. 이 경우 해양수산부장관은 위원 임명을 제청할 때 해양경찰의 정치적 중립이 보장되도록 하여야 한다.

(3) 효율성

국가조직은 국민의 세금으로 유지되고 있으므로 조직을 합리적으로 구성하여, 국가조직 기능의 중복 등으로 인한 불필요한 예산의 지출이 없도록 해야 한다. 이를 위해 해양경찰법과 해양경찰청과 그 소속기관 직제는 해양경찰조직을 계층제적 행정조직으로 구성하고 있다.

(4) 중앙집권성

① 우리나라의 해양경찰조직은 중앙정부의 직접적인 통제를 받는 집권화된 체제이다. 조직의 관리 형태면이나 구조와 관련하여 해양경찰조직이 분권화되어 있을지라도 중앙정부가 법집행에 대하여 직접적인 책임을 부담하고 있다.

② 일반적으로 민주성의 확보를 위하여 분권성이 강조되고 있으나 분권성은 우리나라 해양경찰조직법상의 원리에 해당하지 않으며, 이러한 집권적 해양경찰조직이 민주주의와 반드시 대립되는 것은 아니다.

해양경찰법

제11조【해양경찰청장】 ③ 해양경찰청장은 해양경찰에 관한 사무를 총괄하고 소속 공무원 및 각급 해양경찰기관의 장을 지휘·감독한다.

해양경찰청과 그 소속기관 직제

제2조【소속기관】 ① 해양경찰청장의 관장사무를 지원하기 위하여 해양경찰청장 소속으로 해양경찰교육원 및 중앙해양특수구조단을 둔다.
② 해양경찰청장의 관장사무를 분장하기 위하여 해양경찰청장 소속으로 지방해양경찰청을 두고, 지방해양경찰청장 소속으로 해양경찰서를 둔다.
③ 해양경찰청장의 관장사무를 지원하기 위하여 책임운영기관의 설치·운영에 관한 법률 제4조 제1항, 같은 법 시행령 제2조 제1항 및 별표 1에 따라 해양경찰청장 소속의 책임운영기관으로 해양경찰정비창을 둔다.

3. 해양경찰행정의 주체

해양경찰행정주체라 함은 **해양경찰행정을 행할 권리와 의무를 가지며, 자기의 이름과 책임하에 해양경찰행정을 실시하는 단체(법인)**를 말한다.

4. 해양경찰행정기관

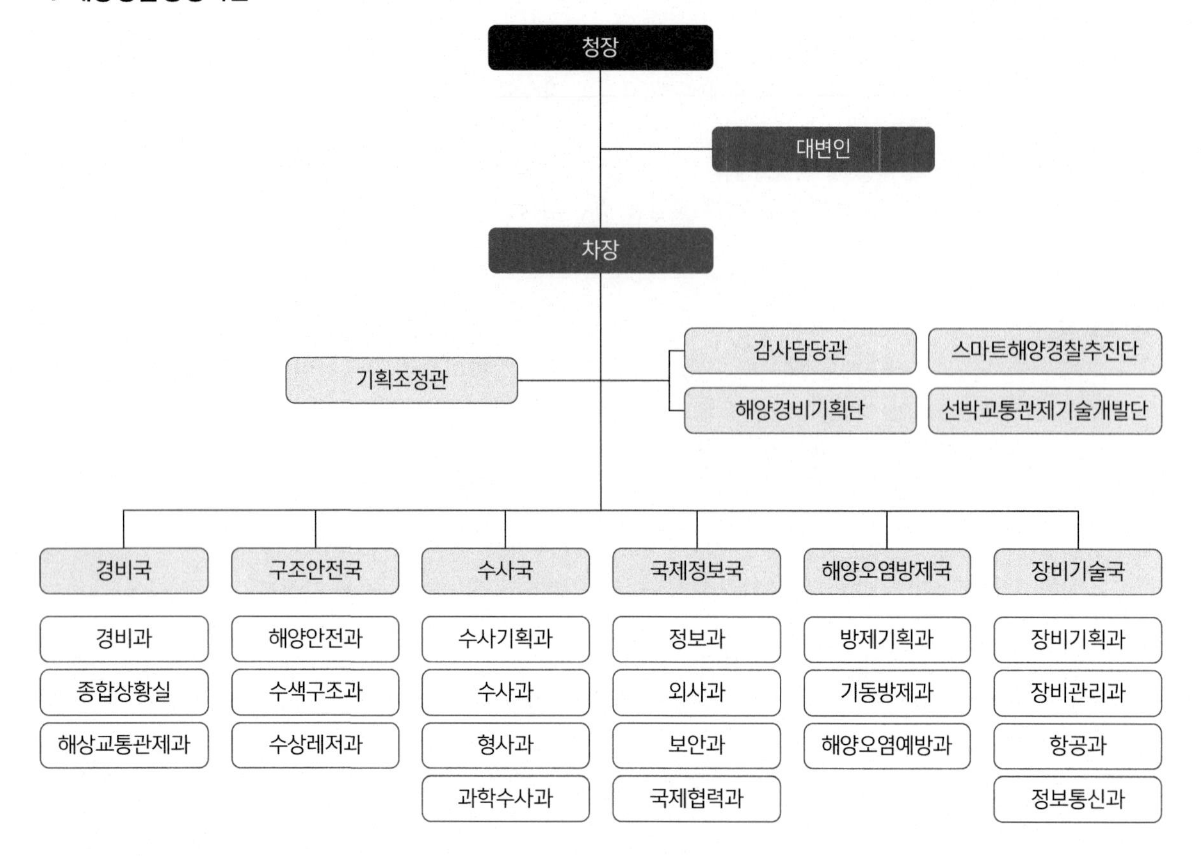

(1) 해양경찰행정기관의 개념

① **의의**

행정주체를 위하여 현실적으로 그 직무를 수행하는 해양경찰기관을 해양경찰행정기관이라고 한다.

② **해양경찰행정기관 행위의 효과귀속**

해양경찰행정기관에게는 법률에 의하여 일정한 범위의 권한과 책임이 주어지며, 해양경찰행정기관이 그 권한의 범위 내에서 행하는 행위의 효과는 **법률상 행정주체인 국가에 귀속**된다.

(2) 해양경찰행정기관의 종류

① **해양경찰행정관청**

해양경찰행정관청이란 행정주체의 법률상 **의사를 결정하여 외부에 표시**하는 권한을 가지는 해양경찰행정기관을 말한다. 해양경찰조직의 경우 해양경찰청장, 지방해양경찰청장, 해양경찰서장이 계층적 구조를 이루는 가운데, 상급의 해양경찰행정관청이 하급의 해양경찰행정관청을 지휘·감독하는 상명하복의 구조를 가지고 있다.

② **해양경찰의결기관**

해양경찰의결기관이란 **해양경찰행정관청의 의사를 구속하는 의결을 행하는 해양경찰행정기관**을 말한다. 그러므로 해양경찰행정관청이 해양경찰의결기관의 의결을 거치지 아니하고 행위한 경우에는 무권한의 행위가 되며 무효에 해당한다. 이러한 해양경찰의결기관에는 해양경찰위원회, 경찰공무원 징계위원회 등이 있다.

③ **해양경찰집행기관**

㉠ 해양경찰집행기관은 해양경찰행정목적을 실현하기 위하여 필요한 실력(해양경찰강제)을 행사하는 해양경찰행정기관을 말한다. 다시 말해 해양경찰행정상의 의무를 국민이 이행하지 아니하는 경우에 의무 불이행자에 대한 강제권을 발동하거나, 위법한 상황을 배제하기 위하여 긴급의 필요가 있는 경우에 즉시강제를 행하는 해양경찰행정기관이 해양경찰집행기관이다.

㉡ 이러한 해양경찰집행기관에는 **순경에서 치안총감에 이르는 모든 해양경찰공무원**이 해당하며 이들이 해양경찰집행기관으로서 해양경찰행정관청이 외부에 표시한 의사를 집행한다.

④ **해양경찰보조기관**

해양경찰행정관청이나 기타 행정기관의 직무를 보조하기 위하여 일상적인 직무를 수행하는 해양경찰행정기관을 해양경찰보조기관이라고 하며 주로 계선조직(Line 조직)이 여기에 해당한다. 해양경찰조직의 경우 차장 · 국장 · 부장 · 과장 · 계장 · 반장 등이 보조기관에 해당한다.

⑤ **해양경찰보좌기관**

해양경찰보좌기관은 해양경찰행정관청이 그 기능을 원활하게 수행할 수 있도록 그 기관장이나 보조기관을 보좌함으로써 행정기관의 목적달성에 기여하는 해양경찰행정기관을 말한다. 주로 참모조직(staff 조직)이 여기에 해당한다. 해양경찰조직의 경우 감사담당관 등이 보좌기관에 해당한다.

⑥ **해양경찰자문기관**

㉠ 해양경찰자문기관은 해양경찰행정관청으로부터 자문을 요청받아 그 의견을 제시하는 해양경찰행정기관(각종의 심의회)을 말한다. 해양경찰자문기관은 해양경찰의결기관과는 달리 법적으로 행정관청을 구속하는 의결을 할 수 있는 권한이 없다.

㉡ 그러나 법률상 해양경찰자문기관의 자문을 얻도록 법정되어 있는 경우(필수적 자문)에는 해양경찰행정관청이 이를 거치지 아니하거나, 또는 불공정한 심의절차에 의거하여 행정결정을 행한 경우에는 다른 특별한 사정이 없는 한 이는 절차상의 하자에 해당되므로 그 결정 자체가 위법한 결정에 해당한다.

㉢ 이러한 해양경찰자문기관에는 경찰공무원인사위원회 등을 들 수 있다.

5. 해양경찰행정관청의 권한

(1) 의의

해양경찰행정관청의 권한이란 해양경찰행정관청이 법률상 유효하게 국가의 해양경찰행정권을 발동할 수 있는 범위를 말한다. 해양경찰행정관청은 국가의 사무를 분할 · 담당하고 있으며, 그 범위 내에서 해양경찰행정에 관한 국가의사를 결정 · 표시할 수 있는 직무범위가 곧 해양경찰행정관청의 권한에 해당한다.

(2) 권한의 확정

해양경찰행정관청의 권한의 범위는 일반적으로 해양경찰행정관청을 설치하는 **근거법규, 즉 헌법 · 법률 또는 그에 근거한 명령에 의하여 결정**된다. 이렇게 정해진 해양경찰행정관청의 직무범위는 해양경찰행정관청의 권한의 사항적 한계를 이루고 경찰행정관청은 스스로 직무범위를 변경할 수 없다.

(3) 권한의 한계

해양경찰행정관청의 권한행사가 직무범위나 발동의 한계를 넘어선 경우 그 행위의 효과는 국가에 귀속되지 않으므로 무효에 해당한다. 이렇게 권한의 한계를 벗어난 행위는 행위자 개인에게 그 효과가 귀속되는 것이 원칙이다.

① **사항적 한계**

해양경찰조직법은 해양경찰사무를 내용 및 목적 · 종류에 따라 각 해양경찰행정관청에 분장하고 있으며 상급관청이 하급관청의 권한행사를 지휘 · 감독할 수 있으나, 법령에 특별한 규정이 없는 한 상급관청이 하급관청의 권한을 대행하거나 하급관청이 행사한 권한을 상급관청이 직접 취소 · 정지할 수는 없다.

② **지역적 한계**

해양경찰행정관청의 권한행사는 일정한 관할지역 내에서만 효력을 발생한다. 해양경찰청장은 중앙해양경찰행정관청으로 그 권한이 전국에 걸쳐 효력을 미치나, 지방해양경찰청장 및 해양경찰서장의 권한은 그 관할구역 내에서만 효력이 미치는 것이 이에 해당한다.

③ **대인적 한계**

해양경찰행정관청의 권한은 일정한 인적 범위에 한정하여 발동될 수 있다.

④ **형식적 한계**

해양경찰행정관청의 권한행사의 형식에 일정한 한계가 존재하며, 형식적 권한은 타 기관에 위임하거나 대리할 수 없다.

⑤ **시간적 한계**

해양경찰행정관청의 권한행사가 일정한 시간에 의하여 제한되는 경우가 있다.

(4) 권한행사의 효과

① **일반적 효과(적극적 효과)**

㉠ 해양경찰행정관청이 그 소관 사무에 관하여 권한을 행사한 경우에는, 그 행위는 행정주체(국가)의 행위로서 효력이 발생한다. 다시 말해 해양경찰행정관청이 적법하게 권한을 행사한 경우 그 행위의 법률상 효과는 행정주체인 국가에 귀속된다. 따라서 그 행위의 법적 효과는 해양경찰행정관청의 구성원인 자연인의 변경이나 행정관청의 폐지 · 변경에 영향을 받지 않는다.

㉡ 또한 해양경찰행정관청의 행위가 법률행위인 경우뿐만 아니라 사실행위에 해당하더라도 그것에 결부된 법적 효과는 국가에 귀속되는 것이 원칙이다.

② **위법한 권한행사의 효과(소극적 효과)**

해양경찰행정관청이 권한의 한계를 넘어서서 권한을 행사한 때에 그 권한행사는 위법에 해당하며 권한 외의 행위로서 공법상의 효과가 부정된다(당연무효). 그러므로 그 효과 또한 행정주체인 국가에 귀속되지 않는다.

02 해양경찰법

1. 서설

(1) 목적(제1조)

이 법은 해양주권을 수호하고 해양 안전과 치안 확립을 위하여 **해양경찰의 직무와 민주적이고 효율적인 운영**에 필요한 사항을 규정함을 목적으로 한다.

(2) 해양경찰의 책무(제2조)

① 해양경찰은 해양에서 사람의 생명 · 신체 및 재산을 보호하고, 해양사고에 효율적으로 대응하기 위한 시책을 추진하여야 한다.

② 해양경찰은 대한민국의 국익을 보호하고 해양영토를 수호하며 해양치안질서 유지를 위하여 필요한 조치와 제도를 마련하여야 한다.

③ 해양경찰은 해양경찰의 정책에 대한 국민의 의견을 존중하고, 민주적이고 투명한 조직운영을 위하여 노력하여야 한다.

(3) 권한남용의 금지 등(제3조)

해양경찰은 그 직무를 수행할 때 국민 전체에 대한 봉사자로서 **공정 · 중립**을 지켜야 하고, 헌법과 법률에 따라 국민의 **자유와 권리를 존중**하며, 부여된 **권한을 남용하여서는 아니 된다.**

(4) 해양경찰의 날(제4조)

국민에게 해양주권 수호의 중요성을 널리 알리고 해양안전 의식을 높이기 위하여 **매년 9월 10일**을 해양경찰의 날로 하고, 기념행사를 한다.

2. 해양경찰위원회

(1) 해양경찰위원회의 설치 등(제5조)

① 해양경찰행정에 관하여 다음 각 호의 사항을 심의 · 의결하기 위하여 **해양수산부에 해양경찰위원회**(이하 '위원회'라 한다)를 둔다.

> ㉠ 해양경찰청 소관 법령 또는 행정규칙의 제정 · 개정 · 폐지, 소관 법령에 따른 기본계획 · 관리계획 등의 수립 및 이와 관련된 사항
> ㉡ 인권보호와 부패방지 및 청렴도 향상에 관한 주요 정책사항
> ㉢ 해양경찰청 소속 공무원의 채용 · 승진 등 인사운영 기준과 교육 및 복지증진에 관한 사항
> ㉣ 해양경찰장비 · 시설의 도입 · 운영에 관한 사항
> ㉤ 그 밖에 주요 정책과 제도 개선 및 업무발전에 관하여 필요하다고 인정되어 위원회 의결로 회의에 부치는 사항

② **해양수산부장관** 또는 **해양경찰청장**은 중요하다고 인정되어 위원회의 심의 · 의결이 필요한 사항은 회의에 부칠 수 있다.

③ **해양수산부장관**은 심의 · 의결된 내용이 적정하지 아니하다고 판단할 때에는 **재의를 요구할 수 있다.**

(2) 위원회의 구성 및 위원의 임명(제6조)

① 위원회는 **위원장 1명을 포함한 7명의 위원으로 구성**하되, 위원장 및 위원은 **비상임**으로 한다.

> **해양경찰위원회규정**
>
> **제2조【위원장】** ① 해양경찰(이하 '법'이라 한다) 제5조 제1항에 따른 해양경찰위원회(이하 '위원회'라 한다)의 위원장(이하 '위원장'이라 한다)은 위원회를 대표하고, 위원회의 사무를 총괄한다.
> ② 위원장은 위원 중에서 호선(互選)한다.
> ③ 위원장이 부득이한 사유로 직무를 수행할 수 없을 때에는 위원장이 미리 지명한 위원이 그 직무를 대행한다.

② 위원 중 2명은 법관의 자격이 있는 사람이어야 한다.

③ 위원은 **해양수산부장관의 제청으로 국무총리를 거쳐 대통령이 임명**한다. 이 경우 해양수산부장관은 위원 임명을 제청할 때 해양경찰의 **정치적 중립이 보장**되도록 하여야 한다.

④ 다음 각 호의 어느 하나에 해당하는 사람은 위원이 될 수 없다.

> 1. 당적을 이탈한 날부터 3년이 지나지 아니한 사람
> 2. 선거에 의하여 취임하는 공직에서 퇴직한 날부터 3년이 지나지 아니한 사람
> 3. 경찰, 검찰, 국가정보원 직원 또는 군인의 직에서 퇴직한 날부터 3년이 지나지 아니한 사람
> 4. 국가공무원법 제33조 각 호의 어느 하나에 해당하는 사람

> **해양경찰위원회규정**
>
> **제3조【위원 수당 등】** 위원에게는 예산의 범위에서 수당과 여비, 그 밖에 필요한 경비를 지급할 수 있다.

(3) 위원의 임기 및 신분보강(제7조)

① 위원의 임기는 **3년**으로 하며, 연임할 수 없다. 이 경우 보궐위원의 임기는 전임자 임기의 남은 기간으로 한다.

② 위원은 정당에 가입하거나 제6조 제4항 제2호 또는 제3호의 직에 취임 또는 임용되거나 제4호에 해당하게 된 때에는 당연히 퇴직된다.

③ 위원은 중대한 신체상 또는 정신상의 장애로 직무를 수행할 수 없게 된 경우를 제외하고는 그 의사에 반하여 면직되지 아니한다.

> **해양경찰위원회규정**
>
> **제4조【위원의 면직】** ① 법 제7조 제3항에 따라 위원이 중대한 신체상 또는 정신상의 장애로 직무를 수행할 수 없게 되어 면직되는 경우에는 위원회의 의결이 있어야 한다.
> ② 제1항에 따른 의결은 위원장 또는 해양수산부장관이 요구한다.

④ 위원에 대하여는 국가공무원법 제60조 및 제65조를 준용한다.

(4) 재의요구(제8조)

① 해양수산부장관이 재의를 요구하려고 하는 경우에는 의결한 날부터 **10일 이내**에 재의요구서를 위원회에 제출하여야 한다.

② 위원장은 재의요구가 있으면, 그 요구를 받은 날부터 **7일 이내**에 회의를 소집하여 다시 의결하여야 한다.

(5) 의견 청취 등(제9조)

① 위원장은 위원회의 심의를 위하여 필요한 경우에는 관계 공무원에게 필요한 사항의 보고 또는 자료의 제출을 요구하거나 관계 전문가로부터 의견을 청취할 수 있다.

② 보고 또는 자료의 제출을 요구받은 관계 공무원은 성실히 이에 응하여야 한다.

(6) 위원회의 운영 등(제10조)

① 위원회의 사무는 **해양경찰청에서 수행**한다.

② 위원회의 회의는 **재적위원 과반수의 출석과 출석위원 과반수의 찬성**으로 의결한다.

③ 이 법에 규정된 것 외에 위원회의 운영 등에 필요한 사항은 대통령령으로 정한다.

해양경찰위원회 규정

제5조 【회의】 ① 위원회의 회의는 정기회의와 임시회의로 구분한다.

② 정기회의는 특별한 사유가 있는 경우를 제외하고는 매월 2회 위원장이 소집한다.

③ 위원장은 필요한 경우 임시회의를 소집할 수 있으며, 3명 이상의 위원, 해양수산부장관 또는 해양경찰청장은 위원장에게 임시회의의 소집을 요구할 수 있다.

④ 제3항에 따른 임시회의의 소집 요구가 있는 경우에는 위원장은 특별한 사유가 없으면 회의를 소집해야 한다.

⊕ PLUS 해양경찰위원회 규정

제6조 【간사】 ① 위원회를 효율적으로 운영하고 지원하기 위해 간사 1명을 두되, 간사는 해양경찰청 기획재정담당관이 된다.

② 간사는 위원장의 지시에 따라 다음 각 호의 업무를 처리한다.

1. 의안 작성
2. 회의 진행에 필요한 준비
3. 회의록 작성과 보관
4. 그 밖에 위원회의 사무

제7조 【수당 등】 법 제9조 제1항에 따라 위원회에 출석한 관계 공무원 또는 관계 전문가에게는 예산의 범위에서 수당과 여비, 그 밖에 필요한 경비를 지급할 수 있다. 다만, 공무원이 그 소관 업무와 직접적으로 관련되어 출석하는 경우에는 지급하지 않는다.

제8조 【공정성의 유지 등】 위원은 그 업무를 수행할 때 공정성을 유지하고 투명성을 확보하도록 노력해야 한다.

제9조 【운영세칙】 이 영에서 규정한 사항 외에 위원회의 운영 등에 필요한 사항은 위원회의 의결을 거쳐 위원장이 정한다.

3. 해양경찰청

(1) 해양경찰청장(제11조)

① 해양경찰청에 해양경찰청장을 두며, 해양경찰청장은 **치안총감**으로 보한다.

② 해양경찰청장은 **해양경찰위원회의 동의를 받아 해양수산부장관의 제청으로 국무총리를 거쳐 대통령이 임명**한다.

③ 해양경찰청장은 해양경찰에 관한 사무를 총괄하고 소속 공무원 및 각급 해양경찰기관의 장을 **지휘·감독**한다.

④ 해양경찰청장의 임기는 **2년**으로 하고, **중임할 수 없다.**

⑤ 해양경찰청장은 해양경찰의 수사에 관한 사무의 경우에는 개별 사건의 수사에 대하여 **구체적으로 지휘·감독할 수 없다.** 다만, 해양주권을 침해하거나 대형재난의 발생 등 국민의 생명·신체·재산 또는 공공의 안전에 중대한 위험을 초래하는 긴급하고 중요한 사건의 수사에 있어서 해양경찰의 자원을 대규모로 동원하는 등 통합적으로 현장 대응할 필요가 있다고 판단할 만한 상당한 이유가 있는 때에는 대통령령으로 정하는 해양경찰청 **수사업무를 총괄 지휘·감독하는 부서의 장(이하 '수사부서의 장'이라 한다)을 통하**여 개별 사건의 수사에 대하여 구체적으로 지휘·감독할 수 있다.

⑥ 해양경찰청장은 제5항 단서에 따라 개별 사건의 수사에 대한 구체적 지휘·감독을 개시한 때에는 이를 지체 없이 **위원회에 보고**하여야 한다.

⑦ 해양경찰청장은 제5항 단서의 사유가 해소된 경우에는 개별 사건의 수사에 대한 구체적 지휘·감독을 중단하여야 한다.

⑧ 해양경찰청장은 수사부서의 장이 제5항 단서의 사유가 해소되었다고 판단하여 개별 사건의 수사에 대한 구체적 지휘·감독의 중단을 건의하는 경우 특별한 이유가 없으면 이를 **승인**하여야 한다.

⑨ 제5항 단서에서 규정하는 긴급하고 중요한 사건의 범위 등 필요한 사항은 대통령령으로 정한다.

해양경찰법 제11조 제5항 단서에 따른 긴급하고 중요한 사건의 범위 등에 관한 규정

제1조 【목적】 이 영은 해양경찰법 제11조 제5항 단서에 따라 해양경찰청장이 구체적으로 지휘·감독할 수 있는 긴급하고 중요한 사건의 범위 및 그 수사지휘의 방식과 같은 법 제15조의2 제1항에 따른 수사부서의 장의 수사지휘·감독에 관한 사항을 규정함을 목적으로 한다.

제2조 【긴급하고 중요한 사건의 범위】 ① 해양경찰법(이하 '법'이라 한다) 제11조 제5항 단서에 따른 긴급하고 중요한 사건은 다음 각 호의 어느 하나에 해당하는 사건 및 이와 직접적인 관련이 있는 사건으로 한다.

1. 전시·사변 또는 이에 준하는 국가 비상사태가 발생하거나 발생이 임박하여 전국적인 해양치안 유지가 필요한 사건
2. 해양에서 재난·테러 등이 발생하여 공공의 안전에 대한 급박한 위해(危害)나 범죄로 인한 피해의 급속한 확산을 방지하기 위해 신속한 조치가 필요한 사건
3. 국가중요시설의 파괴·기능마비, 대규모 집단의 폭행·협박·손괴·방화 등에 대하여 해양경찰의 자원을 대규모로 동원할 필요가 있는 사건
4. 해양에서 연쇄적·동시다발적으로 발생하거나 광역화된 범죄에 대하여 경찰력의 집중적인 배치, 해양경찰 각 기능의 종합적 대응 또는 국가기관·지방자치단체·공공기관과의 공조가 필요한 사건

② 해양경찰청장은 법 제11조 제5항 단서에 따라 개별 사건의 수사에 대해 구체적으로 지휘·감독을 하려는 경우에는 그 필요성 등을 신중하게 판단해야 한다.

제3조 【수사부서의 장】 법 제11조 제5항 단서에서 "대통령령으로 정하는 해양경찰청 수사업무를 총괄 지휘·감독하는 부서의 장"이란 해양경찰청과 그 소속기관 직제 제13조 제1항에 따른 수사국장(이하 "수사국장"이라 한다)을 말한다.

제4조 【수사지휘의 방식】 ① 해양경찰청장은 법 제11조 제5항 단서에 따라 수사국장에게 개별 사건의 수사에 대해 구체적으로 지휘를 하는 경우에는 서면으로 해야 한다.
② 해양경찰청장은 제1항에도 불구하고 서면 지휘가 불가능하거나 현저히 곤란한 때에는 구두나 전화 등 서면 외의 방식으로 지휘할 수 있다. 이 경우 사후에 신속하게 서면으로 그 지휘내용을 송부해야 한다.

제5조 【수사국장의 수사지휘·감독】 ① 수사국장은 법 제15조의2 제1항에 따라 형사소송법에 따른 해양경찰의 수사에 관하여 각 지방해양경찰청장과 해양경찰서장 및 수사부서 소속 공무원을 지휘·감독한다.
② 수사국장은 법 제15조의2 제1항에 따라 수사지휘를 하는 경우에는 서면으로 해야 한다.
③ 수사국장은 제2항에도 불구하고 서면 지휘가 불가능하거나 현저히 곤란한 때에는 구두나 전화 등 서면 외의 방식으로 지휘할 수 있다. 이 경우 사후에 신속하게 서면으로 그 지휘내용을 송부해야 한다.

(2) 해양경찰청장 임명자격(제12조)

해양경찰청장은 해양경찰에서 **15년 이상** 경찰공무원으로 재직한 자로서 치안감 이상 경찰공무원으로 재직 중이거나 재직했던 사람 중에서 임명한다.

(3) 해양경찰청 소속 공무원(제13조)

① 해양경찰청 소속 공무원은 경찰공무원과 일반직공무원으로 구성한다.

② 해양경찰청 소속 경찰공무원의 계급은 치안총감 · 치안정감 · 치안감 · 경무관 · 총경 · 경정 · 경감 · 경위 · 경사 · 경장 · 순경으로 한다.

③ 해양경찰청 소속 공무원의 임용 · 교육훈련 · 복무 · 신분보장 등에 관하여는 이 법에서 특별히 정한 것을 제외하고는 국가공무원법과 경찰공무원법에서 정하는 바에 따른다.

(4) 직무(제14조)

① 해양경찰은 해양에서의 **수색 · 구조 · 연안안전관리 및 선박교통관제**와 **경호 · 경비 · 대간첩 · 대테러작전**에 관한 직무를 수행한다.

② 해양경찰은 해양에서 공공의 안녕과 질서유지를 위하여 해양 관련 **범죄의 예방 · 진압 · 수사와 피해자 보호**에 관한 직무를 수행한다.

③ 해양경찰은 해양에서 공공안녕에 대한 위험의 예방과 대응을 위한 **정보의 수집 · 작성 · 배포에 관한** 직무를 수행한다.

④ 해양경찰은 **해양오염 방제 및 예방활동에 관한 직무**를 수행한다.

⑤ 해양경찰은 직무와 관련된 **외국 정부기관 및 국제기구**와 **협력**하여야 한다.

(5) 직무수행(제15조)

① 해양경찰청 소속 공무원은 **상관의 지휘 · 감독**을 받아 직무를 수행하고, 그 직무수행에 관하여 서로 **협력**하여야 한다.

② 해양경찰청 소속 공무원은 구체적 수사와 관련된 제1항의 지휘 · 감독의 적법성 또는 정당성 여부에 대하여 이견이 있는 경우에는 **이의를 제기할 수 있다**.

③ 해양경찰청 소속 공무원의 직무수행에 필요한 사항은 따로 법률로 정한다.

(6) 수사의 지휘 · 감독(제15조의2)

① 수사부서의 장은 형사소송법에 따른 해양경찰의 수사에 관하여 대통령령으로 정하는 바에 따라 해양경찰청 소속 공무원을 지휘 · 감독한다.

② 수사부서의 장은 경찰공무원법 제10조 제3항에도 불구하고 해양경찰청 외부를 대상으로 모집하여 임용할 수 있다. 이 경우 다음의 자격을 갖춘 사람 중에서 임용한다.

㉠ 10년 이상 해양수사업무에 종사한 사람 중에서 국가공무원법 제2조의2에 따른 고위공무원단에 속하는 공무원, **3급 이상** 공무원 또는 **총경 이상** 경찰공무원으로 재직한 경력이 있는 사람

㉡ 판사 · 검사 또는 변호사의 직에 **10년** 이상 있었던 사람

㉢ 변호사 자격이 있는 사람으로서 국가기관, 지방자치단체, 공공기관의 운영에 관한 법률 제4조에 따른 공공기관(이하 '국가기관 등'이라 한다)에서 법률에 관한 사무에 **10년 이상** 종사한 경력이 있는 사람

㉣ 대학이나 공인된 연구기관에서 법률학 · 경찰학 · 해양경찰학 분야에서 **조교수 이상**의 직이나 이에 상당하는 직에 **10년** 이상 있었던 사람

㉤ 제1호부터 제4호까지의 **경력 기간의 합산**이 **15년** 이상인 사람

③ 수사부서의 장을 해양경찰청 외부를 대상으로 모집하여 임용하는 경우 다음의 어느 하나에 해당하는 사람은 수사부서의 장이 될 수 없다.

㉠ 경찰공무원법 제8조 제2항 각 호의 결격사유에 해당하는 사람

㉡ 정당의 당원이거나 당적을 이탈한 날부터 **3년**이 지나지 아니한 사람

㉢ 선거에 의하여 취임하는 공직에 있거나 그 공직에서 퇴직한 날부터 **3년**이 지나지 아니한 사람

㉣ 제2항 제1호에 해당하는 공무원 또는 제2항 제2호의 판사 · 검사의 직에서 퇴직한 날부터 **1년**이 지나지 아니한 사람

㉤ 제2항 제3호에 해당하는 사람으로서 국가기관 등에서 퇴직한 날부터 **1년**이 지나지 아니한 사람

④ 수사부서의 장을 해양경찰청 외부를 대상으로 모집하여 임용하는 경우 경찰공무원법 제30조에도 불구하고 수사부서의 장의 임기는 **2년**으로 하고 **중임할 수 없다**. 이 경우 수사부서의 장은 임기가 끝나면 **당연히 퇴직**한다.

⑤ 수사부서의 장을 해양경찰청 내부를 대상으로 임명하는 경우 수사부서의 장의 임기는 **2년**으로 한다.

4. 해양안전 확보 등

(1) 해양안전 확보 노력(제16조)

① 해양경찰청장은 해운 · 어로 · 자원개발 · 해양과학조사 · 관광 및 레저 활동 등을 통해 해양을 이용하는 사람의 안전을 보장하고 사고발생에 원활히 대응하기 위하여 적절한 교육 · 훈련 체계를 마련하여야 한다.

② 해양경찰청장은 해양안전 확보와 해양사고 대응을 위하여 관련 상황을 파악하고 전파할 수 있도록 지휘 · 통신체계를 마련하여야 한다.

③ 해양경찰청장은 해양안전보장 및 사고대응을 위하여 관련 기술, 해양구조방식 등의 연구개발 및 제도개선을 위한 시책을 시행하여야 한다.

(2) 협력(제17조)

① 해양경찰청장은 국민의 안전을 위협하는 해양재난 또는 해양사고의 대응을 위하여 필요한 경우 관계 행정기관의 장 또는 지방자치단체의 장에게 필요한 협력을 요청할 수 있다.

② 해양경찰청장은 해양안전의 확보와 수색 · 구조 장비 및 기술의 보강을 위하여 민간단체 · 기관과의 협력관계를 증진하고 이에 필요한 계획과 시책을 마련하여 추진할 수 있다.

(3) 국민참여의 확대(제18조)

① 해양경찰청장은 해양경찰행정에 국민의 참여를 확대하기 위하여 다양한 참여방법과 협력의 기회를 제공하도록 노력하여야 한다.

② 해양경찰청장은 국민참여를 통해 수렴된 국민과 관계 전문가의 의견을 검토하여, 해양경찰의 직무수행에 필요한 경우 반영하여야 한다.

5. 해양경찰 직무수행의 기반 조성

(1) 직무수행의 전문성 확보(제19조)

① 해양경찰청장은 직무수행의 전문성을 확보하기 위하여 교육 · 훈련체계를 발전시키고, 우수한 인적자원을 양성하기 위한 노력을 지속하여야 한다.

② 해양경찰청장은 외부 전문가 영입을 위하여 경찰공무원법에 따른 경력경쟁채용시험 또는 국가공무원법에 따른 개방형직위 등을 활용한 경력경쟁채용시험 등을 실시할 수 있다.

(2) 해양경찰장비의 관리 등(제20조)

① 해양경찰청장은 해양경찰의 직무수행에 필요한 함정 · 항공기 및 공용 또는 개인용 무기 · 경찰장구와 각종 장비 · 시설(구조 · 구난 · 오염방제장비를 포함한다. 이하 '해양경찰장비 등'이라 한다)의 도입 및 관리계획을 시행하여야 한다.

② 해양경찰청장은 해양경찰장비 등의 도입 및 관리 · 운영계획을 효과적으로 추진하기 위하여 필요한 재원을 지속적이고 안정적으로 확보할 수 있는 방안을 마련하여야 한다.

(3) 연구개발의 지원 등(제21조)

① 해양경찰청장은 해양경찰 업무에 필요한 연구·실험·조사·기술개발(이하 '연구개발사업'이라 한다) 및 전문인력 양성 등 소관 분야의 과학기술진흥을 위한 시책을 마련하여 추진하여야 한다.

② 해양경찰청장은 연구개발사업을 효율적으로 추진하기 위하여 다음 각 호의 어느 하나에 해당하는 기관 또는 단체 등과 협약에 의하여 연구개발사업을 수행하게 할 수 있다.

> 1. 국공립 연구기관
> 2. 특정연구기관 육성법 제2조에 따른 특정연구기관
> 3. 과학기술분야 정부출연연구기관 등의 설립·운영 및 육성에 관한 법률에 따라 설립된 과학기술분야 정부출연연구기관
> 4. 고등교육법에 따른 대학·산업대학·전문대학 및 기술대학
> 5. 민법 또는 다른 법률에 따라 설립된 법인으로서 치안분야 연구기관 또는 법인 부설 연구소
> 6. 기초연구진흥 및 기술개발지원에 관한 법률 제14조의2 제1항에 따라 인정받은 기업부설연구소 또는 기업의 연구개발전담부서
> 7. 그 밖에 대통령령으로 정하는 소관 분야 관련 연구·조사·기술개발 등을 수행하는 기관 또는 단체

③ 해양경찰청장은 기관 또는 단체 등이 연구개발사업을 수행하는 데 필요한 경비의 전부 또는 일부를 지원할 수 있다.

03 해양경찰청과 그 소속기관 직제

1. 서설

(1) 목적(제1조)

이 영은 해양경찰청과 그 소속기관의 조직과 직무범위, 그 밖에 필요한 사항을 규정함을 목적으로 한다.

(2) 소속기관(제2조)

① 해양경찰청장의 관장사무를 지원하기 위하여 **해양경찰청장 소속으로 해양경찰교육원 및 중앙해양특수구조단**을 둔다.

② 해양경찰청장의 관장사무를 분장하기 위하여 **해양경찰청장 소속으로 지방해양경찰청을 두고, 지방해양경찰청장 소속으로 해양경찰서를 둔다.**

③ 해양경찰청장의 관장사무를 지원하기 위하여 책임운영기관의 설치·운영에 관한 법률 제4조 제1항, 같은 법 시행령 제2조 제1항 및 별표 1에 따라 **해양경찰청장 소속의 책임운영기관으로 해양경찰정비창을 둔다.**

2. 해양경찰청

(1) 직무(제3조)

해양경찰청은 해양에서의 경찰 및 오염방제에 관한 사무를 관장한다.

(2) 청장(제4조)

해양경찰청장은 **치안총감**으로 보한다.

(3) 차장(제5조)

해양경찰청 **차장은 치안정감**으로 보한다.

3. 지방해양경찰청(제26조)

① 지방해양경찰청에 청장 1명을 둔다.
② **중부지방해양경찰청장은 치안정감으로, 서해지방해양경찰청과 남해지방해양경찰청의 청장은 치안감으로, 그 밖의 지방해양경찰청장은 경무관으로 보한다.**
③ 지방해양경찰청장은 해양경찰청장의 명을 받아 소관사무를 총괄하고, 소속 공무원을 지휘·감독한다.

4. 해양경찰서(제30조)

① 해양경찰서에 서장 1명을 둔다.
② 서장은 **총경**으로 보한다.
③ 서장은 지방해양경찰청장의 명을 받아 소관 사무를 총괄하고, 소속 공무원을 지휘·감독한다.
④ 지방해양경찰청에 두는 해양경찰서의 명칭 및 위치는 별표 3과 같고, 해양경찰서의 하부조직·관할구역, 그 밖에 필요한 사항은 해양수산부령으로 정한다.

5. 파출소 등(제31조)

① **지방해양경찰청장**은 해양경찰서장의 소관 사무를 분장하기 위하여 해양수산부령으로 정하는 바에 따라 **해양경찰서장 소속으로 파출소**를 둘 수 있다.
② **지방해양경찰청장**은 필요한 경우에는 해양수산부령으로 정하는 바에 따라 **해양경찰서장 소속으로 출장소**를 둘 수 있다.
③ 파출소 및 출장소의 명칭·위치와 관할구역, 그 밖에 필요한 사항은 **지방해양경찰청장이 정한다.**

04 해양경찰행정관청의 권한행사

1. 권한행사의 원칙

해양경찰행정관청의 권한은 법령에 의하여 부여된 것으로 법령에 의하여 권한을 수여(법률의 수권)받은 해양경찰행정관청에서 자기의 명의와 책임 아래 스스로 행사하는 것이 원칙이다. 그러나 예외적으로 법률상 권한 있는 해양경찰행정관청이 아닌 다른 해양경찰행정기관이 권한을 행사하는 경우가 있는데 권한의 대리와 위임이 대표적인 예이다.

2. 권한의 대리

(1) 의의

권한의 대리란 해양경찰행정관청 권한의 **전부 또는 일부**를 대리기관(보조기관이나 하급 해양경찰행정관청)이 **피대리관청을 위한 것임을 표시**하고 자기(대리기관)의 명의로 권한을 행사하여, 그 행위가 **피대리관청의 행위로서 법률상 효과가 발생**하는 것을 말한다. 권한의 대리에는 임의대리와 법정대리가 있으며 대리는 일반적으로 임의대리를 의미한다.

(2) 대리의 특징

본질적으로 인격대리(민법상의 대리)가 아니고 **'직무대리' 또는 '권한대리'에 해당**하고, 피대리관청의 **권한이 대리관청에 이전되는 것이 아니다.** 또한 **현명주의가 적용**되고 대리행위의 효과가 피대리관청에 귀속된다는 데 그 특징이 있다.

(3) 임의대리(수권대리)

① 의의

임의대리란 **피대리관청의 수권**에 의하여 대리관계가 발생하는 경우로 수권대리라고도 한다. 임의대리의 경우 해양경찰행정관청은 대리권의 수여에 대한 개별적인 법령의 근거가 없더라도 그 구성원의 사고 유무를 불문하고 대리권을 수여할 수 있다.

② 법적 근거

대리권 수여에 대한 법적 근거가 필요한가 여부에 관하여 필요설과 불요설이 대립하나 **불요설이 통설**이다.

③ 성질

공법상의 대리에 있어 대리권을 수여하는 수권행위는 피대리관청의 일방적 행위로서 대리자의 동의를 요하지 아니하며, 대리권의 수여에 의해 권한의 이전이 발생하는 것도 아니므로 수권의 뜻을 일반 국민에게 공시할 필요도 없다.

④ 대리권의 범위

피대리관청 **권한의 일부**에 대해서만 수권이 가능하며(일부대리가 원칙), 권한의 전부에 대한 대리는 허용되지 않는다.

⑤ 대리기관

피대리관청의 보조기관 또는 하급관청이 대리자가 되는 것이 일반적이다.

⑥ 대리행위의 방식 및 효과

구분	내용
방식	대리기관이 피대리관청을 위한 것임을 표시하고(현명주의) 대리기관 자기의 명의로 권한을 행사한다.
효과	대리권의 범위 내에서 대리기관이 행한 행위는 피대리관청의 행위로서 법률상 효과가 발생한다.

⑦ 대리행위에 관한 책임

임의대리의 경우 대리기관은 대리권의 행사에 있어 **피대리관청의 지휘·감독을 받으며**, 그의 대리행위에 관해서는 내부적으로 대리기관 자신에게 책임이 귀속된다. 다만 피대리관청은 대리자의 선임·감독상의 책임을 면할 수 없으므로 외부적으로는 피대리관청이 책임을 부담한다.

⑧ 복대리의 허용 여부

임의대리는 원칙적으로 **복대리가 허용되지 않는다.**

⑨ 대리권의 소멸

수권행위의 철회·실효 및 신분의 상실 등에 의해 대리관계가 종료된다.

(4) 법정대리

> **해양경찰청 직무대리 운영규칙**
>
> **제4조【청장과 차장의 직무대리】** ① 청장에게 사고가 발생한 경우에는 차장이 대리한다.

① 의의

피대리관청의 수권이 아닌 일정한 법정사실이 발생하였을 때 **직접 법령의 규정에 의하여 성립**하는 대리를 법정대리라고 한다.

② 법적 근거

법정대리는 헌법 제71조, 정부조직법 제12조 제2항 및 직무대리규정(대리의 일반법령) 제3조 등 법적 근거가 있는 경우에 가능하다. 그러므로 법정대리의 경우 **법적 근거를 요한다.**

③ 법정대리의 종류

구분	내용
협의의 법정대리	1. 대한민국헌법 제71조 대통령이 궐위되거나 사고로 인하여 직무를 수행할 수 없을 때에는 국무총리, 법률이 정한 국무위원의 순서로 그 권한을 대행한다. 2. **정부조직법** **제12조 【국무회의】** ② 의장이 사고로 직무를 수행할 수 없는 경우에는 부의장인 국무총리가 그 직무를 대행하고, 의장과 부의장이 모두 사고로 직무를 수행할 수 없는 경우에는 기획재정부장관이 겸임하는 부총리, 교육부장관이 겸임하는 부총리 및 제26조 제1항에 규정된 순서에 따라 국무위원이 그 직무를 대행한다.
지정대리	**정부조직법** **제22조 【국무총리의 직무대행】** 국무총리가 사고로 직무를 수행할 수 없는 경우에는 기획재정부장관이 겸임하는 부총리, 교육부장관이 겸임하는 부총리의 순으로 직무를 대행하고, 국무총리와 부총리가 모두 사고로 직무를 수행할 수 없는 경우에는 대통령의 지명이 있으면 그 지명을 받은 국무위원이, 지명이 없는 경우에는 제26조 제1항에 규정된 순서에 따른 국무위원이 그 직무를 대행한다.

㉠ 협의의 법정대리

법령에 대리자가 명시되어 있기 때문에 법정사실이 발생한 경우 다른 보조적 행위를 기다릴 것 없이 법률상 당연히 대리권이 발생하는 경우를 말하며 대통령의 궐위 등에 따르는 대리(헌법 제71조), 국무총리가 사고가 있을 때 대통령의 지명이 없는 경우 법률상의 규정에 의한 국무위원의 대리(정부조직법 제22조), 장관 유고시에 차관의 대리(정부조직법 제7조 제2항) 등이 여기에 해당한다.

정부조직법

제7조 【행정기관의 장의 직무권한】 ② 차관(제25조 제2항에 따라 정무직으로 보하는 본부장을 포함한다) 또는 차장(국무총리실의 차장을 포함한다)은 그 기관의 장을 보좌하여 소관사무를 처리하고 소속 공무원을 지휘·감독하며, 그 기관의 장이 사고로 직무를 수행할 수 없으면 그 직무를 대행한다. 다만, 차관 또는 차장이 2명인 기관의 장이 사고로 직무를 수행할 수 없으면 대통령령으로 정하는 순서에 따라 그 직무를 대행한다.

정부조직법

제22조 【국무총리의 직무대행】 국무총리가 사고로 직무를 수행할 수 없는 경우에는 기획재정부장관이 겸임하는 부총리, 교육부장관이 겸임하는 부총리의 순으로 직무를 대행하고, 국무총리와 부총리가 모두 사고로 직무를 수행할 수 없는 경우에는 대통령의 지명이 있으면 그 지명을 받은 국무위원이, 지명이 없는 경우에는 제26조 제1항에 규정된 순서에 따른 국무위원이 그 직무를 대행한다.

㉡ 지정대리

법정사실이 발생한 경우 일정한 경우 **일정한 자에 의한 대리자 지정**으로 대리관계가 성립하는 것을 말한다. 통상적으로 지정대리의 지정은 '대리명령서'에 의하는 것이 보통이며 국무총리와 부총리가 모두 사고로 인하여 직무를 수행할 수 없을 때에 대통령이 지명하는 국무위원이 직무를 대행하는 경우가 지정대리에 해당한다.

정부조직법

제22조 【국무총리의 직무대행】 국무총리가 사고로 직무를 수행할 수 없는 경우에는 기획재정부장관이 겸임하는 부총리, 교육부장관이 겸임하는 부총리의 순으로 직무를 대행하고, 국무총리와 부총리가 모두 사고로 직무를 수행할 수 없는 경우에는 대통령의 지명이 있으면 그 지명을 받은 국무위원이, 지명이 없는 경우에는 제26조 제1항에 규정된 순서에 따른 국무위원이 그 직무를 대행한다.

④ 법정대리의 범위

대리권은 피대리관청의 **권한의 전부**에 적용되는 것이 원칙이다.

⑤ 대리행위의 방식 및 효과

구분	내용
방식	대리기관이 피대리관청을 위한 것임을 표시하고 대리기관 자기의 명의로 행한다.
효과	대리기관이 대리권에 속하는 사항에 관하여 한 행위는 피대리관청의 행위로서 법률상 효과가 발생한다.

⑥ 대리행위에 관한 책임

피대리관청은 원칙적으로 대리기관을 **지휘 · 감독할 수 없으며**, 대리권의 행사에 대한 책임은 전적으로 '대리기관'이 부담한다.

⑦ 복대리의 허용 여부

임의대리는 복대리를 허용하지 않으나 법정대리는 **복대리가 허용된다. 법정대리의 복대리는 성질상 임의대리에 해당한다.**

⑧ 대리권의 소멸

법정대리가 발생한 일정한 사유의 소멸에 의해 대리관계가 종료된다.

⊕ PLUS

복대리는 대리기관의 대리가 아닌 피대리관청의 대리에 해당한다.

3. 권한의 위임

(1) 의의

① 위임청이 자기에게 주어진 **권한의 일부**를 하급행정기관이나 자기의 보조기관 등 다른 기관에 위임해서 행사하게 하는 것으로 위임은 법령에 정해진 권한의 일부를 타 기관에 **이전**시키는 것이므로 위임에는 **법령상의 근거**가 있어야 한다.

경찰공무원법

제7조 【임용권자】 ④ 해양경찰청장은 대통령령으로 정하는 바에 따라 경찰공무원의 임용에 관한 권한의 일부를 소속 기관의 장, 지방해양경찰관서의 장에게 위임할 수 있다.

해양경찰청 소속 경찰공무원 임용에 관한 규정

제4조 【임용권의 위임】 ① 해양경찰청장은 법 제7조 제4항에 따라 중앙해양특수구조단 · 해양경찰교육원 · 해양경찰정비창 및 지방해양경찰청(이하 '소속기관 등'이라 한다)의 장에게 다음 각 호의 구분에 따른 권한을 위임할 수 있다.

1. 중앙해양특수구조단장: 중앙해양특수구조단 소속 경찰공무원 중 경감 이하의 전보권 및 경사 이하의 승진임용·파견·휴직·직위해제 및 복직에 관한 권한
2. 해양경찰교육원장 또는 지방해양경찰청장: 해양경찰교육원 또는 지방해양경찰청 소속 경찰공무원 중 경정의 전보·파견·휴직·직위해제 및 복직에 관한 권한과 경감 이하의 임용권
3. 해양경찰정비창장: 해양경찰정비창 소속 경찰공무원 중 경정의 전보권과 경감 이하의 임용권

② 권한이 위임되면 위임청은 그 권한을 상실하며, **수임청이 자기의 이름과 책임으로 그 권한을 행사**한다.

(2) 재위임

권한의 위임이 있으면 그 권한이 이전되어 수임청의 것이 되므로, 수임청은 위임받은 권한의 일부를 다시 보조기관이나 하급행정관청에 재위임할 수 있다. 이 경우 재위임도 위임에 해당하므로 법령상의 근거를 필요로 한다.

⊕ PLUS

입법권의 위임(법률이 행정입법에 입법사항을 위임하는 경우)의 경우에는 행정관청 상호간의 재위임에 있어서 법적 근거가 필요 없으나, 권한의 위임의 경우 재위임에는 법적 근거가 필요하다.

(3) 위임의 한계(위임사항)

위임사항은 위임해양경찰행정관청의 권한 중 일반적·포괄적 권한의 일부나 법령에 규정된 사항에 한하며 권한의 전부 또는 중요 부분에 대한 위임은 허용되지 않는다.

(4) 위임의 효과

① 권한의 귀속변경

권한이 위임된 경우 위임사항은 수임기관의 권한으로 이전되며 수임기관은 자기의 명의와 책임으로 그 권한을 행사하게 되고 그 결과 **행정소송의 피고도 수임기관이 된다.**

경찰공무원법

제34조 【행정소송의 피고】 징계처분, 휴직처분, 면직처분, 그 밖에 의사에 반하는 불리한 처분에 대한 행정소송의 경우에는 경찰청장 또는 해양경찰청장을 피고로 한다. 다만, 제6조 제3항에 따라 임용권을 위임한 경우에는 그 위임을 받은 자를 피고로 한다.

② 위임사항에 대한 지휘·감독

권한의 위임 여부에 관계없이 조직법적 근거규정에 의해 상급 해양경찰행정관청은 하급 해양경찰행정관청의 권한행사를 **지휘·감독할 수 있다.**

행정권한의 위임 및 위탁에 관한 규정

제6조 【지휘·감독】 위임 및 위탁기관은 수임 및 수탁기관의 수임 및 수탁사무 처리에 대하여 지휘·감독하고, 그 처리가 위법하거나 부당하다고 인정될 때에는 이를 취소하거나 정지시킬 수 있다.

행정권한의 위임 및 위탁에 관한 규정 제7조 【사전승인 등의 제한】 수임 및 수탁사무의 처리에 관하여 위임 및 위탁기관은 수임 및 수탁기관에 대하여 사전승인을 받거나 협의를 할 것을 요구할 수 없다.

③ **비용부담**

위임사무 처리에 소요되는 인력·예산 등은 **위임기관이** 부담하는 것이 원칙이다.

> **행정권한의 위임 및 위탁에 관한 규정**
>
> **제3조【위임 및 위탁의 기준 등】** ② 행정기관의 장은 행정권한을 위임 및 위탁할 때에는 위임 및 위탁하기 전에 수임기관의 수임능력 여부를 점검하고, 필요한 인력 및 예산을 이관하여야 한다.

(5) 위임의 종료

① **종료의 사유**

위임청이 위임 해제의 의사표시를 하거나 실효(종기의 도래 또는 해제조건의 성취) 또는 근거법령의 소멸 등의 사유로 위임이 종료된다.

② **위임종료의 효과**

위임의 종료와 함께 위임사항에 관한 수임기관의 권한은 소멸하고, 그 사항은 다시 위임청의 권한에 귀속된다.

<table>
<tr><th rowspan="2">구분</th><th colspan="2">권한의 대리</th><th rowspan="2">권한의 위임</th></tr>
<tr><th>임의대리</th><th>법정대리</th></tr>
<tr><td>권한의 이전</td><td colspan="2">×</td><td>○</td></tr>
<tr><td>법령의 근거</td><td>×</td><td>○</td><td>○</td></tr>
<tr><td>범위</td><td>일부</td><td>전부</td><td>일부</td></tr>
<tr><td>현명주의</td><td>○</td><td>○</td><td>×</td></tr>
<tr><td>감독</td><td>○</td><td>×</td><td>○</td></tr>
</table>

4. 기타 권한행사 방식

(1) 내부위임

① **개념**

해양경찰행정관청이 그의 특정 사항에 관한 권한을 실질적으로 하급행정관청에게 위임하면서, 대외적으로는 위임자의 명의로 권한을 행사하게 하는 것을 말한다(중부지방해양경찰청장이 일정한 권한을 인천해양경찰서장에게 내부적으로 위임하는 경우).

이때 법령상의 근거는 필요하지 않다.

② **차이점**

내부위임은 해양경찰행정관청의 내부적인 사무처리상의 편익을 도모하기 위한 것으로 권한의 귀속 자체에 대한 변경은 없으며, 수임자는 위임자의 명의로 권한을 행사한다는 점에서 위임과 구별된다.

(2) 위임전결(대결)

① **개념**

결재 내지 권한의 일부를 보조기관에게 실질적으로 위임하되, 대외적인 권한의 행사는 해양경찰행정관청의 명의로 하게 하는 것이다. 그 실질에 있어 전술한 내부위임과 별 차이가 없으며, 단지 내부위임이 상하해양경찰행정관청간에 행해짐이 보통인 데 대하여, 위임전결은 해양경찰행정관청과 보조기관간에 행해지는 것이 차이점이다.

② **차이점**

위임전결은 결재를 보조기관에 위임할 뿐 권한의 귀속 자체의 변경은 없으며, 대외적인 권한의 행사는 해양경찰행정관청의 명의로 한다는 점에서 위임과 구별된다.

04 지휘 · 감독권

1. 지휘 · 감독권의 개념

상급관청이 하급관청의 권한행사를 지휘하여 적법성과 합목적성을 확보하고 국가의사의 통일적인 실현을 위하여 행하는 통제작용이 지휘 · 감독에 해당한다. 이러한 지휘 · 감독권은 상급관청이 하급관청에 대하여 일반적으로 가지는 권한이므로 지휘 · 감독권에 대한 개별적인 법령의 근거는 필요하지 않으며 **조직법적 근거에 의하여 당연히 상급관청에게 인정**되는 권한이다.

해양경찰청과 그 소속기관 직제

제26조 【지방해양경찰청장】 ③ 지방해양경찰청장은 해양경찰청장의 명을 받아 소관사무를 총괄하고, 소속 공무원을 지휘 · 감독한다.

해양경찰청과 그 소속기관 직제

제30조 【해양경찰서】 ③ 서장은 지방해양경찰청장의 명을 받아 소관사무를 총괄하고, 소속 공무원을 지휘 · 감독한다.

2. 지휘 · 감독권의 구분

구분	내용	비고
감시권	하급 해양경찰행정관청의 권한행사의 상황을 파악하기 위하여 사무를 감독하고 보고를 받는 등의 권한을 의미한다. 감시권은 별도의 법적 근거를 필요로 하지 않으며 예방적 감독수단에 해당하지만 교정적 감독수단으로 작용할 때도 있다.	사전적 · 예방적 감독수단
훈령권	상급 해양경찰행정관청이 하급 해양경찰행정관청의 권한행사를 지휘하기 위하여 발하는 명령을 훈령이라고 하며 이러한 훈령을 발할 수 있는 권한이 훈령권이다.	
주관쟁의 결정권	소속 하급 해양경찰행정관청간에 권한에 관하여 다툼이 있는 경우에 쌍방 해양경찰행정관청에 공통되는 상급 해양경찰행정관청이 그에 관해 권한의 귀속 여부를 결정하는 권한이다.	
인가권 (승인권)	하급 해양경찰행정관청이 명령을 발하거나 처분을 하기 이전에 미리 그것을 상급 해양경찰행정관청에 제출하여 그의 동의를 얻어야 하는 경우 그 동의권을 말한다.	
취소 · 정지권	상급 해양경찰행정관청이 직권으로 또는 행정심판의 청구에 의하여 하급 해양경찰행정관청의 위법 · 부당한 행위를 취소 또는 정지하는 권한을 말한다.	사후적 · 교정적 감독수단

취소 · 정지권의 성격과 관련하여 상급 해양경찰행정관청은 특별한 규정이 없는 한 처분청에 대해 취소 · 정지를 명할 수 있을 뿐 직접 취소 · 정지권을 행사할 수는 없다는 견해가 통설이다. 그러므로 행정행위의 직권취소권자는 원칙적으로 처분청이며 예외적인 경우(개별적 · 구체적 법적 근거가 있는 경우)에 감독청이 취소 · 정지할 수 있다.

⊕ PLUS

상급 해양경찰행정관청의 지휘 · 감독권에는 하급 해양경찰행정관청의 권한의 대(집)행권이 포함되지 않는다. 이는 권한행사의 원칙상 수권받은 관청이 직접 권한을 행사해야 하기 때문이다. 다만 예외적으로(개별적 · 구체적 법적 근거가 있는 경우) 상급관청에 의한 권한의 대(집)행이 가능하다.

05 훈령과 직무명령

1. 훈령

(1) 훈령의 의의

① 상급 해양경찰행정관청이 소관의 하급 해양경찰행정관청에 대하여 법률해석이나 재량판단의 구체적 지침을 제시하는 등 행정권 발동의 통일을 기하기 위해 발해지는 **일반적 · 추상적 명령**을 훈령이라고 한다.

② 훈령은 국민에 대한 대외적(양면적 · 쌍면적) 구속력이 없고 **대내적(일면적 · 편면적) 구속력만 가지므로 법령의 구체적인 근거 없이도 발령할 수 있다.**

③ 상급관청은 훈령으로 하급관청의 권한행사에 대한 명령 · 감독은 가능하나, 상급관청이 하급관청의 권한을 대집행하는 것은 원칙적으로 개별적 · 구체적 법적 근거가 있는 경우에 한해 가능하다.

(2) 훈령의 법원성

훈령은 국민에 대한 대외적 구속력이 없으므로 법원으로 볼 수 없다고 하는 것이 통설적 견해에 해당한다. 그러나 행정의 자기 구속의 법리에 의해 훈령위반행위의 위법성을 인정하는 견해도 있다.

① 전통적 견해

훈령은 법규성이 없고, 대내적 구속력만 가지므로 해양경찰조직 내부의 규범에 지나지 아니하고 국민과는 직접관계가 없다. 다시 말해 훈령의 대외적 효력은 인정되지 않는다. 그러므로 위법한 훈령이 발해지고 그에 따라 사실상 국민에게 불이익한 효과를 미치더라도, 국민은 훈령 그 자체에 대하여 직접 소송을 제기하여 다툴 수 없다는 것이 이 종래의 입장이다.

② 훈령의 외부화 현상

행정절차법 제4조가 '행정관청은 법령등의 해석 또는 행정관청의 관행이 일반적으로 국민들에게 받아들여졌을 때에는 공익 또는 제3자의 정당한 이익을 현저히 해칠 우려가 있는 경우를 제외하고는 새로운 해석 또는 관행에 따라 소급하여 불리하게 처리하여서는 아니 된다'고 규정하고 있고, 훈령이 평등의 원칙에 위배된다면 그 한도 내에서는 조리(평등의 원칙)에 반하는 위법에 해당한다고 본다.

> **행정절차법**
>
> **제4조【신의성실 및 신뢰보호】** ① 행정청은 직무를 수행할 때 신의(信義)에 따라 성실히 하여야 한다.
> ② 행정청은 법령 등의 해석 또는 행정청의 관행이 일반적으로 국민들에게 받아들여졌을 때에는 공익 또는 제3자의 정당한 이익을 현저히 해칠 우려가 있는 경우를 제외하고는 새로운 해석 또는 관행에 따라 소급하여 불리하게 처리하여서는 아니 된다.

결국 특별권력관계의 내부규율이 목적인 훈령이 일반 국민과의 법률관계에 영향을 미치게 되는데 이를 훈령의 외부화 현상이라고 하며, 이러한 훈령의 외부화 현상에 의해 훈령이 법원성을 가지게 된다고 본다.

(3) 훈령에 위반하는 행위의 효력

원칙적으로 훈령은 법규성이 없기 때문에 훈령에 위반하는 행정행위는 훈령에 반하는 행정행위를 한 공무원의 **징계사유에는 해당**하더라도, 훈령에 위반하는 **행위 자체의 효력은 적법 · 유효**하다.

(4) 훈령의 종류

구분	내용
협의의 훈령	상급관청이 하급관청의 권한행사를 상당히 장기간에 걸쳐 일반적으로 지휘하기 위하여 발하는 명령이다.
지시	상급관청이 하급관청에 대하여 개별적 · 구체적으로 발하는 명령이다.
예규	반복적 해양경찰사무의 기준을 제시하기 위하여 발하는 명령이다.
일일명령	당직 · 출장 · 휴가 등의 일일업무에 관하여 발하는 명령이다.

(5) 훈령의 요건과 하급관청의 심사권

구분		내용
형식적 요건	요건	① 훈령권을 가지는 상급 해양경찰행정관청에 의하여 발해질 것 ② 하급 해양경찰행정관청의 권한에 속하는 사항일 것 ③ 하급 해양경찰행정관청의 권한행사의 독립성이 보장되어 있는 사항에 관한 것이 아닐 것
	심사 여부	① 하급 해양경찰행정관청이 심사권을 갖는다. ② 형식적 요건이 구비되어 있지 않은 경우에는 복종을 거부할 수 있다. ③ 형식적 요건이 구비되지 않았음에도 복종하는 경우에는 하급 해양경찰행정관청이 책임을 진다.
실질적 요건	요건	① 훈령의 내용이 적법 · 타당하며 실현가능하고 명백할 것 ② 내용이 합목적적이고 공익에 적합하여야 한다.
	심사 여부	① 원칙적으로 하급 해양경찰행정관청은 심사권이 없다. ② 그러나 훈령의 내용이 중대 · 명백한 하자가 있어 당연무효이거나, 훈령의 내용이 범죄를 구성하는 경우에는 복종을 거부하여야 한다. ③ 실질적 요건을 구비하지 못한 훈령에 복종하게 되면 훈령을 발한 상급 해양경찰행정관청과 복종한 하급 해양경찰행정관청 모두 그 책임을 부담한다.

(6) 훈령의 경합

하급행정기관은 서로 모순되는 둘 이상의 상급관청의 훈령이 경합하는 때에는 **주관 상급관청**의 훈령에 따라야 하고, 주관 상급관청이 서로 상하관계에 있는 때에는 **직근 상급관청**의 훈령에 따라야 하며, 주관 상급관청이 불명확한 때에는 **주관쟁의의 방법**으로 해결한다.

(7) 기타

훈령은 본래 특별한 형식이 없으며 구두 · 문서의 형식뿐만 아니라 관보게재도 가능하다. 훈령은 상대방에게 도달함으로써 그 효력이 발생하지만 관보로 공고하는 경우에는 그 공고가 있은 후 **5일**이 경과한 날로부터 효력이 발생한다.

2. 직무명령

(1) 의의

직무명령은 상급 공무원이 직무에 관하여 하급 공무원에게 발하는 명령을 말한다. 이러한 직무명령은 직무집행에 직접 관계되는 것뿐만 아니라 복장 · 용모 등 **직무에 간접적으로 관련되는 사생활에 대한 부분**에도 발해질 수 있다. 그러나 직무와 관련없는 공무원의 사생활에까지 직무명령의 효력이 미치지는 않는다.

(2) 직무명령의 형식과 효력

직무명령은 특별한 규정이 없는 한 구두나 서면의 어느 형식에 의하여도 무방하다. 또한 직무명령은 일반국민에 대하여 구속력을 가지는 것이 아니라는 점에서 법규명령과 구별된다. 따라서 훈령과 마찬가지로 하급 공무원이 직무명령에 위반되는 행위를 하더라도 위법한 행위는 아니며 **징계사유**가 될 뿐이다.

(3) 훈령과의 구별

직무명령은 상급 공무원이 하급 공무원에 대하여 발하는 명령이라는 점에서 지휘 · 감독권이 있는 상급 해양경찰행정관청이 하급 해양경찰행정관청에 대하여 발하는 훈령과 구별된다. 또한 훈령은 상급기관과 하급기관의 관계에서 발하는 명령이므로 기관 자체의 폐지가 없는 이상 계속 유효하나, 직무명령은 공무원 관계에서 하급(수명) 공무원만을 구속하는 명령이므로 **당사자(하급 공무원)의 변동에 의해 당연히 그 효력이 상실**된다.

(4) 직무명령의 요건과 하급자의 심사권

구분		내용
형식적 요건	요건	① 권한 있는 상관이 발한 것이어야 한다. 즉, 소속 상관(직무상 상관)의 명령이어야 한다. ② 부하공무원의 직무상 독립의 범위에 속하는 사항이 아니어야 한다. ③ 부하공무원의 직무상 범위 내에 속하는 사항이어야 한다. ④ 법정의 형식과 절차가 있는 경우 이를 구비하여야 한다.
	심사 여부	형식적 요건은 외관상 명백한 것이 보통이므로 부하공무원은 이를 심사할 수 있고, 그 요건이 결여되었다고 인정하면 복종을 거부할 수 있다는 것이 통설이다.
실질적 요건	요건	① 그 내용이 법령에 저촉되지 않아야 하며 공익에 적합한 것이어야 한다. ② 실현가능하고 명확하여야 한다.
	심사 여부	형식적인 요건을 갖춘 직무명령에 대하여는 실질적 요건의 구비 여부를 심사할 수 없으며, 이에 복종해야 한다. 그러나 직무명령이 범죄를 구성하거나 중대 · 명백한 하자가 있어 당연무효인 경우에는 복종을 거부할 수 있다. 실질적 요건을 갖추지 못한 직무명령에 복종한 경우 직무명령을 발한 상관뿐만 아니라 복종한 공무원도 책임을 부담한다.

3. 훈령과 직무명령의 비교

구분	훈령	직무명령
발령자 · 수명자	상급 해양경찰행정관청의 하급 해양경찰행정관청에 대한 명령이다.	상관의 하급자에 대한 명령이다.
구속의 대상	해양경찰행정관청의 의사를 구속한다.	해양경찰공무원의 의사를 구속한다.
효력	해양경찰행정기관의 구성원이 변경 · 교체되어도 여전히 유효하다.	해양경찰공무원의 변경 · 교체에 의해 당연히 효력을 상실하게 된다.
규율범위	하급해양경찰행정관청의 직무권한 행사에 대하여 가능하다.	직무사항 외에 객관적으로 직무수행에 필요하다고 인정되는 해양경찰공무원의 일상생활에 대해서도 관여할 수 있다.
비고	훈령은 동시에 직무명령으로서 성질을 가지지만, 직무명령은 훈령으로서의 성질을 가지는 것은 아니다.	

06 대등 해양경찰행정관청 상호간의 권한행사

1. 권한의 존중

(1) 권한의 불가침

대등한 해양경찰행정관청 상호간에는 서로의 권한을 존중해야 한다. 자기의 권한이 다른 해양경찰행정관청에 의해 침해되어서도 안 되지만 다른 해양경찰행정관청의 권한을 침해해서도 안 된다.

(2) 주관쟁의 결정

대등한 해양경찰행정관청 상호간 권한행사에 있어 충돌이 발생하는 경우 일단 상호협의에 의하여 권한행사의 주체를 결정한다. 협의가 되지 않는 경우에는 주관쟁의 결정의 방법에 따라 권한행사의 주체를 결정한다.

2. 권한의 협력관계

(1) 협의

특정 업무가 둘 이상의 대등 해양경찰행정관청의 권한에 관련되는 경우에는 상호협의에 의해 결정 · 처리한다.

(2) 사무위탁(촉탁)

대등관청 사이에 한 관청의 직무상 필요한 사무가 다른 해양경찰행정관청의 관할에 속한 경우 타 관청에 사무처리를 위탁(촉탁)할 수 있다.

(3) 행정응원(지원)

행정응원은 재해 · 사변 기타 비상시에 처하여 하나의 해양경찰행정관청의 고유한 기능만으로는 해양경찰목적을 달성할 수 없을 때, 한 관청이 타 관청의 청구에 의하거나 자발적으로 타 행정관청을 원조하는 것을 말하며 해양경찰응원, 소방응원, 군사응원 등이 있다.

제3절 경찰공무원법

01 경찰공무원 법제의 기본구조

1. 서설

(1) 국가공무원법과 경찰공무원법의 관계

① 국가공무원에 해당하는 경찰공무원의 경우 경찰공무원의 책임 및 임무의 중요성과 신분 및 근무조건의 특수성 때문에 경찰공무원의 임용, 교육훈련, 복무, 신분보장 등에 관하여 국가공무원법과는 별도로 경찰공무원법을 따로 두어 국가공무원에 관한 특례를 인정하고 있다.

② 그러므로 국가공무원법과 경찰공무원법의 관계는 일반법과 특별법의 관계에 있다고 볼 수 있으며, 실제로 경찰공무원법은 많은 경우에 국가공무원법을 준용하고 있다.

> **경찰공무원법**
>
> **제1조 【목적】** 이 법은 국가경찰공무원의 책임 및 직무의 중요성과 신분 및 근무 조건의 특수성에 비추어 그 임용, 교육훈련, 복무(服務), 신분보장 등에 관하여 국가공무원법에 대한 특례를 규정함을 목적으로 한다.

(2) 경찰공무원 근무관계의 성질

① 전통적인 견해에 의하면 국가(국왕)와 공무원(관료)의 근무관계는 신분관계에 기초한 특별권력관계로 보는 것이 일반적이었다. 그러나 현재는 공무원을 국민 전체에 대한 봉사자인 동시에 국가를 구성하는 국민으로 인정하여 인권보장의 대상이 된다고 본다.

② 그 결과 현재 국가와 공무원의 근무관계는 그 법적 성질을 관계 법령에 의해 지배되는 특별권력관계로 보는 것이 일반적이다.

2. 경찰공무원의 개념

① 경찰공무원이란 순경에서부터 치안총감에 이르는 계급을 가진 공무원을 말하므로 조직상 경찰기관에 근무하는 일반직 등의 공무원은 경찰공무원의 개념에서 제외된다.

② 또한 의무경찰순경도 경찰공무원의 개념에서 제외된다. 그러나 의무경찰순경도 형법상의 공무집행방해죄의 구성요건인 공무원에 해당하며 국가배상법상 손해배상의 구성요건인 공무원 개념에도 포함된다.

> **경찰공무원법**
>
> **제2조 【계급 구분】** 경찰공무원의 계급은 다음과 같이 구분한다.
>
> 치안총감(治安總監)
> 치안정감(治安正監)
> 치안감(治安監)
> 경무관(警務官)
> 총경(總警)
> 경정(警正)
> 경감(警監)
> 경위(警衛)
> 경사(警査)
> 경장(警長)
> 순경(巡警)

3. 경찰공무원의 법적 성질

(1) 국가공무원법상 경찰공무원의 구분

국가공무원법상의 공무원의 구분에 의하면 경찰공무원은 경력직에 속하면서 특정직으로 구분된다.

국가공무원법상의 공무원(국가공무원법 제2조)

구분	내용		
경력직 공무원	실적과 자격에 따라 임용되고 그 신분이 보장되며 평생 동안(근무기간을 정하여 임용하는 공무원의 경우에는 그 기간 동안을 말한다) 공무원으로 근무할 것이 예정되는 공무원	일반직 공무원	기술·연구 또는 행정 일반에 대한 업무를 담당하는 공무원
		특정직 공무원	법관, 검사, 외무공무원, 경찰공무원, 소방공무원, 교육공무원, 군인, 군무원, 헌법재판소 헌법연구관, 국가정보원의 직원과 특수 분야의 업무를 담당하는 공무원으로서 다른 법률에서 특정직 공무원으로 지정하는 공무원
특수 경력직 공무원	경력직공무원 외의 공무원	정무직 공무원	가. 선거로 취임하거나 임명할 때 국회의 동의가 필요한 공무원 나. 고도의 정책결정 업무를 담당하거나 이러한 업무를 보조하는 공무원으로서 법률이나 대통령령(대통령비서실 및 국가안보실의 조직에 관한 대통령령만 해당한다)에서 정무직으로 지정하는 공무원
		별정직 공무원	비서관·비서 등 보좌업무 등을 수행하거나 특정한 업무 수행을 위하여 법령에서 별정직으로 지정하는 공무원

(2) 계급제에 따른 구분

① 계급제란 개인의 특성 즉 학력, 경력, 자격을 기준으로 하여 유사한 개인적 특성을 가진 공무원을 여러 범주와 집단으로 구분하여 계층을 구분하는 것을 말한다. 이러한 계급제는 조직운영의 효율성을 높이기 위한 제도로 **수직적 분류방법**에 해당한다.

② 경찰공무원은 순경, 경장, 경사, 경위, 경감, 경정, 총경, 경무관, 치안감, 치안정감, 치안총감 등 11개 계급으로 구성되어 있다. 이 중 경위에서 경무관까지는 사법경찰관으로서, 그리고 순경에서 경사까지는 사법경찰리로서 사법경찰사무를 담당한다.

4. 경과에 따른 구분

경찰공무원은 그 직무의 종류에 따라 **경과(警科)**에 의하여 구분할 수 있다. 경과의 구분에 필요한 사항은 **대통령령**으로 정한다.

> **해양경찰청 소속 경찰공무원 임용에 관한 규정**
>
> **제3조 【경과】** ① 총경 이하 경찰공무원에게 부여하는 경과(警科)는 다음 각 호와 같다. 다만, 제2호부터 제5호까지의 경과는 경정 이하 경찰공무원에게만 부여한다.
> 1. 해양경과
> 2. 수사경과
> 3. 항공경과
> 4. 정보통신경과
> 5. 특임경과
>
> ② 임용권자(제4조에 따라 임용권을 위임받거나 재위임받은 자를 포함한다. 이하 같다) 또는 임용제청권자[경찰공무원법(이하 '법'이라 한다) 제7조 제1항에 따른 해양경찰청장의 추천이 필요한 경우에는 해양경찰청장을 말한다. 이하 같다]는 경찰공무원을 신규채용할 때에 경과를 부여해야 한다.
> ③ 해양경찰청장은 전시·사변 또는 이에 준하는 비상사태가 발생한 경우에는 경과의 일부를 폐지 또는 병합하거나 신설할 수 있다.
> ④ 경과별 직무의 종류 및 전과(轉科) 등에 관해 필요한 사항은 해양수산부령으로 정한다.
>
> **해양경찰청 소속 경찰공무원 임용에 관한 규정 시행규칙**
>
> **제2조 【경과별 직무의 종류】** 해양경찰청 소속 경찰공무원(이하 '경찰공무원'이라 한다)의 경과별 직무의 종류는 다음 각 호와 같다.
> 1. 해양경과: 홍보·기획·국제협력·감사·운영지원·경비·해상교통관제·해양안전·수색구조·수상레저·정보·장비기술·해양오염방제나 그 밖에 수사경과, 항공경과, 정보통신경과 및 특임경과에 속하지 않은 직무
> 2. 수사경과: 범죄수사에 관한 직무
> 3. 항공경과: 경찰항공기의 운영·관리에 관한 직무
> 4. 정보통신경과: 경찰정보통신·전산의 운영·관리에 관한 직무
> 5. 특임경과: 특공, 구조 또는 응급구조에 관한 직무

02 경찰공무원관계의 발생

1. 경찰공무원 관계의 성립

(1) 의의 및 법적 성질

① 의의

경찰공무원관계의 발생은 임용에 의해 이루어진다. 경찰공무원법상 임용은 신규채용·승진·전보·파견·휴직·직위해제·정직·강등·복직·면직·해임 및 파면을 의미한다. 그러므로 징계 중 감봉과 견책은 임용의 개념에 포함되지 않는다.

> **경찰공무원법**
>
> **제2조 【정의】** 이 법에서 사용하는 용어의 정의는 다음과 같다.
> 1. "임용"이란 신규채용·승진·전보·파견·휴직·직위해제·정직·강등·복직·면직·해임 및 파면을 말한다.

2. "전보"란 경찰공무원의 동일 직위 및 자격 내에서의 근무기관이나 부서를 달리하는 임용을 말한다.
3. "복직"이란 휴직 · 직위해제 또는 정직(강등에 따른 정직을 포함한다) 중에 있는 경찰공무원을 직위에 복귀시키는 것을 말한다.

② **임용의 법적 성질**

임용의 법적 성질에 대해서는 견해의 대립이 있으나 어떤 견해를 취하든 그 구분에 있어 실익이 없다.

구분	내용	
단독행정행위설	동의의 결여를 취소사유로 본다.	상대방의 동의 결여를 무효사유 또는 취소사유로 보는데 양 자의 차이가 있다.
쌍방적 행정행위설(다수설)	동의의 결여를 무효사유로 본다.	
공법상 계약설	상대방의 신청(청약)에 대하여 임용권자(행정관청)가 승낙	

(2) 임용의 성립요건

경찰공무원은 신체 및 사상이 건전하고 품행이 방정(方正)한 사람 중에서 임용한다.

① **임용결격사유(경찰공무원법 제8조)**

㉠ 대한민국 국적을 가지지 아니한 사람
㉡ 국적법 제11조의2 제1항에 따른 복수국적자
㉢ 피성년후견인 또는 피한정후견인
㉣ 파산선고를 받고 복권되지 아니한 사람
㉤ 자격정지 이상의 형(刑)을 선고받은 사람
㉥ 자격정지 이상의 형의 선고유예를 선고받고 그 유예기간 중에 있는 사람
㉦ 공무원으로 재직기간 중 직무와 관련하여 형법 제355조 및 제356조에 규정된 죄를 범한 사람으로서 300만원 이상의 벌금형을 선고받고 그 형이 확정된 후 2년이 지나지 아니한 사람
㉧ 성폭력범죄의 처벌 등에 관한 특례법 제2조에 규정된 죄를 범한 사람으로서 100만원 이상의 벌금형을 선고받고 그 형이 확정된 후 3년이 지나지 아니한 사람
㉨ 미성년자에 대한 다음 각 목의 어느 하나에 해당하는 죄를 저질러 형 또는 치료감호가 확정된 사람(집행유예를 선고받은 후 그 집행유예기간이 경과한 사람을 포함한다)
　ⓐ 성폭력범죄의 처벌 등에 관한 특례법 제2조에 따른 성폭력범죄
　ⓑ 아동 · 청소년의 성보호에 관한 법률 제2조 제2호에 따른 아동 · 청소년대상 성범죄
㉩ 징계에 의하여 파면 또는 해임처분을 받은 사람

경찰공무원법과 국가공무원법의 임용결격사유 비교

경찰공무원법	국가공무원법
1. 대한민국 국적을 가지지 아니한 사람 2. 국적법 제11조의2 제1항에 따른 복수국적자 3. 피성년후견인 또는 피한정후견인 4. 파산선고를 받고 복권되지 아니한 사람 5. 자격정지 이상의 형(刑)을 선고받은 사람 6. 자격정지 이상의 형의 선고유예를 선고받고 그 유예기간 중에 있는 사람	1. 피성년후견인 2. 파산선고를 받고 복권되지 아니한 자 3. 금고 이상의 실형을 선고받고 그 집행이 종료되거나 집행을 받지 아니하기로 확정된 후 5년이 지나지 아니한 자 4. 금고 이상의 형을 선고받고 그 집행유예 기간이 끝난 날부터 2년이 지나지 아니한 자

7. 공무원으로 재직기간 중 직무와 관련하여 형법 제355조 및 제356조에 규정된 죄를 범한 사람으로서 300만원 이상의 벌금형을 선고받고 그 형이 확정된 후 2년이 지나지 아니한 사람 8. 성폭력범죄의 처벌 등에 관한 특례법 제2조에 규정된 죄를 범한 사람으로서 100만원 이상의 벌금형을 선고받고 그 형이 확정된 후 3년이 지나지 아니한 사람 9. 미성년자에 대한 다음 각 목의 어느 하나에 해당하는 죄를 저질러 형 또는 치료감호가 확정된 사람(집행유예를 선고받은 후 그 집행유예 기간이 경과한 사람을 포함한다) 가. 성폭력범죄의 처벌 등에 관한 특례법 제2조에 따른 성폭력범죄 나. 아동·청소년의 성보호에 관한 법률 제2조 제2호에 따른 아동·청소년대상 성범죄 10. 징계에 의하여 파면 또는 해임처분을 받은 사람	5. 금고 이상의 형의 선고유예를 받은 경우에 그 선고유예 기간 중에 있는 자 6. 법원의 판결 또는 다른 법률에 따라 자격이 상실되거나 정지된 자 6의2. 공무원으로 재직기간 중 직무와 관련하여 형법 제355조 및 제356조에 규정된 죄를 범한 자로서 300만원 이상의 벌금형을 선고받고 그 형이 확정된 후 2년이 지나지 아니한 자 6의3. 성폭력범죄의 처벌 등에 관한 특례법 제2조에 규정된 죄를 범한 사람으로서 100만원 이상의 벌금형을 선고받고 그 형이 확정된 후 3년이 지나지 아니한 사람 6의4. 미성년자에 대한 다음 각 목의 어느 하나에 해당하는 죄를 저질러 파면·해임되거나 형 또는 치료감호를 선고받아 그 형 또는 치료감호가 확정된 사람(집행유예를 선고받은 후 그 집행유예기간이 경과한 사람을 포함한다) 가. 성폭력범죄의 처벌 등에 관한 특례법 제2조에 따른 성폭력범죄 나. 아동·청소년의 성보호에 관한 법률 제2조 제2호에 따른 아동·청소년대상 성범죄 7. 징계로 파면처분을 받은 때부터 5년이 지나지 아니한 자 8. 징계로 해임처분을 받은 때부터 3년이 지나지 아니한 자

② 적극요건(경찰공무원법 제10조)

능력주의(성적주의)가 적용되므로 경정 및 순경의 신규채용은 공개경쟁시험으로 한다. 그러나 제한경쟁시험에 의한 특별채용도 가능하다.

경찰공무원법

제10조【신규채용】 ① 경정 및 순경의 신규채용은 공개경쟁시험으로 한다.

② 경위의 신규채용은 경찰대학을 졸업한 사람 및 대통령령으로 정하는 자격을 갖추고 공개경쟁시험으로 선발된 사람(이하 '경찰간부후보생'이라 한다)으로서 교육훈련을 마치고 정하여진 시험에 합격한 사람 중에서 한다.

③ 다음 각 호의 어느 하나에 해당하는 경우에는 경력 등 응시요건을 정하여 같은 사유에 해당하는 다수인을 대상으로 경쟁의 방법으로 채용하는 시험(이하 '경력경쟁채용시험'이라 한다)으로 경찰공무원을 신규채용할 수 있다. 다만, 다수인을 대상으로 시험을 실시하는 것이 적당하지 아니하여 대통령령으로 정하는 경우에는 다수인을 대상으로 하지 아니한 시험으로 경찰공무원을 채용할 수 있다.

1. 국가공무원법 제70조 제1항 제3호의 사유로 퇴직하거나 같은 법 제71조 제1항 제1호의 휴직 기간 만료로 퇴직한 경찰공무원을 퇴직한 날부터 3년(공무원 재해보상법에 따른 공무상 질병 또는 부상으로 인한 휴직의 경우에는 5년) 이내에 퇴직시에 재직한 계급의 경찰공무원으로 재임용하는 경우

2. 공개경쟁시험으로 임용하는 것이 부적당한 경우에 임용예정 직무에 관련된 자격증 소지자를 임용하는 경우
3. 임용예정직에 상응하는 근무실적 또는 연구실적이 있거나 전문지식을 가진 사람을 임용하는 경우
4. 국가공무원법에 따른 5급 공무원의 공개경쟁채용시험이나 사법시험법(2009년 5월 28일 법률 제9747호로 폐지되기 전의 것을 말한다)에 따른 사법시험에 합격한 사람을 경정 이하의 경찰공무원으로 임용하는 경우
5. 섬, 외딴곳 등 특수지역에서 근무할 사람을 임용하는 경우
6. 외국어에 능통한 사람을 임용하는 경우
7. 제주특별자치도의 자치경찰공무원(이하 '자치경찰공무원'이라 한다)을 그 계급에 상응하는 경찰공무원으로 임용하는 경우
8. 국가경찰과 자치경찰의 조직 및 운영에 관한 법률 제16조에 따라 경찰청 외부를 대상으로 모집하여 국가수사본부장을 임용하는 경우

④ 제2항에 따른 경찰간부후보생의 교육훈련, 경력경쟁채용시험 및 제3항 각 호 외의 부분 단서에 따른 채용시험(이하 '경력경쟁채용시험 등'이라 한다)을 통하여 채용할 수 있는 경찰공무원의 계급, 임용예정직에 관련된 자격증의 구분, 근무실적 또는 연구실적, 전보 제한 등에 관한 사항은 대통령령으로 정한다.

⊕ PLUS 경찰공무원인사위원회

1. 경찰공무원인사위원회의 설치(경찰공무원법 제5조)

경찰공무원의 인사(人事)에 관한 중요 사항에 대하여 경찰청장 또는 해양경찰청장의 자문에 응하게 하기 위하여 경찰청과 해양경찰청에 경찰공무원인사위원회(이하 '인사위원회'라 한다)를 둔다.

2. 인사위원회의 기능(경찰공무원법 제6조)

인사위원회는 다음 각 호의 사항을 심의한다.

1. 경찰공무원의 인사행정에 관한 방침과 기준 및 기본계획
2. 경찰공무원의 인사에 관한 법령의 제정·개정 또는 폐지에 관한 사항
3. 그 밖에 경찰청장 또는 해양경찰청장이 인사위원회의 회의에 부치는 사항

3. 위원회의 구성(해양경찰청 소속 경찰공무원 임용에 관한 규정 제9조)

① 법 제5조에 따른 경찰공무원인사위원회(이하 '인사위원회'라 한다)는 위원장을 포함하여 5명 이상 7명 이하의 위원으로 구성한다.
② 인사위원회의 위원장(이하 이 장에서 "위원장"이라 한다)과 위원은 해양경찰청 소속 경찰공무원 중에서 해양경찰청장이 임명한다.

4. 위원장의 직무(해양경찰청 소속 경찰공무원 임용에 관한 규정 제10조)

① 위원장은 인사위원회를 대표하며, 인사위원회의 사무를 총괄한다.
② 위원장이 부득이한 사유로 직무를 수행할 수 없을 때에는 위원 중에서 최상위계급 또는 선임인 경찰공무원이 그 직무를 대행한다.

5. 회의(해양경찰청 소속 경찰공무원 임용에 관한 규정 제11조)

① 위원장은 인사위원회의 회의를 소집하고 그 의장이 된다.
② 회의는 재적위원 과반수의 찬성으로 의결한다.

6. 간사(해양경찰청 소속 경찰공무원 임용에 관한 규정 제12조)

① 인사위원회에 2명 이하의 간사를 둔다.
② 간사는 경찰청 및 해양경찰청 소속 경찰공무원 중에서 위원장이 지명한다.
③ 간사는 위원장의 지시에 따라 인사위원회의 사무를 처리한다.

7. 심의사항의 보고(해양경찰청 소속 경찰공무원 임용에 관한 규정 제13조)
위원장은 인사위원회에서 심의된 사항을 지체 없이 해양경찰청장에게 보고해야 한다.

8. 운영세칙(해양경찰청 소속 경찰공무원 임용에 관한 규정 제14조)
이 영에서 규정한 사항 외에 인사위원회의 운영에 필요한 사항은 인사위원회의 의결을 거쳐 위원장이 정한다.

2. 임용의 형식 및 효력발생시기

(1) 임용의 형식

임용은 **임용장 또는 임용통지서를 교부**함으로서 행해지는 것이 일반적이다. 그러나 임용장의 교부는 임용 행위를 형식적으로 표시하는 **선언적·공증적 효력**을 가지는 데 그치며 임용의 유효요건에는 해당하지 않는다. 그러므로 임용장을 교부받지 못했다고 하더라도 임용의 효력에는 영향을 미치지 않는다.

(2) 효력발생시기

임용의 효력은 임용장 또는 임용통지서에 적힌 날짜에 발생한다. 다시 말해 임용장 또는 임용통지서에 기재된 일자에 임용된 것으로 본다. 그러므로 임용장 또는 임용통지서의 교부 시점은 임용의 효력발생과 아무런 관련이 없다.

해양경찰청 소속 경찰공무원 임용에 관한 규정

제5조【임용시기】 ① 경찰공무원은 해양수산부령으로 정하는 임용장이나 임용통지서에 적힌 날짜에 임용된 것으로 보며, 임용일자를 소급해서는 안 된다.
② 사망으로 인한 면직은 사망한 다음 날에 면직된 것으로 본다.
③ 임용일자는 그 임용장이 임용대상자에게 송달되는 기간 및 사무인계에 필요한 기간을 고려하여 정해야 한다.

3. 채용후보자

(1) 채용후보자 명부작성

① 경찰공무원의 임용권자는 시험에 합격한 자들의 임용후보자 명부를 작성하여야 하는데, 서열은 시험성적 석차에 의하여 결정되며 경찰공무원의 신규채용은 채용후보자 명부의 등재순위에 의한다.
② 채용후보자 명부의 유효기간은 2년의 범위 안에서 대통령령으로 결정되는데 경찰청장은 필요에 따라 명부의 유효기간을 1년의 범위 안에서 연장할 수 있다. 그러므로 채용후보자명부의 최장 유효기간은 3년이다.

경찰공무원법 제12조(채용후보자 명부 등)

① 경찰청장 또는 해양경찰청장(제7조 제3항 및 제4항에 따라 임용권을 위임받은 자를 포함한다)은 신규채용시험에 합격한 사람(경찰대학을 졸업한 사람과 경찰간부후보생을 포함한다, 이하 이 조에서 같다)을 대통령령으로 정하는 바에 따라 성적 순위에 따라 채용후보자 명부에 등재(登載)하여야 한다.

해양경찰청 소속 경찰공무원 임용에 관한 규정

제17조【채용후보자의 등록】 ① 법 제10조 제1항·제2항에 따른 공개경쟁채용시험, 경찰간부후보생 공개경쟁선발시험 및 경력경쟁채용시험 등에 합격한 사람은 해양수산부령으로 정하는 바에 따라 임용권자 또는 임용제청권자에게 채용후보자 등록을 해야 한다.

② 제1항에 따른 채용후보자 등록을 하지 않은 사람은 경찰공무원으로 임용될 의사가 없는 것으로 본다.

② 경찰공무원의 신규채용은 제1항에 따른 채용후보자 명부의 등재 순위에 따른다. 다만, 채용후보자가 경찰교육기관에서 신임교육을 받은 경우에는 그 교육성적 순위에 따른다.
③ 제1항에 따른 채용후보자 명부의 유효기간은 2년의 범위에서 대통령령으로 정한다. 다만, 경찰청장 또는 해양경찰청장은 필요에 따라 1년의 범위에서 그 기간을 연장할 수 있다.

해양경찰청 소속 경찰공무원 임용에 관한 규정

제18조【채용후보자 명부의 작성】 ① 법 제12조 제1항에 따른 채용후보자 명부는 임용예정계급별로 작성하되, 채용후보자의 서류를 심사하여 임용 적격자만을 등재한다.
② 임용권자 또는 임용제청권자는 제1항에 따른 채용후보자 명부에의 등재 여부를 본인에게 알려야 한다.
③ 채용후보자 명부의 유효기간은 2년으로 하되, 해양경찰청장은 필요에 따라 1년의 범위에서 그 기간을 연장할 수 있다.

④ 신규채용시험에 합격한 사람이 채용후보자 명부에 등재된 이후 그 유효기간 내에 병역법에 따른 병역 복무를 위하여 군에 입대한 경우(대학생 군사훈련 과정 이수자를 포함한다)의 의무복무 기간은 제3항에 따른 기간에 넣어 계산하지 아니한다.
⑤ 경찰청장 또는 해양경찰청장은 채용후보자 명부의 유효기간을 연장하기로 결정한 경우에는 그 사실을 공고하여야 한다.
⑥ 제1항에 따른 채용후보자 명부의 작성 및 운영에 필요한 사항은 대통령령으로 정한다.

(2) 채용후보자의 자격상실(해양경찰청 소속 경찰공무원 임용에 관한 규정 제19조)

채용후보자가 다음의 어느 하나에 해당하는 경우에는 채용후보자로서의 자격을 상실한다.

① 채용후보자가 임용 또는 임용제청에 응하지 않은 경우
② 채용후보자로서 받아야 할 교육훈련에 응하지 않은 경우
③ 채용후보자로서 받은 교육훈련 성적이 수료점수에 미달되는 경우
④ 채용후보자로서 교육훈련을 받는 중에 퇴학처분을 받은 경우. 다만, 질병 등 교육훈련을 계속할 수 없는 불가피한 사정으로 퇴학처분을 받은 경우는 제외한다.

4. 시보임용

(1) 시보임용의 대상과 기간(경찰공무원법 제13조)

경정 이하의 경찰공무원을 신규채용할 때에는 **1년간** 시보(試補)로 임용하고, 그 기간이 **만료된 다음 날**에 정규 경찰공무원으로 임용한다. 시보임용기간에는 **휴직기간, 직위해제기간 및 징계에 의한 정직처분 또는 감봉처분**을 받은 기간을 산입하지 아니한다.

(2) 시보임용의 면제 대상자

다음 각 호의 어느 하나에 해당하는 경우에는 시보임용을 거치지 아니한다.

> ① 경찰대학을 졸업한 사람 또는 경찰간부후보생으로서 정하여진 교육을 마친 사람을 경위로 임용하는 경우
> ② 경찰공무원으로서 대통령령으로 정하는 상위계급으로의 승진에 필요한 자격 요건을 갖추고 임용예정 계급에 상응하는 공개경쟁 채용시험에 합격한 사람을 해당 계급의 경찰공무원으로 임용하는 경우
> ③ 퇴직한 경찰공무원으로서 퇴직시에 재직하였던 계급의 채용시험에 합격한 사람을 재임용하는 경우
> ④ 자치경찰공무원을 그 계급에 상응하는 경찰공무원으로 임용하는 경우

(3) 시보경찰공무원의 면직(해양경찰청 소속 경찰공무원 임용에 관한 규정 제20조)

① 임용권자 또는 임용제청권자는 시보임용경찰공무원이 다음의 어느 하나에 해당하여 정규 경찰공무원으로 임용하는 것이 부적당하다고 인정되는 경우에는 정규임용심사위원회의 심사를 거쳐 해당 시보임용경찰공무원을 면직시키거나 면직을 제청할 수 있다.

> ㉠ 징계사유에 해당하는 경우
> ㉡ 제21조 제1항에 따른 교육훈련성적이 만점의 60퍼센트 미만이거나 생활기록이 매우 불량한 경우
> ㉢ 제55조 제2항 제2호에 따른 제2평정요소의 평정점이 만점의 50퍼센트 미만인 경우

② 시보임용 중에 있는 경찰공무원은 그 신분이 보장되지 않는다.

> **경찰공무원법**
>
> **제10조 【시보임용】** ③ 시보임용기간 중에 있는 경찰공무원이 근무성적 또는 교육훈련성적이 불량할 때에는 국가공무원법 제68조 및 이 법 제22조에도 불구하고 면직시키거나 면직을 제청할 수 있다.

(4) 시보임용경찰공무원 등에 대한 교육훈련(해양경찰청 소속 경찰공무원 임용에 관한 규정 제21조)

① 임용권자 또는 임용제청권자는 시보임용경찰공무원 또는 시보임용예정자에게 일정기간 교육훈련(실무수습을 포함한다)을 시킬 수 있다. 이 경우 시보임용예정자에게 교육훈련을 받는 기간 동안 예산의 범위에서 임용예정계급의 1호봉에 해당하는 봉급의 **80퍼센트**에 해당하는 금액 등을 지급할 수 있다.

② 임용권자 또는 임용제청권자는 시보임용예정자가 제1항에 따른 교육훈련성적이 만점의 **60퍼센트 미만**이거나 생활기록이 매우 불량한 경우에는 시보임용을 하지 않을 수 있다.

정규임용심사위원회

> **해양경찰청 소속 경찰공무원 임용에 관한 규정 시행규칙**
>
> **제25조 【정규임용심사위원회】** ① 영 제20조 제3항에 따른 정규임용심사위원회(이하 이 조에서 '위원회'라 한다)는 위원장 1명을 포함하여 5명 이상 7명 이하의 위원으로 구성한다.
> ② 위원은 위원회가 설치된 해양경찰기관의 장이 소속 경감 이상의 경찰공무원 중에서 심사대상자보다 상위 계급자로 임명하되, 위원장은 위원 중 최상위 계급 또는 선임인 경찰공무원이 된다.
> ③ 위원회는 재적위원 3분의 2 이상의 출석으로 개의(開議)하고, 출석위원 과반수의 찬성으로 의결한다.
> ④ 제1항부터 제3항까지에서 규정한 사항 외에 위원회의 구성 및 운영에 관한 세부사항은 위원회의 의결을 거쳐 위원장이 정한다.

제26조 【정규임용심사】 ① 영 제20조에 따른 시보임용경찰공무원(이하 '시보임용경찰공무원'이라 한다)을 정규 경찰공무원으로 임용하는 경우에는 다음 각 호의 사항을 심사해야 한다.

1. 시보임용 기간 중의 근무실적 및 직무수행태도
2. 영 제20조 제2항 각 호에 해당하는지 여부
3. 영 제94조 제1항 각 호 및 제2항 각 호에 해당하는지 여부
4. 소속 상관의 소견

② 해양경찰기관의 장은 시보임용경찰공무원에 대한 제1항 각 호의 사항에 관한 자료를 시보임용 기간 만료 10일 전까지 임용권자 또는 임용제청권자에게 제출해야 한다.

③ 시보임용경찰공무원의 면직 또는 면직제청에 대한 법 제28조 제2항에 따른 동의 절차는 해당 징계위원회의 징계의결에 관한 절차를 준용한다.

5. 임용권자

경찰공무원법

제7조 【임용권자】 ① 총경 이상 경찰공무원은 경찰청장 또는 해양경찰청장의 추천을 받아 행정안전부장관 또는 해양수산부장관의 제청으로 국무총리를 거쳐 대통령이 임용한다. 다만, 총경의 전보, 휴직, 직위해제, 강등, 정직 및 복직은 경찰청장 또는 해양경찰청장이 한다.

② 경정 이하의 경찰공무원은 경찰청장 또는 해양경찰청장이 임용한다. 다만, 경정으로의 신규채용, 승진임용 및 면직은 경찰청장 또는 해양경찰청장의 제청으로 국무총리를 거쳐 대통령이 한다.

③ 경찰청장은 대통령령으로 정하는 바에 따라 경찰공무원의 임용에 관한 권한의 일부를 특별시장 · 광역시장 · 도지사 · 특별자치시장 또는 특별자치도지사(이하 '시 · 도지사'라 한다), 국가수사본부장, 소속 기관의 장, 시 · 도경찰청장에게 위임할 수 있다. 이 경우 시 · 도지사는 위임받은 권한의 일부를 대통령령으로 정하는 바에 따라 국가경찰과 자치경찰의 조직 및 운영에 관한 법률 제18조에 따른 시 · 도자치경찰위원회(이하 '시 · 도자치경찰위원회'라 한다), 시 · 도경찰청장에게 다시 위임할 수 있다.

④ 해양경찰청장은 대통령령으로 정하는 바에 따라 경찰공무원의 임용에 관한 권한의 일부를 소속 기관의 장, 지방해양경찰관서의 장에게 위임할 수 있다.

⑤ 경찰청장, 해양경찰청장 또는 제3항 및 제4항에 따라 임용권을 위임받은 자는 행정안전부령 또는 해양수산부령으로 정하는 바에 따라 소속 경찰공무원의 인사기록을 작성 · 보관하여야 한다.

해양경찰청 소속 경찰공무원 임용에 관한 규정

제4조 【임용권의 위임】 ① 해양경찰청장은 법 제7조 제4항에 따라 중앙해양특수구조단 · 해양경찰교육원 · 해양경찰정비창 및 지방해양경찰청(이하 '소속기관 등'이라 한다)의 장에게 다음 각 호의 구분에 따른 권한을 위임할 수 있다.

1. 중앙해양특수구조단장: 중앙해양특수구조단 소속 경찰공무원 중 경감 이하의 전보권 및 경사 이하의 승진임용 · 파견 · 휴직 · 직위해제 및 복직에 관한 권한
2. 해양경찰교육원장 또는 지방해양경찰청장: 해양경찰교육원 또는 지방해양경찰청 소속 경찰공무원 중 경정의 전보 · 파견 · 휴직 · 직위해제 및 복직에 관한 권한과 경감 이하의 임용권
3. 해양경찰정비창장: 해양경찰정비창 소속 경찰공무원 중 경정의 전보권과 경감 이하의 임용권

② 제1항에 따라 임용권을 위임받은 소속기관 등의 장은 소속 경찰공무원을 승진임용할 때에는 미리 해양경찰청장에게 보고해야 한다.

③ 제1항에도 불구하고 해양경찰청장은 정원의 조정, 신규채용, 인사교류 및 파견을 위해 필요한 경우에는 직접 임용할 수 있다.

④ 해양경찰교육원장은 해양경찰연구센터장에게 다음 각 호의 권한을 다시 위임할 수 있다. 이 경우 임용권을 재위임받은 해양경찰연구센터장은 제2호에 따라 그 소속 경사 이하 경찰공무원을 승진임용하려면 미리 해양경찰교육원장에게 보고해야 한다.
1. 해양경찰연구센터 소속 경찰공무원 중 경감 이하의 전보권
2. 해양경찰연구센터 소속 경찰공무원 중 경사 이하의 승진임용·파견·휴직·직위해제 및 복직에 관한 권한
⑤ 지방해양경찰청장은 해양경찰서장에게 다음 각 호의 권한을 다시 위임할 수 있다. 이 경우 임용권을 재위임받은 해양경찰서장은 제2호에 따라 그 소속 경사 이하 경찰공무원을 승진임용하려면 미리 지방해양경찰청장에게 보고해야 한다.
1. 해양경찰서 소속 경찰공무원 중 경감 이하의 전보권
2. 해양경찰서 소속 경찰공무원 중 경사 이하의 승진임용·파견·휴직·직위해제 및 복직에 관한 권한

6. 부정행위자에 대한 제재(경찰공무원법 제8조의2)

경찰청장 또는 해양경찰청장은 경찰공무원의 채용시험 또는 경찰간부후보생 공개경쟁선발시험에서 부정행위를 한 응시자에 대하여는 해당 시험을 정지 또는 무효로 하고, 그 처분이 있은 날부터 **5년간** 시험응시자격을 정지한다.

해양경찰청 소속 경찰공무원 임용에 관한 규정

제38조【부정행위자에 대한 조치】 ① 경찰공무원 채용시험 또는 경찰간부후보생 공개경쟁선발시험에서 다음 각 호의 어느 하나에 해당하는 행위를 한 사람에 대해서는 해당 시험을 정지 또는 무효로 하거나 합격을 취소하고, 그 처분이 있은 날부터 5년간 이 영에 따른 경찰공무원 채용시험 및 경찰간부후보생 공개경쟁선발시험에 응시할 수 없게 한다.
1. 다른 응시자의 답안지를 보거나 본인의 답안지를 보여 주는 행위
2. 대리 시험을 의뢰하거나 대리로 시험에 응시하는 행위
3. 통신기기, 그 밖의 신호 등을 이용하여 해당 시험내용에 관해 다른 사람과 의사소통하는 행위
4. 부정한 자료를 가지고 있거나 이용하는 행위
5. 병역, 가산점 등 시험에 관한 증명서류에 거짓 사실을 적거나 그 서류를 위조·변조하여 시험 결과에 부당한 영향을 주는 행위
6. 체력검사나 실기시험에 영향을 미칠 목적으로 공무원임용시험령 제51조 제1항 제6호에 따라 인사혁신처장이 정하여 고시하는 금지약물을 복용하거나 금지방법을 사용하는 행위
7. 그 밖에 부정한 수단으로 본인 또는 다른 사람의 시험 결과에 영향을 미치는 행위
② 경찰공무원 채용시험 및 경찰간부후보생 공개경쟁선발시험에서 다음 각 호의 어느 하나에 해당하는 행위를 한 사람에 대해서는 그 시험을 정지하거나 무효로 한다.
1. 시험 시작 전에 시험문제를 열람하는 행위
2. 시험 시작 전 또는 종료 후에 답안을 작성하는 행위
3. 허용되지 않은 통신기기 또는 전자계산기를 가지고 있는 행위
4. 그 밖에 시험의 공정한 관리에 영향을 미치는 행위로서 시험실시권자가 시험의 정지 또는 무효 처리기준으로 정하여 공고한 행위
③ 다른 법령에 따른 국가공무원 또는 지방공무원 임용시험에서 부정행위를 하여 해당 시험에의 응시자격이 정지된 사람은 응시자격정지 기간 중 이 영에 따른 시험에 응시할 수 없다.
④ 시험실시권자는 제1항 각 호 및 제2항 각 호의 행위(이하 이 조에서 "부정행위"라 한다)를 한 응시자의 명단을 관보에 게재해야 한다.

⑤ 부정행위를 한 응시자가 공무원일 경우 시험실시권자는 관할 징계위원회에 징계의결을 요구하거나 그 공무원이 소속된 기관의 장에게 이를 요구해야 한다.
⑥ 시험실시권자는 인사혁신처장이 정하는 바에 따라 응시자가 제1항 제6호에 해당하는지를 조사할 수 있다.

제84조 【부정행위자에 대한 조치】 ① 승진시험에서 다음 각 호의 어느 하나에 해당하는 행위를 한 경찰공무원에 대해서는 그 시험을 정지 또는 무효로 하거나 합격을 취소하고, 그 처분이 있은 날부터 5년간 이 영에 따른 경찰공무원의 승진시험에 응시할 수 없게 한다.
1. 다른 응시자의 답안지를 보거나 본인의 답안지를 보여 주는 행위
2. 대리 시험을 의뢰하거나 대리로 시험에 응시하는 행위
3. 통신기기, 그 밖의 신호 등을 이용하여 해당 시험내용에 관해 다른 사람과 의사소통하는 행위
4. 부정한 자료를 가지고 있거나 이용하는 행위
5. 실기시험에 영향을 미칠 목적으로 공무원임용시험령 제51조 제1항 제6호에 따라 인사혁신처장이 정하여 고시하는 금지약물을 복용하거나 금지방법을 사용하는 행위
6. 그 밖에 부정한 수단으로 본인 또는 다른 사람의 시험 결과에 영향을 미치는 행위

② 승진시험에서 다음 각 호의 어느 하나에 해당하는 행위를 한 경찰공무원에 대해서는 그 시험을 정지하거나 무효로 한다.
1. 시험 시작 전에 시험문제를 열람하는 행위
2. 시험 시작 전 또는 종료 후에 답안을 작성하는 행위
3. 허용되지 않은 통신기기 또는 전자계산기를 가지고 있는 행위
4. 그 밖에 승진시험의 공정한 관리에 영향을 미치는 행위로서 승진시험실시권자가 승진시험의 정지 또는 무효 처리기준으로 정하여 공고한 행위

03 경찰공무원관계의 변경

1. 의의

경찰공무원관계의 변경이란 경찰공무원으로서의 신분을 유지하면서 경찰공무원관계의 내용의 일부 또는 전부가 일시적 또는 영구적으로 변경되는 것을 말한다. 경찰공무원관계의 변경은 경찰공무원의 신분을 가진 자에 대한 국가의 일방적 행정행위에 해당한다.

2. 승진

경찰공무원법

제15조 【승진】 ① 경찰공무원은 바로 아래 하위계급에 있는 경찰공무원 중에서 근무성적평정, 경력평정, 그 밖의 능력을 실증(實證)하여 승진임용한다. 다만, 해양경찰청장을 보하는 경우 치안감을 치안총감으로 승진임용할 수 있다.
② 경무관 이하 계급으로의 승진은 승진심사에 의하여 한다. 다만, 경정 이하 계급으로의 승진은 대통령령으로 정하는 비율에 따라 승진시험과 승진심사를 병행할 수 있다.
③ 총경 이하의 경찰공무원에 대해서는 대통령령으로 정하는 바에 따라 계급별로 승진대상자 명부를 작성하여야 한다.
④ 경찰공무원의 승진에 필요한 계급별 최저근무연수, 승진 제한에 관한 사항, 그 밖에 승진에 관하여 필요한 사항은 대통령령으로 정한다.

(1) 의의

하위직급에서 직무의 책임도와 고난도가 높은 상위직급으로 또는 하위계급에서 상위계급으로 임용되는 것을 말한다. 경찰공무원은 바로 아래 하위계급에 있는 경찰공무원 중에서 근무성적평정, 경력평정, 그 밖의 능력을 실증(實證)하여 승진임용한다.

(2) 종류

승진의 종류에는 심사승진, 시험승진, 특별승진, 근속승진이 있다.

① 심사승진

경무관 이하의 계급 중에서 승진대상자명부(승진시험합격자 제외)의 선순위자순으로 승진 심사를 하여 행한다.

② 시험승진

경정 이하의 계급 중에서 시험일 현재 승진소요최저근무연수에 달한 자 중에서 성적순에 따라 선발한다.

③ 특별승진(경찰공무원법 제19조)

경찰공무원으로서 다음 각 호의 어느 하나에 해당되는 사람에 대하여는 1계급 특별승진시킬 수 있다. 다만, **경위 이하**의 경찰공무원으로서 모든 경찰공무원의 귀감이 되는 공을 세우고 전사하거나 순직한 사람에 대하여는 **2계급 특별승진**시킬 수 있다.

㉠ 국가공무원법 제40조의4 제1항 제1호부터 제4호까지의 규정 중 어느 하나에 해당되는 사람

> **해양경찰청 소속 경찰공무원 임용에 관한 규정**
>
> **제86조 【특별유공자 등의 특별승진】** ① 법 제19조 제1항 제1호에 따른 특별승진대상자는 다음 각 호의 어느 하나에 해당하는 사람으로 한다.
>
> 1. 국가공무원법 제40조의4 제1항 제1호에 해당하는 경우: 공무원임용령 제35조의2 제1항 제1호에 따른 포상을 받은 사람(경정 이하)
> 2. 국가공무원법 제40조의4 제1항 제2호에 해당하는 경우: 다음 각 목의 어느 하나에 해당하는 사람(경감 이하)
>   가. 행정 능률을 향상시키고 예산을 절감하는 등 직무수행능력이 탁월하여 해양경찰행정 발전에 기여한 공이 매우 크다고 임용권자가 인정하는 사람
>   나. 공무원임용령 제35조의2 제1항 제2호 나목에 따른 포상을 받은 사람
>   다. 해양경찰청장이 정하는 포상을 받은 사람
> 3. 국가공무원법 제40조의4 제1항 제3호에 해당하는 경우: 공무원 제안 규정에 따른 창안 등급 동상 이상을 받은 사람으로서 해양경찰행정 발전에 기여한 실적이 뚜렷한 사람(경감 이하)
> 4. 국가공무원법 제40조의4 제1항 제4호에 해당하는 경우: 20년 이상 근속하고 정년 1년 전까지의 기간 중 자진하여 퇴직하는 사람으로서 재직 중 특별한 공적이 있다고 인정되는 사람(치안정감 이하)

㉡ 전사하거나 순직한 사람(치안정감 이하)

> **해양경찰청 소속 경찰공무원 임용에 관한 규정**
>
> **제86조 【특별유공자 등의 특별승진】** ② 법 제19조 제1항 제2호에 따른 특별승진대상자는 다음 각 호의 어느 하나에 해당하는 사람으로 한다.
>
> 1. 전투, 대(對)간첩작전, 그 밖에 이에 준하는 업무수행 중 현저한 공을 세우고 사망했거나 부상을 입어 사망한 사람
> 2. 직무수행 중 다른 사람의 모범이 되는 공을 세우고 사망했거나 부상을 입어 사망한 사람

ⓒ 직무 수행 중 현저한 공적을 세운 사람

해양경찰청 소속 경찰공무원 임용에 관한 규정

제86조【특별유공자 등의 특별승진】 ③ 법 제19조 제1항 제3호에 따른 특별승진대상자는 다음 각 호의 어느 하나에 해당하는 사람으로 한다. 이 경우 제1호, 제2호 또는 제4호에 해당하는 특별승진대상자에는 첩보 제공 등 공조수사를 하여 사건 해결에 결정적인 기여를 한 사람을 포함한다.

1. 헌신적인 노력으로 간첩 또는 무장공비를 사살하거나 검거한 사람(경감 이하)
2. 국가안전을 해치는 중한 범죄의 주모자를 검거한 사람(경감 이하)
3. 전시·사변 또는 이에 준하는 비상사태에서 위험을 무릅쓰고 헌신·분투하여 사태 진압에 특별한 공을 세운 사람(경감 이하)
4. 살인·강도·조직폭력 등 중한 범죄의 범인 검거에 헌신·분투하여 그 공이 특별히 현저한 사람(경감 이하)
5. 천재지변이나 그 밖의 재난 발생시 위험을 무릅쓰고 인명을 구조하거나 재산을 보호한 공이 특별히 현저한 사람(경감 이하)
6. 해양수산부령으로 정하는 특수임무를 수행하는 부서에서 헌신적으로 직무를 수행한 공이 있고, 상위직의 직무수행능력이 있다고 인정되는 사람(경위 이하)

ⓔ 특별승진의 실시(경찰공무원승진임용규정 제39조)

경찰공무원의 특별승진은 경찰청장 또는 해양경찰청장이 특히 필요하다고 인정하는 경우에 수시로 실시할 수 있다. 다만, 제37조 제1항 제2호에 해당하는 경찰공무원의 특별승진은 경찰청장 또는 해양경찰청장이 정하는 바에 따라 연 1회 또는 2회 실시한다.

④ 근속승진(경찰공무원법 제16조)

경찰공무원법

제16조【근속승진】 ① 경찰청장 또는 해양경찰청장은 제15조 제2항에도 불구하고 해당 계급에서 다음 각 호의 기간 동안 재직한 사람을 경장, 경사, 경위, 경감으로 각각 근속승진임용할 수 있다. 다만, 인사교류 경력이 있거나 주요 업무의 추진 실적이 우수한 공무원 등 경찰행정 발전에 기여한 공이 크다고 인정되는 경우에는 대통령령으로 정하는 바에 따라 그 기간을 단축할 수 있다.

1. 순경을 경장으로 근속승진임용하려는 경우: 해당 계급에서 4년 이상 근속자
2. 경장을 경사로 근속승진임용하려는 경우: 해당 계급에서 5년 이상 근속자
3. 경사를 경위로 근속승진임용하려는 경우: 해당 계급에서 6년 6개월 이상 근속자
4. 경위를 경감으로 근속승진임용하려는 경우: 해당 계급에서 8년 이상 근속자

② 제1항에 따라 근속승진한 경찰공무원이 근무하는 기간에는 그에 해당하는 직급의 정원이 따로 있는 것으로 보고, 종전 직급의 정원은 감축된 것으로 본다.

③ 제1항에 따른 근속승진임용의 기준 및 절차 등에 관하여 필요한 사항은 대통령령으로 정한다.

(3) 승진임용 예정 인원 결정(해양경찰청 소속 경찰공무원 임용에 관한 규정 제52조)

승진심사에 의한 승진(이하 '심사승진'이라 한다)과 승진시험에 의한 승진(이하 '시험승진'이라 한다)을 병행하는 경우에 승진임용 예정 인원은 다음의 방법에 따라 정한다.

1. 계급별로 전체 승진임용 예정 인원에서 제3항에 따른 특별승진임용 예정 인원을 뺀 인원의 60퍼센트(경정 · 경감 계급으로의 승진의 경우에는 70퍼센트)를 심사승진임용 예정 인원으로 하고, 나머지 40퍼센트(경정 · 경감 계급으로의 승진의 경우에는 30퍼센트)를 시험승진임용 예정 인원으로 한다. 다만, 제1항 단서에 따라 특수분야의 승진임용 예정 인원을 정하는 경우에는 심사승진임용 예정 인원과 시험승진임용 예정 인원의 비율을 본문과 다르게 정할 수 있다.
2. 제1호에도 불구하고 승진심사를 하기 전에 승진시험을 실시한 경우에 그 최종합격자 수가 시험승진임용 예정 인원보다 적을 때에는 그 부족한 인원을 심사승진임용 예정 인원에 추가한다.

해양경찰청 소속 경찰공무원 임용에 관한 규정

제72조 【승진후보자의 승진임용 등】 ① 경찰공무원의 승진임용시 심사승진후보자와 시험승진후보자가 있을 때에는 승진임용 인원의 비율은 다음 각 호의 구분에 따른다.

1. 경정 · 경감 계급으로의 승진: 심사승진후보자 70퍼센트, 시험승진후보자 30퍼센트
2. 경위 이하 계급으로의 승진: 심사승진후보자 60퍼센트, 시험승진후보자 40퍼센트

② 심사승진임용은 제71조에 따른 심사승진후보자 명부에 기록된 순서에 따라 결원이 있을 때마다 수시로 한다.

(4) 승진소요 최저근무연수

해양경찰청 소속 경찰공무원 임용에 관한 규정

제53조 【승진소요 최저근무연수】 ① 경찰공무원이 승진하려면 다음 각 호의 구분에 따른 기간 동안 해당 계급에 재직해야 한다.

1. 총경: 4년 이상
2. 경정 및 경감: 3년 이상
3. 경위 및 경사: 2년 이상
4. 경장 및 순경: 1년 이상

② 휴직기간, 직위해제기간, 징계처분기간 및 제54조 제1항 제2호에 따른 승진임용 제한기간은 제1항 각 호의 기간에 포함하지 않는다.

(5) 승진임용의 제한사유(해양경찰청 소속 경찰공무원 임용에 관한 규정 제54조)

㉠ 다음 각 호의 어느 하나에 해당하는 경찰공무원은 승진임용될 수 없다.

1. 징계의결 요구, 징계처분, 직위해제, 휴직(공무원 재해보상법에 따른 공무상 질병 또는 부상으로 인하여 국가공무원법 제71조 제1항 제1호에 따라 휴직한 사람을 제86조 제1항 제4호 또는 같은 조 제2항에 따라 특별승진임용하는 경우는 제외한다) 또는 시보임용기간 중에 있는 사람
2. 징계처분의 집행이 끝난 날부터 다음 각 목의 구분에 따른 기간(제90조 제1항 각 호의 사유로 인한 징계처분 또는 적극행정 운영규정 제2조 제2호에 따른 소극행정으로 인한 징계처분의 경우에는 각각 6개월을 더한 기간)이 지나지 않은 사람
   가. 강등 · 정직: 18개월
   나. 감봉: 12개월
   다. 견책: 6개월

3. 징계에 관하여 경찰공무원과 다른 법령을 적용받는 공무원으로 재직하다가 경찰공무원으로 임용된 사람으로서, 종전의 신분에서 징계처분을 받고 그 징계처분의 집행이 끝난 날부터 다음 각 목의 구분에 따른 기간이 지나지 않은 사람
가. 강등: 18개월
나. 근신 · 영창 또는 그 밖에 이와 유사한 징계처분: 6개월
4. 법 제30조 제3항에 따라 계급정년이 연장된 사람

ⓛ 승진임용 제한기간 중에 있는 사람이 다시 징계처분을 받은 경우 승진임용 제한기간은 전(前) 처분에 대한 승진임용 제한기간이 끝난 날부터 계산하고, 징계처분으로 승진임용 제한기간 중에 있는 사람이 휴직하는 경우 징계처분에 따른 남은 승진임용 제한기간은 복직일부터 계산한다.

(6) 승진임용 제한기간의 단축

경찰공무원이 징계처분을 받은 후 해당 계급에서 다음의 포상을 받은 경우에는 승진임용 제한기간의 **2분의 1을 단축**할 수 있다.

1. 훈장
2. 포장
3. 모범공무원 포상
4. 대통령표창 또는 국무총리표창
5. 제안이 채택 · 시행되어 받은 포상

(7) 승진후보자 명부(경찰공무원법 제13조)

① 경찰청장 또는 해양경찰청장(제6조 제3항에 따라 임용권을 위임받은 자를 포함한다)은 제11조 제2항 및 제3항에 따른 승진시험에 합격한 사람과 제12조 제2항에 따라 승진후보자로 선발된 사람을 대통령령으로 정하는 바에 따라 승진후보자 명부에 등재하여야 한다.
② 경무관 이하 계급으로의 승진은 제1항에 따른 승진후보자 명부의 등재 순위에 따른다.

해양경찰청 소속 경찰공무원 임용에 관한 규정

제71조【심사승진후보자 명부의 작성】
③ 임용권자 또는 임용제청권자는 심사승진후보자 명부에 기록된 사람이 승진임용되기 전에 정직 이상의 징계처분을 받은 경우에는 심사승진후보자 명부에서 그 사람을 **제외해야 한다.**

⊕ PLUS 대우공무원 제도

해양경찰청 소속 경찰공무원 임용에 관한 규정

제93조【대우공무원의 선발 등】 ① 임용권자 또는 임용제청권자는 소속 경찰공무원 중 해당 계급에서 제53조에 따른 승진소요 최저근무연수 이상 근무하고 승진임용 제한 사유가 없는 근무실적 우수자를 바로 위 계급의 대우공무원(이하 '대우공무원'이라 한다)으로 선발할 수 있다.
② 대우공무원 선발에 필요한 사항은 해양수산부령으로 정한다.
③ 대우공무원에게는 공무원수당 등에 관한 규정에서 정하는 바에 따라 수당을 지급할 수 있다.

해양경찰청 소속 경찰공무원 임용에 관한 규정 시행규칙

제73조【대우공무원의 선발을 위한 근무기간】 ① 영 제93조 제1항에 따른 대우공무원(이하 '대우공무원'이라 한다)으로 선발되기 위해서는 영 제53조 제1항에 따른 승진소요 최저근무연수를 경과한 총경 이하 경찰공무원으로서 해당 계급에서 다음 각 호의 구분에 따른 기간 동안 근무해야 한다. 다만, 적극행정 운영규정 제14조 제1항에 따라 적극행정 우수경찰공무원으로 선발된 경우에는 근무기간을 1년까지 줄일 수 있다.

1. 총경 · 경정: 7년 이상
2. 경감 이하: 5년 이상
② 제1항에 따른 근무기간의 산정은 영 제53조 제2항부터 제7항까지의 규정 및 이 규칙 제37조 제2항에 따른다. 이 경우 제37조 제2항에 따라 근무기간을 산정할 때에는 재임용된 계급 이상에 해당하는 퇴직 전의 재직기간은 현재 계급의 재직기간에 합하여 근무기간에 산입하되, 제74조 제1항에 따른 대우공무원 발령 기준일(매월 1일을 말한다) 전 10년 이내의 재직기간으로 한정한다.

제74조 【대우공무원의 선발 절차 및 시기】 ① 임용권자 또는 임용제청권자는 매월 말 5일 전까지 대우공무원 발령일을 기준으로 대우공무원 선발요건을 충족하는 대상자를 결정하고, 그 다음 달 1일에 일괄하여 대우공무원으로 발령해야 한다.
② 제1항에 따른 대우공무원 발령사항은 인사기록카드에 적어야 한다.

제75조 【대우공무원수당의 지급】 ① 대우공무원으로 선발된 경찰공무원에게는 공무원수당 등에 관한 규정에 따라 대우공무원수당을 지급한다.
② 대우공무원이 징계 또는 직위해제 처분을 받거나 휴직하더라도 대우공무원수당은 계속 지급한다. 다만, 공무원수당 등에 관한 규정에서 정하는 바에 따라 대우공무원수당을 줄여서 지급한다.
③ 대우공무원의 선발 또는 수당 지급에 중대한 착오가 발생한 경우 임용권자 또는 임용제청권자는 이를 정정하여 대우공무원 발령을 하고, 대우공무원수당을 소급하여 지급할 수 있다.

제76조 【대우공무원의 자격 상실】 대우공무원이 다음 각 호의 어느 하나에 해당하는 경우에는 그 해당일에 대우공무원의 자격은 별도 조치 없이 당연히 상실된다.
1. 상위계급으로 승진임용되는 경우: 승진임용일
2. 강등되는 경우: 강등일

3. 전보

(1) 의의(해양경찰청 소속 경찰공무원 임용에 관한 규정 제42조)

전보란 경찰공무원의 동일 직위 및 자격 내에서의 근무기관이나 부서를 달리하는 임용을 말한다. 임용권자 또는 임용제청권자는 장기근무 또는 잦은 전보로 인한 업무 능률 저하를 방지하기 위해 특별한 사정이 없으면 정기적으로 전보를 실시해야 한다.

(2) 전보의 제한(해양경찰청 소속 경찰공무원 임용에 관한 규정 제43조)

임용권자 또는 임용제청권자는 소속 경찰공무원이 해당 직위에 임용된 날부터 **1년 이내**(감사업무를 담당하는 경찰공무원의 경우에는 **2년 이내**)에 다른 직위에 전보할 수 없다. 다만, 다음의 어느 하나에 해당하는 경우에는 전보할 수 있다.

① 직제상 최하단위인 보조기관 또는 보좌기관 내에서 전보하는 경우
② 해양경찰청과 소속기관 등 또는 소속기관 등 상호간의 교류를 위해 전보하는 경우
③ 기구의 개편, 직제 또는 정원의 변경으로 해당 경찰공무원을 전보하는 경우
④ 승진임용된 경찰공무원을 전보하는 경우
⑤ 전문직위로 경찰공무원을 전보하는 경우
⑥ 징계처분을 받은 경우
⑦ 형사사건에 관련되어 수사기관에서 조사를 받고 있는 경우
⑧ 경찰공무원으로서의 품위를 손상하는 비위(非違)로 인한 감사 또는 조사가 진행 중이어서 해당 직위를 유지하는 것이 부적절하다고 판단되는 경찰공무원을 전보하는 경우
⑨ 해양수산부령으로 정하는 특수임무부서에서 정기적으로 교체하는 경우
⑩ 교육훈련기관의 교수요원으로 보직하는 경우
⑪ 시보임용 중인 경우

⑫ 신규채용된 경찰공무원을 해양경찰청장이 정하는 해당 계급의 보직관리기준에 따라 전보하는 경우 및 이와 관련한 전보의 경우
⑬ 감사담당 경찰공무원 중 부적격자로 인정되는 경우
⑭ 중요한 치안상황 대응, 긴급 현안 처리 또는 지휘권 확립에 필요한 경우
⑮ 경정 이하의 경찰공무원을 배우자 또는 직계존속이 거주하는 시·군·자치구 지역으로 전보하는 경우
⑯ 임신 중인 경찰공무원 또는 출산 후 1년이 지나지 않은 경찰공무원의 모성보호, 육아 등을 위해 필요한 경우

4. 파견(국가공무원법 제32조의4)

(1) 의의

파견이란 업무수행 또는 그와 관련된 행정지원이나 연수, 기타 능력개발 등을 위하여 공무원을 다른 기관으로 일정한 기간 이동시켜 근무하게 하는 것을 말한다.

(2) 파견사유 및 기간(공무원임용령 제41조)

구분	내용	비고
1. 국가기관 외의 기관·단체에서 국가적 사업을 수행하기 위하여 특히 필요한 경우 2. 다른 기관의 업무 폭주로 인한 행정지원의 경우 3. 사무의 소관이 명백하지 아니하거나 관련 기관간의 긴밀한 협조가 필요한 특수업무를 공동수행하기 위하여 필요한 경우	2년 이내	필요한 경우에는 총 파견기간이 5년을 초과하지 않는 범위에서 파견기간을 연장할 수 있다.
4. 공무원교육훈련법에 따른 소속 공무원의 교육훈련을 위하여 필요한 경우	교육훈련을 위하여 필요한 기간	
5. 공무원교육훈련법에 따른 공무원교육훈련기관의 교수요원으로 선발되거나 그 밖에 교육훈련 관련 업무수행을 위하여 필요한 경우	1년 이내	필요한 경우에는 총 파견기간이 2년을 초과하지 않는 범위에서 파견기간을 연장할 수 있다.
6. 국제기구, 외국의 정부 또는 연구기관에서 업무수행 및 능력개발을 위하여 필요한 경우	업무수행 및 능력개발을 위하여 필요한 기간	
7. 국내의 연구기관, 민간기관 및 단체에서의 관련 업무수행·능력개발이나 국가정책수립과 관련된 자료수집 등을 위하여 필요한 경우	2년 이내	필요한 경우에는 총 파견기간이 5년을 초과하지 않는 범위에서 파견기간을 연장할 수 있다.

5. 휴직(국가공무원법 제71조)

(1) 의의

휴직은 경찰공무원의 신분을 보유하면서 일정기간 직무를 담당하지 않은 것으로 **의원휴직과 직권휴직**이 있다.

(2) 직권휴직

공무원이 다음 각 호의 어느 하나에 해당하면 임용권자는 **본인의 의사에도 불구하고 휴직을 명하여야 한다.**

구분	내용
1. 신체 · 정신상의 장애로 장기 요양이 필요할 때	1년 이내로 하되, 부득이한 경우 1년의 범위에서 연장할 수 있다. 다만, 공무원연금법에 따른 공무상 질병 또는 부상으로 인한 휴직기간은 3년 이내로 한다.
2. 병역법에 따른 병역 복무를 마치기 위하여 징집 또는 소집된 때	그 복무 기간이 끝날 때까지로 한다.
3. 천재지변이나 전시 · 사변, 그 밖의 사유로 생사(生死) 또는 소재(所在)가 불명확하게 된 때	3개월 이내로 한다. (경찰공무원의 휴직기간은 법원의 실종선고를 받는 날까지로 한다 – 경찰공무원법 제23조)
4. 그 밖에 법률의 규정에 따른 의무를 수행하기 위하여 직무를 이탈하게 된 때	그 복무 기간이 끝날 때까지로 한다.
5. 공무원의 노동조합 설립 및 운영 등에 관한 법률 제7조에 따라 노동조합 전임자로 종사하게 된 때	그 전임 기간으로 한다.

(3) 의원휴직

임용권자는 공무원이 다음 각 호의 어느 하나에 해당하는 사유로 **휴직을 원하면 휴직을 명할 수 있다.** 다만, 제4호의 경우에는 대통령령으로 정하는 특별한 사정이 없으면 휴직을 명하여야 하며, 본사유로 인한 휴직을 이유로 인사에 불리한 처우를 하여서는 아니 된다.

구분	내용
1. 국제기구, 외국 기관, 국내외의 대학 · 연구기관, 다른 국가기관 또는 대통령령으로 정하는 민간기업, 그 밖의 기관에 임시로 채용될 때	그 채용 기간으로 한다. 다만, 민간기업이나 그 밖의 기관에 채용되면 3년 이내로 한다.
2. 국외 유학을 하게 된 때	3년 이내로 하되, 부득이한 경우에는 2년의 범위에서 연장할 수 있다.
3. 중앙인사관장기관의 장이 지정하는 연구기관이나 교육기관 등에서 연수하게 된 때	2년 이내로 한다.
4. 만 8세 이하 또는 초등학교 2학년 이하의 자녀를 양육하기 위하여 필요하거나 여성공무원이 임신 또는 출산하게 된 때	자녀 1명에 대하여 3년 이내로 한다.
5. 조부모, 부모(배우자의 부모를 포함한다), 배우자, 자녀 또는 손자녀를 부양하거나 돌보기 위하여 필요한 경우. 다만, 조부모나 손자녀의 돌봄을 위하여 휴직할 수 있는 경우는 본인 외에 돌볼 사람이 없는 등 대통령령 등으로 정하는 요건을 갖춘 경우	1년 이내로 하되, 재직 기간 중 총 3년을 넘을 수 없다.
6. 외국에서 근무 · 유학 또는 연수하게 되는 배우자를 동반하게 된 때	3년 이내로 하되, 부득이한 경우에는 2년의 범위에서 연장할 수 있다.
7. 대통령령 등으로 정하는 기간 동안 재직한 공무원이 자기개발을 위하여 대통령령 등으로 정하는 학습 · 연구 등을 하게 된 때	1년 이내로 한다. [2016년 6월 25일 시행]

(4) 휴직의 효력(국가공무원법 제73조)

① 휴직 중인 공무원은 **신분은 보유**하나 **직무에 종사하지 못한다.**

② 휴직 기간 중 그 사유가 없어지면 **30일 이내**에 임용권자 또는 임용제청권자에게 신고하여야 하며, 임용권자는 **지체 없이** 복직을 명하여야 한다.

③ 휴직 기간이 끝난 공무원이 **30일 이내**에 복귀 신고를 하면 당연히 복직된다.

(5) 휴직기간 중의 봉급 감액(공무원보수규정 제28조)

① 신체상 · 정신상의 장애로 장기요양을 위하여 휴직한 공무원에게는 다음 각 호의 구분에 따라 봉급(외무공무원의 경우에는 휴직 직전의 봉급을 말한다. 이하 이 조에서 같다)의 일부를 지급한다. 다만, 공무상 질병으로 휴직한 경우에는 그 기간 중 봉급 전액을 지급한다.

1. 휴직 기간이 1년 이하인 경우: 봉급의 70퍼센트 2. 휴직 기간이 1년 초과 2년 이하인 경우: 봉급의 50퍼센트

② 외국유학 또는 1년 이상의 국외연수를 위하여 휴직한 공무원에게는 그 기간 중 봉급의 50퍼센트를 지급할 수 있다. 이 경우 교육공무원을 제외한 공무원에 대한 지급기간은 2년을 초과할 수 없다.
③ 국가공무원법 제47조 제3항에 따라 각급 행정기관의 장은 소속 공무원이 휴직 목적과 달리 휴직을 사용한 경우에는 제1항 및 제2항에 따라 받은 봉급에 해당하는 금액을 징수하여야 한다.
④ 제1항 및 제2항에 규정되지 않은 휴직의 경우에는 봉급을 지급하지 아니한다.

6. 직위해제(국가공무원법 제73조의3)

(1) 의의

① 직위해제란 직위를 계속 유지시킬 수 없는 사유가 발생한 경우에 임용권자가 직위를 부여하지 아니하는 것을 말하며 직위해제는 휴직과 달리, 본인의 무능력 등으로 인한 제재적 성격을 가지는 보직의 해제에 해당한다.
② 직위해제는 경찰공무원관계의 소멸이 아닌 변경에 해당(경찰공무원의 신분을 유지)하므로 직위해제 후 징계도 가능하다.

(2) 직위해제의 사유

1. 삭제 <1973.2.5.> 2. 직무수행 능력이 부족하거나 근무성적이 극히 나쁜 자(이 경우 직위해제된 자에게 3개월의 범위에서 대기를 명한다). 3. 파면 · 해임 · 강등 또는 정직에 해당하는 징계의결이 요구 중인 자 4. 형사 사건으로 기소된 자(약식명령이 청구된 자는 제외한다) 5. 고위공무원단에 속하는 일반직공무원으로서 제70조의2 제1항 제2호 및 제3호의 사유로 적격심사를 요구받은 자 6. 금품비위, 성범죄 등 대통령령으로 정하는 비위행위로 인하여 감사원 및 검찰 · 경찰 등 수사기관에서 조사나 수사 중인 자로서 비위의 정도가 중대하고 이로 인하여 정상적인 업무수행을 기대하기 현저히 어려운 자

① 공무원에 대하여 2의 직위해제 사유와 3 · 4 또는 6의 직위해제 사유가 경합(競合)할 때에는 3 · 4 또는 6의 직위해제 처분을 하여야 한다.
② 임용권자는 2에 따라 직위해제된 자에게 3개월의 범위에서 대기를 명한다.
③ 임용권자 또는 임용제청권자는 대기 명령을 받은 자에게 능력 회복이나 근무성적의 향상을 위한 교육훈련 또는 특별한 연구과제의 부여 등 필요한 조치를 하여야 한다.

(3) 직위해제기간 중의 봉급 감액(공무원보수규정 제29조)

직위해제된 사람에게는 다음 각 호의 구분에 따라 봉급(외무공무원의 경우에는 직위해제 직전의 봉급을 말한다. 이하 이 조에서 같다)의 일부를 지급한다.

1. 국가공무원법 제73조의3 제1항 제2호에 따라 직위해제된 사람: 봉급의 80퍼센트
2. 국가공무원법 제73조의3 제1항 제5호에 따라 직위해제된 사람: 봉급의 70퍼센트. 다만, 직위해제일부터 3개월이 지나도 직위를 부여받지 못한 경우에는 그 3개월이 지난 후의 기간 중에는 봉급의 40퍼센트를 지급한다.
3. 국가공무원법 제73조의3 제1항 제3호 · 제4호 또는 제6호에 따라 직위해제된 사람: 봉급의 50퍼센트. 다만, 직위해제일부터 3개월이 지나도 직위를 부여받지 못한 경우에는 그 3개월이 지난 후의 기간 중에는 봉급의 30퍼센트를 지급한다.

(4) 직위해제의 효력

직위해제가 된 때에는 직무에 종사하지 못하며 출근의무도 없다. 직위해제사유가 소멸된 때에는 임용권자는 지체 없이 직위를 부여하여야 하며, 능력 또는 근무성적의 향상을 기대하기 어렵다고 인정된 때에는 징계위원회의 동의를 얻어 직권면직이 가능하다. 그러므로 직위가 해제된 자의 경우 복직이 보장되는 것은 아니다.

7. 정직

정직은 1개월 이상 3개월 이하의 기간으로 하고, 정직 처분을 받은 자는 그 기간 중 공무원의 신분은 보유하나 직무에 종사하지 못하며 보수는 전액을 감한다.

8. 강등

강등은 1계급 아래로 직급을 내리고(고위공무원단에 속하는 공무원은 3급으로 임용하고, 연구관 및 지도관은 연구사 및 지도사로 한다) 공무원신분은 보유하나 3개월간 직무에 종사하지 못하며 그 기간 중 보수는 전액을 감한다. 다만, 제4조 제2항에 따라 계급을 구분하지 아니하는 공무원과 임기제공무원에 대해서는 강등을 적용하지 아니한다.

9. 복직

복직이란 휴직 · 직위해제 또는 정직(강등에 따른 정직을 포함한다) 중에 있는 경찰공무원을 직위에 복귀시키는 것을 말한다.

04 경찰공무원관계의 소멸

1. 의의

① 경찰공무원관계의 소멸이란 경찰공무원으로서의 신분을 상실하는 것을 말한다. 공무원신분의 소멸은 법정주의의 원칙에 따라 법이 정하거나 허용하는 일정 요건과 형식에 따라서만 허용된다.

② 신분관계의 소멸에 대하여 행정소송으로 다툴 수 있는가 여부에 대해서는 징계처분에 의한 신분 소멸의 경우는 물론이고 직권면직 등에 의한 경찰공무원 관계의 소멸의 경우에도 행정소송을 통하여 구제받을 수 있다. 그러나 **당연퇴직의 경우 처분성이 부정되므로 행정쟁송의 대상에서 제외된다.**

2. 퇴직

퇴직이란 일정한 법정사유의 발생에 따라 **별도의 행위(임용권자의 의사표시 · 처분)를 기다릴 것 없이 당연히 경찰공무원의 신분을 상실**하는 것을 말한다. 퇴직발령은 임용권자의 처분에 의한 것이 아니라 일정한 사유의 발생을 원인으로 하여 퇴직된 사실을 알리는 관념의 통지에 불과하므로 퇴직을 행정쟁송으로 다툴 수는 없다.

(1) 임용결격사유에 해당(경찰공무원법 제27조)

경찰공무원이 임용결격사유의 어느 하나에 해당하게 된 경우에는 당연히 퇴직한다. 다만, 같은 항 제4호는 파산선고를 받은 사람으로서 채무자 회생 및 파산에 관한 법률에 따라 신청기한 내에 **면책신청을 하지 아니하였거나 면책불허가 결정 또는 면책취소가 확정된 경우만 해당**하고, 같은 항 제6호는 **형법 제129조부터 제132조까지, 성폭력범죄의 처벌 등에 관한 특례법 제2조, 아동 · 청소년의 성보호에 관한 법률 제2조 제2호 및 직무와 관련하여 형법 제355조 또는 제356조에 규정된 죄**를 범한 사람으로서 자격정지 이상의 형의 선고유예를 받은 경우만 해당한다.

(2) 사망(경찰공무원임용령 제5조 제2항)

사망으로 인한 면직은 사망한 **다음 날**에 면직된 것으로 본다.

(3) 정년(경찰공무원법 제30조)

경찰공무원의 정년은 연령정년과 계급정년으로 구분할 수 있다.

① **연령정년**

경찰공무원의 연령정년은 60세로 한다.

② **계급정년**

치안감: 4년 경무관: 6년 총경: 11년 경정: 14년

㉠ **징계로 인하여 강등(경감으로 강등된 경우를 포함한다)된 경찰공무원의 계급정년**

ⓐ 강등된 계급의 계급정년은 강등되기 전 계급 중 가장 높은 계급의 계급정년으로 한다.

ⓑ 계급정년을 산정할 때에는 강등되기 전 계급의 근무연수와 강등 이후의 근무연수를 합산한다.

㉡ **계급정년의 연장**

ⓐ 수사, 정보, 외사, 보안, 자치경찰사무 등 특수 부문에 근무하는 경찰공무원으로서 대통령령으로 정하는 바에 따라 지정을 받은 사람은 **총경 및 경정**의 경우에는 **4년**의 범위에서 대통령령으로 정하는 바에 따라 제1항 제2호에 따른 계급정년을 연장할 수 있다.

ⓑ 경찰청장 또는 해양경찰청장은 **전시 · 사변**이나 그 밖에 이에 준하는 비상사태에서는 **2년**의 범위에서 제1항 제2호에 따른 계급정년을 연장할 수 있다. 이 경우 **경무관 이상의 경찰공무원**에 대하여는 행정안전부장관 또는 해양수산부장관과 국무총리를 거쳐 대통령의 승인을 받아야 하고, **총경 · 경정의 경찰공무원**에 대하여는 국무총리를 거쳐 대통령의 승인을 받아야 한다.

③ **퇴직일**

경찰공무원은 그 정년이 된 날이 1월에서 6월 사이에 있으면 6월 30일에 당연퇴직하고, 7월에서 12월 사이에 있으면 12월 31일에 당연퇴직한다.

3. 면직

(1) 의원면직

① **의의**

의원면직이란 경찰공무원의 사의표시에 의하여 경찰공무원관계를 소멸시키는 것을 말한다. 즉 경찰공무원의 의사표시를 전제로 하여 임용권자가 그 처분으로 경찰공무원관계를 소멸시키는 것이다.

② **효력발생시기**

의원면직의 경우 면직의 효과는 사직의 의사표시가 있은 때가 아니라 서면에 의한 사직서를 임용권자가 승인(수리)한 때부터 발생한다. 그러므로 임명권자의 승인전까지는 공무원 관계가 유지되므로 사직서를 제출하더라도 수리 전에 무단결근을 한 경우에는 징계 및 형사처벌 사유에 해당하게 된다.

> **판례 | 본인의 의사에 기초하지 않은 사직원의 제출**
>
> 사직서의 제출이 감사기관이나 상급관청 등의 강박에 의한 경우에는 그 정도가 의사결정의 자유를 박탈할 정도에 이른 것이라면 그 의사표시가 무효로 될 것이고 그렇지 않고 의사결정의 자유를 제한하는 정도에 그친 경우라면 그 성질에 반하지 아니하는 한 의사표시에 관한 민법 제110조의 규정을 준용하여 그 효력을 따져보아야 할 것이나, 감사담당 직원이 당해 공무원에 대한 비리를 조사하는 과정에서 사직하지 아니하면 징계파면이 될 것이고 또한 그렇게 되면 퇴직금 지급상의 불이익을 당하게 될 것이라는 등의 강경한 태도를 취하였다고 할지라도 그 취지가 단지 비리에 따른 객관적 상황을 고지하면서 사직을 권고·종용한 것에 지나지 않고 위 공무원이 그 비리로 인하여 징계파면이 될 경우 퇴직금 지급상의 불이익을 당하게 될 것 등 여러 사정을 고려하여 사직서를 제출한 경우라면 그 의사결정이 의원면직처분의 효력에 영향을 미칠 하자가 있었다고는 볼 수 없다(대판 1997.12.12, 97누13962).

(2) 직권면직

① **의의**

직권면직이란 법정의 사유가 발생한 경우 본인의 의사 여부에 관계없이 임용권자가 직권으로 경찰공무원의 신분을 소멸시키는 것을 말한다. 본인의 면직의사에 기초하지 않는다는 점에서 의원면직과 차이가 있다.

② **직권면직의 사유(경찰공무원법 제28조)**

㉠ 임용권자는 경찰공무원이 다음 각 호의 어느 하나에 해당될 때에는 직권으로 면직시킬 수 있다.

> 1. 국가공무원법 제70조 제1항 제3호부터 제5호까지의 규정 중 어느 하나에 해당될 때
> 2. 경찰공무원으로는 부적합할 정도로 직무 수행능력이나 성실성이 현저하게 결여된 사람으로서 대통령령으로 정하는 사유에 해당된다고 인정될 때
> 3. 직무를 수행하는 데에 위험을 일으킬 우려가 있을 정도의 성격적 또는 도덕적 결함이 있는 사람으로서 대통령령으로 정하는 사유에 해당된다고 인정될 때
> 4. 해당 경과에서 직무를 수행하는 데 필요한 자격증의 효력이 상실되거나 면허가 취소되어 담당 직무를 수행할 수 없게 되었을 때

㉡ 제2호 · 제3호 또는 국가공무원법 제70조 제1항 제5호의 사유로 면직시키는 경우에는 징계위원회의 동의를 받아야 한다.

구분	내용
객관적 사유 (징계위원회의 동의를 요하지 않는 직권면직의 사유)	1. 직제와 정원의 개폐 또는 예산의 감소 등에 의하여 폐직 또는 과원이 되었을 때 2. 휴직기간의 만료 또는 휴직사유가 소멸된 후에도 직무에 복귀하지 아니하거나 직무를 감당할 수 없을 때 3. 당해 경과에서 직무를 수행하는 데 필요한 자격증의 효력이 상실되거나 면허가 취소되어 담당직무를 수행할 수 없게 된 때
주관적 사유 (징계위원회의 동의를 요하는 직권면직의 사유)	1. 직위해제로 인하여 대기명령을 받은 자가 그 기간 중 능력의 향상 또는 근무성적의 향상을 기대하기 어렵다고 인정한 때 2. 경찰공무원으로서 부적합할 정도로 직무수행능력 또는 성실성이 현저히 결여된 자로서 다음의 경우 (1) 지능저하 또는 판단력의 부족으로 경찰업무를 감당할 수 없는 경우 (2) 책임감의 결여로 직무수행에 성의가 없고 위험한 직무에 당하여 고의로 직무수행을 기피 또는 포기한 경우 3. 직무수행에 있어서 위험을 일으킬 우려가 있을 정도의 성격 또는 도덕적 결함이 있는 자로서 다음의 경우 (1) 인격장애, 알코올 · 약물중독 그 밖의 정신장애로 인하여 경찰업무를 감당할 수 없는 경우 (2) 사행행위 또는 재산의 낭비로 인한 채무과다, 기타 불순한 이성관계 등 도덕적 결함이 현저하여 타인의 비난을 받는 경우

⊕ PLUS

국가공무원법 제70조 제1항 제4호의 사유로 인한 직권면직일은 휴직기간의 만료일이나 휴직 사유의 소멸일로 한다.

③ **직권면직의 효력**

㉠ 직권면직은 경찰공무원 본인의 의사와는 관계없이 임용권자의 일방적인 의사에 기초한 처분에 의하여 경찰공무원신분을 박탈하는 것이며 경찰공무원에 대하여 면직처분을 행할 때에는 그 처분권자 또는 처분제청권자는 처분의 사유를 기재한 설명서를 교부하여야 한다.

㉡ 처분사유설명서를 교부받은 경찰공무원이 그 처분에 불복이 있거나 기타 그 의사에 반하는 불리한 처분이 있는 것을 안 때에는 국가공무원법에 의하여 설치된 소청심사위원회에 이에 대한 심사를 청구할 수 있다. 처분사유설명서의 교부는 직권면직처분의 효력발생 이전에 직권면직처분을 받은 사람이 소청심사위원회에 소청을 청구할 수 있는 기회를 부여하므로 사전적 구제절차로서의 의의를 갖는다.

(3) 징계면직(강제면직)

① 징계면직은 공무원이 공무원법상의 징계사유에 해당하여 파면이나 해임의 징계처분을 받게 된 경우 당해 공무원의 신분이 박탈되는 것을 말한다.

② 파면의 경우에는 향후 경찰공무원으로 임용이 불가능하고 5년 동안은 일반공무원에 임용될 수 없으며, 해임의 경우 향후 경찰공무원으로 임용될 수 없다는 점에서는 파면과 동일하나 일반공무원의 임용이 3년간 제한된다는 점에서 파면과 차이가 있다.

05 경찰공무원의 권리

경찰공무원의 권리 유형

구분		내용
신분상 권리	일반적 권리	직무집행권, 신분보유권, 직위보유권, 쟁송청구권
	특수한 권리	무기휴대권, 무기사용권, 장구사용권, 제복착용권
재산상 권리	보수청구권, 연금청구권, 실비변상청구권, 보급품수령권, 보상청구권	

1. 신분상 권리

(1) 일반적 권리

① 신분보유권

㉠ 경찰공무원은 법령에 의한 사유가 있는 경우에 소정의 절차에 의하지 아니하고는 그 신분을 박탈(면직)당하지 아니할 권리를 말한다. 다만 **경찰공무원법상 치안총감 · 치안정감 및 시보임용 기간 중의 경찰공무원에게는 신분보유권이 인정되지 않는다.**

㉡ 그러나 해양경찰법에 의하면 해양경찰청장은 치안총감으로 보하고, 해양경찰청장의 임기 2년(직위보유권)이 보장되므로 치안총감은 사실상 간접적인 신분보장의 대상에 해당하게 된다.

② 직위보유권

공무원에게 부여된 일정한 직위를 보유하는 권리로서 법정의 사유(직위해제 사유)에 의하지 아니하고는 직위를 해제당하지 않을 권리를 말한다.

③ 직무집행권

경찰공무원이 자기가 담당하는 직무를 수행하고 또한 그 직무집행을 방해당하지 아니할 권리를 말한다.

④ 쟁송청구권(소청권, 행정소송권)

경찰공무원은 그 신분 등이 위법 · 부당하게 침해된 경우 침해된 권리의 구제를 위해 소청과 행정소송을 제기할 수 있다. 이를 쟁송청구권이라고 하며 경찰공무원의 임용과 관련된 행정소송에 있어서는 해양경찰청장을 피고로 하며, 임용권이 위임된 경우 임용권을 위임받은 자를 피고로 한다.

> **경찰공무원법**
>
> **제34조【행정소송의 피고】** 징계처분, 휴직처분, 면직처분, 그 밖에 의사에 반하는 불리한 처분에 대한 행정소송은 경찰청장 또는 해양경찰청장을 피고로 한다. 다만, 제7조 제3항 및 제4항에 따라 임용권을 위임한 경우에는 그 위임을 받은 자를 피고로 한다.

(2) 경찰공무원의 특수한 권리

① 제복착용권

경찰공무원은 제복을 착용할 수 있는데 이는 **의무이자 동시에 권리**에 해당한다.

> **경찰공무원법**
>
> **제26조【복제 및 무기 휴대】** ① 경찰공무원은 제복을 착용하여야 한다.

② 무기휴대 및 사용권

경찰공무원은 직무수행을 위하여 필요한 경우에는 무기를 휴대할 수 있고(경찰공무원법), 일정한 경우 무기를 사용할 수 있다(해양경비법, 경찰관 직무집행법).

경찰공무원법

제26조 【복제 및 무기 휴대】 ② 경찰공무원은 직무 수행을 위하여 필요하면 무기를 휴대할 수 있다.

해양경비법

제17조 【무기의 사용】 ① 해양경찰관은 해양경비 활동 중 다음 각 호의 어느 하나에 해당하는 경우에는 무기를 사용할 수 있다. 이 경우 무기사용의 기준은 경찰관 직무집행법 제10조의4에 따른다.

1. 선박 등의 나포와 범인을 체포하기 위한 경우
2. 선박 등과 범인의 도주를 방지하기 위한 경우
3. 자기 또는 다른 사람의 생명 · 신체에 대한 위해(危害)를 방지하기 위한 경우
4. 공무집행에 대한 저항을 억제하기 위한 경우

② 다음 각 호의 어느 하나에 해당하는 경우에는 개인화기(個人火器) 외에 공용화기를 사용할 수 있다.

1. 대간첩 · 대테러 작전 등 국가안보와 관련되는 작전을 수행하는 경우
2. 제1항 각 호의 어느 하나에 해당하는 경우로서 선박 등과 범인이 선체나 무기 · 흉기 등 위험한 물건을 사용하여 경비세력을 공격하거나 공격하려는 경우
3. 선박 등이 3회 이상 정선 또는 이동 명령에 따르지 아니하고 경비세력에게 집단으로 위해를 끼치거나 끼치려는 경우

경찰관 직무집행법

제10조의4 【무기의 사용】 ① 경찰관은 범인의 체포, 범인의 도주 방지, 자신이나 다른 사람의 생명 · 신체의 방어 및 보호, 공무집행에 대한 항거의 제지를 위하여 필요하다고 인정되는 상당한 이유가 있을 때에는 그 사태를 합리적으로 판단하여 필요한 한도에서 무기를 사용할 수 있다. 다만, 다음 각 호의 어느 하나에 해당할 때를 제외하고는 사람에게 위해를 끼쳐서는 아니 된다.

1. 형법에 규정된 정당방위와 긴급피난에 해당할 때
2. 다음 각 목의 어느 하나에 해당하는 때에 그 행위를 방지하거나 그 행위자를 체포하기 위하여 무기를 사용하지 아니하고는 다른 수단이 없다고 인정되는 상당한 이유가 있을 때
   가. 사형 · 무기 또는 장기 3년 이상의 징역이나 금고에 해당하는 죄를 범하거나 범하였다고 의심할 만한 충분한 이유가 있는 사람이 경찰관의 직무집행에 항거하거나 도주하려고 할 때
   나. 체포 · 구속영장과 압수 · 수색영장을 집행하는 과정에서 경찰관의 직무집행에 항거하거나 도주하려고 할 때
   다. 제3자가 가목 또는 나목에 해당하는 사람을 도주시키려고 경찰관에게 항거할 때
   라. 범인이나 소요를 일으킨 사람이 무기 · 흉기 등 위험한 물건을 지니고 경찰관으로부터 3회 이상 물건을 버리라는 명령이나 항복하라는 명령을 받고도 따르지 아니하면서 계속 항거할 때
3. 대간첩 작전 수행 과정에서 무장간첩이 항복하라는 경찰관의 명령을 받고도 따르지 아니할 때

② 제1항에서 "무기"란 사람의 생명이나 신체에 위해를 끼칠 수 있도록 제작된 권총 · 소총 · 도검 등을 말한다.

③ 대간첩 · 대테러 작전 등 국가안전에 관련되는 작전을 수행할 때에는 개인화기(個人火器) 외에 공용화기(共用火器)를 사용할 수 있다.

③ 장구사용권

경찰관은 직무 수행 중 일정한 경우에 수갑·포승·경찰봉 방패 등의 경찰장구를 사용할 수 있다.

해양경비법

제18조【해양경찰장비 및 장구의 사용】 ① 해양경찰관은 경찰관 직무집행법 제10조 제2항 및 제10조의 2 제2항에 따른 경찰장비 및 경찰장구 외에 다음 각 호의 어느 하나에 따른 경찰장비 및 경찰장구를 사용할 수 있다.

1. 해상검문검색 및 추적·나포시 선박 등을 강제 정선, 차단 또는 검색하는 경우 경비세력에 부수되어 운용하는 경찰장비 및 경찰장구
2. 선박 등에 대한 이동·해산 명령 등 해상항행 보호조치에 필요한 경찰장비 및 경찰장구
3. 제1호 및 제2호에 따른 경찰장비 및 경찰장구 외에 정당한 직무수행 중 경비세력에 부당하게 저항하거나 위해를 가하려 하는 경우 경비세력의 자체 방호를 위한 경찰장비 및 경찰장구

② 제1항에 따른 경찰장비 및 경찰장구의 종류 및 사용기준은 대통령령으로 정한다.

경찰관 직무집행법

제10조의2【경찰장구의 사용】 ① 경찰관은 다음 각 호의 직무를 수행하기 위하여 필요하다고 인정되는 상당한 이유가 있을 때에는 그 사태를 합리적으로 판단하여 필요한 한도에서 경찰장구를 사용할 수 있다.

1. 현행범이나 사형·무기 또는 장기 3년 이상의 징역이나 금고에 해당하는 죄를 범한 범인의 체포 또는 도주 방지
2. 자신이나 다른 사람의 생명·신체의 방어 및 보호
3. 공무집행에 대한 항거(抗拒) 제지

② 제1항에서 "경찰장구"란 경찰관이 휴대하여 범인 검거와 범죄 진압 등의 직무 수행에 사용하는 수갑, 포승(捕繩), 경찰봉, 방패 등을 말한다.

2. 재산상 권리

(1) 보수청구권

① 의의

경찰공무원이 근로의 대가로서 국가에 대하여 보수를 청구할 권리를 말한다. 보수는 봉급과 수당으로 구성된다. 일반적인 노사관계의 경우 보수는 기본적으로 당사자 사이의 계약으로 정해지지만, 공무원의 경우에는 근로법정주의의 원칙에 따라 법령(**공무원보수규정-대통령령**)에 보수에 대한 내용이 규정되어 있다.

공무원보수규정

제4조【정의】 이 영에서 사용하는 용어의 뜻은 다음과 같다.

1. "보수"란 봉급과 그 밖의 각종 수당을 합산한 금액을 말한다. 다만, 연봉제 적용대상 공무원은 연봉과 그 밖의 각종 수당을 합산한 금액을 말한다.
2. "봉급"이란 직무의 곤란성과 책임의 정도에 따라 직책별로 지급되는 기본급여 또는 직무의 곤란성과 책임의 정도 및 재직기간 등에 따라 계급(직무등급이나 직위를 포함한다. 이하 같다)별, 호봉별로 지급되는 기본급여를 말한다.
3. "수당"이란 직무여건 및 생활여건 등에 따라 지급되는 부가급여를 말한다.

② 성질

보수청구권은 공무원관계에서 발생하는 공법상의 권리이므로 보수와 관련된 분쟁은 행정소송법상의 당사자소송에 의하는 것이 원칙이다.

③ **소멸시효 및 압류**

㉠ 보수청구권의 소멸시효와 관련하여 대법원 판례는 보수청구권을 사법상의 권리로 보아 3년으로 판시하고 있으나, 다수설은 공법상의 권리로서 그 특수성을 인정하여야 할 필요가 있으므로 민법이 아닌 국가재정법을 적용하여야 한다고 본다. 국가재정법을 적용할 경우 **5년**의 소멸시효가 적용된다.

㉡ 공무원의 보수에 대한 압류는 2분의 1까지로 제한된다.

④ **양도 및 포기**

공무원은 보수청구권을 임의로 양도하거나 포기할 수 없다. 그러나 퇴직 후에는 보수청구권의 양도가 가능하다.

(2) 연금청구권

① **의의**

연금이란 공무원의 퇴직 또는 사망과 공무(公務)로 인한 부상 · 질병 · 장애에 대하여 적절한 급여를 지급함으로써, 공무원 및 그 유족의 생활안정과 복리 향상에 이바지함을 목적으로 지급되는 금전을 말한다.

② **소멸시효(공무원연금법 제88조)**

① 이 법에 따른 급여를 받을 권리는 급여의 사유가 발생한 날부터 **5년**간 행사하지 아니하면 시효로 인하여 소멸한다.

② 잘못 납부한 기여금을 반환받을 권리는 퇴직급여 또는 퇴직유족급여의 지급 결정일부터 **5년**간 행사하지 아니하면 시효로 인하여 소멸한다.

③ 이 법에 따른 기여금, 환수금 및 그 밖의 징수금 등을 징수하거나 환수할 공단의 권리는 징수 및 환수 사유가 발생한 날부터 **5년**간 행사하지 아니하면 시효로 인하여 소멸한다.

④ 이 법에 따른 기여금, 환수금 및 그 밖의 징수금 등의 납입 고지 및 독촉과 급여의 지급 또는 과납금 등의 반환 청구는 소멸시효 중단의 효력을 가진다.

(3) 실비변상 및 실비대여권

① **의의**

공무원이 여비 등 공무의 집행에 있어 특별한 비용을 요할 때에 실비변상을 받을 수 있는 권리를 말한다. 이 외에도 소속 기관장의 허가를 받아 본래의 업무수행에 지장이 없는 범위 안에서 담당직무 외의 특수한 연구과제를 위탁받아 이를 처리하는 경우에도 그 보상을 지급받을 수 있다.

② **보급품수령권**

공무원은 제복 기타 물품의 급여 및 대여를 받을 수 있다.

(4) 보상청구권

① **의의**

공무원이 질병, 퇴직, 사망 또는 재해를 입었을 때에 본인 또는 그 유족에게 법률이 정하는 바에 따라 적절한 급여를 지급한다. 본인이나 유족이 그 급여를 청구할 수 있는 권리를 보상청구권이라고 한다.

② **적용법규**

경찰공무원이 전투, 기타 직무수행 또는 교육훈련 중 사망한 경우(공무상 질병으로 사망한 경우 포함) 및 상이(공무상 질병 포함)를 입고 퇴직한 경우에는 경찰공무원과 그 유가족은 국가유공자예우에 관한 법률이 정하는 바에 의하여 예우를 받는다.

06 경찰공무원의 의무

경찰공무원의 의무 유형

구분	근거법령	내용
일반의무	국가공무원법	① 선서(취임 전 선서)의무 ② 성실의무
직무상 의무	국가공무원법	① 법령준수의무 ② 복종의무 ③ 직무전념의무(직장이탈금지 · 영리업무 및 겸직금지) ④ 친절공정의무 ⑤ 종교중립의무
	경찰공무원법	① 거짓보고 및 직무유기금지의무 ② 지휘권남용금지의무 ③ 제복착용의무
	경찰공무원 복무규정	① 민사분쟁에 부당 개입금지의무 ② 지정장소 외에서 직무수행금지의무 ③ 근무시간 중 음주금지의무
신분상 의무	국가공무원법	① 비밀엄수의무(퇴직 후에도 적용) ② 품위유지의무(직무 내외 불문) ③ 청렴의무 ④ 정치운동금지의무 ⑤ 집단행동금지의무 ⑥ 영예 등의 제한
	경찰공무원법	정치관여금지의무
	공직자윤리법	① 재산의 등록과 공개의무 ② 선물신고의무 ③ 취업금지의무 ④ 이해충돌방지의무
	부패방지 및 국민권익위원회의 설치와 운영에 관한 법률	부패행위 신고의무

1. 일반의무

(1) 선서의무

> **국가공무원법**
>
> **제55조 【선서】** 공무원은 취임할 때에 소속 기관장 앞에서 대통령령 등으로 정하는 바에 따라 선서(宣誓)하여야 한다. 다만, 불가피한 사유가 있으면 취임 후에 선서하게 할 수 있다.

그러나 선서는 공무원의 직무행위에 대한 법률상 효과발생의 요건이 아니므로 **선서를 하지 않고 행한 행위라 할지라도 법적 효과발생에는 영향이 없다.**

(2) 성실의무

> **국가공무원법**
> **제56조 【성실 의무】** 모든 공무원은 법령을 준수하며 성실히 직무를 수행하여야 한다.

성실의무는 공무원의 의무 중 가장 기본적인 의무로서 **다른 의무의 원천**이 되고, **윤리적 성격이 강하지만 법에 규정된 법적 의무**에 해당한다.

2. 직무상 의무

(1) 국가공무원법상 의무

① 법령준수의무

> **국가공무원법**
> **제56조 【성실 의무】** 모든 공무원은 법령을 준수하며 성실히 직무를 수행하여야 한다.

경찰공무원이 성실히 법령을 준수하여야 하는 의무를 의미하며 직무수행에 있어서 가장 기본적인 의무에 해당한다.

② 복종의무

> **국가공무원법**
> **제57조 【복종의 의무】** 공무원은 직무를 수행할 때 소속 상관의 직무상 명령에 복종하여야 한다.

㉠ 여기서 말하는 소속 상관이란 신분상의 상관을 의미하는 것이 아니라 **직무상의 상관**을 의미한다.
㉡ 그리고 복종의무는 직무상의 상관이 발한 직무명령이라고 하더라도 무조건적인 복종을 의미하는 것은 아니다. 직무명령의 형식적 요건과 실질적 요건을 갖춘 직무명령에 한해 복종해야 할 의무가 있다.

> **⊕ PLUS**
> 직무명령이 명백히 범죄 등의 불법을 구성하는 경우에는 그 직무명령은 무효가 되어 복종의 의무가 없으며 위법한 명령에 복종하는 경우는 절대 정당화될 수 없다. 그러나 법령해석상의 단순한 견해 차이에 불과하거나 직무명령이 부당하다고 인정되는데 불과한 경우는 적법추정을 받으므로 이에 복종해야 할 의무가 있다.

③ 친절 · 공정의무(국가공무원법 제59조)

공무원은 국민 전체의 봉사자로서 친절하고 공정하게 직무를 수행하여야 한다.

④ 종교중립의 의무(국가공무원법 제59조의2)

공무원은 종교에 따른 차별 없이 직무를 수행하여야 한다. 공무원은 소속 상관이 종교중립의무에 위배되는 직무상 명령을 한 경우에는 이에 따르지 **아니할 수 있다.**

⑤ 직무전념의무

구분	내용
직장이탈금지의무 (국가공무원법 제58조)	1. 공무원은 소속 상관의 허가 또는 정당한 사유가 없으면 직장을 이탈하지 못한다. 2. 수사기관이 공무원을 구속하려면 그 소속 기관의 장에게 미리 통보하여야 한다. 다만, 현행범은 그러하지 아니하다.

영리업무 및 겸직금지 의무 (국가공무원법 제64조)	공무원은 공무 외에 영리를 목적으로 하는 업무에 종사하지 못하며 소속 기관장의 허가 없이 다른 직무를 겸할 수 없다.

국가공무원 복무규정

제25조 【영리 업무의 금지】 공무원은 다음 각 호의 어느 하나에 해당하는 업무에 종사함으로써 공무원의 직무 능률을 떨어뜨리거나, 공무에 대하여 부당한 영향을 끼치거나, 국가의 이익과 상반되는 이익을 취득하거나, 정부에 불명예스러운 영향을 끼칠 우려가 있는 경우에는 그 업무에 종사할 수 없다.

1. 공무원이 상업, 공업, 금융업 또는 그 밖의 영리적인 업무를 스스로 경영하여 영리를 추구함이 뚜렷한 업무
2. 공무원이 상업, 공업, 금융업 또는 그 밖에 영리를 목적으로 하는 사기업체(私企業體)의 이사 · 감사 업무를 집행하는 무한책임사원 · 지배인 · 발기인 또는 그 밖의 임원이 되는 것
3. 공무원 본인의 직무와 관련 있는 타인의 기업에 대한 투자
4. 그 밖에 계속적으로 재산상 이득을 목적으로 하는 업무

국가공무원 복무규정 제26조 【겸직 허가】 ① 공무원이 제25조의 영리 업무에 해당하지 아니하는 다른 직무를 겸하려는 경우에는 소속 기관의 장의 사전 허가를 받아야 한다.

② 제1항의 허가는 담당 직무 수행에 지장이 없는 경우에만 한다.

③ 제1항에서 "소속 기관의 장"이란 고위공무원단에 속하는 공무원 이상의 공무원에 대해서는 임용제청권자, 3급 이하 공무원 및 우정직공무원에 대해서는 임용권자를 말한다.

(2) 경찰공무원법상의 의무

① 거짓보고 · 직무유기 금지

경찰공무원법

제24조 【거짓 보고 등의 금지】 ① 경찰공무원은 직무에 관하여 거짓으로 보고나 통보를 하여서는 아니 된다.

② 경찰공무원은 직무를 게을리하거나 유기(遺棄)해서는 아니 된다.

경찰공무원이 직무에 관하여 거짓의 보고나 통보를 하여서는 아니 되며, 또한 직무를 태만히 하거나 유기하여서는 안 된다는 의무이다. 이러한 의무를 위반할 경우 경찰공무원법 제37조 규정에 의해 처벌을 받는다.

경찰공무원법

제37조 【벌칙】 ① 경찰공무원으로서 전시 · 사변, 그 밖에 이에 준하는 비상사태이거나 작전 수행 중인 경우에 제24조 제2항 또는 제25조, 국가공무원법 제58조 제1항을 위반한 사람은 3년 이상의 징역이나 금고에 처하며, 제24조 제1항, 국가공무원법 제57조를 위반한 사람은 7년 이하의 징역이나 금고에 처한다.

② 제1항의 경우 외에 집단 살상의 위급 사태가 발생한 경우에 제24조 또는 제25조, 국가공무원법 제57조 및 제58조 제1항을 위반한 사람은 7년 이하의 징역이나 금고에 처한다.

② 지휘권남용 등의 금지

> **경찰공무원법**
>
> **제25조 【지휘권 남용 등의 금지】** 전시 · 사변, 그 밖에 이에 준하는 비상사태이거나 작전수행 중인 경우 또는 많은 인명 손상이나 국가재산 손실의 우려가 있는 위급한 사태가 발생한 경우, 경찰공무원을 지휘 · 감독하는 사람은 정당한 사유 없이 그 직무 수행을 거부 또는 유기하거나 경찰공무원을 지정된 근무지에서 진출 · 퇴각 또는 이탈하게 하여서는 아니 된다.

지휘권남용 등의 금지의무는 의무의 특정성에 비추어 경찰공무원에게만 주어진 의무로서 전시 또는 대간첩작전수행시나 위험사태에 적용되는 의무라고 할 수 있으며, 지휘권남용 등의 금지의무를 위반하면 형법상 처벌은 물론이며 경찰공무원법 제37조에 의해 처벌을 받게 된다.

③ 제복착용의 의무

> **경찰공무원법**
>
> **제26조 【복제 및 무기 휴대】** ① 경찰공무원은 제복을 착용하여야 한다.

경찰공무원은 특수한 경우를 제외하고는 제복을 착용하여야 하며 제복착용의 의무는 경찰공무원의 권리이자 의무에 해당한다.

(3) 경찰공무원 복무규정

이 영은 경찰공무원의 복무에 관한 사항을 규정함을 목적으로 한다.

구분	내용
정의(제2조)	이 영에서 '경찰기관'이란 경찰공무원징계령 제3조 제2항에 따른 경찰기관을 말한다.
기본강령(제3조)	경찰공무원은 다음의 기본강령에 따라 복무하여야 한다. 1. 경찰사명 경찰공무원은 국가와 민족을 위하여 충성과 봉사를 다하며, 국민의 생명 · 신체 및 재산을 보호하고, 공공의 안녕과 질서를 유지함을 그 사명으로 한다. 2. 경찰정신 경찰공무원은 국민의 수임자로서 일상의 직무수행에 있어서 국민의 자유와 권리를 존중하는 호국 · 봉사 · 정의의 정신을 그 바탕으로 삼는다. 3. 규율 경찰공무원은 법령을 준수하고 직무상의 명령에 복종하며, 상사에 대한 존경과 부하에 대한 존중으로써 규율을 지켜야 한다. 4. 단결 경찰공무원은 주어진 사명을 다하기 위하여 긍지를 가지고 한마음 한뜻으로 굳게 뭉쳐 임무수행에 모든 역량을 기울여야 한다. 5. 책임 경찰공무원은 창의와 노력으로써 소임을 완수하여야 하며, 직무수행의 결과에 대하여 책임을 진다. 6. 성실 · 청렴 경찰공무원은 성실하고 청렴한 생활태도로써 국민의 모범이 되어야 한다.

① 복무자세

구분	내용
예절 (제4조)	① 경찰공무원은 고운말을 사용하도록 노력하여야 하며, 국민에게 겸손하고 친절하여야 한다. ② 경찰공무원은 상 · 하급자 및 동료간에 서로 예절을 지켜야 한다.
용모 · 복장 (제5조)	경찰공무원은 용모와 복장을 단정히 하여 품위를 유지하여야 한다.
환경정돈 (제6조)	경찰공무원은 사무실과 그 주변환경을 항상 깨끗하게 정리 · 정돈하여 명랑한 분위기를 유지하여야 한다.
일상행동 (제7조)	경찰공무원은 공 · 사생활을 막론하고 국민의 모범이 되어야 하며, 다음과 같이 행동하여야 한다. 1. 상 · 하급자 및 동료를 비난 · 악평하거나 서로 다투는 행위를 하여서는 아니 되며, 항상 협동심과 상부상조의 동료애를 발휘하여야 한다. 2. 경솔하거나 난폭한 행동을 하여서는 아니 되며, 항상 명랑 · 활달하여야 한다. 3. 건전하지 못한 오락행위를 하여서는 아니 된다.

② 복무 등

구분	내용
지정장소 외에서의 직무수행금지 (제8조)	경찰공무원은 상사의 허가를 받거나 그 명령에 의한 경우를 제외하고는 직무와 관계없는 장소에서 직무수행을 하여서는 아니 된다.
근무시간 중 음주금지 (제9조)	경찰공무원은 근무시간 중 음주를 하여서는 아니 된다. 다만, 특별한 사정이 있는 경우에는 예외로 하되, 이 경우 주기가 있는 상태에서 직무를 수행하여서는 아니 된다.
민사분쟁에의 부당개입금지 (제10조)	경찰공무원은 직위 또는 직권을 이용하여 부당하게 타인의 민사분쟁에 개입하여서는 아니 된다.
상관에 대한 신고 (제11조)	경찰공무원은신규채용 · 승진 · 전보 · 파견 · 출장 · 연가 · 교육훈련기관에의 입교 기타 신분관계 또는 근무관계 또는 근무관계의 변동이 있는 때에는 소속상관에게 신고를 하여야 한다.
보고 및 통보 (제12조)	경찰공무원은 치안상 필요한 상황의 보고 및 통보를 신속 · 정확 · 간결하게 하여야 한다.
여행의 제한 (제13조)	경찰공무원은 휴무일 또는 근무시간 외에 2시간 이내에 직무에 복귀하기 어려운 지역으로 여행을 하고자 할 때에는 소속 경찰기관의 장에게 신고를 하여야 한다. 다만, 치안상 특별한 사정이 있어 경찰청장 또는 경찰기관의 장이 지정하는 기간 중에는 소속 경찰기관의 장의 허가를 받아야 한다.
비상소집 (제14조)	1. 경찰기관의 장은 비상사태에 대처하기 위하여 필요하다고 인정할 때에는 소속 경찰공무원을 긴급히 소집(이하 '비상소집'이라 한다)하거나 일정한 장소에 대기하게 할 수 있다. 2. 제1항의 규정에 의한 비상소집의 요건 · 종류 · 절차 등에 관하여 필요한 사항은 경찰청장 또는 해양경찰청장이 정한다.

특수근무자의 근무수칙 등 (제15조)	1. 경찰청장 또는 해양경찰청장은 대간첩작전을 주임무로 하는 경찰공무원, 해양경찰청의 해상근무경찰공무원, 경찰기동대의 대원 기타 특수근무경찰공무원에 대한 근무수칙·내무생활 기타 복무에 관하여 필요한 사항을 따로 정하여 실시할 수 있다. 2. 경찰청장은 필요하다고 인정할 때에는 제1항의 규정에 의한 복무에 필요한 사항의 일부를 당해 경찰기관의 장이 정하여 실시하게 할 수 있다.

③ **사기진작 및 휴가 등**

구분	내용
포상휴가 (제18조)	경찰기관의 장은 근무성적이 탁월하거나 다른 경찰공무원의 모범이 될 공적이 있는 경찰공무원에 대하여 1회 10일 이내의 포상휴가를 허가할 수 있다. 이 경우의 포상휴가기간은 연가일수에 산입하지 아니한다.
연일근무자 등의 휴무(제19조)	경찰기관의 장은 특별한 사정이 없는 한 다음과 같이 휴무를 허가하여야 한다. 1. 연일근무자 및 공휴일근무자에 대하여는 그 다음 날 1일의 휴무 2. 당직 또는 철야근무자에 대하여는 다음 날 오후 2시를 기준으로 하여 오전 또는 오후의 휴무

3. 신분상 의무

(1) 국가공무원법상의 의무

① **비밀엄수의무**

> **국가공무원법**
>
> **제60조 【비밀 엄수의 의무】** 공무원은 재직 중은 물론 퇴직 후에도 직무상 알게 된 비밀을 엄수(嚴守)하여야 한다.

㉠ 직무상 비밀은 자신이 처리하는 직무에 관한 비밀뿐만 아니라, 직무와 관련하여 알게 된 모든 비밀을 포함한다. 그리고 직무상 비밀의 범위는 법령 또는 처분에 의하여 결정된다.

㉡ **의무위반시 효과**

재직 중 비밀엄수의무를 위반한 경우 징계책임과 형사책임을 동시에 부담하게 된다. 그러나 퇴직 후에 비밀엄수의무를 위반한 경우에는 징계의 대상이 될 수 없으므로 형사책임만 부담한다.

> **형법**
>
> **제127조 【공무상 비밀의 누설】** 공무원 또는 공무원이었던 자가 법령에 의한 직무상 비밀을 누설한 때에는 2년 이하의 징역이나 금고 또는 5년 이하의 자격정지에 처한다.

② **청렴의무(국가공무원법 제61조)**

공무원은 직무와 관련하여 **직접적이든 간접적이든** 사례·증여 또는 향응을 주거나 받을 수 없다. 또한 공무원은 직무상의 관계가 **있든 없든** 그 소속 상관에게 증여하거나 소속 공무원으로부터 증여를 받아서는 아니 된다.

③ **영예의 제한(국가공무원법 제62조)**

공무원이 외국정부로부터 영예나 증여를 받는 경우에는 **대통령의 허가**를 받아야 한다.

④ **품위유지의 의무(국가공무원법 제63조)**

공무원은 직무의 내외를 불문하고 그 품위가 손상되는 행위를 하여서는 아니 된다.

⑤ **정치운동의 금지(국가공무원법 제65조)**

㉠ 공무원은 정당이나 그 밖의 정치단체의 결성에 관여하거나 이에 가입할 수 없다.

㉡ 또한 공무원은 선거에서 특정 정당 또는 특정인을 지지 또는 반대하기 위한 다음의 행위를 하여서는 안 된다.

> 1. 투표를 하거나 하지 아니하도록 권유 운동을 하는 것
> 2. 서명 운동을 기도·주재하거나 권유하는 것
> 3. 문서나 도서를 공공시설 등에 게시하거나 게시하게 하는 것
> 4. 기부금을 모집 또는 모집하게 하거나 공공자금을 이용 또는 이용하게 하는 것
> 5. 타인에게 정당이나 그 밖의 정치단체에 가입하게 하거나 가입하지 아니하도록 권유 운동을 하는 것

㉢ 공무원은 다른 공무원에게 정치운동 금지의무에 위배되는 행위를 하도록 요구하거나 정치행위의 보상 또는 보복으로써 이익 또는 불이익을 약속하여서는 아니 된다.

㉣ 공무원의 정치적 중립성은 헌법 제7조에서도 이를 규정하고 있으며 국가공무원법 제65조도 공무원의 정치운동을 금지하고 있다. 그러므로 공무원은 정당 기타 정치단체의 결성에 관여하거나 가입할 수 없다.

> **대한민국 헌법 제7조** ② 공무원의 신분과 정치적 중립성은 법률이 정하는 바에 의하여 보장된다.

⑥ **집단행위의 금지(국가공무원법 제66조)**

㉠ 공무원은 노동운동이나 그 밖에 공무 외의 일을 위한 집단행위를 하여서는 아니 된다.

㉡ 다만, 사실상 노무에 종사하는 공무원은 예외로 한다. 사실상 노무에 종사하는 공무원의 범위는 대통령령 등으로 정한다. 노동조합에 가입된 자가 조합 업무에 전임하려면 소속 장관의 허가를 받아야 한다. 소속 장관은 허가시 필요한 조건을 붙일 수 있다.

(2) 경찰공무원법상의 의무

> **경찰공무원법**
>
> **제23조【정치 관여 금지】** ① 경찰공무원은 정당이나 정치단체에 가입하거나 정치활동에 관여하는 행위를 하여서는 아니 된다.
>
> ② 제1항에서 정치활동에 관여하는 행위란 다음 각 호의 어느 하나에 해당하는 행위를 말한다.
>
> 1. 정당이나 정치단체의 결성 또는 가입을 지원하거나 방해하는 행위
> 2. 그 직위를 이용하여 특정 정당이나 특정 정치인에 대하여 지지 또는 반대 의견을 유포하거나, 그러한 여론을 조성할 목적으로 특정 정당이나 특정 정치인에 대하여 찬양하거나 비방하는 내용의 의견 또는 사실을 유포하는 행위
> 3. 특정 정당이나 특정 정치인을 위하여 기부금 모집을 지원하거나 방해하는 행위 또는 국가·지방자치단체 및 공공기관의 운영에 관한 법률에 따른 공공기관의 자금을 이용하거나 이용하게 하는 행위
> 4. 특정 정당이나 특정인의 선거운동을 하거나 선거 관련 대책회의에 관여하는 행위
> 5. 정보통신망 이용촉진 및 정보보호 등에 관한 법률에 따른 정보통신망을 이용한 제1호부터 제4호까지의 규정에 해당하는 행위
> 6. 소속 직원이나 다른 공무원에 대하여 제1호부터 제5호까지의 행위를 하도록 요구하거나 그 행위와 관련한 보상 또는 보복으로서 이익 또는 불이익을 주거나 이를 약속 또는 고지(告知)하는 행위

국가공무원법상 정치운동금지와 경찰공무원법상 정치관여금지

국가공무원법상 정치운동금지	경찰공무원법상 정치관여금지
① 제65조를 위반한 자는 3년 이하의 징역과 3년 이하의 자격정지에 처한다. ② 제1항에 규정된 죄에 대한 공소시효의 기간은 형사소송법 제249조 제1항에도 불구하고 10년으로 한다.	경찰공무원으로서 제23조를 위반하여 정당이나 정치단체에 가입하거나 정치활동에 관여하는 행위를 한 사람은 5년 이하의 징역과 5년 이하의 자격정지에 처하고, 그 죄에 대한 공소시효의 기간은 형사소송법 제249조 제1항에도 불구하고 10년으로 한다.

(3) 공직자윤리법상의 의무

구분	내용
재산의 등록과 공개 (제2장)	**공직자윤리법** **제3조 【등록의무자】** ① 다음 각 호의 어느 하나에 해당하는 공직자(이하 '등록의무자'라 한다)는 이 법에서 정하는 바에 따라 재산을 등록하여야 한다. 9. 총경(자치총경을 포함한다) 이상의 경찰공무원과 소방정 이상의 소방공무원 13. 그 밖에 국회규칙, 대법원규칙, 헌법재판소규칙, 중앙선거관리위원회규칙 및 대통령령으로 정하는 특정 분야의 공무원과 공직유관단체의 직원 **공직자윤리법 시행령** **제3조 【등록의무자】** ④ 법 제3조 제1항 제13호에서 "대통령령으로 정하는 특정 분야의 공무원과 공직유관단체의 직원"이란 다음 각 호의 사람을 말한다. 6. 경찰공무원 중 경정, 경감, 경위, 경사와 자치경찰공무원 중 자치경정, 자치경감, 자치경위, 자치경사 **공직자윤리법** **제10조 【등록재산의 공개】** ① 공직자윤리위원회는 관할 등록의무자 중 다음 각 호의 어느 하나에 해당하는 공직자 본인과 배우자 및 본인의 직계존속 · 직계비속의 재산에 관한 등록사항과 제6조에 따른 변동사항 신고내용을 등록기간 또는 신고기간 만료 후 1개월 이내에 관보 또는 공보에 게재하여 공개하여야 한다. 8. 치안감 이상의 경찰공무원 및 특별시 · 광역시 · 특별자치시 · 도 · 특별자치도의 시 · 도경찰청장
선물의 신고 (제3장)	1. 공무원(지방의회의원을 포함한다) 또는 공직유관단체의 임직원은 외국으로부터 선물(대가 없이 제공되는 물품 및 그 밖에 이에 준하는 것을 말하되, 현금은 제외한다)을 받거나 그 직무와 관련하여 외국인(외국단체를 포함한다)에게 선물을 받으면 지체 없이 소속 기관 · 단체의 장에게 신고하고 그 선물을 인도하여야 한다. 이들의 가족이 외국으로부터 선물을 받거나 그 공무원이나 공직유관단체 임직원의 직무와 관련하여 외국인에게 선물을 받은 경우에도 또한 같다. 2. 신고된 선물은 신고 즉시 국가 또는 지방자치단체에 귀속된다. 3. 신고하여야 할 선물은 그 선물 수령 당시 증정한 국가 또는 외국인이 속한 국가의 시가로 미국화폐 100달러 이상이거나 국내 시가로 10만원 이상인 선물로 한다.
취업의 제한 (제4장)	취업심사대상자는 퇴직일부터 3년간 취업심사대상기관에 취업할 수 없다. 다만, 관할 공직자윤리위원회로부터 취업심사대상자가 퇴직 전 5년 동안 소속하였던 부서 또는 기관의 업무와 취업심사대상기관간에 밀접한 관련성이 없다는 확인을 받거나 취업승인을 받은 때에는 취업할 수 있다.

07 경찰공무원의 책임

경찰공무원의 의무를 위반한 경우 부담하게 되는 책임에는 민사책임, 형사책임, 변상책임, 징계책임 등이 있으며 이러한 책임은 각각 그 성립의 근거가 다르며 목적이 다르기 때문에 하나의 행위라고 하더라도 다수의 책임을 부담할 수 있다.

1. 민사상의 손해배상책임

공무원이 직무상 불법행위로 국민에게 재산상의 손해를 가한 경우 피해자는 국가 또는 공무원 개인에게 선택적으로 배상책임을 청구할 수 있는가에 대하여는 대위책임설, 자기책임설, 중간설 등으로 의견이 대립되고 있다. 이와 관련하여 판례는 경찰공무원에게 고의 또는 중대한 과실이 있는 경우에는 피해자가 당해 경찰공무원을 상대로 직접 민사상의 손해배상을 청구할 수 있다고 판시하고 있다.

2. 변상책임

(1) 국가배상법

① 고의 · 과실의 경우

경찰공무원이 그 직무를 집행하면서 고의 또는 과실로 법령을 위반하여 타인에게 손해를 입힌 경우에 국가가 손해를 배상하도록 규정하고 있다.

② 변상책임

경찰공무원의 직무수행에서 발생한 손해가 경찰공무원의 고의 · 중과실에 의한 경우에는 국가가 가해공무원에게 구상권을 행사할 수 있으며 이때 가해공무원이 국가에 대하여 부담하는 책임이 변상책임이다.

③ 선택적 청구권의 인정

공무원의 고의 또는 중과실로 개인에게 손해를 입힌 경우 개인은 국가 또는 가해공무원에게 손해배상을 선택적으로 청구할 수 있다.

(2) 회계관계직원 등의 책임에 관한 법률에 의한 변상책임

① 고의 · 중과실의 경우

㉠ 회계관계직원이 고의 또는 중대한 과실로 법령 기타 관계규정 및 예산에 정하여진 바에 위반하여 국가 또는 단체 등의 재산에 대하여 손해를 끼친 때에는 변상의 책임이 발생한다.

㉡ 또한 현금 또는 물품을 출납, 보관하는 자가 그 보관에 속하는 현금 또는 물품을 망실. 훼손하는 경우에 선량한 관리자의 주의를 태만히 하면 변상책임이 발생한다.

② 변상책임의 유무 및 변상액의 판정

변상책임의 유무 및 변상액은 감사원이 판정하며 감독기관의 장은 회계관계직원 등이 책임이 있다고 인정되면 감사원의 판정 전에도 관계직원에게 변상을 명할 수 있다.

3. 형사상 책임

(1) 경찰공무원의 일정한 행위가 경찰공무원이 의무 위반에 그치지 아니하고 형사법상의 범죄를 구성한 경우 당해 범죄에 대하여 부담하는 책임을 형사상의 책임이라고 한다.

(2) 경찰공무원은 국가공무원법 및 경찰공무원법상의 의무를 위반한 경우 형벌과는 별도로 국가공무원법이나 경찰공무원법상의 행정형벌도 아울러 부담하게 된다. 이러한 형사책임의 경우 공무원의 행위가 의무위반에 그치지 않고 국민의 일반법익을 침해한 경우에는 징계벌과 함께 부과될 수 있다.

08 징계책임

1. 서설

(1) 징계의 의의

① 징계란 공무원의 위법행위에 대하여 공무원관계의 목적을 달성하기 위하여 국가나 지방자치단체가 사용자의 위치에서 과하는 **행정상의 제재**를 말하며, **내부적 제재**수단에 해당한다.

② 징계는 경찰관의 신분과 권한에 불이익을 주는 것으로 그 요건이 법에 규정되어 있으므로 징계에도 법치주의 원칙이 적용된다고 할 수 있다.

(2) 형벌과의 관계

형벌과 징계는 그 권력적 기초, 대상, 목적 등을 달리하므로 동일한 행위에 대해 형벌과 징계를 병과할 수 있고, **형벌과 징계를 병과**하더라도 일사부재리의 원칙에 저촉되지 않는다.

구분	징계벌	형벌
권력적 기초	특별권력관계(공무원관계내부)	일반통치권
목적	공무원관계내부의 질서유지	일반사회의 질서유지
내용	공무원의 신분상 이익의 전부 또는 일부를 박탈	신분적 이익 외에 재산적 이익, 생명 · 자유의 박탈
대상	공무원법상의 의무위반	반사회적 법익침해 행위
구성요건	고의 · 과실 불문	고의 · 과실을 요함
시간적 한계	퇴직 후 처벌 불가능	퇴직 후 처벌가능
상호관계	① 병과가능: 일사부재리의 원칙이 적용되지 않는다. ② 병행진행가능: 형사소추선행의 원칙이 적용되지 않는다.	

2. 징계 사유(국가공무원법 제78조)

(1) 공무원이 다음 각 호의 어느 하나에 해당하면 징계 의결을 **요구하여야 하고** 그 징계 의결의 결과에 따라 징계처분을 **하여야 한다**.

> 1. 이 법 및 이 법에 따른 명령을 위반한 경우
> 2. 직무상의 의무(다른 법령에서 공무원의 신분으로 인하여 부과된 의무를 포함한다)를 위반하거나 직무를 태만히 한 때
> 3. 직무의 내외를 불문하고 그 체면 또는 위신을 손상하는 행위를 한 때

> **국가공무원법**
>
> **제78조 【징계 사유】** ② 공무원(특수경력직공무원 및 지방공무원을 포함한다)이었던 사람이 다시 공무원으로 임용된 경우에 재임용 전에 적용된 법령에 따른 징계 사유는 그 사유가 발생한 날부터 이 법에 따른 징계 사유가 발생한 것으로 본다.
>
> **국가공무원법**
>
> **제80조 【징계의 효력】** ⑦ 공무원(특수경력직공무원 및 지방공무원을 포함한다)이었던 사람이 다시 공무원이 된 경우에는 재임용 전에 적용된 법령에 따라 받은 징계처분은 그 처분일부터 이 법에 따른 징계처분을 받은 것으로 본다. 다만, 제79조에서 정한 징계의 종류 외의 징계처분의 효력에 관하여는 대통령령 등으로 정한다.

(2) 징계부가금(국가공무원법 제78조의2)

공무원의 징계 의결을 요구하는 경우 그 징계 사유가 다음 각 호의 어느 하나에 해당하는 경우에는 해당 징계 외에 다음 각 호의 행위로 취득하거나 제공한 금전 또는 재산상 이득(금전이 아닌 재산상 이득의 경우에는 금전으로 환산한 금액을 말한다)의 **5배** 내의 징계부가금 부과 의결을 징계위원회에 요구**하여야 한다**.

> 1. 금전, 물품, 부동산, 향응 또는 그 밖에 대통령령으로 정하는 재산상 이익을 취득하거나 제공한 경우
> 2. 다음 각 목에 해당하는 것을 횡령(橫領), 배임(背任), 절도, 사기 또는 유용(流用)한 경우
>   가. 국가재정법에 따른 예산 및 기금
>   나. 지방재정법에 따른 예산 및 지방자치단체 기금관리기본법에 따른 기금
>   다. 국고금 관리법 제2조 제1호에 따른 국고금
>   라. 보조금 관리에 관한 법률 제2조 제1호에 따른 보조금
>   마. 국유재산법 제2조 제1호에 따른 국유재산 및 물품관리법 제2조 제1항에 따른 물품
>   바. 공유재산 및 물품 관리법 제2조 제1호 및 제2호에 따른 공유재산 및 물품
>   사. 그 밖에 가목부터 바목까지에 준하는 것으로서 대통령령으로 정하는 것

① 징계위원회는 징계부가금 부과 의결을 하기 전에 징계부가금 부과 대상자가 위의 어느 하나에 해당하는 사유로 다른 법률에 따라 형사처벌을 받거나 변상책임 등을 이행한 경우(몰수나 추징을 당한 경우를 포함한다) 또는 다른 법령에 따른 환수나 가산징수 절차에 따라 환수금이나 가산징수금을 납부한 경우에는 대통령령으로 정하는 바에 따라 조정된 범위에서 징계부가금 부과를 의결하여야 한다.

② 징계위원회는 징계부가금 부과 의결을 한 후에 징계부가금 부과 대상자가 형사처벌을 받거나 변상책임 등을 이행한 경우(몰수나 추징을 당한 경우를 포함한다) 또는 환수금이나 가산징수금을 납부한 경우에는 대통령령으로 정하는 바에 따라 이미 의결된 징계부가금의 감면 등의 조치를 하여야 한다.

③ 징계부가금 부과처분을 받은 사람이 납부기간 내에 그 부가금을 납부하지 아니한 때에는 처분권자(대통령이 처분권자인 경우에는 처분 제청권자)는 국세 체납처분의 예에 따라 징수할 수 있다. 다만, 체납액 징수가 사실상 곤란하다고 판단되는 경우에는 징수를 관할 세무서장에게 의뢰하여야 한다.

④ 처분권자(대통령이 처분권자인 경우에는 처분 제청권자)는 관할 세무서장에게 징계부가금 징수를 의뢰한 후 체납일부터 5년이 지난 후에도 징수가 불가능하다고 인정될 때에는 관할 징계위원회에 징계부가금 감면의결을 요청할 수 있다.

(3) 징계와 관련하여 공무원으로서의 의무위반에 있어 **고의 또는 과실을 요하는 것은 아니며**, 행위자뿐만 아니라 **감독자도 감독의무를 태만히 한 경우 징계책임을 부담하게 된다**.

(4) 또한 재직 중의 행위에 대하여 징계를 부과하는 것을 원칙으로 하지만, **임용 전의 행위**일지라도 그로 인하여 공무원의 체면 또는 위신이 손상된 경우에는 징계사유에 해당할 수 있다.

3. 퇴직을 희망하는 공무원의 징계사유 확인 및 퇴직 제한 등(국가공무원법 제78조의4)

① 임용권자 또는 임용제청권자는 공무원이 퇴직을 희망하는 경우에는 제78조 제1항에 따른 징계사유가 있는지 및 **2. (2)**의 어느 하나에 해당하는지 여부를 감사원과 검찰·경찰 등 조사 및 수사기관(이하 이 조에서 '조사 및 수사기관'이라 한다)의 장에게 **확인하여야 한다**.

② 확인 결과 파면, 해임, 강등 또는 정직에 해당하는 징계사유가 있는 경우 소속 장관 등은 지체 없이 징계의결 등을 **요구하여야 한다**. 이 경우 임용권자는 해당 공무원에게 **직위를 부여하지 아니할 수 있다**.
③ 관할 징계위원회는 징계의결 등이 요구된 경우 다른 징계사건에 **우선하여 징계의결 등을 하여야 한다**.

4. 징계 및 징계부가금 부과 사유의 시효(국가공무원법 제83조의2)

징계의결 등의 요구는 징계 등 사유가 발생한 날부터 다음 각 호의 구분에 따른 기간이 지나면 하지 못한다.

1. 징계 등 사유가 다음 각 목의 어느 하나에 해당하는 경우: 10년
   가. 성매매알선 등 행위의 처벌에 관한 법률 제4조에 따른 금지행위
   나. 성폭력범죄의 처벌 등에 관한 특례법 제2조에 따른 성폭력범죄
   다. 아동·청소년의 성보호에 관한 법률 제2조 제2호에 따른 아동·청소년대상 성범죄
   라. 양성평등기본법 제3조 제2호에 따른 성희롱
2. 징계 등 사유가 제78조의2 제1항 각 호의 어느 하나에 해당하는 경우: 5년
3. 그 밖의 징계 등 사유에 해당하는 경우: 3년

5. 징계의 종류(국가공무원법 제79조)

징계는 파면·해임·강등·정직(停職)·감봉·견책(譴責)으로 구분한다.

경찰공무원징계령

제2조【정의】 이 영에서 사용하는 용어의 뜻은 다음과 같다.
1. "중징계"란 파면, 해임, 강등 및 정직을 말한다.
2. "경징계"란 감봉 및 견책을 말한다.

6. 징계의 효력(국가공무원법 제80조)

구분	내용		
국가 공무원법상의 징계	배제 징계	파면	1. 경찰공무원으로서 신분이 박탈되고 다시 경찰공무원으로 임용될 수 없다. 2. 파면된 자는 재직기간이 5년 이상인 경우에 퇴직급여의 2분의 1을, 재직기간이 5년 미만인 경우에는 퇴직급여의 4분의 1을 감액한다. 3. 재직기간에 관계없이 퇴직수당의 2분의 1을 감액한다. 4. 파면을 당한 자는 5년간 공무원에 임용될 수 없다.
		해임	1. 경찰공무원의 신분이 박탈되고 다시 경찰공무원으로 임용될 수 없다. 2. 원칙적으로 퇴직금은 전혀 제한을 받지 않고 전액을 지급한다. 3. 단, 금품 및 향응의 수수, 공금의 횡령·유용으로 해임된 때에는 재직기간이 5년 이상인 경우 퇴직급여는 그 금액의 4분의 1을, 재직기간이 5년 미만인 자의 퇴직급여는 그 금액의 8분의 1을 감액하여 지급한다. 4. 금품 및 향응의 수수, 공금의 횡령·유용으로 해임된 때에는 재직기간에 관계없이 퇴직수당은 4분의 1을 감액하여 지급한다. 5. 해임된 자는 3년간 공무원에 임용될 수 없다.

교정 징계	강등	1. 강등은 1계급 아래로 직급을 내리고(고위공무원단에 속하는 공무원은 3급으로 임용하고, 연구관 및 지도관은 연구사 및 지도사로 한다) 공무원신분은 보유하나 3개월간 직무에 종사하지 못하며 그 기간 중 보수는 전액을 감한다. 다만, 제4조 제2항에 따라 계급을 구분하지 아니하는 공무원과 임기제공무원에 대해서는 강등을 적용하지 아니한다. 2. 강등처분을 받은 경우 강등기간 이후 18개월 동안 승진 및 호봉승급이 제한된다. 3. 강등기간만큼 승진소요 최저근무연수 및 경력평정기간에서 제외된다. 4. 계급정년의 산정 (1) 강등된 계급의 계급정년은 강등되기 전 계급 중 가장 높은 계급의 계급정년으로 한다. (2) 계급정년을 산정할 때에는 강등되기 전 계급의 근무연수와 강등 이후의 근무연수를 합산한다.
	정직	1. 정직은 1개월 이상 3개월 이하의 기간으로 하고, 정직 처분을 받은 자는 그 기간 중 공무원의 신분은 보유하나 직무에 종사하지 못하며 보수는 전액을 감한다. 2. 정직기간 이후 18개월 동안은 승진과 호봉승급이 제한된다. 3. 정직기간만큼 승진소요 최저근무연수 및 경력평정기간에서 제외한다.
	감봉	1. 감봉은 1개월 이상 3개월 이하의 기간 동안 보수의 3분의 1을 감한다. 2. 감봉기간 이후 12개월간은 승진과 호봉승급이 제한된다. 3. 감봉기간만큼 승진소요 최저근무연수에서 제외되나 경력평정기간에는 산입한다.
	견책	1. 견책(譴責)은 전과(前過)에 대하여 훈계하고 회개하게 한다. 2. 6개월간 승진 및 호봉승급이 제한된다. 3. 견책기간만큼 승진소요 최저근무연수에서 제외되나 경력평정기간에는 산입한다.

징계의 효력에 대한 관련 규정

공무원연금법

제65조【형벌 등에 따른 급여의 제한】 ① 공무원이거나 공무원이었던 자가 다음 각 호의 어느 하나에 해당하는 경우에는 대통령령으로 정하는 바에 따라 퇴직급여 및 퇴직수당의 일부를 감액하여 지급한다. 이 경우 퇴직급여액은 이미 낸 기여금의 총액에 민법 제379조에 따른 이자를 가산한 금액 이하로 감액할 수 없다.

1. 재직 중의 사유로 금고 이상의 형이 확정된 경우(직무와 관련이 없는 과실로 인한 경우 및 소속상관의 정당한 직무상의 명령에 따르다가 과실로 인한 경우는 제외한다)
2. 탄핵 또는 징계에 의하여 파면된 경우
3. 금품 및 향응수수, 공금의 횡령·유용으로 징계 해임된 경우

공무원연금법 시행령

제61조【형벌 등에 따른 퇴직급여 및 퇴직수당의 감액】 ① 공무원 또는 공무원이었던 사람이 법 제64조 제1항 각 호의 어느 하나에 해당하게 되었을 때에는 다음 각 호의 구분에 따라 퇴직급여 및 퇴직수당을 감액한다. 이 경우 퇴직연금 또는 조기퇴직연금은 그 감액사유에 해당하게 된 날이 속하는 달까지는 감액하지 아니한다.

1. 법 제64조 제1항 제1호 및 제2호에 해당하는 사람
   가. 재직기간이 5년 미만인 사람의 퇴직급여: 그 금액의 4분의 1
   나. 재직기간이 5년 이상인 사람의 퇴직급여: 그 금액의 2분의 1
   다. 퇴직수당: 그 금액의 2분의 1

2. 법 제64조 제1항 제3호에 해당하는 사람
가. 재직기간이 5년 미만인 사람의 퇴직급여: 그 금액의 8분의 1
나. 재직기간이 5년 이상인 사람의 퇴직급여: 그 금액의 4분의 1
다. 퇴직수당: 그 금액의 4분의 1

해양경찰청 소속 경찰공무원 임용에 관한 규정

제54조 【승진임용의 제한】 ① 다음 각 호의 어느 하나에 해당하는 경찰공무원은 승진임용될 수 없다.

2. 징계처분의 집행이 끝난 날부터 다음 각 목의 구분에 따른 기간(제90조 제1항 각 호의 사유로 인한 징계처분 또는 적극행정 운영규정 제2조 제2호에 따른 소극행정으로 인한 징계처분의 경우에는 각각 6개월을 더한 기간)이 지나지 않은 사람
가. 강등 · 정직: 18개월
나. 감봉: 12개월
다. 견책: 6개월
3. 징계에 관하여 경찰공무원과 다른 법령을 적용받는 공무원으로 재직하다가 경찰공무원으로 임용된 사람으로서, 종전의 신분에서 징계처분을 받고 그 징계처분의 집행이 끝난 날부터 다음 각 목의 구분에 따른 기간이 지나지 않은 사람
가. 강등: 18개월
나. 근신 · 영창 또는 그 밖에 이와 유사한 징계처분: 6개월

7. 징계위원회의 종류 및 설치

경찰공무원법

제32조 【징계위원회】 ① 경무관 이상의 경찰공무원에 대한 징계의결은 국가공무원법에 따라 국무총리 소속으로 설치된 징계위원회에서 한다.
② 총경 이하의 경찰공무원에 대한 징계의결을 하기 위하여 대통령령으로 정하는 경찰기관 및 해양경찰관서에 경찰공무원 징계위원회를 둔다.
③ 경찰공무원 징계위원회의 구성 · 관할 · 운영, 징계의결의 요구 절차, 그 밖에 필요한 사항은 대통령령으로 정한다.

경찰공무원 징계령

제3조 【징계위원회의 종류 및 설치】 ① 경찰공무원 징계위원회는 경찰공무원 중앙징계위원회(이하 '중앙징계위원회'라 한다)와 경찰공무원 보통징계위원회(이하 '보통징계위원회'라 한다)로 구분한다.
② 중앙징계위원회는 경찰청 및 해양경찰청에 두고, 보통징계위원회는 경찰청, 해양경찰청, 시 · 도경찰청, 지방해양경찰청, 경찰대학, 경찰인재개발원, 중앙경찰학교, 경찰수사연수원, 해양경찰교육원, 경찰병원, 경찰서, 경찰기동대, 의무경찰대, 해양경찰서, 해양경찰정비창, 경비함정 및 경찰청장 또는 해양경찰청장이 지정하는 경감 이상의 경찰공무원을 장으로 하는 기관(이하 '경찰기관'이라 한다)에 둔다.

경찰공무원 징계령

제4조 【징계위원회의 관할】 ① 중앙징계위원회는 총경 및 경정에 대한 징계 또는 국가공무원법 제78조의2에 따른 징계부가금 부과(이하 '징계 등'이라 한다) 사건을 심의 · 의결한다.
② 보통징계위원회는 해당 징계위원회가 설치된 경찰기관 소속 경감 이하 경찰공무원에 대한 징계 등 사건을 심의 · 의결한다. 다만, 다음 각 호의 기관에 설치된 보통징계위원회는 각 호의 구분에 따른 경찰공무원에 대한 징계 등 사건을 심의 · 의결한다.

1. 경정 이상의 경찰공무원을 장으로 하는 경찰서, 경찰기동대 · 해양경찰서 등 총경 이상의 경찰공무원을 장으로 하는 경찰기관 및 정비창: 소속 경위 이하의 경찰공무원
2. 의무경찰대 및 경비함정 등 경찰청장 또는 해양경찰청장이 지정하는 경감 이상의 경찰공무원을 장으로 하는 경찰기관: 소속 경사 이하의 경찰공무원

③ 경찰청 및 해양경찰청에 설치된 보통징계위원회는 제2항에도 불구하고 경찰청장 또는 해양경찰청장이 징계 등 의결을 요구하는 경찰공무원에 대한 징계 등 사건을 심의 · 의결한다.
④ 제2항 단서 또는 제6조 제2항 단서에 따라 해당 보통징계위원회의 징계 관할에서 제외되는 경찰공무원의 징계 등 사건은 바로 위 상급 경찰기관에 설치된 보통징계위원회에서 심의 · 의결한다.

(1) 징계위원회의 종류(경찰공무원 징계령 제3조)

① 경찰공무원 징계위원회는 경찰공무원 중앙징계위원회(이하 '중앙징계위원회'라 한다)와 경찰공무원 보통징계위원회(이하 '보통징계위원회'라 한다)로 구분한다.

② 중앙징계위원회는 경찰청 및 해양경찰청에 두고, 보통징계위원회는 경찰청, 해양경찰청, 시 · 도경찰청, 지방해양경찰청, 경찰대학, 경찰인재개발원, 중앙경찰학교, 경찰수사연수원, 해양경찰교육원, 경찰병원, 경찰서, 경찰기동대, 의무경찰대, 해양경찰서, 해양경찰정비창, 경비함정 및 경찰청장 또는 해양경찰청장이 지정하는 경감 이상의 경찰공무원을 장으로 하는 기관(이하 '경찰기관'이라 한다)에 둔다.

<table>
<tr><th>구분</th><th>설치</th><th>관할</th><th>구성</th></tr>
<tr><td>국무총리소속
징계위원회</td><td>국무총리
소속으로
설치</td><td>경무관 이상</td><td>1. 위원장 1명을 포함하여 17명 이상 33명 이하의 공무원위원과 민간위원으로 구성한다.
2. 민간위원의 수는 위원장을 제외한 위원 수의 2분의 1 이상이어야 한다.</td></tr>
<tr><td>경찰공무원
중앙징계위원회</td><td>경찰청</td><td>총경, 경정</td><td rowspan="2">1. 각 징계위원회는 위원장 1명을 포함하여 11명 이상 51명 이하의 공무원위원과 민간위원으로 구성한다.
2. 징계위원회의 회의는 위원장과 징계위원회가 설치된 경찰기관의 장이 회의마다 지정하는 4명 이상 6명 이하의 위원으로 성별을 고려하여 구성하되, 민간위원의 수는 위원장을 포함한 위원 수의 2분의 1 이상이어야 한다.</td></tr>
<tr><td>경찰공무원
보통징계위원회</td><td>해양경찰청,
지방해양경찰청
및 해양경찰서를
비롯한 각급
경찰기관에 설치</td><td>경감 이하</td></tr>
</table>

(2) 징계위원회의 관할(경찰공무원징계령 제5조)

① 상위 계급과 하위 계급의 경찰공무원이 관련된 징계 등 사건은 상위 계급의 경찰공무원을 관할하는 징계위원회에서 심의 · 의결하고, 상급 경찰기관과 하급 경찰기관에 소속된 경찰공무원이 관련된 징계 등 사건은 상급 경찰기관에 설치된 징계위원회에서 심의 · 의결한다. 다만, 상위 계급의 경찰공무원이 감독상 과실책임만으로 관련된 경우에는 원칙규정에 따른 관할 징계위원회에서 각각 심의 · 의결할 수 있다.

② 소속이 다른 2명 이상의 경찰공무원이 관련된 징계 등 사건으로서 관할 징계위원회가 서로 다른 경우에는 모두를 관할하는 바로 위 상급 경찰기관에 설치된 징계위원회에서 심의 · 의결한다.

다음 각 호의 기관에 설치된 보통징계위원회는 각 호의 구분에 따른 경찰공무원에 대한 징계 등 사건을 심의 · 의결한다.

1. 경정 이상의 경찰공무원을 장으로 하는 경찰서, 경찰기동대 · 해양경찰서 등 총경 이상의 경찰공무원을 장으로 하는 경찰기관 및 정비창: 소속 경위 이하의 경찰공무원
2. 의무경찰대 및 경비함정 등 경찰청장 또는 해양경찰청장이 지정하는 경감 이상의 경찰공무원을 장으로 하는 경찰기관: 소속 경사 이하의 경찰공무원

(3) 징계위원회의 구성(경찰공무원 징계령 제6조)

① 각 징계위원회는 **위원장 1명을 포함하여 11명 이상 51명 이하의 공무원위원과 민간위원**으로 구성한다.

② **공무원 위원**: 징계위원회가 설치된 경찰기관의 장은 징계 등 심의 대상자보다 상위 계급인 **경위 이상**의 소속 경찰공무원 또는 상위 직급에 있는 **6급 이상**의 소속 공무원 중에서 징계위원회의 공무원 위원을 임명한다. 다만, 보통징계위원회의 경우 징계 등 심의 대상자보다 상위 계급인 경위 이상의 소속 경찰공무원 또는 상위 직급에 있는 6급 이상의 소속 공무원의 수가 제3항에 따른 민간위원을 제외한 위원 수에 미달되는 등의 사유로 보통징계위원회를 구성하는 것이 곤란한 경우에는 징계등 심의 대상자보다 상위 계급인 경사 이하의 소속 경찰공무원 또는 상위 직급에 있는 7급 이하의 소속 공무원 중에서 임명할 수 있으며, 이 경우에는 제4조 제2항에도 불구하고 3개월 이하의 감봉 또는 견책에 해당하는 징계등 사건만을 심의 · 의결한다.

③ **민간위원**

㉠ 징계위원회가 설치된 경찰기관의 장은 ①에 따른 위원 수의 **2분의 1 이상**을 다음 어느 하나에 해당하는 사람 중에서 성별을 고려하여 민간위원으로 **위촉해야 한다**.

1. 중앙징계위원회
   가. 법관 · 검사 또는 변호사로 10년 이상 근무한 사람
   나. 고등교육법 제2조에 따른 학교 또는 이에 준하는 교육기관(이하 '대학'이라 한다)에서 경찰 관련 학문을 담당하는 정교수 이상으로 재직 중인 사람
   다. 총경 또는 4급 이상의 공무원으로 근무하고 퇴직한 사람[퇴직 전 5년부터 퇴직할 때까지 근무했던 적이 있는 경찰기관(해당 경찰기관이 소속된 중앙행정기관 및 그 중앙행정기관의 다른 소속기관에서 근무했던 경우를 포함한다)의 경우에는 퇴직일부터 3년이 경과한 사람을 말한다]
   라. 민간부문에서 인사 · 감사 업무를 담당하는 임원급 또는 이에 상응하는 직위에 근무한 경력이 있는 사람
2. 보통징계위원회
   가. 법관 · 검사 또는 변호사로 5년 이상 근무한 사람
   나. 대학에서 경찰 관련 학문을 담당하는 부교수 이상으로 재직 중인 사람
   다. 공무원으로 20년 이상 근속하고 퇴직한 사람[퇴직 전 5년부터 퇴직할 때까지 근무했던 적이 있는 경찰기관(해당 경찰기관이 소속된 중앙행정기관 및 그 중앙행정기관의 다른 소속기관에서 근무했던 경우를 포함한다)의 경우에는 퇴직일부터 3년이 경과한 사람을 말한다]
   라. 민간부문에서 인사 · 감사 업무를 담당하는 임원급 또는 이에 상응하는 직위에 근무한 경력이 있는 사람

㉡ 민간위원의 임기는 **2년**으로 하며, **한 차례만 연임**할 수 있다.

④ **위원장**

징계위원회의 위원장은 위원 중 최상위 계급 또는 이에 상응하는 직급에 있거나 최상위 계급 또는 이에 상응하는 직급에 먼저 승진임용된 공무원이 된다.

(4) 징계위원회의 회의(경찰공무원 징계령 제7조)

① 징계위원회의 회의는 **위원장**과 징계위원회가 설치된 경찰기관의 장이 회의마다 지정하는 **4명 이상 6명 이하의 위원**으로 성별을 고려하여 구성하되, **민간위원의 수는 위원장을 포함한 위원 수의 2분의 1 이상**이어야 한다.

② 징계위원회의 위원장은 위원회의 사무를 총괄하며 위원회를 대표한다.

③ 징계위원회의 회의는 위원장이 소집한다.

④ **위원장은 표결권을 가진다.**

⑤ 위원장이 부득이한 사유로 직무를 수행할 수 없거나 위원장이 필요하다고 인정하는 경우에는 출석한 위원 중 최상위 계급 또는 이에 상응하는 직급에 있거나 최상위 계급 또는 이에 상응하는 직급에 먼저 승진임용된 공무원이 위원장이 된다.

8. 징계에 있어서 판단여지와 재량인정 여부

(1) 판단여지

공무원의 행위가 징계사유에 해당하는가에 대해서 소속 기관장에게 판단여지가 인정된다.

(2) 결정재량과 선택재량

징계의결요구에 있어서 선택재량은 인정되나 결정재량은 인정되지 않는다. 또한 징계권자가 징계권의 행사로서 한 징계처분이 사회통념상 현저하게 타당성을 잃은 경우 징계권자에게 맡겨진 재량권을 남용한 것으로 위법에 해당한다.

> **경찰공무원 징계령**
>
> **제9조** ④ 경찰기관의 장이 제1항과 제2항에 따라 징계등 의결 요구 또는 그 신청을 할 때에는 중징계 또는 경징계로 구분하여 요구하거나 신청하여야 한다. 다만, 감사원법 제32조 제1항 및 제10항에 따라 감사원장이 국가공무원법 제79조에 따른 징계의 종류를 구체적으로 지정하여 징계요구를 한 경우에는 그러하지 아니하다.

9. 징계의 절차

(1) 징계 등 의결의 요구(경찰공무원 징계령 제9조)

① 경찰기관의 장은 소속 경찰공무원이 다음 각 호의 어느 하나에 해당할 때에는 **지체 없이** 관할 징계위원회를 구성하여 징계 등 의결을 요구하여야 한다. 이 경우 경찰공무원 징계의결 또는 징계부가금 부과 의결 요구서와 확인서(이하 이 조에서 '징계의결서 등'이라 한다)를 관할 징계위원회에 제출하여야 한다. 징계 등 의결 요구 또는 그 신청은 징계 사유에 대한 충분한 조사를 한 후에 하여야 한다.

> 1. 이 법 및 이 법에 따른 명령을 위반한 경우
> 2. 직무상의 의무(다른 법령에서 공무원의 신분으로 인하여 부과된 의무를 포함한다)를 위반하거나 직무를 태만히 한 때
> 3. 직무의 내외를 불문하고 그 체면 또는 위신을 손상하는 행위를 한 때
> 4. 경찰공무원에 대한 징계 등 사건이 상급 경찰기관에 설치된 징계위원회의 관할에 속한 경우에는 그 상급 경찰기관의 장에게 징계의결서 등을 첨부하여 징계 등 의결의 요구를 신청하였을 때

② 경찰기관의 장은 그 소속 경찰공무원에 대한 징계 등 사건이 상급 경찰기관에 설치된 징계위원회의 관할에 속한 경우에는 그 상급 경찰기관의 장에게 징계의결서 등을 첨부하여 징계 등 의결의 요구를 신청하여야 한다.

③ 경찰기관의 장이 징계 등 의결 요구 또는 그 신청을 할 때에는 **중징계 또는 경징계로 구분하여 요구하거나 신청하여야 한다**. 다만, 감사원법 제32조 제1항 및 제10항에 따라 감사원장이 국가공무원법 제79조에 따른 징계의 종류를 구체적으로 지정하여 징계요구를 한 경우에는 그러하지 아니하다.

> **감사원법**
>
> **제32조 【징계 요구 등】** ① 감사원은 국가공무원법과 그 밖의 법령에 규정된 징계 사유에 해당하거나 정당한 사유 없이 이 법에 따른 감사를 거부하거나 자료의 제출을 게을리한 공무원에 대하여 그 소속 장관 또는 임용권자에게 징계를 요구할 수 있다.
> ⑩ 제1항 또는 제8항에 따라 징계 요구 또는 문책 요구를 할 때에는 그 종류를 지정할 수 있다. 문책의 종류는 징계의 종류에 준한다.
>
> **국가공무원법**
>
> **제79조 【징계의 종류】** 징계는 파면 · 해임 · 강등 · 정직(停職) · 감봉 · 견책(譴責)으로 구분한다.

④ 경찰기관의 장은 징계 등 의결을 요구할 때에는 경찰공무원 징계 의결 또는 징계부가금 부과 의결 요구서 사본을 징계 등 심의대상자에게 보내야 한다. 다만, 징계 등 심의대상자가 그 수령을 거부하는 경우에는 그러하지 아니하다

(2) 징계 등 사건의 통지(경찰공무원 징계령 제10조)

① 경찰기관의 장은 그 소속이 아닌 경찰공무원에게 징계 사유가 있다고 인정될 때에는 해당 경찰기관의 장에게 그 사실을 증명할 만한 충분한 사유를 명확히 밝혀 **통지하여야 한다**.

② 이때 징계 사유를 통지받은 경찰기관의 장은 타당한 이유가 없으면 **통지를 받은 날부터 30일 이내**에 관할 징계위원회에 징계 등 의결을 요구하거나 그 상급 경찰기관의 장에게 징계등 의결의 요구를 신청하여야 한다.

③ 그리고 징계 사유를 통지받은 경찰기관의 장은 해당 사건의 처리 결과를 징계 사유를 통지한 경찰기관의 장에게 **회답하여야 한다**.

(3) 징계 등 의결 기한(경찰공무원 징계령 제11조)

① 징계 등 의결 요구를 받은 징계위원회는 그 요구서를 받은 날부터 **30일 이내**에 징계 등에 관한 의결을 하여야 한다. 다만, 부득이한 사유가 있을 때에는 해당 징계 등 의결을 요구한 **경찰기관의 장의 승인**을 받아 **30일 이내의 범위에서 그 기간을 연장**할 수 있다.

② 징계 등 의결이 요구된 사건에 대한 징계 등 절차의 진행이 국가공무원법 제83조에 따라 중지되었을 때에는 그 중지된 기간은 징계 등 의결 기한에서 제외한다.

(4) 징계 등 심의 대상자의 출석(경찰공무원 징계령 제12조)

① 출석의 통지

징계위원회가 징계 등 심의대상자의 출석을 요구할 때에는 출석 통지서로 하되, 징계위원회 개최일 **5일 전**까지 그 징계 등 심의대상자에게 도달되도록 하여야 한다.

② 서면심사

징계위원회는 징계 등 심의대상자가 그 징계위원회에 출석하여 진술하기를 원하지 아니할 때에는 진술권 포기서를 제출하게 하여 이를 기록에 첨부하고 서면심사로 징계 등 의결을 할 수 있다.

③ **절차의 계속을 위한 조치**

㉠ 징계위원회는 출석 통지를 하였음에도 불구하고 징계 등 심의대상자가 정당한 사유 없이 출석하지 아니하였을 때에는 그 사실을 기록에 분명히 적고 서면심사로 징계 등 의결을 할 수 있다. 다만, 징계 등 심의대상자의 소재가 분명하지 아니할 때에는 출석 통지를 관보에 게재하고, 그 **게재일부터 10일**이 지나면 출석 통지가 송달된 것으로 보며, 징계 등 의결을 할 때에는 관보 게재의 사유와 그 사실을 기록에 분명히 적어야 한다.

㉡ 이때 징계위원회는 징계 등 심의대상자가 징계등 사건 또는 형사사건의 사실 조사를 기피할 목적으로 도피하였거나 출석 통지서의 수령을 거부하여 징계 등 심의대상자나 그 가족에게 직접 출석 통지서를 전달하는 것이 곤란하다고 인정될 때에는 징계 등 심의 대상자가 소속된 기관의 장에게 출석 통지서를 보내 이를 전달하게 하고, 전달이 불가능하거나 수령을 거부할 때에는 그 사실을 증명하는 서류를 첨부하여 보고하게 한 후 기록에 분명히 적고 서면심사로 징계 등 의결을 할 수 있다.

④ **서면진술**

징계위원회는 징계 등 심의대상자가 국외 체류 또는 국외 여행 중이거나 그 밖의 부득이한 사유로 징계 등 의결 요구서를 받은 날부터 상당한 기간 내에 출석할 수 없다고 인정될 때에는 적당한 기간을 정하여 서면으로 진술하게 하여 징계 등 의결을 할 수 있다. 이 경우 그 기간 내에 서면으로 진술하지 아니할 때에는 그 진술 없이 징계 등 의결을 할 수 있다.

(5) 심문과 진술권(경찰공무원 징계령 제13조)

① 징계위원회는 징계위원회에 출석한 징계 등 심의대상자에게 징계 사유에 해당하는 사실에 관한 심문을 하고 심사를 위하여 필요하다고 인정될 때에는 관계인을 출석하게 하여 심문할 수 있다.

② 징계위원회는 징계 등 심의대상자에게 진술할 수 있는 기회를 충분히 주어야 하며, 징계 등 심의대상자는 서면 또는 말로 자기에게 이익이 되는 사실을 진술하거나 증거를 제출할 수 있다.

③ 징계 등 심의대상자는 증인의 심문을 신청할 수 있다. 이 경우 징계위원회는 의결로써 그 채택 여부를 결정하여야 한다.

④ 징계 등 의결을 요구한 자 또는 징계 등 의결의 요구를 신청한 자는 필요하다고 인정할 때에는 징계위원회에 서면을 제출하거나 출석하여 의견을 진술할 수 있다.

⑤ 징계위원회는 필요하다고 인정할 때에는 사실 조사를 하거나 특별한 학식 · 경험이 있는 사람에게 검증 또는 감정을 의뢰할 수 있다.

10. 징계 등 의결

(1) 징계위원회의 의결(경찰공무원 징계령 제14조)

① 징계위원회의 의결은 위원장을 포함한 **위원 과반수(과반수가 3명 미만인 경우에는 3명 이상)의 출석과 출석위원 과반수의 찬성으로 의결**하되, 의견이 나뉘어 출석위원 과반수의 찬성을 얻지 못한 경우에는 출석위원 과반수가 될 때까지 징계 등 심의대상자에게 가장 불리한 의견을 제시한 위원의 수를 그 다음으로 불리한 의견을 제시한 위원의 수에 차례로 더하여 그 의견을 합의된 의견으로 본다.

② 또한 징계위원회의 의결은 징계 등 의결서로 하며, 의결서에는 다음 각 사항을 분명하게 적어야 한다.

> 1. 징계 등의 원인이 된 사실
> 2. 증거에 대한 판단
> 3. 관계 법령

③ 징계위원회의 **의결 내용은 공개하지 아니한다.**

(2) 위원의 제척, 기피 및 회피(경찰공무원 징계령 제15조)

① **위원의 제척**

징계위원회의 위원 중 징계 등 심의대상자의 친족이나 그 징계 사유와 관계가 있는 사람은 그 징계 등 사건의 심의에 관여하지 못한다.

② **위원의 기피**

㉠ 징계 등 심의대상자는 위원 중에서 불공정한 의결을 할 우려가 있다고 의심할만한 타당한 사유가 있을 때에는 그 사실을 서면으로 소명(疏明)하고 해당 위원의 기피를 신청할 수 있다.

㉡ 징계위원회는 징계 등 심의대상자의 기피 신청을 받았을 때에는 해당 징계 등 사건을 심의하기 전에 의결로써 해당 위원의 기피 여부를 결정하여야 한다. 이 경우 기피 신청을 받은 위원은 그 의결에 참여하지 못한다.

③ **위원의 회피**

징계위원회의 위원장 또는 위원은 위원의 제척이나 기피사유에 해당되면 스스로 해당 징계 등 사건의 심의·의결을 회피할 수 있다.

④ **위원의 보충임명**

㉠ 징계위원회는 위원의 제척, 기피 또는 회피로 인하여 징계위원회를 구성하지 못하게 되었을 때에는 해당 경찰기관의 장에게 위원의 보충 임명을 요청하여야 하며 해당 경찰기관의 장은 지체 없이 위원을 보충 임명하여야 한다.

㉡ 다만, 위원의 보충 임명이 곤란할 때에는 그 징계 등 의결의 요구를 철회하고, 그 상급 경찰기관의 장에게 징계 등 의결의 요구를 신청하여야 한다.

(3) 징계 등의 정도(경찰공무원 징계령 제16조)

징계위원회는 징계 등 사건을 의결할 때에는 **징계 등 심의대상자**의 평소 행실, 근무 성적, 공적(功績), 뉘우치는 정도와 **징계 등 의결을 요구한 자**의 의견을 **고려하여야 한다**.

> **해양경찰공무원 징계양정 등에 관한 규칙**
>
> **제4조【행위자의 징계양정 기준】** 징계요구권자 또는 징계위원회는 다음 각 호의 어느 하나에 해당하는 경우에는 징계책임을 감경하여 징계의결 등을 요구 또는 의결하거나 징계책임을 묻지 않을 수 있다.
> 1. 과실로 인하여 발생한 의무위반행위가 다른 법령에 의해 처벌사유가 되지 않고 비난가능성이 없는 때
> 2. 국가 또는 공공의 이익을 증진하기 위해 성실하고 능동적으로 업무를 처리하는 과정에서 부분적인 절차상 결함 또는 비효율, 손실 등의 잘못이 발생한 때
> 3. 의무위반행위의 발생을 방지하기 위해 최선을 다했으나 부득이한 사유로 결과가 발생하였을 때
> 4. 의무위반행위를 자진신고하거나 사후조치에 최선을 다하여 원상회복에 크게 기여한 때
> 5. 간첩 또는 사회이목을 집중시킨 중요사건의 범인을 검거한 공로가 있을 때
> 6. 제8조 제3항에 따른 감경 제외 대상이 아닌 의무위반행위 중 직무와 관련이 없는 사고로 인한 의무위반행위로서 사회 통념에 비추어 공무원의 품위를 손상하지 않았다고 인정되는 때
>
> **제4조의2【적극행정 등에 대한 징계면제】** ① 제4조에도 불구하고 징계위원회는 고의 또는 중과실에 의하지 않은 비위로서 다음 각 호의 어느 하나에 해당되는 경우에는 징계의결 등을 하지 않는다.
> 1. 국가적으로 이익이 되고 국민생활에 편익을 주는 정책 또는 소관 법령의 입법목적을 달성하기 위하여 필수적인 정책 등을 수립·집행하거나, 정책목표의 달성을 위하여 업무처리 절차·방식을 창의적으로 개선하는 등 성실하고 능동적으로 업무를 처리하는 과정에서 발생한 것으로 인정되는 경우
> 2. 국가의 이익이나 국민생활에 큰 피해가 예견되어 이를 방지하기 위하여 정책을 적극적으로 수립·집행하는 과정에서 발생한 것으로서 정책을 수립·집행할 당시의 여건 또는 그 밖의 사회통념에 비추어 적법하게 처리될 것이라고 기대하기가 극히 곤란했던 것으로 인정되는 경우

3. 불합리한 규제를 개선하거나 공익사업을 추진하는 등 공공의 이익을 증진하기 위하여 성실하고 능동적으로 업무를 처리하는 과정에서 발생한 것으로 인정되는 경우

② 징계위원회는 징계 등 혐의자가 다음 각 호의 사항에 모두 해당되는 경우에는 해당 비위가 고의 또는 중과실에 의하지 않은 것으로 추정한다.

1. 징계 등 혐의자와 비위 관련 직무 사이에 사적인 이해관계가 없을 것
2. 해당 직무를 처리하면서 중대한 절차상의 결함이 없을 것

③ 제1항 및 2항에도 불구하고 감사원이나 해양경찰청 감사담당관에 사전컨설팅을 신청하여 사전컨설팅 의견대로 업무를 처리한 경우에는 제1항과 제2항의 기준을 충족한 것으로 추정한다. 다만, 대상자와 대상 업무 사이에 사적인 이해관계가 있는 등 특별한 사유가 있어 징계면제를 하는 것이 부적절한 경우에는 예외로 한다. 등 특별한 사유가 있어 징계면제를 하는 것이 부적절한 경우에는 예외로 한다.

제5조【감독자의 징계양정 기준】 ② 징계요구권자 또는 징계위원회는 감독자가 다음 각 호의 어느 하나에 해당하는 경우에는 징계책임을 감경하여 징계의결 등을 요구 또는 의결하거나 징계책임을 묻지 않을 수 있다.

1. 부하직원의 의무위반행위를 사전에 발견하여 적법 타당하게 조치한 때
2. 부하직원의 의무위반행위가 감독자 또는 행위자의 비번일, 휴가기간, 교육기간 등에 발생하거나, 소관업무와 직접 관련 없는 등 감독자의 실질적 감독범위를 벗어났다고 인정된 때
3. 부임기간이 1개월 미만으로 부하직원에 대한 실질적인 감독이 곤란하다고 인정된 때
4. 교정이 불가능하다고 판단된 부하직원의 사유를 명시하여 인사상 조치(전출 등)를 보고하는 등 성실히 관리한 이후에 같은 부하직원이 의무위반행위를 일으켰을 때
5. 그 밖의 부하직원에 대하여 평소 철저한 교양감독 등 감독자로서의 임무를 성실히 수행했다고 인정된 때

11. 징계의 절차(경찰공무원법 제33조)

경찰공무원의 징계는 징계위원회의 의결을 거쳐 징계위원회가 설치된 소속 기관의 장이 하되, 국가공무원법에 따라 국무총리 소속으로 설치된 징계위원회에서 의결한 징계는 경찰청장 또는 해양경찰청장이 한다. **다만, 파면 · 해임 · 강등 및 정직은 징계위원회의 의결을 거쳐 해당 경찰공무원의 임용권자가 하되, 경무관 이상의 강등 및 정직과 경정 이상의 파면 및 해임은 경찰청장 또는 해양경찰청장의 제청으로 행정안전부장관 또는 해양수산부장관과 국무총리를 거쳐 대통령이 하고, 총경 및 경정의 강등 및 정직은 경찰청장 또는 해양경찰청장이 한다.**

12. 징계의 처분과 집행

(1) 징계 등 의결의 통지(경찰공무원 징계령 제17조)

징계위원회는 징계 등 의결을 하였을 때에는 **지체 없이** 징계 등 의결을 요구한 자에게 의결서 정본(正本)을 보내어 통지하여야 한다.

(2) 경징계 등의 집행(경찰공무원 징계령 제18조)

징계 등 의결을 요구한 자는 경징계의 징계 등 의결을 통지받았을 때에는 통지받은 날부터 15일 이내에 징계 등을 집행하여야 한다. 징계 등 의결을 집행할 때에는 의결서 사본에 징계 등 처분 사유 설명서를 첨부하여 징계 등 처분 대상자에게 보내야 한다.

(3) 중징계 등의 처분 제청과 집행(경찰공무원 징계령 제19조)

① 징계 등 의결을 요구한 자는 중징계의 징계 등 의결을 통지받았을 때에는 **지체 없이** 징계 등 처분 대상자의 임용권자에게 의결서 정본을 보내어 해당 징계 등 처분을 제청하여야 한다. 다만, **경무관 이상의 강등 및 정직, 경정 이상의 파면 및 해임 처분의 제청, 총경 및 경정의 강등 및 정직의 집행은 경찰청장 또는 해양경찰청장이 한다.**

② 중징계 처분의 제청을 받은 임용권자는 **15일 이내**에 의결서 사본과 징계 등 처분 사유 설명서를 첨부하여 징계등 처분 대상자에게 보내야 한다.

> **국가공무원법**
>
> **제75조【처분사유 설명서의 교부】** ① 공무원에 대하여 징계처분 등을 할 때나 강임·휴직·직위해제 또는 면직처분을 할 때에는 그 처분권자 또는 처분제청권자는 처분사유를 적은 설명서를 교부(交付)하여야 한다. 다만, 본인의 원(願)에 따른 강임·휴직 또는 면직처분은 그러하지 아니하다.
>
> ② 처분권자는 피해자가 요청하는 경우 성폭력범죄의 처벌 등에 관한 특례법 제2조에 따른 성폭력범죄 및 양성평등기본법 제3조 제2호에 따른 성희롱에 해당하는 사유로 처분사유 설명서를 교부할 때에는 그 징계처분결과를 피해자에게 함께 통보하여야 한다.

(4) 보고 및 통지(경찰공무원 징계령 제20조)

징계 등 의결을 요구한 경찰기관의 장은 경징계의 징계 등 의결을 집행하였을 때에는 지체 없이 그 결과에 의결서의 사본을 첨부하여 해당 임용권자에게 보고하고, 징계 등 처분을 받은 사람의 소속 경찰기관의 장에게 통지하여야 한다.

13. 재징계의결 등의 요구(국가공무원법 제78조의3)

(1) 처분권자(대통령이 처분권자인 경우에는 처분 제청권자)는 다음에 해당하는 사유로 소청심사위원회 또는 법원에서 징계처분 등의 무효 또는 취소(취소명령 포함)의 결정이나 판결을 받은 경우에는 다시 징계 의결 또는 징계부가금 부과 의결(이하 '징계의결 등'이라 한다)을 **요구하여야 한다.**

> 1. 법령의 적용, 증거 및 사실 조사에 명백한 흠이 있는 경우
> 2. 징계위원회의 구성 또는 징계의결 등, 그 밖에 절차상의 흠이 있는 경우
> 3. 징계양정 및 징계부가금이 과다(過多)한 경우

(2) 다만, 제3호의 사유로 무효 또는 취소(취소명령 포함)의 결정이나 판결을 받은 감봉·견책처분에 대하여는 징계의결을 **요구하지 아니할 수 있다.**

(3) 처분권자는 재징계의결 등을 요구하는 경우에는 소청심사위원회의 결정 또는 법원의 판결이 확정된 날부터 **3개월 이내**에 관할 징계위원회에 징계의결 등을 요구하여야 하며, 관할 징계위원회에서는 다른 징계사건에 우선하여 징계의결 등을 하여야 한다.

14. 감사원의 조사와의 관계 등(국가공무원법 제83조)

국가공무원법

제83조【감사원의 조사와의 관계 등】 ① 감사원에서 조사 중인 사건에 대하여는 제3항에 따른 조사개시 통보를 받은 날부터 징계 의결의 요구나 그 밖의 징계 절차를 진행하지 못한다.
② 검찰·경찰, 그 밖의 수사기관에서 수사 중인 사건에 대하여는 제3항에 따른 수사개시 통보를 받은 날부터 징계 의결의 요구나 그 밖의 징계 절차를 진행하지 아니할 수 있다.
③ 감사원과 검찰·경찰, 그 밖의 수사기관은 조사나 수사를 시작한 때와 이를 마친 때에는 10일 내에 소속 기관의 장에게 그 사실을 통보하여야 한다.

15. 불복절차

(1) 징계 등 의결요구자

국가공무원법

제82조【징계 등 절차】 ② 징계의결 등을 요구한 기관의 장은 징계위원회의 의결이 가볍다고 인정하면 그 처분을 하기 전에 직근 상급기관에 설치된 징계위원회(국무총리 소속으로 설치된 징계위원회의 의결에 대하여는 그 징계위원회)에 심사나 재심사를 청구할 수 있다. 이 경우 소속 공무원을 대리인으로 지정할 수 있다.

징계의결에 불복하는 경우에 징계 등 의결요구자는 그 처분을 하기 전에 직근 상급기관에 설치된 징계위원회에 심사 또는 재심사를 청구할 수 있다.

(2) 징계 등 의결대상자

국가공무원법

제75조【처분사유 설명서의 교부】 공무원에 대하여 징계처분 등을 할 때나 강임·휴직·직위해제 또는 면직처분을 할 때에는 그 처분권자 또는 처분제청권자는 처분사유를 적은 설명서를 교부(交付)하여야 한다. 다만, 본인의 원(願)에 따른 강임·휴직 또는 면직처분은 그러하지 아니하다.

국가공무원법

제76조【심사청구와 후임자 보충 발령】 ① 제75조에 따른 처분사유 설명서를 받은 공무원이 그 처분에 불복할 때에는 그 설명서를 받은 날부터, 공무원이 제75조에서 정한 처분 외에 본인의 의사에 반한 불리한 처분을 받았을 때에는 그 처분이 있은 것을 안 날부터 각각 30일 이내에 소청심사위원회에 이에 대한 심사를 청구할 수 있다. 이 경우 변호사를 대리인으로 선임할 수 있다.

① 징계 등 의결대상자는 징계처분사유설명서를 받은 날로부터 30일 이내(불리한 처분을 받았을 때에는 그 처분이 있는 것을 안 날로부터 30일 이내)에 인사혁신처에 설치되어 있는 소청심사위원회에 심사를 청구할 수 있다.
② 또한 소청심사위원회의 결정에 불복하는 경우 또는 소청제기 후 60일이 경과하여도 위원회의 결정이 없는 때에는 행정소송을 제기할 수 있다. 이 경우 피고는 경찰청장 또는 해양경찰청장이 되며, 임용권을 위임한 경우에는 그 위임을 받은 자를 피고로 한다.

16. 비밀누설 금지(경찰공무원 징계령 제21조)

징계위원회의 회의에 참석한 사람은 직무상 알게 된 비밀을 누설해서는 아니 된다.

09 불이익처분에 대한 구제

1. 소청

소청이란 공무원의 징계처분, 그 밖에 그 의사에 반하는 불리한 처분이나 부작위에 대한 구제절차로서 국가공무원법에서 규정하고 있는 특별행정심판절차이다.

(1) 소청심사위원회의 설치(국가공무원법 제9조)

① 행정기관 소속 공무원의 징계처분, 그 밖에 그 의사에 반하는 불리한 처분이나 부작위에 대한 소청을 심사·결정하게 하기 위하여 **인사혁신처**에 소청심사위원회를 둔다.

② 국회, 법원, 헌법재판소 및 선거관리위원회 소속 공무원의 소청에 관한 사항을 심사·결정하게 하기 위하여 국회사무처, 법원행정처, 헌법재판소사무처 및 중앙선거관리위원회사무처에 각각 해당 소청심사위원회를 둔다.

(2) 소청심사위원회의 구성(국가공무원법 제9조)

① 인사혁신처에 설치된 소청심사위원회는 **위원장 1명을 포함한 5명 이상 7명 이하의 상임위원과 상임위원 수의 2분의 1 이상인 비상임위원으로 구성**하되, **위원장은 정무직**으로 보한다.

② 국회사무처, 법원행정처, 헌법재판소사무처 및 중앙선거관리위원회사무처에 설치된 소청심사위원회는 위원장 1명을 포함한 위원 5명 이상 7명 이하의 비상임위원으로 구성한다.

③ 소청심사위원회의 조직에 관하여 필요한 사항은 대통령령 등으로 정한다.

(3) 소청심사위원회 위원의 자격과 임명(국가공무원법 제10조)

① 위원의 자격 및 임명절차

㉠ 소청심사위원회의 위원(위원장을 포함)은 다음의 어느 하나에 해당하고 인사행정에 관한 식견이 풍부한 자 중에서 국회사무총장, 법원행정처장, 헌법재판소사무처장, 중앙선거관리위원회사무총장 또는 **인사혁신처장의 제청**으로 국회의장, 대법원장, 헌법재판소장, 중앙선거관리위원회 위원장 또는 **대통령이 임명**한다.

㉡ 인사혁신처장이 위원을 임명제청하는 때에는 국무총리를 거쳐야 하고, 인사혁신처에 설치된 소청심사위원회의 위원 중 비상임위원은 제1호 및 제2호의 어느 하나에 해당하는 자 중에서 임명하여야 한다.

> 1. 법관·검사 또는 변호사의 직에 5년 이상 근무한 자
> 2. 대학에서 행정학·정치학 또는 법률학을 담당한 부교수 이상의 직에 5년 이상 근무한 자
> 3. 3급 이상 공무원 또는 고위공무원단에 속하는 공무원으로 3년 이상 근무한 자

② 위원의 임기

소청심사위원회의 상임위원의 임기는 **3년**으로 하며, **한 번만 연임**할 수 있다. 소청심사위원회의 상임위원은 다른 직무를 겸할 수 없다. 소청심사위원회의 공무원이 아닌 위원은 형법이나 그 밖의 법률에 따른 벌칙을 적용할 때 공무원으로 본다.

③ 위원의 결격사유(국가공무원법 제10조의2)

㉠ 다음의 어느 하나에 해당하는 자는 소청심사위원회의 위원이 될 수 없다.

> 1. 국가공무원법상의 결격사유에 해당하는 자
> 2. 정당법에 따른 정당의 당원
> 3. 공직선거법에 따라 실시하는 선거에 후보자로 등록한 자

㉡ 소청심사위원회 위원이 결격사유의 어느 하나에 해당하게 된 때에는 당연히 퇴직한다.

④ **위원의 신분 보장(국가공무원법 제11조)**

소청심사위원회의 위원은 **금고 이상**의 형벌이나 장기의 심신 쇠약으로 직무를 수행할 수 없게 된 경우 외에는 본인의 의사에 반하여 면직되지 아니한다.

(4) 위원의 제척, 기피, 회피(국가공무원법 제14조)

① **위원의 제척**

소청심사위원회의 위원은 그 위원회에 계류(繫留)된 소청 사건의 증인이 될 수 없으며, 다음 각 호의 사항에 관한 소청 사건의 심사·결정에서 제척된다.

> 1. 위원 본인과 관계있는 사항
> 2. 위원 본인과 친족 관계에 있거나 친족 관계에 있었던 자와 관계있는 사항

② **위원의 기피**

소청 사건의 당사자는 다음 각 호의 어느 하나에 해당하는 때에는 그 이유를 구체적으로 밝혀 그 위원에 대한 기피를 신청할 수 있고, 소청심사위원회는 해당 위원의 기피 여부를 결정하여야 한다. 이 경우 기피신청을 받은 위원은 그 기피 여부에 대한 결정에 참여할 수 없다.

> 1. 소청심사위원회의 위원에게 제3항에 따른 제척사유가 있는 경우
> 2. 심사·결정의 공정을 기대하기 어려운 사정이 있는 경우

③ 소청심사위원회 위원은 기피사유에 해당하는 때에는 스스로 그 사건의 심사·결정에서 회피할 수 있다.

(5) 임시위원의 임명(국가공무원법 제14조의2)

소청심사위원회 위원의 제척·기피 또는 회피 등으로 심사·결정에 참여할 수 있는 위원 수가 **3명 미만**이 된 경우에는 3명이 될 때까지 국회사무총장, 법원행정처장, 헌법재판소사무처장, 중앙선거관리위원회사무총장 또는 **인사혁신처장은 임시위원을 임명**하여 해당 사건의 심사·결정에 참여하도록 하여야 한다.

(6) 소청심사의 청구

> **국가공무원법**
>
> **제75조【처분사유 설명서의 교부】** ① 공무원에 대하여 징계처분 등을 할 때나 강임·휴직·직위해제 또는 면직처분을 할 때에는 그 처분권자 또는 처분제청권자는 처분사유를 적은 설명서를 교부(交付)하여야 한다. 다만, 본인의 원(願)에 따른 강임·휴직 또는 면직처분은 그러하지 아니하다.
>
> **제76조【심사청구와 후임자 보충 발령】** ① 제75조에 따른 처분사유 설명서를 받은 공무원이 그 처분에 불복할 때에는 그 설명서를 받은 날부터, 공무원이 제75조에서 정한 처분 외에 본인의 의사에 반한 불리한 처분을 받았을 때에는 그 처분이 있은 것을 안 날부터 각각 30일 이내에 소청심사위원회에 이에 대한 심사를 청구할 수 있다. 이 경우 변호사를 대리인으로 선임할 수 있다.

징계처분 등, 강임·휴직·직위해제 또는 면직처분에 따른 처분사유 설명서를 받은 공무원이 그 처분에 불복할 때에는 그 설명서를 받은 날부터, 공무원이 본인의 의사에 반한 불리한 처분을 받았을 때에는 그 처분이 있은 것을 안 날부터 각각 30일 이내에 소청심사위원회에 이에 대한 심사를 청구할 수 있다.

(7) 소청심사위원회의 심사(국가공무원법 제12조)

① 소청심사위원회는 소청을 접수하면 지체 없이 심사하여야 한다. 소청심사위원회는 심사를 할 때 필요하면 검증(檢證)·감정(鑑定), 그 밖의 사실조사를 하거나 증인을 소환하여 질문하거나 관계 서류를 제출하도록 명할 수 있다.

② 소청심사위원회가 소청 사건을 심사하기 위하여 징계 요구 기관이나 관계 기관의 소속 공무원을 증인으로 소환하면 해당 기관의 장은 이에 따라야 한다.

③ 소청심사위원회는 필요하다고 인정하면 소속 직원에게 사실조사를 하게 하거나 특별한 학식·경험이 있는 자에게 검증이나 감정을 의뢰할 수 있다.

④ 소청심사위원회가 증인을 소환하여 질문할 때에는 대통령령 등으로 정하는 바에 따라 일당과 여비를 지급하여야 한다.

(8) 소청인의 진술권(국가공무원법 제13조)

소청심사위원회가 소청 사건을 심사할 때에는 대통령령 등으로 정하는 바에 따라 소청인 또는 대리인에게 진술 기회를 주어야 한다. 진술 기회를 주지 아니한 결정은 무효로 한다.

(9) 소청심사위원회의 결정(국가공무원법 제14조)

국가공무원법

제76조【심사청구와 후임자 보충 발령】 ⑤ 소청심사위원회는 제3항에 따른 임시결정을 한 경우 외에는 소청심사청구를 접수한 날부터 60일 이내에 이에 대한 결정을 하여야 한다. 다만, 불가피하다고 인정되면 소청심사위원회의 의결로 30일을 연장할 수 있다.

제14조【소청심사위원회의 결정】 ① 소청 사건의 결정은 재적 위원 3분의 2 이상의 출석과 출석 위원 과반수의 합의에 따르되, 의견이 나뉘어 출석 위원 과반수의 합의에 이르지 못하였을 때에는 과반수에 이를 때까지 소청인에게 가장 불리한 의견에 차례로 유리한 의견을 더하여 그중 가장 유리한 의견을 합의된 의견으로 본다.

② 제1항에도 불구하고 파면·해임·강등 또는 정직에 해당하는 징계처분을 취소 또는 변경하려는 경우와 효력 유무 또는 존재 여부에 대한 확인을 하려는 경우에는 재적 위원 3분의 2 이상의 출석과 출석 위원 3분의 2 이상의 합의가 있어야 한다. 이 경우 구체적인 결정의 내용은 출석 위원 과반수의 합의에 따르되, 의견이 나뉘어 출석 위원 과반수의 합의에 이르지 못하였을 때에는 과반수에 이를 때까지 소청인에게 가장 불리한 의견에 차례로 유리한 의견을 더하여 그중 가장 유리한 의견을 합의된 의견으로 본다.

① 결정의 구분

구분	내용
각하	심사 청구가 이 법이나 다른 법률에 적합하지 아니한 경우
기각	심사 청구가 이유 없다고 인정되는 경우
처분을 취소 또는 변경하거나 처분 행정관청에 취소 또는 변경할 것을 명함	처분의 취소 또는 변경을 구하는 심사 청구가 이유 있다고 인정되는 경우
처분의 효력 유무 또는 존재 여부를 확인	처분의 효력 유무 또는 존재 여부에 대한 확인을 구하는 심사 청구가 이유 있다고 인정되는 경우
청구에 따른 처분을 하거나 이를 할 것을 명함	위법 또는 부당한 거부처분이나 부작위에 대하여 의무 이행을 구하는 심사 청구가 이유 있다고 인정되는 경우

② **결정의 효력**

소청심사위원회의 결정은 **처분 행정청을 기속(羈束)**한다.

③ **집행부정지의 원칙**

소청심사위원회의 취소명령 또는 변경명령 결정은 그에 따른 징계나 그 밖의 처분이 있을 때까지는 종전에 행한 징계처분 또는 제78조의2에 따른 징계부가금(이하 '징계부가금'이라 한다) 부과처분에 **영향을 미치지 아니한다.**

④ **불이익변경 금지의 원칙**

소청심사위원회가 징계처분 또는 징계부가금 부과처분(이하 '징계처분 등'이라 한다)을 받은 자의 청구에 따라 소청을 심사할 경우에는 원징계처분보다 무거운 징계 또는 원징계부가금 부과처분보다 **무거운 징계부가금을 부과하는 결정을 하지 못한다.**

⑤ **결정의 형식**

소청심사위원회의 결정은 그 이유를 구체적으로 밝힌 결정서로 하여야 한다.

⑥ **기타**

소청의 제기·심리 및 결정, 그 밖에 소청 절차에 필요한 사항은 대통령령 등으로 정한다.

(10) 행정소송과의 관계(국가공무원법 제16조)

① 공무원에 대하여 징계처분 등을 할 때나 강임·휴직·직위해제 또는 면직처분, 그 밖에 본인의 의사에 반한 불리한 처분이나 부작위(不作爲)에 관한 **행정소송은 소청심사위원회의 심사·결정을 거치지 아니하면 제기할 수 없다.**

② 행정소송을 제기할 때에는 대통령의 처분 또는 부작위의 경우에는 소속 장관(대통령령으로 정하는 기관의 장을 포함한다. 이하 같다)을, 중앙선거관리위원회위원장의 처분 또는 부작위의 경우에는 중앙선거관리위원회사무총장을 각각 피고로 한다.

(11) 재심청구

감사원이 파면을 요구한 사안에 대하여 파면의결이 되지 아니한 경우 감사원은 **1월 이내**에 재심을 요구할 수 있다.

감사원법

제32조【징계 요구 등】 ① 감사원은 국가공무원법과 그 밖의 법령에 규정된 징계 사유에 해당하거나 정당한 사유 없이 이 법에 따른 감사를 거부하거나 자료의 제출을 게을리한 공무원에 대하여 그 소속 장관 또는 임용권자에게 징계를 요구할 수 있다.

③ 감사원은 제1항에 따라 파면 요구를 한 사항이 파면 의결이 되지 아니한 경우에는 제2항의 통보를 받은 날부터 1개월 이내에 해당 징계위원회 등이 설치된 기관의 바로 위 상급기관에 설치된 징계위원회 등(바로 위 상급기관에 설치된 징계위원회 등이 없는 경우에는 해당 징계위원회 등)에 직접 그 심의 또는 재심의를 요구할 수 있다.

④ 제3항의 심의 또는 재심의 요구를 받은 해당 징계위원회 등은 그 요구를 받은 날부터 1개월 이내에 심의 또는 재심의 의결을 하고 그 결과를 지체 없이 해당 징계위원회 등의 위원장이 감사원에 통보하여야 한다.

⑤ 감사원으로부터 제1항에 따른 파면 요구를 받아 집행한 파면에 대한 소청(訴請) 제기로 소청심사위원회 등에서 심사 결정을 한 경우에는 해당 소청심사위원회의 위원장 등은 그 결정 결과를 그 결정이 있은 날부터 15일 이내에 감사원에 통보하여야 한다.

⑥ 감사원은 제5항의 통보를 받은 날부터 1개월 이내에 그 소청심사위원회 등이 설치된 기관의 장을 거쳐 소청심사위원회 등에 그 재심을 요구할 수 있다.

2. 행정소송

공무원이 징계 등 처분으로 인해 권리를 침해당할 경우 이를 행정소송으로 다툴 수 있음은 물론이다. 그러나 이 경우 소청절차를 거치지 아니하면 행정소송을 제기할 수 없다.

(1) 제소기간

소청을 제기한 자는 소청심사위원회의 결정에 불복이 있을 때에는 결정서의 정본을 송달받은 날로부터 90일 이내에, 위원회가 60일이 지나도 결정을 하지 않을 때에는 징계처분사유설명서를 받은 날로부터 90일 이내에 행정소송을 제기할 수 있다.

(2) 당사자

행정소송의 피고는 경찰청장이 되는 것이 원칙이나, 임용권을 위임한 경우에는 그 위임을 받은 자를 피고로 한다.

(3) 원처분주의

행정소송법의 원칙상 원처분주의가 적용되므로 소청심사위원회의 재결이 아닌 징계권자의 징계처분(원처분)을 소송으로 다투어야 한다.

3. 고충심사(경찰공무원법 제25조)

경찰공무원의 인사상담 및 고충을 심사하기 위하여 경찰청, 해양경찰청, 시·도경찰청, 대통령령으로 정하는 경찰기관 및 지방해양경찰관서에 경찰공무원 고충심사위원회를 둔다. 이는 공무원의 **근로3권의 제약에 대한 보완을 위한 제도로 옴부즈만(Ombudsman)의 성격**을 가진다.

(1) 고충심사의 대상(국가공무원법 제76조의2)

공무원은 인사·조직·처우 등 각종 직무 조건과 그 밖에 신상 문제와 관련한 고충에 대하여 상담을 신청하거나 심사를 청구할 수 있으며, 누구나 기관 내 성폭력 범죄 또는 성희롱 발생 사실을 알게 된 경우 이를 신고할 수 있다. 이 경우 상담 신청이나 심사 청구 또는 신고를 이유로 불이익한 처분이나 대우를 받지 아니한다.

(2) 고충심사위원회의 구성

경찰공무원법

제25조【고충심사위원회】 ① 경찰공무원의 인사상담 및 고충을 심사하기 위하여 경찰청, 해양경찰청, 시·도경찰청, 대통령령으로 정하는 경찰기관 및 지방해양경찰관서에 경찰공무원 고충심사위원회를 둔다.

② 경찰공무원 고충심사위원회의 심사를 거친 재심청구와 경정 이상의 경찰공무원의 인사상담 및 고충심사는 국가공무원법에 따라 설치된 중앙고충심사위원회에서 한다.

③ 경찰공무원 고충심사위원회의 구성, 심사 절차 및 운영에 필요한 사항은 대통령령으로 정한다.

공무원고충처리규정

제3조의2【경찰공무원고충심사위원회】 ① 경찰공무원법 제25조 제1항에서 "대통령령이 정하는 경찰기관"이라 함은 경찰대학·경찰인재개발원·중앙경찰학교·경찰수사연수원·경찰서·경찰기동대·경비함정 기타 경감 이상의 경찰공무원을 장으로 하는 기관 중 행정안전부장관 또는 해양수산부장관이 지정하는 경찰기관을 말한다.

② 경찰공무원고충심사위원회는 위원장 1인을 포함한 5인 이상 7인 이하의 위원으로 구성하되, 위원장과 위원은 청구인보다 상위계급의 소속 경찰공무원 중에서 설치기관의 장이 임명한다.

(3) 절차

① **청구기간**

고충심사의 경우 그 처리 결과에 법적 구속력이 없으므로 **특별한 제한이 없다.**

② **심사**

고충심사위원회는 고심심사청구서를 접수한 날로부터 **30일 이내(30일 연장 가능)**에 고충심사에 대한 결정을 하여야 한다. 고충심사위원회는 고충심사청구에 대하여 결정이 나면 결정서를 작성하여 지체없이 이를 설치기관의 장에게 송부하여야 한다.

> **공무원고충처리규정**
>
> **제7조【고충심사절차】** ① 고충심사위원회가 청구서를 접수한 때에는 30일 이내에 고충심사에 대한 결정을 하여야 한다. 다만, 부득이하다고 인정되는 경우에는 설치기관의 장의 승인을 얻어 30일을 연장할 수 있다.

③ **심사결과의 처리**

고충심사위원회의 처리 결과에는 강제성(기속력)이 없다. 그러므로 고충심사의 결정에 불복하여 행정소송을 제기할 수 없다.

제4절 해양경찰작용법

01 서설

1. 해양경찰작용법의 의의

(1) 해양경찰작용법은 해양경찰행정의 내용을 규율하는 법규로서 해양경찰행정상 법률관계의 발생, 변경, 소멸에 관련된 모든 법규를 말한다.

(2) 해양경찰작용은 국민의 자유와 권리에 제한을 가하는 작용에 해당하므로 해양경찰작용의 근거, 요건, 한계 등에 관하여 가능한 한 개별적·구체적으로 규정하여야 할 필요가 있다.

(3) 그러나 해양경찰작용은 긴급한 위험방지를 임무로 할 뿐만 아니라, 위험상황이 다양한 형태로 나타나기 때문에 입법기관이 미리 모든 해양경찰권의 발동사태를 상정해서 그 요건을 법률에 규정하는 것이 현실적으로나 입법기술상 매우 어렵다.

2. 해양경찰작용의 근거

(1) 현행법상 해양경찰작용에 관한 법으로는 즉시강제의 기본법이라고 할 수 있는 경찰관 직무집행법이나 해양경비법 외에 다수의 개별법(각론)이 존재한다.

(2) 또한 경찰관직무집행법이나 해양경비법 외의 각 개별법도 개별목적의 입법에 의하여 존재하므로 경찰작용법 전체가 통일성을 가지지 못한다는 한계가 있다.

3. 일반적 수권조항에 대한 논의

(1) 개념

법률에 의한 개별적 수권 없이 해양경찰권의 발동을 포괄적으로 수권하는 규정을 일반적 수권조항(개괄적, 포괄적 수권조항)이라고 한다. 이러한 일반적 수권조항은 입법자가 예상할 수 없는 긴급상황이 발생하는 경우와 미리 규정된 개별적인 수권규정에 근거한 해양경찰권의 발동으로도 해양경찰위반의 상태가 해결되지 못하는 경우에 대비하기 위해 그 필요성이 인정된다.

수상레저안전법

제13조 【조종면허의 취소 · 정지】 ① 해양경찰청장은 조종면허를 받은 자가 다음 각 호의 어느 하나에 해당하는 경우에는 해양수산부령으로 정하는 바에 따라 조종면허를 취소하거나 1년의 범위에서 그 조종면허의 효력을 정지할 수 있다. 다만, 제1호 · 제2호 또는 제4호에 해당하면 조종면허를 취소하여야 한다.

1. 거짓이나 그 밖의 부정한 방법으로 조종면허를 받은 경우
2. 조종면허 효력정지 기간에 조종을 한 경우
3. 조종면허를 받은 자가 동력수상레저기구를 이용하여 살인 또는 강도 등 해양수산부령으로 정하는 범죄행위를 한 경우
4. 제22조 제1항 또는 제2항을 위반하여 술에 취한 상태에서 조종을 하거나 술에 취한 상태라고 인정할 만한 상당한 이유가 있음에도 불구하고 관계 공무원의 측정에 따르지 아니한 경우
5. 삭제 <2011.6.15.>
6. 조종 중 고의 또는 과실로 사람을 사상하거나 다른 사람의 재산에 중대한 손해를 입힌 경우
7. 면허증을 다른 사람에게 빌려주어 조종하게 한 경우
8. 제23조를 위반하여 약물의 영향으로 인하여 정상적으로 조종하지 못할 염려가 있는 상태에서 동력수상레저기구를 조종한 경우
9. 그 밖에 이 법 또는 이 법에 따른 수상레저활동의 안전과 질서 유지를 위한 명령을 위반한 경우

② 제1항에 따라 조종면허가 취소된 자는 조종면허가 취소된 날부터 7일 이내에 해양경찰청장에게 면허증을 반납하여야 한다.

경찰관직무집행법

제2조 【직무의 범위】 경찰관은 다음 각 호의 직무를 수행한다.

1. 국민의 생명 · 신체 및 재산의 보호
2. 범죄의 예방 · 진압 및 수사

2의2. 범죄피해자 보호

3. 경비, 주요 인사(人士) 경호 및 대간첩 · 대테러 작전 수행
4. 치안정보의 수집 · 작성 및 배포
5. 교통 단속과 교통 위해(危害)의 방지
6. 외국 정부기관 및 국제기구와의 국제협력
7. 그 밖에 공공의 안녕과 질서 유지

해양경비법

제7조 【해양경비 활동의 범위】 해양경찰청 소속 경찰공무원(이하 '해양경찰관'이라 한다)은 다음 각 호의 어느 하나에 해당하는 해양경비 활동을 수행한다.

1. 해양 관련 범죄에 대한 예방
2. 해양오염 방제 및 해양수산자원 보호에 관한 조치
3. 해상경호, 대(對)테러 및 대간첩작전 수행

4. 해양시설의 보호에 관한 조치
5. 해상항행 보호에 관한 조치
6. 그 밖에 경비수역에서 해양경비를 위한 공공의 안녕과 질서유지

(2) 일반적 수권조항에 대한 견해

① 긍정설

㉠ 해양경찰권의 성질상 입법기관이 미리 해양경찰권의 발동사태를 상정해서 모든 요건을 법률에 규정하는 것은 **불가능**하기 때문에 일반적 수권조항이 필요하다고 본다. 일반적 수권조항을 긍정하는 견해에 의하면 일반적 수권조항에 근거하여 해양경찰권을 발동하더라도 일반조항은 개별적 규정이 없는 때에 한하여 **보충적**으로 적용되므로 해양경찰권의 발동으로 인한 국민의 기본권 침해를 최소화할 수 있다고 본다.

㉡ 또한 일반적 수권조항에 존재하는 불확정개념은 **학설·판례 등을 통하여 특정**할 수 있으며, 이에 근거한 해양경찰권의 발동도 조리를 통해 발동의 **한계를 설정(사법심사 가능)**할 수 있다고 주장한다.

② 부정설

㉠ 국민의 기본권 침해의 최소화를 위하여 해양경찰권의 발동에는 반드시 개별적·구체적인 법적 근거가 있어야 하며, 이 경우의 법률은 당연히 해양경찰작용의 근거로서의 개별적인 해양경찰작용법이어야 하고, 포괄적·일반적 수권법은 허용되지 아니한다고 본다.

02 해양경찰권발동의 한계

1. 법률상의 한계

해양경찰권의 발동은 반드시 엄격한 법적 근거를 요하며, 이러한 엄격한 근거에 기초하여 발동된 해양경찰권도 그 한계를 규정한 법의 테두리 내에서만 발동되어야 한다.
오늘날의 해양경찰활동 중에는 개인의 권리 또는 자유에 대한 침해 없이 해양경찰의 임무에 관한 일반조항의 범위 내에서 가능한 임의적 활동이 증가하고 있다.

2. 조리상의 한계

(1) 해양경찰소극목적의 원칙

해양경찰권은 공공의 안녕과 질서 유지라는 **소극목적을 위해서만 발동**될 수 있는 것이므로 적극적인 공공복리의 증진을 위해서는 해양경찰권의 발동이 허용되지 않는다는 원칙이다. 이러한 해양경찰소극목적의 원칙은 실질적 의미의 해양경찰개념을 기초로 하여 도출된 것이라고 할 수 있다.

(2) 해양경찰공공의 원칙(사생활 자유의 원칙)

① 의의

㉠ 해양경찰작용은 국민의 자유와 권리를 제한하고 의무를 부과하는 등 전형적인 침해적 행정작용이므로 해양경찰권 발동에는 한계가 있다. 특히 해양경찰은 **사회공공의 안녕과 질서 유지에 관련이 없는 개인의 사생활 관계에 대해서 해양경찰권을 발동해서는 안 된다.**

㉡ 개인행동의 영향이 단지 그 사람의 일신에 그치고 사회공공의 안녕·질서유지에 관계가 없는 것에 대해서는 해양경찰권을 발동하여 함부로 이에 관여하는 것은 허용되지 않는다. 따라서 민사상 법률관계의 형성·유지는 사법권의 작용영역으로서 원칙적으로 해양경찰권의 행사대상이

아니다. 하지만 민사상 법률관계라 할지라도 **예외적으로 해양경찰의 개입이 허용**되는 경우가 있다.

② **사생활불가침의 원칙**

구분	내용
의의	해양경찰은 원칙적으로 사회공공의 생활관계를 그 대상으로 하는 것이기 때문에, 사회공공의 생활과 직접 관계되지 아니하는 사생활은 해양경찰의 대상에서 제외된다는 원칙이다.
사생활의 범위	사생활의 범위는 보통 그 생활관계가 특정인 등의 생활범위에 한정되는 생활행동을 말한다.
예외	미성년자의 음주 · 흡연, 음주로 인하여 자기 또는 타인의 생명 · 신체 · 재산에 위해를 미칠 우려가 있는 자, 전염병의 전염 등 공공의 안녕질서에 직접적인 관계가 있는 경우 예외적으로 해양경찰권발동의 대상이 될 수 있다.

③ **사주소 불가침의 원칙**

해양경찰은 공공의 안녕과 질서유지를 목적으로 하는 작용이므로 공공의 안녕과 질서유지에 직접적인 관련이 없는 가택의 내부나, 특별한 관리권에 의하여 내부의 질서가 유지되는 생활범위 내에서는 해양경찰권을 행사할 수 없다는 원칙이다.

④ **민사관계불간섭의 원칙**

단순한 민사상의 관계에 대해서는 사적 자치가 인정되므로 해양경찰권이 발동될 수 없다는 원칙이다. 그러나 민사상의 관계라고 하더라도 그 내용이 사회공공의 안녕과 질서에 영향을 미치는 경우에는 해양경찰권발동의 대상이 된다(경범죄 처벌법상 암표매매 등).

⑤ **사경제자유의 원칙**

㉠ 현행제도가 사유재산과 계약자유의 원칙을 인정하고 있으므로 사유재산의 거래도 개인의 자유의 영역에 해당한다. 그러므로 해양경찰은 원칙적으로 개인의 사유재산 거래에 관여할 수 없다.

㉡ 그러나 암표의 매매나 총포 · 도검류의 매매 등과 같이 사경제작용이라고 하더라도 공공의 안녕과 질서유지에 관련이 있는 경우에는 해양경찰권의 발동이 허용된다.

(3) 해양경찰책임의 원칙

① **의의**

해양경찰책임의 원칙이라 함은 해양경찰권은 원칙적으로 해양경찰위반의 행위 또는 상태의 발생, 발생위험에 대하여 **직접 책임을 질 자(해양경찰책임자)에 대해서만 발동**할 수 있고, 그 밖의 제3자(해양경찰비책임자)에 대하여는 발동할 수 없다는 원칙이다.

② **특성**

㉠ 해양경찰책임은 공공의 안녕과 질서에 대한 **객관적인 위험상황의 존재만으로 인정**된다. 다시 말해 공공의 안녕과 질서에 대한 위험이라는 객관적 · 외형적 상태로 판단할 뿐 그 위해의 발생에 대한 고의 · 과실과 같은 주관적 요건의 유무, 구체적 가벌성, 행위자의 국적, 행위자의 행위능력 · 불법행위능력 · 형사책임능력, 정당한 권원의 유무, 위법성에 대한 인식, 위험에 대한 인식 등을 요하지 않는다.

㉡ 해양경찰책임자를 결정하는 생활범위는 객관적인 사실상의 질서에 의하는 것이므로, 어떠한 지배범위 또는 지배권이 정당한 권한에 의하지 아니하는 경우에도 사회상의 위해가 그의 사실상의 지배권 내에서 발생된 이상 그 지배자에게 해양경찰책임이 인정된다.

③ **행위책임**

㉠ 자기의 행위 또는 자기의 보호 감독하에 있는 자(제3자)의 행위 또는 부작위에 의하여 사회 공공의 안녕 · 질서에 대한 위해가 발생한 경우 발생하는 해양경찰책임을 행위책임이라고 한다.

㉡ 자기의 행위로 인하여 사회적 장해의 발생 또는 위험을 야기한 경우에는 행위자가 해양경찰책임의 대상에 해당하며, 타인을 보호 · 감독할 지위에 있는 자는 피지배자의 행위로 인하여 발생한 해양경찰위반에 대하여 해양경찰책임을 부담한다. 이 경우 타인을 보호 · 감독할 지위에 있는 자가 부담하는 책임은 대위책임이 아니고 자기의 지배범위 내에서 해양경찰위반의 상태가 발생한 것에 대한 책임, 즉 **자기책임에 해당**한다.

㉢ 행위책임의 경우 위해발생에 대한 해양경찰책임자의 고의 · 과실은 묻지 않고 행위책임의 존재 여부를 결정함에 있어서는 민법상의 행위능력도 문제되지 않는다. 발작으로 인해 도로교통을 위협하는 간질병자나, 만취상태에서 차도에 누워 있는 자도 행위책임자(자기책임)에 해당한다.

④ **상태책임**

㉠ 물건 또는 동물의 소유자, 점유자 기타 이를 사실상 관리하고 있는 자는 그 범위 안에서 그 물건 또는 동물로 말미암아 해양경찰위반(질서위반)의 상태가 발생한 경우의 해양경찰책임을 부담한다. 이를 상태책임이라고 한다. 상태책임의 경우에도 해양경찰책임자의 고의 · 과실은 불문한다.

㉡ 상태책임의 귀속에 있어서는 소유권의 유무와는 상관없이 구체적 지배가능성을 판단기준으로 한다(절취당한 물건이 해양경찰상의 위해를 야기하고 있는 경우에 물건의 소유자에게 상태책임을 귀속시킬 수는 없다).

⑤ **행위책임과 상태책임의 경합**

㉠ 행위책임과 상태책임이 경합하는 경우에는, 일반적으로 **행위책임이 우선**한다. 타인의 토지에 매설한 위험물이 폭발한 경우 토지소유주에게 책임(상태책임)을 귀속시키는 것이 아니라 이를 매설한 자에게 책임(행위책임)이 귀속된다.

㉡ 또한 행위책임과 상태책임을 동시에 부담하는 자가 있을 경우에는 다른 해양경찰책임자에 우선하여 해양경찰책임이 인정되며, 다수의 행위자 중에서는 시간상 최후의 자 또는 가장 중대한 원인을 제공한 자가 해양경찰책임자가 된다.

⑥ **복합적 책임**

㉠ 다수인의 행위 또는 다수인이 지배하는 물건의 상태로 인하여 하나의 질서위반 상태가 발생한 경우에는 위해를 가장 신속하고도 효과적으로 제거할 수 있는 위치에 있는 자에게 해양경찰권이 발동되어야 한다.

㉡ 그러므로 다수인의 행위 또는 다수인이 지배하는 물건의 상태로 인하여 하나의 질서위반상태가 발생한 경우, 위험을 제거하기 위해 다수인이나 물건의 일부 또는 전체에 대하여 해양경찰권 발동이 가능하다.

㉢ 다수의 해양경찰책임자 중 어느 한 사람이 위험방지를 위한 중요한 책임을 지고 있어 그에게 해양경찰권을 발동하는 것만이 재량행사에 하자가 없는 것으로 인정되는 경우에 해양경찰권 발동의 대상인 해양경찰책임자의 비용상환청구권이 부정된다. 그러나 다수의 해양경찰책임자 중에서 누구에게 해양경찰권을 발동할 것인지의 여부가 행정관청의 의사에 의존하는 경우에는 해양경찰권발동의 대상이 된 해양경찰책임자에게 비용상환청구권이 인정될 수 있다.

⑦ **해양경찰책임에 대한 예외(해양경찰긴급권)**

해양경찰책임은 위험발생에 대하여 직접적으로 원인을 제공한 자에 부과되는 것이 원칙이나, 예외적으로 긴급한 필요가 있는 경우 또는 본래의 해양경찰책임자에 대한 해양경찰권발동으로는 해양경찰상 장해를 제거할 수 없는 경우에 그 이외의 **제3자에게도 해양경찰권을 발동**할 수 있다.

법적 근거	해양경찰긴급권에 대한 일반법은 존재하지 않으며 개별법에 예외적으로 규정되어 있다.
요건	1. 위험이 급박할 것 2. 제1차적 해양경찰책임자에 대한 해양경찰권발동으로는 목적을 달성할 수 없을 것 3. 다른 방법을 통한 위험방지가 불가능할 것 4. 제3자의 생명이나 건강을 해치지 않을 것 5. 제3자의 본래의 급박한 업무를 방해하는 것이 아닐 것 6. 위험방지를 위해 필요한 최소한도의 것일 것 7. 일시적·임시적 방편일 것 8. 해양경찰권발동의 대상이 된 제3자가 입은 손실에 대한 보상이 행해질 것

(4) 해양경찰비례의 원칙

① 의의

해양경찰권 발동의 **조건과 정도(수단)**는 공공의 안녕과 질서의 유지에 필요한 범위 내에서 사회통념상 적당하다고 인정되는 비례가 유지되어야 한다는 원칙이다. 해양경찰비례의 원칙은 초기에는 해양경찰행정영역에서 주로 적용되었으나 오늘날에는 **모든 행정영역에 적용**되고 있다.

② 해양경찰권 발동의 조건

해양경찰권의 발동은 사회공공의 질서 유지를 위하여 묵과할 수 없는 장해가 발생한 경우에 이루어져야 한다. 이와 관련하여 **진압해양경찰**의 경우 공공의 안녕과 질서에 대한 '묵과할 수 없는 위해가 발생한 경우'에만 발동할 수 있으며, **예방해양경찰**의 경우 공공의 안녕과 질서에 대한 '묵과할 수 없는 위해가 발생할 직접적인 위험 또는 상당한 확실성이 있을 때'에 발동할 수 있다.

③ 해양경찰권 발동의 정도(수단)

해양경찰권의 발동은 그 목적을 달성하기 위하여 필요한 **최소한**의 범위 내에 국한되어야 한다.

구분	내용
적합성	해양경찰기관이 취하는 조치는 그 목적 달성에 적합하여야 한다.
필요성 (최소침해의 원칙)	해양경찰권의 발동은 그 목적 달성을 위해 필요한 한도 이상으로 발동되어서는 안 된다. 다시 말해 해양경찰권은 해양경찰상의 목적 달성을 위한 필요최소한도로 발동되어야 한다.
상당성 (협의의 비례의 원칙)	1. 해양경찰권의 발동으로 인해 침해되는 법익과 보호되는 법익을 비교했을 때, 그 조치로 인해 보호되는 법익보다 침해되는 법익이 더 큰 경우 해양경찰권을 발동하여서는 안 된다. 2. 해양경찰은 '대포로 참새를 쏘아서는 안 된다.'는 표현은 이 상당성의 원칙을 의미하는 것이다.

④ 법적 성질

㉠ 해양경찰비례의 원칙은 해양경찰권 발동의 한계 중 조리상 한계의 한 내용을 이루고 있지만 대한민국헌법 제37조 제2항, 경찰관직무집행법 제1조 제2항 및 해양경비법 제8조에 명문으로 규정된 **실정법상의 원칙**이기도 하다.

> **대한민국헌법 제37조** ② 국민의 모든 자유와 권리는 국가안전보장·질서유지 또는 공공복리를 위하여 필요한 경우에 한하여 법률로써 제한할 수 있으며, 제한하는 경우에도 자유와 권리의 본질적인 내용을 침해할 수 없다.

> **경찰관직무집행법**
>
> **제1조 【목적】** ② 이 법에 규정된 경찰관의 직권은 그 직무수행에 필요한 최소한도에서 행사되어야 하며 남용되어서는 아니 된다.
>
> **해양경비법**
>
> **제8조 【권한남용의 금지】** 해양경찰관은 이 법에 따른 직무를 수행할 때 권한을 남용하여 개인의 권리 및 자유를 침해하여서는 아니 된다.

ⓛ 해양경찰비례의 원칙은 일반조항에 근거하여 해양경찰권을 발동하는 경우에는 물론 개별적 수권조항에 근거하여 해양경찰권을 발동하는 경우에도 적용된다(비례의 원칙은 모든 행정영역에 적용된다).

⑤ **비례의 원칙 위반의 효과**

㉠ 해양경찰권발동의 조건과 정도를 벗어난 해양경찰권행사는 이미 공권력행사로서의 정당성을 상실하고 그 자체가 위법에 해당한다. 위법한 해양경찰권발동에 대하여서는 국민은 복종할 의무가 없으며 좀 더 적극적으로는 정당방위가 가능하다.

ⓛ 또한 이로 인해 손해를 입은 국민은 손해배상 또는 원상회복을 청구할 수 있으며 징계를 청원한다든지 위법한 처분에 대한 행정쟁송 또는 직권에 의한 취소가 가능하다.

(5) 해양경찰평등의 원칙

해양경찰평등의 원칙이라 함은 해양경찰권을 행사함에 있어서 모든 국민에 대하여 성별·종교·인종·사회적 신분 등을 이유로 하는 불합리한 조건에 의한 차별대우를 할 수 없다는 원칙(헌법상 원칙)이다.

03 해양경찰개입청구권

1. 개념

(1) 경찰개입청구권은 무하자 재량행사청구권의 법리를 기초로 하여 독일에서 학설·판례를 통해 발전된 개념으로 행정관청의 위법한 부작위 등으로 인하여 권익을 침해당한 자가 당해 행정관청에게 제3자에 대한 경찰권의 발동을 청구할 수 있는 권리를 말한다.

(2) 경찰개입청구권은 행정관청에 대하여 적극적으로 행정행위 기타 행정작용을 할 것을 요구하는 적극적 공권에 해당하므로 행정관청에 대하여 특정한 행위를 요구할 수 있는 실체적 권리라는 점에서 형식적 공권인 무하자 재량행사청구권과는 구별된다.

2. 경찰재량의 0(또는 1)으로의 수축이론

(1) 의의

경찰권 행사의 편의주의 원칙상 경찰행정관청이 현존하는 위험에 대하여 개입하지 않더라도 반드시 위법한 것은 아니다. 그러나 학설과 판례는 예외적인 상황에서는 재량권이 0(또는 1)으로 수축하게 되고, 이 경우 오직 하나의 결정(조치)만이 의무에 합당한 재량권행사로 인정된다고 보고 있는데, 이것을 **재량권의 0으로의 수축이론**이라고 한다.

(2) 경찰권 행사의 편의주의 원칙

경찰권의 발동에 있어 경찰재량은 완전한 자유재량이 아니고 의무에 합당한 재량이어야 하며 경찰재량은 경찰상의 위험을 방치하기 위한 수단이 아니고, 합목적적이고도 가능한 최상의 위험방지 임무의 수행을 위한 수단이어야 한다.

(3) 효과

재량권이 0으로 수축되는 경우 형식상 재량행위라고 하더라도 기속행위로 전환되고, 부작위에 대하여는 의무이행심판 및 부작위위법확인소송, 그리고 그로 인하여 손해가 발생한 경우에는 손해배상청구소송을 통해 침해된 권리의 구제가 가능하다.

(4) 경찰개입청구권을 최초로 인정한 판례 - 띠톱판결

CASE

1. 주거지역에 위치한 석탄제조업체에서 석탄가공을 위해 사용하는 띠톱으로 인해 배출되는 먼지와 소음 등으로 피해를 받고 있던 인근주민들이 행정관청에게 건축경찰상의 금지처분을 해줄 것을 청구하자, 행정관청은 이 업소의 영업행위는 건축관계법규에 위반되지 않는 것이라고 하여 원고의 청구를 기각하였고, 이에 인근주민들이 기각처분에 대한 취소소송을 제기하였다.
2. 이에 베를린 고등법원은 원고에게는 건축법규에 기한 특정 처분을 청구할 수 있는 권리가 없다고 보아 원고의 청구를 기각하였다. 그러나 연방재판소는 경찰법상의 일반수권조항의 해석에 있어 첫째 인근주민의 무하자 재량행사청구권을 인정하고, 둘째 재량권의 0으로의 수축이론에 의거하여 원고의 청구를 인용하였다.
3. 이 판례가 가지는 의미로 첫째 경찰행정법규의 제정목적은 공익의 보호뿐만 아니라 국민 개개인의 사익도 보호하려는 데 있으며, 둘째 경찰개입 여부는 원칙적으로 재량이지만 일정한 상황에서는 재량권이 영으로 수축되고 이때 개인은 경찰당국에 대해 일정한 조치를 취할 것을 청구할 수 있는 권리를 가진다는 것으로 요약할 수 있다.

이 외에도 경찰개입청구권과 관련하여 지뢰판결, 김신조 무장공비 침투사건, 별장점탈사건 등의 판례가 있다.

경찰개입청구권

개념	경찰의 부작위로 인하여 권익을 침해당한 자가 당해 경찰행정관청 등에 대하여 경찰권의 발동을 청구할 수 있는 권리를 말한다.	
개입의무의 존재 여부	기속행위	기속행위에 대해서 경찰행정관청은 특정한 처분을 하여야 할 법적 의무를 지고 있으므로 개입의무가 당연히 인정된다.
	재량행위	재량행위에는 원칙상 경찰개입청구권이 인정되지 않지만 재량권이 0 또는 1로 수축하는 경우에는 경찰권을 발동해야 할 의무가 발생한다.
사익의 보호 여부	1. 경찰행정관청의 개입의무가 존재한다고 하더라도 경찰권의 행사로 인하여 국민이 받는 이익이 반사적 이익인 경우에는 경찰개입청구권이 인정되지 않는다. 2. 그러나 오늘날에 반사적 이익의 보호법익화(반사적 이익의 공권화 추세)에 따라 경찰개입청구권의 성립요건이 완화되고 있어 경찰개입청구권이 인정될 여지가 확대되고 있다.	
인정근거	독일에서는 연방행정재판소의 띠톱판결에 의하여 경찰개입청구권이 인정되었으며, 우리나라에서는 김신조 사건 등에서 이러한 원칙이 확립되었다.	

3. 무하자 재량행사청구권

(1) 의의

행정관청의 재량이 인정되는 경우에 재량행위의 상대방 기타 이해관계인이 행정관청에 대하여 재량권을 하자 없이 행사하여 줄 것을 청구할 수 있는 주관적 권리를 무하자 재량행사청구권이라고 한다.

(2) 법적 성질

① 무하자 재량행사청구권은 재량권의 일탈·남용으로 인한 위법한 처분의 배제를 구할 수 있는 권리인 동시에 행정관청에 대하여 하자 없는 재량처분을 구할 수 있는 권리라는 의미에서 적극적 공권으로서의 성질도 가지고 있다.

② 그러므로 무하자 재량행사청구권은 재량행위의 영역에서 공권의 성립을 설명하기 위한 이론에 해당한다.

⊕ PLUS

1. 기속행위

행정에 있어서 법규가 어떤 행위를 규정하여 행정관청은 단순히 이를 집행하게 하는 것을 기속행위라고 한다.

2. 재량행위

- 행정에 있어서 법규가 불명확한 개념을 사용하여 행정관청의 판단여지를 남겨놓은 상태를 재량행위라고 한다. 이러한 재량행위는 기속재량행위와 자유재량행위로 구분할 수 있다.
- 기속재량행위는 법의 해석판단에 관하여 행정관청에게 재량이 주어진 행위를 말하며, 자유재량행위는 무엇이 공익에 적합한가를 판단할 수 있는 판단재량이 행정관청에게 주어진 행위를 말한다.

3. 구별의 실익

- 기속행위와 기속재량행위를 위반한 행위의 경우 위법의 문제가 되어 행정소송 등 사법심사의 대상이 된다. 그러나 자유재량행위를 위반한 경우에 징계의 대상은 될 수 있지만 위법의 문제가 아니라 부당의 문제에 해당하므로 사법심사의 대상이 되지는 않는다.
- 또한 법규가 행정관청의 행위에 대하여 재량을 부여한 경우에는 그 범위 안에서 부관을 붙일 수 있으나, 기속행위는 특별한 규정이 없는 한 부관을 붙일 수 없다.

4. 반사적 이익론

(1) 의의

① 법이 공익의 보호를 위하여 일정한 규제를 하고 또 법에 의하여 행정권이 발동되는 것에 기초하여 반사적 효과로서 특정 또는 불특정의 사인에게 생기는 일정한 이익을 반사적 이익이라고 한다.

② 해양경찰행정관청의 규제권의 행사는 공익을 위한 것이므로, 규제권의 행사로 인하여 개인이 어떠한 이익을 향유하더라도 그것은 반사적 이익에 불과하고 법률상의 권리로 볼 수 없다는 것이 전통적인 입장이다.

③ 이러한 전통적 견해에 의하면 해양경찰행정관청이 권한행사를 게을리하여 그 결과 이해관계자의 반사적 이익을 침해하더라도 행정소송에 있어 원고적격이 인정되지 않고, 국가배상법에 의한 보호도 받을 수 없게 된다.

(2) 반사적 이익과 공권과의 구별

① 법률상 이익에 해당하는 공권이 침해된 경우에는 행정심판이나 행정소송을 통해 침해받은 권리를 구제받을 수 있지만 반사적 이익이 침해된 경우에는 행정심판이나 행정소송으로 다툴 수 없다. 또한 침해가 공익을 위해 적법한 것이라고 하더라도 그것이 공권에 대한 침해인 경우에는 손실보상청구의 대상이 되나 반사적 이익의 침해는 손실보상청구의 대상이 되지 않는다.

② 이러한 법체계의 구성상 법규가 해양경찰행정관청의 권한행사를 임의적인 재량행위로 규정하고, 그러한 해양경찰권의 발동이 오로지 불특정 다수의 공익을 위한 것이라면 그 법규정 또는 법집행으로 사인이 어떤 이익을 얻더라도 그것은 반사적 이익에 불과하다.

(3) 반사적 이익의 보호법익화

① 종래에는 반사적 이익으로 보았던 것도 관계법규가 공익과 동시에 개인적 이익도 보호하는 것으로 해석함으로써 당해 이익에 법적으로 보호되는 이익 또는 공권으로서의 성격이 인정되는 경우가 점차 증가하고 있다.

② 국가배상의 경우에도 규제권의 불행사(공무원의 부작위)를 직무의무에 위반한 위법으로 구성하여 배상의 범위를 확대하고 있는 추세이다.

04 해양경찰작용 일반

1. 해양경찰작용의 개념

(1) 행정행위

행정행위는 행정의 행위형식의 하나로서 실정법상의 개념이 아니라 학문상의 개념이다. 이러한 행정행위는 실정법상으로는 허가·인가·특허·면허·재결 등으로 표현하며, 이를 행정심판법과 행정소송법에서는 총괄적 개념으로 처분이라는 용어를 사용하고 있다.

(2) 행정행위의 구성요소

① 행정관청의 행위

㉠ 행정행위란 **행정관청의 행위**를 말한다. 조직법상 행정관청이라 함은 국가 또는 지방자치단체의 의사를 결정하여 표시할 수 있는 권한을 가진 행정기관(행정관청)을 의미하지만 행정행위의 개념을 정의하는 데 있어서의 행정관청은 조직법상의 행정관청과 반드시 일치하는 것은 아니다.

㉡ 그러므로 공사나 기타 공법인도 행정관청에 해당하며 공무수탁사인이나 국회·사법부의 행위 중 소속 공무원의 임명과 같은 행위도 실질적으로는 행정행위의 구성요소를 갖출 경우 행정행위로 볼 수 있다. 또한 행정관청이 구성한 프로그램에 따라 행해지는 자동기계에 의한 결정(교통신호기에 의한 신호·학교의 배정 등)도 행정행위에 포함된다.

㉢ 단, 행정기관이라고 하더라도 보조기관(차장·국장 등)의 행위와 국회나 사법부의 행위는 실질적 의미의 행정에는 해당할 수 있으나 형식적 의미의 행정행위에 해당하지 않는다.

② 구체적 사실에 관한 법집행행위

㉠ 행정행위는 **구체적 사실을 규율**하는 행위이므로 일반적·추상적 성격을 가지는 행정입법은 행정행위에 해당하지 않는다. 반면 구체적 사실을 규율한다면 그것이 불특정다수인을 상대방으로 하는 일반처분일지라도 행정행위에 해당한다.

㉡ 결국 행정행위는 그 효과가 추상적인지 구체적인지에 따라 결정되는 개념이라고 할 수 있다.

③ 외부에 대하여 직접 법적 효과를 발생시키는 행위

㉠ 행정행위는 **국민에 대하여** 직접적인 법적 효과를 발생시키는 행위이다. 즉, 국민의 권리·의무를 형성(발생·변경·소멸)하거나 그 범위를 확정하는 등 기존의 권리상태를 변동시키거나 일반적인 법적 상태를 구체화하는 것이어야 한다.

㉡ 그러므로 행정기관 내부의 행위(상급관청의 하급관청에 대한 명령·승인·동의 등)는 행정행위에 해당하지 않는다. 그러나 내부적 행위라고 하더라도 징계와 같이 특별권력관계 구성원에 대한 지위의 박탈 등과 같은 행위에 대해서는 처분성을 인정하는 것이 학설과 판례의 입장이다.

ⓒ 행정행위는 직접 법적 효과를 발생시킨다는 점에서 단순한 조사·보고·상담 등과 같은 사실행위는 행정행위에 해당하지 않는다. 다만 사실행위라고 하더라도 그 집행에 대하여 수인의 의무를 부담하는 권력적 사실행위(강제진단·강제격리·압류 등)의 경우 계속적이고 반복적으로 이루어지면 처분성이 인정될 수 있다.

④ **권력적 단독행위**

㉠ 행정행위는 공권력의 행사로서 행정관청이 **일방적**으로 국민에게 권리를 부여하거나 의무를 명하는 행위이다. 따라서 공법상의 계약이나 합동행위 등은 행정행위에 해당하지 않는다.

㉡ 행정행위의 성립에 있어 상대방의 신청이나 동의와 같은 협력을 필요로 하는 쌍방적 행정행위의 경우 당해 법률관계의 내용이 일방적으로 결정되는 것인 때에는 행정행위에 해당하게 된다.

⑤ **공법상의 행위**

행정행위는 행정관청의 **공법상의 행위**이므로 행정관청이 행하는 사법행위(물품구입·잡종재산의 매각 등)는 행정행위가 아니다.

2. 행정행위의 종류

(1) 법률행위적 행정행위와 준법률행위적 행정행위

① 행정행위는 **법률효과의 발생 원인(구성요소)**에 따라 법률행위적 행정행위와 준법률행위적 행정행위로 구분할 수 있다.

② 법률행위적 행정행위는 **행정관청의 의사표시**를 그 구성요소로 하며 그 표시된 의사의 내용(효과의사)에 따라 법적 효과가 발생하는 행위를 말한다. 준법률행위적 행정행위는 **의사표시 이외의 정신작용(판단·인식 등)**을 그 구성요소로 하며, 그 법적 효과는 행정관청의 의사와 관계없이 법이 정하는 바에 따라 발생하는 행위를 말한다.

③ 법률행위적 행정행위는 다시 명령적 행정행위(하명·허가·면제 등)와 형성적 행정행위(특허·인가·대리)로 구분할 수 있고, 준법률행위적 행정행위는 확인·공증·통지·수리 등으로 구분할 수 있다.

④ 법률행위적 행정행위와 준법률행위적 행정행위를 구별하는 실익은 행정행위에 있어 부관을 붙일 수 있는지 여부를 구분하는 데 있다.

준법률행위적 행정행위의 유형

구분	내용
공증	1. 공증은 특정 사실 또는 법률관계의 존부를 공적 권위로써 증명하는 행정행위를 말한다. 2. 부동산등기부에의 등기, 선거인명부에의 등재, 합격증명서의 발급 등이 공증에 해당한다.
확인	1. 특정한 사실 또는 법률관계에 관하여 의문 또는 다툼이 있는 경우에 공권적으로 그 존부 또는 정부(正否)를 판단하는 행정행위이다. 2. 당선인의 결정, 행정심판의 결정 등이 확인에 해당한다.
통지	1. 특정인 또는 불특정다수인에게 특정사실을 알리는 행정행위를 말한다. 2. 관념의 통지와 사실의 통지가 있다. 3. 대집행의 계고 등이 통지에 해당한다.
수리	1. 타인의 행위를 유효한 행위로 받아들이는 행정행위이다. 2. 사직원서의 수리·혼인신고의 수리·이의신청의 수리·행정심판청구서의 수리 등이 수리에 해당한다.

(2) 기속행위와 재량행위

① 기속행위란 법이 엄격하게 규율함으로써 행정관청이 선택의 자유를 가지지 못하고 법이 정한 요건을 갖춘 경우에는 반드시 법이 정한 일정한 행위를 하도록 되어 있는 경우를 말한다.

② 반면 재량행위는 행정관청의 행위에 대하여 행정관청에게 선택의 자유가 인정되어 있는 경우를 말한다. 이는 결정재량(어떤 행정행위를 할 수도 있고 하지 않을 수도 있는 자유가 인정되는 경우)과 선택재량(다수의 행정행위 중 어느 것을 해도 무방한 경우)로 구분할 수 있다.

(3) 상대방에 대한 효과에 따른 구분

① 행정행위의 상대방에게 어떤 효과가 발생하느냐에 따라 수익적 행정행위 · 부담적(침해적 · 침익적) 행정행위 · 복효적 행정행위로 구분할 수 있다.

② 수익적 행정행위란 상대방에 대하여 권리 · 이익을 부여하거나 권리의 제한 · 의무를 철폐하는 등 상대방에게 유리한 효과를 발생시키는 행정행위를 말한다. 예로 허가 · 특허 · 면제 · 인가 · 부담적 행정행위의 철회 등이 있다.

③ 부담적 행정행위는 의무를 부과하거나 권리 · 이익을 침해 또는 제한하는 등 상대방에게 불리한 효과를 발생시키는 행정행위를 말한다. 해양경찰하명(해양경찰명령 · 해양경찰금지), 박권행위, 수익적 행정행위의 철회 · 정지 등이 여기에 해당한다.

④ 복효적 행정행위란 이중효과적 행정행위라고도 하며 하나의 행정행위가 상대방에게 수익과 부담(침해)를 동시에 발생하게 하는 행정행위를 말한다. 이때 수익과 부담이 동일인에게 귀속되는 경우를 혼합효 행정행위라고 하며, 수익과 부담이 서로 다른 사람에게 귀속되는 경우를 제3자효 행정행위라고 하여 구분한다.

(4) 이전성의 유무에 따른 구분

① 대인적 행정행위는 개인의 주관적 요소(학식 · 기술 · 경험 · 기능 등)를 기준으로 행하여진 행정행위를 말한다. 의사면허 · 운전면허 · 인간문화재지정 등이 대인적 행정행위에 해당하며 원칙적으로 일신전속적인 성격을 가지므로 이전될 수 없다.

② 대물적 행정행위는 객관적 사정(물건의 구조 · 성질 · 설비 등)에 착안하여 행해지는 행정행위로 자동차검사증의 교부 · 건축허가 등이 여기에 해당한다. 이러한 대물적 행정행위는 이전성이 인정된다.

③ 혼합적 행정행위는 인적 · 주관적 사정과 물적 · 객관적 사정을 모두 고려하여 행해지는 행정행위로 도시가스사업허가 · 총포화약류제조허가 등이 해당한다. 이러한 혼합적 행정행위는 이전하려면 관계법상 다시 양수자의 주관적 · 객관적 사정에 대한 행정관청의 허가나 승인을 받도록 되어 있으므로 이전이나 양도가 제한된다.

(5) 단독행위와 쌍방행위

① 쌍방적 행정행위와 독립적 행정행위는 상대방의 협력 여부에 따른 구분이다. 단, 쌍방적 행정행위는 행정행위지만 쌍방(적) 행위는 행정행위가 아니므로 양자를 구별하여야 한다.

② 쌍방적 행정행위란 상대방의 협력을 요건(적법요건 또는 유효요건)으로 하는 행위로서 허가(원칙적으로 출원이 요구됨) · 인가 · 특허(출원이 필요요건)와 같이 상대방의 신청을 요건으로 하는 행위와 공무원의 임명 등과 같이 동의를 요하는 행정행위를 말한다.

③ 쌍방적 행정행위는 단독행위의 일종으로 상대방의 신청(출원) 또는 동의라는 의사표시가 있지만 그 법률관계의 내용은 법규에 기한 행정관청의 결정에 의하여 일방적으로 결정된다. 이러한 점이 쌍방(적) 행위의 일종인 공법상 계약과의 차이점이다. 공법상 계약은 행정관청과 상대방의 의사합치에 의하여 성립한다.

3. 해양경찰하명

해양경찰하명은 해양경찰상의 목적을 달성하기 위해 일반통치권에 의거하여 국민에게 **작위 · 수인 · 급부 · 부작위 의무를 명하는 해양경찰작용**을 말한다.

해양경찰하명은 의사표시를 구성요소로 하는 법률행위적 행정행위에 해당한다. 또한 해양경찰하명은 국민의 자연적 자유의 제한을 내용으로 하는 명령적 행위이며 일반통치권에 의거한 것이기 때문에 해양경찰하명의 상대방은 일반통치권에 복종하는 모든 자이다. 해양경찰하명은 공공의 안녕과 질서유지라는 해양경찰목적을 위하여 발해진다.

(1) 법규하명

① 법규하명이란 구체적인 행정행위의 존재를 요하지 않고 **법령의 규정**만으로 일정한 해양경찰하명의 효과를 발생하게 하는 것(무면허조종 및 음주상태에서의 조종금지, 음란퇴폐행위금지 등)을 말한다. 반복적으로 적용되는 성질의 사건에 대하여 그 법규자체가 행정행위의 효력을 가지는 것으로 법령의 공포라는 형식에 의하여 효력이 발생한다.

② 법규하명은 일반적 · 추상적 내용을 전제로 하며, 국민에게 새로운 의무를 부과할 수 있다는 특징이 있다.

(2) 해양경찰처분

① 법률에는 다만 하명의 권한에 대한 근거만 규정되어 있어 이에 의거하여 **구체적으로 명령하거나 금지하는 행정행위**가 있음으로써 비로소 하명의 효과가 발생하는 경우를 해양경찰처분이라고 한다.

② 해양경찰처분은 법령에 의거하여 특정한 해양경찰의무를 과하기 위해 행하는 구체적인 행정행위로서 그 권한은 해양경찰행정관청 및 그의 명을 받은 해양경찰집행기관이 행사하는 것이 원칙이다.

③ 해양경찰처분은 반드시 문서에 의해 행해질 필요는 없으며, 구술 · 행동(경찰관의 수신호) 및 그 밖의 여러 가지 표지를 통해 행해지며, 다른 규정이 없는 한 의무자가 보통의 사정 아래서 알 수 있다고 인정되는 방법으로 고지함으로써 효력이 발생한다. 그러나 법규에서 서면 · 게시 · 관보게재 · 신문에 의한 공고 · 신호 등의 형식을 요구할 때는 그 형식을 갖추어야 한다.

④ 해양경찰처분은 법규하명과 달리 국민에게 새로운 의무를 부과할 수 없고, 개별적 · 구체적이라는 특성을 가지고 있다.

(3) 해양경찰하명의 종류

① 작위하명

작위하명은 적극적으로 어떤 행위를 하도록 의무를 명하는 경우이다. 감염병 예방을 위한 청결 · 소독시행, 집회신고 · 화재신고 · 사체신고 등의 신고의무나 위험건축물의 철거명령 · 공해방지시설 개선명령, 현역병 입영명령 등이 해당한다.

② 수인하명

㉠ 해양경찰권의 발동에 의해 자신의 신체 · 재산 · 가택 등에 대하여 사실상의 침해가 발생하더라도 이를 감수하고 저항하지 아니할 의무를 과하는 행위를 수인하명이라고 한다.

㉡ 수인하명은 해양경찰강제의 부수적 효과로서 경찰관직무집행법에 의거 해양경찰상 공개된 장소에 출입하거나 해양경비법에 근거하여 해상검문검색을 실시하는 경우, 대집행 · 즉시강제 시에 공권력에 복종해야 할 의무 등이 해당한다.

③ 급부하명

금전이나 물품의 급부를 명하는 것을 급부하명이라고 한다. 해양경찰작용이 특정인에게 이익을 주거나 특정인을 위하여 필요한 경우에 그 비용을 징수하는 것으로서 대집행의 비용징수, 운전면허 수수료, 실험상 필요한 물품수거, 조세부과처분 등이 해당한다.

④ **부작위하명**

부작위하명이란 소극적으로 어떠한 행위를 하지 아니할 의무를 명하는 경우로 이를 특히 해양경찰 금지라고 한다. 부작위하명은 해양경찰하명 중에서 가장 중요한 것으로 해양경찰목적이 사회질서 유지를 위한 위험의 제거에 있으므로 위해발생의 우려가 있는 행위를 금지시키는 **가장 보편적인 해양경찰하명**이다.

구분	내용	
해제의 유보 여부	절대적 금지	마약판매, 인신매매, 불량식품판매, 19세 미만자의 흡연·음주 등
	상대적 금지	총포소지, 수렵, 도로통행, 음식점영업 등
인적 범위	일반금지	불특정 다수인에게 부과(우측통행, 무면허운전 등)
	개별금지	일정한 영업에 종사하는 자, 특정한 지위에 있는 자 등 특정인에게만 과하여진 금지

(4) 해양경찰하명의 효과

① **의무발생**

㉠ 해양경찰하명의 효과는 그 하명의 상대방에게 하명의 내용을 이행해야 할 공법상의 의무를 발생시킨다. 하명의 종류에 따라 작위·수인·급부·부작위 의무가 발생하게 된다.

㉡ 이러한 의무를 위반한 경우 공법상 처벌의 대상이 되지만 그 행위 자체의 사법상의 효과는 당연히 무효가 아니라 유효한 행위로 남게 된다. 그 이유는 해양경찰상 의무부과의 직접적인 효과는 국민의 자연적 자유를 제한하는 데 있으며, 법률상의 능력이나 법률행위의 효력을 좌우하는 것이 목적이 아니기 때문이다.

㉢ 법규하명의 경우 일반적·추상적 규정에 기초하므로 그 효과는 불특정 다수인에게 발생하게 되며, 해양경찰처분의 경우에는 하명의 유형에 따라 그 효과 발생의 대상이 제한된다.

구분	내용
대인적 하명	1. 특정인의 주관적 사정을 이유로 한 하명이므로 그 특정인에게 하명의 효과가 국한되며 일신전속적인 특성으로 인해 타인에게 이전·승계되지 않는다. 2. 예방접종, 운전면허의 취소·정지, 의사면허, 운전면허, 총포소지허가 등
대물적 하명	1. 사물의 외적·물적 사정을 이유로 그 소유자나 영업주 등에 대해서 행하는 하명이므로, 하명의 효과는 그 물건·영업 등에 대한 권리의 양도가 있을 때 양수인에 대하여도 하명의 효과가 발생한다. 2. 건축허가, 자동차검사합격처분, 정비불량 차량의 운행금지, 주정차금지구역의 지정 등
혼합적 하명	1. 대물적 하명과 대인적 하명의 성격을 동시에 가지고 있는 경우로 하명효과의 이전성의 유무는 개별법에 근거하여 구체적으로 결정된다. 그러므로 이전이 제한된다. 2. 풍속영업허가, 총포류의 제조·판매허가 등

② **구속력(기속력)**

구속력은 행정행위의 내용에 따라 관계 행정관청, 상대방 및 이해관계인에 대하여 일정한 법적 효과가 발생하여 그 효과를 받는 자를 구속하는 힘을 말한다. 구속력은 행정행위의 성립·발효와 동시에 발생하고 취소·철회가 있기 전까지 효력이 지속된다.

③ **공정력(예선적 효력)**

㉠ 행정행위가 행하여지면 비록 법정 요건을 갖추지 못한 하자가 있는 경우라도 그 하자가 중대·명백하여 당연무효로 인정되는 경우를 제외하고는, **권한 있는 기관에 의하여 취소되기 전까지는 일응 구속력 있는 것으로 통용되는 힘을 말한다.**

㉡ 통설에 의하면 공정력은 정책적 이유로 행정행위의 유효성을 잠정적으로 추정하는 것이며 사실상의 구속력을 통용시키는 절차법적 효력에 불과하다고 본다. 그러므로 실체법적인 적법성은 추정되지 않으며, **공정력과 입증책임은 상호 아무런 관련이 없다.**

㉢ 다시 말해 공정력은 행정의 실효성 보장, 행정법 관계의 안정성 유지 및 상대방의 신뢰보호의 필요성을 이유로 하는 법적 안정성설이 이론적 근거에 해당하며 행정의 실효성 확보 및 신뢰보호를 위하여 행정행위의 잠정적·일반적 통용력을 인정하는 절차법적 효력에 해당한다는 것이다.

㉣ 공정력은 실체법적인 적법성을 추정하는 것은 아니므로 취소소송에서의 입증책임에는 영향을 미치지 않는다. 그러므로 입증책임의 문제에 있어서는 처분의 적법요건 충족사실에 대하여는 행정관청이, 처분의 위법성에 대하여는 원고측이 입증책임을 부담하게 된다.

④ **확정력(존속력)**

행정행위로 확정되면 상대방이 그 효력을 다툴 수 없고(불가쟁력), 행정관청이 행정행위를 변경할 수 없는(불가변력) 것을 의미한다.

구분	내용
불가쟁력 (형식적 확정력)	행정행위에 대한 쟁송제기기간이 경과하거나 쟁송수단을 모두 거친 경우에는 상대방 또는 이해관계인은 더 이상 그 행정행위의 효력을 다툴 수 없게 되는 힘이다. 형식적 확정력이라 부르는 것으로 모든 행정행위가 가지는 효력이며 행정객체를 구속하는 힘으로 실제법적 구속력에 해당한다.
불가변력 (실질적 확정력)	행정행위를 행정관청이 직권으로 취소·철회할 수 없게 되는 제한을 받는 힘이다. 실질적 확정력에 해당하는 것으로 준사법적 행위 등 특정한 행위에 대해서만 발생한다. 행정주체를 구속하는 힘으로 실체법적 구속력에 해당한다.
양자는 상호 아무런 관련이 없으므로 불가쟁력과 불가변력 중 어느 하나의 힘만 발생한 경우 다른 힘과 관계된 당사자는 그 주장이나 변경에 있어 제한을 받지 않는다.	

⑤ **강제력(집행력)**

㉠ 강제력은 자력집행력과 제재력으로 구분할 수 있다. 자력집행력이란 행정행위에 의하여 부과된 의무를 상대방이 이행하지 않을 경우 행정관청이 자력으로 그 이행을 강제할 수 있는 힘을 의미한다.

㉡ 한편 제재력이란 행정행위에 의해 부과된 의무를 위반하는 경우 행정처벌을 부과할 수 있는 힘을 말한다.

(5) 해양경찰하명 위반에 대한 제재

해양경찰하명에 의한 의무를 불이행한 경우에는 해양경찰상 강제집행의 대상이 되고, 해양경찰상 의무를 위반한 경우에는 해양경찰벌의 대상이 된다. 그러나 해양경찰하명에 위반한 행위라고 하더라도 제3자와 형성한 사법상의 법률관계에 대해서는 아무런 영향을 미치지 않는다.

(6) 해양경찰하명의 하자

적법한 해양경찰하명은 법규에 근거가 있어야 하고 법규의 범위 내에서 이루어져야 한다. 즉, 해양경찰권 발동의 한계를 일탈하여서는 아니 된다. 그러나 해양경찰권의 발동이 이러한 적법요건을 구비하지 못한 경우 그 하자의 정도에 따라 해양경찰하명은 무효 또는 취소가 된다.

① **해양경찰하명의 무효**

㉠ 외관상 행정행위는 존재하나 그 하자가 중대 · 명백하여 행정관청의 취소가 없어도 처음부터 그 법률행위의 효과가 발생하지 않는다.

㉡ 통설적 견해에 의하면 해양경찰하명의 무효원인은 중대하고 명백한 하자가 있는 경우에 한하며, 그 외의 하자는 취소사유에 해당한다고 본다. 무효의 원인에는 주체 · 내용 · 절차 · 형식 등에 하자가 있는 경우 등이 있다.

㉢ 무효인 해양경찰하명은 처음부터 그 효력이 발생하지 않으므로 수명자는 의무에 위반하여도 처벌되지 아니할 뿐만 아니라 의무불이행으로 인한 해양경찰상 강제집행의 대상에도 해당하지 않는다.

② **해양경찰하명의 취소**

㉠ 해양경찰하명의 취소란 해양경찰하명에 하자가 있지만 그 하자가 경미하여 부당 또는 단순위법에 불과하므로 '일단 유효하게 효력이 발생'하지만 나중에 정당한 권한 있는 기관에 의하여 행정행위의 하자를 이유로 취소권이 행사될 경우 그 효력이 '소급하여 소멸'되는 경우를 말한다.

㉡ 즉 해양경찰하명의 하자가 중대 · 명백하지 않아 당연무효가 아닌 경우, 권한 있는 기관에 의하여 취소되기 전까지는 공정력에 의하여 유효한 하명으로 추정받게 된다.

㉢ 그러므로 권한 있는 행정관청에 의하여 취소되기 전까지 수명자는 이에 위반하거나 의무를 이행하지 않으면 처벌 또는 강제집행의 대상이 된다.

③ **해양경찰하명의 철회**

완전유효하게 성립한 행정행위에 대하여 사후에 그 효력을 존속시킬 수 없는 사정의 변경에 의하여 그 효력을 장래에 대하여(추급효) 소멸시키는 독립한 행정행위를 말한다.

④ **해양경찰하명의 실효**

적법한 해양경찰하명의 효력이 행정관청의 의사와 관계없이 일정한 사실에 의해 당연히 소멸되는 것을 말한다.

무효와 취소의 구분

구분	무효	취소
공정력, 불가쟁력	인정 안 됨	인정됨
사정재결, 사정판결	불가능	가능
필요적 행정심판전치주의	적용 안 됨	적용됨
출소기간	제한 없음	제한 있음
선결문제	판단 가능	판단 불가
전환, 치유	전환만 가능	치유만 인정 (반대 견해 있음)
하자의 승계	선행행위가 무효인 경우 후행행위도 무효	1. 선행행위와 후행행위가 동일한 효과 발생시 하자의 승계 인정 2. 양자가 별개 효과발생시 하자의 승계 불인정
소송형태	1. 무효 확인소송 2. 무효확인 취지의 취소소송	취소소송

취소와 철회와의 구분

구분	취소	철회
권한자	처분청, 감독청, 법원	원칙적으로 처분청만 가능 (감독청은 특별규정있으면 가능)
발생원인	처분의 원시적 하자	사후적으로 발생한 새로운 사정
절차	엄격한 절차 적용	특별한 절차 규정 없음
효과	소급효, 손해배상문제 발생	소급효 부정, 손실보상문제 발생

(7) 하자의 승계

두 개 이상의 행정행위가 서로 연속하여 행하여지는 경우에, 선행행위의 하자를 이유로 하여 하자가 없는 후행행위의 효과를 다툴 수 있는지의 문제이다. 하자의 승계가 인정될 때 선행행위의 하자를 이유로 후행행위의 하자를 주장할 수 있다.

<table>
<tr><th>구분</th><th colspan="2">내용</th></tr>
<tr><td>하자승계의 요건</td><td colspan="2">1. 선행행위에 취소사유인 하자가 존재할 것(선행행위에 무효사유인 하자가 존재할 경우 항상 후행행위에 승계)
2. 선행행위에 불가쟁력이 발생하였을 것
3. 선행행위와 후행행위 모두 항고소송의 대상인 처분일 것
4. 후행행위에는 고유한 하자가 없을 것</td></tr>
<tr><td rowspan="2">하자의 승계 여부
(판례)</td><td>긍정</td><td>선행행위와 후행행위가 결합하여 하나의 법적 효과를 목적으로 하는 경우
1. 대집행절차 상호간(계고 · 통지 · 실행 · 비용징수)
2. 납세독촉과 체납처분 상호간
3. 귀속재산의 임대처분과 후행매각처분 상호간
4. 한지(限地)의사시험자격인정과 한지의사면허처분 상호간
5. 안경사시험합격무효처분의 하자와 안경사면허취소처분 상호간
6. 개별공시지가결정과 양도소득세부과처분 상호간</td></tr>
<tr><td>부정</td><td>선행행위와 후행행위가 독립하여 상호 별개의 법적 효과를 목적으로 하는 경우
1. 과세처분과 체납처분 상호간
2. 공무원의 직위해제처분과 직권면직처분 상호간
3. 표준공시지가처분과 과세처분 상호간
4. 토지수용의 사업인정과 토지수용위원회의 재결처분 상호간
5. 대학원에서의 수강거부처분과 수료처분 상호간
6. 변상판정과 변상명령 상호간
7. 도시계획결정과 수용재결처분 상호간
8. 액화석유가스판매사업허가처분과 사업개시신고반려처분 상호간
9. 건물철거명령과 대집행계고처분 상호간</td></tr>
</table>

(8) 하자의 치유

① 하자의 치유란 행정행위가 성립 당시에는 하자가 있더라도 사후에 그 법정요건을 보완하거나 또는 그 하자가 경미하여 취소할 필요성이 없는 경우에 하자가 있음에도 불구하고 그 효력을 유지시키는 것을 말한다. 이는 상대방의 신뢰를 보호하고 법적 안정성을 도모하는 것을 목적으로 하며 무용한 절차의 반복을 회피하는 의미도 있다.

② 하자의 치유는 무효인 행정행위에는 인정되지 않으며(통설 · 판례) 취소할 수 있는 행정행위에 대해서만 인정된다. 하자가 치유될 경우 그 효과는 소급적으로 발생한다.

(9) 하자의 전환

① 하자의 전환은 행정행위의 중대·명백한 하자를 이유로 당연무효이나, 이를 다른 행정행위로 보면 그 요건이 충족되는 경우에, 이를 다른 행정행위로 보아 유효한 행정행위로 인정하는 것을 말한다. 통설적 견해에 의하면 취소할 수 있는 행정행위는 하자의 전환이 인정되지 않으며 무효인 행정행위에 대해서만 전환이 가능하다고 본다.

구분	내용
요건	1. 무효인 행정행위와 전환하려는 행위 사이에 요건·목적·효과에 있어 실질적인 공통성이 있어야 한다. 2. 양 행정행위에 대하여 동일한 행정기관이 권한을 가지고 있어야 한다. 3. 원처분이 전환되는 행위로서의 성립·발효요건을 갖추고 있어야 한다. 4. 당사자에게 원처분보다 불이익한 것이 아니어야 한다. 5. 제3자의 이익을 침해하지 않는 것이어야 한다.
하자의 전환을 인정한 경우 (판례)	1. 사자에 대한 과세처분을 상속인에 대한 과세처분으로 전환 2. 사자에 대한 광업허가처분을 상속인에 대한 광업허가처분으로 전환 3. 공무원이 아닌 자의 행위를 공무원의 행위로 인정하는 것

② 하자 있는 행정행위가 전환되면 새로운 행정행위로서 효력이 발생하며, 그 새로운 행정행위에 대해서는 소급효가 인정된다.

4. 해양경찰허가

(1) 해양경찰허가의 의의

일반적·상대적 금지를 특정한 경우에 해제하여 **적법**하게 특정행위를 할 수 있도록 자연적 자유를 회복시켜 주는 해양경찰처분을 말한다. 해양경찰허가는 허가를 유보한 일반적인 해양경찰금지, 즉 **일반적인 상대적 금지의 존재를 전제로 하여 행하여진다.**

(2) 해양경찰허가의 성질

① 허가를 유보했던 일반적·상대적 해양경찰금지를 해제하는 행정행위이므로 해양경찰허가는 작위·수인·급부의무의 해제인 **해양경찰면제와 구별**된다.

② 또한 해양경찰허가는 행정주체의 의사표시를 구성요소로 하는 법률행위적 행정행위인 점에서 사실적 행위인 해양경찰강제와 구별되고, 일반 국민에 대하여 의무를 해제하는(자연적 자유를 회복시켜 주는) 명령적 행정행위라는 점에서 **형성적 행정행위과 구별**된다.

③ 해양경찰허가는 그 형식상 법규가 재량으로 규정하고 있다고 하더라도 해양경찰법규에 어떤 경우에 허가할 수 있다는 기준이 있다면 그것은 해양경찰기관의 심사기준이 개입할 수 없는 기속행위에 해당한다. 또한 해양경찰법규가 허가 여부에 대하여 일정한 기준을 정하지 않고, 해양경찰기관이 그 허가 여부를 결정하기 위해 판단을 가할 여지가 있는 경우에는 그 해양경찰허가는 재량행위에 속하나 이 경우의 재량처분은 자유재량이 아니고 기속재량에 해당한다는 것이 통설적 견해이다.

④ 해양경찰허가는 원칙상 당사자의 신청을 필요로 하는 쌍방적 행정행위에 해당하지만 통행금지의 해제와 같이 상대방의 신청(출원) 없이 직권에 의해 행해지는 허가도 있다.

(3) 해양경찰허가의 효과

① 일반적 금지가 해제됨으로써 피허가자는 적법하게 허가된 행위를 할 수 있게 되지만, **타법상의 제한까지 해제되는 것은 아니다.** 그러므로 공무원이 음식점 영업허가를 받은 경우 식품위생법상의 금지만을 해제한 것이고 공무원법상의 영리업무금지까지 해제해 주는 것은 아니다.

② 해양경찰허가는 특정행위를 사실상 적법하게 할 수 있도록 하는 적법요건에 불과하다. 그러므로 무허가행위는 강제집행이나 행정벌의 대상은 되지만, **행위자체의 효력은 유효**하다.

5. 해양경찰작용의 부관

① 부관의 개념

㉠ 해양경찰작용의 효과를 제한 또는 보충하기 위하여 주된 의사표시에 부가된 종된 의사표시를 부관이라고 한다. 부관의 경우 명문규정이 없더라도 행정관청에 일정한 재량이 인정되는 경우에는 재량으로 부관을 붙인 행정처분이 가능하다.

㉡ 그러나 법정부관의 경우 처분의 효과제한이 법규에 의해 직접 규정되므로 여기서 말하는 부관과는 구별되는 개념이며 원칙적으로 부관의 개념에 속하지 않는다.

② 부관의 성질

㉠ 부관은 부종성을 가지므로 주된 행정행위의 존재에 의존한다는 성질을 가진다. 그러므로 부관만 독립하여 쟁송으로 다툴 수 없으며 원칙적으로 주된 의사표시와 부관을 전체로 하여 하나의 소송물로 다투는 것이 원칙이다.

㉡ 또한 부관은 주된 의사표시에 붙이는 종된 의사표시이므로 의사표시를 구성요소로 하는 법률행위적 행정행위에만 부관을 붙일 수 있고, 준법률행위적 행정행위에는 부관을 붙일 수 없다.

㉢ 그리고 부관이 법령에 위반되지 않는 한 법적 근거 없이 자유롭게 부관을 붙일 수 있다는 것이 통설적 견해이다. 다만, 부관이 법령상·목적상·조리상의 한계를 위반할 경우 무효가 된다.

③ 부관의 종류

㉠ 조건

조건이란 행정행위의 효과의 발생 또는 소멸을 장래의 불확실한 사실에 의존시키는 부관을 말한다. 그러므로 조건이 성취되면 당연히 효과가 발생하거나 소멸한다.

구분	내용
정지조건	1. 해양경찰작용 효과의 발생을 장래의 불확실한 사실에 의존시키는 부관으로 조건이 성취되면 그때부터 행정행위의 효력이 발생하고 조건이 성취될 수 없음이 확정되면 행정행위의 효력은 발생하지 않는다. 2. 도로확장을 조건으로 한 자동차운송사업허가, 시설완성을 전제로 한 학교법인의 설립허가
해제조건	1. 행정행위의 효과의 소멸을 장래의 불확실한 사실에 의존시키는 부관으로 일단 행정행위와 동시에 효력은 발생하지만 해제조건이 성취되면 그때부터 행정행위의 효력은 소멸하고, 반대로 해제조건이 성취될 수 없는 것으로 확정되면 행정행위의 효력은 소멸하지 않고 완전히 유효한 것으로 확정된다. 2. 기간 내에 공사를 착수하지 않으면 효력을 잃는다는 조건으로 행한 특허기업허가

㉡ 기한

기한이란 행정행위의 효력의 발생 또는 소멸을 확실한 장래의 사실에 의존케 하는 부관을 말한다. 그러나 기간은 사건에 해당하며 부관이 아니다.

구분		내용
효력발생 여부	시기	기한의 도래로 효력이 발생
	종기	기한의 도래로 효력이 소멸

확실성	확정기한	도래의 시기가 확실한 기한 예 일주일 후
	불확정기한	도래의 시기가 확실하지 않은 기한 예 비가 오면

ⓒ **부담**

ⓐ 부담이라 함은 수익적 행정행위의 주된 의사표시에 부가하여 그 효과를 받는 상대방에게 작위·수인·급부·부작위의무를 명하는 행정관청의 의사표시를 말한다. 부담은 독립성이 인정되지 않는 다른 부관과는 달리 그 자체가 하나의 독립된 행정행위이고 이는 '하명'으로서의 성질을 가지게 된다. 그러므로 주된 의사표시와 분리하여 독립적으로 소송의 대상이 될 수 있고, 해양경찰강제의 대상이 될 수 있다.

ⓑ 부담과 정지조건의 구별이 불분명한 경우에는 최소침해의 원칙에 따라 부담으로 보아야 한다.

⊕PLUS 부담부 행정행위의 특성

1. 부담은 본행정행위의 효력에 영향을 미치지 않는다.
2. 부담을 이행하지 않더라도 행정행위의 효력은 유지되며, 그 불이행의 상대방에 대해서는 행정상 강제집행이나 행정벌을 부과한다.
3. 부관에 해당하는 부담의 불이행으로 부담부 행정행위가 당연히 효력을 상실하는 것은 아니며 당해 의무불이행은 부담부 행정행위의 철회사유에 해당한다.

ⓓ **철회권(취소권)의 유보**

철회권의 유보는 행정행위의 주된 의사표시에 부가하여 특정한 경우에 행정행위를 철회할 수 있는 권리를 미리 유보하는 행정관청의 의사표시를 말한다. 철회권이 유보된 경우 철회사유가 발생하면 당연히 철회권을 행사할 수 있는가 아니면 상대방의 신뢰보호 또는 기득권 존중 등 일정한 조리상 제한을 받는 것인가에 대하여 다툼이 있으나 후자가 다수설과 판례의 입장이다.

ⓔ **부담권의 유보**

행정관청이 행정행위에 대하여 사후에 추가·변경·보충할 수 있는 권리를 유보하는 부관이다. 이는 장기간에 걸친 사회·경제적 변화에 대비하기 위한 것으로 행정행위 시에 미리 사후에 의무를 부과할 수 있는 근거를 마련하는 부관이다. 부담의 유보·행정행위의 사후변경의 유보·추가변경의 유보라고도 한다.

ⓕ **법률효과의 일부배제**

ⓐ 행정행위의 주된 의사표시에 부가하여, 법률에서 일반적으로 그 행위에 부여한 법률효과 중의 일부의 발생을 배제(제한)하는 행정관청의 의사표시를 말한다(격일제 운행을 조건으로 한 택시영업허가).

ⓑ 법률효과의 일부배제의 경우 법령이 부여하는 행정행위의 효과를 행정관청이 자의적으로 배제할 수 없는 것이 원칙이므로 법률효과의 일부배제는 법률에 개별적 근거가 있을 때에 한하여 인정된다.

⊕PLUS 수정허가(수정부담)

수정부담에 대해서는 독립된 행정행위라고 보는 견해(수정허가설, 독립된 행정행위설)가 다수설이며, 부관인 수정부담이라고 보는 견해(부관설)는 소수설의 견해이다.

④ **부관의 한계**

㉠ 부관은 법률행위적 행정행위에 속하는 재량행위에만 붙일 수 있고 기속행위에는 붙일 수 없다. 일반적으로 기속행위나 기속재량행위에는 부관을 붙일 수 없고, 부관을 붙였다 하더라도 이는 무효에 해당한다.

㉡ 사후부관의 인정 여부에 대하여 판례는 제한적으로 인정하는 견해를 취하고 있다. 부관의 사후변경은 법률에 명문의 규정이 있거나 그 변경이 미리 유보되어 있는 경우 또는 상대방의 동의가 있는 경우에 한하여 허용되는 것이 원칙이고 사정변경으로 인하여 당초에 부담을 부가한 목적을 달성할 수 없게 된 경우에도 그 목적달성에 필요한 범위 내에서 예외적으로 허용된다.

⑤ **부관의 하자**

㉠ **무효인 부관**

ⓐ 부관 자체의 하자(즉 부관이 강행법규위반, 불명확, 실현불능)인 경우나 부관을 붙일 수 없는 준법률행위적 행정행위나 기속행위에 부관을 붙인 경우, 부관이 필요한 한계를 명백히 넘어서 붙여진 경우 등은 외형적으로는 부관에 해당하는 해양경찰기관의 의사표시가 있음에도 불구하고 당연히 부관으로서의 효력은 발생하지 않는다.

ⓑ 무효인 부관은 원칙적으로 부관이 없는 허가로서 효력을 발생하나, 그 부관이 중대하여 주된 의사표시의 주요 부분을 구성하는 경우 해양경찰작용 자체도 무효가 된다.

㉡ **취소할 수 있는 부관**

ⓐ 권한 있는 기관에 의하여 취소될 때까지는 일단 유효한 부관에 해당한다. 부관에 취소원인이 있는 경우에는 사후에 일정한 절차에 따라 그것을 취소할 수 있을 뿐이다.

ⓑ 취소가 있었을 때에 그것이 행정행위의 효력에 미치는 영향은 부관의 무효의 경우와 동일하다.

㉢ **위법·부당한 부관에 대한 쟁송**

원칙적으로 부관은 행정행위의 주된 의사표시에 부가된 종된 의사표시로서 부관은 부종성을 가지고 양자가 하나의 행정행위가 되는 것이므로 부관만을 독립시켜 쟁송의 대상으로 삼을 수 없다. 그러나 부관 중 '부담'은 주된 의사표시와 독립된 그 자체로서 하나의 행정행위이므로 독립하여 쟁송의 대상이 될 수 있다.

6. 해양경찰면제

해양경찰면제란 법령에 의하여 과하여진 해양경찰상의 작위·수인·급부의무를 특정한 경우에 해제하여 주는 해양경찰상의 행정행위이다. 해양경찰상의 의무를 해제하여 주는 행위이므로 명령적 행위에 속하며, 해양경찰면제의 여부를 결정하는 것은 원칙적으로 해양경찰행정관청의 기속재량에 해당한다.

해양경찰면제와 해양경찰허가의 비교

구분	해양경찰면제	해양경찰허가
차이점	해양경찰상의 작위·급부·수인의 의무를 해제하는 행위	해양경찰금지(부작위의무)를 해제하는 것
공통점	의무의 해제	

7. 행정지도

(1) 행정주체가 일정한 행정목적의 실현을 위하여 상대방의 임의적 협력 또는 동의하에 일정한 행정질서의 형성을 유도하는 비권력적 사실행위를 말한다. 행정지도는 단순한 사실행위에 불과하므로 법적 효과가 발생하지 않으며 비권력적 사실행위로서 강제력도 발생하지 않는다.

(2) 행정지도는 상대방의 협력 · 동의 아래 행해지는 비권력적 사실행위이며 행정객체를 유도하는 행정주체의 행위이다.

8. 해양경찰상 의무이행 확보수단

(1) 의의

행정주체가 국민에게 의무를 부과했는 데도 불구하고 국민이 이를 이행하지 않을 경우 해양경찰목적을 달성하기 위한 불가결한 제도로서 구체적인 해양경찰목적을 실현하기 위한 실효성을 확보하기 위한 수단으로 해양경찰강제와 해양경찰벌이 존재한다.

(2) 수단

① 전통적 수단과 새로운 수단

구분	내용	
전통적 수단	해양경찰강제	강제집행 - 대집행, 집행벌(이행강제금), 강제징수, 직접강제
		즉시강제
		해양경찰조사
	해양경찰벌	해양경찰형벌, 해양경찰질서벌
새로운 수단	비금전적 제재	공급거부, 공표, 관허사업의 제한, 행정행위의 철회 · 정지, 취업제한
	금전적 제재	과징금(부과금), 가산세, 가산금(중가산금)

② 직접적 수단과 간접적 수단

구분	내용
직접적 수단	1. 강제집행(대집행, 직접강제, 강제징수) 2. 즉시강제(각 개별법상의 조치)
간접적 수단	1. 해양경찰벌(해양경찰형벌, 해양경찰질서벌) 2. 집행벌(이행강제금) 3. 새로운 수단(금전적 제재, 비금전적 제재)

(3) 해양경찰강제

해양경찰강제라 함은 해양경찰상의 목적(질서유지)을 위하여 개인의 신체 · 재산 또는 가택에 실력을 가하여, 해양경찰상 필요한 상태를 실현하는 사실상의 작용(사실행위)을 말하며 해양경찰상 강제집행과 해양경찰상 즉시강제로 구분할 수 있다.

① 해양경찰상의 강제집행

해양경찰상 강제집행이란 해양경찰하명에 의한 **해양경찰의무의 불이행을 전제**로 하여 상대방에게 실력을 행사하여 강제적으로 의무를 이행시키거나 이행된 것과 동일한 상태를 실현시키는 작용이다.

해양경찰상 강제집행의 수단(종류)

구분	내용
대집행	1. 의의 해양경찰법상의 대체적 작위의무를 진 자의 의무 불이행시 해양경찰행정관청이 스스로 그 행위를 하거나 또는 제3자로 하여금 의무자가 하여야 할 행위를 하게 함으로써 의무의 이행이 있는 것과 같은 상태를 실현시킨 후, 그에 관한 비용을 의무자로부터 징수하는 해양경찰상의 강제집행이다. 2. 법적 근거 일반법인 행정대집행법이 있다. 3. 대집행의 절차: 대집행의 계고 ➔ 대집행영장에 의한 통지 ➔ 대집행의 실행 ➔ 비용의 징수
집행벌 (이행강제금)	1. 의의 집행벌은 부작위의무 또는 비대체적 작위의무를 강제하기 위하여 일정한 기한까지 의무를 이행하지 않으면 금전적 제재를 가한다는 뜻을 미리 계고하여 의무자에게 심리적 압박을 가함으로써 의무이행을 간접적으로 강제하는 수단으로, 집행벌은 사후적 제제가 아니고 장래의 의무이행을 담보한다는 점에서 일사부재리의 원칙에 반하지 않는다. 2. 처분성이행강제금 부과처분에 대하여는 비송사건절차법에 의한 특별한 불복 절차가 마련되어 있으므로 항고소송의 대상이 되는 처분이 아니다. 3. 해양경찰벌과의 구별 사후적 제재로서의 성질이 아니라 의무이행의 확보에 그 주된 지향점이 있다는 점에서 해양경찰벌과 구별된다. 4. 즉시강제와의 구별 의무불이행을 전제로 한다는 점에서 즉시강제와 구별된다.
강제징수	1. 의의 해양경찰법상의 금전급부의무를 이행하지 않는 경우에 해양경찰행정관청이 강제적으로 의무가 이행된 것과 동일한 상태를 실현하는 해양경찰상 강제집행이다. 2. 법적 근거 일반법인 국세징수법에 근거한다. 3. 강제징수의 절차: 독촉처분 ➔ 체납처분(압류 – 매각 – 청산) ➔ 체납처분의 중지 ➔ 결손처분 순으로 진행된다.
직접강제	1. 의의 의무자가 의무를 이행하지 않는 경우엔 직접적으로 의무자의 신체 또는 재산에 실력을 가하여 행정상 필요한 상태를 실현하는 것으로 대체적 · 비대체적 작위의무 · 부작위 · 수인의무 불이행에 대해 행사할 수 있다. 2. 한계 인권침해의 소지가 큼으로 최후의 수단으로 사용되어야 하며, 각 일반법은 없고 각 개별법에서 규정하고 있다.

② 해양경찰상 즉시강제

㉠ 해양경찰상 즉시강제라 함은 목전의 급박한 해양경찰상 장해를 미연에 제거하고 장해발생을 예방하기 위하여 미리 의무를 명할 시간적 여유가 없을 때, 또는 그 성질상 의무를 명하는 것으로는 그 목적을 달성하기 곤란할 때에, 직접 국민의 신체 또는 재산에 실력을 가하여 해양경찰상 필요한 상태를 실현하는 작용을 말한다.

㉡ 적법한 즉시강제에 대해서는 손실보상, 위법한 즉시강제에 대해서는 행정상 쟁송, 정당방위, 손해배상청구, 직권에 의한 취소 · 정지, 공무원에 대한 징계요구, 청원, 고소 · 고발 등으로 구제받을 수 있다.

해양경찰상 강제집행과 즉시강제의 비교

구분	해양경찰상 강제집행	즉시강제
차이점	선의무의 존재 및 의무불이행을 전제	의무불이행을 전제하지 않음
공통점	1. 권력적 실력행사 2. 사실행위 3. 해양경찰목적의 실현을 확보하기 위한 수단	

(4) 해양경찰벌

해양경찰벌이라 함은 해양경찰법상의 의무위반에 대한 제재로서 일반통치권에 의하여 사후적으로 과하는 처벌을 말한다.

해양경찰벌의 종류

구분	해양경찰형벌	해양경찰질서벌
대상	해양경찰형벌은 직접적으로 행정목적을 침해한 행위에 대하여 과한다.	해양경찰질서벌은 간접적으로 행정법상 질서에 장해를 줄 위험성이 있는 행위에 대하여 과한다.
적용되는 벌	형법총칙에 규정된 9종의 형벌(사형 · 징역 · 금고 · 자격상실 · 자격정지 · 벌금 · 구류 · 과료 · 몰수)을 과한다.	형법총칙에 규정이 없는 벌, 즉 과태료를 과한다.
형법총칙의 적용 여부	형벌을 과하므로 행정형벌에는 형법총칙의 적용이 있다.	형법총칙에 없는 과태료로 벌하므로 해양경찰질서벌에는 형법총칙의 적용이 없다.
고의 · 과실	고의 · 과실, 위법성의 인식을 요한다.	고의 · 과실, 위법성의 인식을 요한다(견해의 대립이 있음)
과벌절차	해양경찰형벌은 형사소송법이 정하는 절차에 따라 처벌된다.	해양경찰질서벌은 비송사건절차법이 정하는 절차에 따라 처벌된다.

9. 질서위반행위 규제법

(1) 서설

법률상 의무의 효율적인 이행을 확보하고 국민의 권리와 이익을 보호하기 위하여 질서위반행위의 성립요건과 과태료의 부과 · 징수 및 재판 등에 관한 사항을 규정하는 것을 목적으로 한다.

과태료의 부과 · 징수, 재판 및 집행 등의 절차에 관한 다른 법률의 규정 중 이 법의 규정에 저촉되는 것은 이 법으로 정하는 바에 따른다.

질서위반행위규제법

제2조【정의】 이 법에서 사용하는 용어의 뜻은 다음과 같다.

1. "질서위반행위"란 법률(지방자치단체의 조례를 포함한다. 이하 같다)상의 의무를 위반하여 과태료를 부과하는 행위를 말한다. 다만, 다음 각 목의 어느 하나에 해당하는 행위를 제외한다.
   가. 대통령령으로 정하는 사법(私法)상 · 소송법상 의무를 위반하여 과태료를 부과하는 행위나. 대통령령으로 정하는 법률에 따른 징계사유에 해당하여 과태료를 부과하는 행위

지방자치법

제27조【조례위반에 대한 과태료】 ① 지방자치단체는 조례를 위반한 행위에 대하여 조례로써 1천만원 이하의 과태료를 정할 수 있다.
② 제1항에 따른 과태료는 해당 지방자치단체의 장이나 그 관할 구역 안의 지방자치단체의 장이 부과·징수한다.

질서위반행위규제법

제5조【다른 법률과의 관계】 과태료의 부과·징수, 재판 및 집행 등의 절차에 관한 다른 법률의 규정 중 이 법의 규정에 저촉되는 것은 이 법으로 정하는 바에 따른다.

구분	내용
시간적 범위 (제3조)	① 질서위반행위의 성립과 과태료 처분은 행위시의 법률에 따른다. ② 질서위반행위 후 법률이 변경되어 그 행위가 질서위반행위에 해당하지 아니하게 되거나 과태료가 변경되기 전의 법률보다 가볍게 된 때에는 법률에 특별한 규정이 없는 한 변경된 법률을 적용한다. ③ 행정청의 과태료 처분이나 법원의 과태료 재판이 확정된 후 법률이 변경되어 그 행위가 질서위반행위에 해당하지 아니하게 된 때에는 변경된 법률에 특별한 규정이 없는 한 과태료의 징수 또는 집행을 면제한다.
장소적 범위 (제4조)	① 이 법은 대한민국 영역 안에서 질서위반행위를 한 자에게 적용한다. ② 이 법은 대한민국 영역 밖에서 질서위반행위를 한 대한민국의 국민에게 적용한다. ③ 이 법은 대한민국 영역 밖에 있는 대한민국의 선박 또는 항공기 안에서 질서위반행위를 한 외국인에게 적용한다.

(2) 질서위반행위의 성립 등

구분	내용
질서위반행위 법정주의 (제6조)	법률에 따르지 아니하고는 어떤 행위도 질서위반행위로 과태료를 부과하지 아니한다.
고의 또는 과실 (제7조)	고의 또는 과실이 없는 질서위반행위는 과태료를 부과하지 아니한다.
위법성의 착오 (제8조)	자신의 행위가 위법하지 아니한 것으로 오인하고 행한 질서위반행위는 그 오인에 정당한 이유가 있는 때에 한하여 과태료를 부과하지 아니한다.
책임연령 (제9조)	14세가 되지 아니한 자의 질서위반행위는 과태료를 부과하지 아니한다. 다만, 다른 법률에 특별한 규정이 있는 경우에는 그러하지 아니하다.
심신장애 (제10조)	① 심신(心神)장애로 인하여 행위의 옳고 그름을 판단할 능력이 없거나 그 판단에 따른 행위를 할 능력이 없는 자의 질서위반행위는 과태료를 부과하지 아니한다. ② 심신장애로 인하여 제1항에 따른 능력이 미약한 자의 질서위반행위는 과태료를 감경한다. ③ 스스로 심신장애 상태를 일으켜 질서위반행위를 한 자에 대하여는 제1항 및 제2항을 적용하지 아니한다.

법인의 처리 등 (제11조)	① 법인의 대표자, 법인 또는 개인의 대리인·사용인 및 그 밖의 종업원이 업무에 관하여 법인 또는 그 개인에게 부과된 법률상의 의무를 위반한 때에는 법인 또는 그 개인에게 과태료를 부과한다. ② 제7조부터 제10조까지의 규정은 도로교통법 제56조 제1항에 따른 고용주 등을 같은 법 제160조 제3항에 따라 과태료를 부과하는 경우에는 적용하지 아니한다.
다수인의 질서위반행위 가담 (제12조)	① 2인 이상이 질서위반행위에 가담한 때에는 각자가 질서위반행위를 한 것으로 본다. ② 신분에 의하여 성립하는 질서위반행위에 신분이 없는 자가 가담한 때에는 신분이 없는 자에 대하여도 질서위반행위가 성립한다. ③ 신분에 의하여 과태료를 감경 또는 가중하거나 과태료를 부과하지 아니하는 때에는 그 신분의 효과는 신분이 없는 자에게는 미치지 아니한다.
수 개의 질서위반행위의 처리 (제13조)	① 하나의 행위가 2 이상의 질서위반행위에 해당하는 경우에는 각 질서위반행위에 대하여 정한 과태료 중 가장 중한 과태료를 부과한다. ② 제1항의 경우를 제외하고 2 이상의 질서위반행위가 경합하는 경우에는 각 질서위반행위에 대하여 정한 과태료를 각각 부과한다. 다만, 다른 법령(지방자치단체의 조례를 포함한다. 이하 같다)에 특별한 규정이 있는 경우에는 그 법령으로 정하는 바에 따른다.
과태료의 산정 (제14조)	행정청 및 법원은 과태료를 정함에 있어서 다음 각 호의 사항을 고려하여야 한다. 1. 질서위반행위의 동기·목적·방법·결과 2. 질서위반행위 이후의 당사자의 태도와 정황 3. 질서위반행위자의 연령·재산상태·환경 4. 그 밖에 과태료의 산정에 필요하다고 인정되는 사유
과태료의 시효 (제15조)	① 과태료는 행정청의 과태료 부과처분이나 법원의 과태료 재판이 확정된 후 5년간 징수하지 아니하거나 집행하지 아니하면 시효로 인하여 소멸한다. ② 제1항에 따른 소멸시효의 중단·정지 등에 관하여는 국세기본법 제28조를 준용한다.

(3) 행정청의 과태료 부과 및 징수

구분	내용
사전통지 및 의견 제출 등 (제16조)	① 행정청이 질서위반행위에 대하여 과태료를 부과하고자 하는 때에는 미리 당사자(제11조 제2항에 따른 고용주 등을 포함한다. 이하 같다)에게 대통령령으로 정하는 사항을 통지하고, 10일 이상의 기간을 정하여 의견을 제출할 기회를 주어야 한다. 이 경우 지정된 기일까지 의견 제출이 없는 경우에는 의견이 없는 것으로 본다. ② 당사자는 의견 제출 기한 이내에 대통령령으로 정하는 방법에 따라 행정청에 의견을 진술하거나 필요한 자료를 제출할 수 있다. ③ 행정청은 제2항에 따라 당사자가 제출한 의견에 상당한 이유가 있는 경우에는 과태료를 부과하지 아니하거나 통지한 내용을 변경할 수 있다.
과태료의 부과 (제17조)	① 행정청은 제16조의 의견 제출 절차를 마친 후에 서면(당사자가 동의하는 경우에는 전자문서를 포함한다. 이하 이 조에서 같다)으로 과태료를 부과하여야 한다. ② 제1항에 따른 서면에는 질서위반행위, 과태료 금액, 그 밖에 대통령령으로 정하는 사항을 명시하여야 한다.
신용카드 등에 의한 과태료의 납부 (제17조의2)	① 당사자는 과태료, 제24조에 따른 가산금, 중가산금 및 체납처분비를 대통령령으로 정하는 과태료 납부대행기관을 통하여 신용카드, 직불카드 등(이하 '신용카드 등'이라 한다)으로 낼 수 있다. ② 제1항에 따라 신용카드 등으로 내는 경우에는 과태료 납부대행기관의 승인일을 납부일로 본다.

	③ 과태료 납부대행기관은 납부자로부터 신용카드 등에 의한 과태료 납부대행 용역의 대가로 납부대행 수수료를 받을 수 있다. ④ 과태료 납부대행기관의 지정 및 운영, 납부대행 수수료에 관한 사항은 대통령령으로 정한다.
자진납부자에 대한 과태료 감경 (제18조)	① 행정청은 당사자가 제16조에 따른 의견 제출 기한 이내에 과태료를 자진하여 납부하고자 하는 경우에는 대통령령으로 정하는 바에 따라 과태료를 감경할 수 있다. **질서위반행위규제법 시행령** **제5조【자진납부자에 대한 과태료 감경】** 법 제18조 제1항에 따라 자진납부하는 경우 감경할 수 있는 금액은 부과될 과태료의 100분의 20의 범위 이내로 한다. **제2조의2【과태료 감경】** ① 행정청은 법 제16조에 따른 사전통지 및 의견 제출 결과 당사자가 다음 각 호의 어느 하나에 해당하는 경우에는 해당 과태료 금액의 100분의 50의 범위에서 과태료를 감경할 수 있다. 다만, 과태료를 체납하고 있는 당사자에 대해서는 그러하지 아니하다. 1. 국민기초생활 보장법 제2조에 따른 수급자 2. 한부모가족 지원법 제5조 및 제5조의2 제2항·제3항에 따른 보호대상자 3. 장애인복지법 제2조에 따른 제1급부터 제3급까지의 장애인 4. 국가유공자 등 예우 및 지원에 관한 법률 제6조의4에 따른 1급부터 3급까지의 상이등급 판정을 받은 사람 5. 미성년자 ② 법령상 감경할 사유가 여러 개 있는 경우라도 제1항에 따라 감경을 하는 경우에는 법 제18조에 따른 감경을 제외하고는 거듭 감경할 수 없다. ② 당사자가 제1항에 따라 감경된 과태료를 납부한 경우에는 해당 질서위반행위에 대한 과태료 부과 및 징수절차는 종료한다.
과태료 부과의 제척기간 (제19조)	① 행정청은 질서위반행위가 종료된 날(다수인이 질서위반행위에 가담한 경우에는 최종행위가 종료된 날을 말한다)부터 5년이 경과한 경우에는 해당 질서위반행위에 대하여 과태료를 부과할 수 없다. ② 제1항에도 불구하고 행정청은 제36조 또는 제44조에 따른 법원의 결정이 있는 경우에는 그 결정이 확정된 날부터 1년이 경과하기 전까지는 과태료를 정정부과하는 등 해당 결정에 따라 필요한 처분을 할 수 있다.
이의제기 (제20조)	① 행정청의 과태료 부과에 불복하는 당사자는 제17조 제1항에 따른 과태료 부과 통지를 받은 날부터 60일 이내에 해당 행정청에 서면으로 이의제기를 할 수 있다. ② 제1항에 따른 이의제기가 있는 경우에는 행정청의 과태료 부과처분은 그 효력을 상실한다. ③ 당사자는 행정청으로부터 제21조 제3항에 따른 통지를 받기 전까지는 행정청에 대하여 서면으로 이의제기를 철회할 수 있다.
가산금 징수 및 체납처분 등 (제24조)	① 행정청은 당사자가 납부기한까지 과태료를 납부하지 아니한 때에는 납부기한을 경과한 날부터 체납된 과태료에 대하여 100분의 3에 상당하는 가산금을 징수한다. ② 체납된 과태료를 납부하지 아니한 때에는 납부기한이 경과한 날부터 매 1개월이 경과할 때마다 체납된 과태료의 1천분의 12에 상당하는 가산금(이하 이 조에서 '중가산금'이라 한다)을 제1항에 따른 가산금에 가산하여 징수한다. 이 경우 중가산금을 가산하여 징수하는 기간은 60개월을 초과하지 못한다.

	③ 행정청은 당사자가 제20조 제1항에 따른 기한 이내에 이의를 제기하지 아니하고 제1항에 따른 가산금을 납부하지 아니한 때에는 국세 또는 지방세 체납처분의 예에 따라 징수한다. ④ 행정청의 과태료 결손처분에 관하여는 국세징수법 제86조를 준용한다.
과태료의 징수유예 등(제24조의3)	① 행정청은 당사자가 다음 각 호의 어느 하나에 해당하여 과태료(체납된 과태료와 가산금, 중가산금 및 체납처분비를 포함한다. 이하 이 조에서 같다)를 납부하기가 곤란하다고 인정되면 1년의 범위에서 대통령령으로 정하는 바에 따라 과태료의 분할납부나 납부기일의 연기(이하 '징수유예 등'이라 한다)를 결정할 수 있다. 1. 국민기초생활 보장법에 따른 수급권자 2. 국민기초생활 보장법에 따른 차상위계층 중 다음 각 목의 대상자 가. 의료급여법에 따른 수급권자 나. 한부모가족지원법에 따른 지원대상자 다. 자활사업 참여자 3. 장애인복지법 제2조 제2항에 따른 장애인 4. 본인 외에는 가족을 부양할 사람이 없는 사람 5. 불의의 재난으로 피해를 당한 사람 6. 납부의무자 또는 그 동거 가족이 질병이나 중상해로 1개월 이상의 장기 치료를 받아야 하는 경우 7. 채무자 회생 및 파산에 관한 법률에 따른 개인회생절차개시결정자 8. 고용보험법에 따른 실업급여수급자 9. 그 밖에 제1호부터 제8호까지에 준하는 것으로서 대통령령으로 정하는 부득이한 사유가 있는 경우 **질서위반행위규제법 시행령** **제7조의2【과태료의 징수유예 등】** ① 행정청은 법 제24조의3 제1항에 따라 과태료의 분할납부나 납부기일의 연기(이하 '징수유예 등'이라 한다)를 결정하는 경우 그 기간을 그 징수유예 등을 결정한 날의 다음 날부터 9개월 이내로 하여야 한다. 다만, 그 기간이 만료될 때까지 법 제24조의3 제1항에 따른 징수유예 등의 사유가 해소되지 아니하는 경우에는 1회에 한정하여 3개월의 범위에서 그 기간을 연장할 수 있다. ② 법 제24조의3 제1항 제9호에서 "대통령령으로 정하는 부득이한 사유가 있는 경우"란 다음 각 호의 어느 하나에 해당하는 경우를 말한다. 1. 도난 등으로 재산에 현저한 손실을 입은 경우 2. 사업이 중대한 위기에 처한 경우 3. 과태료를 일시에 내면 생계유지가 곤란하거나 자금사정에 현저한 어려움이 예상되는 경우 ③ 행정청은 제1항에 따라 징수유예 등을 결정하는 경우 법 제24조의3 제1항에 따른 징수유예 등의 사유를 고려하여 납부기한의 연기, 분할납부의 횟수 및 금액을 정한다.

(4) 고액 · 상습체납자에 대한 제재(질서위반행위규제법 제54조)

① 법원은 검사의 청구에 따라 결정으로 **30일**의 범위 이내에서 과태료의 납부가 있을 때까지 다음 각 호의 사유에 모두 해당하는 경우 체납자(법인인 경우에는 대표자를 말한다. 이하 이 조에서 같다)를 감치(監置)에 처할 수 있다.

1. 과태료를 3회 이상 체납하고 있고, 체납발생일부터 각 1년이 경과하였으며, 체납금액의 합계가 1천만원 이상인 체납자 중 대통령령으로 정하는 횟수와 금액 이상을 체납한 경우
2. 과태료 납부능력이 있음에도 불구하고 정당한 사유 없이 체납한 경우

② 행정청은 과태료 체납자가 제1항 각 호의 사유에 모두 해당하는 경우에는 관할 지방검찰청 또는 지청의 검사에게 체납자의 감치를 신청할 수 있다.
③ 제1항의 결정에 대하여는 즉시항고를 할 수 있다.
④ 제1항에 따라 감치에 처하여진 과태료 체납자는 동일한 체납사실로 인하여 재차 감치되지 아니한다.
⑤ 제1항에 따른 감치에 처하는 재판 절차 및 그 집행, 그 밖에 필요한 사항은 대법원규칙으로 정한다.

05 경찰관 직무집행법

1. 개요

(1) 경찰관직무집행법은 경찰관의 직무범위·권리남용의 금지 등을 규정하고 있기 때문에 해양경찰작용법이 불비한 현시점에서는 해양경찰작용에 관한 일반법으로서의 성격을 가진 법이라고 할 수 있다. 경찰관직무집행법은 해양경찰상 즉시강제에 관한 일반법으로서의 성격을 갖고 있으며, 동시에 강제를 수반하지 않는 임의적 수단(사실행위)에 대해서도 규정하고 있다.

(2) 경찰관직무집행법에는 법률적 효과가 발생하는 해양경찰하명(명령·금지)이나 해양경찰허가·해양경찰면제에 대한 규정은 없으나 해양경찰권의 발동의 주축을 이루는 각종 사실행위(해양경찰상 즉시강제)는 이 법을 토대로 한다.

2. 경찰관직무집행법의 인적 적용범위

(1) 경찰공무원

경찰관직무집행법은 경찰공무원법상의 경찰공무원과 의무경찰대 설치 및 운영에 관한 법률상의 의무경찰대원의 직무수행에 적용된다.

의무경찰대 설치 및 운영에 관한 법률

제2조 【조직】 ① 의무경찰대의 대원은 제2조의3에 따라 임용된 의무경찰(이하 '의무경찰'이라 한다)과 경찰공무원법에 따른 국가경찰공무원으로 구성한다.

제2조의3 【의무경찰의 임용 및 경찰대학 졸업자의 의무경찰대 복무】 ① 의무경찰은 병역법 제25조 제1항에 따라 전환복무된 사람 중에서 임용한다.
② 경찰대학을 졸업하고 경위로 임용된 사람으로서 병역법 제25조 제1항에 따라 전환복무된 사람은 전환복무기간 중 의무경찰대의 대원으로 복무하여야 한다.

⊕ PLUS

의무경찰도 경찰관직무집행법상의 경찰관에 해당한다. 그러나 경찰관의 직무수행을 보조하는 입장에 있으므로 명시적·묵시적으로 지시를 받은 경우에는 단독으로 불심검문·보호조치·무기사용 등의 권한을 행사할 수 있다. 그러나 긴급체포는 사법경찰관에게만 주어진 권한이므로 의무경찰은 물리적인 보조는 가능하지만 법률적인 보조권은 없다고 본다.

(2) 청원경찰

청원경찰은 청원경찰법 제3조에 근거하여 그 경비구역 내에서 경비임무를 수행하며, 이때 경찰관 직무집행법에 의한 직무를 수행한다.

청원경찰법

제3조 【청원경찰의 직무】 청원경찰은 제4조 제2항에 따라 청원경찰의 배치 결정을 받은 자{이하 '청원주'(請願主)라 한다}와 배치된 기관·시설 또는 사업장 등의 구역을 관할하는 경찰서장의 감독을 받아 그 경비구역만의 경비를 목적으로 필요한 범위에서 경찰관 직무집행법에 따른 경찰관의 직무를 수행한다.

(3) 기타

특별사법경찰관리와 제주자치경찰도 경찰관 직무집행법에 의한 직무를 수행한다.

제주특별자치도 설치 및 국제자유도시 조성을 위한 특별법

제96조 【경찰관 직무집행법의 준용】 ① 자치경찰공무원이 자치경찰사무를 수행할 때에는 경찰관 직무집행법 제3조부터 제7조까지, 제10조, 제10조의2부터 제10조의4까지, 제11조 및 제12조를 준용한다.
② 제1항에 따라 경찰관 직무집행법을 준용할 때에는 다음 각 호에 따른다.
1. "경찰관"은 "자치경찰공무원"으로 본다.
2. 경찰관 직무집행법 제3조 제2항 전단 중 "경찰서·지구대·파출소 또는 출장소(지방해양경찰관서를 포함하며, 이하 '경찰관서'라 한다)"는 "경찰서·지구대·파출소·출장소(지방해양경찰관서를 포함한다) 또는 자치경찰단 사무소"로 보고, 같은 조 제6항 중 "경찰관서"는 "경찰서·지구대·파출소·출장소(지방해양경찰관서를 포함한다) 또는 자치경찰단 사무소"로 보며, 같은 법 제4조 제1항 각 호 외의 부분, 같은 조 제3항 및 제7항 중 "경찰관서"는 각각 "자치경찰단 사무소"로 보고, 같은 법 제4조 제5항 및 제6항 중 "소속 경찰서장 또는 지방해양경찰관서의 장"은 각각 "자치경찰단장"으로 본다.

경찰관 직무집행법의 문제점

1. 경찰관 직무집행법의 기본법적 지위의 미흡
2. 경찰권발동의 근거로서의 개괄적 수권조항의 인정 여부에 대한 견해 대립
3. 경찰직무의 한계로서 타 기관과의 관계에 대한 규정이 미비
4. 경찰의 사권보호와 관련하여 민사관계에 관한 경찰의 개입한계 또는 원칙의 미비
5. 경찰권 행사의 제한 기준의 부족
6. 경찰상의 긴급상태에서 경찰비책임자에 대한 경찰권발동 규정의 미흡
7. 경찰비용의 책임에 관한 규정의 미비
8. 기타 경찰강제, 상환청구권과 배상청구권 등의 불비(손실보상이나 보상금 지급에 관한 규정은 존재함)
9. 현재의 각종 경찰활동의 법적 근거에 대하여 구체적 수권이 의문시되는 사안 등이 존재

3. 목적

제1조 【목적】 ① 이 법은 국민의 자유와 권리 및 모든 개인이 가지는 불가침의 기본적 인권을 보호하고 사회공공의 질서를 유지하기 위한 경찰관(경찰공무원만 해당한다. 이하 같다)의 직무 수행에 필요한 사항을 규정함을 목적으로 한다.
② 이 법에 규정된 경찰관의 직권은 그 직무 수행에 필요한 최소한도에서 행사되어야 하며 남용되어서는 아니 된다.

경찰관의 직무상 권한은 직무수행에 필요한 최소한도에서 행사되어야 한다는 규정은 경찰비례의 원칙의 명시적 규정이라 할 수 있다.

4. 경찰관 직무집행법상 경찰관의 직무범위

제2조 【직무의 범위】 경찰관은 다음 각 호의 직무를 수행한다.
1. 국민의 생명·신체 및 재산의 보호
2. 범죄의 예방·진압 및 수사
2의2. 범죄피해자 보호
3. 경비, 주요 인사(人士) 경호 및 대간첩·대테러 작전 수행
4. 공공안녕에 대한 위험의 예방과 대응을 위한 정보의 수집·작성 및 배포
5. 교통 단속과 교통 위해(危害)의 방지
6. 외국 정부기관 및 국제기구와의 국제협력
7. 그 밖에 공공의 안녕과 질서 유지

5. 불심검문

제3조 【불심검문】 ① 경찰관은 다음 각 호의 어느 하나에 해당하는 사람을 정지시켜 질문할 수 있다.
1. 수상한 행동이나 그 밖의 주위 사정을 합리적으로 판단해 볼 때 어떠한 죄를 범하였거나 범하려 하고 있다고 의심할 만한 상당한 이유가 있는 사람
2. 이미 행하여진 범죄나 행하여지려고 하는 범죄행위에 관한 사실을 안다고 인정되는 사람

② 경찰관은 제1항에 따라 같은 항 각 호의 사람을 정지시킨 장소에서 질문을 하는 것이 그 사람에게 불리하거나 교통에 방해가 된다고 인정될 때에는 질문을 하기 위하여 가까운 경찰서·지구대·파출소 또는 출장소(지방해양경찰관서를 포함하며, 이하 "경찰관서"라 한다)로 동행할 것을 요구할 수 있다. 이 경우 동행을 요구받은 사람은 그 요구를 거절할 수 있다.

③ 경찰관은 제1항 각 호의 어느 하나에 해당하는 사람에게 질문을 할 때에 그 사람이 흉기를 가지고 있는지를 조사할 수 있다.

④ 경찰관은 제1항이나 제2항에 따라 질문을 하거나 동행을 요구할 경우 자신의 신분을 표시하는 증표를 제시하면서 소속과 성명을 밝히고 질문이나 동행의 목적과 이유를 설명하여야 하며, 동행을 요구하는 경우에는 동행 장소를 밝혀야 한다.

⑤ 경찰관은 제2항에 따라 동행한 사람의 가족이나 친지 등에게 동행한 경찰관의 신분, 동행 장소, 동행 목적과 이유를 알리거나 본인으로 하여금 즉시 연락할 수 있는 기회를 주어야 하며, 변호인의 도움을 받을 권리가 있음을 알려야 한다.

⑥ 경찰관은 제2항에 따라 동행한 사람을 6시간을 초과하여 경찰관서에 머물게 할 수 없다.

⑦ 제1항부터 제3항까지의 규정에 따라 질문을 받거나 동행을 요구받은 사람은 형사소송에 관한 법률에 따르지 아니하고는 신체를 구속당하지 아니하며, 그 의사에 반하여 답변을 강요당하지 아니한다.

경찰관 직무집행법 시행령

제5조 【신분을 표시하는 증표】 법 제3조 제4항 및 법 제7조 제4항의 신분을 표시하는 증표는 경찰공무원의 공무원증으로 한다.

6. 보호조치 등

제4조【보호조치 등】 ① 경찰관은 수상한 행동이나 그 밖의 주위 사정을 합리적으로 판단해 볼 때 다음 각 호의 어느 하나에 해당하는 것이 명백하고 응급구호가 필요하다고 믿을 만한 상당한 이유가 있는 사람(이하 "구호대상자"라 한다)을 발견하였을 때에는 보건의료기관이나 공공구호기관에 긴급구호를 요청하거나 경찰관서에 보호하는 등 적절한 조치를 할 수 있다.

1. 정신착란을 일으키거나 술에 취하여 자신 또는 다른 사람의 생명 · 신체 · 재산에 위해를 끼칠 우려가 있는 사람
2. 자살을 시도하는 사람
3. 미아, 병자, 부상자 등으로서 적당한 보호자가 없으며 응급구호가 필요하다고 인정되는 사람. 다만, 본인이 구호를 거절하는 경우는 제외한다.

② 제1항에 따라 긴급구호를 요청받은 보건의료기관이나 공공구호기관은 정당한 이유 없이 긴급구호를 거절할 수 없다.

③ 경찰관은 제1항의 조치를 하는 경우에 구호대상자가 휴대하고 있는 무기 · 흉기 등 위험을 일으킬 수 있는 것으로 인정되는 물건을 경찰관서에 임시로 영치(領置)해 놓을 수 있다.

④ 경찰관은 제1항의 조치를 하였을 때에는 지체 없이 구호대상자의 가족, 친지 또는 그 밖의 연고자에게 그 사실을 알려야 하며, 연고자가 발견되지 아니할 때에는 구호대상자를 적당한 공공보건의료기관이나 공공구호기관에 즉시 인계하여야 한다.

⑤ 경찰관은 제4항에 따라 구호대상자를 공공보건의료기관이나 공공구호기관에 인계하였을 때에는 즉시 그 사실을 소속 경찰서장이나 지방해양경찰관서의 장에게 보고하여야 한다.

⑥ 제5항에 따라 보고를 받은 소속 경찰서장이나 지방해양경찰관서의 장은 대통령령으로 정하는 바에 따라 구호대상자를 인계한 사실을 지체 없이 해당 공공보건의료기관 또는 공공구호기관의 장 및 그 감독행정관청에 통보하여야 한다.

⑦ 제1항에 따라 구호대상자를 경찰관서에서 보호하는 기간은 24시간을 초과할 수 없고, 제3항에 따라 물건을 경찰관서에 임시로 영치하는 기간은 10일을 초과할 수 없다.

⊕ PLUS

경찰관의 긴급구호 요청을 받은 보건의료기관이나 공공구호기관은 정당한 이유 없이 긴급구호의 요청을 거부할 수 없다. 그러나 정당한 사유 없이 요청을 거부하더라도 경찰관 직무집행법에는 처벌할 수 있는 근거 규정이 없다. 이때는 '응급의료에 관한 법률'에 처벌에 관한 근거 규정이 있으므로 이에 의한다.

응급의료에 관한 법률

제6조【응급의료의 거부금지 등】 ② 응급의료종사자는 업무 중에 응급의료를 요청받거나 응급환자를 발견하면 즉시 응급의료를 하여야 하며 정당한 사유 없이 이를 거부하거나 기피하지 못한다.

제60조【벌칙】 ② 다음 각 호의 어느 하나에 해당하는 사람은 3년 이하의 징역 또는 3천만원 이하의 벌금에 처한다.

1. 제6조 제2항을 위반하여 응급의료를 거부 또는 기피한 응급의료종사자

7. 위험 발생의 방지 등

제5조【위험 발생의 방지 등】 ① 경찰관은 인명 또는 신체에 위해를 끼치거나 재산에 중대한 손해를 끼칠 우려가 있는 천재(天災), 사변(事變), 인공구조물의 파손이나 붕괴, 교통사고, 위험물의 폭발, 위험한 동물 등의 출현, 극도의 혼잡, 그 밖의 위험한 사태가 있을 때에는 다음 각 호의 조치를 할 수 있다.
1. 그 장소에 모인 사람, 사물(事物)의 관리자, 그 밖의 관계인에게 필요한 경고를 하는 것
2. 매우 긴급한 경우에는 위해를 입을 우려가 있는 사람을 필요한 한도에서 억류하거나 피난시키는 것
3. 그 장소에 있는 사람, 사물의 관리자, 그 밖의 관계인에게 위해를 방지하기 위하여 필요하다고 인정되는 조치를 하게 하거나 직접 그 조치를 하는 것

② 경찰관서의 장은 대간첩 작전의 수행이나 소요(騷擾) 사태의 진압을 위하여 필요하다고 인정되는 상당한 이유가 있을 때에는 대간첩 작전지역이나 경찰관서 · 무기고 등 국가중요시설에 대한 접근 또는 통행을 제한하거나 금지할 수 있다.
③ 경찰관은 제1항의 조치를 하였을 때에는 지체 없이 그 사실을 소속 경찰관서의 장에게 보고하여야 한다.
④ 제2항의 조치를 하거나 제3항의 보고를 받은 경찰관서의 장은 관계기관의 협조를 구하는 등 적절한 조치를 하여야 한다.

8. 범죄의 예방과 제지

제6조【범죄의 예방과 제지】 경찰관은 범죄행위가 목전(目前)에 행하여지려고 하고 있다고 인정될 때에는 이를 예방하기 위하여 관계인에게 필요한 경고를 하고, 그 행위로 인하여 인명 · 신체에 위해를 끼치거나 재산에 중대한 손해를 끼칠 우려가 있는 긴급한 경우에는 그 행위를 제지할 수 있다.

9. 위험 방지를 위한 출입

제7조【위험 방지를 위한 출입】 ① 경찰관은 제5조 제1항 · 제2항 및 제6조에 따른 위험한 사태가 발생하여 인명 · 신체 또는 재산에 대한 위해가 임박한 때에 그 위해를 방지하거나 피해자를 구조하기 위하여 부득이하다고 인정하면 합리적으로 판단하여 필요한 한도에서 다른 사람의 토지 · 건물 · 배 또는 차에 출입할 수 있다.
② 흥행장(興行場), 여관, 음식점, 역, 그 밖에 많은 사람이 출입하는 장소의 관리자나 그에 준하는 관계인은 경찰관이 범죄나 인명 · 신체 · 재산에 대한 위해를 예방하기 위하여 해당 장소의 영업시간이나 해당 장소가 일반인에게 공개된 시간에 그 장소에 출입하겠다고 요구하면 정당한 이유 없이 그 요구를 거절할 수 없다.
③ 경찰관은 대간첩 작전 수행에 필요할 때에는 작전지역에서 제2항에 따른 장소를 검색할 수 있다.
④ 경찰관은 제1항부터 제3항까지의 규정에 따라 필요한 장소에 출입할 때에는 그 신분을 표시하는 증표를 제시하여야 하며, 함부로 관계인이 하는 정당한 업무를 방해해서는 아니 된다.

10. 사실의 확인 등

제8조【사실의 확인 등】 ① 경찰관서의 장은 직무 수행에 필요하다고 인정되는 상당한 이유가 있을 때에는 국가기관이나 공사(公私) 단체 등에 직무 수행에 관련된 사실을 조회할 수 있다. 다만, 긴급한 경우에는 소속 경찰관으로 하여금 현장에 나가 해당 기관 또는 단체의 장의 협조를 받아 그 사실을 확인하게 할 수 있다.

② 경찰관은 다음 각 호의 직무를 수행하기 위하여 필요하면 관계인에게 출석하여야 하는 사유·일시 및 장소를 명확히 적은 출석 요구서를 보내 경찰관서에 출석할 것을 요구할 수 있다.
1. 미아를 인수할 보호자 확인
2. 유실물을 인수할 권리자 확인
3. 사고로 인한 사상자(死傷者) 확인
4. 행정처분을 위한 교통사고 조사에 필요한 사실 확인

11. 정보의 수집 등

제8조의2 【정보의 수집 등】 ① 경찰관은 범죄·재난·공공갈등 등 공공안녕에 대한 위험의 예방과 대응을 위한 정보의 수집·작성·배포와 이에 수반되는 사실의 확인을 할 수 있다.
② 제1항에 따른 정보의 구체적인 범위와 처리 기준, 정보의 수집·작성·배포에 수반되는 사실의 확인 절차와 한계는 대통령령으로 정한다.

⊕ PLUS 경찰관의 정보수집 및 처리 등에 관한 규정

제1조 【목적】 이 영은 경찰관 직무집행법 제8조의2에 따라 경찰관이 수집·작성·배포할 수 있는 공공안녕에 대한 위험의 예방과 대응을 위한 정보의 구체적인 범위와 처리 기준, 정보의 수집·작성·배포에 수반되는 사실의 확인 절차 및 한계에 관하여 규정함을 목적으로 한다.

제2조 【정보활동의 기본원칙 등】 ① 공공안녕에 대한 위험의 예방과 대응을 위한 정보의 수집·작성·배포와 이에 수반되는 사실의 확인을 위해 경찰관이 수행하는 활동(이하 '정보활동'이라 한다)은 국민의 자유와 권리를 보호하는 것을 목적으로 해야 하며, 필요 최소한의 범위에 그쳐야 한다.
② 경찰관은 정보활동과 관련하여 다음 각 호의 행위를 해서는 안 된다.
1. 정치에 관여하기 위해 정보를 수집·작성·배포하는 행위
2. 법령의 직무 범위를 벗어나 개인의 동향 등을 파악하기 위해 사생활에 관한 정보를 수집·작성·배포하는 행위
3. 상대방의 명시적 의사에 반해 자료 제출이나 의견 표명을 강요하는 행위
4. 부당한 민원이나 청탁을 직무 관련자에게 전달하는 행위
5. 직무상 알게 된 정보를 누설하거나 개인의 이익을 위해 사용하는 행위
6. 직무와 무관한 비공식적 직함을 사용하는 행위
③ 경찰청장 또는 해양경찰청장은 정보활동이 적법하게 이루어지도록 현장점검·교육 강화 방안 등을 수립·시행해야 한다.

제3조 【수집 등 대상 정보의 구체적인 범위】 경찰관이 경찰관 직무집행법(이하 '법'이라 한다) 제8조의2 제1항에 따라 수집·작성·배포할 수 있는 정보의 구체적인 범위는 다음 각 호와 같다.
1. 범죄의 예방과 대응에 필요한 정보
2. 형의 집행 및 수용자의 처우에 관한 법률 제126조의2 또는 '보호관찰 등에 관한 법률' 제55조의3에 따라 통보되는 정보의 대상자인 수형자·가석방자의 재범방지 및 피해자의 보호에 필요한 정보
3. 국가중요시설의 안전 및 주요 인사(人士)의 보호에 필요한 정보
4. 방첩·대테러활동 등 국가안전을 위한 활동에 필요한 정보
5. 재난·안전사고 등으로부터 국민안전을 확보하기 위한 정보
6. 집회·시위 등으로 인한 공공갈등과 다중운집에 따른 질서 및 안전 유지에 필요한 정보
7. 국민의 생명·신체·재산의 보호와 공공안녕에 대한 위험의 예방과 대응을 위한 정책에 관한 정보[해당 정책의 입안·집행·평가를 위해 객관적이고 필요한 사항에 관한 정보로 한정하며, 이와 직접적·구체적으로 관련이 없는 사생활·신조(信條) 등에 관한 정보는 제외한다]
8. 도로 교통의 위해(危害) 방지·제거 및 원활한 소통 확보를 위한 정보
9. 보안업무규정 제45조 제1항에 따라 경찰청장이 위탁받은 신원조사 또는 공공기관의 정보공개에 관한 법률 제2조 제3호에 따른 공공기관의 장이 법령에 근거하여 요청한 사실의 확인을 위한 정보
10. 그 밖에 제1호부터 제9호까지에서 규정한 사항에 준하는 정보

제4조 【정보의 수집 및 사실의 확인 절차】 ① 경찰관은 법 제8조의2 제1항에 따라 정보를 수집하거나 정보의 수집 · 작성 · 배포에 수반되는 사실을 확인하려는 경우에는 상대방에게 자신의 신분을 밝히고 정보 수집 또는 사실 확인의 목적을 설명해야 한다. 이 경우 강제적인 방법을 사용해서는 안 된다.
② 제1항 전단에도 불구하고 다음 각 호의 어느 하나에 해당하는 경우에는 같은 항 전단에서 규정한 절차를 생략할 수 있다.
1. 국민의 생명 · 신체의 안전이나 국가안보에 긴박한 위험이 발생할 우려가 있는 경우
2. 범죄의 대응을 위한 정보활동에 현저한 지장을 초래할 우려가 있는 경우
③ 경찰관은 정보를 제공하거나 사실을 확인해 준 자가 신분이나 처우와 관련하여 불이익을 받지 않도록 비밀유지 등 필요한 조치를 해야 한다.

제5조 【정보 수집 등을 위한 출입의 한계】 경찰관은 다음 각 호의 장소에 상시적으로 출입해서는 안 되며, 정보활동을 위해 필요한 경우에 한정하여 일시적으로만 출입해야 한다.
1. 언론 · 교육 · 종교 · 시민사회 단체 등 민간단체
2. 민간기업
3. 정당의 사무소

제6조 【정보의 작성】 경찰관은 수집한 정보를 작성할 때 객관적 사실에 기초해 중립적으로 작성해야 하며, 정치에 관여하는 등 특정한 목적을 가지고 그 내용을 왜곡해서는 안 된다.

제7조 【수집 · 작성한 정보의 처리】 ① 경찰관은 수집 · 작성한 정보를 그 목적 외의 용도로 사용해서는 안 된다.
② 경찰관은 공공안녕에 대한 위험의 예방과 대응을 위해 필요한 경우에는 수집 · 작성한 정보를 관계 기관 등에 통보할 수 있다.
③ 경찰관은 수집 · 작성한 정보가 그 목적이 달성되어 불필요하게 되었을 때에는 지체 없이 그 정보를 폐기해야 한다. 다만, 다른 법령에 따라 보존해야 하는 경우는 제외한다.

제8조 【위법한 지시의 금지 및 거부】 ① 누구든지 정보활동과 관련하여 경찰관에게 이 영과 그 밖의 법령에 반하여 지시해서는 안 된다.
② 경찰관은 명백히 위법한 지시라고 판단되는 경우에는 그 집행을 거부할 수 있다.
③ 경찰관은 명백히 위법한 지시를 거부했다는 이유로 인사 · 직무 등과 관련한 어떠한 불이익도 받지 않는다.

제9조 【세부 사항】 이 영에서 규정한 사항 외에 경찰관의 정보활동에 필요한 세부 사항은 경찰청장 또는 해양경찰청장이 정한다.

12. 국제협력

제8조의3 【국제협력】 경찰청장 또는 해양경찰청장은 이 법에 따른 경찰관의 직무수행을 위하여 외국 정부기관, 국제기구 등과 자료 교환, 국제협력 활동 등을 할 수 있다.

13. 유치장

제9조 【유치장】 법률에서 정한 절차에 따라 체포 · 구속된 사람 또는 신체의 자유를 제한하는 판결이나 처분을 받은 사람을 수용하기 위하여 경찰서와 해양경찰서에 유치장을 둔다.

14. 경찰장비의 사용 등

제10조 【경찰장비의 사용 등】 ① 경찰관은 직무수행 중 경찰장비를 사용할 수 있다. 다만, 인명이나 신체에 위해를 끼칠 수 있는 경찰장비(이하 이 조에서 '위해성 경찰장비'라 한다)를 사용할 때에는 필요한 안전교육과 안전검사를 받은 후 사용하여야 한다.

② 제1항 본문에서 "경찰장비"란 무기, 경찰장구(警察裝具), 최루제(催淚劑)와 그 발사장치, 살수차, 감식기구(鑑識機具), 해안 감시기구, 통신기기, 차량·선박·항공기 등 경찰이 직무를 수행할 때 필요한 장치와 기구를 말한다.
③ 경찰관은 경찰장비를 함부로 개조하거나 경찰장비에 임의의 장비를 부착하여 일반적인 사용법과 달리 사용함으로써 다른 사람의 생명·신체에 위해를 끼쳐서는 아니 된다.
④ 위해성 경찰장비는 필요한 최소한도에서 사용하여야 한다.
⑤ 경찰청장은 위해성 경찰장비를 새로 도입하려는 경우에는 대통령령으로 정하는 바에 따라 안전성 검사를 실시하여 그 안전성 검사의 결과보고서를 국회 소관 상임위원회에 제출하여야 한다. 이 경우 안전성 검사에는 외부 전문가를 참여시켜야 한다.
⑥ 위해성 경찰장비의 종류 및 그 사용기준, 안전교육·안전검사의 기준 등은 대통령령으로 정한다.

15. 경찰장구의 사용

제10조의2【경찰장구의 사용】 ① 경찰관은 다음 각 호의 직무를 수행하기 위하여 필요하다고 인정되는 상당한 이유가 있을 때에는 그 사태를 합리적으로 판단하여 필요한 한도에서 경찰장구를 사용할 수 있다.
1. 현행범이나 사형·무기 또는 장기 3년 이상의 징역이나 금고에 해당하는 죄를 범한 범인의 체포 또는 도주 방지
2. 자신이나 다른 사람의 생명·신체의 방어 및 보호
3. 공무집행에 대한 항거(抗拒) 제지

② 제1항에서 "경찰장구"란 경찰관이 휴대하여 범인 검거와 범죄 진압 등의 직무 수행에 사용하는 수갑, 포승(捕繩), 경찰봉, 방패 등을 말한다.

16. 분사기 등의 사용

제10조의3【분사기 등의 사용】 경찰관은 다음 각 호의 직무를 수행하기 위하여 부득이한 경우에는 현장책임자가 판단하여 필요한 최소한의 범위에서 분사기(총포·도검·화약류 등의 안전관리에 관한 법률에 따른 분사기를 말하며, 그에 사용하는 최루 등의 작용제를 포함한다. 이하 같다) 또는 최루탄을 사용할 수 있다.
1. 범인의 체포 또는 범인의 도주 방지
2. 불법집회·시위로 인한 자신이나 다른 사람의 생명·신체와 재산 및 공공시설 안전에 대한 현저한 위해의 발생 억제

17. 무기의 사용

제10조의4【무기의 사용】 ① 경찰관은 범인의 체포, 범인의 도주 방지, 자신이나 다른 사람의 생명·신체의 방어 및 보호, 공무집행에 대한 항거의 제지를 위하여 필요하다고 인정되는 상당한 이유가 있을 때에는 그 사태를 합리적으로 판단하여 필요한 한도에서 무기를 사용할 수 있다. 다만, 다음 각 호의 어느 하나에 해당할 때를 제외하고는 사람에게 위해를 끼쳐서는 아니 된다.
1. 형법에 규정된 정당방위와 긴급피난에 해당할 때
2. 다음 각 목의 어느 하나에 해당하는 때에 그 행위를 방지하거나 그 행위자를 체포하기 위하여 무기를 사용하지 아니하고는 다른 수단이 없다고 인정되는 상당한 이유가 있을 때
   가. 사형·무기 또는 장기 3년 이상의 징역이나 금고에 해당하는 죄를 범하거나 범하였다고 의심할 만한 충분한 이유가 있는 사람이 경찰관의 직무집행에 항거하거나 도주하려고 할 때

나. 체포 · 구속영장과 압수 · 수색영장을 집행하는 과정에서 경찰관의 직무집행에 항거하거나 도주하려고 할 때
다. 제3자가 가목 또는 나목에 해당하는 사람을 도주시키려고 경찰관에게 항거할 때
라. 범인이나 소요를 일으킨 사람이 무기 · 흉기 등 위험한 물건을 지니고 경찰관으로부터 3회 이상 물건을 버리라는 명령이나 항복하라는 명령을 받고도 따르지 아니하면서 계속 항거할 때
3. 대간첩 작전 수행 과정에서 무장간첩이 항복하라는 경찰관의 명령을 받고도 따르지 아니할 때
② 제1항에서 "무기"란 사람의 생명이나 신체에 위해를 끼칠 수 있도록 제작된 권총 · 소총 · 도검 등을 말한다.
③ 대간첩 · 대테러 작전 등 국가안전에 관련되는 작전을 수행할 때에는 개인화기(個人火器) 외에 공용화기(共用火器)를 사용할 수 있다.

18. 사용기록의 보관

제11조【사용기록의 보관】 제10조 제2항에 따른 살수차, 제10조의3에 따른 분사기, 최루탄 또는 제10조의4에 따른 무기를 사용하는 경우 그 책임자는 사용 일시 · 장소 · 대상, 현장책임자, 종류, 수량 등을 기록하여 보관하여야 한다.

⊕ PLUS 위해성 경찰장비의 사용기준 등에 관한 규정

제1조【목적】 이 영은 경찰관 직무집행법 제10조에 따라 경찰공무원이 직무를 수행할 때 사용할 수 있는 사람의 생명이나 신체에 위해를 끼칠 수 있는 경찰장비의 종류 · 사용기준 및 안전관리 등에 관한 사항을 규정함을 목적으로 한다.

제2조【위해성 경찰장비의 종류】 경찰관 직무집행법(이하 '법'이라 한다) 제10조 제1항 단서에 따른 사람의 생명이나 신체에 위해를 끼칠 수 있는 경찰장비(이하 '위해성 경찰장비'라 한다)의 종류는 다음 각 호와 같다.
1. 경찰장구: 수갑 · 포승(捕繩) · 호송용포승 · 경찰봉 · 호신용경봉 · 전자충격기 · 방패 및 전자방패
2. 무기: 권총 · 소총 · 기관총(기관단총을 포함한다. 이하 같다) · 산탄총 · 유탄발사기 · 박격포 · 3인치포 · 함포 · 크레모아 · 수류탄 · 폭약류 및 도검
3. 분사기 · 최루탄 등: 근접분사기 · 가스분사기 · 가스발사총(고무탄 발사겸용을 포함한다. 이하 같다) 및 최루탄(그 발사장치를 포함한다. 이하 같다)
4. 기타장비: 가스차 · 살수차 · 특수진압차 · 물포 · 석궁 · 다목적발사기 및 도주차량차단장비

제4조【영장집행 등에 따른 수갑 등의 사용기준】 경찰관(경찰공무원으로 한정한다. 이하 같다)은 체포 · 구속영장을 집행하거나 신체의 자유를 제한하는 판결 또는 처분을 받은 자를 법률이 정한 절차에 따라 호송하거나 수용하기 위하여 필요한 때에는 최소한의 범위안에서 수갑 · 포승 또는 호송용포승을 사용할 수 있다.

제5조【자살방지 등을 위한 수갑 등의 사용기준 및 사용보고】 경찰관은 범인 · 술에 취한 사람 또는 정신착란자의 자살 또는 자해기도를 방지하기 위하여 필요한 때에는 수갑 · 포승 또는 호송용포승을 사용할 수 있다. 이 경우 경찰관은 소속 국가경찰관서의 장(경찰청장 · 해양경찰청장 · 시 · 도경찰청장 · 지방해양경찰청장 · 경찰서장 또는 해양경찰서장 기타 경무관 · 총경 · 경정 또는 경감을 장으로 하는 국가경찰관서의 장을 말한다.이하 같다)에게 그 사실을 보고해야 한다.

제8조【전자충격기 등의 사용제한】 ① 경찰관은 14세 미만의 자 또는 임산부에 대하여 전자충격기 또는 전자방패를 사용하여서는 아니 된다.
② 경찰관은 전극침(電極針) 발사장치가 있는 전자충격기를 사용하는 경우 상대방의 얼굴을 향하여 전극침을 발사하여서는 아니 된다.

제9조【총기사용의 경고】 경찰관은 법 제10조의4에 따라 사람을 향하여 권총 또는 소총을 발사하고자 하는 때에는 미리 구두 또는 공포탄에 의한 사격으로 상대방에게 경고하여야 한다. 다만, 다음 각 호의 어느 하나에 해당하는 경우로서 부득이한 때에는 경고하지 아니할 수 있다.

1. 경찰관을 급습하거나 타인의 생명 · 신체에 대한 중대한 위험을 야기하는 범행이 목전에 실행되고 있는 등 상황이 급박하여 특히 경고할 시간적 여유가 없는 경우
2. 인질 · 간첩 또는 테러사건에 있어서 은밀히 작전을 수행하는 경우

제10조 【권총 또는 소총의 사용제한】 ① 경찰관은 법 제10조의4의 규정에 의하여 권총 또는 소총을 사용하는 경우에 있어서 범죄와 무관한 다중의 생명 · 신체에 위해를 가할 우려가 있는 때에는 이를 사용하여서는 아니 된다. 다만, 권총 또는 소총을 사용하지 아니하고는 타인 또는 경찰관의 생명 · 신체에 대한 중대한 위험을 방지할 수 없다고 인정되는 때에는 필요한 최소한의 범위안에서 이를 사용할 수 있다.
② 경찰관은 총기 또는 폭발물을 가지고 대항하는 경우를 제외하고는 14세 미만의 자 또는 임산부에 대하여 권총 또는 소총을 발사하여서는 아니 된다.

제11조 【동물의 사살】 경찰관은 공공의 안전을 위협하는 동물을 사살하기 위하여 부득이한 때에는 권총 또는 소총을 사용할 수 있다.

제12조 【가스발사총 등의 사용제한】 ① 경찰관은 범인의 체포 또는 도주방지, 타인 또는 경찰관의 생명 · 신체에 대한 방호, 공무집행에 대한 항거의 억제를 위하여 필요한 때에는 최소한의 범위안에서 가스발사총을 사용할 수 있다. 이 경우 경찰관은 1미터 이내의 거리에서 상대방의 얼굴을 향하여 이를 발사하여서는 아니 된다.
② 경찰관은 최루탄발사기로 최루탄을 발사하는 경우 30도 이상의 발사각을 유지하여야 하고, 가스차 · 살수차 또는 특수진압차의 최루탄발사대로 최루탄을 발사하는 경우에는 15도 이상의 발사각을 유지하여야 한다.

제13조 【가스차 · 특수진압차 · 물포의 사용기준】 ① 경찰관은 불법집회 · 시위 또는 소요사태로 인하여 발생할 수 있는 타인 또는 경찰관의 생명 · 신체의 위해와 재산 · 공공시설의 위험을 억제하기 위하여 부득이한 경우에는 현장책임자의 판단에 의하여 필요한 최소한의 범위에서 가스차를 사용할 수 있다.
② 경찰관은 소요사태의 진압, 대간첩 · 대테러작전의 수행을 위하여 부득이한 경우에는 필요한 최소한의 범위안에서 특수진압차를 사용할 수 있다.
③ 경찰관은 불법해상시위를 해산시키거나 선박운항정지(정선)명령에 불응하고 도주하는 선박을 정지시키기 위하여 부득이한 경우에는 현장책임자의 판단에 의하여 필요한 최소한의 범위안에서 경비함정의 물포를 사용할 수 있다. 다만, 사람을 향하여 직접 물포를 발사해서는 안 된다.

제14조 【석궁의 사용기준】 경찰관은 총기 · 폭발물 기타 위험물로 무장한 범인 또는 인질범의 체포, 대간첩 · 대테러작전 등 국가안전에 관련되는 작전을 은밀히 수행하거나 총기를 사용할 경우에는 화재 · 폭발의 위험이 있는 등 부득이한 때에 한하여 현장책임자의 판단에 의하여 필요한 최소한의 범위안에서 석궁을 사용할 수 있다.

제18조 【위해성 경찰장비에 대한 안전검사】 위해성 경찰장비를 사용하는 경찰관이 소속한 국가경찰관서의 장은 소속 경찰관이 사용할 위해성 경찰장비에 대한 안전검사를 별표 2의 기준에 따라 실시하여야 한다.

제19조 【위해성 경찰장비의 개조 등】 국가경찰관서의 장은 폐기대상인 위해성 경찰장비 또는 성능이 저하된 위해성 경찰장비를 개조할 수 있으며, 소속경찰관으로 하여금 이를 본래의 용법에 준하여 사용하게 할 수 있다.

제20조 【사용기록의 보관 등】 ① 제2조 제2호부터 제4호까지의 위해성 경찰장비(제4호의 경우에는 살수차만 해당한다)를 사용하는 경우 그 현장책임자 또는 사용자는 별지 서식의 사용보고서를 작성하여 직근상급 감독자에게 보고하고, 직근상급 감독자는 이를 3년간 보관하여야 한다.
② 제1항의 규정에 의하여 제2조 제2호의 무기 사용보고를 받은 직근상급 감독자는 지체 없이 지휘계통을 거쳐 경찰청장 또는 해양경찰청장에게 보고하여야 한다.

제21조 【부상자에 대한 긴급조치】 경찰관이 위해성 경찰장비를 사용하여 부상자가 발생한 경우에는 즉시 구호, 그 밖에 필요한 긴급조치를 하여야 한다.

19. 손실보상

제11조의2 【손실보상】 ① 국가는 경찰관의 적법한 직무집행으로 인하여 다음 각 호의 어느 하나에 해당하는 손실을 입은 자에 대하여 정당한 보상을 하여야 한다.
1. 손실발생의 원인에 대하여 책임이 없는 자가 생명 · 신체 또는 재산상의 손실을 입은 경우(손실발생의 원인에 대하여 책임이 없는 자가 경찰관의 직무집행에 자발적으로 협조하거나 물건을 제공하여 생명 · 신체 또는 재산상의 손실을 입은 경우를 포함한다)

2. 손실발생의 원인에 대하여 책임이 있는 자가 자신의 책임에 상응하는 정도를 초과하는 생명 · 신체 또는 재산상의 손실을 입은 경우

② 제1항에 따른 보상을 청구할 수 있는 권리는 손실이 있음을 안 날부터 3년, 손실이 발생한 날부터 5년간 행사하지 아니하면 시효의 완성으로 소멸한다.

③ 제1항에 따른 손실보상신청 사건을 심의하기 위하여 손실보상심의위원회를 둔다.

④ 경찰청장 또는 시 · 도경찰청장은 제3항의 손실보상심의위원회의 심의 · 의결에 따라 보상금을 지급하고, 거짓 또는 부정한 방법으로 보상금을 받은 사람에 대하여는 해당 보상금을 환수하여야 한다.

⑤ 보상금이 지급된 경우 손실보상심의위원회는 대통령령으로 정하는 바에 따라 국가경찰위원회에 심사자료와 결과를 보고하여야 한다. 이 경우 국가경찰위원회는 손실보상의 적법성 및 적정성 확인을 위하여 필요한 자료의 제출을 요구할 수 있다.

⑥ 경찰청장 또는 시 · 도경찰청장은 제4항에 따라 보상금을 반환하여야 할 사람이 대통령령으로 정한 기한까지 그 금액을 납부하지 아니한 때에는 국세 체납처분의 예에 따라 징수할 수 있다.

⑦ 제1항에 따른 손실보상의 기준, 보상금액, 지급 절차 및 방법, 제3항에 따른 손실보상심의위원회의 구성 및 운영, 제4항 및 제6항에 따른 환수절차, 그 밖에 손실보상에 관하여 필요한 사항은 대통령령으로 정한다.

손실보상의 기준 및 보상금액 (시행령 제9조)	① 법 제11조의2 제1항에 따라 손실보상을 할 때 물건을 멸실 · 훼손한 경우에는 다음 각 호의 기준에 따라 보상한다. 1. 손실을 입은 물건을 수리할 수 있는 경우: 수리비에 상당하는 금액 2. 손실을 입은 물건을 수리할 수 없는 경우: 손실을 입은 당시의 해당 물건의 교환가액 3. 영업자가 손실을 입은 물건의 수리나 교환으로 인하여 영업을 계속할 수 없는 경우: 영업을 계속할 수 없는 기간 중 영업상 이익에 상당하는 금액 ② 물건의 멸실 · 훼손으로 인한 손실 외의 재산상 손실에 대해서는 직무집행과 상당한 인과관계가 있는 범위에서 보상한다. ③ 법 제11조의2 제1항에 따라 손실보상을 할 때 생명 · 신체상의 손실의 경우에는 별표의 기준에 따라 보상한다. ④ 법 제11조의2 제1항에 따라 보상금을 지급받을 사람이 동일한 원인으로 다른 법령에 따라 보상금 등을 지급받은 경우 그 보상금 등에 상당하는 금액을 제외하고 보상금을 지급한다.
손실보상의 지급절차 및 방법 (시행령 제10조)	① 법 제11조의2에 따라 경찰관의 적법한 직무집행으로 인하여 발생한 손실을 보상받으려는 사람은 별지 제4호 서식의 보상금 지급 청구서에 손실내용과 손실금액을 증명할 수 있는 서류를 첨부하여 손실보상청구 사건 발생지를 관할하는 국가경찰관서의 장에게 제출하여야 한다. ② 제1항에 따라 보상금 지급 청구서를 받은 국가경찰관서의 장은 해당 청구서를 제11조 제1항에 따른 손실보상청구 사건을 심의할 손실보상심의위원회가 설치된 경찰청, 해양경찰청, 시 · 도경찰청 및 지방해양경찰청의 장(이하 '경찰청장 등'이라 한다)에게 보내야 한다. ③ 제2항에 따라 보상금 지급 청구서를 받은 경찰청장 등은 손실보상심의위원회의 심의 · 의결에 따라 보상 여부 및 보상금액을 결정하되, 다음 각 호의 어느 하나에 해당하는 경우에는 그 청구를 각하(却下)하는 결정을 하여야 한다. 1. 청구인이 같은 청구 원인으로 보상신청을 하여 보상금 지급 여부에 대하여 결정을 받은 경우. 다만, 기각 결정을 받은 청구인이 손실을 증명할 수 있는 새로운 증거가 발견되었음을 소명(疎明)하는 경우는 제외한다. 2. 손실보상 청구가 요건과 절차를 갖추지 못한 경우. 다만, 그 잘못된 부분을 시정할 수 있는 경우는 제외한다.

	④ 경찰청장 등은 제3항에 따른 결정일부터 10일 이내에 다음 각 호의 구분에 따른 통지서에 결정 내용을 적어서 청구인에게 통지하여야 한다. 1. 보상금을 지급하기로 결정한 경우: 별지 제5호 서식의 보상금 지급 청구 승인 통지서 2. 보상금 지급 청구를 각하하거나 보상금을 지급하지 아니하기로 결정한 경우: 별지 제6호 서식의 보상금 지급 청구 기각 · 각하 통지서 ⑤ 보상금은 다른 법률에 특별한 규정이 있는 경우를 제외하고는 현금으로 지급하여야 한다. ⑥ 보상금은 일시불로 지급하되, 예산 부족 등의 사유로 일시금으로 지급할 수 없는 특별한 사정이 있는 경우에는 청구인의 동의를 받아 분할하여 지급할 수 있다. ⑦ 보상금을 지급받은 사람은 보상금을 지급받은 원인과 동일한 원인으로 인한 부상이 악화되거나 새로 발견되어 다음 각 호의 어느 하나에 해당하는 경우에는 보상금의 추가 지급을 청구할 수 있다. 이 경우 보상금 지급 청구, 보상금액 결정, 보상금 지급 결정에 대한 통지, 보상금 지급 방법 등에 관하여는 제1항부터 제6항까지의 규정을 준용한다. 1. 별표 제2호에 따른 부상등급이 변경된 경우(부상등급 외의 부상에서 제1급부터 제8급까지의 등급으로 변경된 경우를 포함한다) 2. 별표 제2호에 따른 부상등급 외의 부상에 대해 부상등급의 변경은 없으나 보상금의 추가 지급이 필요한 경우 ⑧ 제1항부터 제7항까지에서 규정한 사항 외에 손실보상의 청구 및 지급에 필요한 사항은 경찰청장 또는 해양경찰청장이 정한다.
손실보상심의위원회의 설치 및 구성 (시행령 제11조)	① 법 제11조의2 제3항에 따라 소속 경찰공무원의 직무집행으로 인하여 발생한 손실보상청구 사건을 심의하기 위하여 경찰청, 해양경찰청, 시 · 도경찰청 및 지방해양경찰청에 손실보상심의위원회(이하 '위원회'라 한다)를 설치한다. ② 위원회는 위원장 1명을 포함한 5명 이상 7명 이하의 위원으로 구성한다. ③ 위원회의 위원은 소속 경찰공무원과 다음 각 호의 어느 하나에 해당하는 사람 중에서 경찰청장 등이 위촉하거나 임명한다. 이 경우 위원의 과반수 이상은 경찰공무원이 아닌 사람으로 하여야 한다. 1. 판사 · 검사 또는 변호사로 5년 이상 근무한 사람 2. 고등교육법 제2조에 따른 학교에서 법학 또는 행정학을 가르치는 부교수 이상으로 5년 이상 재직한 사람 3. 경찰 업무와 손실보상에 관하여 학식과 경험이 풍부한 사람 ④ 위촉위원의 임기는 2년으로 한다. ⑤ 위원회의 사무를 처리하기 위하여 위원회에 간사 1명을 두되, 간사는 소속 경찰공무원 중에서 경찰청장 등이 지명한다.
위원장 (시행령 제12조)	① 위원장은 위원 중에서 호선(互選)한다. ② 위원장은 위원회를 대표하며, 위원회의 업무를 총괄한다. ③ 위원장이 부득이한 사유로 직무를 수행할 수 없는 때에는 위원장이 미리 지명한 위원이 그 직무를 대행한다.
손실보상심의 위원회의 운영 (시행령 제13조)	① 위원장은 위원회의 회의를 소집하고, 그 의장이 된다. ② 위원회의 회의는 재적위원 과반수의 출석으로 개의(開議)하고, 출석위원 과반수의 찬성으로 의결한다. ③ 위원회는 심의를 위하여 필요한 경우에는 관계 공무원이나 관계 기관에 사실조사나 자료의 제출 등을 요구할 수 있으며, 관계 전문가에게 필요한 정보의 제공이나 의견의 진술 등을 요청할 수 있다.

위원의 제척 · 기피 · 회피 (시행령 제14조)	① 위원회의 위원이 다음 각 호의 어느 하나에 해당하는 경우에는 위원회의 심의 · 의결에서 제척(除斥)된다. 1. 위원 또는 그 배우자나 배우자였던 사람이 심의 안건의 청구인인 경우 2. 위원이 심의 안건의 청구인과 친족이거나 친족이었던 경우 3. 위원이 심의 안건에 대하여 증언, 진술, 자문, 용역 또는 감정을 한 경우 4. 위원이나 위원이 속한 법인이 심의 안건 청구인의 대리인이거나 대리인이었던 경우 5. 위원이 해당 심의 안건의 청구인인 법인의 임원인 경우 ② 청구인은 위원에게 공정한 심의 · 의결을 기대하기 어려운 사정이 있는 경우에는 위원회에 기피 신청을 할 수 있고, 위원회는 의결로 이를 결정한다. 이 경우 기피 신청의 대상인 위원은 그 의결에 참여하지 못한다. ③ 위원이 제1항 각 호에 따른 제척 사유에 해당하는 경우에는 스스로 해당 안건의 심의 · 의결에서 회피(回避)하여야 한다.
위원의 해촉 (시행령 제15조)	경찰청장 등은 위원회의 위원이 다음 각 호의 어느 하나에 해당하는 경우에는 해당 위원을 해촉(解囑)할 수 있다. 1. 심신장애로 인하여 직무를 수행할 수 없게 된 경우 2. 직무태만, 품위손상이나 그 밖의 사유로 위원으로 적합하지 아니하다고 인정되는 경우 3. 제14조 제1항 각 호의 어느 하나에 해당하는 데에도 불구하고 회피하지 아니한 경우 4. 제16조를 위반하여 직무상 알게 된 비밀을 누설한 경우
비밀 누설의 금지 (시행령 제16조)	위원회의 회의에 참석한 사람은 직무상 알게 된 비밀을 누설해서는 아니 된다.
위원회의 운영 등에 필요한 사항 (시행령 제17조)	제11조부터 제16조까지에서 규정한 사항 외에 위원회의 운영 등에 필요한 사항은 경찰청장이 정한다.
보상금의 환수절차 (제17조의2)	① 경찰청장 또는 시 · 도경찰청장은 법 제11조의2 제4항에 따라 보상금을 환수하려는 경우에는 위원회의 심의 · 의결에 따라 환수 여부 및 환수금액을 결정하고, 거짓 또는 부정한 방법으로 보상금을 받은 사람에게 다음 각 호의 내용을 서면으로 통지해야 한다. 1. 환수사유 2. 환수금액 3. 납부기한 4. 납부기관 ② 법 제11조의2 제6항에서 "대통령령으로 정한 기한"이란 제1항에 따른 통지일부터 40일 이내의 범위에서 경찰청장 또는 시 · 도경찰청장이 정하는 기한을 말한다. ③ 제1항 및 제2항에서 규정한 사항 외에 보상금 환수절차에 관하여 필요한 사항은 경찰청장이 정한다.
국가경찰위원회 보고 등 (제17조의3)	① 법 제11조의2 제5항에 따라 위원회(경찰청 및 시 · 도경찰청에 설치된 위원회만 해당한다. 이하 이 조에서 같다)는 보상금 지급과 관련된 심사자료와 결과를 반기별로 국가경찰위원회에 보고해야 한다. ② 경찰위원회는 필요하다고 인정하는 때에는 수시로 보상금 지급과 관련된 심사자료와 결과에 대한 보고를 위원회에 요청할 수 있다. 이 경우 위원회는 그 요청에 따라야 한다.

20. 벌칙

> **제12조 【벌칙】** 이 법에 규정된 경찰관의 의무를 위반하거나 직권을 남용하여 다른 사람에게 해를 끼친 사람은 1년 이하의 징역이나 금고에 처한다.

08 해양경비법

1. 총칙

(1) 목적(제1조)

이 법은 경비수역에서의 해양안보 확보, 치안질서 유지, 해양수산자원 및 해양시설 보호를 위하여 해양경비에 관한 사항을 규정함으로써 국민의 안전과 공공질서의 유지에 이바지함을 목적으로 한다.

(2) 정의(제2조)

이 법에서 사용하는 용어의 뜻은 다음과 같다.

구분	내용
해양경비	해양경찰청장이 경비수역에서 해양주권의 수호를 목적으로 행하는 해양안보 및 해양치안의 확보, 해양수산자원 및 해양시설의 보호를 위한 경찰권의 행사를 말한다.
경비수역	대한민국의 법령과 국제법에 따라 대한민국의 권리가 미치는 수역으로서 연안수역, 근해수역 및 원해수역을 말한다.
연안수역	영해 및 접속수역법 제1조 및 제3조에 따른 영해 및 내수(내수면어업법 제2조 제1호에 따른 내수면은 제외한다)를 말한다.
근해수역	영해 및 접속수역법 제3조의2에 따른 접속수역을 말한다.
원해수역	해양수산발전 기본법 제3조 제1호에 따른 해양 중 연안수역과 근해수역을 제외한 수역을 말한다.
해양수산자원	해양수산발전 기본법 제3조 제2호에 따른 해양수산자원을 말한다.
해양시설	해양환경관리법 제2조 제17호에 따른 해양시설을 말한다.
경비세력	해양경찰청장이 해양경비를 목적으로 투입하는 인력, 함정, 항공기 및 전기통신설비 등을 말한다.
해상검문검색	해양경찰청장이 경비세력을 사용하여 경비수역에서 선박 등을 대상으로 정선(停船) 요구, 승선(乘船), 질문, 사실 확인, 선체(船體) 수색이나 그 밖에 필요한 조치를 하는 것을 말한다.
선박 등	선박법 제1조의2 제1항에 따른 선박(이하 '선박'이라 한다), 수상레저안전법 제2조 제3호에 따른 수상레저기구, 어선법 제2조 제1호에 따른 어선, 그 밖에 수상에서 사람이 탑승하여 이동 가능한 기구를 말한다.

임해 중요시설	바다와 인접하고 있는 공공기관, 공항, 항만, 발전소, 조선소 및 저유소(貯油所) 등 국민경제의 기간(基幹)이 되는 주요 산업시설로서 대통령령으로 정하는 시설을 말한다. **해양경비법 시행령** **제2조【임해 중요시설의 범위】** 해양경비법(이하 '법'이라 한다) 제2조 제11호에서 "대통령령으로 정하는 시설"이란 다음 각 호의 시설 중 해양경찰청장이 지정 · 고시하는 시설을 말한다. 1. 국가, 지방자치단체 또는 공공기관의 운영에 관한 법률 제4조에 따른 공공기관의 청사 2. 공항시설법에 따른 비행장 및 공항 3. 항만법에 따른 항만 및 항만시설 4. 발전소 · 조선소 · 제철소 및 저유소(貯油所) 등 국가기간(基幹) 산업시설

(3) 국가의 책무(제3조)

국가는 경비수역에서의 해양안보 및 해양치안을 확보하고 해양수산자원 및 해양시설을 보호하기 위하여 해양경비에 필요한 제도와 여건을 확립하고 이를 위한 시책을 마련하여 추진하여야 한다.

(4) 적용 범위(제4조)

이 법은 다음 각 호의 어느 하나에 해당하는 선박 등이나 해양시설에 대하여 적용한다.

1. 경비수역에 있는 선박 등이나 해양시설
2. 경비수역을 제외한 수역에 있는 선박법 제2조에 따른 대한민국 선박

(5) 다른 법률과의 관계(제5조)

① 해양경비에 관하여 **통합방위법에서 규정한 것을 제외**하고는 이 법에서 정하는 바에 따른다.

② 해양경비에 관하여 이 법에서 규정한 것을 제외하고는 **경찰관 직무집행법**을 적용한다.

(6) 해양경찰의 날(제5조의2)

국민에게 해양주권 수호의 중요성을 널리 알리고 해양안전 의식을 높이기 위하여 **매년 9월 10일**을 해양경찰의 날로 정하여 기념행사를 한다.

2. 해양경비 활동

(1) 해양경비기본계획의 수립(제6조)

① 해양경찰청장은 해양경비 활동을 효율적으로 수행하기 위하여 **해양경비기본계획**(이하 '기본계획'이라 한다)을 **5년**마다 수립하고 추진하여야 한다.

② 기본계획에는 다음 각 호의 사항이 포함되어야 한다.

1. 주변정세의 변화에 따른 해양치안 수요 분석에 관한 사항
2. 해양치안 수요에 따른 경비세력의 운용방안 및 국제공조에 관한 사항
3. 경비세력 증감에 대한 전망 및 인력 · 재원의 조달에 관한 사항
4. 경비수역별 특성에 알맞은 경비 방법에 관한 사항
5. 그 밖에 해양경비 운용에 필요한 사항

③ 해양경찰청장은 기본계획을 수립하려는 경우에는 외교부장관, 국방부장관, 경찰청장 등 관계 중앙행정기관의 장 및 특별시장 · 광역시장 · 특별자치시장 · 도지사 · 특별자치도지사(이하 '시 · 도지사'라 한다)의 의견을 들어야 한다.

④ 해양경찰청장은 수립된 기본계획에 따라 **매년** 전년도 해양경비 실적이나 치안여건 등을 분석하여 해당 연도의 중점 경비대상과 달성목표 등을 포함한 **연간 해양경비계획을 수립**하여야 한다.

(2) 해양경비 활동의 범위(제7조)

해양경찰청 소속 경찰공무원(이하 "해양경찰관"이라 한다)은 다음 각 호의 어느 하나에 해당하는 해양경비 활동을 수행한다.

1. 해양 관련 범죄에 대한 예방
2. 해양오염 방제 및 해양수산자원 보호에 관한 조치
3. 해상경호, 대(對)테러 및 대간첩작전 수행
4. 해양시설의 보호에 관한 조치
5. 해상항행 보호에 관한 조치
6. 그 밖에 경비수역에서 해양경비를 위한 공공의 안녕과 질서유지

(3) 권한남용의 금지(제8조)

해양경찰관은 이 법에 따른 직무를 수행할 때 권한을 남용하여 **개인의 권리 및 자유를 침해하여서는 아니 된다.**

(4) 국제협력(제9조)

① 해양경찰청장은 국제협력을 위한 국가간 합동훈련 및 구호활동을 위하여 대통령령으로 정하는 바에 따라 경비세력의 일부를 외국에 파견할 수 있다.

② 해양경찰청장은 국유재산법 제55조에도 불구하고 국제협력 증진을 위하여 용도폐지된 함정을 국제개발협력기본법 제2조 제2호에 따른 개발도상국에 무상으로 양여할 수 있다.

③ 양여 대상 개발도상국의 선정 기준과 방법 및 구체적인 양여 절차는 대통령령으로 정한다.

해양경비법 시행령

제3조【경비세력의 해외파견】 해양경찰청장은 법 제9조에 따라 경비세력을 외국에 파견하는 경우에는 미리 관계 중앙행정기관의 장과 협의하여야 한다.

제3조의2【용도폐지된 함정의 양여】 ① 해양경찰청장은 법 제9조 제2항에 따른 양여 대상 개발도상국을 선정할 때에는 다음 각 호의 사항을 고려해야 한다.
1. 해당 개발도상국과 해양안전 · 외교 · 방위산업 분야에서의 협력가능성
2. 해당 개발도상국의 함정 관리 · 운용 역량

② 제1항에 따라 양여 대상 개발도상국을 선정할 때에는 다음 각 호의 관계 행정기관의 장과 협의해야 한다.
1. 기획재정부장관
2. 외교부장관
3. 국방부장관
4. 방위사업청장
5. 그 밖에 해양경찰청장이 협의가 필요하다고 인정하는 관계 행정기관의 장

③ 해양경찰청장은 제1항 및 제2항에 따라 선정된 개발도상국과 양여 대상 함정의 명세, 함정의 운반에 관한 사항 등을 포함한 서면 약정을 체결해야 한다.

④ 제1항부터 제3항까지에서 규정한 사항 외에 양여 전 함정의 정비에 관한 사항 등 용도폐지된 함정의 양여에 필요한 사항은 해양경찰청장이 정한다.

(5) 협의체의 설치 및 운영(제10조)

① 해양경찰청장은 해양경비 활동과 관련하여 긴급한 사안이 있을 경우 신속한 정보의 수집·전파 등 업무협조를 위하여 외교부, 해양수산부 및 경찰청 등 관계 기관과 **협의체를 설치하여 운영할 수 있다.**

② 제1항에 따른 협의체의 설치 및 운영 등에 필요한 사항은 대통령령으로 정한다.

해양경비법 시행령

제4조 【협의체의 설치 및 구성 등】 ① 법 제10조 제1항에 따른 협의체(이하 '협의체'라 한다)는 해양경찰청에 설치한다.

② 협의체는 다음 각 호의 사항을 협의·조정한다.

1. 해양경비 활동과 관련된 긴급 대책의 협의에 관한 사항
2. 관계 기관간 신속한 정보 교류 및 활용 등에 관한 사항
3. 외국과의 분쟁 발생가능성이 높은 사안에 대한 긴급한 업무협조에 관한 사항
4. 그 밖에 위원장이 긴급한 업무협조가 필요하다고 인정하여 회의에 부치는 사항

③ 협의체는 위원장 1명을 포함한 10명 이내의 위원으로 구성한다.

④ 협의체의 위원장은 해양경찰청 경비국장이 되며, 협의체의 위원은 다음 각 호의 중앙행정기관의 과장급 또는 이에 상응하는 공무원 중에서 그 소속 기관의 장이 지명하는 사람이 된다.

1. 외교부
2. 삭제 <2013.3.23.>
3. 해양수산부
4. 경찰청
5. 해양경찰청
6. 그 밖에 해양경비와 관련된 업무협조와 관련하여 해양경찰청장이 필요하다고 인정하는 중앙행정기관

⑤ 이 영에서 규정한 사항 외에 협의체의 구성 및 운영에 필요한 사항은 해양경찰청장이 정한다.

(6) 경비수역별 중점 경비사항(제11조)

① 해양경찰청장은 경비수역의 구분에 따라 경비세력의 배치와 중점 경비사항을 달리할 수 있다.

② 제1항의 구분에 따른 중점 경비사항은 다음 각 호와 같다.

1. 연안수역: 해양 관계 국내법령을 위반한 선박 등의 단속 등 민생치안 확보 및 임해 중요시설의 보호 경비
2. 근해수역: 영해 및 접속수역법 제6조의2에 따른 법령을 위반한 외국선박의 단속을 위한 경비
3. 원해수역: 해양수산자원 및 해양시설의 보호, 해양환경의 보전·관리, 해양과학조사 실시 등에 관한 국내법령 및 대한민국이 체결·비준한 조약을 위반한 외국선박의 단속을 위한 경비

(7) 해상검문검색(제12조)

① 해양경찰관은 해양경비 활동 중 다음 각 호의 어느 하나에 해당하는 선박 등에 대하여 주위의 사정을 합리적으로 판단하여 상당한 이유가 있는 경우 **해상검문검색을 실시할 수 있다.** 다만, 외국선박에 대한 해상검문검색은 대한민국이 체결·비준한 조약 또는 일반적으로 승인된 국제법규에 따라 실시한다.

1. 다른 선박의 항행 안전에 지장을 주거나 진로 등 항행상태가 일정하지 아니하고 정상적인 항법을 일탈하여 운항되는 선박 등
2. 대량파괴무기나 그 밖의 무기류 또는 관련 물자의 수송에 사용되고 있다고 의심되는 선박 등
3. 국내법령 및 대한민국이 체결·비준한 조약을 위반하거나 위반행위가 발생하려 하고 있다고 의심되는 선박 등

② 해양경찰관은 해상검문검색을 목적으로 선박 등에 승선하는 경우 **선장(선박 등을 운용하는 자를 포함한다. 이하 같다)**에게 **소속, 성명, 해상검문검색의 목적과 이유를 고지하여야 한다.**

(8) 추적·나포(제13조)

해양경찰관은 다음 각 호의 어느 하나에 해당하는 선박 등에 대하여 **추적·나포(拿捕)할 수 있다.** 다만, 외국선박에 대한 추적권의 행사는 해양법에 관한 국제연합 협약 제111조에 따른다.

1. 제12조에 따른 해상검문검색에 따르지 아니하고 도주하는 선박 등
2. 해당 경비수역에서 적용되는 국내법령 및 대한민국이 체결·비준한 조약을 위반하거나 위반행위가 발생하려 하고 있다고 확실시되는 상당한 이유가 있는 선박 등

(9) 해상항행 보호조치 등(제14조)

① 해양경찰관은 경비수역에서 다음 각 호의 어느 하나에 해당하는 행위를 하는 선박 등의 선장에 대하여 경고, 이동·해산 명령 등 **해상항행 보호조치를 할 수 있다.** 다만, 외국선박에 대한 해상항행 보호조치는 **연안수역**에서만 실시한다.

1. 선박 등이 본래의 목적을 벗어나 다른 선박 등의 항행 또는 입항·출항 등에 현저히 지장을 주는 행위
2. 선박 등이 항구·포구 내외의 수역과 지정된 항로에서 무리를 지어 장시간 점거하거나 항법상 정상적인 횡단방법을 일탈하여 다른 선박 등의 항행에 지장을 주는 행위
3. 임해 중요시설 경계 바깥쪽으로부터 1km 이내 경비수역에서 선박 등이 무리를 지어 위력적인 방법으로 항행 또는 점거함으로써 안전사고가 발생할 우려가 높은 행위

② 해양경찰관은 경비수역(여기에서 선박의 입항 및 출항 등에 관한 법률에 따른 무역항의 수상구역 등의 수역은 제외한다)에서 다음 각 호의 어느 하나에 해당하는 사유로 선박 등이 좌초·충돌·침몰·파손 등의 위험에 처하여 인명·신체에 대한 위해나 중대한 재산상 손해의 발생 또는 해양오염의 우려가 현저한 경우에는 그 선박 등의 선장에 대하여 **경고, 이동·피난 명령 등 안전조치를 할 수 있다.** 다만, 외국선박에 대한 안전조치는 **연안수역**에서만 실시한다.

1. 태풍, 해일 등 천재(天災)
2. 위험물의 폭발 또는 선박의 화재
3. 해상구조물의 파손

③ 해양경찰관은 선박 등의 통신장치 고장 등의 사유로 제2항에 따른 명령을 할 수 없거나 선박 등의 선장이 제2항에 따른 명령에 불응하는 경우로서 인명·신체에 대한 위해, 중대한 재산상 손해 또는 해양오염을 방지하기 위하여 긴급하거나 불가피하다고 인정할 때에는 합리적으로 판단하여 필요한 한도에서 다음 각 호의 조치를 할 수 있다.

1. 선박 등을 안전한 곳으로 이동시키는 조치
2. 선박 등의 선장, 해원(海員) 또는 승객을 하선하게 하여 안전한 곳으로 피난시키는 조치
3. 그 밖에 대통령령으로 정하는 조치

> **해양경비법 시행령**
>
> **제4조의2【사고예방조치】** 법 제14조 제3항 제3호에서 "대통령령으로 정하는 조치"란 다음 각 호의 조치를 말한다.
> 1. 선박 등의 안전관리를 위하여 선박등에 승선하는 조치
> 2. 그 밖에 선박 등의 안전을 위하여 해양경찰청장이 긴급하거나 불가피하다고 인정하는 조치

④ 해양경찰관은 제3항에 따른 조치를 하려는 경우에는 선박 등의 선장에게 자신의 **신분을 표시하는 증표를 제시**하고 **조치의 목적·이유 및 이동·피난 장소를 알려야 한다**. 다만, 기상상황 등으로 선박에 승선할 수 없는 경우에는 **무선통신 등을 이용**하여 자신의 신분 고지 등을 할 수 있다.

⑤ 해양경찰서장은 제3항 제1호에 따른 이동조치와 관련하여 발생한 비용을 대통령령으로 정하는 **선박 등의 소유자에게 부담**하게 할 수 있다.

> **해양경비법 시행령**
>
> **제4조의3【이동조치 비용 부담】** 법 제14조 제5항에서 "대통령령으로 정하는 선박 등"이란 해양경찰청 소속 경찰공무원이 동원한 선박·크레인, 그 밖의 장비 등(국가와 지방자치단체가 관리·운용하는 것은 제외한다)에 의하여 이동조치된 선박 등을 말한다.

⑥ 제1항부터 제4항까지에 따른 해상항행 보호조치 등에 필요한 사항은 해양수산부령으로 정한다.

(10) 지원요청(제15조)

① 해양경찰관서의 장은 해양경비 활동 중 긴급하게 지원이 필요한 경우에는 인근에 있는 행정기관에 선박 및 항공기 등의 **지원을 요청할 수 있다**.

② 제1항에 따른 지원요청을 받은 행정기관의 장은 **정당한 사유가 없는 한 이에 따라야 한다**.

(11) 해양경비 교육훈련(제16조)

해양경찰청장은 해양경비를 원활하게 수행하기 위하여 함정 승조원 및 항공요원 등 경비인력에 대한 교육훈련, 함정·항공기 등을 이용한 종합훈련을 실시할 수 있다.

(12) 해양 대테러 계획의 수립(제16조의2)

① **해양경찰청장**은 제7조 제3호에 따른 대테러작전의 수행 및 국민보호와 공공안전을 위한 테러방지법 제10조에 따른 테러예방대책의 원활한 수립과 해양에서의 효율적인 테러 예방·대응을 위하여 **5년**마다 해양 대테러 계획을 수립하여야 한다.

② **해양경찰관서의 장**은 제1항에 따른 해양 대테러 계획의 원활한 시행을 위하여 **매년** 유관기관과의 협의를 통하여 해양 테러 예방 및 대응 활동계획을 수립·시행하여야 한다.

③ 제1항에 따른 해양 대테러 계획 및 제2항에 따른 해양 테러 예방 및 대응 활동계획의 수립과 시행에 필요한 사항은 해양수산부령으로 정한다.

3. 무기 및 장비 등의 사용

(1) 무기의 사용(제17조)

① 해양경찰관은 해양경비 활동 중 다음 각 호의 어느 하나에 해당하는 경우에는 무기를 **사용할 수 있다**. 이 경우 무기사용의 기준은 경찰관 직무집행법 제10조의4에 따른다.

> 1. 선박 등의 나포와 범인을 체포하기 위한 경우
> 2. 선박 등과 범인의 도주를 방지하기 위한 경우
> 3. 자기 또는 다른 사람의 생명 · 신체에 대한 위해(危害)를 방지하기 위한 경우
> 4. 공무집행에 대한 저항을 억제하기 위한 경우

② 다음 각 호의 어느 하나에 해당하는 경우에는 개인화기(個人火器) 외에 **공용화기를 사용할 수 있다**.

> 1. 대간첩 · 대테러 작전 등 국가안보와 관련되는 작전을 수행하는 경우
> 2. 제1항 각 호의 어느 하나에 해당하는 경우로서 선박 등과 범인이 선체나 무기 · 흉기 등 위험한 물건을 사용하여 경비세력을 공격하거나 공격하려는 경우
> 3. 선박 등이 3회 이상 정선 또는 이동 명령에 따르지 아니하고 경비세력에게 집단으로 위해를 끼치거나 끼치려는 경우

(2) 해양경찰장비 및 장구의 사용(제18조)

① 해양경찰관은 경찰관 직무집행법 제10조 제2항 및 제10조의2 제2항에 따른 경찰장비 및 경찰장구 외에 다음 각 호의 어느 하나에 따른 **경찰장비 및 경찰장구를 사용할 수 있다**.

> 1. 해상검문검색 및 추적 · 나포 시 선박 등을 강제 정선, 차단 또는 검색하는 경우 경비세력에 부수되어 운용하는 경찰장비 및 경찰장구
> 2. 선박 등에 대한 이동 · 해산 명령 등 해상항행 보호조치에 필요한 경찰장비 및 경찰장구
> 3. 제1호 및 제2호에 따른 경찰장비 및 경찰장구 외에 정당한 직무수행 중 경비세력에 부당하게 저항하거나 위해를 가하려 하는 경우 경비세력의 자체 방호를 위한 경찰장비 및 경찰장구

② 제1항에 따른 경찰장비 및 경찰장구의 종류 및 사용기준은 대통령령으로 정한다.

> **해양경비법 시행령 제5조【경찰장비 · 경찰장구의 종류 및 사용기준】** ① 법 제18조 제1항에 따른 경찰장비 및 경찰장구의 종류는 다음 각 호와 같다.
> 1. 경찰장비: 소화포(消火砲)
> 2. 경찰장구: 페인트볼 및 투색총(投索銃)
>
> ② 법 제18조 제1항에 따른 경찰장비 및 경찰장구의 사용기준은 다음 각 호와 같다.
> 1. 통상의 용법에 따라 사용할 것
> 2. 목적 달성에 필요한 최소한의 범위에서 사용할 것
> 3. 다른 사람의 생명 · 신체에 대한 위해(危害)를 최소화할 것

4. 보칙

(1) 협조요청(제19조)

해양경찰청장은 제7조 제1호부터 제5호까지의 규정에 따른 해양경비 활동을 하기 위하여 필요한 경우 관계 행정기관의 장에게 정보의 제공 등 협조를 요청할 수 있다.

(2) 경비수역 내 점용 · 사용허가 등의 통보(제20조)

① 해양수산부장관, 특별시장 · 광역시장 · 특별자치시장 · 도지사 · 특별자치도지사 · 시장 · 군수 · 구청장(자치구의 구청장을 말한다. 이하 같다)은 경비수역에서 공유수면 관리 및 매립에 관한 법률 제8조에 따른 공유수면 점용 · 사용허가를 하는 경우 제7조 제1호부터 제5호까지의 규정에 따른 해양경비 활동에 중대한 지장을 줄 것으로 인정할 때에는 해양경찰청장, 지방해양경찰청장 또는 관할 해양경찰서장에게 그 사실을 통보하여야 한다.

② 해양수산부장관은 항만법 제2조 제6호에 따른 항만개발사업을 시행하는 경우 제7조 제1호부터 제5호까지의 규정에 따른 해양경비 활동에 중대한 지장을 줄 것으로 인정할 때에는 해양경찰청장, 지방해양경찰청장 또는 관할 해양경찰서장에게 그 사실을 통보하여야 한다.

③ 해양수산부장관, 시 · 도지사 또는 시장 · 군수 · 구청장은 어촌 · 어항법 제23조 제1항에 따른 어항개발사업을 시행하는 경우 제7조 제1호부터 제5호까지의 규정에 따른 해양경비 활동에 중대한 지장을 줄 것으로 인정할 때에는 해양경찰청장, 지방해양경찰청장 또는 관할 해양경찰서장에게 그 사실을 통보하여야 한다.

④ 시 · 도지사 또는 시장 · 군수 · 구청장은 수산업법 제8조에 따른 어업 면허를 하는 경우 제7조 각 호에 따른 해양경비 활동과 관련이 있는 사항에 대하여는 관할 해양경찰서장에게 통보하여야 한다.

⑤ 제1항부터 제4항까지의 규정에 따른 구체적인 통보 사항 및 절차는 해양수산부령으로 정한다.

(3) 포상(제20조의2)

해양경찰청장은 제13조에 따라 외국선박을 나포하는 데 공로가 있는 자에 대하여는 대통령령으로 정하는 바에 따라 **포상할 수 있다.**

해양경비법 시행령

제5조의2 【포상의 방법 등】 ① 해양경찰청장은 법 제20조의2에 따라 외국선박을 나포하는 데 공로가 있는 자에 대하여 예산의 범위에서 포상금을 지급할 수 있다.

② 해양경찰청장은 제1항에 따라 포상금을 지급하는 경우 표창을 함께 수여할 수 있다.

③ 제1항에 따른 포상금의 구체적인 지급기준, 절차 등에 관하여 필요한 사항은 해양경찰청장이 정하여 고시한다.

5. 벌칙(제21조)

① 제12조 제1항에 따른 해상검문검색을 정당한 사유 없이 거부, 방해 또는 기피한 자는 **1년 이하의 징역 또는 1천만원 이하의 벌금**에 처한다.

② 제14조에 따른 이동 · 해산 · 피난 명령 또는 이동 · 피난 조치를 거부, 방해 또는 기피한 자는 **6개월 이하의 징역 또는 500만원 이하의 벌금**에 처한다.

제4장 해양경찰관리

제1절 해양경찰관리 일반

01 서설

1. 해양경찰관리의 의의

해양경찰관리란 해양경찰목적을 달성하기 위하여 조직을 구성하고 있는 여러 가지 요소인 인력·장비·시설·예산 등을 확보하여 조직하고, 이를 유기적으로 연결하여 해양경찰 전체의 활동을 효율적이고 신속하게 운영하기 위한 활동이다. 이러한 해양경찰관리를 통해 경찰관 각자에게 효율적으로 직무를 부여할 수 있으며, 이들의 활동을 적절하게 조정할 수 있게 된다.

2. 해양경찰관리의 필요성

예산을 집행하는 해양경찰행정의 특성상 해양경찰의 조직과 인사, 장비 등을 효율적·능률적으로 운영하기 위해서는 반드시 해양경찰관리가 필요하다.

02 해양경찰관리의 구조

1. 해양경찰관리의 구조적 체계

(1) 최고관리자

① 의의

해양경찰 조직의 최상위에 위치하여 기본적인 정책방향을 수립하고 해양경찰조직 전체의 조정과 통제의 기능을 담당하는 계층을 말한다. 해양수산부장관, 해양경찰위원회, 해양경찰청장, 해양경찰청 차장 등과 함께 총경급 이상의 관리자들이 최고관리자에 해당한다.

② 최고관리자의 기능

기획, 조직, 인사, 지휘, 조정, 보고 등의 기능을 수행하며 조직목표 및 정책의 결정과 자원의 동원 및 통제·조정을 담당한다.

③ 최고관리자의 역할

역할	내용
비전의 제시	관리자는 조직의 비전을 제시하고, 조직 구성원들로 하여금 그 목표에 따르도록 지도해야 한다.
환경에 대한 적응성 확보	관리자는 조직을 둘러싼 환경에 신축적으로 대응하기 위해 해양경찰조직의 최적화에 노력하고, 조직 내부와 시민으로부터 지지와 협력을 획득하여 해양경찰목적 달성에 기여하도록 하여야 한다.
조정과 통합	관리자는 자기 부서나 기관의 해양경찰활동을 조정하고 통합하는 역할을 하여야 한다.

직원의 지도·육성	관리자는 직원이 갖고 있는 능력을 향상시키고 창조성을 발휘하도록 함으로써, 직원 개인이 스스로 가능성에 도전하고 성장하도록 해야 한다.
직원의 사기관리	해양경찰의 사기는 근본적으로 인사 등의 공정성, 인격적 대우, 해양경찰관의 인권보장 등과 밀접하게 관련됨을 직시하고, 이러한 환경조성에 힘써야 한다.
직원의 생활지도	관리자는 평소부터 인간관계를 확실히 유지하고 마음의 교감을 통한 직원들과의 신뢰 형성에 관심을 가져야 한다.

(2) 중간관리자

① 의의

중간관리자란 해양경찰조직의 계층구조상 최고 관리층의 바로 밑에 있는 중추적인 계층을 의미하며 국·과·계의 장 등(주로 보조기관)이 중간관리자에 해당한다.

② 중간관리자의 역할

역할	내용
상사의 보좌	중간관리자는 상급관리자가 결정한 방침에 따라 각 부분의 실천계획을 수립하고 시행해 가야 한다.
커뮤니케이션	중간관리자는 상하좌우의 커뮤니케이션이 잘 되도록 하여야 한다.
직원의 지도·감독	감독과 지도는 업무를 추진하는 기능뿐만 아니라, 부하를 육성하는 기능도 한다.

(3) 하급관리자

중간 관리층의 지시와 통제하에 구체적인 작업을 직접 집행·감독하는 계층으로 중간 관리계층은 업무처리와 관리에 직접적인 책임을 진다.

2. 해양경찰 관리자의 요건

구분	내용
넓은 시야	관리자는 조직을 전체적인 시야와 관점에서 파악하여야 한다.
기획능력	관리자는 조직목적을 달성하기 위하여 사회정세 변화에 잘 적응할 수 있는 새로운 기획능력이 요구된다.
리더십	해양경찰 관리자에게는 통솔력과 지도력이 불가결한 관리능력에 해당된다.
집행력	해양경찰 관리자는 방침과 결정을 강하게 추진해 나가야 해양경찰업무를 효율적으로 수행할 수 있다.
대외교섭력	해양경찰 관리자는 다른 기관·다른 부처의 사람은 물론이고, 관할 구역의 시민들과 협조하여 협력을 받아내는 능력이 필요하다.
판단력	관리자는 돌발상황 시 신속하고 정확히 판단하고 결단을 내려 사태를 조기에 수습할 수 있어야 한다.
업무지식	관리자는 업무에 대해 깊은 지식을 가져야 한다.

제2절 해양경찰조직관리

01 서설

1. 경찰조직의 의의

해양경찰의 분업과 전문화, 명령계통, 의사전달의 과정, 지휘감독의 범위, 권한과 책임의 분담, 조정과 통합의 과정을 중심으로 본 해양경찰조직의 구조차원의 개념으로 해양경찰조직 전체의 구성에 대한 구체적 내용을 담고 있다.

2. 해양경찰조직의 이념

(1) 해양경찰조직상의 이념

① 해양경찰법의 규정 - 민주성과 효율성

해양경찰의 조직상 이념은 시대에 따라 달라질 수 있지만, 민주성과 효율성의 이념은 상호 배치되는 개념이 아니라 상호조화가 요구되는 이념에 해당한다.

② 민주성의 보장을 위한 장치

㉠ 해양경찰조직의 민주적 통제를 위하여 해양경찰위원회 등의 합의제 해양경찰의결기관을 두어 독임제 해양경찰행정관청이 가지고 있는 문제를 보완하고 있으며, 권한의 분산을 위해 해양경찰청장과 지방해양경찰청장 및 해양경찰서장의 관청화 및 각 해양경찰행정관청에 권한을 분산시키고 있다.

㉡ 또한 우리나라의 경우에는 시행하고 있지는 않지만 자치해양경찰제도의 시행 역시 권한의 분산을 통한 민주성의 확보를 위한 제도의 일환이라고 할 수 있다.

> **⊕ PLUS**
>
> 해양경찰권의 행사는 국민의 헌법상 기본권 침해의 우려가 많기 때문에 합의제 행정관청으로 조직하게 되면 공정성을 확보할 수 있으나 신속성은 저해된다.

③ 효율성의 확보

㉠ 해양경찰조직 운영의 효율성과 해양경찰조직의 일사불란한 지휘체계를 위해 국가해양경찰제도를 채택하고 있으며 해양경찰청, 지방해양경찰청, 해양경찰서로 이어지는 상하조직과 각 계층의 조직 내에서도 기능분장을 통하여 업무의 효율적 추진을 도모하고 있다.

㉡ 또한 해양경찰행정관청의 독임제를 통하여 신속한 의사결정이 가능하도록 제도적 장치를 마련하고 있다.

(2) 해양경찰조직의 지도원리

해양경찰작용은 권력적 수단에 의한 비중이 높기 때문에 해양경찰조직의 권한행사에 대하여 민주성의 확보가 강력히 요구된다. 한편 해양경찰은 사회 안전과 질서유지를 위해 신속한 해양경찰권 발동을 필요로 하기 때문에 해양경찰조직은 능률성과 기동성이 확보되어야 한다. 또한 해양경찰조직은 국민을 위한 조직이고 국민적 합의에 기초하는 조직이므로 본질상 당연히 정치적 중립성이 보장되어야 한다.

02 관료제의 구조적 특성(M. Weber)

1. M. Weber의 관료제

① 관료의 권한과 직무범위는 법규에 의해 규정된다.
② 직무조직은 계층제적 구조로 편성되어야 한다.
③ 직무의 수행은 서류에 의하여 이루어지며 기록은 장기간 보존(문서주의)된다.
④ 관료는 직무수행과정에서 애정이나 증오 등의 개인적 감정에 의하지 않고 법규에 따라 임무를 수행하여야 한다.
⑤ 모든 직무는 전문지식과 기술을 지닌 관료가 담당하며, 이들은 시험 또는 자격 등에 의해 공개적으로 채용된다.
⑥ 관료는 직무수행의 대가로 급료를 정기적으로 받고, 승진 및 퇴직금 등의 직업적 보상을 취득한다.
⑦ 관료제에서 구성원은 신분계급에 의한 관계가 아니라 계약관계에 해당한다.

2. 관료제의 특징

M. Weber는 관료제의 특징 중에서 **계층적 측면**을 가장 중요하게 생각했다. 다수의 조직구성원을 수평적으로 배열하는 것이 아니라 수직적으로 배열하고 상위에 있는 사람이 하급자에 대하여 지시 · 명령하고, 하위에 있는 사람은 상급자의 지시 · 명령에 복종하도록 하는 것이 관료제의 본질이라고 파악했던 것이다.

03 계선조직과 참모조직

1. 개념

(1) 계선조직은 해양경찰행정기관 중에서 법령을 집행하고 정책을 결정하여 국민에게 직접 봉사하는 조직을 말한다. 해양경찰의 계선조직은 청장 – 국장 – 과장 – 계장의 집행체계를 말하며 명령적 · 집행적 기능을 갖는다.

(2) 참모조직은 계선조직을 보조 · 지원하기 위한 조직으로 해양경찰청에서는 주로 감사담당관 · 기획조정관 등이 여기에 해당한다. 참모조직의 활동은 해양경찰조직 내에서 이루어지기 때문에 국민에게 직접 서비스를 제공하지는 않는다. 또한 구체적인 집행권이 없기 때문에 명령이나 지휘권을 행사할 수 없다.

2. 계선조직과 참모조직의 비교

계선(line)조직	참모(staff)조직
① 권한과 책임의 한계가 명확하다. ② 업무수행이 효율적이다. ③ 단일기관으로 구성되어 정책결정이 신속하다. ④ 업무가 단순하고 비용이 적게 드는 조직에 적합하다. ⑤ 강력한 통솔력을 행사할 수 있다. ⑥ 국민과의 접촉이 밀접하고 국민에게 직접적인 봉사를 한다.	① 기관장의 통솔범위를 확대시킨다. ② 참모들의 전문적인 지식과 경험을 활용하므로 기관장이 보다 합리적인 지시와 명령을 내릴 수 있다. ③ 업무의 수평적인 조정과 협조를 가능하게 한다. ④ 조직이 신축성을 가진다.

04 조직편성의 원리

1. 계층제의 원리

(1) 개념

계층제의 원리는 조직목적수행을 위한 구성원의 임무를 책임과 난이도에 따라 **상하로 나누어 배치**하고, 상위로 갈수록 권한과 책임이 무거운 임무를 수행하도록 조직을 편성하는 것을 말한다.

(2) 계층제의 기능

순기능	역기능
① 조직의 일체감, 통일성을 유지하는 데 기여한다. ② 명령 · 지시 · 권한의 위임이나 의사소통의 통로 역할을 수행한다. ③ 지휘 · 감독을 통하여 해양경찰의 위계질서와 통일성의 확보가 가능하다. ④ 해양경찰행정의 능률성과 책임의 명확성을 보장하는 수단이다. ⑤ 해양경찰행정의 목표를 설정하고 업무를 분담하는 통로가 된다. ⑥ 사기앙양의 통로가 된다. ⑦ 조직 내의 분쟁 · 갈등의 해결 · 조정과 내부통제의 확보수단으로 작용하며, 조직 내의 분쟁이나 갈등이 계층구조 속에서 용해되도록 기능한다. ⑧ 권한과 책임을 계층에 따라 적정하게 배분함으로써 의사결정의 검토가 가능해지고, 이를 통해 업무처리에 신중을 기할 수 있다. ⑨ 명령과 지시를 거의 여과 없이 수행하도록 하는 데 적합하다.	① 계층제는 조직의 경직성으로 인하여 신기술·지식 등의 도입이 곤란해진다. ② 환경변화에 신축적으로 대응하기가 어려워진다. ③ 조직의 경직화로 인해 동태적인 인간관계의 형성을 곤란케 한다. ④ 자율성이 강한 경찰관은 계층제의 권위와 잦은 대립 갈등을 초래할 수 있다. ⑤ 계층의 수가 많아지면 의사소통의 단계는 기하급수적으로 늘어나고 이로 인해 업무의 흐름이 차단되거나 처리시간이 지연되는 사태가 발생한다. ⑥ 조직 구성원의 자아실현욕구 · 성취욕구와 계층제의 조화가 힘들다. ⑦ 계층제를 능률적인 업무수행을 위한 수단으로 인식하는 것이 아니라 비합리적인 인간지배의 수단으로 오인할 수 있다.

2. 통솔범위의 원리

(1) 의의

① 통솔범위란 한 사람의 상관이 직접 관리 · 통솔할 수 있는 부하직원의 합리적인 수를 말한다. 즉, 한 사람의 관리자가 직접 관리할 수 있는 적정한 부하의 수는 어느 정도인가라는 문제로 **관리의 효율성과 관련된 원리**이다.

② 한 사람의 감독자가 직접 감독할 수 있는 부하의 수는 일정한 한도로 제한해 줄 필요가 있다. 한 사람이 직접적으로 감독할 수 있는 부하의 수는 업무의 성질 · 고용기술 · 작업성과 기준 등에 의해 결정되며, 모든 조직은 일반적으로 상관보다 부하가 더 많다. 이러한 이유 때문에 해양경찰 조직은 피라미드 형태를 취하는 것이 일반적이다.

③ 관리자의 통솔능력한계를 벗어나게 인원을 배치하면 적정한 지휘통솔이 이루어지지 않기 때문에 하위자들의 지시 대기시간이 길어지고, 상 · 하급자 사이의 의사소통이 힘들어진다. 결국 이러한 원인들로 인해 상급자의 의도와 다르게 업무가 수행되어 또 다른 문제를 야기하게 된다. 즉 관리자의 통솔범위로 적정한 부하의 수는 어느 정도인가라는 문제는 관리의 효율성을 좌우하는 중요한 원리이다.

④ 통솔범위가 넓다는 것은 많은 부하를 감독할 수 있는 경우를 말하고, 상대적으로 좁다는 것은 적은 수의 부하를 감독하는 경우를 말한다. 조직 구성원의 수가 동일하다는 전제하에 **통솔범위와 계층의 수는 반비례**하며, **통솔범위와 통솔의 효율성도 반비례**한다.

(2) 통솔범위의 결정 요인

구분	내용
부하직원의 능력	적정한 통솔범위는 사실 부하직원의 능력, 의욕, 경험 등에 의존한다. 부하직원의 능력, 의욕, 경험 등이 높아질수록 통솔범위는 넓어질 수 있다.
관리자의 능력	부하의 능력과 함께 관리자의 리더십 능력이 높으면 높을수록 통솔범위도 넓어질 수 있다.
시간적 요인	신설 부서보다는 오래된 부서의 경우에 통솔범위는 넓어질 수 있다.
공간적 요인	1. 일반적으로 지리적으로 분산된 부서보다는 근접한 부서의 통솔범위가 넓어진다. 2. 교통의 발달도 통솔범위가 넓어질 수 있는 요인이 된다.
직무상 성질	복잡하고 전문적인 업무보다는 단순한 업무의 경우에 통솔범위가 넓어질 수 있다.
계층제의 수	계층의 수가 적으면 적을수록 통솔범위가 넓어질 수 있다.
기타	의사전달 기술이 발달하거나, 하위 계층으로 갈수록 통솔범위가 넓어질 수 있다. 단, 청사의 크기나 조직전체의 인원수는 통솔범위의 원리와 관련이 없다.

3. 명령통일의 원리

(1) 의의

조직의 구성원 사이에 지시나 보고를 주고받는 과정에서 **지시는 한 사람만이 할 수 있고, 보고도 한 사람에게만 하여야 한다는 원칙**을 말한다. 명령통일의 원리를 정의할 때 '한 사람은 한 사람에게만 명령해야 한다'고 한다면 틀린 표현이 되고, '한 사람은 한 사람으로부터만 명령을 받는다.'라는 정의가 적절한 표현에 해당한다.

① 해양경찰의 경우에 수사나 사고처리 및 범죄예방활동에 이르기까지 거의 모든 업무수행에서 신속한 결단과 집행을 필요로 하는데, 이때 지시가 분산되고 여러 사람으로부터 지시를 받는다면 범인을 놓친다든지 사고처리가 늦어 인명이나 재산의 피해에 신속하게 대응할 수 없게 된다.

② 관리자의 공백 등에 대비하여 대리나 권한의 위임 또는 유고관리자의 사전지정 등이 적절히 이루어져야 한다.

(2) 필요성

명령통일의 원리는 업무수행의 혼선을 방지하고 혹시 발생할지도 모르는 업무상의 혼선으로 인한 비능률을 막기 위한 기술적 장치에 해당한다. 또한 신속한 의사결정을 위해서도 명령통일의 원리가 전제되어야 한다.

(3) 문제점

명령통일의 원리를 너무 철저하게 지킨다면 실제 업무수행에 더 큰 지체와 혼란을 야기할 수 있고, 명령권자의 부재시에 업무가 마비될 수도 있다. 그러므로 이러한 상황을 전제하여 명령통일의 원리의 보완으로 **권한의 위임과 대리 등을 활용**하여 문제점을 극복해야 한다.

4. 분업(전문화)의 원리

(1) 의의

해양경찰조직의 전체 기능을 업무와 성질별로 구분하여 가급적이면 **한 사람에게 하나의 업무를 부담하게 하여야 한다**는 원리이다. 다시 말해 업무의 효율성을 높이기 위하여 기술과 노하우가 있고 경력이 있는 사람을 활용하여 전문적으로 그 일을 수행하게 하는 것이다.

(2) 문제점

① 구성원의 **부품화(소외감)**를 초래할 수 있다.
② 반복적 업무로 인해 구성원이 업무에 대한 **흥미를 상실**할 수 있다.
③ 과도한 전문화는 지나친 **경쟁을 초래**하고, **비밀을 증가**시켜 오히려 역효과를 초래할 수 있다.
④ 자신이 담당하는 업무 외의 다른 업무에 대한 이해가 부족하므로 업무관계의 **예측성이 저하**된다.

(3) 한계극복 방안

① 지나친 전문화로 인하여 문제가 발생할 경우, **조정의 원리를 통하여 해결**하여야 한다. 다시 말해 전문화의 수준이 높아지는 만큼 조정이 이루어져야 하므로 전문화와 조정은 비례관계에 있다고 할 수 있다.
② 또한 전문 행정가들은 기관의 종합적인 목표수립 능력이 부족하고 다른 전문가의 업무에 대해서 알지 못하기 때문에 해양경찰행정기관의 장은 일반 행정가를 임명하는 것이 바람직하다. 그리고 전문 행정가를 활용하여 해양경찰행정기관의 장을 보좌하도록 하여 보조적 기능만을 수행하도록 하는 것이 바람직하다(전문가 경계의 법칙).

5. 조정과 통합의 원리

(1) 의의

① 조정의 원리란 조직의 공동목적을 달성하기 위하여 구성원의 행동이 통일을 기할 수 있도록 **집단적 노력을 질서 있게 배열하는 과정**으로, 구성원이나 단위 기관의 활동을 전체적인 관점에서 통일하여 **조직의 목표달성도를 높이려는 원리**이다.
② 조정과 통합의 원리를 J. Mooney는 조직편성의 **제1의 원리**라고 강조하였으며 이는 조직편성에 있어 **가장 최종적인 원리**라고 할 수 있다.

(2) 필요성

조직의 구성원간에 행동양식을 정하는 것은 조직목적을 효율적으로 달성하기 위한 것으로 갈등을 조정하고 조직의 목표를 향해 모든 조직편성 원리와 활동을 통합해야 하기 때문이다.

(3) 갈등의 조정과 통합의 방법

① 갈등이 지나치게 세분화된 업무처리에서 나오는 것이라면, 업무처리과정을 통합한다든지 연결하는 장치나 대화채널을 확보해주는 것이 필요하다. 또한 한정된 인력이나 예산을 가지고 갈등이 생기는 경우에는, 가능하면 예산과 인력을 확보하고 업무추진의 우선순위를 관리자에게 지정하도록 해야 한다.
② 시간적으로 급박하거나 이해관계가 첨예하게 대립할 경우 최후의 수단으로 상관의 판단과 명령에 의해 해결하는 방법을 선택하는 것이 바람직하다.

05 Raymond E. Miles와 Charles C. Snow의 조직유형

구분	내용
공격형 전략 (Prospector)	① 혁신, 적극적인 위험감수, 새로운 기회에 대한 탐색과 성장을 추구하는 전략이다. ② 창의성이 효율성보다 더 중요시되는 동태적이고 급변하는 환경에 적합한 전략유형이다.
방어형 전략 (Defender)	① 공격형 전략과 반대되는 전략으로 위험을 추구하거나 새로운 기회를 탐색하기보다는 안정성을 중요시하는 전략이다. ② 방어형 전략은 현재의 고객을 유지하기 위하여 노력하지만 혁신이나 새로운 성장을 추구하지는 않는다. ③ 방어형 전략의 주요 관심사는 내부 효율성과 함께 제품에 대한 신뢰성 · 품질을 확보하여 기존의 고객을 유지하는 것이다. ④ 방어형 전략은 쇠퇴기에 있는 산업이나 안정적인 환경에 있는 조직에 보다 적합한 전략이다.
분석형 전략 (Analyzer)	① 부분적으로 혁신을 추구하는 한편 안정성을 유지하는 전략으로 공격형 전략과 방어형 전략의 중간적인 성격을 갖는다고 볼 수 있다. ② 안정적인 환경에 있는 제품들은 현재의 고객을 유지하기 위한 효율적인 전략을 추구하지만, 성장가능성이 있는 제품에 대해서는 현행 제품에 대한 효율적인 생산과 혁신적인 신제품 개발 간의 적절한 균형을 맞추는 것이 중요하다.
반응형 전략 (Reactor)	① 실제로는 전략이라고 할 수 없는 것으로 환경의 기회와 위협에 대해 상황에 따라 임시방편적으로 대응하는 것을 말한다. ② 반응형 전략의 경우 장기적인 계획, 명확한 사명이나 목표가 없으며 그 시점에서 환경의 요구를 충족시킬 수 있는 활동이라면 어떤 것이라도 수행한다. ③ 반응형 전략은 일반적으로 실패하는 경우가 더 많다.

제3절 해양경찰인사관리

01 서설

1. 인사관리의 개념

해양경찰의 인사관리는 경찰공무원의 모집 · 채용뿐만 아니라 배치 · 전환 · 교육훈련 · 동기부여 · 행동통제 등을 통해 경찰공무원이 직업인으로서 해양경찰업무를 의욕적으로 수행할 수 있도록 하는 활동을 말한다.

2. 인사관리의 목적

① 효율적인 경찰인력의 운영
② 합리적이고 객관적인 기준을 중심으로 한 공정한 인사운영
③ 해양경찰조직과 경찰관 개개인의 욕구와 조화
④ 우수인력의 양성(성적주의의 활용)
⑤ 환경변화에 대한 적응성

02 인사관리방법의 발전

1. 정실주의와 엽관주의 인사제도

(1) 정실주의

관료를 임용함에 있어 실적 이외의 요인, 즉 정치적 요인뿐만 아니라 혈연·지연·학연 등 개인적인 친분, 기타의 온정관계 등을 기준으로 행하는 것을 말한다.

(2) 엽관주의

공무원의 임명을 정당에 대한 충성도와 공헌도에 따라 행하는 것이다.

(3) 엽관주의의 장점

엽관주의하에서는 정치가(임용권자)들이 관료에 대하여 강력한 통제력을 행사할 수 있었으며, 정당정치가 활성화된 상태에서는 집권당이 국민의 여론을 반영하고 이로 인해 관료가 국민의 요구에 부응하는 대응성을 높일 수 있었다.

(4) 엽관주의의 문제점

① 행정의 비능률성·비전문성을 초래한다.
② 19C 말 행정권의 강화로 인한 행정국가의 등장으로 전문행정가의 필요성이 증대되었다.
③ 부정부패(매관매직 등)가 만연하게 된다.
④ 기회균등의 원리에 위배(정당원만 공무원에 임용 - 다른 견해 있음)된다.
⑤ 공무원의 신분보장이 미흡해진다.
⑥ 불필요한 관직의 신설로 예산낭비가 초래된다.

2. 실적주의 인사제도

(1) 의의

① 관료의 임용에 있어 당파성이나 연고관계를 떠나 개인의 자격과 능력·실적 등을 기준으로 하는 것이다. 엽관주의가 가지고 있던 문제점을 극복하기 위해 등장한 제도이다.
② 이러한 실적주의는 **1870년대에 영국에서 시작**되었으며, **미국에서는 1883년 펜들턴법(Pendleton Act)가 제정**되어 공직사회에 본격적으로 실적주의가 도입되었다.

(2) 실적주의 인사제도의 한계

엽관주의의 한계를 극복하기 위해 도입된 실적주의 인사제도도 많은 문제점을 가지고 있었다. 우선 관료들의 강력한 신분보장으로 인해 관료들이 **소극화·집권화·형식화·경직화·비인간화**되었으며, 국민의 요구에 적극적으로 대응하지 않고 **무사안일·복지부동**과 같은 보신주의 행태로 흘러갔다.

(3) 적극적인 인사행정의 등장

① 엽관주의와 실적주의를 거쳐 두 제도의 문제점을 극복하고자 등장한 것이 적극적인 인사행정이다. 실적주의를 기본으로 하여 엽관주의의 현실적 필요성을 감안하여 양자를 조화시킨 인사행정 제도가 등장한 것이다.
② **우리나라의 경우 실적주의를 주로 하되 엽관주의 요소가 가미된** 것으로 이해할 수 있다.

엽관주의와 실적주의 비교

구분	엽관주의	실적주의
장점	① 정당이념의 철저한 실현이 가능하다. ② 관료의 특권화를 배제함으로써 평등의 이념에 부합한다. ③ 관료의 경질을 통하여 관료주의화 및 침체를 방지할 수 있다. ④ 국민의 지지를 받은 정당의 당원이 관직에 임명되므로 민주통제의 강화 및 행정의 민주화가 가능하다.	① 공직으로의 진입에 있어 기회균등이 보장된다(공직은 모든 국민에게 개방되며 성별, 신앙, 사회적 신분, 학벌 기타의 어떠한 차별도 받지 않음). ② 공무원의 정치적 중립이 보장된다. ③ 공무원의 신분보장이 강화된다.
단점	① 정치의 부패를 초래할 수 있다(정당관료제하에서 관직을 얻기 위한 정치헌금의 수수). ② 정권교체시마다 공무원의 대량 경질로 자격이나 경험을 가진 유능한 공무원이 배제되고 행정의 무질서와 비능률을 초래한다. ③ 관료가 국민이 아닌 정당을 위해 봉사함으로써 행정책임의 확보가 곤란하다. ④ 불필요한 관직의 남설(위인설관)로 예산의 낭비가 심해진다.	① 인사행정의 지나친 소극성으로 인해 비융통성이 나타난다(합리적인 인사행정을 추구하는 나머지 모든 인사처리가 기준에 얽매여 적극적으로 사회의 유능한 인재를 확보하기 곤란). ② 지나친 집권성과 독립성으로 인해 국민의 요구에 둔감해진다. ③ 조직의 형식화 및 비인간화가 초래된다. ④ 관료의 특권화를 초래한다. ⑤ 정당정치의 실현이 곤란하다. ⑥ 행정의 민주통제가 어려워진다.

03 공직의 분류방식

1. 계급제

(1) 의의

계급제는 직위에 보임하고 있는 공무원의 자격 및 신분을 중심으로 계급을 만드는 제도로서 인간중심의 분류방법이다. **관료제 전통이 강한 독일, 프랑스, 일본 등이 이 제도를 시행**하고 있다.

(2) 충원방식

계급제는 보통 계급의 수가 적고 계급간의 차별이 심하며 외부로부터의 충원이 힘든 **패쇄형**의 충원방식을 채택하는 것이 보통이다.

(3) 기능

구분	내용
장점	① 일반 행정가의 확보에 유리하다. ② 기관간의 횡적 협조가 용이하다. ③ 공무원이 종합적·신축적인 능력을 보유할 수 있다. ④ 인사배치의 유동성과 신축성이 보장된다. ⑤ 공무원의 신분보장이 강화된다. ⑥ 직업공무원제도의 정착에 유리하다. 그러나 직업공무원제도의 정착을 위해 반드시 계급제가 전제가 되어야 하는 것은 아니다.

단점	① 행정의 전문화가 곤란해진다. ② 인사관리의 객관적이고도 합리적인 기준을 설정하기 곤란하다. ③ 권한의 책임과 한계가 불분명해진다. ④ 객관적인 근무평정과 훈련계획의 수립이 곤란하다.

우리나라의 공직분류제도는 계급제 위주로 되어 있으며 거기에 직위분류제적 요소를 가미하고 있다.

2. 직위분류제

(1) 의의

직위분류제는 공직을 분류함에 있어서 행정기관을 구성하는 개개의 직위에 내포되어 있는 직무의 종류와 책임도 및 난이도에 따라 여러 직종과 등급 및 직급으로 분류하는 제도로서 **1909년 미국의 시카고에서 처음 실시**되었다.

(2) 충원방식

계급제가 폐쇄적 충원방식을 채택하고 있는 데 반해 직위분류제의 경우에는 상대적으로 **개방적**인 충원방식을 채택하고 있다.

(3) 기능

구분	내용
장점	① 시험·채용·전직의 합리적 기준을 제공하여 인사행정의 합리화에 기여할 수 있다. ② '동일직무에 대한 동일보수의 원칙'을 확립함으로써 보수제도의 합리적 기준을 제시한다. ③ 행정조직의 전문화·분업화에 기여한다. ④ 권한과 책임의 한계가 명확해진다.
단점	① 유능한 일반 행정가의 확보가 곤란하다. ② 인사배치의 융통성이 떨어진다. ③ 공무원의 신분보장이 미흡해진다. ④ 타 기관과의 협조·조정이 곤란해진다.

계급제와 직위분류제의 비교

구분	계급제	직위분류제
분류방법	인간중심의 분류방법	직무중심의 분류방법
인적요소	일반 행정가의 확보에 유리	전문 행정가의 확보에 유리
인사배치	신축적·유동적 인사관리	비신축적·비유동적 인사관리
기관 간 협조	타 기관과의 협조·조정이 용이	타 기관과의 협조·조정이 곤란
권한과 책임의 한계	권한과 책임의 한계 불명확	권한과 책임의 한계 명확
신분보장	신분보장이 용이	신분보장이 곤란
충원방식	폐쇄형 충원방식	개방형 충원방식
양자의 관계	계급제와 직위분류제는 양립할 수 없는 상호배타적인 관계가 아니라 서로의 결함을 시정할 수 있는 상호보완적 관계에 있다.	

04 사기관리

1. 사기관리의 개념

(1) 의의

① 사기란 해양경찰조직의 목표달성에 기여하려는 경찰관 개인과 집단의 정신자세 또는 태도를 말하며, 자발성 · 자주성의 개념으로 성취도와 정비례 관계에 있다. 결국 구성원들의 사기를 높임으로서 조직의 성취도를 높일 수 있게 된다.

② 사기는 개인적 성격, 집단적 · 조직적 성격 및 사회적 성격을 가진 개념이므로 다양한 측면에서 고려되어야 한다.

(2) 해양경찰사기의 결정요인

사기는 조직 내의 인간관계, 근무조건, 신분의 안정, 보수, 승진 등 복합적 요인에 의하여 결정된다.

(3) 사기고취의 효과

구성원의 사기를 높임으로써 능률적인 직무수행의 기능, 우수한 인력의 지원, 소속 조직에 대한 자긍심의 고취, 규범의 자발적 준수, 위기극복 능력의 증대, 창의성 등을 고취할 수 있다.

(4) 사기의 앙양방법

① 인간의 자율성의 존중(획일적인 지시와 지시의 기계적 수행을 강요하면 할수록 근무의욕은 저하되고 타성적인 근무와 면종복배의 결과를 낳기 때문)

② 인간으로서의 인격의 존중

③ 경찰관 개인의 기본적 인권의 존중

④ 기회의 평등을 보장(만일 인사에 있어 평등하고도 차별 없는 인사가 이루어지지 않는다면 자기완성의 욕구가 크게 훼손되기 때문)

⑤ 정당한 보상

⑥ 인사상의 불이익 처분이나 불만, 갈증 등을 해결할 수 있는 통로의 마련

2. 매슬로우(A. H. Maslow)의 5단계 기본욕구

(1) 의의

① 매슬로우는 대부분의 사람은 기본적인 다섯 가지의 욕구를 가지고 있으며 다섯 가지 욕구는 인간에게는 모두 본능적인 것으로 **하위욕구로부터 상위욕구로 발현된다고 보았다**. 인간의 다섯 가지 기본욕구는 서로 연관되어 있으며 이러한 욕구는 아래 단계의 욕구가 어느 정도 충족되어야 비로소 다음 단계로 순차적 · 상향적으로 표출된다고 보았다.

② 그러므로 한 단계의 욕구가 만족되면 그 욕구는 더 이상 동기부여 요인으로서의 의미가 소멸되고, 상위단계의 욕구로 올라갈수록 조직과의 갈등은 커진다고 보았다.

(2) 욕구의 유형

① **생리적 욕구**

공기, 물, 음식, 주거, 취침, 성적 욕구 등 가장 선행되어야 할 욕구로서 최하위에 있는 가장 기초적인 욕구이므로 **우선순위가 가장 높은 욕구**에 해당한다.

② **안전의 욕구**

신체적 안전, 직무상의 안전, 질서에 대한 욕구, 노년의 대비 등에 대한 욕구를 말한다.

③ **소속 및 애정의 욕구(사회적 욕구)**

조직의 구성원들과 애정·우정을 주고받는 것, 동료집단 또는 친구집단의 일원으로 인정받는 것, 친밀한 인간관계, 집단에 대한 소속감 등이 여기에 해당한다.

④ **존경의 욕구**

자신을 중요하고 가치있는 그리고 야망 있는 사람으로 보는 것으로 이 욕구는 개인 자신의 자질을 나타낼 기회를 찾는 동기를 유발한다. '이 달의 경찰관'과 같은 시상제도로 이 욕구를 충족시킨다.

⑤ **자아실현의 욕구**

창조적이고 잠재성을 실현시킬 수 있는, 그리고 무엇이든 할 수 있는 존재가 되려는 욕구이다.

Maslow의 5단계 기본욕구 정리

구분	내용	사례
자기실현욕구	앞으로의 자기발전, 자기완성의 욕구 및 성취감 충족	공정하고 합리적인 승진, 공무원 단체의 활용(인정), 주5일 근무제, 직무충실·확대
존경욕구 (주체욕구)	타인의 인정, 존중, 신망을 받으려는 욕구	참여확대, 권한의 위임, 제안제도, 포상제도(이 달의 경찰관 시상), 교육훈련, 근무성적평정
사회적 욕구 (소속 및 애정의 욕구)	동료, 상사, 조직전체에 대한 친근감이나 귀속감을 충족	인간관계의 개선(비공식집단의 활용), 고충처리 상담
안전욕구	공무원의 현재 및 장래의 신분이나 생활에 대한 불안감 해소	신분보장(정년제도), 연금제도
생리적 욕구	의·식·주 및 건강 등에 관한 욕구	적정보수제도, 휴양제도, 탄력시간제 등

⊕ PLUS 맥클리랜드(D. Mcclelland)의 성취동기이론

① 맥클리랜드는 조직에서 훌륭한 직무수행을 기대할 수 있는 동기유발요인을 성취욕구로 보고 있다. 즉, 어려운 일을 성취하려는 욕구, 장애를 극복하고 높은 수준을 유지하려는 욕구, 자신을 탁월하게 만들고 앞서려는 욕구, 자신의 능력을 스스로 성공적으로 발휘함으로써 자부심을 높이려는 욕구이다.

② 맥클리랜드는 권력동기 ➔ 친화동기 ➔ 성취동기로 인간의 동기가 발전한다고 보았으며 또한 성취동기가 높을수록 생산성이 높아진다고 하였다.

제4절 해양경찰예산관리(국가재정법)

01 서설

1. 예산이란 일정기간 동안의 국가의 수입과 지출의 예정적 계획을 말하는 것으로, 국가의 정책이념이나 사업계획을 구체화하는 일련의 계획과정이다. 우리나라 예산의 경우 헌법과 국가재정법에 근거하여 일정한 형식에 따라 편성되어 국회의 심의·의결을 받은 각 회계연도의 재정계획이 예산에 해당한다.

2. 국가재정법상 예산은 예산총칙·세입세출예산·계속비·명시이월비 및 국고채무부담행위를 총칭하며, 세입예산은 그 내용을 성질별로 관·항으로 구분하고, 세출예산은 그 내용을 기능별·성질별 또는 기관별로 장·관·항으로 구분한다.

02 해양경찰예산의 분류

1. 일반회계와 특별회계

(1) 일반회계와 특별회계는 세입·세출의 성질에 따른 분류로 일반회계란 국가활동에 관한 세입·세출에 관한 회계이고, 특별회계는 특정한 세입으로 특정한 세출을 충당하며 일반회계와 구분하여 경리하는 회계이다. **특별회계는 원칙적으로 설치 소관부서가 관리하며 기획재정부의 직접적인 통제를 받지 않는다.**

> **국가재정법**
>
> **제4조 【회계구분】** ① 국가의 회계는 일반회계와 특별회계로 구분한다.
> ② 일반회계는 조세수입 등을 주요 세입으로 하여 국가의 일반적인 세출에 충당하기 위하여 설치한다.
> ③ 특별회계는 국가에서 특정한 사업을 운영하고자 할 때, 특정한 자금을 보유하여 운용하고자 할 때, 특정한 세입으로 특정한 세출에 충당함으로써 일반회계와 구분하여 회계처리할 필요가 있을 때에 법률로써 설치하되, 별표 1에 규정된 법률에 의하지 아니하고는 이를 설치할 수 없다.

(2) **해양경찰예산의 대부분은 일반회계에 해당**하며, 해양경찰관련 특별회계로는 책임운영기관 특별회계(경찰병원 등)가 있다. 오늘날 경영의 합리화를 위해 특별회계의 적용이 **점차 늘고 있는 추세**에 있다.

2. 예산의 과정상 분류

(1) 본예산

당초에 국회의 의결을 얻어 확정 성립된 예산이다.

(2) 국회제출 중인 예산안의 수정(국가재정법 제35조)

정부는 예산안을 국회에 제출한 후 부득이한 사유로 인하여 그 내용의 일부를 수정하고자 하는 때에는 국무회의의 심의를 거쳐 대통령의 승인을 얻은 수정예산안을 국회에 제출할 수 있다.

(3) 추가경정예산

예산이 국회를 통과하여 확정된 후에 생긴 사유로 인하여 이미 성립한 예산에 추가 또는 변경을 가하는 예산이다. 수정예산이 예산안을 국회에 제출한 후 국회의 심의·확정 전에 내용을 수정하는 예산인데 반해, 추가경정예산은 예산 성립 후에 생긴 사유로 예산금액을 추가 또는 변경시킨 예산이다.

> **국가재정법**
>
> **제89조 【추가경정예산안의 편성】** ① 정부는 다음 각 호의 어느 하나에 해당하게 되어 이미 확정된 예산에 변경을 가할 필요가 있는 경우에는 추가경정예산안을 편성할 수 있다.
> 1. 전쟁이나 대규모 재해(재난 및 안전관리 기본법 제3조에서 정의한 자연재난과 사회재난의 발생에 따른 피해를 말한다)가 발생한 경우
> 2. 경기침체, 대량실업, 남북관계의 변화, 경제협력과 같은 대내·외 여건에 중대한 변화가 발생하였거나 발생할 우려가 있는 경우
> 3. 법령에 따라 국가가 지급하여야 하는 지출이 발생하거나 증가하는 경우
>
> ② 정부는 국회에서 추가경정예산안이 확정되기 전에 이를 미리 배정하거나 집행할 수 없다.

(4) 준예산

① 새로운 회계연도가 개시될 때까지 예산안이 성립되지 못할 경우 전년도 예산에 준하여 집행할 수 있는 예산을 말한다. 준예산은 국회에서 예산안이 의결·확정될 때까지 지출할 수 있다.

② 준예산 지출의 목적은 예산 불성립으로 인한 행정의 중단을 방지하기 위해서이다. 준예산의 지출 용도는 헌법이나 법률에 의해 설치된 기관 또는 시설의 유지·운영비, 공무원의 보수와 사무처리에 관한 기본 경비, 이미 예산으로 승인된 사업의 계속비 등에 한한다.

> **대한민국헌법 제54조** ③ 새로운 회계연도가 개시될 때까지 예산안이 의결되지 못한 때에는 정부는 국회에서 예산안이 의결될 때까지 다음의 목적을 위한 경비는 전년도 예산에 준하여 집행할 수 있다.
> 1. 헌법이나 법률에 의하여 설치된 기관 또는 시설의 유지·운영
> 2. 법률상 지출의무의 이행
> 3. 이미 예산으로 승인된 사업의 계속

3. 예산의 형식상 분류

국가재정법 제19조에 의하면 예산은 예산총칙·세입세출예산·계속비·명시이월비 및 국고채무부담행위로 구성된다.

03 예산제도의 종류

1. 품목별 예산제도(LIBS)

(1) 의의

① 예산을 지출의 대상·성질에 따라 품목별로 분류하는 방식으로 재정통제·회계책임에 대한 감독부서 및 국회의 통제가 용이하도록 하기 위한 예산제도이다. 통제지향적 예산제도로 관계공무원의 회계기술이 필요하며 현재 해양경찰예산도 품목별 예산제도에 따르고 있다.

② 품목별 예산제도는 차기 회계연도의 예산증가 또는 감소를 산출하기 위한 평가기준으로서 전년도의 예산을 기준으로 삼는다.

(2) 기능과 한계

구분	내용
장점	① 경비주체 및 집행이 품목별로 표시되어 작성이 용이하다. ② 회계 집행내용 및 책임의 소재가 명확하다. ③ 예산의 집행과 집행에 대한 통제가 용이하다. ④ 행정의 재량 범위가 축소된다. ⑤ 인사행정에 유용한 정보자료의 제공이 가능하다.
단점	① 계획과 지출과의 괴리가 발생할 수 있다. ② 예산을 사업계획에 따라 탄력적으로 운용하는 것이 불가능하다(재량의 축소). ③ 기능의 중복을 피할 수 없다. ④ 의사결정을 위한 충분한 자료를 제시하기 어렵다. ⑤ 품목별 예산제도는 지출만을 문제삼기 때문에 효율성 산출이 곤란하다. ⑥ 미시적 관리기법에 해당하기 때문에 조정·통합에 필요한 수단을 제공하지 못한다.

2. 성과주의 예산제도(PBS)

(1) 의의

성과주의 예산제도는 경비지출에 의한 성과와 실적에 그 역점을 두는 제도로서 사업이나 기능을 수행하기 위하여 어느 정도의 예산이 소요되는지를 명백하게 나타내기 위한 예산제도이며 사업계획별로 예산을 편성한다.

(2) 편성방법

예산과목의 편성은 정부의 각 계획내용을 명백히 할 수 있도록 사업별, 활동별로 분류된 예산과목을 사용한다. 사업계획에는 연구 및 개발비, 운영, 감독, 리더십, 간접비 등이 포함되며 예산액은 단위사업의 양에 단위원가를 곱하여 결정(단위원가 × 업무량 = 예산액)한다.

(3) 기능과 한계

구분	내용
장점	① 예산을 통하여 해양경찰 활동의 이해가 가능하다. ② 자원배분의 합리화를 꾀할 수 있고, 예산의 집행에 있어서 신축성이 부여될 수 있다. ③ 입법부의 예산심의가 용이하다. ④ 예산집행 결과에 대한 평가를 통하여 해당 부서의 업무능률의 측정이 가능하므로 다음 연도의 예산책정에 반영할 수 있다. ⑤ 정부정책이나 계획수립이 용이하다.
단점	① 업무측정 단위와 단위원가의 계산이 곤란하다. ② 인건비 등의 불용비용 산정이 어렵다.

3. 계획(기획)예산제도(PPBS)

(1) 의의

장기적인 기획과 단기적인 예산을 프로그램적 규정에 의해 혼합한 예산제도로 프로그램 예산제도라고도 한다. 예산편성에 있어서 관리중심의 예산기능을 지양하고 계획기능을 중시하는 예산제도이다.

(2) 장점

정책결정자의 욕구를 충족하고 자원배분의 합리화가 가능해지며, 계획과 예산의 괴리를 극복할 수 있으므로 예산과 기획을 통합할 수 있다.

(3) 단점

예산의 정치적 성격과 실현에 필요한 비용부담 및 분석이 곤란하고 주민의 의견을 수시로 반영하기 어렵다(국민들이 이해하기 어렵다)는 문제점을 가지고 있다.

4. 영(0)기준예산제도(ZBB)

(1) 의의

전년도 예산대비 개념을 탈피하기 위하여 전년도와 유사한 사업이라도 그 사업의 수행목적, 수행방법, 수행효과, 소요경비 등을 새로 사업을 시작하는 수준, 즉 **'영(0)의 수준'에서 판단**하여 우선순위를 새롭게 결정하고 그에 따라 예산을 책정하는 방법이다. 영기준예산제도는 사업의 무계획성과 비효율성을 줄이는 획기적인 예산제도로서 감축관리에 유용하므로 작은 정부시대에 각광을 받는 예산제도이다.

(2) 기능

영기준예산제도의 경우 자원배분의 합리화를 추구할 수 있고 전년도 예산을 기준으로 하여 점증적으로 예산액을 책정하는 폐단을 시정할 수 있다. 그러나 사업폐지 여부를 판단하기 곤란하다는 문제점을 가지고 있다.

5. 일몰법

(1) 특정 행정기관이나 사업에 대하여 일정기간이 경과하면 의무적 · 자동적으로 폐지되도록 하는 법률이다. 정책의 자동적 종결과 **주기적인 재심사**에 초점을 맞춘 예산제도이다.

(2) 일몰법에 기초한 예산집행은 입법부가 법으로 정한 기간이 경과할 경우 예산의 집행이 자동으로 폐지되는 제도이다.

6. 자본예산(CBS)

예산을 **경상지출과 자본지출**로 구분하여 경상지출은 경상수입으로 충당하여 균형을 이루도록 하고, 자본지출은 적자재정 · 공채발행 등으로 그 수입에 충당함으로써 불균형예산을 편성하는 제도이다.

예산제도의 비교

구분	내용
품목별 예산제도 (LIBS)	① 품목별예산은 지출의 대상과 성질에 따라 세출예산을 인건비, 운영경비, 시설비 등으로 구분하는 방법이다. ② 이 분류는 가장 오래되고 가장 많이 사용되고 있는 방법으로 차기 회계연도의 예산증가 또는 감소를 산출하기 위한 평가기준으로서 전년도의 예산을 활용하는 방식이다. ③ 현재 우리나라의 일반적인 예산 편성방식이다.
성과주의 예산제도 (PBS)	① 성과주의예산은 하나의 제한된 사업계획과 다른 제안 또는 현존하는 사업계획과 비교하여 해양경찰부서 사업계획의 목표를 달성하는 데 있어서 효과성을 측정하기 위하여 설계된 방식이다. ② 성과주의예산은 품목별로 지출될 품목이 마련되어 있지 않고 해양경찰부서 내의 사업계획별로 자금이 배분된다. ③ 각 사업계획은 연구 및 개발비, 운영, 감독, 리더십, 간접비 등이 포함되어 있다. 그것은 성과단위 또는 업무측정단위로서 계획된 산물에 포함되는 항목들이다. ④ 예산과목을 사업계획 활동별 세부사업별로 [단위원가 × 업무량 = 예산액]으로 표시하여 편성하는 예산제도이다.
계획 예산제도 (PPBS)	① PPBS는 사업계획구조에 있어서 계획기능과 예산기능이 혼합된 방식이다. ② 계획예산이란 해양경찰활동을 순찰, 수사, 청소년, 교통 등의 프로그램으로 구분하여 각 프로그램에 대한 지출에 근거하여 예산을 책정한다. ③ PPBS는 프로그램의 실행과 영향을 분석하여 그 결과를 금년도의 예산과 연결한다. ④ 장기적인 기획과 단기적인 예산편성을 구체적인 실시기획을 통하여 유기적으로 연결시켜 예산분배에 관한 의사결정을 합리적으로 일관성 있게 실행하려는 제도이다.
영기준 예산제도 (ZBB)	① 예산을 편성 · 결정함에 있어서 전년도의 예산에 구애됨이 없이 조직체의 모든 사업 · 활동에 대하여 영기준을 적용해서 각각의 효율성, 효과성 및 중요성 등을 체계적으로 분석하고, 사업의 존속 · 축소 · 확대 여부를 원점에서 새로 분석 검토하여 우선순위별로 실행예산을 결정하는 제도이다.

	② 이러한 제도를 활용하는 관리자는 프로그램의 평가 및 순위를 정하는 예산계획을 개발하여야 한다. ③ 예산계획에 특정 활동의 비용, 성과의 척도, 활동대안, 비용편익 등에 관한 정보가 포함되어야 한다. ④ 감축관리와 관련이 있으며 작은 정부시대에 각광받고 있는 예산제도라고 할 수 있다.
일몰법	① 특정의 행정기관이나 사업이 일정기간이 지나면 의무적·자동적으로 폐지되게 하는 예산제도를 말한다. ② 입법부에서 제정한다.
자본예산제도 (CBS)	정부예산을 경상지출과 자본지출로 구분하고 경상지출은 경상수입으로 충당시켜 균형을 이루도록 하지만, 자본지출은 적자재정과 공채발행으로 그 수입에 충당케 함으로써 불균형예산을 편성하는 제도이다.

04 해양경찰예산의 지출

국가의 회계연도는 매년 1월 1일에 시작하여 12월 31일에 종료한다. 각 회계연도의 경비는 그 연도의 세입 또는 수입으로 충당하여야 한다.

1. 지출의 원칙

(1) 예산안의 편성

① 신규 및 중기사업계획서의 제출(국가재정법 제28조)

㉠ 각 중앙관서의 장(해양경찰청장)은 **매년 1월 31일**까지 **해당 회계연도**부터 **5회계연도** 이상의 기간 동안의 신규사업 및 **기획재정부장관**이 정하는 주요 계속사업에 대한 중기사업계획서를 **기획재정부장관**에게 제출하여야 한다.

㉡ 신규 및 주요 계속사업계획서의 제출은 해양경찰청의 입장에서는 다음 연도의 주요 정책이나 새로운 사업계획을 수립하고 이를 제시하는 계기가 되지만 매년 초에 기획재정부장관에게 제출되는 신규 및 주요 계속사업계획서와 실제 예산요구 사이에는 괴리가 크다.

② 예산안편성지침의 통보(국가재정법 제29조)

㉠ 기획재정부장관은 **국무회의의 심의**를 거쳐 대통령의 승인을 얻은 **다음 연도**의 예산안편성지침을 **매년 3월 31일**까지 각 중앙관서의 장(해양경찰청장)에게 통보하여야 한다. 기획재정부장관은 국가재정운용계획과 예산편성을 연계하기 위하여 예산안편성지침에 중앙관서별 지출한도를 포함하여 통보할 수 있다.

㉡ 기획재정부장관은 각 중앙관서의 장(해양경찰청장)에게 통보한 예산안편성지침을 국회 예산결산특별위원회에 보고하여야 한다(국가재정법 제30조).

③ 예산요구서의 제출(국가재정법 제31조)

㉠ 각 중앙관서의 장(해양경찰청장)은 예산안편성지침에 따라 그 소관에 속하는 **다음 연도**의 세입세출예산·계속비·명시이월비 및 국고채무부담행위 요구서(이하 **"예산요구서"**라 한다)를 작성하여 **매년 5월 31일**까지 기획재정부장관에게 제출하여야 한다. 예산요구서에는 대통령령이 정하는 바에 따라 예산의 편성 및 예산관리기법의 적용에 필요한 서류를 첨부하여야 한다.

㉡ 기획재정부장관은 제출된 예산요구서가 예산안편성지침에 부합하지 아니하는 때에는 기한을 정하여 이를 수정 또는 보완하도록 요구할 수 있다.

④ **예산안의 편성(국가재정법 제32조)**

기획재정부장관은 예산요구서에 따라 예산안을 편성하여 **국무회의의 심의**를 거친 후 대통령의 승인을 얻어야 한다.

⑤ **예산안의 국회 제출(국가재정법 제33조)**

정부는 대통령의 승인을 얻은 예산안을 회계연도 개시 **120일 전까지 국회에 제출**하여야 한다.

> **대한민국헌법 제54조** ① 국회는 국가의 예산안을 심의·확정한다.
> ② 정부는 회계연도마다 예산안을 편성하여 회계연도 개시 90일 전까지 국회에 제출하고, 국회는 회계연도 개시 30일 전까지 이를 의결하여야 한다.

(2) 예산안의 심의·의결

① 정부의 예산안이 회계연도 개시 120일 전까지 국회에 제출되면, 예산안 심의를 위한 국회가 개회되고, 예산안의 종합심사를 위하여 예산결산특별위원회가 구성된다.

② 예산결산특별위원회는 종합심사과정(종합정책 질의 ➜ 부처별 심의 ➜ 계수조정소위원회의 계수조정 ➜ 예결위 전체회의에서 소위원회의 조정안 승인)을 거쳐 예산안의 실질적인 조정작업을 진행하며, 예산결산특별위원회의 종합심사를 거친 예산안은 회계연도 개시 30일 전까지 본회의의 의결을 거침으로써 확정된다.

> **대한민국헌법 제54조** ① 국회는 국가의 예산안을 심의·확정한다.
> ② 정부는 회계연도마다 예산안을 편성하여 회계연도 개시 90일 전까지 국회에 제출하고, 국회는 회계연도 개시 30일 전까지 이를 의결하여야 한다.

(3) 예산의 집행

① **예산배정요구서의 제출(국가재정법 제42조)**

각 중앙관서의 장(해양경찰청장)은 **예산이 확정된 후** 사업운영계획 및 이에 따른 세입세출예산·계속비와 국고채무부담행위를 포함한 **예산배정요구서를 기획재정부장관에게 제출**하여야 한다.

② **예산의 배정(국가재정법 제43조)**

㉠ 기획재정부장관은 예산배정요구서에 따라 분기별 예산배정계획을 작성하여 국무회의의 심의를 거친 후 대통령의 승인을 얻어야 한다. 기획재정부장관은 각 중앙관서의 장에게 예산을 배정한 때에는 **감사원에 통지**하여야 한다.

㉡ 기획재정부장관은 필요한 때에는 대통령령이 정하는 바에 따라 **회계연도 개시 전에 예산을 배정할 수 있으며,** 예산의 효율적인 집행관리를 위하여 필요한 때에는 분기별 예산배정계획에 불구하고 개별사업계획을 검토하여 그 결과에 따라 예산을 배정할 수 있다.

㉢ 또한 기획재정부장관은 재정수지의 적정한 관리 및 예산사업의 효율적인 집행관리 등을 위하여 필요한 때에는 분기별 예산배정계획을 조정하거나 예산배정을 유보할 수 있으며, 배정된 예산의 집행을 보류하도록 조치를 취할 수 있다.

> ⓐ 예산의 집행이란 국회에서 심의·의결을 거쳐 확정된 예산에 따라 재원을 조달하고 경비를 지출하는 재정활동을 말한다. 예산이 국회에서 성립되면 해양경찰청장은 예산배정요구서를 기획재정부장관에게 제출하여 예산을 배정받는다.
> ⓑ 예산이 확정되었더라도 해당예산이 배정되지 않은 상태에서는 지출원인행위를 할 수 없다.
> ⓒ 예산의 재배정이란 기획재정부장관으로부터 배정받은 예산을 각 중앙관서의 장이 하급기관으로 다시 배정하는 것을 말한다.

(4) 예산의 결산(국가재정법 제3장)

① **중앙관서결산보고서의 작성 및 제출(국가재정법 제58조)**

각 중앙관서의 장(해양경찰청장)은 국가회계법에서 정하는 바에 따라 회계연도마다 작성한 결산보고서(이하 '중앙관서결산보고서'라 한다)를 **다음 연도 2월 말일**까지 기획재정부장관에게 제출하여야 한다.

② **국가결산보고서의 작성 및 제출(국가재정법 제59조)**

기획재정부장관은 국가회계법에서 정하는 바에 따라 회계연도마다 작성하여 대통령의 승인을 받은 국가결산보고서를 **다음 연도 4월 10일**까지 감사원에 제출하여야 한다.

③ **결산검사(국가재정법 제60조)**

감사원은 국가결산보고서를 검사하고 그 보고서를 **다음 연도 5월 20일**까지 기획재정부장관에게 송부하여야 한다.

④ **국가결산보고서의 국회제출(국가재정법 제61조)**

정부는 감사원의 검사를 거친 국가결산보고서를 **다음 연도 5월 31일**까지 국회에 제출하여야 한다.

2. 지출의 특례 – 관서운영경비제도(국고금관리법)

(1) 의의

관서운영경비란 관서를 운영하는 데 드는 경비로서 그 성질상 지출의 원칙적 절차규정에 따라 지출할 경우 업무수행에 지장을 가져올 우려가 있는 경비에 대하여, 사무비를 출납공무원(관서의 장)에게 지급함으로써 그 책임과 계산하에 사용하게 하는 특수한 경비를 말한다.

(2) 관서운영경비의 운영

① **지출의 원칙(국고금관리법 제22조)**

㉠ 중앙관서의 장 또는 지출원인행위의 위임을 받은 공무원(이하 '재무관'이라 한다)이 그 소관 세출예산 또는 기금운용계획에 따라 지출하려는 경우에는 대통령령으로 정하는 바에 따라 소속 중앙관서의 장이 임명한 공무원(이하 '지출관'이라 한다)에게 지출원인행위 관계 서류를 보내야 한다.

㉡ 지출원인행위에 따라 지출관이 지출을 하려는 경우에는 대통령령으로 정하는 바에 따라 채권자 또는 법령에서 정하는 바에 따라 국고금의 지급사무를 수탁하여 처리하는 자(이하 '채권자 등'이라 한다)의 계좌로 이체하여 지급하여야 한다.

㉢ 지출관은 정보통신의 장애나 그 밖의 불가피한 사유로 계좌이체의 방법으로 지급할 수 없는 경우에는 대통령령으로 정하는 바에 따라 현금 등을 채권자에게 직접 지급할 수 있다.

㉣ 지출은 지출관별 월별 세부자금계획의 범위에서 하여야 한다.

② **관서운영경비의 지급(국고금관리법 제24조)**

㉠ **관서운영경비지출의 원칙**

ⓐ 중앙관서의 장 또는 그 위임을 받은 공무원은 관서를 운영하는 데 드는 경비로서 그 성질상 지출의 원칙에 따라 지출할 경우 업무수행에 지장을 가져올 우려가 있는 경비(이하 '관서운영경비'라 한다)는 필요한 자금을 출납공무원으로 하여금 지출관으로부터 교부받아 지급하게 할 수 있다.

ⓑ 관서운영경비는 관서운영경비출납공무원이 아니면 지급할 수 없다. 관서운영경비출납공무원은 관서운영경비를 금융회사 등에 예치하여 관리하여야 한다.

ⓛ **관서운영경비지출의 방식**

관서운영경비출납공무원이 관서운영경비를 지급하려는 경우에는 **정부구매카드**(여신전문금융업법 제2조 제3호에 따른 신용카드로서 대통령령으로 정하는 바에 따라 관서운영경비를 지급하기 위하여 사용되는 것을 말한다. 이하 같다)를 사용하여야 한다. 다만, 경비의 성질상 정부구매카드를 사용할 수 없는 경우에는 대통령령으로 정하는 바에 따라 **현금지급 등의 방법으로 지급할 수 있다.**

(3) 관서운영경비의 범위와 지급

① 관서운영경비의 범위(국고금관리법 시행령 제31조)

1. 운영비(복리후생비, 시험연구비 중 연구개발비, 학교운영비, 위탁사업비는 제외한다) · 특수활동비 및 업무추진비 중 기획재정부령으로 정하는 금액 이하의 경비

   관서운영경비로 지급할 수 있는 경비의 최고금액은 건당 500만원으로 한다. 다만, 다음 각 호의 어느 하나에 해당하는 경우에는 그러하지 아니하다.
   1. 기업특별회계상 당해 사업에 직접 소요되는 경비
   2. 운영비 중 공과금 및 위원회참석비
   3. 특수활동비 중 수사활동에 소요되는 경비
   4. 그 밖에 기획재정부장관이 정하는 경비

2. 외국에 있는 채권자가 외국에서 지급받으려는 경우에 지급하는 경비(재외공관 및 외국에 설치된 국가기관에 지급하는 경비를 포함한다)
3. 여비
4. 그 밖에 규정한 절차에 따라 지출할 경우 업무수행에 지장을 가져올 우려가 있는 경비로서 기획재정부령으로 정하는 경비

② 관서운영경비의 지급(국고금관리법 제24조)

㉠ 관서운영경비는 관서운영경비출납공무원이 아니면 지급할 수 없다. 관서운영경비출납공무원은 정부구매카드를 사용하여 관서운영경비를 지급할 수 없는 경우에는 계좌이체(공공요금 등을 자동이체하는 경우를 포함한다. 이하 같다)의 방법으로 지급하여야 한다. 다만, 다음 각 호의 경우에는 현금으로 지급할 수 있다.

현금 등에 의한 관서운영경비의 지급(동법 시행령 제36조)

1. 운영비 · 특수활동비 및 업무추진비 중 기획재정부령이 정하는 금액 이하의 경비
2. 외국에 있는 채권자가 외국에서 지급받고자 하는 경우에 지급하는 경비
3. 국내여비 및 외국인에게 지급하는 국외여비
4. 섬 · 외딴곳 · 산간오지 등 관서 소재 지역으로서 경비를 사용할 지역에 신용카드 가맹점이 없는 등의 사유로 정부구매카드를 사용할 수 없는 경우
5. 분임관서운영경비출납공무원에게 관서운영경비를 재교부하는 경우

㉡ 관서운영경비출납공무원은 관서운영경비를 금융기관에 예치하여 관리하여야 하며, 관서운영경비출납공무원이 관서운영경비를 지급하고자 하는 때에는 정부구매카드를 사용하여야 한다(국고금관리법 시행령 제36조).

㉢ 다만, 경비의 성질상 정부구매카드를 사용할 수 없는 경우에는 대통령령이 정하는 바에 따라 현금지급 등의 방법으로 지급할 수 있다.

(4) 서류 등의 보관

관서운영경비의 집행에 관한 증빙서류, 현금출납부 등의 서류는 회계연도 종료 후 5년간 보관하여야 한다.

(5) 특징

관서운영경비는 목간 전용하여 사용할 수 없으나 일반적인 전용절차를 거쳐서 일부 세목조정이 가능하다.

(6) 관서운영경비 사용잔액의 반납(국고금관리법 시행령 제37조)

관서운영경비출납공무원은 매 회계연도의 관서운영경비 사용 잔액을 다음 회계연도 1월 20일까지 해당 지출관에게 반납하여야 한다. 그러나 관서운영경비출납공무원은 다음 각 호의 경우에는 관서운영경비의 사용 잔액을 다음 연도로 이월하여 사용할 수 있다.

1. 지급원인행위를 하고 지급하지 아니한 금액
2. 직전 회계연도에 사용한 정부구매카드사용금액 중 그 대금을 지급하지 아니한 금액
3. 재외공관의 시설비 중 지급원인행위를 하고 지급되지 아니한 경비

05 예산의 이용과 전용

1. 예산의 이용(국가재정법 제47조)

(1) 예산 이용의 범위

각 중앙관서의 장은 예산이 정한 각 기관 간 또는 각 장·관·항간에 상호 이용(移用)할 수 없다. 다만, 예산집행상 필요에 따라 미리 예산으로써 국회의 의결을 얻은 때에는 기획재정부장관의 승인을 얻어 이용하거나 기획재정부장관이 위임하는 범위 안에서 자체적으로 이용할 수 있다.

(2) 정부조직의 변경

기획재정부장관은 정부조직 등에 관한 법령의 제정·개정 또는 폐지로 인하여 중앙관서의 직무와 권한에 변동이 있는 때에는 그 중앙관서의 장의 요구에 따라 그 예산을 상호 이용하거나 이체(移替)할 수 있다.

(3) 예산이용의 통지

각 중앙관서의 장은 예산을 자체적으로 이용한 때에는 기획재정부장관 및 감사원에 각각 통지하여야 하며, 기획재정부장관은 예산의 이용을 승인하거나 예산을 이용 또는 이체한 때에는 그 중앙관서의 장 및 감사원에 각각 통지하여야 한다.

(4) 국회보고

각 중앙관서의 장이 예산을 이용 또는 이체한 경우에는 분기별로 분기만료일이 속하는 달의 다음 달 말일까지 그 이용 또는 이체 내역을 국회 소관 상임위원회와 예산결산특별위원회에 제출하여야 한다.

2. 예산의 전용(국가재정법 제46조)

(1) 예산전용의 범위

각 중앙관서의 장은 예산의 목적범위 안에서 재원의 효율적 활용을 위하여 대통령령이 정하는 바에 따라 기획재정부장관의 승인을 얻어 각 세항 또는 목의 금액을 전용할 수 있다. 이 경우 사업간의 유사성이 있는지, 재해대책 재원 등으로 사용할 시급한 필요가 있는지, 기관운영을 위한 필수적 경비의 충당을 위한 것인지 여부 등을 종합적으로 고려하여야 한다.

(2) 예산의 자체 전용

각 중앙관서의 장은 회계연도마다 기획재정부장관이 위임하는 범위 안에서 각 세항 또는 목의 금액을 자체적으로 전용할 수 있다.

(3) 예산의 전용 제한

제1항 및 제2항에도 불구하고 각 중앙관서의 장은 다음의 어느 하나에 해당하는 경우에는 전용할 수 없다.

① 당초 예산에 계상되지 아니한 사업을 추진하는 경우 ② 국회가 의결한 취지와 다르게 사업 예산을 집행하는 경우

(4) 예산전용의 통보

기획재정부장관은 예산의 전용을 승인한 때에는 그 전용명세서를 그 중앙관서의 장 및 감사원에 각각 송부하여야 하며, 각 중앙관서의 장은 예산을 전용한 때에는 전용을 한 과목별 금액 및 이유를 명시한 명세서를 기획재정부장관 및 감사원에 각각 송부하여야 한다.

(5) 예산전용의 국회통보

각 중앙관서의 장이 예산을 전용한 경우에는 분기별로 분기만료일이 속하는 달의 다음 달 말일까지 그 전용 내역을 국회 소관 상임위원회와 예산결산특별위원회에 제출하여야 한다.

제5절 해양경찰 장비관리

물품관리 또는 장비관리는 해양경찰업무를 수행하는 데 필요한 물품을 취득하여 효율적으로 보관·사용하고, 사용 후에 합리적으로 처분하는 과정을 말한다. 이는 물품의 효율적이며 적정한 관리를 도모함을 목적으로 하며, 장비관리는 **능률성, 효과성, 경제성의 확보**에 그 목적이 있으며 **민주성의 확보는 장비관리와 관련이 없다.**

01 함정 운영관리 규칙

1. 서설

(1) 목적(제1조)

이 규칙은 해양경찰청 함정의 운용관리 및 근무에 관한 사항을 규정하여 함정을 효율적으로 운용·관리함을 목적으로 한다

(2) 적용범위(제2조)

해양경찰청 소속 함정의 운용 · 관리 및 근무에 관하여 다른 규칙에 따로 정한 경우를 제외하고는 이 규칙이 정하는 바에 따른다.

(3) 정의(제3조)

구분	내용
함정	해양경찰 업무수행을 위하여 운용되는 선박(부선 및 부선거를 제외한다)을 말한다.
경비함정	해상경비를 주임무로 하는 함정을 말한다.
특수함정	해양경찰 특수목적 수행을 위해 운용되는 함정을 말한다.
배속함정	해양경찰서, 서해5도 특별경비단(이하 '서특단'이라 한다) 소속 함정을 일정한 기간 다른 해양경찰서, 서특단에 소속시키는 것을 말한다.
대기함정	전용부두 안전관리 및 각종 상황에 대한 조치 목적으로 매일 09:00부터 다음 날 09:00까지 특별히 임무가 부여된 함정을 말한다.
대기예비함정	대기함정이 긴급 출동시 대기함정 임무를 수행하기 위해 매일 09:00부터 다음 날 09:00까지 지정된 함정을 말한다.
대기유보함정	대기함정, 대기예비함정을 제외한 정박함정을 말한다.
전용부두(기지)	함정운항의 근거지로서 평상시 정박장소로 지정된 항 · 포구의 부두를 말한다.
출동	함정이 출동 지시서를 받고 임무수행을 위하여 전용부두(기지)를 출항하는 경우를 말한다(기상악화로 인하여 피항 중인 경우를 포함한다).
정박	출동임무를 마치고 모항(전진기지를 포함한다)에 입항하는 것을 말한다.
모항	함정운항의 근거지로서 평상시 관할 해양경찰서 소속 함정의 정박장소로 지정된 전용부두가 있는 항 · 포구를 말한다.
대기근무	정박 중인 함정의 각종 기동장비 관리 등 함정의 전반적 안전관리와 긴급출동 등 긴급상황에 대응하기 위해 함정에서 토요일, 공휴일, 휴무일 및 일과시간 후에 근무하는 것을 말한다.
통합대기근무	중형함정, 소형함정 또는 특수함정이 전용부두에 2척 이상, 동일한 장소에 정박계류시 통합하여 대기근무를 편성 · 운용하는 것을 말한다.

(4) 함정의 임무(제4조)

함정은 해양경찰에 관한 제 임무를 수행하기 위하여 운용한다. 다만, 필요한 경우에는 다른 기관의 업무 및 국가방위에 관한 업무를 지원하기 위하여 운용할 수 있다.

(5) 소속 및 지휘(제5조)

① 함정은 해양경찰청장(이하 '해경청장' 이라 한다.), 지방해양경찰청장(이하 '지방청장'이라 한다.), 해양경찰서장(이하 '해경서장'이라 한다.), 서해5도 특별경비단장(이하 '서특단장'이라 한다)이 지휘한다.

② **해양경찰 파출소에 대한 함정의 배치는 해경서장이 한다.**

③ 지방청장, 해경서장, 서특단장과 해양경찰교육원장은 함정의 지휘권을 갖는다. 다만, 파출소에 배치된 함정에 대한 지휘권은 **파출소장에게 위임할 수 있다.**

④ 배속함정에 대한 지휘권은 배속받은 해양경찰관서의 장, 서특단장에게 있다.

⑤ 해경청장 및 지방청장은 구난사항과 그 밖의 임무수행을 위하여 필요한 경우에는 제3항의 규정에 불구하고 함정을 직접 지휘할 수 있다.

(6) 함정의 호칭 및 분류(제6조)

① 경비함정의 호칭에 있어서는 250t 이상 함정은 '함', 250t 미만 함정은 '정'이라고 하며 특수함정은 500t 이상은 '함', 500t 미만은 '정'이라 한다.

② 함정은 그 운용목적에 따라 경비함정과 특수함정으로 구분한다.

③ 경비함정은 톤수에 따라 다음 각 호와 같이 경비함과 경비정으로 구분한다.

1. 대형 경비함(영문표기 MPL): 1,000t급 이상
2. 중형 경비함(영문표기 MPM): 1,000t급 미만 250t 이상
3. 소형 경비정(영문표기 MPS): 250t 미만

④ 경비함정은 해상경비 및 민생업무 등 해상에서의 전반적인 업무를 수행하는 함정을 말한다.

⑤ 특수함정은 그 운용 목적에 따라 다음 각 호와 같이 구분한다.

1. 형사기동정: 해상범죄의 예방과 단속활동을 주 임무로 하는 함정
2. 순찰정: 항·포구를 중심으로 해상교통 및 민생치안 업무를 주 임무로 하는 함정
3. 소방정: 해상화재 진압업무를 주 임무로 하는 함정
4. 방제정: 해양오염 예방활동 및 방제업무를 주 임무로 하는 함정
5. 예인정(영문표기 T): 예인업무를 주 임무로 하는 함정
6. 수리지원정: 함정수리 지원업무를 주 임무로 하는 함정
7. 공기부양정(영문표기 H): 천해, 갯벌, 사주 등 특수해역에서 해난구조와 테러예방 및 진압 임무를 수행하는 함정
8. 훈련함: 해양경찰교육원에서 실시하는 신임·기본·전문교육 및 대형 해양오염 방제 업무 등을 수행하는 함정
9. 훈련정: 불법외국어선 단속 훈련용으로 사용되는 함정
10. 잠수지원함(영문표기 D): 해상 수색구조 및 잠수 지원업무를 수행하는 함정
11. 화학방제함: 해상 화학사고 대비·대응 업무를 주 임무로 하는 함정
12. 특수기동정(영문표기 S): 불법조업 외국어선 단속 임무, 해양사고 대응 임무, 해양테러 및 PSI 상황 대응 임무를 수행하는 함정

구분	영문표기	톤수
중형특수기동정	SM(Special Medium)	50t 이상
소형특수기동정	SS(Special Small)	50t 미만

(7) 행동범위(제7조)

함정은 소속 해경서장, 서특단장이 해양경찰 경비규칙에 의하여 지정된 구역 안에서 운용함을 원칙으로 한다. 다만 해양사고와 그 외의 상황에 대처하기 위하여 관할구역 밖의 해역 또는 타서 해역에서 임무를 수행하는 경우에는 관할 지방청장과 해경서장, 서특단장에게 보고하며, 보고받은 기관의 장은 보고체계에 따라 함정 소속기관 등 관련기관에 보고 및 통보하여야한다.

(8) 함정 명명(제8조)

① 경비함정은 톤급별 명칭을 지정 취역순서(또는 함정번호순서)로 다음 각호와 같이 부여한다.

1. 5000톤급: 역사적 지명, 인물
2. 3000톤급: 태평양 1호, 2호, ...
3. 1500톤급: 제민 1호, 2호, ...
4. 1000톤급: 한강 1호, 2호, ...

5. 500톤급: 태극 1호, 2호, ...
6. 500톤급 미만 250톤급 이상: 해우리 1호, 2호, ...
7. 250톤급 미만 50톤급 이상: 해누리 1호, 2호, ...
8. 50톤급 미만: 함정번호를 사용

② 경비함정의 번호는 톤급별로 구분하여 취역일자 순으로 부여하되, 번호부여 방법은 해경청장이 따로 정하여 시행한다.
③ 특수함정의 명칭 및 번호는 그 용도와 취역 순위에 상응하도록 따로 부여한다.
④ 함정의 명명은 해경청장이 행한다.
⑤ 함정을 명명할 때에는 다음 각호의 사항을 명명장에 기재하고, 함정에 교부하여야 한다.

1. 함정번호 및 명칭
2. 소속
3. 톤수
4. 건조회사
5. 건조번호
6. 건조연 · 월 · 일

2. 함정조직

(1) 조직(제9조)

① 함정에 함장 또는 정장(이하 '함 · 정장'이라 한다)을 두고, 함정의 크기와 기능에 따라 부장, 기관장, 통신장 등의 부서장을 둔다.
② 함정의 부서별 세부조직은 해경청장이 정하는 함정 기본조직에 관한 규칙에 따른다.

(2) 직무(제12조)

① 함 · 정장은 관할 해경서장, 서특단장의 명을 받아 함정을 운용 · 관리하고 함정직원을 지휘 감독하여 부여된 임무를 완수할 책임을 진다.
② 함정을 운용 · 관리함에 있어서 각 기능별 부서장 및 함정 직원의 일반직무, 특수직무에 관한 사항은 함정 기본조직에 관한 규칙에 따른다.

02 해양경찰청 함정 정비규칙

1. 서설

(1) 목적(제1조)

이 규칙은 경비함정과 특수함정, 부선 및 부선거와 연안구조장비의 선체와 장비의 성능유지 및 수명연장을 위한 정비활동에 관한 절차를 규정함을 목적으로 한다.

(2) 용어(제2조)

구분	내용
경비함정과 특수함정	함정 운영관리 규칙 제3조 제2호 및 제3호에 규정된 각 함정을 말한다.
부선	유류 · 방제 · 계류바지를 말한다.

부선거	특수함정 중 수리지원정에 해당하며 수리지원업무(상가)를 주임무로 하는 함정을 말한다.
연안구조장비	해양경찰 파출소 및 출장소에 배치하여 운용하는 연안구조정 및 수상오토바이, 해경구조대 배치하여 운용하는 고속보트를 말한다.
함정정비	경비함정과 특수함정, 부선 및 부선거(이하 '함정'이라 한다.)의 선체와 장비의 성능유지 및 수명연장을 위하여 손질, 검사, 수리, 재생, 개조, 개장, 교정하는 등의 일체 행위를 말한다.
함정 수리	함정의 선체 혹은 장비의 설계, 자재, 수량, 위치 또는 구성부품의 상호 관계를 변경하지 아니하고 본래의 선체 또는 장비를 사용할 수 있도록 유지하는 데 필요한 작업을 말한다.
함정 개조	함정의 성능이나 특성에 영향을 미치는 선체, 장비, 설비 및 의장에 있어서 설계상의 기재 수량, 위치 또는 함정구조를 변경하는 작업을 말한다.
선저외판 검사	씨체스트를 포함한 수선하부 선저외판 및 선미 격벽 외판의 두께를 계측하여 마모도를 계측하여 확인하는 작업을 말한다.
중대복구 수리	추산가 1억원 이상 수리를 말한다.

2. 함정 정비

(1) 함정 정비의 책임(제5조)

① 함정이 설계된 성능을 발휘하도록 정비 유지에 대한 **총괄책임은 함(정)장에게 있다**.

② 함정의 부서장은 소관장비의 정비유지, 보수의 **1차적 책임**을 진다.

③ 해양경찰서 장비관리과장은 함정의 자체정비능력을 초과하는 수리사항에 대하여 함(정)장의 요청에 따라 할당된 수리자금 한도 내에서 정비지원을 제공한다.

(2) 함정 정비의 종류 및 범위(제6조)

함정 정비의 종류는 자체정비, 예방정비, 경찰서 정비, 계획정비, 해양경찰정비창 정비(이하 '창 정비'라 한다)가 있으며 그 범위는 다음과 같다.

구분	내용
자체정비	함정을 정상적으로 운용하면서 운전시간에 따라 정기적으로 함정 승조원이 직접 부속품의 교환과 고장방지를 위한 예방적 정비 및 경미한 수리를 실시하는 정비이다.
예방정비	PMS에 따라 함정에서 실시하는 정비로서 함정에 설치된 장비의 성능 유지를 위하여 제반 장비에 대한 주기적인 정비계획을 수립·시행하는 정비이다.
경찰서 정비	함정 자체정비의 범위를 초과한 고장발생으로 해양경찰서 장비관리과에서 함정정비반 또는 민간업체에 의뢰하여 수리를 실시하는 정비이다.
계획정비	함정 운용시간 및 수리주기에 맞춰 연간 수리계획에 따라 시행하는 수리로 정기수리와 상가수리가 있다. 가. 정기수리: 일정기간 운영 후 함정 전반에 걸친 검사, 정비사항을 해양경찰정비창, 해군 정비창(수리창) 또는 민간업체에 의뢰하여 실시하는 정비로서 주기관 총 분해수리 및 부품교환 등을 통한 함정의 성능회복을 위한 수리를 말한다. 나. 상가수리: 수면하 선체 및 구조물의 검사수리를 위하여 상가시설을 구비한 해양경찰정비창, 해군 정비창(수리창) 또는 민간업체에 의뢰 실시하는 정비로서 주기적으로 실시하는 정기상가, 중간상가 및 긴급소요에 의해 실시하는 긴급 상가가 있다.
창 정비	계획정비 이외의 긴급한 수리를 위해 해양경찰정비창 및 해군정비창(수리창)에 의뢰하여 수리를 실시하는 정비이다.

03 무기 · 탄약류 등 관리 규칙

1. 서설

(1) 목적(제1조)

이 규칙은 해양경찰청 및 그 소속기관에서 사용하는 무기 · 탄약의 효율적 유지관리를 위하여 필요한 사항을 규정함을 목적으로 한다.

(2) 정의(제2조)

이 규칙에서 사용하는 용어의 뜻은 다음과 같다.

구분	내용
해양경찰관서 등	해양경찰청, 지방해양경찰청, 해양경찰교육원, 해양경찰정비창, 해양경찰서, 서해5도 특별경비단, 파출소 · 출장소, 함정, 특공대, 항공단, 그 밖에 해양경찰청장이 지정한 소속기관을 말한다.
무기	인명 또는 신체에 위해를 가할 수 있도록 제작된 장비를 말한다.
개인화기	해양경찰관서 등 경찰공무원(이하 '경찰관'이라 한다) 개인이 휴대하며 운용할 수 있는 무기를 말한다.
공용화기	경비함정 등에서 공동 임무를 수행하기 위하여 사용하는 무기를 말한다.
무기고	해양경찰관서 등에 배정된 개인화기와 공용화기를 보관하기 위하여 설치된 시설을 말한다.
간이무기고	해양경찰관서 등의 각 기능별 운용부서에서 효율적 사용을 위하여 무기고로부터 무기 · 탄약의 일부를 대여받아 별도로 보관 관리하는 시설을 말한다.
탄약고	경찰탄약 및 최루탄을 집중 보관하기 위하여 다른 용도의 사무실, 무기고 등과 분리 설치된 보관시설을 말한다.
기수탄(基數彈)	각 무기별 지정된 기준 정수량으로 책정된 탄약을 말한다.
전시 비축탄(備蓄彈)	전시에 대비해 보유하고 있는 탄약을 말한다.

2. 무기 · 탄약

(1) 무기 · 탄약 구분(제4조)

① 무기는 다음과 같이 구분한다.

> ㉠ **개인화기**: 권총, 소총(자동소총 및 기관단총을 포함한다) 등
> ㉡ **공용화기**: 유탄발사기, 중기관총, 함포(부대장비를 포함한다) 등
> ㉢ 도검 등

② 탄약은 사용용도, 각 무기별 특성 및 성능에 따라 다음 각 호와 같이 구분한다.

> ㉠ **용도별**: 기수탄, 전시 비축탄, 교육훈련탄 등
> ㉡ **특성 및 성능별**: 철갑탄, 방화탄, 예광탄, 보통탄, 공포탄 등

제1편 총론

4장

(2) 무기고 및 탄약고 설치(제8조)

① 무기고 및 탄약고는 다음 각 호의 해양경찰관서 등에 설치한다.

> ㉠ 해양경찰청
> ㉡ 해양경찰교육원
> ㉢ 지방해양경찰청
> ㉣ 해양경찰정비창
> ㉤ 해양경찰서
> ㉥ 경비함정 및 특수함정
> ㉦ 파출소 · 출장소
> ㉧ 해양경찰특공대 및 항공단
> ㉨ 그 밖에 해양경찰청장이 지정하는 해양경찰관서등

② 무기고와 탄약고는 견고해야 하고, 환기 · 방습장치와 방화시설, 총기를 세워서 진열할 수 있는 총가시설(銃架施設) 등을 갖추어야 한다.

③ 무기고와 탄약고는 **본청사와 격리**된 독립 단층건물로 분리되어야 한다.

④ 무기고 · 탄약고 시설을 분리 또는 설치할 수 없는 해양경찰관서등은 간이무기고를 자체경비용 무기보관시설(당직실, 민원실 등)에 간이무기고를 설치할 수 있다.

⑤ 탄약고를 무기고와 분리하는 것이 불가능할 때에는 **탄약을 반드시 별도의 상자**에 넣어 잠금장치를 한 후 무기고에 보관해야 한다.

⑥ **육상 탄약고 내에는 전기시설을 설치해서는 안 되며, 함정 탄약고에는 등화시설을 하되 배전반 · 분전반 시설을 설치해서는 안 된다.** 이 경우 등화용 전구는 반드시 수밀(水密) 보호망을 설치하여 누전에 의한 전기화재를 방지해야 하며, 비상시를 대비하여 손전등과 소화기를 비치해야 한다.

⑦ 무기고 · 탄약고의 보안설비 기준은 다음 각 호와 같다.

> ㉠ 외곽에는 철조망 등 방책시설을 설치할 것
> ㉡ 창문 · 환기통 등에는 철창살 시설을 설치할 것
> ㉢ 출입문은 이중으로 설치하여 출입문 당 1개 이상의 잠금장치를 설치할 것
> ㉣ 경보장치(정전대비 D/C 비상발전기연결, 배선이 노출되지 않을 것)을 설치하여 출입문 개방시 근무자 또는 대기자가 경보를 인지할 수 도 있도록 할 것
> ㉤ 필요시는 폐쇄회로 영상감시장치(이하 'CCTV'라 한다)를 설치하여 도난 · 피탈을 방지할 것

⑧ 함정 포대(砲臺) 주위에 탄약 상비상자(常備箱子)를 설치할 수 있으며, 상비상자는 견고하게 만들어야 하고 상비상자 외부에는 방열판, 수밀장치(水密裝置)와 한 개 의상의 잠금장치를 설치해야 한다.

(3) 무기고 · 탄약고 열쇠의 보관 및 잠금(제10조)

① 무기고와 탄약고의 열쇠는 따른 무기 · 탄약 관리책임자가 보관해야 한다.

② 무기고 · 탄약고의 방책 문 · 내부 문 · 외부 문 열쇠는 각각 2개씩 제작한 후, 각 문의 열쇠 1개를 한 묶음으로 하여 2개 조(組)로 만든 다음 그중 1개 조의 열쇠는 비상열쇠함에 넣어 보관하고 나머지 1개 조는 다음 내용에 따라 관리한다.

㉠ 일과 중에는 무기·탄약 관리책임자가 보관하는 것을 원칙으로 한다. 다만, 업무상황을 고려하여 제6조 제1항에 따른 매주 점검자가 보관할 수 있다.
㉡ 일과 후 및 공휴일의 무기·탄약고 열쇠 보관 방법은 다음 각 목과 같다.
ⓐ **해양경찰청**: 방책 문과 외부 문의 열쇠는 당직관(부당직관)이, 내부 문의 열쇠는 전반·후반 선임당직자가 보관한다.
ⓑ **지방해양경찰청·해양경찰교육원·해양경찰서·서해5도특별경비단·해양경찰정비창**: 방책 문과 외부 문의 열쇠는 당직관(부당직관)이, 내부 문의 열쇠는 전반·후반 선임당직자가 보관한다.
ⓒ **함정**: 외부 문의 열쇠는 상황대기관이 보관하고 내부 문의 열쇠는 선임상황대기자가 보관하며, 통합상황대기 편성 함정에서는 외부 문의 열쇠는 선임상황대기자가 보관하고 내부 문의 열쇠는 차선임 상황대기자가 보관한다. 다만, 1인 상황대기 함정 및 함정 임무수행 중 간이무기고는 내부 문·외부 문 열쇠를 통합 보관할 수 있다.
ⓓ **파출소·출장소**: 외부 문의 열쇠는 순찰팀장이 보관하며, 내부 문의 열쇠는 순찰팀원 중 선임자가 보관한다. 다만, 1인 근무출장소는 1인이 통합관리 한다.

③ 경찰관 1명 근무 출장소는 인접 파출소 또는 출장소에 열쇠를 보관시킬 수 있다.
④ 무기·탄약 취급담당자가 일과 중에 무기고 또는 탄약고에 출입할 때에는 무기·탄약 관리책임자에게 사유를 보고하고 열쇠를 인계받아 출입할 수 있으며 출입사유가 종료된 즉시 열쇠를 반납해야 한다.
⑤ 해양경찰관서 등의 장은 무기고·탄약고 열쇠(비상열쇠 포함)의 인계·인수 및 관리 상태를 확인 감독해야 한다.
⑥ 무기·탄약 관리책임자가 자리를 비울 때에는 차하급자에게 인계 이유를 고지 후 무기고·탄약고 열쇠를 인계하여 보관하게 한다.
⑦ 당직관은 일과 후 및 공휴일에 긴급한 사유로 무기고나 탄약고에 출입하거나, 무기·탄약을 출고하고자 할 때에는 즉시 해양경찰관서 등의 장에게 보고하여 허가를 받은 후 행하고, 이상 유무를 해양경찰관서 등의 장에게 보고하며 무기·탄약 관리책임자에게 출·입고 사항을 통보해야 한다. 다만, 해양경찰관서 등의 장에 허가를 받을 수 없는 급박한 상황일 때에는 당직 책임자가 선행 조치하고 사후 보고할 수 있다.
⑧ 무기·탄약 관리책임자는 무기고·탄약고의 자물쇠 봉인(封印)에 대한 훼손 여부를 확인하여 잠금 상태의 이상 유무를 점검해야 한다.

(4) 무기·탄약의 안전관리(제18조)

① 해양경찰관서 등의 장은 보유·운용 중인 무기·탄약에 대해 안전검사를 **연 1회 실시**하고 이상유무를 기록·유지해야 한다.

㉠ 소총, 권총, 기관총, 유탄발사기
ⓐ 총열의 균열 유무
ⓑ 방아쇠를 당길 수 있는 힘이 1킬로그램 이상인지 여부
ⓒ 안전장치의 작동 여부
㉡ 20밀리 이상 함포의 균열 여부
ⓐ 삭제
㉢ 탄약 및 폭약류
ⓐ 신관부(信管部) 및 탄체(彈體)의 부식 또는 충전물 누출 여부
ⓑ 안전장치의 이상 유무

② 경찰관은 권총, 소총 등 총기를 휴대하거나 사용하는 경우 다음 각 호의 안전수칙을 준수해야 한다.

㉠ **권총**
  ⓐ 총구는 공중(空中) 등 안전지역을 향할 것
  ⓑ 실탄을 장전할 때는 반드시 안전장치를 방아쇠울에 설치해 둘 것
  ⓒ 첫 번째 탄은 공포탄을 장전하고 두 번째 탄부터는 실탄을 장전할 것. 다만, 대간첩작전, 살인강도 등 중요범인이나 무기 · 흉기 등을 사용하는 범인의 체포 및 위해의 방호를 위하여 불가피한 경우에는 첫 번째 탄부터 실탄을 장전 할 수 있다.
  ⓓ 조준할 때는 대퇴부 이하를 조준할 것
㉡ **소총 · 기관총 · 유탄발사기**
  ⓐ 실탄은 분리하여 휴대 및 보관할 것
  ⓑ 실탄을 장전할 때에는 조정간을 안전위치에 둘 것
  ⓒ 사용 전 · 후에는 약실과 총강을 점검할 것
  ⓓ 공포탄약은 총구에서 6미터 이내의 사람을 향해 사격하지 말 것
㉢ **20밀리 이상 함포**
  ⓐ 실탄은 사격목적 이외는 장전을 금지 할 것
  ⓑ 실탄 장전할 때는 안전장치를 안전위치에 둘 것
  ⓒ 사용 전 · 후에는 약실과 총강을 점검할 것
  ⓓ 사용 전에는 포대 주위의 안전저해 요소 사전에 제거할 것
㉣ **탄약류**
  ⓐ 실탄 및 폭발물류 등의 임의 변형금지
  ⓑ 마찰 · 충격금지
  ⓒ 취급 및 사용할 때는 안전수칙 준수
㉤ 총기를 손질한 후 검사총을 실시할 때는 총구를 공중 또는 지면을 향하도록 할 것
㉥ 총기를 사용한 경우에는 지체 없이 별지 제6호 서식에 따라 무기사용보고서를 작성하여 해양경찰관서 등의 장에게 보고하고, 해양경찰관서 등의 장은 해양경찰청장에게 보고할 것. 다만, 훈련의 경우에는 예외로 한다.
㉦ 대여받은 총기를 다른 직원에게 임시로 인계할 때에는 검사총을 반드시 실시하여야 한다.

(5) 무기 · 탄약의 회수 및 보관(제19조)

① 해양경찰관서등의 장은 무기를 휴대한 사람이 다음의 어느 하나에 해당하는 때에는 대여한 무기 · 탄약을 즉시 **회수해야 한다**.

㉠ 직무상의 비위로 인하여 징계대상이 된 경우
㉡ 형사사건으로 인하여 조사의 대상이 된 경우
㉢ 사의(辭意)를 표명한 경우

② 해양경찰관서 등의 장은 무기를 휴대한 사람이 다음의 어느 하나에 해당하는 때에는 대여한 무기 · 탄약을 **회수하여 보관할 수 있다**.

㉠ 경찰관 직무적성검사 결과 고위험군에 해당되는 경우
㉡ 정신건강상 문제가 우려되어 치료가 필요한 경우
㉢ 정서적 불안 상태로 인하여 무기소지가 적합하지 않은 자로서 소속 부서장의 요청이 있는 경우
㉣ 그 밖에 해양경찰관서등의 장이 부적합하다고 판단하는 경우

③ 해양경찰관서 등의 장은 무기를 휴대한 사람이 다음의 어느 하나의 장소에 출입하는 경우에는 대여한 무기 · 탄약을 **회수 보관해야** 한다.

> ㉠ 술자리 또는 연회장소에 출입할 경우
> ㉡ 상사의 사무실을 출입할 경우
> ㉢ 그 밖에 정황을 판단하여 필요하다고 인정되는 장소에 출입하는 경우

제6절 보안관리

01 보안의 개념

1. 보안의 의의

보안이란 국가의 안전보장을 위하여 국가가 보호를 필요로 하는 비밀이나 인원, 문서, 자재, 시설 및 지역 등을 보호하는 소극적 예방활동과 국가안전보장을 해치고자 하는 간첩, 태업이나 전복으로 국가를 위태롭게 하는 불순분자를 탐지, 조사, 체포하는 등의 적극적인 예방활동으로 구분할 수 있다.

2. 보안업무의 법적 근거

국가정보원법, 정보 및 보안업무기획 · 조정규정(대통령령), 보안업무규정(대통령령), 보안업무규정 시행규칙(대통령훈령), 해양경찰청 보안업무시행세칙(해양경찰청훈령) 등에 그 법적 근거가 있다.

3. 보안업무의 원칙

구분	내용
알 사람만 알아야 하는 원칙	① 보안의 대상이 되는 사실은 전파할 때 전파가 꼭 필요한가, 사용자가 반드시 전달받아야 하며 필요한 것인가 검토하여야 한다. ② 보안에 있어서 가장 기본적이며 중요한 원칙에 해당한다.
부분화의 원칙	한번에 다량의 비밀이나 정보가 유출되지 않도록 하여야 한다.
보안과 효율의 조화의 원칙	보안과 업무효율은 반비례관계가 있으므로 양자의 적절한 조화를 유지하는 방법을 강구해야 한다.

> **⊕ PLUS 적당성의 원칙**
>
> 사용자가 필요한 만큼 적당한 양을 전달해야 한다. 사용자가 요구하는 것 이상으로 정보를 제공하는 것은 불필요한 보안상의 문제를 야기할 수 있고, 정보에 대한 신뢰도를 저하시킨다.

02 보안업무규정

1. 서설

이 영은 국가정보원법 제4조에 따라 국가정보원의 직무 중 보안업무 수행에 필요한 사항을 규정함을 목적으로 한다.

(1) 용어의 정의(보안업무규정 제2조)

이 영에서 사용하는 용어의 뜻은 다음과 같다.

구분	내용
비밀	국가정보원법(이하 '법'이라 한다) 제4조 제1항 제2호에 따른 국가 기밀(이하 '국가 기밀'이라 한다)로서 이 영에 따라 비밀로 분류된 것을 말한다.
각급기관	대한민국헌법, 정부조직법 또는 그 밖의 법령에 따라 설치된 국가기관(군기관 및 교육기관을 포함한다)과 지방자치단체 및 공공기록물 관리에 관한 법률 시행령 제3조에 따른 공공기관을 말한다.
중앙행정기관	정부조직법 제2조 제2항에 따른 부·처·청(이에 준하는 위원회를 포함한다)과 대통령 소속·보좌·경호기관 및 국무총리 보좌기관을 말한다.
암호자재	비밀의 보호 및 정보통신 보안을 위하여 암호기술이 적용된 장치나 수단으로서 Ⅰ급, Ⅱ급 및 Ⅲ급 비밀 소통용 암호자재로 구분되는 장치나 수단을 말한다.

(2) 보안책임(보안업무규정 제3조)

다음의 어느 하나에 해당하는 사항을 관리하는 사람 및 관계 기관(각급기관과 제33조 제3항에 따른 관리기관을 말한다)의 장은 해당 관리 대상에 대하여 보안책임을 진다.

① 국가 기밀에 속하는 문서·자재·시설·지역
② 국가안전보장에 한정된 국가 기밀을 취급하는 인원

(3) 보안 기본정책 수립 등(보안업무규정 제3조의2)

국가정보원장은 보안업무와 관련하여 다음 내용의 업무를 수행한다.

① 보안업무와 관련된 기본정책의 수립 및 제도의 개선
② 보안업무 수행 기법의 연구·보급 및 표준화
③ 전자적 방법에 의한 보안업무 관련 기술개발 및 보급
④ 각급기관의 보안업무가 제1호부터 제3호까지의 사항에 따라 적절하게 수행되는지 여부의 확인 및 그 결과의 분석·평가
⑤ **제38조 각 호의 어느 하나에 해당하는 사고(이하 '보안사고'라 한다)의 예방 등을 위한 다음 각 목의 업무**
　㉠ 제35조 제1항에 따른 보안측정
　㉡ 제36조 제1항에 따른 신원조사
　㉢ 제38조에 따른 보안사고 조사
　㉣ 그 밖에 대도청(對盜聽) 점검, 보안교육, 컨설팅 등 각급기관의 보안업무 지원

(4) 보안심사위원회(보안업무규정 제3조의3)

① 중앙행정기관에 비밀의 공개 등 해당 기관의 보안업무 수행에 관한 중요 사항을 심의하기 위하여 보안심사위원회를 둔다.
② 보안심사위원회의 구성·운영 등에 필요한 세부사항은 국가정보원장이 정한다.

2. 비밀보호

(1) 비밀의 구분(보안업무규정 제4조)

보안업무규정

제4조【비밀의 구분】 비밀은 그 중요성과 가치의 정도에 따라 다음 각 호와 같이 구분한다.
1. Ⅰ급비밀: 누설될 경우 대한민국과 외교관계가 단절되고 전쟁을 일으키며, 국가의 방위계획 · 정보활동 및 국가방위에 반드시 필요한 과학과 기술의 개발을 위태롭게 하는 등의 우려가 있는 비밀
2. Ⅱ급비밀: 누설될 경우 국가안전보장에 막대한 지장을 끼칠 우려가 있는 비밀
3. Ⅲ급비밀: 누설될 경우 국가안전보장에 해를 끼칠 우려가 있는 비밀

보안업무규정 시행규칙

제16조【분류 금지와 대외비】 ③ 규정 제4조에 따른 비밀 외에 공공기관의 정보공개에 관한 법률 제9조 제1항 제3호부터 제8호까지의 비공개 대상 정보 중 직무 수행상 특별히 보호가 필요한 사항은 이를 "대외비"로 한다.

해양경찰청 보안업무시행세칙

제27조【분류금지와 대외비】 ③ 규정 제4조에 따른 비밀 외에 공공기관의 정보공개에 관한 법률 제9조 제1항 제3호부터 제8호까지의 비공개 대상 정보 중 직무 수행상 특별히 보호가 필요한 사항은 "대외비"로 한다.

보안업무규정상의 비밀은 Ⅰ급비밀, Ⅱ급비밀, Ⅲ급비밀로만 구분한다.

(2) 비밀의 보호와 관리 원칙(보안업무규정 제5조)

각급기관의 장은 비밀의 작성 · 분류 · 취급 · 유통 및 이관 등의 모든 과정에서 비밀이 누설되거나 유출되지 아니하도록 보안대책을 수립하여 시행하여야 한다. 이 경우 비밀의 제목 등 해당 비밀의 내용을 유추할 수 있는 정보가 포함된 자료는 공개하지 않는다.

(3) 암호자재 제작 · 공급 및 반납(보안업무규정 제7조)

① 국가정보원장은 암호자재를 제작하여 필요한 기관에 공급한다. 다만, 국가정보원장이 필요하다고 인정하는 암호자재의 경우 그 암호자재를 사용하는 기관은 국가정보원장이 인가하는 암호체계의 범위에서 암호자재를 제작할 수 있다.

② 암호자재를 사용하는 기관의 장은 사용기간이 끝난 암호자재를 지체 없이 그 **제작기관의 장에게 반납**하여야 한다.

③ 국가정보원장은 암호자재 제작 등 암호자재와 관련된 기술을 확보하기 위하여 과학기술분야 정부출연연구기관 등의 설립 · 운영 및 육성에 관한 법률 제8조 제1항에 따라 설립된 정부출연연구기관으로 하여금 관련 연구개발 및 기술지원을 수행하게 할 수 있다.

(4) 비밀 · 암호자재의 취급(보안업무규정 제8조)

비밀은 해당 등급의 비밀취급 인가를 받은 사람만 취급할 수 있으며, 암호자재는 해당 등급의 비밀 소통용 암호자재취급 인가를 받은 사람만 취급할 수 있다.

보안업무규정 시행규칙

제10조【비밀의 취급】 비밀취급인가권이 있는 직위에 임명된 사람은 임명됨과 동시에 비밀을 수집 · 작성 · 관리 · 분류(재분류를 포함한다. 이하 같다) 및 접수 · 발송하는 행위(이하 '비밀취급'이라 한다)를 할 수 있다.

(5) 비밀 · 암호자재취급 인가

① 비밀 · 암호자재취급 인가권자(보안업무규정 제9조)

㉠ Ⅰ급비밀 취급 인가권자와 Ⅰ · Ⅱ급비밀 소통용 암호자재 취급 인가권자는 다음과 같다.

ⓐ 대통령
ⓑ 국무총리
ⓒ 감사원장
ⓓ 국가인권위원회 위원장
ⓔ 각 부 · 처의 장
ⓕ 국무조정실장, 방송통신위원회 위원장, 공정거래위원회 위원장, 금융위원회 위원장, 국민권익위원회 위원장 및 원자력안전위원회 위원장
ⓖ 대통령 비서실장
ⓗ 국가안보실장
ⓘ 대통령 경호실장
ⓙ 국가정보원장
ⓚ 검찰총장
ⓛ 합동참모의장, 각군 참모총장, 지상작전사령관 및 육군제2작전사령관
ⓜ 국방부장관이 지정하는 각군 부대장

㉡ Ⅱ급 및 Ⅲ급비밀 취급 인가권자와 Ⅲ급비밀 소통용 암호자재 취급 인가권자는 다음과 같다.

ⓐ 제1항 각 호의 사람
ⓑ 중앙행정기관인 청의 장(해양경찰청장)
ⓒ 지방자치단체의 장
ⓓ 특별시 · 광역시 · 도 및 특별자치시 · 특별자치도의 교육감
ⓔ 제1호부터 제4호까지의 사람이 지정한 기관의 장

보안업무규정 시행규칙

제13조 【비밀취급 인가의 특례】 ① 비밀취급 인가권자는 업무상 조정 · 감독을 받는 기업체나 단체에 소속된 사람에 대하여 소관 비밀을 계속적으로 취급하게 하여야 할 필요가 있을 때에는 미리 국가정보원장과의 협의를 거쳐 해당하는 사람에게 Ⅱ급 이하의 비밀취급을 인가할 수 있다.

제15조 【비밀 · 암호자재취급 인가증】 ① 비밀취급 인가 또는 암호자재취급 인가를 받은 사람에게는 별지 제6호서식의 비밀 · 암호자재취급 인가증을 교부해야 한다.
② 비밀취급 인가 또는 암호자재취급 인가를 해제한 때에는 제1항에 따라 교부한 비밀 · 암호자재취급 인가증을 회수해야 한다.
③ 제1항 및 제2항에도 불구하고 기관 특성상 비밀 · 암호자재취급 인가증 교부가 불필요한 경우에는 인사명령으로 비밀 · 암호자재취급 인가증 교부 및 회수를 갈음할 수 있다.

해양경찰청 보안업무시행세칙

제10조 【비밀 · 암호자재 취급 인가권자】 해양경찰청장은 규정 제9조 제2항 제5호에 따라 다음 각 호의 사람을 비밀 · 암호자재 취급 인가권자(이하 '인가권자'라 한다.) 로 지정한다.
1. 해양경찰교육원장(해양경찰연구센터장을 포함한다.)
2. 중앙해양특수구조단장
3. 지방해양경찰청장

4. 해양경찰서장(서해5도 특별경비단장을 포함한다.)
5. 해양경찰정비창장
6. 삭제
7. 삭제

② **비밀 · 암호자재취급의 인가 및 인가해제(보안업무규정 제10조)**

㉠ 비밀취급 인가권자는 비밀을 취급하거나 비밀에 접근할 사람에게 해당 등급의 비밀취급을 인가하고, 필요한 경우에는 인가 등급을 변경한다.

㉡ 비밀취급 인가는 인가 대상자의 직책에 따라 필요한 **최소한의 인원**으로 제한하여야 한다.

㉢ 비밀취급 인가를 받은 사람이 다음의 어느 하나에 해당하는 경우에는 그 인가를 해제하여야 한다.

ⓐ 고의 또는 중대한 과실로 보안사고를 저질렀거나 이 영을 위반하여 보안업무에 지장을 주는 경우
ⓑ 비밀취급이 불필요하게 되었을 경우

㉣ 암호자재취급 인가권자는 비밀취급 인가를 받은 사람 중에서 암호자재취급이 필요한 사람에게 해당 등급의 비밀 소통용 암호자재취급을 인가하고, 필요한 경우에는 인가 등급을 변경한다. 이 경우 **암호자재취급 인가 등급은 비밀취급 인가 등급보다 높을 수 없다.**

㉤ 암호자재취급 인가를 받은 사람이 다음의 어느 하나에 해당하는 경우에는 그 인가를 해제해야 한다.

ⓐ 비밀취급 인가가 해제되었을 경우
ⓑ 암호자재와 관련하여 보안사고를 저질렀거나 이 영을 위반하여 보안업무에 지장을 주는 경우
ⓒ 암호자재의 취급이 불필요하게 되었을 경우

㉥ 비밀취급 및 암호자재취급의 인가와 인가 등급의 변경 및 인가 해제는 문서로 하여야 하며, 직원의 인사기록사항에 그 사실을 포함하여야 한다.

③ **비밀취급자**

해양경찰청 보안업무시행세칙

제12조 【특별인가】 ① 해양경찰청 소속 경찰공무원(의무경찰을 포함한다. 이하 '경찰공무원'이라 한다.)은 임용과 동시에 Ⅱ급비밀 및 Ⅲ급비밀 소통용 암호자재 취급인가를 받는다.
② 경찰공무원 중 신원특이자에 대해서는 위원회에서 인가 여부를 심의 · 의결하고, 인가 거부로 결정된 경우 보직결정 등 보안상 적합성을 판단하는 자료로 활용한다.

(6) 비밀분류 일반

① **비밀의 분류(보안업무규정 제11조)**

㉠ 비밀취급 인가를 받은 사람은 인가받은 비밀 및 그 이하 등급 비밀의 분류권을 가진다.

㉡ 같은 등급 이상의 비밀취급 인가를 받은 사람 중 직속 상급직위에 있는 사람은 그 하급직위에 있는 사람이 분류한 비밀등급을 조정할 수 있다.

㉢ 비밀을 생산하거나 관리하는 사람은 비밀의 작성을 완료하거나 비밀을 접수하는 즉시 그 비밀을 분류하거나 재분류할 책임이 있다.

② **분류원칙(보안업무규정 제12조)**

구분	내용
과도 또는 과소분류 금지의 원칙(제1항)	비밀은 적절히 보호할 수 있는 최저등급으로 분류하되, 과도하거나 과소하게 분류해서는 아니 된다.
독립분류의 원칙(제2항)	비밀은 그 자체의 내용과 가치의 정도에 따라 분류하여야 하며, 다른 비밀과 관련하여 분류해서는 아니 된다.
외국비밀 존중의 원칙(제3항)	외국 정부나 국제기구로부터 접수한 비밀은 그 생산기관이 필요로 하는 정도로 보호할 수 있도록 분류하여야 한다.

③ **분류지침(보안업무규정 제13조)**

각급기관의 장은 비밀 분류를 통일성 있고 적절하게 하기 위하여 세부 분류지침을 작성하여 시행하여야 한다. 이 경우 세부 분류지침은 공개하지 않는다.

④ **예고문(보안업무규정 제14조)**

분류된 비밀에는 공공기록물 관리에 관한 법률 제33조 제1항에 따른 비밀 보호기간 및 보존기간을 명시하기 위하여 예고문을 기재하여야 한다.

⑤ **재분류 등(보안업무규정 제15조)**

㉠ 비밀을 효율적으로 보호하기 위하여 비밀등급 또는 예고문 변경 등의 재분류를 한다.

㉡ 비밀의 재분류는 그 비밀의 예고문에 따르거나 생산자의 직권으로 한다. 다만, 다음의 어느 하나에 해당하는 경우에는 예고문의 비밀 보호기간 및 보존기간과 관계없이 비밀을 파기할 수 있다.

ⓐ 전시·천재지변 등 긴급하고 부득이한 사정으로 비밀을 계속 보관할 수 없거나 안전하게 반출할 수 없는 경우
ⓑ 국가정보원장의 요청이 있는 경우
ⓒ 비밀 재분류를 통하여 예고문에 따른 파기 시기까지 계속 보관할 필요가 없게 된 경우로서 해당 비밀취급 인가권자의 사전 승인을 받은 경우

㉢ 외국 정부나 국제기구로부터 접수된 비밀 중 예고문이 없거나 기재된 예고문이 비밀 관리에 적당하지 아니하다고 인정되는 경우에는 접수한 기관의 장이 그 비밀을 최대한 보호할 수 있는 범위에서 재분류할 수 있다.

⑥ **표시(보안업무규정 제16조)**

비밀은 그 취급자 또는 관리자에게 경고하고 비밀취급 인가를 받지 아니한 사람의 접근을 방지하기 위하여 분류(재분류를 포함한다. 이하 같다)와 동시에 등급에 따라 구분된 표시를 하여야 한다.

보안업무규정 시행규칙

제23조【문서 등의 비밀 표시】 ③ 단일문서로서 면마다 비밀등급이 다를 때에는 면별로 해당 등급의 비밀 표시를 한다. 이 경우 맨 앞면과 맨 뒷면의 표지에는 면별로 표시된 비밀등급 중 최고의 비밀등급을 표시한다.
④ 비밀등급이 다른 여러 개의 문서를 하나의 문서로 철한 경우 그 문서 맨 앞면과 맨 뒷면의 표지에는 각 문서에 표시된 비밀등급 중 최고의 비밀등급을 표시한다.

(7) 비밀의 접수 · 발송(보안업무규정 제17조)

① 비밀을 접수하거나 발송할 때에는 그 비밀을 최대한 보호할 수 있는 방법을 이용하여야 한다.
② 비밀은 암호화되지 아니한 상태로 정보통신 수단을 이용하여 접수하거나 발송해서는 아니 된다.
③ 모든 비밀을 접수하거나 발송할 때에는 그 사실을 확인하기 위하여 접수증을 사용한다.

(8) 비밀의 보관

① 보관(보안업무규정 제18조)

비밀은 도난 · 유출 · 화재 또는 파괴로부터 보호하고 비밀취급인가를 받지 아니한 사람의 접근을 방지할 수 있는 적절한 시설에 보관하여야 한다.

② 출장 중의 비밀 보관(보안업무규정 제19조)

비밀을 휴대하고 출장 중인 사람은 비밀을 안전하게 보호하기 위하여 국내 경찰기관 또는 재외공관에 보관을 위탁할 수 있으며, 위탁받은 기관은 그 비밀을 보관하여야 한다.

③ 보관책임자(보안업무규정 제20조)

각급기관의 장은 소속 직원 중에서 이 영에 따른 비밀 보관 업무를 수행할 보관책임자를 임명하여야 한다.

④ 비밀의 보관(보안업무규정 시행규칙 제33조)

㉠ 비밀은 일반문서나 암호자재와 혼합하여 보관하여서는 아니 된다. **Ⅰ급비밀**은 반드시 금고에 보관하여야 하며, 다른 비밀과 혼합하여 보관하여서는 아니 된다. **Ⅱ급비밀 및 Ⅲ급비밀**은 금고 또는 이중 철제캐비닛 등 잠금장치가 있는 안전한 용기에 보관하여야 하며, 보관책임자가 Ⅱ급비밀 취급 인가를 받은 때에는 **Ⅱ급비밀과 Ⅲ급비밀을 같은 용기에 혼합하여 보관**할 수 있다. 보관용기에 넣을 수 없는 비밀은 제한구역 또는 통제구역에 보관하는 등 그 내용이 노출되지 아니하도록 특별한 보호대책을 마련하여야 한다.

㉡ 비밀의 보관용기 외부에는 비밀의 보관을 알리거나 나타내는 어떠한 표시도 해서는 아니 된다. 보관용기의 잠금장치의 종류 및 사용방법은 보관책임자 외의 사람이 알지 못하도록 특별한 통제를 하여야 하며, 다른 사람이 알았을 때에는 즉시 이를 변경하여야 한다.

(9) 비밀의 관리

① 비밀의 전자적 관리(보안업무규정 제21조)

㉠ 각급기관의 장은 전자적 방법을 사용하여 비밀을 관리할 수 있으며, 이를 위하여 전자적 비밀관리시스템을 구축 · 운영할 수 있다.

㉡ 각급기관의 장은 제1항에 따라 비밀을 관리할 경우 국가정보원장이 안전성을 확인한 암호자재를 사용하여 비밀의 위조 · 변조 · 훼손 및 유출 등을 방지하기 위한 보안대책을 마련하여 시행하여야 한다.

㉢ 국가정보원장은 관리하는 비밀이 적은 각급기관이 공동으로 활용할 수 있도록 통합 비밀관리시스템을 구축 · 운영할 수 있다.

② 비밀관리기록부(보안업무규정 제22조)

㉠ 각급기관의 장은 비밀의 작성 · 분류 · 접수 · 발송 및 취급 등에 필요한 모든 관리사항을 기록하기 위하여 비밀관리기록부를 작성하여 갖추어 두어야 한다. 다만, **Ⅰ급비밀관리기록**부는 따로 작성하여 갖추어 두어야 하며, 암호자재는 암호자재 관리기록부로 관리한다.

㉡ 비밀관리기록부와 암호자재 관리기록부에는 모든 비밀과 암호자재에 대한 보안책임 및 보안관리 사항이 정확히 기록 · 보존되어야 한다.

보안업무규정 시행규칙

제70조【비밀 및 암호자재 관리부철의 보존】 ① 다음 각 호의 부철(簿綴) 중 제1호부터 제7호까지에 해당하는 부철은 해당 비밀의 보호기간이 만료된 후 5년간, **제8호부터 제10호까지의 부철은** 해당 암호자재 반납 또는 파기 후 5년간 각각 보존하여야 한다.
1. 서약서철
2. 비밀접수증철
3. 비밀관리기록부
4. 비밀 접수 및 발송대장
5. 비밀열람기록전(철)
6. 비밀대출부
7. 배부처(철)
8. 암호자재 관리기록부
9. 암호자재 점검기록부
10. 암호자재 증명서

② 제1항에 따라 보존기간이 경과된 부철의 관리 등에 관하여는 공공기록물 관리에 관한 법률에 따른다.

해양경찰청 보안업무시행세칙

제52조【비밀의 대출 및 열람】 ⑤ 비밀열람기록전은 그 비밀의 생산·수신기관에서 관리하며, 해당 비밀을 파기하는 때에는 비밀열람기록전을 비밀과 분리하여 따로 철하여 보관해야 한다.

③ 비밀의 복제·복사 제한(보안업무규정 제23조)

㉠ 비밀의 일부 또는 전부나 암호자재에 대해서는 모사(模寫)·타자(打字)·인쇄·조각·녹음·촬영·인화(印畵)·확대 등 그 원형을 재현(再現)하는 행위를 할 수 없다. 다만, 다음의 구분에 따른 비밀의 경우에는 그러하지 아니하다.

ⓐ **Ⅰ급비밀**: 그 생산자의 허가를 받은 경우
ⓑ **Ⅱ급비밀 및 Ⅲ급비밀**: 그 생산자가 특정한 제한을 하지 아니한 것으로서 해당 등급의 비밀취급 인가를 받은 사람이 공용(共用)으로 사용하는 경우
ⓒ **전자적 방법으로 관리되는 비밀**: 해당 비밀을 보관하기 위한 용도인 경우

㉡ 각급기관의 장은 보안업무의 효율적인 수행을 위하여 필요하다고 인정되는 경우에는 해당 비밀의 보존기간 내에서 **제1항 단서에 따라** 그 사본을 제작하여 보관할 수 있다.

㉢ 비밀의 사본을 보관할 때에는 그 예고문이나 비밀등급을 변경해서는 아니 된다. 다만, 공공기록물 관리에 관한 법률 시행령 제68조 제6항에 따라 비밀을 재분류하는 경우에는 그러하지 아니하다.

㉣ 비밀을 복제하거나 복사한 경우에는 그 원본과 동일한 비밀등급과 예고문을 기재하고, 사본 번호를 매겨야 한다.

㉤ 예고문에 재분류 구분이 "파기"로 되어 있을 때에는 파기 시기를 원본의 보호기간보다 앞당길 수 있다.

④ **비밀의 열람(보안업무규정 제24조)**

㉠ 비밀은 해당 등급의 비밀취급 인가를 받은 사람 중 그 **비밀과 업무상 직접 관계가 있는 사람만 열람할 수 있다.**

㉡ 비밀취급 인가를 받지 아니한 사람에게 비밀을 열람하거나 취급하게 할 때에는 국가정보원장이 정하는 바에 따라 소속 기관의 장(비밀이 군사와 관련된 사항인 경우에는 국방부장관)이 미리 열람자의 인적사항과 열람하려는 비밀의 내용 등을 확인하고 열람시 비밀 보호에 필요한 자체 보안대책을 마련하는 등의 보안조치를 하여야 한다. 다만, Ⅰ급비밀의 보안조치에 관하여는 국가정보원장과 미리 협의하여야 한다.

(10) 비밀의 공개(보안업무규정 제25조)

① 중앙행정기관의 장은 다음 각 호의 어느 하나에 해당하는 사유가 있을 때에는 그가 생산한 비밀을 보안심사위원회의 심의를 거쳐 공개할 수 있다. 다만, **Ⅰ급비밀**의 공개에 관하여는 국가정보원장과 미리 협의하여야 한다.

㉠ 국가안전보장을 위하여 국민에게 긴급히 알려야 할 필요가 있다고 판단될 때
㉡ 공개함으로써 국가안전보장 또는 국가이익에 현저한 도움이 된다고 판단될 때

② 공무원 또는 공무원이었던 사람은 법률에서 정하는 경우를 제외하고는 소속 기관의 장이나 소속되었던 기관의 장의 승인 없이 비밀을 공개해서는 아니 된다.

(11) 비밀의 반출 및 이관

① **비밀의 반출(보안업무규정 제27조)**

비밀은 보관하고 있는 시설 밖으로 반출해서는 아니 된다. 다만, 공무상 반출이 필요할 때에는 소속 기관의 장의 승인을 받아야 한다.

② **안전 반출 및 파기 계획(보안업무규정 제28조)**

각급기관의 장은 비상시에 대비하여 비밀을 안전하게 반출하거나 파기할 수 있는 계획을 수립하고, 소속 직원에게 주지(周知)시켜야 한다.

③ **비밀문서의 통제(보안업무규정 제29조)**

각급기관의 장은 비밀문서의 접수·발송·복제·열람 및 반출 등의 통제에 필요한 규정을 따로 작성·운영할 수 있다.

④ **비밀의 이관(보안업무규정 제30조)**

비밀은 일반문서보관소로 이관해서는 아니 된다. 다만, 공공기록물 관리에 관한 법률 제33조 제2항 및 같은 법 시행령 제68조에 따라 기록물관리기관으로 이관하는 경우에는 그러하지 아니하다.

⑤ **비밀 소유 현황 통보(보안업무규정 제31조)**

㉠ 각급기관의 장은 **연 2회** 비밀 소유 현황을 조사하여 국가정보원장에게 통보하여야 한다.

㉡ 조사 및 통보된 비밀 소유 현황은 공개하지 않는다.

보안업무규정 시행규칙

제52조【비밀 소유 현황 및 비밀취급 인가자 현황 조사의 절차 및 통보】 ① 각급기관의 장은 매년 6월 30일과 12월 31일을 기준으로 하여 비밀의 재분류 검토를 실시한 후 비밀 소유 현황 및 비밀취급 인가자 현황을 조사하여야 한다. 이 경우 비밀 소유 현황 조사는 별지 제18호 서식, 비밀취급 인가자 현황 조사는 별지 제18호의2 서식에 따른다.

3. 국가보안시설 및 국가보호장비 보호

(1) 국가보안시설 및 국가보호장비 지정(보안업무규정 제32조)

① 국가정보원장은 파괴 또는 기능이 침해되거나 비밀이 누설될 경우 전략적 · 군사적으로 막대한 손해가 발생하거나 국가안전보장에 연쇄적 혼란을 일으킬 우려가 있는 시설 및 항공기 · 선박 등 중요 장비를 각각 국가보안시설 및 국가보호장비로 지정할 수 있다.

② 국가정보원장은 관계 중앙행정기관 및 지방자치단체의 장과 협의하여 제1항에 따라 국가보안시설 및 국가보호장비를 지정하는 데 필요한 기준(이하 '지정기준'이라 한다)을 마련해야 한다.

③ 전력시설 및 항공기 등 국가정보원장이 정하는 국가안전보장에 중요한 시설 또는 장비의 보안관리 상태를 감독하는 기관의 장은 해당 시설 또는 장비가 지정기준에 부합한다고 판단할 경우 국가정보원장에게 해당 시설 또는 장비를 제1항에 따라 국가보안시설 또는 국가보호장비로 지정해줄 것을 요청해야 한다.

④ 국가정보원장은 제3항에 따른 지정 요청을 받은 경우 지정기준에 부합하는지를 심사하여 해당 시설 또는 장비의 국가보안시설 또는 국가보호장비 지정 여부를 결정하고, 그 결과를 요청 기관의 장에게 통보해야 한다.

⑤ 국가정보원장은 제1항부터 제4항까지의 규정에 따라 지정된 국가보안시설 또는 국가보호장비의 보안관리상태를 감독하는 기관(이하 '감독기관'이라 한다)의 장과 협의하여 지정기준을 수정 · 보완할 수 있다.

(2) 국가보안시설 및 국가보호장비 보호대책의 수립(보안업무규정 제33조)

① 국가정보원장은 국가보안시설 및 국가보호장비를 보호하기 위하여 국가보안시설 및 국가보호장비 보호대책(이하 '기본 보호대책'이라 한다)을 수립해야 한다.

② 감독기관의 장은 기본 보호대책에 따라 소관 분야의 국가보안시설 및 국가보호장비에 대한 보호대책(이하 '분야별 보호대책'이라 한다)을 수립 · 시행해야 한다.

③ 국가보안시설 또는 국가보호장비를 관리하는 기관(이하 '관리기관'이라 한다)의 장은 감독기관의 장이 수립한 분야별 보호대책에 따라 해당 시설 및 장비에 대한 세부 보호대책(이하 '세부 보호대책'이라 한다)을 수립 · 시행해야 한다.

④ 국가정보원장과 감독기관의 장은 관리기관의 장이 기본 보호대책 및 분야별 보호대책을 이행하고 있는지 확인하고, 필요한 조치를 요청할 수 있다.

⑤ 국가정보원장은 기본 보호대책의 수립을 위하여 관리기관의 장에게 필요한 자료의 제공을 요청할 수 있다.

⑥ 분야별 보호대책 및 세부 보호대책의 수립 및 시행에 필요한 세부사항은 국가정보원장이 정한다.

(3) 보호지역(보안업무규정 제34조)

① 각급기관의 장과 관리기관 등의 장은 국가안전보장에 관련되는 인원 · 문서 · 자재 · 시설의 보호를 위하여 필요한 장소에 일정한 범위의 보호지역을 설정할 수 있다.

② 제1항에 따라 설정된 보호지역은 그 중요도에 따라 제한지역, 제한구역 및 통제구역으로 나눈다.

③ 보호지역에 접근하거나 출입하려는 사람은 각급기관의 장 또는 관리기관 등의 장의 승인을 받아야 한다.

④ 보호지역을 관리하는 사람은 제3항에 따른 승인을 받지 않은 사람의 보호지역 접근이나 출입을 제한하거나 금지할 수 있다.

보호지역의 구분

구분	내용	대상
제한지역	비밀 또는 국·공유재산의 보호를 위하여 울타리 또는 방호·경비인력에 의하여 일반인의 출입에 대한 감시가 필요한 지역	
제한구역	비인가자가 비밀, 주요시설 및 Ⅲ급 비밀 소통용 암호자재에 접근하는 것을 방지하기 위하여 안내를 받아 출입하여야 하는 구역	가. 기록관, 문서고, 발간실 나. 인사기록카드 보관시설(장소) 다. 중앙망관리센터 내 통합지휘무선통신망 및 정보보안 관제시스템 운용실 라. 송수신소 마. 함정 및 항공대 바. 작전·경호 및 정보·보안·외사 업무 담당부서 전역 사. 중앙감시실(CCTV 감시 및 저장 장소) 아. 수상레저조정면허 발급실 자. 해상교통관제(VTS)센터와 레이더 사이트 및 중계소 차. 그 밖에 해양경찰청장이 필요하다고 인정한 곳
통제구역	보안상 매우 중요한 구역으로서 비인가자의 출입이 금지되는 구역	가. 을지연습 및 전시 종합상황실 나. 중앙망관리센터 내 통합지휘무선통신망 장비실 다. 보안실(암호취급소) 라. 무기고 및 탄약고 마. 종합상황실 바. 비밀발간실 사. 사이버보안 관제센터, 행정전산실 아. 백업센터 및 중요 정보통신시설을 집중 제어하는 국소 자. 그 밖에 해양경찰청장이 필요하다고 인정한 곳

(4) 보안측정(보안업무규정 제35조)

① 국가정보원장은 보안사고를 예방하기 위하여 국가보안시설, 국가보호장비 및 보호지역에 대하여 보안측정을 한다.

② 제1항에 따른 보안측정은 국가정보원장이 직권으로 하거나 각급기관의 장 또는 관리기관의 장의 요청에 따라 한다.

③ 국가정보원장은 보안측정을 위하여 관계 기관에 필요한 협조를 요구할 수 있다.

④ 보안측정의 절차 및 내용 등에 관하여 필요한 세부 사항은 국가정보원장이 정한다.

(5) 보안측정 결과의 처리(보안업무규정 제35조의2)

① 국가정보원장은 보안측정 결과 및 개선대책을 해당 각급기관 또는 관리기관의 장에게 통보한다.

② 제1항에 따라 보안측정 결과 및 개선대책을 통보받은 각급기관 또는 관리기관의 장은 이를 성실히 이행해야 한다.

③ 국가정보원장과 각급기관의 장은 관리기관의 장이 제1항에 따른 개선대책을 이행하고 있는지 확인하고, 필요한 조치를 요청할 수 있다.

4. 신원조사(보안업무규정 제36조)

국가정보원장은 제3조 제2호에 해당하는 사람의 **충성심 · 신뢰성** 등을 확인하기 위하여 신원조사를 한다.

(1) 신원조사의 실시 및 대상

관계 기관의 장은 다음 내용에 해당하는 사람에 대하여 국가정보원장에게 신원조사를 요청해야 한다.

① 공무원 임용 예정자(국가안전보장에 한정된 국가 기밀을 취급하는 직위에 임용될 예정인 사람으로 한정한다)
② 비밀취급 인가 예정자
③ 삭제 <2020.1.14.>
④ 국가보안시설 · 보호장비를 관리하는 기관 등의 장(해당 국가보안시설 등의 관리 업무를 수행하는 소속 직원을 포함한다)
⑤ 삭제 <2020.12.31.>
⑥ 그 밖에 다른 법령에서 정하는 사람이나 각급기관의 장이 국가안전보장을 위하여 필요하다고 인정하는 사람

(3) 신원조사결과의 처리(보안업무규정 제37조)

① 국가정보원장은 신원조사 결과 국가안전보장에 해를 끼칠 정보가 있음이 확인된 사람에 대해서는 관계 기관의 장에게 그 사실을 **통보하여야 한다**.
② 통보를 받은 관계 기관의 장은 신원조사 결과에 따라 필요한 보안대책을 **마련하여야 한다**.

(4) 권한의 위탁(보안업무규정 제45조)

국가정보원장은 제33조에 따른 신원조사와 관련한 권한의 일부를 국방부장관과 경찰청장에게 위탁할 수 있다.

5. 보안조사

(1) 보안사고 조사(보안업무규정 제38조)

국가정보원장은 다음의 어느 하나에 해당하는 사고가 발생한 경우 사고원인 규명 및 재발 방지 대책 마련을 위하여 보안사고 조사를 한다.

① 비밀의 누설 또는 분실
② 국가보안시설 · 국가보호장비의 파괴 또는 기능 침해
③ 제34조 제3항에 따른 승인을 받지 않은 보호지역 접근 또는 출입
④ 그 밖에 제1호부터 제3호까지에 준하는 사고로서 국가정보원장이 정하는 사고

(2) 보안사고 조사 결과의 처리(보안업무규정 제38조의2)

① 국가정보원장은 제38조에 따른 보안사고 조사의 결과를 해당 기관의 장에게 통보한다.
② 제1항에 따라 보안사고 조사결과를 통보받은 기관의 장은 조사결과와 관련하여 필요한 조치를 하고, 조치결과를 국가정보원장에게 통보해야 한다.

6. 중앙행정기관의 보안감사

(1) 보안감사(보안업무규정 제39조)

중앙행정기관의 장은 이 영에서 정한 인원·문서·자재·시설·지역 및 장비 등의 보안관리상태와 그 적정 여부를 조사하기 위하여 보안감사를 한다.

(2) 정보통신보안감사(보안업무규정 제40조)

중앙행정기관의 장은 정보통신수단에 의한 비밀의 누설방지와 정보통신시설의 보안상태를 조사하기 위하여 정보통신보안감사를 한다.

(3) 감사의 실시(보안업무규정 제41조)

① 제39조에 따른 보안감사와 제40조에 따른 정보통신보안감사는 정기감사와 수시감사로 구분하여 한다.
② **정기감사는 연 1회**, 수시감사는 필요에 따라 수시로 한다.
③ 보안감사와 정보통신보안감사를 할 때에는 보안상의 취약점이나 개선 필요 사항의 발굴에 중점을 둔다.

(4) 보안감사 결과의 처리(보안업무규정 제42조)

① 중앙행정기관의 장은 제39조에 따른 보안감사 및 제40조에 따른 정보통신보안감사의 결과를 국가정보원장에게 통보해야 한다.
② 중앙행정기관의 장은 제39조에 따른 보안감사 및 제40조에 따른 정보통신보안감사의 결과와 관련하여 보안상의 취약점이나 개선 필요 사항을 확인한 경우에는 재발 방지 및 개선을 위하여 필요한 조치를 하고, 그 조치결과를 국가정보원장에게 통보해야 한다.

제7절 해양경찰홍보

1. 의의

경찰홍보란 경찰의 활동이나 업무와 관련된 사항을 널리 알려서 경찰목적 달성에 유리한 환경을 조성하는 활동을 의미한다. 그러나 넓은 의미로는 지역 주민의 경찰활동에 대한 참여를 확대하고 각종 기관·단체 및 언론 등과의 상호 협조체제를 강화하여 이를 경찰이 수행하는 다양한 업무에 연계시키는 것을 말한다.

2. 경찰홍보의 유형

구분	내용
협의의 홍보 (PR)	유인물, 팸플릿 등 각종 매체를 통해 개인이나 단체의 좋은 점을 일방적으로 알리는 활동이다.
지역공동체 관계 (CR)	지역사회 내의 각종 기관, 단체 및 주민들과 유기적인 연락 및 협조체계를 구축·유지하여 지역사회 각계각층의 요구에 부응하는 경찰활동과 관련이 있다.
언론관계 (Press Relatoins)	신문, TV 등 뉴스프로그램의 보도기능에 대응하는 활동으로 일반적으로 각종 사건·사고에 대한 기자들의 질의에 응답하는 대응적이고 소극적인 홍보활동이다.

대중매체 관계	언론관계의 대상과 범위가 확대·발전된 보다 종합적인 홍보활동으로 각종 대중매체 제작자와 긴밀한 협조관계를 구축·유지하여 대중매체의 필요를 충족시키고, 경찰의 긍정적인 측면을 널리 알리는 홍보활동이다.
기업이미지식 홍보	영·미를 중심으로 발달한 적극적인 홍보활동으로 경찰이 더 이상 독점적 기구가 아니라는 인식에 근거하여 상징물을 개발·전파하는 등 조직 이미지를 고양하는 등 종합적이고 체계적인 홍보활동을 말한다.
공공관계	조직의 활동에 대한 공중의 태도를 평가하고 조직의 정책이나 사업에 대한 공중의 이해와 협력 및 신뢰를 확보하고 이를 유지·증진하는 활동을 의미한다.

3. 경찰과 대중매체(언론)의 관계

구분	내용
Robert Mark	단란하고 행복스럽지는 않더라도 오래 지속되는 결혼생활
Crandon	① 경찰은 업무수행의 어려움과 대응하는 범죄에 대한 사항을 널리 알리기 위해 대중매체가 필요한 반면, 대중매체는 시청자나 독자를 확보하고 흥밋거리를 제공해 주는 이야기를 확보하기 위하여 경찰을 필요로 한다. ② 경찰과 대중매체는 공생관계이다.
Ericson	① 경찰과 대중매체는 서로 연합하여 그 사회의 일탈에 대한 개념을 규정하며, 도덕성과 정의를 규정짓는 사회 엘리트 집단을 구성한다. ② 경찰과 대중매체는 서로 얽혀서 범죄와 정의, 사회질서의 현실을 해석하고 규정짓는 사회기구의 역할을 수행한다.

4. 언론중재 및 피해구제 등에 관한 법률

(1) 서설

이 법은 언론사 등의 언론보도 또는 그 매개(媒介)로 인하여 침해되는 명예 또는 권리나 그 밖의 법익(法益)에 관한 다툼이 있는 경우 이를 조정하고 중재하는 등의 실효성 있는 구제제도를 확립함으로써 언론의 자유와 공적(公的) 책임의 조화함을 목적으로 한다.

(2) 정의(제2조)

구분	내용
언론	방송, 신문, 잡지 등 정기간행물, 뉴스통신 및 인터넷신문을 말한다.
방송	방송법 제2조 제1호에 따른 텔레비전방송, 라디오방송, 데이터방송 및 이동멀티미디어방송을 말한다.
언론보도	언론의 사실적 주장에 관한 보도를 말한다.
정정보도	언론의 보도 내용의 전부 또는 일부가 진실하지 아니한 경우 이를 진실에 부합되게 고쳐서 보도하는 것을 말한다.
반론보도	언론의 보도 내용의 진실 여부에 관계없이 그와 대립되는 반박적 주장을 보도하는 것을 말한다.

(3) 언론중재위원회(제7조)

언론 등의 보도 또는 매개(이하 '언론보도 등'이라 한다)로 인한 분쟁의 조정 · 중재 및 침해사항을 심의하기 위하여 언론중재위원회(이하 '중재위원회'라 한다)를 둔다.

구분	내용
심의사항	① 중재부의 구성에 관한 사항 ② 중재위원회규칙의 제정 · 개정 및 폐지에 관한 사항 ③ 제11조 제2항에 따른 사무총장의 임명 동의 ④ 제32조에 따른 시정권고의 결정 및 그 취소결정 ⑤ 그 밖에 중재위원회 위원장이 회의에 부치는 사항
구성	중재위원회는 40명 이상 90명 이내의 중재위원으로 구성하며, 중재위원은 문화체육관광부장관이 위촉한다.
위원의 자격	① 법관의 자격이 있는 사람 중에서 법원행정처장이 추천한 사람 ② 변호사의 자격이 있는 사람 중에서 변호사법 제78조에 따른 대한변호사협회의 장이 추천한 사람 ③ 언론사의 취재 · 보도 업무에 10년 이상 종사한 사람 ④ 그 밖에 언론에 관하여 학식과 경험이 풍부한 사람 ✎ ①부터 ③까지의 위원은 각각 중재위원 정수의 5분의 1 이상이 되어야 한다
위원장, 부위원장 및 감사	① 중재위원회에 위원장 1명과 2명 이내의 부위원장 및 2명 이내의 감사를 두며, 각각 중재위원 중에서 호선(互選)한다. ② 위원장 · 부위원장 · 감사 및 중재위원의 임기는 각각 3년으로 하며, 한 차례만 연임할 수 있다. ③ 위원장은 중재위원회를 대표하고 중재위원회의 업무를 총괄한다. ④ 부위원장은 위원장을 보좌하며, 위원장이 부득이한 사유로 직무를 수행할 수 없을 때에는 중재위원회규칙으로 정하는 바에 따라 그 직무를 대행한다. ⑤ 감사는 중재위원회의 업무 및 회계를 감사한다.
의결	중재위원회의 회의는 재적위원 과반수의 출석과 출석위원 과반수의 찬성으로 의결한다.

(4) 정정보도

① 정정보도 청구의 요건(제14조)

㉠ 사실적 주장에 관한 언론보도 등이 진실하지 아니함으로 인하여 피해를 입은 자(이하 '피해자'라 한다)는 해당 언론보도 등이 있음을 안 날부터 **3개월** 이내에 언론사, 인터넷뉴스서비스사업자 및 인터넷 멀티미디어 방송사업자(이하 '언론사 등'이라 한다)에게 그 언론보도 등의 내용에 관한 정정보도를 청구할 수 있다. 다만, 해당 언론보도 등이 있은 후 **6개월**이 지났을 때에는 그러하지 아니하다.

㉡ 정정보도 청구에는 언론사 등의 **고의 · 과실이나 위법성을 필요로 하지 아니한다.**

② 정정보도청구권의 행사(제15조)

㉠ 정정보도 청구는 언론사 등의 대표자에게 서면으로 하여야 하며, 청구서에는 피해자의 성명 · 주소 · 전화번호 등의 연락처를 적고, 정정의 대상인 언론보도 등의 내용 및 정정을 청구하는 이유와 청구하는 정정보도문을 명시하여야 한다. 다만, 인터넷신문 및 인터넷뉴스서비스의 언론보도 등의 내용이 해당 인터넷 홈페이지를 통하여 계속 보도 중이거나 매개 중인 경우에는 그 내용의 정정을 함께 청구할 수 있다.

㉡ 청구를 받은 언론사 등의 대표자는 **3일 이내**에 그 수용 여부에 대한 통지를 청구인에게 발송하여야 한다. 이 경우 정정의 대상인 언론보도 등의 내용이 방송이나 인터넷신문, 인터넷뉴스서비스 및 인터넷 멀티미디어 방송의 보도과정에서 성립한 경우에는 해당 언론사 등이 그러한 사실

이 없었음을 입증하지 아니하면 그 사실의 존재를 부인하지 못한다.

㉢ 언론사 등이 위 ㉠의 청구를 수용할 때에는 지체 없이 피해자 또는 그 대리인과 정정보도의 내용·크기 등에 관하여 협의한 후, 그 청구를 받은 날부터 **7일 내에** 정정보도문을 방송하거나 게재(인터넷신문 및 인터넷뉴스서비스의 경우 위 ㉠단서에 따른 해당 언론보도 등 내용의 정정을 포함한다)하여야 한다. 다만, 신문 및 잡지 등 정기간행물의 경우 이미 편집 및 제작이 완료되어 부득이할 때에는 다음 발행 호에 이를 게재하여야 한다.

㉣ 다음 어느 하나에 해당하는 사유가 있는 경우에는 언론사 등은 정정보도 청구를 거부할 수 있다.

ⓐ 피해자가 정정보도청구권을 행사할 정당한 이익이 없는 경우 ⓑ 청구된 정정보도의 내용이 명백히 사실과 다른 경우 ⓒ 청구된 정정보도의 내용이 명백히 위법한 내용인 경우 ⓓ 정정보도의 청구가 상업적인 광고만을 목적으로 하는 경우 ⓔ 청구된 정정보도의 내용이 국가·지방자치단체 또는 공공단체의 공개회의와 법원의 공개재판절차의 사실보도에 관한 것인 경우

police.Hackers.com

제5장 해양경찰통제

제1절 해양경찰통제의 의의 및 필요성

01 해양경찰통제

1. 해양경찰통제란 해양경찰의 조직과 활동을 확인하고 감시함으로써 해양경찰조직과 해양경찰행동의 적정을 도모하기 위한 제도적 장치 또는 활동을 총칭하는 개념이다.

2. 해양경찰통제는 해양경찰의 민주적 운영, 정치적 중립 확보, 해양경찰활동에 있어 법치주의 도모, 국민의 인권 보호, 조직의 부패를 방지하고 건강을 유지하기 위하여 필요하다.

02 해양경찰통제의 기본요소

1. 권한의 분산

권한이 중앙이나 일부에 집중되어 있을 때 남용의 위험이나 정치적 유혹 또는 이용의 대상이 될 우려가 있으므로 권한의 분산이 필요하다. 권한의 분산은 자치해양경찰제도의 시행만을 의미하는 것은 아니며, 해양경찰의 중앙조직과 지방조직간의 권한의 분산, 상급자와 하급자간의 권한의 분산 등을 의미한다.

2. 정보의 공개

(1) 정보의 공개는 해양경찰통제의 요소 중 행정통제의 근본 또는 전제요소에 해당한다. 현재 정보공개를 위해 '공공기관의 정보공개에 관한 법률'을 제정하여 시행하고 있다.

(2) 일반적으로 행정의 독선과 부패는 정보를 독점하는 폐쇄성에서 초래된다고 할 수 있으므로, 외부에서 행정기관의 내부가 투명하게 보인다면 독선과 부패는 억제될 수 있다. 이에 해양경찰기관은 정보공개의 필요성에 따라 해양경찰서의 민원실 등에 정보공개 창구를 마련하고 있다.

3. 참여

(1) 정보의 공개와 함께 오늘날 해양경찰행정을 크게 변화시켜 나갈 또 하나의 축으로서 절차적 참여의 보장이 요구되고 있다. 기존에는 주권자인 국민에게는 사전적 절차로서 자기의 권리를 보호해 나가기 위해 행정에 참여할 기회가 인정되지 않아 행정의 절차적 통제가 소홀히 되어 온 것이 사실이다.

(2) 그러나 오늘날에는 국민의 권익을 보호할 목적으로 행정절차법에 의한 절차적 권리가 보편적으로 인정되고 있으며 국민의 개별적 참여 절차 외에도, 민주적 통제 장치의 일환으로 제한적이나마 간접적 참여의 장치도 마련되었다.

4. 발전을 위한 책임의 추궁

(1) 책임의 추궁은 단순히 처벌의 문제라기보다는, 발전을 위한 과정으로 이해해야 한다. 해양경찰조직의 구성원은 개인의 위법행위나 비위에 대해서 형사책임 · 민사책임이나 징계책임 등의 책임을 부담해야 한다.

(2) 뿐만 아니라 해양경찰기관의 행정에 대해서 조직으로서 책임을 져야 할 경우가 있다. 이는 해양경찰행정기관의 설명책임이라고도 해석될 수 있는바, 조직의 과오에 대해서 흔히 공무원 개인의 책임으로 돌리는 경우가 많으나, 조직의 구조적인 정책결정의 과오나 구조적인 문제점에 대하여는 조직으로서의 책임을 부담한다.

5. 환류를 통한 발전

해양경찰통제는 해양경찰행정의 목표와 관련하여 그 업무수행과정의 적정 여부를 판단하는 과정으로, 이의 확인 결과에 따라 책임을 추궁하고 나아가 환류를 통하여 해양경찰행정을 발전적으로 유도해야 한다.

제2절 통제의 유형

01 민주적 통제와 사법적 통제

1. 각국의 통제의 유형

(1) 대륙법계 국가

전통적으로 해양경찰행정에 대한 사법심사를 통한 통제를 위주로 발전해왔다. 행정소송, 국가배상제도 등이 주된 통제수단이었으며 초기에는 행정소송의 열기주의를 채택하고 있었으나 오늘날에는 개괄주의로 전환함으로써 행정에 대한 법원의 통제를 강화하고 있다.

(2) 영미법계 국가

해양경찰조직의 민주성을 확보하기 위한 제도적 장치를 통해 시민이 직접 또는 그 대표기관을 통한 참여와 감시를 가능케 하는 시스템을 구축하고 있다. 구체적으로는 해양경찰위원회제도, 해양경찰책임자의 선거제, 자치해양경찰제도 등을 시행하고 있다.

2. 우리나라의 제도

(1) 민주적 통제

① **해양경찰위원회 제도**: 우리나라는 민주적 통제방법으로 해양경찰위원회제도를 도입하여 시행하고 있다. 그러나 현행 제도는 해양경찰위원회의 의결사항에 대한 해양수산부장관의 재의요구권이 인정되고 있어, 실질적으로는 심의회 수준에 머물고 있는 실정이다(명실상부한 민주적 통제장치라고 볼 수 없다).

② **국민감사청구 제도**: 만 19세 이상의 국민은 공공기관의 사무처리가 위법이나 부패행위로 인하여 공익을 현저히 해하는 경우에는 300인 이상의 연서로 감사원에 감사를 청구할 수 있다.

부패방지 및 국민권익위원회의 설치와 운영에 관한 법률

제72조【감사청구권】 ① 19세 이상의 국민은 공공기관의 사무처리가 법령위반 또는 부패행위로 인하여 공익을 현저히 해하는 경우 대통령령으로 정하는 일정한 수 이상의 국민의 연서로 감사원에 감사를 청구할 수 있다. 다만, 국회·법원·헌법재판소·선거관리위원회 또는 감사원의 사무에 대하여는 국회의장·대법원장·헌법재판소장·중앙선거관리위원회 위원장 또는 감사원장(이하 '당해 기관의 장'이라 한다)에게 감사를 청구하여야 한다.

국민감사청구·부패행위신고등처리에관한규칙

제10조【감사청구의 방법】 ① 감사청구를 할 때에는 청구인 대표의 서명 또는 기명날인이 된 '국민감사청구서'(별지 제1호 서식)에 19세 이상 국민 300명 이상의 성명, 전화번호, 생년월일, 주소, 직업 등이 기재되어 있는 '청구인 연명부'(별지 제2호 서식)를 첨부하여야 한다.

(2) 사법적 통제

① 해양경찰기관의 행위에 대하여 법원이 사법심사를 통하여 행정기관의 행위를 통제하는 방식으로 우리나라에서는 행정소송법과 국가배상법을 통하여 행정의 위법한 처분 등의 행위를 통제하고 있다.

② 재량의 일탈이나 남용이 사법심사의 대상이 되는 것은 물론이고 재량의 실체적 심사뿐만 아니라, 재량의 절차적 통제가 이루어지고 있다.

02 사전 통제와 사후 통제

1. 사전 통제

(1) 행정절차법

행정에 대한 사전 통제를 규정하고 있는 기본법이다.

① **청문**: 행정관청이 불이익 처분 등을 행할 경우에 상대방에 대하여 청문 등의 절차에 참여케 하여 자기의 이익에 관해 변명할 기회를 부여하는 제도이다.

② **입법예고·행정예고**: 미리 입법이나 행정 계획·정책 등의 수립에 이해관계인의 참여 권리를 인정하고 있다.

③ **사전통제의 강화경향**: 사전 통제의 강화는 행정의 능률성을 저해할 소지가 있으나, 국민의 행정참여를 통한 행정의 공정성·투명성 및 신뢰성의 확보가 국민의 권익을 보호함은 물론 행정의 민주화에도 크게 기여할 수 있다.

④ **해양경찰관련 행정절차법의 적용배제 규정**: 형사 관련법령에 의하여 행하는 사항, 공무원 인사 관계법령에 의한 징계 기타 처분 등에 대해서는 행정절차법이 적용되지 않는다.

(2) 그 밖의 사전적 통제 수단

입법기관인 국회의 입법권이나 예산 심의권, 정보공개청구권 등이 사전적 통제기능을 수행하고 있다.

2. 사후 통제

(1) 입법부에 의한 통제

국회의 예산 결산권이나 국정감사·조사권 등의 행정감독 기능을 통하여 통제가 가능하다.

(2) 행정부에 의한 통제

행정부 내에서는 징계책임이나 상급기관의 하급기관에 대한 감사권, 행정심판을 통한 통제가 가능하다.

(3) 사법부에 의한 통제

행정에 대한 통제는 사법부의 사법심사에 의한 통제가 중심을 이루고 있다.

03 내부적 통제와 외부적 통제

1. 내부적 통제와 외부적 통제의 의의

(1) 내부적 통제는 해양경찰조직 내의 통제, 외부적 통제는 해양경찰조직 외의 조직에 의해 이루어지는 해양경찰에 대한 통제를 의미한다.

(2) 내부적 통제수단 외에 외부적 통제수단은 조직의 속성상 자기비호와 변화와 개혁을 싫어하는 특징과 조직 내부에서의 스스로 문제점을 발견하기 곤란하기 때문에 그 필요성이 증가하고 있다.

2. 우리나라의 제도

(1) 내부적 통제

① **감사관 제도**: 해양경찰조직 내의 자체 통제를 위해 해양경찰청에는 감사담당관을 두고 있다.

② **훈령권·직무명령권**: 상급기관은 훈령권과 직무명령권을 통하여 하급기관의 위법이나 재량권 행사의 오류를 시정할 수 있다.

③ **재결권**: 상급 해양경찰행정관청은 하급 해양경찰행정관청이 행한 처분의 위법 여부는 물론이고 부당의 문제에 대해서도 재결청으로서 통제가 가능하다.

(2) 외부적 통제

① **국회에 의한 통제**: 입법권과 예산의 심의·결산권, 국정감사·조사권 등을 통한 통제가 있다.

② **사법통제**: 위법한 행정에 대한 법원의 사법심사를 통한 통제로서 위법한 처분의 취소 등을 통하여 통제할 수 있다. 또한 공무원 개인에게도 민사상·형사상의 책임을 물을 수 있다는 측면에서 위법한 행정작용을 억제하는 기능을 한다.

③ **행정부에 의한 통제**

㉠ **행정수반인 대통령에 의한 통제**: 해양경찰청장의 임명권, 해양경찰위원회 위원의 임명권, 행정수반으로서 주요 정책결정을 통하여 해양경찰을 통제한다.

㉡ **감사원**: 해양경찰기관의 세입·세출의 결산뿐만 아니라, 해양경찰기관 및 해양경찰공무원의 직무에 대한 감찰을 통하여 해양경찰을 통제한다.

㉢ **해양수산부장관에 의한 통제**: 해양경찰청장과 해양경찰위원회 위원의 임명제청권을 가지므로 상급관청으로서의 권한행사를 통하여 해양경찰을 통제할 수 있다.

㉣ **국민권익위원회에 의한 통제**: 국민권익위원회는 과거 국민고충처리위원회와 국가청렴위원회, 국무총리 행정심판위원회가 해 왔던 기능들을 수행한다.

> ⓐ 고충민원의 처리와 이와 관련된 불합리한 행정제도 개선
> ⓑ 공직사회 부패 예방·부패행위 규제를 통한 청렴한 공직 및 시회풍토 확립
> ⓒ 행정쟁송을 통하여 행정관청의 위법·부당한 처분으로부터 국민의 권리 보호를 수행함으로 그러한 범위 내에서 해양경찰에 대한 통제기능을 수행

㉤ **소청심사위원회의 심사**: 경찰공무원 징계 등 불이익한 처분에 관한 심사청구는 인사혁신처에 설치된 소청심사위원회에서 심사하므로 외부적 통제에 해당

④ **민중통제**: 비공식적 통제수단의 일종으로 여론, 이익집단, 언론기관, 정당 등이 해양경찰조직을 직·간접적으로 통제할 수 있다.

⑤ **기타 수단**

> ㉠ 국가정보원의 조정과 통제 - 정보·보안업무
> ㉡ 국방부의 통제 - 대간첩작전
> ㉢ 검찰에 의한 지휘 - 해양경찰서 등의 구속장소 감찰권, 교체임용 요구권 등을 통하여 해양경찰을 통제

04 정보공개

1. 정보공개란 정부, 지방공공단체를 비롯한 공공기관이 보유한 문서 및 기타 정보를 국민이나 주민의 청구에 의해 이를 공개하는 행위로, 공공기관의 모든 정보는 원칙적으로 공개되어야 하며, 정보공개제도는 이를 의무화하는 법제도를 말한다.

2. 오늘날 국민의 알권리를 보장하고 국정에 대한 국민의 참여와 국정운영의 투명성을 확보함을 목적으로 행정기관의 정보공개가 강력히 요청되고 있으며, 정보의 공개는 행정통제의 근본에 해당한다.

정보공개와 정보제공의 비교

구분	정보공개	정보제공
의미	국민이 원하는 정보를 접근·이용할 수 있게 하는 것	정부가 홍보·선전용으로 국민에게 제공하는 것
제공정보	가공되지 않은 정보를 제공	가공된 홍보성 정보를 제공
청구 유무	공개청구	공개청구 유무에 관계없음
제공의무	법령에 의해 공개가 의무화	제공정보의 선택이 재량사항
실례	① 법령에 의한 의무적 공표제도 ② 행정절차에 의한 이해관계인에 대한 정보공개 ③ 쟁송에 있어 증거의 제출 ④ 정보공개제도에 의한 정보공개 ⑤ 자기정보공개청구제도에 의한 자기정보의 공개	① 홍보·공청회제도에 의한 행정홍보 ② 보도기관에 대한 정보제공 ③ 행정창구나 행정자료실에 의한 일반정보 서비스

05 공공기관의 정보공개에 관한 법률

1. 정보공개 일반

(1) 목적

이 법은 공공기관이 보유·관리하는 정보에 대한 국민의 공개 청구 및 **공공기관의 공개 의무**에 관하여 필요한 사항을 정함으로써 **국민의 알권리를 보장**하고 국정(國政)에 대한 국민의 참여와 국정 운영의 투명성을 확보함을 목적으로 한다.

(2) 정의(공공기관의 정보공개에 관한 법률 제2조)

이 법에서 사용하는 용어의 뜻은 다음과 같다.

구분	내용
정보	공공기관이 직무상 작성 또는 취득하여 관리하고 있는 문서(전자문서를 포함한다. 이하 같다) 및 전자매체를 비롯한 모든 형태의 매체 등에 기록된 사항을 말한다.
공개	공공기관이 이 법에 따라 정보를 열람하게 하거나 그 사본·복제물을 제공하는 것 또는 전자정부법 제2조 제10호에 따른 정보통신망(이하 '정보통신망'이라 한다)을 통하여 정보를 제공하는 것 등을 말한다.
공공기관	다음 각 목의 기관을 말한다. 가. 국가기관 국회, 법원, 헌법재판소, 중앙선거관리위원회 중앙행정기관(대통령 소속 기관과 국무총리 소속 기관을 포함한다) 및 그 소속 기관 행정기관 소속 위원회의 설치·운영에 관한 법률에 따른 위원회 나. 지방자치단체 다. 공공기관의 운영에 관한 법률 제2조에 따른 공공기관 라. 그 밖에 대통령령으로 정하는 기관

(3) 정보공개의 원칙(공공기관의 정보공개에 관한 법률 제3조)

공공기관이 보유·관리하는 정보는 국민의 알권리 보장 등을 위하여 이 법에서 정하는 바에 따라 적극적으로 **공개하여야** 한다.

(4) 적용 범위(공공기관의 정보공개에 관한 법률 제4조)

① 정보의 공개에 관하여는 다른 법률에 특별한 규정이 있는 경우를 제외하고는 이 법에서 정하는 바에 따른다.

② 지방자치단체는 그 소관 사무에 관하여 법령의 범위에서 정보공개에 관한 **조례를 정할 수 있다.**

③ 국가안전보장에 관련되는 정보 및 보안업무를 관장하는 기관에서 국가안전보장과 관련된 정보의 분석을 목적으로 수집하거나 작성한 정보에 대해서는 이 법을 적용하지 아니한다. 다만, 제8조 제1항에 따른 정보목록의 작성·비치 및 공개에 대해서는 그러하지 아니한다.

2. 정보공개 청구권자와 공공기관의 의무

(1) 정보공개 청구권자(공공기관의 정보공개에 관한 법률 제5조)

모든 국민은 정보의 공개를 청구할 권리를 가진다. 외국인의 정보공개 청구에 관하여는 **대통령령**으로 정한다.

> **공공기관의 정보공개에 관한 법률 시행령**
>
> **제3조 【외국인의 정보공개청구】** 법 제5조 제2항에 따라 정보공개를 청구할 수 있는 외국인은 다음 각 호의 어느 하나에 해당하는 자로 한다.
>
> 1. 국내에 일정한 주소를 두고 거주하거나 학술·연구를 위하여 일시적으로 체류하는 사람
> 2. 국내에 사무소를 두고 있는 법인 또는 단체

(2) 공공기관의 의무(공공기관의 정보공개에 관한 법률 제6조)

① 공공기관은 정보의 공개를 청구하는 국민의 권리가 존중될 수 있도록 이 법을 운영하고 소관 관계 법령을 정비하며, 정보를 투명하고 적극적으로 공개하는 조직문화 형성에 노력하여야 한다.

② 공공기관은 정보의 적절한 보존 및 신속한 검색과 국민에게 유용한 정보의 분석 및 공개 등이 이루어지도록 정보관리체계를 정비하고, 정보공개 업무를 주관하는 부서 및 담당하는 인력을 적정하게 두어야 하며, 정보통신망을 활용한 정보공개시스템 등을 구축하도록 노력하여야 한다.

③ 행정안전부장관은 공공기관의 정보공개에 관한 업무를 종합적·체계적·효율적으로 지원하기 위하여 통합정보공개시스템을 구축·운영하여야 한다.

④ 공공기관(국회·법원·헌법재판소·중앙선거관리위원회는 제외한다)이 제2항에 따른 정보공개시스템을 구축하지 아니한 경우에는 제3항에 따라 행정안전부장관이 구축·운영하는 통합정보공개시스템을 통하여 정보공개 청구 등을 처리하여야 한다.

⑤ 공공기관은 소속 공무원 또는 임직원 전체를 대상으로 국회규칙·대법원규칙·헌법재판소규칙·중앙선거관리위원회규칙 및 대통령령으로 정하는 바에 따라 이 법 및 정보공개 제도 운영에 관한 교육을 실시하여야 한다.

(3) 정보공개 담당자의 의무(제6조의2)

공공기관의 정보공개 담당자(정보공개 청구 대상 정보와 관련된 업무 담당자를 포함한다)는 정보공개 업무를 성실하게 수행하여야 하며, 공개 여부의 자의적인 결정, 고의적인 처리 지연 또는 위법한 공개 거부 및 회피 등 부당한 행위를 하여서는 아니 된다.

(4) 정보의 사전적 공개 등(공공기관의 정보공개에 관한 법률 제7조)

① 공공기관은 다음 각 호의 어느 하나에 해당하는 정보에 대해서는 공개의 구체적 범위, 주기, 시기 및 방법 등을 미리 정하여 정보통신망 등을 통하여 알리고, 이에 따라 정기적으로 공개하여야 한다. 다만, 제9조 제1항 각 호의 어느 하나에 해당하는 정보에 대해서는 그러하지 아니하다.

> 1. 국민생활에 매우 큰 영향을 미치는 정책에 관한 정보
> 2. 국가의 시책으로 시행하는 공사(工事) 등 대규모 예산이 투입되는 사업에 관한 정보
> 3. 예산집행의 내용과 사업평가 결과 등 행정감시를 위하여 필요한 정보
> 4. 그 밖에 공공기관의 장이 정하는 정보

② 공공기관은 국민이 알아야 할 필요가 있는 정보를 국민에게 공개하도록 적극적으로 노력하여야 한다.

(5) 정보목록의 작성 · 비치 등(공공기관의 정보공개에 관한 법률 제8조)

① 공공기관은 그 기관이 보유 · 관리하는 정보에 대하여 국민이 쉽게 알 수 있도록 정보목록을 작성하여 갖추어 두고, 그 목록을 정보통신망을 활용한 정보공개시스템 등을 통하여 공개하여야 한다. 다만, 정보목록 중 제9조 제1항에 따라 공개하지 아니할 수 있는 정보가 포함되어 있는 경우에는 해당 부분을 갖추어 두지 아니하거나 공개하지 아니할 수 있다.

② 공공기관은 정보의 공개에 관한 사무를 신속하고 원활하게 수행하기 위하여 정보공개 장소를 확보하고 공개에 필요한 시설을 갖추어야 한다.

(6) 공개대상 정보의 원문공개(공공기관의 정보공개에 관한 법률 제8조의2)

공공기관 중 중앙행정기관 및 대통령령으로 정하는 기관은 **전자적 형태로 보유 · 관리하는 정보 중 공개대상으로 분류된 정보**를 국민의 정보공개 청구가 없더라도 정보통신망을 활용한 정보공개시스템 등을 통하여 공개하여야 한다.

3. 정보공개의 절차

(1) 비공개 대상 정보(공공기관의 정보공개에 관한 법률 제9조)

① 공공기관이 보유 · 관리하는 정보는 공개 대상이 된다. 다만, 다음의 어느 하나에 해당하는 정보는 **공개하지 아니할 수 있다.**

> ㉠ 다른 법률 또는 법률에서 위임한 명령(국회규칙 · 대법원규칙 · 헌법재판소규칙 · 중앙선거관리위원회규칙 · 대통령령 및 조례로 한정한다)에 따라 비밀이나 비공개 사항으로 규정된 정보
> ㉡ 국가안전보장 · 국방 · 통일 · 외교관계 등에 관한 사항으로서 공개될 경우 국가의 중대한 이익을 현저히 해칠 우려가 있다고 인정되는 정보
> ㉢ 공개될 경우 국민의 생명 · 신체 및 재산의 보호에 현저한 지장을 초래할 우려가 있다고 인정되는 정보
> ㉣ 진행 중인 재판에 관련된 정보와 범죄의 예방, 수사, 공소의 제기 및 유지, 형의 집행, 교정(矯正), 보안처분에 관한 사항으로서 공개될 경우 그 직무수행을 현저히 곤란하게 하거나 형사피고인의 공정한 재판을 받을 권리를 침해한다고 인정할 만한 상당한 이유가 있는 정보
> ㉤ 감사 · 감독 · 검사 · 시험 · 규제 · 입찰계약 · 기술개발 · 인사관리에 관한 사항이나 의사결정 과정 또는 내부검토 과정에 있는 사항 등으로서 공개될 경우 업무의 공정한 수행이나 연구 · 개발에 현저한 지장을 초래한다고 인정할 만한 상당한 이유가 있는 정보. 다만, 의사결정 과정 또는 내부검토 과정을 이유로 비공개할 경우에는 의사결정 과정 및 내부검토 과정이 종료되면 제10조에 따른 청구인에게 이를 통지하여야 한다.
> ㉥ 해당 정보에 포함되어 있는 성명 · 주민등록번호 등 개인에 관한 사항으로서 공개될 경우 사생활의 비밀 또는 자유를 침해할 우려가 있다고 인정되는 정보. 다만, 다음 각 목에 열거한 개인에 관한 정보는 제외한다.
> ⓐ 법령에서 정하는 바에 따라 열람할 수 있는 정보
> ⓑ 공공기관이 공표를 목적으로 작성하거나 취득한 정보로서 사생활의 비밀 또는 자유를 부당하게 침해하지 아니하는 정보
> ⓒ 공공기관이 작성하거나 취득한 정보로서 공개하는 것이 공익이나 개인의 권리 구제를 위하여 필요하다고 인정되는 정보
> ⓓ 직무를 수행한 공무원의 성명 · 직위
> ⓔ 공개하는 것이 공익을 위하여 필요한 경우로서 법령에 따라 국가 또는 지방자치단체가 업무의 일부를 위탁 또는 위촉한 개인의 성명 · 직업

ⓢ 법인 · 단체 또는 개인(이하 '법인 등'이라 한다)의 경영상 · 영업상 비밀에 관한 사항으로서 공개될 경우 법인 등의 정당한 이익을 현저히 해칠 우려가 있다고 인정되는 정보. 다만, 다음 각 목에 열거한 정보는 제외한다.
ⓐ 사업활동에 의하여 발생하는 위해(危害)로부터 사람의 생명 · 신체 또는 건강을 보호하기 위하여 공개할 필요가 있는 정보
ⓑ 위법 · 부당한 사업활동으로부터 국민의 재산 또는 생활을 보호하기 위하여 공개할 필요가 있는 정보
ⓞ 공개될 경우 부동산 투기, 매점매석 등으로 특정인에게 이익 또는 불이익을 줄 우려가 있다고 인정되는 정보

② 공공기관은 비공개 대상 정보에 해당하는 정보가 기간의 경과 등으로 인하여 비공개의 필요성이 없어진 경우에는 그 정보를 공개 대상으로 하여야 한다.
③ 공공기관은 제1항 각 호의 범위에서 해당 공공기관의 업무 성격을 고려하여 비공개 대상 정보의 범위에 관한 세부 기준(이하 '비공개 세부 기준'이라 한다)을 수립하고 이를 정보통신망을 활용한 정보공개시스템 등을 통하여 공개하여야 한다.
④ 공공기관(국회 · 법원 · 헌법재판소 및 중앙선거관리위원회는 제외한다)은 제3항에 따라 수립된 비공개 세부 기준이 제1항 각 호의 비공개 요건에 부합하는지 3년마다 점검하고 필요한 경우 비공개 세부 기준을 개선하여 그 점검 및 개선 결과를 행정안전부장관에게 제출하여야 한다.

(2) 정보공개의 청구방법(공공기관의 정보공개에 관한 법률 제10조)

① 정보의 공개를 청구하는 자(이하 '청구인'이라 한다)는 해당 정보를 보유하거나 관리하고 있는 공공기관에 다음의 사항을 적은 정보공개 청구서를 제출하거나 **말**로써 정보의 공개를 청구할 수 있다.

㉠ 청구인의 성명 · 생년월일 · 주소 및 연락처(전화번호 · 전자우편주소 등을 말한다. 이하 이 조에서 같다). 다만, 청구인이 법인 또는 단체인 경우에는 그 명칭, 대표자의 성명, 사업자등록번호 또는 이에 준하는 번호, 주된 사무소의 소재지 및 연락처를 말한다.
㉡ 청구인의 주민등록번호(본인임을 확인하고 공개 여부를 결정할 필요가 있는 정보를 청구하는 경우로 한정한다)
㉢ 공개를 청구하는 정보의 내용 및 공개방법

② 제1항에 따라 청구인이 말로써 정보의 공개를 청구할 때에는 담당 공무원 또는 담당 임직원(이하 '담당 공무원 등'이라 한다)의 앞에서 진술하여야 하고, 담당 공무원 등은 정보공개 청구조서를 작성하여 이에 청구인과 함께 기명날인하거나 서명하여야 한다.

(3) 정보공개 여부의 결정(공공기관의 정보공개에 관한 법률 제11조)

① 공공기관은 정보공개의 청구를 받으면 그 청구를 받은 날부터 **10일 이내**에 공개 여부를 결정하여야 한다.
② 공공기관은 부득이한 사유로 10일 이내에 공개 여부를 결정할 수 없을 때에는 그 기간이 끝나는 날의 **다음 날부터 기산(起算)하여 10일**의 범위에서 공개 여부 결정기간을 연장할 수 있다. 이 경우 공공기관은 연장된 사실과 연장 사유를 청구인에게 지체 없이 문서로 통지하여야 한다.
③ 공공기관은 다른 공공기관이 보유 · 관리하는 정보의 공개 청구를 받았을 때에는 지체 없이 이를 소관 기관으로 이송하여야 하며, 이송한 후에는 지체 없이 소관 기관 및 이송 사유 등을 분명히 밝혀 청구인에게 문서로 통지하여야 한다.

④ 공공기관은 정보공개 청구가 다음의 어느 하나에 해당하는 경우로서 민원 처리에 관한 법률에 따른 민원으로 처리할 수 있는 경우에는 민원으로 처리할 수 있다.

> ㉠ 공개 청구된 정보가 공공기관이 보유·관리하지 아니하는 정보인 경우
> ㉡ 공개 청구의 내용이 진정·질의 등으로 이 법에 따른 정보공개 청구로 보기 어려운 경우

(4) 반복 청구 등의 처리(제11조의2)

① 공공기관은 제11조에도 불구하고 제10조 제1항 및 제2항에 따른 정보공개 청구가 다음 의 어느 하나에 해당하는 경우에는 정보공개 청구 대상 정보의 성격, 종전 청구와의 내용적 유사성·관련성, 종전 청구와 동일한 답변을 할 수밖에 없는 사정 등을 종합적으로 고려하여 해당 청구를 종결 처리할 수 있다. 이 경우 종결 처리 사실을 청구인에게 알려야 한다.

> ㉠ 정보공개를 청구하여 정보공개 여부에 대한 결정의 통지를 받은 자가 정당한 사유 없이 해당 정보의 공개를 다시 청구하는 경우
> ㉡ 정보공개 청구가 제11조 제5항에 따라 민원으로 처리되었으나 다시 같은 청구를 하는 경우

② 공공기관은 제11조에도 불구하고 제10조 제1항 및 제2항에 따른 정보공개 청구가 다음 각 호의 어느 하나에 해당하는 경우에는 다음 각 호의 구분에 따라 안내하고, 해당 청구를 종결 처리할 수 있다.

> ㉠ **제7조 제1항에 따른 정보 등 공개를 목적으로 작성되어 이미 정보통신망 등을 통하여 공개된 정보를 청구하는 경우**: 해당 정보의 소재(所在)를 안내
> ㉡ **다른 법령이나 사회통념상 청구인의 여건 등에 비추어 수령할 수 없는 방법으로 정보공개 청구를 하는 경우**: 수령이 가능한 방법으로 청구하도록 안내

⊕ PLUS 정보공개심의회(공공기관의 정보공개에 관한 법률 제12조)

1. 설치·운영

국가기관, 지방자치단체, 공공기관의 운영에 관한 법률 제5조에 따른 공기업 및 준정부기관, 지방공기업법에 따른 지방공사 및 지방공단(이하 '국가기관 등'이라 한다)은 제11조에 따른 정보공개 여부 등을 심의하기 위하여 정보공개심의회(이하 '심의회'라 한다)를 설치·운영한다. 이 경우 국가기관 등의 규모와 업무성격, 지리적 여건, 청구인의 편의 등을 고려하여 소속 상급기관(지방공사·지방공단의 경우에는 해당 지방공사·지방공단을 설립한 지방자치단체를 말한다)에서 협의를 거쳐 심의회를 통합하여 설치·운영할 수 있다.

2. 구성

(1) 심의회는 위원장 1명을 포함하여 5명 이상 7명 이하의 위원으로 구성한다.
(2) 심의회의 위원은 소속 공무원, 임직원 또는 외부 전문가로 지명하거나 위촉하되, 그중 3분의 2는 해당 국가기관 등의 업무 또는 정보공개의 업무에 관한 지식을 가진 외부 전문가로 위촉하여야 한다. 다만, 제9조 제1항 제2호 및 제4호에 해당하는 업무를 주로 하는 국가기관은 그 국가기관의 장이 외부 전문가의 위촉 비율을 따로 정하되, 최소한 3분의 1 이상은 외부 전문가로 위촉하여야 한다.
(3) 심의회의 위원장은 위원 중에서 국가기관 등의 장이 지명하거나 위촉한다.

(5) 정보공개 여부 결정의 통지(공공기관의 정보공개에 관한 법률 제13조)

① 공공기관은 정보의 공개를 결정한 경우에는 공개의 일시 및 장소 등을 분명히 밝혀 청구인에게 통지하여야 한다.

② 공공기관은 **청구인이 사본 또는 복제물의 교부를 원하는 경우**에는 이를 교부하여야 한다.

③ 공공기관은 공개 대상 정보의 양이 너무 많아 정상적인 업무수행에 현저한 지장을 초래할 우려가 있는 경우에는 해당 정보를 일정기간별로 나누어 제공하거나 사본·복제물의 교부 또는 열람과 병행하여 제공할 수 있다.

④ 공공기관은 정보를 공개하는 경우에 그 정보의 원본이 더럽혀지거나 파손될 우려가 있거나 그 밖에 상당한 이유가 있다고 인정할 때에는 그 정보의 사본·복제물을 공개할 수 있다.

⑤ 공공기관은 정보의 비공개 결정을 한 경우에는 그 사실을 청구인에게 지체 없이 문서로 통지하여야 한다. 이 경우 비공개 대상 정보 중 어느 규정에 해당하는 비공개 대상 정보인지를 포함한 비공개 이유와 불복(不服)의 방법 및 절차를 구체적으로 밝혀야 한다.

(6) 부분 공개(공공기관의 정보공개에 관한 법률 제14조)

청구인이 공개 청구한 정보가 비공대 대상 정보에 해당하는 부분과 공개 가능한 부분이 혼합되어 있는 경우로서 공개 청구의 취지에 어긋나지 아니하는 범위에서 두 부분을 분리할 수 있는 경우에는 비공개 대상 정보에 해당하는 부분을 제외하고 **공개하여야 한다.**

(7) 정보의 전자적 공개(공공기관의 정보공개에 관한 법률 제15조)

① 공공기관은 전자적 형태로 보유·관리하는 정보에 대하여 청구인이 전자적 형태로 공개하여 줄 것을 요청하는 경우에는 그 정보의 성질상 현저히 곤란한 경우를 제외하고는 **청구인의 요청에 따라야 한다.**

② 공공기관은 전자적 형태로 보유·관리하지 아니하는 정보에 대하여 청구인이 전자적 형태로 공개하여 줄 것을 요청한 경우에는 정상적인 업무수행에 현저한 지장을 초래하거나 그 정보의 성질이 훼손될 우려가 없으면 그 정보를 전자적 형태로 변환하여 **공개할 수 있다.**

(8) 즉시 처리가 가능한 정보의 공개(공공기관의 정보공개에 관한 법률 제16조)

다음의 어느 하나에 해당하는 정보로서 즉시 또는 말로 처리가 가능한 정보에 대해서는 제11조에 따른 절차를 거치지 아니하고 공개하여야 한다.

① 법령 등에 따라 공개를 목적으로 작성된 정보
② 일반국민에게 알리기 위하여 작성된 각종 홍보자료
③ 공개하기로 결정된 정보로서 공개에 오랜 시간이 걸리지 아니하는 정보
④ 그 밖에 공공기관의 장이 정하는 정보

(9) 비용 부담(공공기관의 정보공개에 관한 법률 제17조)

정보의 공개 및 우송 등에 드는 비용은 실비(實費)의 범위에서 **청구인이 부담한다.** 그러나 공개를 청구하는 정보의 사용 목적이 공공복리의 유지·증진을 위하여 필요하다고 인정되는 경우에는 비용을 감면할 수 있다.

(10) 공개 실시

공공기관은 공개 결정일과 공개 실시일 사이에 최소한 30일의 간격을 두어야 한다.

4. 불복 구제 절차

(1) 청구인의 권리구제수단

① 이의신청(공공기관의 정보공개에 관한 법률 제18조)

㉠ 청구인이 정보공개와 관련한 공공기관의 비공개 결정 또는 부분 공개 결정에 대하여 불복이 있거나 정보공개 청구 후 20일이 경과하도록 정보공개 결정이 없는 때에는 공공기관으로부터 정보공개 여부의 결정 통지를 받은 날 또는 정보공개 청구 후 20일이 경과한 날부터 **30일 이내**에 해당 공공기관에 문서로 이의신청을 할 수 있다.

㉡ 국가기관 등은 청구인의 이의신청이 있는 경우에는 심의회를 개최하여야 한다. 다만, 다음의 어느 하나에 해당하는 경우에는 개최하지 아니할 수 있다.

> ⓐ 심의회의 심의를 이미 거친 사항
> ⓑ 단순·반복적인 청구
> ⓒ 법령에 따라 비밀로 규정된 정보에 대한 청구

㉢ 공공기관은 이의신청을 받은 날부터 **7일 이내**에 그 이의신청에 대하여 결정하고 그 결과를 청구인에게 지체 없이 문서로 통지하여야 한다. 다만, 부득이한 사유로 정하여진 기간 이내에 결정할 수 없을 때에는 그 기간이 끝나는 날의 **다음** 날부터 기산하여 **7일**의 범위에서 연장할 수 있으며, 연장 사유를 청구인에게 통지하여야 한다.

㉣ 공공기관은 이의신청을 각하(却下) 또는 기각(棄却)하는 결정을 한 경우에는 청구인에게 행정심판 또는 행정소송을 제기할 수 있다는 사실을 결과 통지와 함께 알려야 한다.

② 행정심판(공공기관의 정보공개에 관한 법률 제19조)

㉠ 청구인이 정보공개와 관련한 공공기관의 결정에 대하여 불복이 있거나 정보공개 청구 후 20일이 경과하도록 정보공개 결정이 없는 때에는 행정심판법에서 정하는 바에 따라 행정심판을 청구할 수 있다. 이 경우 국가기관 및 지방자치단체 외의 공공기관의 결정에 대한 감독행정기관은 관계 중앙행정기관의 장 또는 지방자치단체의 장으로 한다.

㉡ 청구인은 제18조에 따른 **이의신청 절차를 거치지 아니하고 행정심판을 청구할 수 있다.**

㉢ 행정심판위원회의 위원 중 정보공개 여부의 결정에 관한 행정심판에 관여하는 위원은 재직 중은 물론 퇴직 후에도 그 직무상 알게 된 비밀을 누설하여서는 아니 된다. 위원은 형법이나 그 밖의 법률에 따른 벌칙을 적용할 때에는 공무원으로 본다.

③ 행정소송(공공기관의 정보공개에 관한 법률 제20조)

㉠ 청구인이 정보공개와 관련한 공공기관의 결정에 대하여 불복이 있거나 정보공개 청구 후 20일이 경과하도록 정보공개 결정이 없는 때에는 행정소송법에서 정하는 바에 따라 행정소송을 제기할 수 있다.

㉡ 재판장은 필요하다고 인정하면 당사자를 참여시키지 아니하고 제출된 공개 청구 정보를 비공개로 열람·심사할 수 있다.

㉢ 재판장은 행정소송의 대상이 비공개 대상 정보 중 국가안전보장·국방 또는 외교관계에 관한 정보의 비공개 또는 부분 공개 결정처분인 경우에 공공기관이 그 정보에 대한 비밀 지정의 절차, 비밀의 등급·종류 및 성질과 이를 비밀로 취급하게 된 실질적인 이유 및 공개를 하지 아니하는 사유 등을 입증하면 해당 정보를 제출하지 아니하게 할 수 있다.

(2) 제3자의 권리구제수단

① **제3자에 대한 통지(공공기관의 정보공개에 관한 법률 제11조)**
공공기관은 공개 청구된 공개 대상 정보의 전부 또는 일부가 제3자와 관련이 있다고 인정할 때에는 그 사실을 제3자에게 **지체 없이** 통지하여야 하며, 필요한 경우에는 그의 의견을 들을 수 있다.

② **제3자의 비공개 요청 등(공공기관의 정보공개에 관한 법률 제21조)**
㉠ 공개 청구된 사실을 통지받은 제3자는 그 통지를 받은 날부터 **3일 이내**에 해당 공공기관에 대하여 자신과 관련된 정보를 공개하지 아니할 것을 요청할 수 있다.
㉡ 제3자의 비공개 요청에도 불구하고 공공기관이 공개 결정을 할 때에는 공개 결정 이유와 공개 실시일을 분명히 밝혀 지체 없이 문서로 통지하여야 하며, 제3자는 해당 공공기관에 문서로 이의신청을 하거나 행정심판 또는 행정소송을 제기할 수 있다. 이 경우 이의신청은 통지를 받은 날부터 **7일 이내**에 하여야 한다.

5. 정보공개위원회

(1) 설치(제22조)

다음의 사항을 심의 · 조정하기 위하여 **국무총리 소속**으로 정보공개위원회(이하 '위원회'라 한다)를 둔다.

① 정보공개에 관한 정책 수립 및 제도 개선에 관한 사항 ② 정보공개에 관한 기준 수립에 관한 사항 ③ 제24조 제2항 및 제3항에 따른 공공기관의 정보공개 운영실태 평가 및 그 결과 처리에 관한 사항 ④ 그 밖에 정보공개에 관하여 대통령령으로 정하는 사항

(2) 위원회의 구성 등(제23조)

① 위원회는 성별을 고려하여 **위원장과 부위원장 각 1명을 포함한 11명의 위원**으로 구성한다.
② 위원회의 위원은 다음 내용의 사람이 된다. 이 경우 **위원장을 포함한 7명**은 공무원이 아닌 사람으로 위촉하여야 한다.

㉠ 대통령령으로 정하는 관계 중앙행정기관의 차관급 공무원이나 고위공무원단에 속하는 일반직공무원 ㉡ 정보공개에 관하여 학식과 경험이 풍부한 사람으로서 국무총리가 위촉하는 사람 ㉢ 시민단체(비영리민간단체 지원법 제2조에 따른 비영리민간단체를 말한다)에서 추천한 사람으로서 국무총리가 위촉하는 사람

③ 위원장 · 부위원장 및 위원(제2항 제1호의 위원은 제외한다)의 **임기는 2년**으로 하며, **연임할 수 있다.**
④ 위원장 · 부위원장 및 위원은 정보공개 업무와 관련하여 알게 된 정보를 누설하거나 그 정보를 이용하여 본인 또는 타인에게 이익 또는 불이익을 주는 행위를 하여서는 아니 된다.
⑤ 위원장 · 부위원장 및 위원 중 공무원이 아닌 사람은 형법이나 그 밖의 법률에 따른 벌칙을 적용할 때에는 공무원으로 본다.

6. 기타사항

(1) 제도 총괄 등

행정안전부장관은 이 법에 따른 정보공개제도의 정책 수립 및 제도 개선 사항 등에 관한 기획 · 총괄 업무를 관장하며, 정보공개위원회가 정보공개제도의 효율적 운영을 위하여 필요하다고 요청하면 공공기관(**국회 · 법원 · 헌법재판소 및 중앙선거관리위원회는 제외한다**)의 정보공개제도 운영실태를 평가할 수 있다.

(2) 자료의 제출 요구

국회사무총장 · 법원행정처장 · 헌법재판소사무처장 · 중앙선거관리위원회사무총장 및 행정안전부장관은 필요하다고 인정하면 관계 공공기관에 정보공개에 관한 자료 제출 등의 협조를 요청할 수 있다.

(3) 국회에의 보고

행정안전부장관은 전년도의 정보공개 운영에 관한 보고서를 매년 정기국회 개회 전까지 국회에 제출하여야 한다.

(4) 신분보장

누구든지 이 법에 따른 정당한 정보공개를 이유로 징계조치 등 어떠한 신분상 불이익이나 근무조건상의 차별을 받지 아니한다.

제6장 해양경찰의 향후과제

제1절 행정제도 개혁

01 행정개혁

1. 행정개혁의 의의

(1) 행정개혁의 개념

① 행정개혁이란 행정을 현재 상태로부터 보다 나은 상태·방향으로 개선시키기 위해 행정부가 의도적으로 추구하는 계획된 변화를 의미한다. 행정조직의 구조변동과 새로운 정책·행정기술·방법의 채택·적용뿐만 아니라 행정인의 가치관·신념·태도를 변화시켜 개인발전과 조직발전을 통합시키려고 하는 행정체제의 모든 측면의 변화가 전부 포함되는 개념이다.

② 그러나 계획하지 않은 우연한 변화는 행정개혁에 해당하지 않는다.

(2) 행정개혁의 필요성

행정개혁은 행정의 전문화·합리화의 촉진이 동기가 되며 새로운 행정수요를 충족하기 위해 반드시 추진되어야 할 사안이다. 그러나 행정개혁 과정이 조직구성원의 안전성을 위협할수록 저항이 강해지므로 개혁과정에서 나타날 수 있는 조직구성원들의 저항을 극복할 수 있는 대책을 마련해야 한다.

2. 행정개혁의 특징

구분	내용
미래지향적	행정개혁은 과거보다는 미래를 지향한다.
가치(목표)지향적	행정개혁은 그 자체가 목적이 아니라 행정의 바람직한 상태를 달성하기 위한 수단이다.
행동지향적	행정개혁은 실제 행동으로 옮긴다는 전제가 내포되어 있다.
지속성(계속성)	행정개혁은 행정이 존재하는 한 일시적이기보다는 계속적인 과정이다.
저항의 수반	행정개혁은 기존의 이해관계에 변화를 초래하므로 기득권을 가진 세력에 의해 저항이 수반된다.
인위적·계획적·기술적 노력	행정개혁은 행정을 현재보다 더 나은 상태로 개선하기 위해 새로운 방법으로 의식적·인위적 노력으로 자연발생적인 것이 아니다.
포괄적 관련성	행정개혁은 행정의 어떤 요소를 바꾸더라도 그것이 행정 전체에 영향을 미치게 된다.
불확실성(동태성)	행정개혁은 성공 여부가 불확실한 상황에서 수행된다는 특징이 있다.
정치적 성격	행정개혁은 정치적 상호작용 과정의 산물일 수도 있다.

3. 행정개혁의 주요원인

① 새로운 철학의 추구
② 행정의 능률화와 새로운 기술도입의 필요성의 발생
③ 신행정 수요의 발생과 기관장의 변동
④ 인구 및 고객구조의 변화 등

4. 행정개혁의 추진전략

(1) 개혁의 폭과 속도에 따른 전략

구분	내용
급진적 · 전면적 전략	① 근본적인 변화를 일시에 달성하려는 광범위하고 빠른 속도의 추진전략이다. ② 주로 개발도상국에서 많이 사용하는 방법이다.
점진적 · 부분적 전략	① 개혁의 영향, 수용태세, 동원자원을 감안하여 완만하게 추진하는 전략을 말한다. ② 소극적 개혁을 의미한다.

(2) 개혁의 추진방향에 따른 전략

구분	내용
명령적 · 하향적 전략	① 대내외의 참여 없이 상층부에서 일방적으로 추진하는 전략이다. ② 구성원들의 저항을 유발하고, 장기간 지속하기가 곤란하다.
참여적 · 상향적 전략	① 구성원의 아이디어를 수집하고 그들의 의견을 반영하여 추진하는 전략이다. ② 구성원들의 저항을 최소화할 수 있으나, 개혁 과정에서 주변 환경의 변화에 신속한 대응이 어렵다는 단점이 있다.

02 개혁에 따른 저항과 극복방법

1. 저항의 주요원인

개혁상황에서 야기되는 원인	심리적인 원인
① 사회 문화적 가치체계와의 갈등 ② 지원의 부족 ③ 정치적 갈등 ④ 제도와 법적 해석상의 차이 ⑤ 관료제의 경직성과 보수성 ⑥ 개혁 추진세력에 대한 불신 ⑦ 개혁의 시기, 방법, 절차의 차이 ⑧ 개혁과정의 폐쇄성으로 인한 참여부족	① 개혁내용의 불명확성 ② 새로운 상황에 대한 적응의 어려움이나 거부감 ③ 기득권의 침해에 대한 불안 ④ 미래의 불확실성

2. 저항의 순기능

개혁에 대한 저항은 역기능만 가지고 있는 것이 아니라 긍정적인 기능도 가지고 있다. 우선 개혁에 대한 구성원들의 저항은 안정과 변화의 완충작용을 하며 개혁추진자로 하여금 바람직한 변화를 선택하고 신중한 개혁을 행하도록 유도하는 기능을 수행한다.

3. 개혁의 저항극복방법

개혁은 조직 구성원들의 저항을 초래할 수밖에 없다. 이러한 저항을 극복하는 방법에는 참여의 확대, 의사소통의 촉진, 개혁안의 명확화와 공공성의 강조, 개혁방법과 기술의 수정, 개혁의 점진적 추진 등을 통해 극복할 수 있다.

03 에찌오니의 저항의 극복전략

구분	내용	사례
규범적·이상적 전략	① 규범적 전략은 직원들의 윤리규범이나 가치에 호소하는 전략으로 상징조작과 심리적인 지지를 얻기 위한 전략을 의미한다. ② 개혁지도자의 카리스마, 개혁의 논리와 당위성에 대한 여론조성, 교육과 훈련을 통한 의식의 개혁 등을 이용해 잠재적 저항심리를 완화시키거나 개혁에 동참하도록 하는 전략이다.	A는 해양경찰서장으로 취임하여 새로운 개혁을 추진하는 과정에서 직원들의 저항에 부딪히자 새로운 개혁의 추진으로 국민의 신뢰를 받는 해양경찰상을 구현하여야 한다는 정신교육을 강화하였다.
공리적·기술적 전략	① 공리적 전략은 경제적 보상을 이용하는 저항극복전략이다. ② 조직 구성원들이 혁신으로 인해 받는 손실 때문에 저항하는 경우 피해를 보상할 수 있는 인센티브를 제공하여 저항을 무마하는 전략이다. ③ 희생비용이 많이 들고 효과는 장기간이 지난 후에 나타나는 혁신의 경우에는 비용만 많이 들고 겉으로만 혁신에 따라오는 현상을 초래할 수도 있다.	해양경찰청에서는 해양경찰개혁작업의 일환으로 수사의 효율성을 높이기 위하여 기존에 조사요원들이 인수하여 오던 기소중지자를 관내 소재수사를 담당하는 추적수사요원으로 하여금 인수하여 오도록 조치하였다. 이에 대한 추적수사요원의 불만을 해결하기 위하여 수당을 지급하였다.
강제적 전략	① 강제적 전략은 혁신에 저항하는 행위에 대해 징계나 불이익 처분 등의 제재수단으로 위협함으로써 혁신에 동참시키는 전략이다. ② 강제적 전략은 긴급한 상황에서 신속하게 저항을 극복할 수 있는 방법이다. ③ 혁신의 주창자나 집행자가 강한 리더십을 가지고 통제할 수 있을 때 사용하는 전략이다. ④ 강제적 전략은 다른 전략에 비해서 구성원들의 자발적 동의를 유도하기 어렵다는 점에서 최후의 수단으로 사용하여야 한다. ⑤ 강제적 전략은 제재위협에 대한 반감이나 오해를 부를 수도 있고 면종복배가 나타날 수 있다.	해양경찰서장은 새로 취임하여 부정부패척결을 위해 직원들에게 유흥업소에서 절대금품을 수령하지 말라고 지시하면서 만약 단돈 1,000원이라도 받으면 중징계를 하겠다고 공언하였다.

04 행정개혁의 새로운 전략

1. 구조조정

(1) 의의

① 구조조정은 일반적으로 조직구조의 개편이라는 의미로 간주되지만 구조조정은 구조개편만을 의미하는 것이 아니라 조직이 현재 하고 있는 역할을 효과적으로 수행하도록 구조를 개편하고 조직의 인력관리시스템과 물적 자원관리시스템을 재조정하는 것을 그 목적으로 한다.

② 구조조정은 구조를 개편하는 데 그치는 것이 아니라 경영혁신을 목적으로 한 구조조정을 의미한다(국 · 과의 통폐합).

(2) 구조조정의 도입과정

구조조정의 필요성에 대한 인식, 비전 및 계획수립, 재구축의 3단계가 지속적으로 순환되면서 제도가 정비되어 왔으며 조직에 대한 단순한 부분적 개선이 아니라 조직운영시스템, 인적 자원관리시스템 등 제반 관리시스템의 재설계과정에 해당한다.

2. 목표에 의한 관리(Management Buy Out)

(1) 개념

모든 조직활동에 조직의 상층부와 하층부가 함께 참여하여 공동으로 목표를 설정하고 관리하고자 하는 기법이다. 조직구성원의 참여과정을 통해 생산활동의 목표를 명확하고 체계있게 설정하여 관리의 효율성을 높이려는 관리방식이다.

(2) 특징

① 참여에 의한 목표 설정
② 각 계층의 권한과 책임을 상하간의 협의하에 설정하는 등의 참여적 관리의 시행
③ 활동과정과 결과를 평가하여 이를 환류시킴으로써 집단과 개인의 문제해결능력을 향상
④ Y이론에 기초함
⑤ 조직의 운영에 있어서 구성요소간의 상호의존성 및 팀워크를 중시

(3) 기본과정(일련의 순환적인 환류의 과정)

상위목표의 설정 ➜ 참여에 의한 구체적 목표의 설정 ➜ 목표추구의 활동과 중간평가에 의한 환류 ➜ 최종평가 ➜ 환류의 과정을 반복한다.

(4) 공공부문에 MBO를 도입할 경우의 장 · 단점

구분	내용
장점	① 조직목표에 조직 구성원들의 활동을 집중시켜 효율성을 제고 ② 조직목표와 개인목표의 통합 ③ 참여적 방법에 의한 조직 구성원의 사기 제고 ④ 갈등의 최소화 ⑤ 능동적 조직의 구성이 가능
단점	① 급격한 변화나 복잡한 환경에서는 목표의 설정이 곤란 ② 단기적 · 양적 목표에 치중하게 되는 경향의 발생 ③ 구성원간의 합의 도출이 곤란 ④ 목표성과의 측정이 곤란

☑ SUMMARY | 맥그리거(D. McGregor)의 X, Y이론

1. X이론
   ① 가정인간은 원래 태만하고 가급적 적게 일을 하려고 하며, 이기적이므로 책임지기를 싫어할 뿐 아니라 조직의 목표나 활동에 무관심하고 주로 안정과 경제적인 만족을 추구한다.
   ② X이론에 의한 관리전략X이론에 기초할 경우 강압적·권위적 관리전략을 채택하게 된다고 한다.
2. Y이론
   ① 가정인간은 부지런하고 책임과 자율성 및 창조성을 발휘하려고 하며 조직의 목표를 달성하는 데 적극적으로 참여하여 자아실현을 추구하고자 한다.
   ② Y이론에 의한 관리전략Y이론에 기초할 때는 민주적인 관리전략이 채택된다

3. 전사적 품질관리(총체적 품질관리; Total Quality Management)

(1) 의의

전사적 품질관리란 '소비자가 만족할 수 있는 재화와 서비스를 제공하기 위해 조직 내 품질개발, 유지, 개선노력들을 통합하는 효과적 시스템'이라고 규정할 수 있다.

(2) 전사적 품질관리의 도입 시 고려사항

① 고객을 명확히 규정
② 특정 해양경찰서비스의 질을 측정
③ 경직된 전통적인 계층구조보다는 Task-Force나 프로젝트팀, Matrix 조직 등과 같은 신축적이고 동태적인 조직을 활용
④ 조직문화에 대한 고려

제2절 해양경찰제도 개혁

01 해양경찰개혁의 목표와 전략

1. 개혁의 목표

① 국민과 함께하는 국민의 해양경찰, 국민으로부터 신뢰와 사랑을 받는 해양경찰상을 정립하고 각각의 경찰관이 움직이는 정부가 되어 국민과 함께 숨쉬고, 국민의 가슴속에 뜨겁게 파고드는 해양경찰로 거듭나야 한다.
② 또한 조직 내 상하 구성원 사이에는 신뢰와 인정을 바탕으로 하여 활력이 넘치는 조직을 만들어야 하고, 국민에게는 언제나 친절하고 공정한 해양경찰로 인식되어야 한다.

2. 해양경찰의 행정서비스

(1) 행정서비스 기능의 강화

고객지향적 행정을 위해 행정조직이 수혜자인 고객(국민)중심의 조직으로 재편되어야 하며 고객지향 행정의 최종목표는 고객이 감동하는 치안행정서비스의 제공에 있다.

(2) 방범리콜제도

① 잘못된 해양경찰서비스에 대한 민원제기를 허용하고 이를 통해 잘못된 부분을 시정하는 장치이다. 즉, 방범활동에 주민의 의견을 반영하여 더 나은 서비스를 제공하기 위한 제도라고 할 수 있다.
② 방범활동과 관련한 주민의 건의사항을 방범시책에 반영함으로써 주민의 치안활동에 대한 참여를 확대할 수 있다.

02 다면평가제

1. 개념

① 다면평가제는 최근 평가의 객관성과 신뢰성을 확보 내지는 보완할 수 있는 방법의 하나로 활용되고 있다. 어느 개인을 평가할 때 전통적인 구조에서 직속 상사만에 의해 평가되는 것이 아니라, 다수의 평가자가 여러 방면에서 평가하는 제도이다.
② 관련 부문의 상급자, 동료, 하급자에 의한 평가와 함께 민원인에 의한 평가도 함께 이루어지므로 다자평가, 360°평정법, 집단평정법, 복수평정법이라고도 한다.

2. 도입 및 발전 추세

다면평가제는 민간기업에서 도입되어 시행되고 있으며 점차 공기업, 공공기관에서도 지도력과 관리능력이 요구되는 고위직에 적용되는 추세이다. 공직사회에서도 고위직 임용시 다면평가제를 실시할 수 있도록 법적 근거를 마련하였다.

3. 전통적 평가방식과 다면평가제의 비교

구분	전통적 평가	다면평가제
평가방식	① 상급자에 의한 일방적 평가 ② 피평가자의 근무성적을 비교하여 서열을 정하는 방식	① 동료, 하급자, 민원인의 평가가 포함 ② 근무성적에 따른 뚜렷한 서열 정립이 곤란
목적	실적 평가의 판단목적이 중심	업무형태변화와 능력향상을 위한 발전적 목적
평가	① 직무분석에 기초하기보다 직관과 경험을 바탕으로 평가요소가 결정 ② 빠르고 쉬운 평가방식	① 평가자의 선발, 평가의 시행, 다양한 정보의 분석 ② 시간과 비용의 소모가 큰 대신에 정교하고 피평가자의 다양한 면모를 반영

4. 다면평가제의 실제적 효용성

① 전통적 평가방식에서 다면평가제로 전환할 경우 상사에게만 잘 보이면 된다는 단일 평가의 폐해의 시정이 가능하다. 또한 인사의 공정성과 객관성 확보가 가능해지고, 근무평가를 통제가 아니라 능력개발의 목적으로 사용하고자 할 때 정확성과 신뢰성을 보장할 수 있다.
② 그리고 평가에 참여하는 소수에 의한 편차를 줄임으로 객관성과 공정성을 제고할 수 있다.

5. 다면평가제를 공직에 도입할 경우 고려사항

① 전통적 가치관에 익숙한 조직 구성원의 경우 하급자의 상급자 평가에 대한 반발심리가 있을 수 있고 조직 구성원 상호간에 평가를 하기 때문에 조직 내의 갈등을 유발할 수 있다.

② 또한 평가의 객관성을 확보하기 위해서는 평가기준을 문서화하거나 평가를 위한 교육실시가 선행되어야 한다.

③ 그리고 평가자의 익명성 보장과 평가자료의 비공개가 전제되어야 하며 평가조사의 신뢰성을 확보하기 위해 자체적으로 실시하는 것보다는 **외부업체에 위탁하는 것이 유리**하다.

police.Hackers.com

해커스경찰
police.Hackers.com

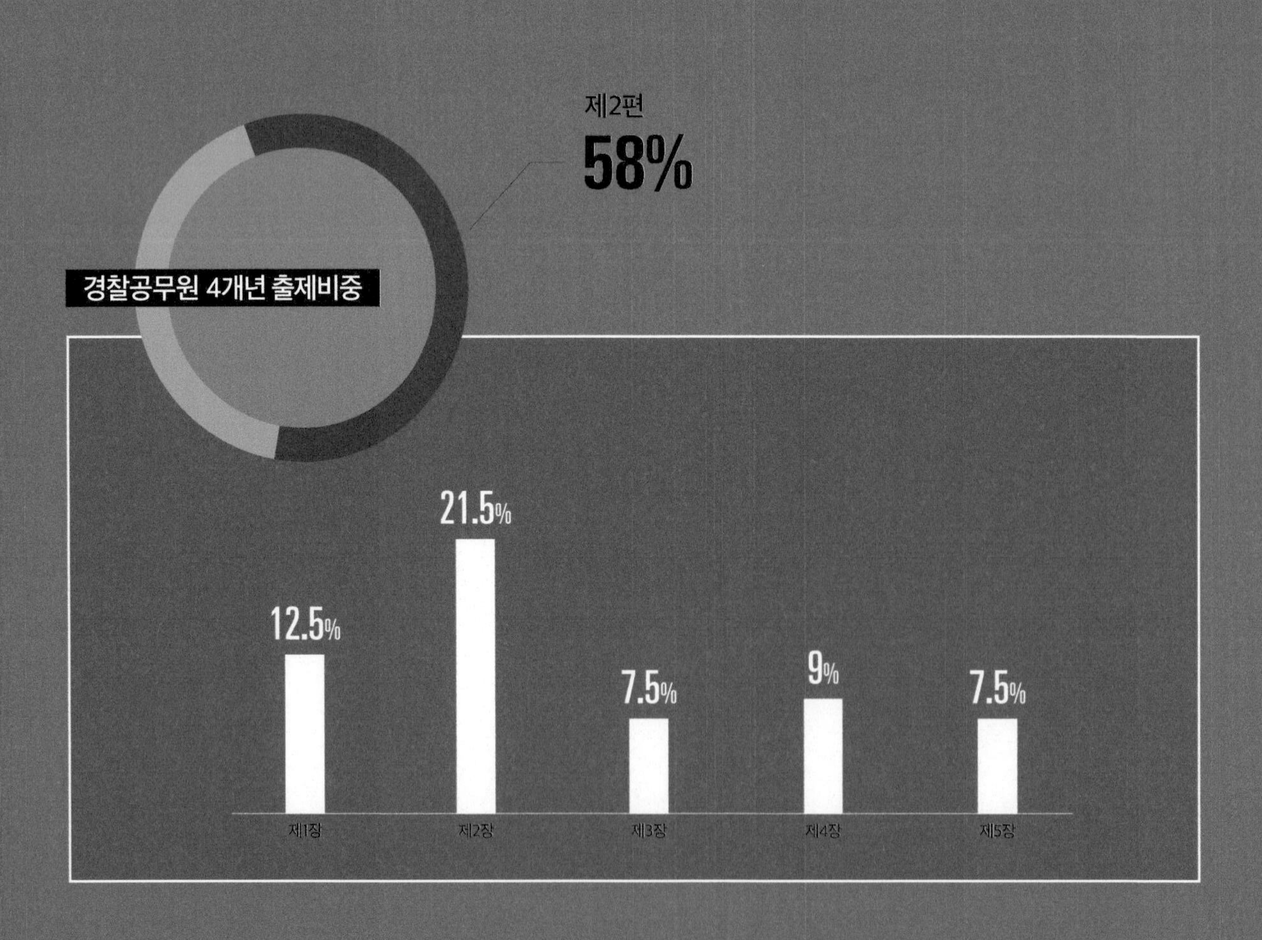

제2편 각론

제1장 해양경비

제1절 서설

01 의의

경비경찰이란 공공의 안녕이나 질서를 파괴하는 국가비상사태 · 긴급사태 등 경비사태가 발생하거나 발생할 우려가 있을 때 또는 공공의 안녕이나 질서를 해치는 개인적 · 집단적 불법행위 또는 인위적이거나 자연적인 혼잡 · 재난 등이 있을 때 이를 예방 · 경계 · 진압하는 **복합적인 경찰활동**이다.

02 해양경비경찰활동의 법적 근거

해양경비경찰활동에 대한 근거 규정으로 해양경비법, 경찰관 직무집행법, 통합방위법, 대통령 등의 경호에 관한 법률, 재난 및 안전관리 기본법, 수상에서의 수색 · 구조 등에 관한 법률 등이 있다.

03 해양경비경찰활동의 한계

1. 법규상의 한계

경비경찰권의 발동은 반드시 그 활동에 대한 법적 근거가 있어야 한다. 헌법을 비롯한 각종 법률 · 명령 등에 근거하여 경비경찰권이 발동되어야 하며, 그렇지 않을 경우 위법한 경찰권의 발동에 해당하게 된다.

2. 조리상의 한계

경찰권의 행사는 반드시 법규상의 근거가 있어야 한다. 그러나 현실적으로 모든 상황을 예측하여 경찰권을 발동할 수 있는 상황을 규정하기는 어렵고, 경찰작용의 다양성 · 긴급성 때문에 경찰법규는 광범위한 재량조항을 두고 있다. 다만, 이러한 재량규정도 기속재량에 해당하므로 그 목적 · 성질에 맞도록 경비경찰권의 발동도 일정한 한도에 그쳐야 한다.

04 해양경비경찰활동의 원칙

1. 경비경찰의 조직운영 원칙

구분	내용
부대단위활동의 원칙	경비경찰은 개인적 활동이 아닌 부대단위로 운영하여야 한다.
지휘관단일성의 원칙	효율적인 업무수행을 위해 지휘관은 단일해야 한다는 원칙이다. 그러나 지휘관이 단일하다는 것이 의사결정 과정까지 단일해야 한다는 것을 의미하는 것은 아니다.

체계통일성의 원칙	경비경찰은 책임과 임무의 분담이 명확히 이루어지고 명령과 복종의 체계가 통일되어야 함을 의미한다.
치안협력성의 원칙	업무수행과정에서 국민(주민)과 원활한 협력이 이루어져야 효과적인 목적달성이 가능하다.

2. 경비수단의 기본원칙

구분	내용
균형의 원칙	경비사태의 상황과 대상에 따라 주력부대와 예비부대를 유효적절하게 활용하여, 한정된 경력으로 최대의 성과를 올릴 수 있도록 하여야 한다(한정의 원칙 ×).
위치의 원칙	경비사태에 실력행사를 할 경우에 유리한 지점과 위치를 확보하여야 한다.
적시의 원칙 (시점의 원칙)	상대방의 허약한 시점을 포착하여 집중적이고 강력한 실력행사를 하여야 한다.
안전의 원칙	경비사태 발생시 경비경력이나 군중들을 사고 없이 안전하게 진압해야 한다.

3. 경비수단의 종류

방법	종류	법적 근거 및 내용
간접적 실력행사	경고	① 경비부대를 전면에 배치 또는 진출시켜 위력을 과시하거나 경고하여 범죄의 실행의사를 자발적으로 포기하도록 하는 간접적 실력행사이다. ② 경찰관 직무집행법(제5조)에 근거를 두고 있으며, 경비사태를 예방 · 경계 · 진압하기 위하여 발할 수 있는 조치이다. ③ 경고가 임의적 처분이라고 하더라도 경찰비례의 원칙은 적용되어야 한다.
직접적 실력행사	제지	① 경비사태를 예방 · 진압하기 위한 강제처분으로 세력분산 · 통제파괴 · 주동자 및 주모자의 격리 등을 실시하는 직접적 실력행사이다. ② 경찰관 직무집행법(제6조)에 근거하고 있으며, 경찰상 즉시강제에 해당하는 강제처분이다. ③ 제지는 강제처분에 해당하며, 무기사용 요건이 충족된 경우 무기의 사용도 가능하다.
	해상 검문 검색	① 다른 선박의 항행 안전에 지장을 주거나 진로 등 항행상태가 일정하지 아니하고 정상적인 항법을 일탈하여 운항되는 선박 등, 대량파괴무기나 그 밖의 무기류 또는 관련 물자의 수송에 사용되고 있다고 의심되는 선박 등, 국내법령 및 대한민국이 체결 · 비준한 조약을 위반하거나 위반행위가 발생하려 하고 있다고 의심되는 선박 등을 대상으로 한다. ② 해양경비법 제12조에 근거하고 있으며, 경찰관 직무집행법 제3조(불심검문)에 대응하는 경찰상 즉시강제에 해당하는 강제처분이다.
	추적 · 나포	① 해상검문검색에 따르지 아니하고 도주하는 선박 등, 해당 경비수역에서 적용되는 국내법령 및 대한민국이 체결 · 비준한 조약을 위반하거나 위반행위가 발생하려 하고 있다고 확실시되는 상당한 이유가 있는 선박 등을 대상으로 한다. ② 해양경비법 제13조에 근거하고 있으며, 경찰상 즉시강제에 해당하는 강제처분이다.
	체포	① 상대방의 신체를 구속하는 강제처분이며, 직접적 실력행사에 해당한다. ② 체포는 명백한 위법일 때 실력을 행사하는 행위다. ③ 형사소송법에 근거를 두고 있다.

제2절 경비세력 운용

01 함정 운영관리 규칙

1. 함정운용 일반

(1) 편제(제13조)

① 신조 또는 편입된 함정의 배치와 운용 중인 함정의 지방해양경찰청간 이동배치는 해경청장의 편제 명령에 따르고, 지방해양경찰청 소속 해양경찰관서간 이동배치(대형함정 제외)는 지방청장의 편제 명령에 따른다.

② 해경청장과 지방청장은 해역별 특성 및 치안수요를 감안하여 함정의 편제를 조정한다. 다만, 지방청장이 함정의 편제를 조정할 경우 서면으로 해경청장에게 보고하여야 한다.

③ 지방청장 또는 해경서장은 함정의 배속이 필요한 경우 서면으로 해양경찰청장의 승인을 받아야 한다.

(2) 함정의 운용 개념(제14조)

① 지방청장 또는 해경서장, 서특단장이 함정 증가배치를 하는 경우는 다음 각 호와 같다.

1. 간첩선 출현 등 적정상황 발생시 2. 대형 해양오염사고 발생시 3. 대형 해양사고 발생시 4. 해상 집단 행동 발생시 5. 중앙언론매체 보도 등 사회적 이목이 집중되는 사고 6. 그 외의 중요 긴급상황으로 함정증가 배치가 불가피한 경우라고 판단될 때

② 긴급상황 발생시 **1차 초동조치**는 인근 출동함정이 **2차**는 상황에 따라 연안해역 출동함정, 특수함정, 대기함정이 대응하도록 한다.

③ 소속기관장은 경비함정에 복수증조원제 운영 관련하여 대기함정, 대기근무, 휴무일 지정, 함정 정비 등 함정 운영에 관하여 필요한 사항은 지침으로 정하거나 별도의 운영규칙을 제정하여 시행할 수 있다.

(3) 보고(제18조)

① 함·정장은 해양경찰 경비규칙에 따라 함정의 제반 행동 사항을 관할 지방청장·해경서장·서특단장에게 보고하여야 하며 일지에 기록 유지하여야 한다.

② 기록 유지해야 하는 일지는 중·대형 함정의 경우 항박일지(서식 1)와 기관일지(서식 2)를 말하고, 소형정의 경우 함정일지(서식 6)를 말한다.

③ 함정이 다른 해양경찰서의 관할해역, 서특단 경비구역(이하 '서특단 구역'이라 한다)에 진입할 때에는 관할 해경서장, 서특단장에게 진입목적, 위치 및 행동사항을 보고하여야 한다.

(4) 대기함정 및 대기예비함정(제19조)

① 해경서장, 서특단장은 대기함정, 대기예비함정을 **매일 1척씩 09:00시부터 다음 날 09:00시까지** 지정하여 운용한다.

② 관할해역, 서특단 구역 내 상황발생시 인근 출동함정이 초동조치하고, 상황에 따라 2차 대응을 위해 대기함정은 긴급출동에 대비하여야 한다.

③ 대기함정이 긴급 출동시 대기예비함정이 대기함정 임무를 수행한다.

④ 출동함정이 전용부두로 **피항시에는 피항함정이 대기함정 임무를 겸하여 수행**하며 총원대기 긴급출동에 대비한다. 다만, 출동함정 2척 이상이 전용부두에 피항한 경우 대기함정 임무를 겸하는 함정을 제외한 피항함정은 기상, 치안수요 등을 고려하여 해경서장, 서특단장이 적의 조정할 수 있다.
⑤ 경비함정에 복수승조원제 운영시 대기함정의 대기자는 복수승조원 팀 중 정박함정에 근무하는 승조원 팀 직원으로 한다.
⑥ 대기근무자를 제외한 다른 직원은 일과시간 후 긴급출동에 대비하여 자가대기를 원칙으로 한다.
⑦ 해경서장, 서특단장은 대기함정 운용에 관한 세부사항 등을 치안 여건 및 지역 특성에 맞게 적절하게 조정할 수 있다.

(5) 선임대기관(제19조의2)

① 대기함정의 함정장은 대기근무자 중 선임대기관을 지정하여야 한다. 다만 대기함정의 선임대기관이 업무 수행이 곤란하다고 판단될 시 정박함정의 선임 함장이 정박함정 대기근무자 중 선임대기관을 지정할 수 있다.
② 선임 대기관의 임무는 다음 각 호와 같다.

> 1. 전용부두 전반적인 안전관리 및 긴급상황에 대한 초동조치
> 2. 전체 정박함정 대기근무자 현황 파악 및 상황 발생시 통제·지휘
> 3. 상황별 정박함정 대기근무자 각자의 임무 지정 및 교육
> 4. 전체 정박함정 대기자간 통신망 운영 및 상황 발생시 종합상황실 보고
> 5. 통합대기함정에 대해 무기탄약고 열쇠관리자 및 의무경찰 관리자 지정
> 6. 그 밖의 해경서장, 서특단정, 대기함정의 함·정장이 지시하는 사항

③ 선임 대기관 소속 함정이 긴급 출동시 정박함정 대기관(자) 중 최고 선임자가 선임 대기관 임무를 수행한다.
④ 해경서장(서특단장 포함)은 선임 대기관 지정·운영에 관한 세부사항 등을 치안 여건 및 지역 특성에 맞게 적절하게 조정할 수 있다.

(6) 안전 운항(제20조)

① 함·정장은 함정의 안전을 위하여 필요한 예방조치와 인명 및 재산의 보호에 최선을 다하여야 한다.
② 함·정장은 기상악화나 농무 등으로 인하여 임무수행이 불가능하거나 함정안전에 위험이 있다고 판단될 때에는 해경서장, 서특단장, 해양경찰교육원장의 **승인을 받아 안전해역으로 피항**하여야 한다. 다만, 사전승인을 받을 시간적 여유가 없는 경우에는 **먼저 피항조치를 한 후 지체 없이 보고하여 승인을 받아야 한다.**
③ 함·정장이 직접 함정을 지휘하는 경우는 다음 각 호와 같다.

> 1. 출입항, 투양묘, 해상에서 다른 선박과 계류할 때
> 2. 협수로를 통과하거나 저시정 상태에서 항해할 때
> 3. 함정 승무원 전원을 특수직무 분담표에 따라 배치할 때
> 4. 그 외에 함정에 위험이 있거나 위험하다고 판단될 때

(7) 지도 점검(제20조의2)

① 지방청장은 소속 해양경찰서 함정의 안전관리 실태를 안전관리 점검표에 따라 **연 1회 이상** 지도·점검해야 한다.
② 해경서장은 소속 함정의 안전관리 실태를 안전관리 점검표에 따라 **반기 1회 이상** 지도·점검해야 한다.

2. 공기부양정 운용

(1) 적용범위

① 중형공기부양정과 대형공기부양정에만 적용한다.

② 중형공기부양정과 대형공기부양정의 구분은 다음과 같다.

구분	영문표기	톤수	비고
대형공기부양정	HL(Hovercraft Large)	80t 이상	200인승
중형공기부양정	HM(Hovercraft Medium)	25~80t	70인승

(2) 공기부양정의 임무(제21조의3)

① 대형공기부양정은 서해5도 위기상황 발생시 도서주민 안전후송, 대응전력 및 복구물자 이송 지원에 관한 임무를 수행하며, 평상시에는 대체세력이 없고 긴급한 상황인 경우 저수심, 갯벌 등 연안해역 해양사고시 구조활동 및 안전관리 임무를 수행한다.

② 중형공기부양정은 저수심, 갯벌 등 연안해역 해양사고시 구조활동 및 안전관리 임무를 수행한다.

③ 중·대형 공기부양정을 운용하는 해경서장은 필요한 경우 해양경비법에 따른 해양경비활동을 수행하게 할 수 있다.

(3) 정장 보직기준(제21조의4)

① 최초 도입되는 공기부양정의 정장은 제작사에서 실시하는 운항교육을 이수한 자로 보직한다.

② 중형공기부양정의 정장은 공기부양정에서 **3년 이상** 근무한 자 중 공기부양정 부장으로 **1년 이상** 근무한 자로 보직한다.

③ 대형공기부양정 정장은 공기부양정에서 **3년 이상** 근무한 자 중 대형공기부양정 부장 또는 중형공기부양정 정장으로 **1년 이상** 근무한 자로 보직한다.

④ 제1항에 따른 적격자가 없는 경우에는 공기부양정 조종 등 공기부양정장 직무수행교육을 **1개월 이상** 이수한 자로 보직한다.

(4) 운용 지침(제21조의5)

① 평상시 연안순찰 및 수로숙달 등 교육훈련을 실시한다.

② 상황발생시 상황고려 긴급 출항, 현장 인명구조 및 환자후송 등의 임무를 수행한다.

③ 소속 해경서장은 매월 공기부양정 운용계획을 수립하여 운용한다.

(5) 근무 방법(제21조의6)

① 4척의 공기부양정을 운영하는 경우 대형공기부양정은 일근근무(09:00시~18:00), 중형공기부양정은 24시간 주기로 3교대 근무를 실시한다.

② 3척의 공기부양정을 운영하는 경우 24시간 근무, 48시간 휴식으로 3교대 근무를 실시한다.

③ 2척의 공기부양정을 운영하는 경우 24시간 근무, 24시간 휴식으로 2교대 근무를 실시한다.

④ 1척의 공기부양정을 운영하는 경우 일근근무(09:00시~18:00)를 실시한다.

⑤ 제1항부터 제4항까지의 규정에도 불구하고, 불가피한 경우 해경서장은 근무시간을 조정하여 운영할 수 있다.

(6) 안전 운항(제21조의7)

① 공기부양정은 운항 중 정장이 직접 지휘·조함하는 것을 원칙으로 한다. 다만 불가피한 경우 부장이 대신할 수 있다.

② 출항시 오인방지를 위해 해군 및 해안경계부대와 통신망을 설정하여, 운용한다.

③ 공기부양정은 외력의 영향을 많이 받기 때문에 운항 전 조석, 풍향·속, 기상 및 외부 갑판상 이동물체 유무를 반드시 확인한다.

④ 공기부양정은 긴급상황으로 운항해야 하는 경우를 제외하고, 아래와 같은 조건에서는 운항을 제한한다.

구분	기지출항	해상상태	경사면/장애물
대형공기부양정	풍속 20kts 이상	파고 2m 이상 풍속 28kts 이상 시정 1,000야드 미만	경사각 6° 이상 높이 1m 이상
중형공기부양정	풍속 15kts 이상	파고 1.5m 이상 풍속 25kts 이상 시정 1,000야드 미만	경사각 6° 이상 높이 1m 이상

⑤ 공기부양정이 야간이나 협수로 또는 선박운항 밀집해역 등을 항해할 때에는 침로를 유지할 수 있는 최소 안전속력으로 운항하여야 한다.

(7) 교육훈련(제21조의8)

① 임무수행능력 향상을 위한 맞춤형 훈련(인명구조, 도서민 후송을 위한 해안 접·이안 등)을 위주로 실시하되, 공기부양정의 특수성을 고려한 조함숙달 및 수로숙달 훈련을 지속적으로 실시한다.

② 공기부양정의 훈련종목 및 훈련주기는 아래 표와 같다.

훈련종목	주기		주관	비고
	대형	중형		
함정·함공기 해상조난대응	월 1회 이상		정장	연안해역
조함숙달훈련 (기지 진·출입)	주 1회 이상		정장	연안·저시정 등
수로숙달훈련	월 1회 이상		정장	분기 1회 야간훈련 실시
해안 접·이안	분기 1회 이상	반기 1회 이상	정장	수로숙달 병행
도서주민후송종합훈련	반기 1회	-	해경안전서장	

3. 예인정 운용

(1) 예인정의 임무(제21조의9)

① 예인정의 주요 임무는 다음 각 호와 같다.

> 가. 함정 출·입항 보조 및 수리함정 예인 이동
> 나. 연안 구조활동 및 구조선박의 항·포구 등 안전지대 예인 이동
> 다. 유류바지 및 전용부두 압송선박(외국선박) 등 예인 이동

② 주요 임무 이외에도 상황발생시 선박화재 진압 및 해양오염 방제활동 등을 지원할 수 있다.

③ 예인정을 운용하는 해경서장은 필요한 경우 해양경비법에 따른 해양경비활동을 수행하게 할 수 있다.

(2) 승조원 보직기준(제21조의10)

① 예인정 승조원은 선박직원법 시행규칙 제2조 제1항 별표 1에 따른 예인선 직무교육을 이수한 자 중에서 보직한다.

② 예인정의 정장은 함정 근무경력 **5년 이상**, 예인정 근무경력 **2년 이상**인 자 중에서 보직한다.

③ 정장을 제외한 승조원은 함정 근무경력 **3년 이상**인 자 중에서 보직한다.

④ 제1항에 따른 직무교육 이수자가 없는 경우에는 미이수자 중에서 보직하되, 보직 후 **6개월 이내** 관련 교육을 이수하여야 한다.

⑤ 인력 운영상 불가피한 경우 근무경력을 조정할 수 있다.

(3) 운용 지침(제21조의11)

① 평상시 전용부두에 대기하다 운항지시가 있을 경우 출항하여 임무수행함을 원칙으로 한다.

② 해경서장은 제1항의 규정에도 불구하고, 치안수요 등을 고려하여 항만 및 연안 순찰활동 임무를 수행하게 할 수 있다.

③ 예인정의 운용절차는 소요부서에서 해양경찰정비창 정비관리과장 또는 해양경찰서 경비구조과장에게 신청하고, 신청을 받은 소관 과장은 필요성 등을 검토하여 운항 여부를 결정한다.

(4) 근무 방법(제21조의12)

① 예인정은 **일근근무(09:00시~18:00)를 원칙**으로 한다.

② 상황발생시 선박화재 진압 및 해양오염 방제활동 등을 지원하거나, 해양경비법에 따른 해양경비활동을 수행하는 임무수행시 근무시간을 연장하여 근무하게 할 수 있다.

③ 야간 등 근무시간 외에는 대기근무를 편성·운영하며, 제29조에 따른다.

(5) 안전 운항(제21조의13)

제20조 제3항 각 호에 규정된 경우 이외에도 제21조의9 제1항에 따라 타 선박을 예인 이동하거나, 접·이안을 보조하는 경우에는 정장이 직접 예인정을 조정·지휘하여야 한다.

4. 교육훈련

(1) 교육(제22조)

해양경찰 함정 훈련 규칙 및 해양경찰교육원 종합훈련지원단의 연간 함정 교육훈련 계획에 따라 실시한다.

(2) 훈련(제23조)

① 함정의 훈련은 해양경찰교육원 종합훈련지원단 주관 해상종합훈련, 지방해양경찰청 및 해양경찰서, 서특단 주관 함정훈련, 직무훈련, 취역훈련 및 함정자체 훈련으로 구분하며, 함정요원의 직무수행 능력 향상에 필요한 훈련 위주로 실시한다.

② 해상훈련에 관한 세부사항은 해양경찰교육원 종합훈련지원단의 연간 함정 교육훈련 계획 및 함정훈련교범에 따른다.

③ 출동 중 함정장은 경비·작전임무 수행을 위한 교육·훈련을 실시해야 한다

④ 전항의 교육·훈련은 치안여건, 상황 고려 함정장이 적의 실시·조정할 수 있다.

(2) 특수함정의 훈련(제24조)

특수함정에 대한 훈련은 그 사용목적에 따라 해양경찰교육원 종합훈련지원단의 연간 함정 교육훈련 계획에 따라 실시한다.

5. 함정 근무방법

(1) 출동 중 근무(제25조)

① 함정이 출동시에는 함·정장의 허가 없이 하선하여서는 아니 된다.

② 함정이 항해 중에는 항해·기관·통신부서 등 항해 당직을 편성 운용한다.

③ 항해 당직근무는 함·정장을 제외한 총원에 대하여 각 기능별로 00:01시 기준으로 4시간씩 3직제로 편성하여 윤번제로 근무함을 원칙으로 하며, 항해목적 및 근무인원 등을 고려하여 함정장이 적의 조정할 수 있다.

④ 기상악화 등으로 출동 중 전용부두 이외의 항·포구 또는 연안해역에서 피항 중인 함정은 항해 당직조를 편성하여 배치하여야 한다. 다만, 전용부두로 피항시는 총원 대기하되 대기 근무로 전환하며 긴급출동에 대비한다.

⑤ 중형 경비함정 이상의 출동 중 함정근무는 별표 1의 표준일과표에 의한다.

⑥ 출동 중 표준일과표 근무의 적용 배제 사항은 다음 각 호와 같다

> 1. 기상 불량, 미세먼지·혹서기·혹한기·대설 등 기상 이변 발생시
> 2. 해상종합훈련, 함정 행사 지원 등으로 표준일과표대로 운영이 불가하다고 함정장이 판단할 시
> 3. 다수의 승조원들이 외국어선 단속·해양사고 대응 등 상황 발생으로 휴식을 하지 못하여 표준일과표대로 운영이 불가한다고 함정장이 판단할 시

(2) 휴무일의 징정 등(제26조)

① 해경서장, 서특단장은 함정이 출동으로 인하여 연일 근무한 경우에는 출동에 따른 피로를 감안하여 출동임무를 종료하고 모항에 입항한 후 정박 기간 중에 근무일 및 휴무일을 지정하여 운용한다.

② 경비함정에 복수승조원제 운영시 소속기관장은 승조원 팀 별 휴무일을 지정하여 운용할 수 있다.

③ 경비함정의 함정 휴무에 관한 사항은 다음 각 호와 같다.

> 1. 함정장은 출동결과 보고시 근무일을 포함한 업무계획(근무일은 차기 출동 전 정박기간의 최대 3분의 1 비율을 지정한다.) 해경서장, 서특단장에게 보고하고 이를 시행한다(복수승조원제 운영 함정은 제외한다).
> 2. 함정장이 보고한 근무일 외 기간(복수승조원제 함정은 팀별 휴무 기간)을 추가적으로 근무하려면 업무계획서를 제출하여, 해경서장 및 서특단장의 승인을 받은 후 추가적으로 근무를 실시하고 실시 후 결과를 보고하여야 한다.
> 3. 휴무일은 출동임무 종료 후 근무일을 제외한 나머지 일수를 실시하는 것을 원칙으로 한다.
> 4. 특수함정의 휴무는 해양경찰서 자체계획에 따른다.
> 5. 해경서장, 서특단장은 긴급 출동상황 발생, 해상종합훈련 수검 등 불가피한 경우를 제외하고는 휴무실시를 보장한다.
> 6. 휴무를 실시하는 함정은 비상소집 체제를 유지하여야 한다.

④ 지정한 근무일 외 추가로 더 근무가 필요한 사항은 다음과 같다.

> 1. 각종 훈련 수검 및 준비
> 2. 긴급수리 발생으로 추가 정비 필요
> 3. 해상 안전관리 등 업무 지원
> 4. 그 외 함정장이 필요하다고 판단할 때

(3) 정박 중 근무 등(제27조)

① 함 · 정장은 일과시 함정 직원을 지휘 감독하고 각 부서장은 함 · 정장을 보좌하여 소관업무를 관장 집행하며 제반사항을 기록 · 유지하여야 한다.

② 정박 중인 함정의 전반적 안전관리와 긴급출동 등 긴급상황에 대응하기 위해 토요일, 공휴일, 휴무일 및 정상근무시간 이후에는 대기근무를 편성 · 운용한다.

③ 태풍내습, 해상 대간첩작전 등 비상시 대기 근무인원은 해경서장, 서특단장 또는 함정장의 지시에 따라 편성한다.

(4) 대기업무 관장(제28조)

함정 대기업무는 부장이 관장한다.

(5) 대기근무(제29조)

① 함 · 정장은 토요일, 공휴일, 휴무일 및 정상근무가 종료된 때부터 다음 날 정상근무나 통합대기근무가 개시될 때까지 대기근무를 편성 · 운용한다. 대기명령부는 서식 3과 같으며, 대기근무의 기본 근무요령은 다음과 같다.

1. 대기근무 중에는 함정 내 근무를 원칙으로 한다(통합대기근무자의 순찰, 전용부두 순찰 등은 예외로 한다).
2. 함정장은 대기근무자를 2조로 편성, 1조씩 대기실 근무를 명한다(조별 교대시간; 13:00, 02:00<1시간 내외 조정 가능>).
3. 대기실 근무자는 순찰, 출입자 관리, 장비 점검 등 임무를 수행하며, 그 외의 인원은 함정 내에서 자율 복장으로 취침 등 휴식을 취할 수 있다.

② 대기근무 인원 및 통합대기 편성 · 운영 등에 관한 세부사항은 해양경찰서장, 서특단장 및 해양경찰정비창장이 별도 지침으로 정하거나 별도의 운영규칙을 제정하여 시행한다.

③ 대기 근무인원은 함정의 크기 및 함정 승조원(의무경찰 제외)의 수를 고려하여 다음 각 호와 같이 편성하되, 대기관은 대기자와 함께 대기 근무를 편성 운용한다. 단 예인정은 톤급에 관계없이 250t급 미만 기준에 따른다.

1. 5,000t급 이상: 4명 이내(대기함정은 4명)
2. 3,000t급 이상: 3명 이내(대기함정은 4명)
3. 1,000t급 이상: 3명 이내(대기함정은 3명)
4. 250t급 이상: 2명 이내(대기함정은 2명)
5. 250t급 미만: 1명

④ 중형함정, 250t 미만의 소형함정 또는 특수함정이 전용부두에 2척 이상이 동일한 장소에 정박 계류 중일 때에는 다음과 각 호와 같이 통합대기 근무를 편성 · 운용할 수 있다.

1. 중형함정: 척당 2명 이내
2. 소형함정: 척당 1명 이내

⑤ 함정의 현문에는 현문근무자를 배치 · 운용한다. 단, 통합대기 근무를 편성하는 소형함정은 통합하여 현문근무자를 배치 · 운용할 수 있다.

(6) 임무(제30조)

구분	내용
대기관	① 대기근무 관련 긴급상황에 대한 초동조치 ② 의경관리 및 무기·탄약고 관리 ③ 대기자의 근무지정 및 관리감독 ④ 일지기록 유지 등 제반 안전관리 ⑤ 그 밖의 함·정장이 지시하는 사항
대기자	① 출입자 통제 및 함내 보안점검 ② 함정 자체경비 및 화재, 총기 등의 안전사고 예방 순찰 ③ 통신망 관리 및 계류상태, 기상변화에 따른 안전관리 확인 ④ 발전기, 보일러 운전 및 필요시 배수펌프 등 보조장비 작동 ⑤ 누전, 침수 등 함정 전반에 대한 안전관리 및 기관실 화재 예방 ⑥ 그 밖의 대기관이 지시하는 사항
의무경찰	① 현문근무 ② 출입자 통제 및 반·출입 물품 확인 ③ 그 밖의 대기관이 지시하는 사항

함정의 기능에 따라 항해, 기관 부서 대기자를 배치하기가 곤란하다고 판단되는 경우에 대기관이 대기자의 임무를 부여하여야 한다.

(7) 통합대기(제31조)

구분	내용
통합대기근무자	① 계류색 연결상태 확인 ② 현문 및 동초근무자 지도 감독 ③ 의무경찰 관리감독 및 무기탄약고 열쇠 관리 ④ 대기근무 관련 긴급상황에 따른 초동조치 ⑤ 그 밖의 선임정장 및 선임대기관이 지시한 사항
의무경찰	① 현문근무자의 임무는 출입자 통제 및 반·출입 물품확인, 그 밖의 대기관이 지시하는 사항 ② 동초근무자의 임무는 외부세력 침투방어 경계·위험요소 제거 및 안전조치, 그 밖의 대기관이 지시하는 사항

(8) 대기근무요령(제32조)

① 대기자가 2인 이상일 경우에 순찰시간을 분할한다.
② 대기자의 복장은 근무복(일반직은 기동복)에 단화를 착용하고 대기근무표찰을 패용하여야 한다.
③ 대기관의 근무요령은 다음 각호와 같다.

1. 대기 중 발생된 중요 사건·사고에 대한 초동조치 내용을 함·정장 및 해양경찰서, 서특단장에 보고하여 지시를 받아 처리한다.
2. 대기근무 개시 전에 함·정장의 지시를 받아 대기자에게 교양한다.
3. 무기탄약고 열쇠를 대기근무 개시 전에 보관자로부터 인계받아 관리한다.
4. 의무경찰의 외출·외박 및 점호 등 복무사항을 처리한다.
5. 대기근무 종료시 대기일지 및 순찰표 등 대기관련 사항을 대기업무 관장자의 결재를 받아 인계하여야 한다.

④ 대기자의 근무요령은 다음 각호와 같다.

> 1. 대기 중 발생된 중요 사건·사고에 대한 초동조치 및 관련사항은 대기관에게 보고한다.
> 2. 대기자는 대기근무시간 외에는 함정 안에서 휴식할 수 있으며 근무지를 이탈하여서는 아니 된다.
> 3. 대기자는 함내외 전반을 순찰하여 화재 및 침수 등 각종 사고를 미연에 방지한다.
> 4. 대기에 관한 서류, 그 밖의 대기관련 업무사항을 차기 대기자에게 인계하여야 한다.

⑤ 순찰자는 손전지, 경적 등을 휴대하여 함정내외를 매 2시간마다 1회 이상 순찰하고 순찰표에 이상 유무를 기록하여야 하며 특이사항 발견시 초동조치 후 대기관에게 즉시 보고한다. 단, 전자순찰시스템일 경우 순찰 리더기를 전자태그에 접촉함으로써 순찰표 기록을 대신한다.

(9) 대기의 유예 및 휴무(제33조)

① 대기근무의 효율성을 기하기 위하여 신규채용자 및 전입자는 **7일**간, 그 밖의 유예승인을 받은 자는 그 기간 중 대기근무를 유예할 수 있다.

② 함정장은 출동명령서에 의한 출동 임무 수행, 해상종합훈련 수검 등 불가피한 경우를 제외하고는 대기 근무자에 대하여 다음날 1일 휴무하게 하여야 한다.

(10) 순찰함 비치(제34조)

① 함정의 순찰함 비치 장소는 다음 각호와 같다. 단, 소형정은 4호, 5호 장소에 대해 정장이 판단하여 조정할 수 있다.

> 1. 무기·탄약고
> 2. 기관실
> 3. 조타실(전탐·통신)
> 4. 함수·함미의 포대 또는 상비상자
> 5. 타기실 등
> 6. 그 밖의 함·정장이 필요하다고 판단되는 장소

② 순찰함은 자체실정에 맞게 제작 비치하고, 순찰표의 양식은 서식 4와 같다.

6. 함정의 대외지원

(1) 대외지원 방침(제44조의2)

① 해양경찰 고유 임무 외에 국가시책 추진에 필요하거나 국가기관, 지방자치단체, 공공기관 등의 요청에 따라 함정을 운용하는 대외지원 업무를 실시한다.

② 함정 지원시에는 기본 업무수행에 지장이 없는 범위 내에서 지원하여야 하고, 대외지원 중인 함정은 가능한 해상 순찰활동을 병행하여 실시한다.

③ 함정 지원을 검토할 경우 **안전확보를 최우선**으로 하여 지원 여부를 결정하여야 한다.

④ 함정 지원기간 (주말·공휴일 여부 등), 지원 규모 등을 종합적으로 검토하여 경비활동에 지장을 초래하는 경우에는 지원을 자제하며, **대체수단이 있는 경우에는 지원하지 않는 것을 원칙**으로 한다.

(2) 대외지원 업무(제44조의3)

함정을 대외기관 업무에 지원할 수 있는 경우는 다음 각 호와 같다.

1. 국가기관, 지방자치단체가 추진하는 공익성 업무 지원
2. 해양경찰 홍보와 직접적으로 관련된 사항
3. 해양경찰 기관과 업무 협력에 관한 협정서(양해각서)가 체결된 경우
4. 해양경찰 정책추진에 부합하는 대외기관의 업무

(3) 대외지원 절차(제44조의4)

① 지원요청은 관할 해양경찰서에서 공문으로 접수하여 업무와 관련이 있는 부서에서 지원 여부에 대해 검토한 후 함정 운용부서와 협의하여 결정한다.

② 업무와 관련이 있는 부서가 명확하지 않을 때는 요청을 받은 부서, 운용부서의 순서로 지원 여부에 대해 검토한다.

③ 지원 여부의 결정은 관할 해경서장, 서특단장이 결정한다. 다만, 2개관서 이상의 관할해역을 항해하는 경우, 제44조의3 제1·4호에 의한 지원은 상급기관의 장이 결정한다.

④ 지원 여부를 판단하기 곤란한 경우 지원 여부를 결정하기 위해 위원회를 운영할 수 있다.

⑤ 지원요청 내용의 검토결과 지원이 불가능한 경우 지원불가 사유를 명시하여 요청기관에 통보한다.

(4) 안전관리(제44조의5)

① 경비함정에 승선한 외부 인원에 대한 안전관리는 지원요청을 한 기관·단체에서 책임을 진다.

② 침실 갯수, 좌석, 구명벌·구명정 최대 수용인원, 편의시설 등을 고려하여 초과인원이 탑승하지 않도록 하여야 한다.

③ 승조원과 대외지원 인원의 수만큼 구명조끼를 확보하고, 출항 전 구명조끼 착용법에 대한 교육을 실시하여야 한다.

④ 함정지원시 대외기관에 여행자보험을 가입할 수 있도록 권고한다.

⑤ 대외기관 지원시 서식 7에 따라 개인별 안전사고에 대비한 서약서를 받는다. 다만, 개인별 안전서약서를 받기가 어려운 경우 인솔자 명의로 서약서를 받고, 인솔자로 하여금 개인별 안전사고에 대비한 서약내용을 공지하게 할 수 있다.

(5) 안전요원 배치(제44조의6)

함정지원시 대외기관 편승인원 규모에 따라 안전관리를 위한 경찰력을 배치하고, 출항 전·항해 중 서식 8에 따른 안전수칙 방송을 실시한다.

(6) 지원 보고(제44조의7)

① 외교·안보 등 국가기관의 중요업무와 관련된 사항이나, 해양경찰청에서 직접 지시한 업무에 대하여 함정을 지원하는 경우는 다음 각 호의 내용을 포함하여 사전에 그 계획을 해경청장에 보고한다.

1. 지원요청 기관(명칭, 소재지, 대표자)
2. 지원요청 내용(기간, 지원사항, 대상인원, 협조사항 등)
3. 지원요청 사유(목적)
4. 지원검토기준에 따른 검토결과
5. 지원계획(필요시 해양경찰청 지원 요청사항 포함)
6. 지원에 따른 문제점과 대책
7. 안전관리 방안 등

② 해양경찰청에서는 보고된 계획서를 검토하여 필요한 경우 지원 여부, 지원규모, 일정 등에 대해 조정할 수 있다.
③ 지원계획을 보고한 경우 대외지원 임무 종료 후 그 결과를 보고한다.
④ 지원을 실시한 함정은 서식 9에 따라 해양경찰 현장업무포털시스템에 입력하여 기록 · 관리한다.

02 해양경찰청 항공운영규칙

1. 서설

(1) 목적(제1조)

이 규칙은 해양경찰청 항공기의 운용 및 관리에 관한 제반사항을 규정하여 효율적인 항공임무 수행을 목적으로 한다.

(2) 정의(제2조)

이 규칙에서 사용하는 용어의 정의는 다음 각 호와 같다.

구분	내용
고정익 항공기 (비행기/Airplane)	고정된 날개에 의해 뜰 수 있는 항공기를 말한다.
회전익 항공기 (헬기/Helicopter)	회전되는 날개에 의해 뜰 수 있는 항공기를 말한다.
대형헬기	최대 탑승인원 20명 이상인 회전익 항공기를 말한다.
중형헬기	최대 탑승인원 10~19명 이하인 회전익항공기를 말한다.
소형헬기	최대 탑승인원 10명 미만인 회전익항공기를 말한다.
탑재헬기	함정탑재에 최적화된 회전익 항공기를 말한다. 다만 항공기 임무와 용도에 따라 부서별로 달리 분류할 수 있다.
예방착륙	항공기가 비행 중 기계적 결함이나 기상변화 등으로 계속 비행이 위험하다고 판단 시 지상(함상)으로 착륙(착함)하는 것을 말한다.
비상착륙 (착수)	항공기가 비행 중 비행이 지속될 수 없을 정도의 심각한 기계적 결함이 발생하거나 그 밖의 요인으로 인근 비행장 또는 지상(수상)에 착륙(착수)시킨 상태를 말한다.
시계비행	항공기의 자세 및 항로유지를 계기에만 의존하지 않고, 시각에 의하여 행하는 비행을 말한다.
계기비행	항공기의 자세, 고도, 위치 및 비행방향의 측정을 항공기에 장착된 계기에 의존하여 비행하는 것을 말한다.
해상비행	비행기는 활공비행으로, 헬기는 자동회전 비행으로 육지까지 도달할 수 없는 해상에서 비행하는 것을 말한다.

(3) 적용범위(제3조)

이 규칙은 해양경찰청 항공기에 한하여 적용하며, 다른 규정에 따로 정한 경우를 제외하고는 이 규칙을 적용한다.

2. 운항관리의 운용개념 및 임무구분

① 항공기 운용은 임무에 따라 기본, 특수, 훈련, 정비 및 시험비행, 행정 임무로 구분하여 운용한다.
② 항공기가 수행하는 임무범위는 다음 각 호와 같다.

구분	내용
기본임무	1. 해상 초계순찰 2. 해양오염감시 및 방제활동 지원
특수임무	1. 응급환자후송, 수색 및 구조, 구조장비 투하, 야간조명지원 2. 특공대, 해양경찰구조대, 특수구조단 임무지원 3. 해난사고시 인원 및 화물수송 4. 그 밖의 지시된 업무 지원
훈련임무	1. 항공승무원 기술유지를 위한 비행 2. 승무원 교육훈련 및 각종 훈련지원 비행
정비 및 시험비행임무	1. 항공기 성능시험 비행 2. 항공기 정비입고 및 출고비행 3. 그 밖의 항공기 정비 및 임무장비의 시험에 관계되는 비행
행정임무	1. 상급기관이나 타 기관의 지휘통제 임무 2. 그 밖의 항공기 운항 및 정비에 관계되는 기타 임무

제3절 해양재난경비

01 의의

1. 재난경비의 의의

자연적인 재해와 인위적인 재난으로부터 국민의 생명과 재산을 보호하고 공공의 안녕을 유지하기 위하여 이를 예방·경계·진압하는 경비경찰활동을 말한다.

2. 재난 및 안전관리 기본법

(1) 서설

이 법은 각종 재난으로부터 국토를 보존하고 국민의 생명·신체 및 재산을 보호하기 위하여 국가와 지방자치단체의 재난 및 안전관리체제를 확립하고, 재난의 예방·대비·대응·복구와 안전문화활동, 그 밖에 재난 및 안전관리에 필요한 사항을 규정함을 목적으로 한다.

(2) 정의(제2조)

이 법에서 사용하는 용어의 뜻은 다음과 같다.

구분	내용
재난	국민의 생명·신체·재산과 국가에 피해를 주거나 줄 수 있는 것으로서 다음 각 목의 것을 말한다. 가. 자연재난: 태풍, 홍수, 호우(豪雨), 강풍, 풍랑, 해일(海溢), 대설, 한파, 낙뢰, 가뭄, 폭염, 지진, 황사(黃砂), 조류(藻類) 대발생, 조수(潮水), 화산활동, 소행성·유성체 등 자연우주물체의 추락·충돌, 그 밖에 이에 준하는 자연현상으로 인하여 발생하는 재해 나. 사회재난: 화재·붕괴·폭발·교통사고(항공사고 및 해상사고를 포함한다)·화생방사고·환경오염사고 등으로 인하여 발생하는 대통령령으로 정하는 규모 이상의 피해와 국가핵심기반의 마비, 감염병의 예방 및 관리에 관한 법률에 따른 감염병 또는 가축전염병예방법에 따른 가축전염병의 확산, 미세먼지 저감 및 관리에 관한 특별법에 따른 미세먼지 등으로 인한 피해
해외재난	대한민국의 영역 밖에서 대한민국 국민의 생명·신체 및 재산에 피해를 주거나 줄 수 있는 재난으로서 정부차원에서 대처할 필요가 있는 재난을 말한다.
재난관리	재난의 예방·대비·대응 및 복구를 위하여 하는 모든 활동을 말한다.
안전관리	재난이나 그 밖의 각종 사고로부터 사람의 생명·신체 및 재산의 안전을 확보하기 위하여 하는 모든 활동을 말한다.
긴급구조기관	소방청·소방본부 및 소방서를 말한다. 다만, 해양에서 발생한 재난의 경우에는 해양경찰청·지방해양경찰청 및 해양경찰서를 말한다.
긴급구조지원기관	긴급구조에 필요한 인력·시설 및 장비, 운영체계 등 긴급구조능력을 보유한 기관이나 단체로서 대통령령으로 정하는 기관과 단체를 말한다.

재난 및 안전관리 기본법

제60조 【특별재난지역의 선포】 ① 중앙대책본부장은 대통령령으로 정하는 규모의 재난이 발생하여 국가의 안녕 및 사회질서의 유지에 중대한 영향을 미치거나 피해를 효과적으로 수습하기 위하여 특별한 조치가 필요하다고 인정하거나 제3항에 따른 지역대책본부장의 요청이 타당하다고 인정하는 경우에는 중앙위원회의 심의를 거쳐 해당 지역을 특별재난지역으로 선포할 것을 대통령에게 건의할 수 있다.
② 제1항에 따라 특별재난지역의 선포를 건의받은 대통령은 해당 지역을 특별재난지역으로 선포할 수 있다.
③ 지역대책본부장은 관할 지역에서 발생한 재난으로 인하여 제1항에 따른 사유가 발생한 경우에는 중앙대책본부장에게 특별재난지역의 선포 건의를 요청할 수 있다.

제61조 【특별재난지역에 대한 지원】 국가나 지방자치단체는 제60조에 따라 특별재난지역으로 선포된 지역에 대하여는 제66조 제3항에 따른 지원을 하는 외에 대통령령으로 정하는 바에 따라 응급대책 및 재난구호와 복구에 필요한 행정상·재정상·금융상·의료상의 특별지원을 할 수 있다.

(3) 재난 및 안전관리 업무의 총괄·조정(제6조)

행정안전부장관은 국가 및 지방자치단체가 행하는 재난 및 안전관리 업무를 총괄·조정한다.

(4) 중앙재난안전대책본부 등(제14조)

① 대통령령으로 정하는 대규모 재난(이하 '대규모재난'이라 한다)의 대응·복구(이하 '수습'이라 한다) 등에 관한 사항을 총괄·조정하고 필요한 조치를 하기 위하여 **행정안전부**에 중앙재난안전대책본부(이하 '중앙대책본부'라 한다)를 둔다.

② 중앙대책본부에 본부장과 차장을 둔다.

③ 중앙대책본부의 본부장(이하 '중앙대책본부장'이라 한다)은 **행정안전부장관**이 되며, 중앙대책본부장은 중앙대책본부의 업무를 총괄하고 필요하다고 인정하면 중앙재난안전대책본부회의를 소집할 수 있다. 다만, **해외재난의 경우에는 외교부장관**이, 원자력시설 등의 방호 및 방사능 방재 대책법 제2조 제1항 제8호에 따른 방사능재난의 경우에는 같은 법 제25조에 따른 중앙방사능방재대책본부의 장이 각각 중앙대책본부장의 권한을 행사한다.

(5) 수습지원단 파견 등(제15조)

① 중앙대책본부장은 국내 또는 해외에서 발생하였거나 발생할 우려가 있는 대규모재난의 수습을 지원하기 위하여 관계 중앙행정기관 및 관계 기관 · 단체의 재난관리에 관한 전문가 등으로 수습지원단을 구성하여 현지에 파견할 수 있다.

② 중앙대책본부장은 구조 · 구급 · 수색 등의 활동을 신속하게 지원하기 위하여 행정안전부 · 소방청 또는 해양경찰청 소속의 전문 인력으로 구성된 특수기동구조대를 편성하여 재난현장에 파견할 수 있다.

(6) 재난상황의 보고(제20조)

① 시장 · 군수 · 구청장, 소방서장, 해양경찰서장, 제3조 제5호 나목에 따른 재난관리책임기관의 장 또는 제26조 제1항에 따른 국가핵심기반을 관리하는 기관 · 단체의 장(이하 '관리기관의 장'이라 한다)은 그 관할구역, 소관 업무 또는 시설에서 재난이 발생하거나 발생할 우려가 있으면 대통령령으로 정하는 바에 따라 재난상황에 대해서는 즉시, 응급조치 및 수습현황에 대해서는 지체 없이 각각 행정안전부장관, 관계 재난관리주관기관의 장 및 시 · 도지사에게 보고하거나 통보하여야 한다. 이 경우 관계 재난관리주관기관의 장 및 시 · 도지사는 보고받은 사항을 확인 · 종합하여 행정안전부장관에게 통보하여야 한다.

② 시장 · 군수 · 구청장, 소방서장, 해양경찰서장, 제3조 제5호 나목에 따른 재난관리책임기관의 장 또는 관리기관의 장은 재난이 발생한 경우 또는 재난 발생을 신고받거나 통보받은 경우에는 즉시 관계 재난관리책임기관의 장에게 통보하여야 한다.

(7) 해상에서의 긴급구조(제56조)

해상에서 발생한 선박이나 항공기 등의 조난사고의 긴급구조활동에 관하여는 **수상에서의 수색 · 구조 등에 관한 법률 등 관계 법령에 따른다.**

3. 해양 유 · 도선 재난에 대한 중앙사고수습본부 구성 및 운영 등에 관한 규정

(1) 서설

① 목적(제1조)

이 규정은 재난 및 안전관리 기본법 제15조의2 및 같은 법 시행령 제21조에 따라 해양 유 · 도선사고 발생시 설치하는 해양경찰청 중앙사고수습본부의 구성 및 운영에 필요한 사항을 규정함을 목적으로 한다.

② 정의(제2조)

구분	내용
재난	재난 및 안전관리 기본법(이하 '법' 이라 한다) 제3조 제1호 가목의 자연재난과 나목의 사회재난을 말한다.
수습	재난의 대응 · 복구를 수행하는 일련의 활동을 말한다.

대응	재난 발생시 대처하는 일련의 활동으로 현장지휘, 응급조치, 긴급구조, 상황관리, 기관간의 협조·지원 등 피해를 최소화하기 위하여 수행하는 제반 활동을 말한다.
복구	재난으로 피해가 발생한 경우 피해조사, 피해자 지원 등을 통해 재난 이전의 상태로 만드는 일련의 활동을 말한다.
위기경보수준	법 제34조의5에 따라 작성한 해양 유·도선 위기관리 매뉴얼(이하 '위기관리 매뉴얼'이라 한다)에서 정하는 바에 따라 관심·주의·경계·심각으로 구분하는 위기경보의 단계를 말한다.
해양경찰청 소관 재난	해양에서의 유·도선사고로 인해 국가 또는 지방자치단체 차원의 대처가 필요한 대규모 인명 또는 재산 피해가 발생되었거나 발생이 예상되는 경우를 말한다.

③ **적용범위(제3조)**

이 규정은 재난 및 안전관리 기본법 시행령(이하 '영'이라 한다) 제3조의2에 따라 해양경찰청이 재난관리주관기관이 되는 해양 유·도선 사고에 대하여 법 제15조의2에 따른 중앙사고수습본부(이하 '수습본부'라 한다)를 해양경찰청에 설치하고 운영하는 경우에 적용한다.

(2) 중앙사고수습본부 설치·운영

① **중앙사고수습본부의 설치 및 운영시기(제4조)**

㉠ **해양경찰청장**은 다음 각 호의 경우에 수습본부를 지체 없이 설치·운영한다.

> 1. 해양경찰청 소관 재난이 발생하여 체계적인 수습이 필요한 경우
> 2. 위기관리 매뉴얼에서 정하는 위기경보수준에 도달한 경우
> 3. 해양경찰청 소관 재난이 발생하여 법 제14조에 따른 중앙재난안전대책본부(이하 '중앙대책본부'라 한다)를 운영하는 경우
> 4. 그 밖에 해양경찰청장이 필요하다고 인정하는 경우

㉡ 해양경찰청장은 수습본부를 설치·운영하거나 종료하는 경우에는 그 내용을 **중앙대책본부장에게 지체 없이 통보**해야 한다.

② **수습본부의 기능과 역할(제5조)**

수습본부는 다음 각 호의 기능을 수행한다.

> 1. 해양경찰청 소관 재난 발생시 피해상황 종합관리 및 상황보고
> 2. 해양경찰청 소관 재난의 조기수습을 위한 조정·통제 등 수습업무 총괄
> 3. 재난 위기경보수준 상황 판단과 예보·경보 발령 및 전파
> 4. 사상자 긴급구조 및 구급활동 지원, 피해자 신원파악 및 관리 등 상황관리
> 5. 피해상황 조사, 피해지원 대책 마련 및 복구계획 수립
> 6. 법 제15조의2에 따라 지역재난안전대책본부(이하 '지역대책본부'라 한다)와 지역사고수습본부(이하 '지역수습본'라 한다) 지휘·지원
> 7. 재난관리책임기관의 장에게 재난수습에 필요한 행정상 및 재정상 조치 요구
> 8. 해양경찰청 소관 재난 상황시 대국민 브리핑 및 언론 대응
> 9. 중앙대책본부 설치 건의 및 법 제14조의2에 따른 수습지원단 구성·파견 등 중앙대책본부장에게 필요한 협조 요청
> 10. 그 밖에 수습본부장이 재난 수습을 위하여 필요하다고 인정하는 사항

③ **수습본부의 구성(제6조)**

㉠ 수습본부는 다음 각 호와 같이 구성한다.

> 1. 수습본부장은 해양경찰청장이 되며, 수습본부의 업무를 총괄한다.
> 2. 부본부장은 해양경찰청 차장이 되며, 본부장을 보좌한다.
> 3. 수습본부 상황실장은 기획조정관으로 하며, 수습본부상황실 업무를 맡아 처리한다.
> 4. 수습본부상황실은 해양경찰청 소속 공무원과 관계부처 공무원 및 유관기관(단체) 직원을 파견받아 실무반을 편성하여 수습업무를 수행한다.
> 5. 실무반 구성, 편성인력 및 기능 등은 위기관리 매뉴얼에서 정하는 바에 따른다.

㉡ 수습본부장은 재난상황에 대한 체계적인 홍보와 언론대응 등을 위하여 홍보반을 운영할 경우 언론대응 창구의 일원화를 위하여 홍보책임자를 지정·운영해야 한다.

(3) 수습본부상황실 운영

① **수습본부상황실 설치 및 운영(제15조)**

㉠ 수습본부장은 재난이 발생한 경우에 효과적인 초동조치 및 지휘 등을 위하여 수습본부상황실을 설치·운영한다.

㉡ 수습본부상황실은 해양경찰청 종합상황실 또는 종합상황실과 연계된 장소에 설치함을 원칙으로 하고, 24시간 상황관리체계를 유지해야 한다.

㉢ 수습본부상황실은 다음 각 호의 상황관리 체계를 갖추어야 한다.

> 1. 해양경찰청 소관 재난에 대한 신고 접수 및 상황관리
> 2. 발생한 해양경찰청 소관 재난 수습에 필요한 구조·구급요청 등 초동조치
> 3. 해양경찰청 소관 재난이 발생한 경우에 초동지휘 및 내부보고, 국민행동요령 전파
> 4. 해양경찰청 소관 재난이 발생한 경우에 상황별 근무요령 전파 및 비상근무 발령
> 5. 국가안보실, 행정안전부(중앙재난안전상황실) 등에 재난 발생 상황 보고
> 6. 해양경찰청 소관 재난이 발생한 경우에 관계 기관과의 비상연락 체계 구축 및 유지

제4절 경호경비

01 서설

1. 경호의 의의

① 경호란 대상자의 생명과 재산을 보호하기 위하여 신체에 가하여지는 위해(危害)를 방지하거나 제거하고, 특정지역을 경계·순찰 및 방비하는 등의 모든 안전 활동을 말한다.

② 다시 말해 피경호자의 신변에 대하여 직접 또는 간접적으로 가해지려는 인위적 위해를 미연에 방지하고 제거하여 그의 안전을 도모하는 경비경찰활동이라고 할 수 있다.

③ 경호경비의 경우 한번 실패하면 사후에 보완이 불가능하므로 다른 업무에 우선하여 **최우선적으로 처리**하여야 한다.

2. 경호의 대상

구분		내용
국내요인	갑호	대통령과 그 가족, 대통령 당선인과 그 가족, 전직대통령과 그 배우자(퇴임 후 10년 이내), 대통령 권한대행과 그 배우자
	을호	국회의장, 대법원장, 국무총리, 헌법재판소장, 전직대통령(퇴임 후 10년 경과), 대통령 선거후보자
	병호	갑 · 을호 외에 경찰청장이 필요하다고 인정한 사람
국외요인	국빈 A~C등급	대통령, 국왕, 행정수반(경호처장이 등급 분류)
	외빈 A · B등급	행정수반이 아닌 수상, 부통령, 왕족, 국제기구대표, 기타 장관급 이상 외빈(경찰청장이 등급 분류)

대통령 등의 경호에 관한 법률

제4조【경호대상】 ① 경호처의 경호 대상은 다음과 같다.

1. 대통령과 그 가족
2. 대통령 당선인과 그 가족
3. 본인의 의사에 반하지 아니하는 경우에 한정하여 퇴임 후 10년 이내의 전직 대통령과 그 배우자. 다만, 대통령이 임기만료 전에 퇴임한 경우와 재직 중 사망한 경우의 경호기간은 그로부터 5년으로 하고, 퇴임 후 사망한 경우의 경호기간은 퇴임일부터 기산(起算)하여 10년을 넘지 아니하는 범위에서 사망 후 5년으로 한다.
4. 대통령권한대행과 그 배우자
5. 대한민국을 방문하는 외국의 국가 원수 또는 행정수반(行政首班)과 그 배우자
6. 그 밖에 처장이 경호가 필요하다고 인정하는 국내외 요인(要人)

② 제1항 제1호 또는 제2호에 따른 가족의 범위는 대통령령으로 정한다.

③ 제1항 제3호에도 불구하고 전직 대통령 또는 그 배우자의 요청에 따라 처장이 고령 등의 사유로 필요하다고 인정하는 경우에는 5년의 범위에서 같은 호에 규정된 기간을 넘어 경호할 수 있다.

⊕ PLUS

국내요인 중 을 · 병호, 국외요인 중 외빈 A · B등급은 경찰청장 책임하에 경호를 실시한다.

3. 경호경비의 4대 원칙과 경호의 협조기관

(1) 경호의 4대 원칙

구분	내용
자기희생의 원칙	경호원이 자신을 희생하는 한이 있더라도 피경호자의 신변안전은 반드시 보호되어야 한다.
자기담당구역 책임의 원칙	경호원은 자신의 담당구역 내에서 일어나는 어떠한 사태에 대해서도 다른 사람이 아닌 자기가 책임을 지고 해결하여야 한다.
하나의 통제된 지점을 통한 접근의 원칙	피경호자에게 접근할 수 있는 통로는 경호상 통제된 유일한 통로만이 필요하고 여러 개의 통로는 필요가 없다.

목표물 보존의 원칙 (보안의 원칙)	① 행차코스 · 행차예정장소 등은 원칙적으로 공개되지 않아야 한다. ② 동일한 장소에 수차례 행차시 이용했던 경로는 가급적 피하거나 수시로 변경하여야 한다. ③ 대중에게 노출된 도보행차는 가급적 지양한다.

(2) 경호의 협조기관

통상 갑호 경호대상자와 관련하여 가장 주된 부서는 대통령 경호처이며, 경찰의 경호는 대통령 경호처의 지휘를 받는다. 경호행사시 동원경력은 **2시간 전**에 배치하고, MD(문형금속탐지기)는 **제1선(안전구역)**에 **3시간 전**에 배치를 완료한다.

02 3선 경호

구역	내용
제1선 (안전구역, 내부)	① 피경호자가 위치하는 내부로서 옥내일 경우에는 건물자체를 말하며, 옥외일 경우에는 통상 본부석이 안전구역에 해당한다. ② 안전구역은 VIP의 승 · 하차지점 및 동선 등의 취약개소로 피경호자에게 직접적으로 위해를 가할 수 있는 거리 내의 지역을 지칭하며, 통상 수류탄 투척 및 권총 유효사거리인 50m권을 적용한다. ③ 경호에 대한 주관 및 책임은 경호처에서 직접 계획을 수립 · 실시하고 경찰은 경호실의 요청이 있을 경우 경력 및 장비를 지원한다. ④ 출입자 통제관리, MD설치 운용, 비표확인 및 출입자 감시를 행한다. ⑤ 절대안전 확보구역에 해당한다.
제2선 (경비구역, 내곽)	① 제1선을 제외한 행사장 중심으로 반경 600m 내외의 취약개소로서 소총의 유효사거리를 고려한 거리의 개념으로 설정된 선이다. ② 일반적인 경호책임은 경찰이 담당하고, 군부대 내일 경우에는 군이 담당한다. ③ 바리케이드 등 장애물 설치, 돌발사태에 대비한 예비대 운영 및 구급차, 소방차를 대기시킨다. ④ 유사시를 대비한 비상출동로의 확보가 이루어져야 한다. ⑤ 주경비지역에 해당한다.
제3선 (경계구역, 외곽)	① 행사장 중심으로 적의 접근을 조기에 경보하고 차단하기 위하여 설정된 선으로 소구경 곡사화기의 유효 사거리를 고려한 1~2km권 내 지역으로 설정하는데 옥내행사장인 경우 행사장 반경 600m 이내 지역을 의미한다. ② 경계구역에서의 임무는 주변 동향파악과 직시 고층건물 및 감제고지에 대한 안전확보, 우발사태에 대한 대비책을 강구하며 피경호자에 대한 위해요소를 제거하는 데 있다. ③ 통상 경찰이 경호책임을 진다. ④ 감시조 운영 및 원거리 기동순찰조를 운영한다. ⑤ 조기경보지역에 해당한다.

제5절 대테러업무

01 서설

1. 테러의 정의

테러란 정치적 또는 사회적 영향력을 증대하기 위한 목적으로 조직적·계획적으로 비합법적인 폭력을 사용하거나 위협함으로써 상징적인 인물이나 불특정 다수에게 심리적인 공포심을 부여하는 행위를 말한다.

> **⊕ PLUS 미국 FBI가 정의한 테러의 개념**
>
> 테러는 주로 정치적인 동기 등에 의한 특정 이념이나 주장을 알리기 위한 목적으로 자행하는 것으로 경제적 재화 획득이 테러의 목적이 될 수는 없다.

2. 테러리즘의 유형

(1) 이데올로기적 테러리즘

구분	내용
좌익 테러리즘	혁명주의, 마르크스주의, 네오마르크스주의, 트로츠키즘, 모택동(마오)주의, 아나키즘(무정부주의) 등
우익 테러리즘	특정인종 우월주의(백인우월주의), 파시즘, 네오파시즘, 나치즘, 네오나치즘 등

(2) 민족주의적 테러리즘

민족주의적 테러리즘은 민족공동체를 기반으로 해서 특정지역의 독립이나 자율을 주장하는 테러리즘이다.

(3) 국가 테러리즘

테러대상이 국내(또는 국민)인가 국외인가에 따라 국가 테러리즘과 국가간 테러리즘으로 개념상 구분한다.

02 대테러부대

1. 경찰특공대(KNP-SOU, SWAT)

① 86년 아시안게임과 88년 올림픽을 대비하여 1983년에 창설된 치안본부(현 경찰청) 소속의 대테러부대로서 현재는 **서울지방경찰청 직할부대**로 소속되어 있다. 1997년에는 **각 지방청**에도 지방경찰특공대가 창설되었다.

② 대통령과 외국의 주요 국빈경호를 담당하고, 지역적 활동범위는 **국내로 한정**되어 있으며 **해외작전은 군(軍)에서 담당**한다.

③ 경찰특공대의 출동에 관한 사항은 **경찰청장**이 결정하며, 무력진압작전은 **테러대책회의에서 결정**한다.

2. 각국의 대테러부대

구분	내용
SAS(영국)	① 인질극, 유괴, 선박 및 항공기 납치, 폭파공격, 암살 등을 포함한 모든 형태의 테러행위에 대한 대응을 그 임무로 한다. ② 육군 소속의 부대이지만 내무부장관이 위원장으로 있는 각료급 위원회인 비상통제센터의 지휘를 받는다.
SWAT(미국)	① 각 주별로 조직된 경찰특수부대로서 기동타격대, 전술작전단, 특별무기전술기동대 등으로 명칭을 다양하게 사용하지만 테러진압이라는 목표는 동일하다. ② 작전상황에 따라 다르지만 공격조, 관측 및 저격조, 지원조의 3개 조로 구성되는 것이 일반적이다. ③ FBI의 지휘통제를 받는다.
GSG-9(독일)	① 1972년 뮌헨 올림픽에서 '검은 9월단'에 의한 이스라엘 선수단에 대한 테러사건을 계기로 창설되었다. ② 연방국경경비대(BGS) 소속이며 지휘반, 통신문서반, 전투반 등 3개의 반으로 구성된다.
GIGN(프랑스)	① 1973년 11월 창설된 대테러부대로 국가헌병대 소속의 부대이다. 경찰소속의 대테러부대로 GIPN을 별도로 운용한다. ② 인질구출을 주임무로 하지만 VIP에 대한 경호 및 주요 시설물에 대한 방어, 극악범 호송 등의 임무도 수행한다. ③ 부대의 출동은 국방부장관이 내무부장관과 협의하여 건의하면 총리가 결정한다.
Sayeret Mat'kal(이스라엘)	① 이스라엘 정보국 산하의 대테러부대로 자국 항공기에 대한 납치 예방, 아랍국가에 의한 테러공격에 대한 보복작전 등에 투입된다. ② 엔테베 작전 등을 수행하였다.

03 인질범과 인질과의 관계

1. 리마 증후군(Lima Syndrome)

리마 증후군이란 1995년 12월 17일 **페루의 수도인 리마** 소재 일본대사관에 투팍 아마르 소속의 게릴라가 잠입하여 대사관 직원 등을 126일 동안 인질로 잡은 사건에서 유래된 것이다. 리마 증후군은 시간이 흐를수록 인질범이 인질에게 일체감을 느끼게 되고 인질의 입장을 이해하여 호의를 베푸는 등 **인질범이 인질에게 동화되는 현상**을 말한다.

2. 스톡홀름 증후군(Stockholm Syndrome)

스톡홀름 증후군이란 인질사건에서 시간이 경과함에 따라 인질범과 인질 사이에 감정이입이 이루어져 친근감이 생기게 되는 현상이다. 스톡홀름 증후군은 **인질이 인질범에게 동화되는 현상**을 말하며 **오귀인 효과**라고도 한다.

04 국민보호와 공공안전을 위한 테러방지법

1. 서설(제1조)

국민보호와 공공안전을 위한 테러방지법(이하 '법'이라 한다)은 테러의 예방 및 대응 활동 등에 관하여 필요한 사항과 테러로 인한 피해보전 등을 규정함으로써 테러로부터 국민의 생명과 재산을 보호하고 국가 및 공공의 안전을 확보하는 것을 목적으로 한다.

2. 정의(제2조)

이 법에서 사용하는 용어의 뜻은 다음과 같다.

구분	내용
테러	국가 · 지방자치단체 또는 외국 정부(외국 지방자치단체와 조약 또는 그 밖의 국제적인 협약에 따라 설립된 국제기구를 포함한다)의 권한행사를 방해하거나 의무 없는 일을 하게 할 목적 또는 공중을 협박할 목적으로 하는 다음의 행위를 말한다. ① 사람을 살해하거나 사람의 신체를 상해하여 생명에 대한 위험을 발생하게 하는 행위 또는 사람을 체포 · 감금 · 약취 · 유인하거나 인질로 삼는 행위 ② 항공기(항공법 제2조 제1호의 항공기를 말한다. 이하 이 목에서 같다)와 관련된 다음 각각의 어느 하나에 해당하는 행위 ㉠ 운항 중(항공보안법 제2조 제1호의 운항 중을 말한다. 이하 이 목에서 같다)인 항공기를 추락시키거나 전복 · 파괴하는 행위, 그 밖에 운항 중인 항공기의 안전을 해칠 만한 손괴를 가하는 행위 ㉡ 폭행이나 협박, 그 밖의 방법으로 운항 중인 항공기를 강탈하거나 항공기의 운항을 강제하는 행위 ㉢ 항공기의 운항과 관련된 항공시설을 손괴하거나 조작을 방해하여 항공기의 안전운항에 위해를 가하는 행위 ③ 선박(선박 및 해상구조물에 대한 위해행위의 처벌 등에 관한 법률 제2조 제1호 본문의 선박을 말한다. 이하 같다) 또는 해상구조물(같은 법 제2조 제5호의 해상구조물을 말한다. 이하 같다)과 관련된 다음 각각의 어느 하나에 해당하는 행위 ㉠ 운항(같은 법 제2조 제2호의 운항을 말한다. 이하 이 목에서 같다) 중인 선박 또는 해상구조물을 파괴하거나, 그 안전을 위태롭게 할 만한 정도의 손상을 가하는 행위(운항 중인 선박이나 해상구조물에 실려 있는 화물에 손상을 가하는 행위를 포함한다) ㉡ 폭행이나 협박, 그 밖의 방법으로 운항 중인 선박 또는 해상구조물을 강탈하거나 선박의 운항을 강제하는 행위 ㉢ 운항 중인 선박의 안전을 위태롭게 하기 위하여 그 선박 운항과 관련된 기기 · 시설을 파괴하거나 중대한 손상을 가하거나 기능장애 상태를 일으키는 행위 ④ 사망 · 중상해 또는 중대한 물적 손상을 유발하도록 제작되거나 그러한 위력을 가진 생화학 · 폭발성 · 소이성(燒夷性) 무기나 장치를 다음 각각의 어느 하나에 해당하는 차량 또는 시설에 배치하거나 폭발시키거나 그 밖의 방법으로 이를 사용하는 행위 ㉠ 기차 · 전차 · 자동차 등 사람 또는 물건의 운송에 이용되는 차량으로서 공중이 이용하는 차량 ㉡ ㉠에 해당하는 차량의 운행을 위하여 이용되는 시설 또는 도로, 공원, 역, 그 밖에 공중이 이용하는 시설 ㉢ 전기나 가스를 공급하기 위한 시설, 공중이 먹는 물을 공급하는 수도, 전기통신을 이용하기 위한 시설 및 그 밖의 시설로서 공용으로 제공되거나 공중이 이용하는 시설

	㉣ 석유, 가연성 가스, 석탄, 그 밖의 연료 등의 원료가 되는 물질을 제조 또는 정제하거나 연료로 만들기 위하여 처리 · 수송 또는 저장하는 시설 ㉤ 공중이 출입할 수 있는 건조물 · 항공기 · 선박으로서 ㉠부터 ㉣까지에 해당하는 것을 제외한 시설 ⑤ 핵물질(원자력시설 등의 방호 및 방사능 방재 대책법 제2조 제1호의 핵물질을 말한다. 이하 같다), 방사성물질(원자력안전법 제2조 제5호의 방사성물질을 말한다. 이하 같다) 또는 원자력시설(원자력시설 등의 방호 및 방사능 방재 대책법 제2조 제2호의 원자력시설을 말한다. 이하 같다)과 관련된 다음 각각의 어느 하나에 해당하는 행위 ㉠ 원자로를 파괴하여 사람의 생명 · 신체 또는 재산을 해하거나 그 밖에 공공의 안전을 위태롭게 하는 행위 ㉡ 방사성물질 등과 원자로 및 관계 시설, 핵연료주기시설 또는 방사선발생장치를 부당하게 조작하여 사람의 생명이나 신체에 위험을 가하는 행위 ㉢ 핵물질을 수수 · 소지 · 소유 · 보관 · 사용 · 운반 · 개조 · 처분 또는 분산하는 행위 ㉣ 핵물질이나 원자력시설을 파괴 · 손상 또는 그 원인을 제공하거나 원자력시설의 정상적인 운전을 방해하여 방사성물질을 배출하거나 방사선을 노출하는 행위
테러단체	국제연합(UN)이 지정한 테러단체를 말한다.
테러위험인물	테러단체의 조직원이거나 테러단체 선전, 테러자금 모금 · 기부, 그 밖에 테러 예비 · 음모 · 선전 · 선동을 하였거나 하였다고 의심할 상당한 이유가 있는 사람을 말한다.
외국인 테러전투원	테러를 실행 · 계획 · 준비하거나 테러에 참가할 목적으로 국적국이 아닌 국가의 테러단체에 가입하거나 가입하기 위하여 이동 또는 이동을 시도하는 내국인 · 외국인을 말한다.
테러자금	공중 등 협박목적 및 대량살상무기확산을 위한 자금조달행위의 금지에 관한 법률 제2조 제1호에 따른 공중 등 협박목적을 위한 자금을 말한다.
대테러활동	테러 관련 정보의 수집, 테러위험인물의 관리, 테러에 이용될 수 있는 위험물질 등 테러수단의 안전관리, 인원 · 시설 · 장비의 보호, 국제행사의 안전확보, 테러위협에의 대응 및 무력진압 등 테러 예방과 대응에 관한 제반 활동을 말한다.
관계 기관	대테러활동을 수행하는 국가기관, 지방자치단체, 그 밖에 대통령령으로 정하는 기관을 말한다.
대테러조사	대테러활동에 필요한 정보나 자료를 수집하기 위하여 현장조사 · 문서열람 · 시료채취 등을 하거나 조사 대상자에게 자료제출 및 진술을 요구하는 활동을 말한다.

3. 다른 법률과의 관계(제4조)

이 법은 대테러활동에 관하여 다른 법률에 우선하여 적용한다.

4. 테러대응기관

(1) 국가테러대책위원회(제5조)

① 대테러활동에 관한 정책의 중요사항을 심의 · 의결하기 위하여 국가테러대책위원회(이하 '대책위원회'라 한다)를 둔다.

② 대책위원회는 국무총리 및 관계 기관의 장 중 대통령령으로 정하는 사람으로 구성하고 **위원장은 국무총리**로 한다.

③ 대책위원회는 다음의 사항을 심의 · 의결한다.

㉠ 대테러활동에 관한 국가의 정책 수립 및 평가

㉡ 국가 대테러 기본계획 등 중요 중장기 대책 추진사항

㉢ 관계 기관의 대테러활동 역할 분담 · 조정이 필요한 사항

㉣ 그 밖에 위원장 또는 위원이 대책위원회에서 심의·의결할 필요가 있다고 제의하는 사항

④ 그 밖에 대책위원회의 구성·운영 등에 필요한 사항은 대통령령으로 정한다.

(2) 대테러센터(제6조)

① 대테러활동과 관련하여 다음의 사항을 수행하기 위하여 **국무총리 소속**으로 관계 기관 공무원으로 구성되는 대테러센터를 둔다.

㉠ 국가 대테러활동 관련 임무분담 및 협조사항 실무 조정

㉡ 장단기 국가대테러활동 지침 작성·배포

㉢ 테러경보 발령

㉣ 국가 중요행사 대테러안전대책 수립

㉤ 대책위원회의 회의 및 운영에 필요한 사무의 처리

㉥ 그 밖에 대책위원회에서 심의·의결한 사항

② 대테러센터의 조직·정원 및 운영에 관한 사항은 대통령령으로 정한다.

③ 대테러센터 소속 직원의 인적사항은 공개하지 아니할 수 있다.

(3) 대테러 인권보호관(제7조)

① 관계 기관의 대테러활동으로 인한 국민의 기본권 침해 방지를 위하여 대책위원회 소속으로 대테러 인권보호관(이하 '인권보호관'이라 한다) 1명을 둔다.

② 인권보호관의 자격, 임기 등 운영에 관한 사항은 대통령령으로 정한다.

5. 테러위험인물에 대한 정보 수집 등(제9조)

① **국가정보원장**은 테러위험인물에 대하여 출입국·금융거래 및 통신이용 등 관련 정보를 **수집할 수 있다.** 이 경우 출입국·금융거래 및 통신이용 등 관련 정보의 수집은 출입국관리법, 관세법, 특정 금융거래정보의 보고 및 이용 등에 관한 법률, 통신비밀보호법의 절차에 따른다.

② **국가정보원장**은 ①에 따른 정보 수집 및 분석의 결과 테러에 이용되었거나 이용될 가능성이 있는 금융거래에 대하여 지급정지 등의 조치를 취하도록 금융위원회 위원장에게 **요청할 수 있다.**

③ **국가정보원장**은 테러위험인물에 대한 개인정보(개인정보 보호법상 민감정보를 포함한다)와 위치정보를 개인정보 보호법 제2조의 개인정보처리자와 위치정보의 보호 및 이용 등에 관한 법률 제5조 제7항에 따른 개인위치정보사업자 및 같은 법 제5조의2 제3항에 따른 사물위치정보사업자에게 **요구할 수 있다.**

④ **국가정보원장**은 대테러활동에 필요한 정보나 자료를 수집하기 위하여 대테러조사 및 테러위험인물에 대한 **추적을 할 수 있다.** 이 경우 사전 또는 사후에 대책위원회 **위원장에게 보고**하여야 한다.

6. 외국인테러전투원에 대한 규제(제13조)

① 관계 기관의 장은 외국인테러전투원으로 출국하려 한다고 의심할 만한 상당한 이유가 있는 내국인·외국인에 대하여 일시 출국금지를 **법무부장관에게 요청**할 수 있다.

② ①에 따른 일시 출국금지기간은 **90일**로 한다. 다만, 출국금지를 계속할 필요가 있다고 판단할 상당한 이유가 있는 경우에 관계 기관의 장은 그 사유를 명시하여 연장을 요청할 수 있다.

③ 관계 기관의 장은 외국인테러전투원으로 가담한 사람에 대하여 여권법 제13조에 따른 여권의 효력정지 및 같은 법 제12조 제3항에 따른 재발급 거부를 **외교부장관에게 요청**할 수 있다.

제6절 해양경찰작전

01 서설

1. 경찰작전의 의의

대간첩작전, 전시대비 경찰작전, 비상업무, 상황실의 운영, 검문검색 등의 작전상황에 대비한 경비경찰의 일체의 작전업무를 말한다.

2. 경찰작전 근거규정

경찰이 작전임무를 수행하는 것은 우리나라의 남북분단이라는 특수한 상황에 기인한 것으로, 경찰관 직무집행법 제2조와 통합방위법에 근거하여 일정한 지역 및 인적 작전 대상범위 내에서 대간첩작전 등을 수행하도록 되어 있다.

02 통합방위법(통합방위작전)

1. 정의(제2조)

구분	내용
통합방위	적의 침투·도발이나 그 위협에 대응하기 위하여 각종 국가방위요소를 통합하고 지휘체계를 일원화하여 국가를 방위하는 것을 말한다.
통합방위작전	통합방위사태가 선포된 지역에서 제15조에 따라 통합방위본부장, 지역군사령관, 함대사령관 또는 시·도경찰청장(이하 '작전지휘관'이라 한다)이 국가방위요소를 통합하여 지휘·통제하는 방위작전을 말한다.
통합방위사태	적의 침투·도발이나 그 위협에 대응하여 선포하는 단계별 사태를 말한다.
갑종사태	일정한 조직체계를 갖춘 적의 대규모 병력 침투 또는 대량살상무기(大量殺傷武器) 공격 등의 도발로 발생한 비상사태로서 통합방위본부장 또는 지역군사령관의 지휘·통제하에 통합방위작전을 수행하여야 할 사태를 말한다.
을종사태	일부 또는 여러 지역에서 적이 침투·도발하여 단기간 내에 치안이 회복되기 어려워 지역군사령관의 지휘·통제하에 통합방위작전을 수행하여야 할 사태를 말한다.
병종사태	적의 침투·도발 위협이 예상되거나 소규모의 적이 침투하였을 때에 시·도경찰청장, 지역군사령관 또는 함대사령관의 지휘·통제하에 통합방위작전을 수행하여 단기간 내에 치안이 회복될 수 있는 사태를 말한다.

2. 통합방위기구 운용

(1) 중앙 통합방위협의회(제4조)

① **국무총리 소속**으로 중앙 통합방위협의회(이하 '중앙협의회'라 한다)를 둔다.

② **중앙협의회의 의장은 국무총리**가 되고, 위원은 기획재정부장관, 교육부장관, 과학기술정보통신부장관, 외교부장관, 통일부장관, 법무부장관, 국방부장관, 행정안전부장관, 문화체육관광부장관, 농림축산식품부장관, 산업통상자원부장관, 보건복지부장관, 환경부장관, 고용노동부장관, 여성가족부장관, 국토교통부장관, 해양수산부장관, 중소벤처기업부장관, 국무조정실장, 국가보훈처장, 법제처장, 식품의약품안전처장, 국가정보원장 및 통합방위본부장과 그 밖에 대통령령으로 정하는 사람이 된다.

③ 중앙협의회에 간사 1명을 두고, **간사는 통합방위본부의 부본부장**이 된다.
④ 중앙협의회는 다음의 사항을 심의한다.
㉠ 통합방위 정책
㉡ 통합방위작전 · 훈련 및 지침
㉢ 통합방위사태의 선포 또는 해제
㉣ 그 밖에 통합방위에 관하여 대통령령으로 정하는 사항

(2) 통합방위본부(제8조)

① 합동참모본부에 통합방위본부를 둔다. 통합방위본부에는 본부장과 부본부장 1명씩을 두되, **통합방위본부장은 합동참모의장**이 되고 부본부장은 합동참모본부 합동작전본부장이 된다.
② 통합방위본부는 다음의 사무를 분장한다.
㉠ 통합방위 정책의 수립 · 조정
㉡ 통합방위 대비태세의 확인 · 감독
㉢ 통합방위작전 상황의 종합 분석 및 대비책의 수립
㉣ 통합방위작전, 훈련지침 및 계획의 수립과 그 시행의 조정 · 통제
㉤ 통합방위 관계 기관간의 업무협조 및 사업 집행사항의 협의 · 조정
③ 통합방위본부에 통합방위에 관한 정부 내 업무협조와 그 밖에 통합방위업무의 원활한 수행을 위하여 통합방위 실무위원회(이하 '실무위원회'라 한다)를 둔다.

03 경계태세 및 통합방위사태

1. 경계태세(제11조)

① 대통령령으로 정하는 군부대의 장 및 경찰관서의 장(이하 이 조에서 '발령권자'라 한다)은 적의 침투 · 도발이나 그 위협이 예상될 경우 통합방위작전을 준비하기 위하여 경계태세를 발령할 수 있다.
② 발령권자는 경계태세상황이 종료되거나 상급지휘관의 지시가 있는 경우 경계태세를 해제하여야 하고, 통합방위사태가 선포된 때에는 경계태세는 해제된 것으로 본다.

2. 통합방위사태의 선포(제12조)

통합방위법

제12조 【통합방위사태의 선포】 ① 통합방위사태는 갑종사태, 을종사태 또는 병종사태로 구분하여 선포한다.
② 제1항의 사태에 해당하는 상황이 발생하면 다음 각 호의 구분에 따라 해당하는 사람은 즉시 국무총리를 거쳐 대통령에게 통합방위사태의 선포를 건의하여야 한다.
1. 갑종사태에 해당하는 상황이 발생하였을 때 또는 둘 이상의 특별시 · 광역시 · 특별자치시 · 도 · 특별자치도(이하 '시 · 도'라 한다)에 걸쳐 을종사태에 해당하는 상황이 발생하였을 때: 국방부장관
2. 둘 이상의 시 · 도에 걸쳐 병종사태에 해당하는 상황이 발생하였을 때: 행정안전부장관 또는 국방부장관
③ 대통령은 제2항에 따른 건의를 받았을 때에는 중앙협의회와 국무회의의 심의를 거쳐 통합방위사태를 선포할 수 있다.
④ 시 · 도경찰청장, 지역군사령관 또는 함대사령관은 을종사태나 병종사태에 해당하는 상황이 발생한 때에는 즉시 시 · 도지사에게 통합방위사태의 선포를 건의하여야 한다.
⑤ 시 · 도지사는 제4항에 따른 건의를 받은 때에는 시 · 도 협의회의 심의를 거쳐 을종사태 또는 병종사태를 선포할 수 있다.

⑥ 시 · 도지사는 제5항에 따라 을종사태 또는 병종사태를 선포한 때에는 지체 없이 행정안전부장관 및 국방부장관과 국무총리를 거쳐 대통령에게 그 사실을 보고하여야 한다.
⑦ 제3항이나 제5항에 따라 통합방위사태를 선포할 때에는 그 이유, 종류, 선포 일시, 구역 및 작전지휘관에 관한 사항을 공고하여야 한다.
⑧ 시 · 도지사가 통합방위사태를 선포한 지역에 대하여 대통령이 통합방위사태를 선포한 때에는 그때부터 시 · 도지사가 선포한 통합방위사태는 효력을 상실한다.
⑨ 제1항부터 제8항까지에서 규정한 사항 외에 통합방위사태의 구체적인 선포 요건 · 절차 및 공고 방법 등에 관하여 필요한 사항은 대통령령으로 정한다.

구분	선포건의권자	선포권자
1. 갑종사태 2. 둘 이상의 특별시 · 광역시 · 특별자치시 · 도 · 특별자치도(이하 '시 · 도'라 한다)에 걸쳐 을종사태에 해당하는 상황이 발생하였을 때	국방부장관	대통령
둘 이상의 시 · 도에 걸쳐 병종사태에 해당하는 상황이 발생하였을 때	행정안전부장관 또는 국방부장관	
을종사태나 병종사태에 해당하는 상황이 발생한 때	시 · 도경찰청장 · 지역군사령관 또는 함대사령관	시 · 도지사

국방부장관이나 행정안전부장관이 통합방위사태의 선포를 건의하는 경우 국무총리를 거쳐야 한다.

3. 국회 또는 시 · 도의회에 대한 통고 등(제13조)

① 대통령은 통합방위사태를 선포한 때에는 지체 없이 그 사실을 국회에 통고하여야 한다. 시 · 도지사는 통합방위사태를 선포한 때에는 지체 없이 그 사실을 시 · 도의회에 통고하여야 한다.
② 대통령 또는 시 · 도지사는 통고를 할 때에 국회 또는 시 · 도의회가 폐회 중이면 그 소집을 요구하여야 한다.

4. 통합방위사태의 해제(제14조)

(1) 대통령의 통합방위사태 해제

① 대통령은 통합방위사태가 평상 상태로 회복되거나 국회가 해제를 요구하면 지체 없이 그 통합방위사태를 해제하고 그 사실을 공고하여야 한다. 대통령이 통합방위사태를 해제하려면 중앙협의회와 국무회의의 심의를 거쳐야 한다. 다만, 국회가 해제를 요구한 경우에는 그러하지 아니한다.
② 국방부장관 또는 행정안전부장관은 통합방위사태가 평상 상태로 회복된 때에는 국무총리를 거쳐 대통령에게 통합방위사태의 해제를 건의하여야 한다.

(2) 시 · 도지사의 통합방위사태 해제

① 시 · 도지사는 통합방위사태가 평상 상태로 회복되거나 시 · 도의회에서 해제를 요구하면 지체 없이 통합방위사태를 해제하고 그 사실을 공고하여야 한다. 이 경우 시 · 도지사는 그 통합방위사태의 해제사실을 행정안전부장관 및 국방부장관과 국무총리를 거쳐 대통령에게 보고하여야 한다.
② 시 · 도지사는 통합방위사태를 해제하려면 시 · 도 협의회의 심의를 거쳐야 한다. 다만, 시 · 도의회가 해제를 요구하였을 때에는 그러하지 아니한다.
③ 시 · 도경찰청장, 지역군사령관 또는 함대사령관은 통합방위사태가 평상 상태로 회복된 때에는 시 · 도지사에게 통합방위사태의 해제를 건의하여야 한다.

04 통합방위작전 및 훈련

1. 통합방위작전의 관할 구역(제15조)

구분	내용
지상 관할 구역	특정경비지역, 군 관할 지역 및 경찰 관할 지역
해상 관할 구역	특정경비해역 및 일반경비해역
공중 관할 구역	비행금지공역(空域) 및 일반공역

2. 통합방위작전의 수행권자(제15조)

시 · 도경찰청장, 지역군사령관 또는 함대사령관은 통합방위사태가 선포된 때에는 즉시 다음의 구분에 따라 통합방위작전(공군작전사령관의 경우에는 통합방위 지원작전)을 신속하게 수행하여야 한다. 다만, 을종사태가 선포된 경우에는 지역군사령관이 통합방위작전을 수행하고, 갑종사태가 선포된 경우에는 통합방위본부장 또는 지역군사령관이 통합방위작전을 수행한다.

① **경찰 관할 지역**: 시 · 도경찰청장
② **특정경비지역 및 군 관할 지역**: 지역군사령관
③ **특정경비해역 및 일반경비해역**: 함대사령관
④ **비행금지공역 및 일반공역**: 공군작전사령관

3. 통제구역 등(제16조)

시 · 도지사 또는 시장 · 군수 · 구청장은 다음의 어느 하나에 해당하면 대통령령으로 정하는 바에 따라 인명 · 신체에 대한 위해를 방지하기 위하여 필요한 **통제구역을 설정**하고, 통합방위작전 또는 경계태세 발령에 따른 군 · 경 합동작전에 관련되지 아니한 사람에 대하여는 출입을 금지 · 제한하거나 그 통제구역으로부터 **퇴거할 것을 명할 수 있다**.

① 통합방위사태가 선포된 경우
② 적의 침투 · 도발 징후가 확실하여 경계태세 1급이 발령된 경우

4. 대피명령(제17조)

시 · 도지사 또는 시장 · 군수 · 구청장은 통합방위사태가 선포된 때에는 인명 · 신체에 대한 위해를 방지하기 위하여 즉시 작전지역에 있는 주민이나 체류 중인 사람에게 **대피할 것을 명할 수 있다**.

5. 검문소의 운용(제18조)

시 · 도경찰청장, **지방해양경찰청장(대통령령으로 정하는 해양경찰서장을 포함한다**. 이하 같다), 지역군사령관 및 함대사령관은 관할 구역 중에서 적의 침투가 예상되는 곳 등에 **검문소를 설치 · 운용할 수 있다**. 다만, **지방해양경찰청장이 검문소를 설치하는 경우에는 미리 관할 함대사령관과 협의**하여야 한다.

⊕ PLUS

적의 침투 또는 출현이나 그러한 흔적을 발견한 사람은 누구든지 그 사실을 지체 없이 군부대 또는 행정기관에 신고하여야 한다(통합방위법 제19조).

제7절 해양경찰청 비상소집 및 근무규칙

01 서설

1. 목적

이 규칙은 경찰공무원 복무규칙 제14조에 따라 가용인력과 가용경비세력을 동원하여 해상치안상의 비상상황에 효율적으로 대처함을 그 목적으로 한다.

2. 정의(제2조)

이 규칙에서 사용하는 용어의 정의는 다음 각호와 같다.

구분	내용
비상상황	함은 해양주권 · 안보 · 안전 · 치안 · 오염과 관련하여 중요상황이 발생하거나 발생할 우려가 있어 다수의 경력을 동원할 필요가 있는 때를 말한다.
비상소집	비상상황이 발생하거나 발생할 우려가 있어 현행 근무인력으로 상황조치가 어려운 경우 소속 공무원을 해당 소집장소로 집결하게 하는 것을 말한다. 다만, 비상상황에 미치는 상황은 아니나 현행 근무인력으로 상황처리가 어려운 경우도 포함한다.
비상근무	비상상황하에서 업무수행의 계속성을 유지하는 것을 말한다.
해상경계강화	관내 취약요소에 대한 순찰과 감시를 강화하고 유관기관간 정보교환을 철저히 하는 등 즉응태세를 유지하는 것을 말한다.
지휘통제선상 위치	지휘관이 유사시 통신으로 즉시 상황지휘가 가능하고 1시간 내 상황지휘 및 상황근무가 가능한 위치에서 대기하는 것을 말한다.
비상대기 태세 유지	지휘관을 제외한 공무원이 비상연락체계를 유지하면서 비상소집이 가능한 위치에서 대기하는 것을 말한다.
비상업무 주무부서	기관 전체의 비상연락망을 유지하고 비상업무를 관리 · 감독하는 부서로 종합상황실을 포함한 경비업무를 담당하는 부서(해양경찰교육원과 해양경찰정비창은 총무기능)를 말한다.
가용인력	출장 · 휴직 · 휴가 · 파견 · 교육 중(이하 사고)인 인원과 가용경비세력 운용인력을 제외하고 실제 동원될 수 있는 인원을 말한다.
가용경비세력	수리 중인 함정 및 항공기를 제외하고 실제 동원될 수 있는 함정 및 항공기와 그 운용인력을 말한다.
필수요원	비상발령권자가 지정한 자로 비상소집시 1시간 이내에 응소하여야 할 공무원을 말한다.
일반요원	필수요원을 제외한 공무원으로 비상소집시 2시간 이내에 응소하여야 할 공무원을 말한다.

3. 적용범위

이 규칙은 법령 및 행정규칙에 따로 정한 경우를 제외하고 해양경찰청 소속 공무원(이하 공무원)에게 적용한다.

02 비상근무

1. 비상근무의 종류 및 등급(제4조)

① 비상근무의 종류는 다음 각 호와 같다.

> 1. 경비비상
> 2. 구조비상
> 3. 정보수사비상
> 4. 방제비상

② 비상근무의 등급은 다음 각 호와 같으며, 등급별 세부상황은 별표와 같다.

> 1. 갑호비상
> 2. 을호비상
> 3. 병호비상
> 4. 해상경계강화

③ 각종 비상상황의 긴급성 및 중요도에 따라 비상발령권자가 비상등급을 설정하여 운용한다.

2. 비상근무발령(제5조)

① 비상근무발령권자는 다음과 같다.

> 1. 전국 또는 2개 이상 지방해양경찰청 관할구역: 해양경찰청장
> 2. 지방해양경찰청 또는 2개 이상 해양경찰서 관할구역: 관할 지방해양경찰청장
> 3. 단일 해양경찰서 관할구역: 관할 해양경찰서장

② 비상근무발령권자는 별지 1호 서식에 따라 비상근무를 발령한다.

3. 근무요령(제6조)

① 비상근무발령권자는 다음 각 호에 따라 인력을 동원하여 비상근무를 실시한다. 다만 상황의 특성을 고려하여 주무기능과 관련기능만 비상근무를 발령하여 비상근무를 실시 할 수 있다.

> 1. 갑호비상: 가용인력의 100%까지 동원할 수 있다.
> 2. 을호비상: 가용인력의 50%까지 동원할 수 있다.
> 3. 병호비상: 가용인력의 30%까지 동원할 수 있다.
> 4. 해상경계강화: 별도의 경력 동원 없이 비상대기태세를 유지하되 필요에 따라 적정수준의 가용인력을 동원할 수 있다.

② 비상근무발령권자는 다음 각 호에 따라 경비세력을 동원하여 비상근무를 실시한다. 다만 상황을 특성을 고려하여 가용인력과 가용경비세력 동원을 다르게 지정할 수 있다.

> 1. 갑호비상: 가용경비세력의 100%까지 동원할 수 있다.
> 2. 을호비상: 가용경비세력의 50%까지 동원할 수 있다.
> 3. 병호비상: 가용경비세력의 30%까지 동원할 수 있다.
> 4. 해상경계강화: 별도의 가용경비세력 동원 없이 비상대기태세를 유지하되 필요에 따라 적정수준의 가용경비세력을 동원할 수 있다.

③ 비상대기태세 유지시 기본 근무지침은 다음 각 호와 같다.

> 1. 각급 지휘관은 지휘통제선상 위치로 근무기강 확립 및 취약분야에 대한 지휘감독 철저
> 2. 상황 발생시 보고 · 지휘체계 확립 및 대응철저
> 3. 전 직원 비상연락망 점검 및 비상소집 체계 유지
> 4. 안전수칙 준수로 자체사고 예방
> 5. 함정 · 항공기 · 특공대 · 구조대 긴급 출동태세 유지

④ 해상경계강화를 제외한 비상등급의 근무는 비상근무 목적과 인원 등을 종합적으로 고려하여 현장배치 및 교대근무, 대기근무 등으로 편성하여 운용한다.

⑤ 비상근무가 장기간 유지되거나 될 우려가 있는 경우 기본근무 복귀 또는 귀가하여 비상대기태세를 갖추도록 할 수 있다.

⑥ 갑호비상 근무시 **연가를 중지**하고, 을호 및 병호 비상시 부득이한 경우를 제외하고 **연가를 억제**한다.

4. 지휘본부 운영(제7조)

① 비상근무발령권자는 필요시 지휘본부를 종합상황실에 설치하여 운영할 수 있다.

② 지휘본부장은 해양경찰청장이, 지방해양경찰청과 해양경찰서의 본부장은 당해 지방해양경찰청장 및 해양경찰서장이 된다.

③ 지휘본부의 구성은 각종 상황관련 매뉴얼에 따라 편성하여 운영한다.

④ 지휘본부의 각 반은 일일 종합보고서를 작성하여 지휘본부장에게 보고하거나 상황 주무기능에서 취합하여 통합 보고할 수 있다.

5. 해제(제8조)

비상근무발령권자는 비상상황이 종료되는 즉시 비상근무를 해제하고, 제5조 제1항 제2호 내지 제3호의 발령권자는 **6시간 이내** 해제일시, 사유 및 비상근무 결과 등을 차상급 기관의 장에게 보고하여야 한다. 단, 해상경계강화의 경우는 별도보고를 실시하지 않을 수 있다.

03 비상소집

1. 비상소집(제9조)

비상소집은 비상근무발령권자의 지시에 따라 종합상황실장이 실시하며, 상황대응에 필요한 인원의 전부 또는 일부를 지역별, 계급별, 기능별로 구분하여 비상소집한다. 단, 자체 상황처리를 위하여 함 · 정장, 파출소장, 특공대장 등 현장 지휘관이 인력을 동원할 필요가 있는 경우 비상소집을 할 수 있다.

2. 소집전달(제10조)

① 소집발령이 하달되면 종합상황실장 및 당직근무자는 각 과 주무계 및 함정, 파출소 등 현장부서에 즉시 소집내용을 전달하여야 한다.

② 비상소집 자동전파장치가 구축되거나 이와 유사한 시스템을 활용할 수 있는 기관은 자동전파장치를 이용하되, 무응답으로 처리된 자에 대하여는 재전파하도록 한다.

3. 응소 및 보고(제11조)

① 비상소집관은 별지 제2호 서식에 따라 비상소집응소부를 작성, 비치하여야 한다. 다만, 필요에 따라 각 과 주무계로부터 비상소집실시 결과보고로 비상소집응소부를 대체할 수 있다.

② 비상소집 명령을 전달받은 공무원은 소집장소로 응소함을 원칙으로 하고 함정, 항공대, 구조대, 특공대, 파출소 등 현장부서는 특별한 지시가 없을 경우 해당 근무장소로 응소한다. 단, 도서를 포함한 원거리 소재 파출소 및 출장소 근무자 등 시간 내 응소가 불가능한 경우에는 **가까운 해양경찰관서에 응소 후 지시에 따른다.**

③ 비상소집시 **필수요원은 1시간** 이내, **일반요원은 2시간** 이내 응소함을 원칙으로 하고 응소자 명부에는 응소시간별로 기록하며, 시간 내 응소자와 시간 외 응소자, 미응소자를 구분하여 기록한다.

1. 시간 내 응소: 해당시간 내 응소 2. 시간 외 응소: 해당시간 경과 후 1시간 내 응소 3. 미응소: 해당시간 경과 후 1시간 초과 응소

④ 사고 중인 공무원은 응소에서 제외하고 사고시간이 해결되었을 경우 즉시 응소하여야 한다.

⑤ 비상소집된 부서는 별지 제3호 서식에 따라 비상소집 후 **1시간 내**에 비상소집 실시보고를 주무부서에 통보하여야 한다.

⑥ 주무부서는 비상소집 또는 비상소집 전화훈련을 실시할 때는 비상소집 실시결과를 별지 제4호 내지 별지 제5호에 따라 지휘계통에 의거 보고하여야 한다.

⑦ 해양경찰청장이 소속기관에 대해 비상소집시 응소는 해당 소속기관으로 응소하고 비상업무 주무부서는 그 결과를 신속히 보고한다.

4. 인원배치 및 장비지급(제12조)

① 비상근무발령권자는 응소자로 하여금 함정, 파출소 등 현장에 인원을 증원하게 할 수 있다.

② 비상근무발령권자는 응소자가 보기 쉬운 곳에 무기 또는 기타 장구의 휴대 기준 및 지급장소 등을 게시하여 지급할 수 있도록 한다.

5. 필수요원의 지정(제13조)

① 경비세력의 운용인력 및 파출소, 출장소, 특공대, 구조대 인력 등 현장 집행이 필요한 인원은 필수요원으로 지정한다.

② 사무실 일근 부서는 계장급 이상 및 과장이 지정하는 직원 2명으로 필수요원을 지정한다.

③ 필수요원에 대해서는 비상상황이 발생하거나 발생할 우려가 있어 현행 근무인력으로 상황대비 또는 조치가 어려운 경우를 포함하여 소집을 명할 수 있다.

6. 비상연락망 운영 및 비치(제14조)

① 새로 임용되거나 소속 및 부서를 이동한 공무원(전 · 출입)은 부임 또는 이동한 날에, 비상연락 전화번호 및 주소가 변경된 공무원의 경우 변경된 날에 별지 제6호 서식에 따라 비상연락망을 작성하여 주무계로 제출하고 주무계는 취합하여 비상업무 주무부서에 제출한다.

② 비상업무 주무부서는 전체 비상연락망을 취합하여 종합상황실에 비치하고 당직업무 주관부서에 통보하며 각 과, 함정, 파출소 · 출장소, 항공대, 특공대, 구조대 등은 자체 비상연락망을 적절한 장소를 지정하여 비치한다.

7. 교육훈련(제15조)

① 비상근무발령권자는 직장교육 등의 교육기회를 통하여 다음 각 호의 사항을 교육하여야 한다.

1. 실제응소 및 전화 응소 요령 2. 비상소집 전달요령 3. 전출·입 및 변동사항 통보 의무와 책임

② 비상근무발령권자는 **연 1회 이상** 불시 비상소집훈련을 실시한다.

③ 비상근무발령권자는 **전화 확인 방식으로 반기 1회 이상** 불시 비상소집 전화훈련을 실시할 수 있으며, 비상소집 **전화응소는 30분 내 응소함을 원칙**으로 하고, 30분 이후 응소자는 미응소로 한다.

8. 감독(제16조)

비상근무발령권자는 소속 직원에 대한 교양과 감독을 실시하여 비상근무를 빙자한 직권남용 사례 등이 없도록 하고, 경력동원의 적정으로 불필요한 경력소모가 없도록 유의하여야 한다.

제2장 해양구조안전

제1절 수색 · 구조

01 의의

우리나라는 1995년 SAR(해상수색구조에 관한 국제협약)의 가입 이후 해양경찰이 해상구조업무의 국가 전담기구로서의 역할을 해왔다. 또한 '수상에서의 수색 · 구조 등에 관한 법률(구 수난구호법)'의 시행을 통해 해상에서의 구조활동을 구체화하고 있다.

또한 수색 · 구조 관련 국제협약으로 '해양법에 관한 국제연합 협약', '수색구조협약(SAR)', '해상에서의 인명안전을 위한 국제협약(SOLAS)', '국제항공 및 해상구조(IAMSAR) 매뉴얼' 등에 근거하여 수색 · 구조활동을 수행하고 있다.

1. 1982년 UN해양법협약

모든 연안국은 해상안전에 관한 적절하고도 실효적인 수색, 구조기관의 설치, 운영 및 유지를 촉진시키고, 필요한 경우 이를 위해 지역 약정의 형태로 인접국과 서로 협력한다.

2. SOLAS 협약

IMO에서는 1974년 SOLAS 협약을 통해 각 당사국 정부로 하여금 책임구역에서 조난통신 및 조정업무를 위해 또는 연안해상에서 조난된 사람의 구조에 필요한 조치를 취하도록 하였다.

3. SAR 협약

IMO는 1979년 SAR 협약을 통해 세계해양을 13개의 수색, 구조해역(SAR Region)으로 분할하여 각 해역에 있는 관계국이 책임지고 수색, 구조해야 할 경계를 확정지었다. 협약에서는 해상에서 조난을 당할 수 있는 선박뿐만 아니라 항공기에 대한 내용도 포함하고 있으며 이후 IAMSAR의 근간을 제공하였다.

4. IAMSAR 매뉴얼

1998년 SAR 협약 개정과 함께 IMO와 ICAO에서는 '국제항공기와 해상수색구조(IAMSAR, International Aeronautical and Maritime Search and Rescue)' 매뉴얼을 공동을 개발하였다. 이 매뉴얼은 총 3권으로 구성되어 조직과 관리, 임무조정, 이동시설을 다루고 있다.

02 수상에서의 수색 · 구조 등에 관한 법률

1. 서설

(1) 목적(제1조)

이 법은 수상에서 조난된 사람, 선박, 항공기, 수상레저기구 등의 수색 · 구조 · 구난 및 보호에 필요한 사항을 규정함으로써 조난사고로부터 국민의 생명과 신체 및 재산을 보호하고 공공의 복리증진에 이바지하는 것을 목적으로 한다.

(2) 정의(제2조)

이 법에서 사용하는 용어의 정의는 다음과 같다.

구분	내용
수상	해수면과 내수면을 말한다.
해수면	수상레저안전법 제2조 제6호에 따른 바다의 수류나 수면을 말한다.
내수면	수상레저안전법 제2조 제7호에 따른 하천, 댐, 호수, 늪, 저수지, 그 밖에 인공으로 조성된 담수나 기수(汽水)의 수류 또는 수면을 말한다.
수난구호	수상에서 조난된 사람 및 선박, 항공기, 수상레저기구 등(이하 "선박 등"이라 한다)의 수색 · 구조 · 구난과 구조된 사람 · 선박 등 및 물건의 보호 · 관리 · 사후처리에 관한 업무를 말한다.
조난사고	수상에서 다음 각 목의 사유로 인하여 사람의 생명 · 신체 또는 선박 등의 안전이 위험에 처한 상태를 말한다. 가. 사람의 익수 · 추락 · 고립 · 표류 등의 사고 나. 선박 등의 침몰 · 좌초 · 전복 · 충돌 · 화재 · 기관고장 또는 추락 등의 사고
수난구호협력기관	수난구호를 위하여 협력하는 중앙행정기관 · 지방자치단체, 재난 및 안전관리 기본법 제3조 제8호에 따른 긴급구조지원기관, 대통령령으로 정하는 공공단체를 말한다.
수색	인원 및 장비를 사용하여 조난을 당한 사람 또는 사람이 탑승하였을 것으로 추정되는 선박 등을 찾는 활동을 말한다.
구조	조난을 당한 사람을 구출하여 응급조치 또는 그 밖의 필요한 것을 제공하고 안전한 장소로 인도하기 위한 활동을 말한다.
구난	조난을 당한 선박 등 또는 그 밖의 다른 재산(선박 등에 실린 화물을 포함한다)에 관한 원조를 위하여 행하여진 행위 또는 활동을 말한다.
구조대	수색 및 구조활동을 신속히 수행할 수 있도록 훈련된 인원으로 편성되고 적절한 장비를 보유한 단위조직을 말한다.
민간해양구조대원	지역해역에 정통한 주민 등 해양경찰관서에 등록되어 해양경찰의 해상구조활동을 보조하는 사람을 말한다.
표류물	점유를 이탈하여 수상에 떠 있거나 떠내려가고 있는 물건을 말한다.
침몰품	점유를 이탈하여 수상에 가라앉은 물건을 말한다.

(3) 적용범위(제2조의2)

이 법 또는 이 법에 따른 명령 중 선박소유자에 관한 규정은 선박을 공유하는 경우로서 선박관리인을 임명하였을 때에는 그 선박관리인에게 적용하고, 선박을 임차하였을 때에는 그 선박임차인에게 적용하며, 선장에 관한 규정은 선장을 대신하여 그 직무를 수행하는 사람이 있는 경우 그 사람에게 적용한다.

(4) 다른 법률과의 관계(제3조)

수상에서 발생한 모든 조난사고에 대하여는 다른 법률에서 따로 정한 경우를 제외하고는 이 법에서 정하는 바에 따른다.

2. 수난대비

(1) 수난대비기본계획의 수립 등(제4조)

① **해양경찰청장**은 해수면에서 자연적·인위적 원인으로 발생하는 조난사고로부터 사람의 생명과 신체 및 재산을 보호하고 효율적인 수난구호를 위하여 **수난대비기본계획을 5년 단위로 수립**하여야 한다.

② **해양경찰청장**은 제1항의 수난대비기본계획을 집행하기 위하여 **수난대비집행계획을 매년 수립·시행**하여야 한다.

③ 수난대비집행계획은 민방위기본법에 따른 민방위계획에 포함하여 수립·시행할 수 있다.

(2) 중앙구조본부 등의 설치(제5조)

① 해수면에서의 수난구호에 관한 사항의 총괄·조정, 수난구호협력기관과 수난구호민간단체 등이 행하는 수난구호활동의 역할조정과 지휘·통제 및 수난구호활동의 국제적인 협력을 위하여 **해양경찰청에 중앙구조본부를 둔다.**

② 해역별 수난구호에 관한 사항의 총괄·조정, 해당 지역에 소재하는 수난구호협력기관과 수난구호민간단체 등이 행하는 수난구호활동의 역할조정과 지휘·통제 및 수난현장에서의 지휘·통제를 위하여 **지방해양경찰청에 광역구조본부**를 두고, **해양경찰서에 지역구조본부**를 둔다.

③ 중앙구조본부, 광역구조본부 및 지역구조본부(이하 '구조본부'라 한다)의 장은 신속한 수난구호를 위하여 수난구호협력기관의 장에게 소속 직원의 파견 및 장비의 지원을 요청할 수 있다. 이 경우 요청을 받은 기관·단체의 장은 특별한 사유가 없는 한 이에 응하여야 한다.

⊕ PLUS 각 구조본부의 구성 및 운영

구분	내용
중앙구조본부	① 법 제5조 제1항에 따른 중앙구조본부(이하 '중앙구조본부'라 한다)에는 본부장·부본부장 각 1명과 중앙조정관 1명 및 업무 수행에 필요한 직원을 둔다. ② 중앙구조본부의 본부장(이하 '중앙구조본부의 장'이라 한다)은 해양경찰청장이 되고, 부본부장·중앙조정관 및 직원은 해양경찰청장이 소속 공무원 중에서 지명하는 사람이 된다. ③ 중앙구조본부의 장은 다음 각 호의 사항을 관장한다. 1. 수난구호대책의 총괄·조정 1의2. 법 제5조의2 제1항에 따른 수난대비기본훈련(이하 '수난대비기본훈련'이라 한다)의 실시 2. 법 제17조 제4항에 따른 대규모 수난구호활동의 현장 지휘·통제 3. 해수면에서의 수난구호업무(이하 '해상수난구호업무'라 한다)에 관한 관계 기관·단체와의 협력 4. 해상수난구호업무에 관한 국제기구 및 외국기관과의 협력 5. 수난구호협력기관 등 관계 기관·단체의 구조대와의 합동훈련 및 합동수색·구조활동에 필요한 구조지침에 관한 사항 6. 법 제4조 제2항에 따른 수난대비집행계획(이하 '수난대비집행계획'이라 한다)의 시행 7. 수난구호장비의 확충·보급 등 8. 법 제5조 제2항에 따른 광역구조본부(이하 '광역구조본부'라 한다) 및 지역구조본부(이하 '지역구조본부'라 한다)의 지휘·감독 9. 그 밖에 해상수난구호업무의 효율적인 수행을 위하여 필요한 사항 ④ 부본부장은 중앙구조본부의 장을 보좌하며, 중앙구조본부의 장이 부득이한 사유로 직무를 수행할 수 없을 때에는 그 직무를 대행한다.

	⑤ 중앙조정관은 중앙구조본부의 장 및 부본부장을 보좌하고, 중앙구조본부의 장의 명을 받아 수난구호업무를 총괄하며, 중앙구조본부 직원을 지휘·감독한다.
광역구조본부	① 광역구조본부에는 본부장 1명과 광역조정관 1명을 두고, 지역구조본부에는 본부장 1명과 지역조정관 1명을 두며, 광역 및 지역 구조본부별로 업무 수행에 필요한 직원을 둔다. ② 광역구조본부의 본부장(이하 '광역구조본부의 장'이라 한다)은 해당 지방해양경찰청장이 되고, 광역조정관 및 광역구조본부 직원은 해당 지방해양경찰청장이 소속 공무원 중에서 지명하는 사람이 되며, 지역구조본부의 본부장(이하 '지역구조본부의 장'이라 한다)은 해당 해양경찰서장이 되고, 지역조정관 및 지역구조본부 직원은 해당 해양경찰서장이 소속 공무원 중에서 지명하는 사람이 된다. ③ 광역구조본부의 장은 다음 각 호의 사항을 관장한다. 1. 광역구조본부 관할해역에서의 수난구호업무 총괄·조정·지휘 및 관계 기관, 외국기관과의 협력 2. 관할해역에서의 수난구호업무 수행 3. 소속 구조대의 편성·운영 및 구조활동에 관한 지휘·통제 4. 지역 소재 수난구호협력기관과 수난구호민간단체의 수난구호활동 역할 분담 및 지휘·통제 5. 법 제33조에 따른 선박위치통보제도의 시행에 관한 사항 6. 해상수난구호업무를 위한 지역 통신망의 관리·운용 7. 그 밖에 중앙구조본부의 장으로부터 위임받거나 지시받은 사항
지역구조본부	① 지역구조본부의 장은 해상수난구호업무에 관하여 광역구조본부의 장의 조정·지휘를 받아 다음 각 호의 사항을 관장한다. 1. 관할해역에서의 수난구호업무 수행 2. 소속 구조대의 편성·운영 및 구조활동에 관한 지휘·통제 3. 지역 소재 수난구호협력기관과 수난구호민간단체의 수난구호활동 역할 분담 및 지휘·통제 4. 그 밖에 중앙구조본부의 장 또는 광역구조본부의 장으로부터 위임받거나 지시받은 사항 ② 광역구조본부의 광역조정관 및 지역구조본부의 지역조정관은 소속 본부장을 보좌하고, 본부장의 명을 받아 소속 구조대 및 직원을 지휘·감독하며, 본부장이 부득이한 사유로 직무를 수행할 수 없을 때에는 그 직무를 대행한다. ③ 지역구조본부의 장은 수난구호에 필요한 구조대·장비 및 관계 기관과의 협력사무 등에 관하여 광역구조본부의 장에게 지원을 요청할 수 있다.

(3) 수난대비기본훈련의 실시 등(제5조의2)

① 중앙구조본부는 수상에서 자연적·인위적 원인으로 발생하는 조난사고로부터 사람의 생명과 신체 및 재산을 보호하기 위하여 수난구호협력기관 및 수난구호민간단체 등과 공동으로 **매년 수난대비기본훈련을 실시**하여야 한다.

② 해양경찰청장은 수난대비기본훈련의 실시결과를 **매년 국회 소관상임위원회에 보고**하여야 한다.

(4) 각급 해양수색구조기술위원회의 설치(제6조)

해양에서의 수색구조활동을 신속하고 효과적으로 지원하고, 수색구조 관련 정책조정과 유관기관 및 민간단체와의 협력체제를 구축하기 위하여 중앙구조본부의 장, 광역구조본부의 장 및 지역구조본부의 장(이하 '구조본부의 장'이라 한다) 소속으로 각각 중앙, 광역 및 지역 해양수색구조기술위원회를 둔다.

(5) 구조대 및 구급대의 편성·운영(제7조)

① 구조본부의 장은 해수면에서 수난구호를 효율적으로 수행하기 위하여 구조대를 편성·운영하고, 해수면과 연육로로 연결되지 아니한 도서(소방관서가 설치된 도서는 제외한다)에서 발생하는 응급환자를 응급처치하거나 의료기관에 긴급히 이송하기 위하여 구급대를 편성·운영하여야 한다.

② 소방청장, 소방본부장 및 소방서장(이하 '소방관서의 장'이라 한다)은 내수면에서의 수난구호를 위하여 구조대를 편성·운영하고, 내수면에서 발생하는 응급환자를 응급처치하거나 의료기관에 긴급히 이송하기 위하여 구급대를 편성·운영하여야 한다.

③ 수난구호협력기관의 장은 수난구호활동의 지원을 위하여 필요하다고 인정할 때에는 구조대 및 구급대를 편성·운영할 수 있다.

④ 구조대 및 구급대는 수난구호 및 응급처치 등을 위하여 필요한 인력 · 장비 및 조직체계 등을 갖추어야 한다.

(6) 종합상황실의 설치 · 운영(제8조)

구조본부의 장은 조난사고와 그 밖에 구조 · 구급이 필요한 상황의 발생에 대비하고, 신속한 구조활동을 위한 정보를 수집 · 전파하기 위하여 종합상황실을 설치 · 운영하여야 한다.

수상에서의 수색 · 구조 등에 관한 법률 시행규칙

제4조 【종합상황실의 설치 · 운영】 ① 법 제8조 제1항에 따라 설치하는 종합상황실은 다음 각 호의 요건을 모두 갖추어야 한다.

1. 신속한 수난구호 관련 정보의 수집 · 전파와 수난구호 자원의 관리 · 지원을 위한 방송 및 정보통신 체계
2. 수난구호상황의 효율적 관리를 위한 각종 장비 운영 · 관리체계
3. 그 밖에 조난사고 대비와 수난구호업무를 위하여 해양경찰청장이 정하는 사항

② 중앙구조본부의 장, 광역구조본부의 장 및 지역구조본부의 장(이하 "구조본부의 장"이라 한다)은 종합상황실 기능의 전부 또는 일부를 수행할 수 없는 경우를 대비하여 대체상황실을 운영할 수 있다.

(7) 여객선비상수색구조계획서의 작성 등(제9조)

① 국제항해에 취항하는 여객선(해운법 제6조 제1항에 따라 승인을 받은 외국의 해상여객운송사업자가 운영하는 여객선을 포함한다. 이하 '여객선'이라 한다) 소유자는 비상시 여객선의 수색구조를 위하여 구조본부의 비상연락망, 비상훈련계획 및 구명설비배치도 등이 기재된 계획서(이하 '**여객선비상수색구조계획서**'라 한다)를 작성하여 **관할 해양경찰서장에게 신고**하고 확인을 받아 해당 여객선 및 선박 소유자의 **주된 사무실에 비치**하여야 한다.

② 여객선 소유자는 여객선비상수색구조계획서의 내용에 변경이 있는 경우 **지체 없이 변경된 내용을 관할 해양경찰서장에게 신고**하여야 한다.

③ 관할 해양경찰서장은 여객선의 안전을 위하여 필요하다고 인정하는 경우 소속 경찰공무원으로 하여금 여객선 소유자의 선박 또는 주된 사무소에 출입하여 여객선비상수색구조계획서를 확인하게 할 수 있다.

④ 여객선 소유자의 선박 또는 주된 사무소에 출입하는 경찰공무원은 그 권한을 나타내는 증표를 지니고 이를 관계인에게 내보여야 한다.

⑤ 여객선 및 해운법 제2조 제1호의2에 따른 여객선 소유자는 해양수산부령으로 정하는 바에 따라 여객선비상수색구조 훈련을 연 1회 이상 선장의 지휘하에 실시하여야 하며, 훈련의 시기와 방법은 관할 해양경찰서장 또는 소방서장과 협의하여 정한다.

(8) 선박의 이동 및 대피 명령(제10조)

구조본부의 장은 다음 각 호의 어느 하나에 해당하는 선박의 경우에는 해양수산부령으로 정하는 바에 따라 해당 선박의 이동 및 대피를 명할 수 있다. 다만, 외국선박에 대한 이동 및 대피명령은 영해 및 접속수역법 제1조 및 제3조에 따른 영해 및 내수(내수면어업법 제2조 제1호에 따른 내수면은 제외한다)에서만 실시한다.

1. 태풍, 풍랑 등 해상기상의 악화로 조난이 우려되는 선박
2. 선박구난현장에서 구난작업에 방해가 되는 선박

(9) 조난된 선박의 긴급피난(제11조)

인명이나 해양환경에 손상을 초래할 수 있는 조난된 선박의 선장 또는 소유자는 계속 항해시의 위험을 줄이기 위하여 긴급피난을 할 수 있다.

(10) 긴급피난의 신청과 허가(제12조)

① 긴급피난을 하려는 조난된 선박의 선장 또는 소유자는 구조본부의 장에게 긴급피난의 허가를 신청하여야 한다.

② 긴급피난의 허가신청을 받은 구조본부의 장은 지체 없이 그 허가 여부를 결정하여야 한다. 허가를 하는 경우 구조본부의 장은 조난된 선박이 초래할 수 있는 인명이나 해양환경에 미치는 영향을 고려하여 조건을 붙여 허가를 할 수 있다.

③ 구조본부의 장은 해상기상 또는 선박의 상태 등을 고려하여 긴급피난의 허가를 하지 아니한 때에는 즉시 신청자에게 알리고, 선박의 안전에 필요한 조치를 하여야 한다.

3. 수난구호

(1) 수난구호의 관할(제13조)

해수면에서의 수난구호는 구조본부의 장이 수행하고, 내수면에서의 수난구호는 소방관서의 장이 수행한다. 다만, 국제항행에 종사하는 내수면 운항선박에 대한 수난구호는 구조본부의 장과 소방관서의 장이 상호 협조하여 수행하여야 한다.

(2) 수난구호협력기관과의 협조 등(제14조)

① 수난구호협력기관의 장은 수난구호활동을 위하여 구조본부의 장 또는 소방관서의 장으로부터 필요한 지원과 협조 요청이 있을 경우 특별한 사정이 없으면 이에 응하여야 한다.

② 구조본부의 장 또는 소방관서의 장은 수난구호협력기관의 장과 협의하여 구조대 및 구급대의 합동훈련 또는 합동교육을 실시하거나 구조대 및 구급대에 관한 정보교환 및 상호연락체제를 구축할 수 있다.

③ 특별자치도지사 또는 시장 · 군수 · 구청장(자치구의 구청장을 말한다. 이하 같다)은 구조된 사람의 보호와 습득한 물건의 보관 · 반환 · 공매 및 구호비용의 산정 · 지급 · 징수, 그 밖에 사후처리에 관한 일체의 사무를 담당한다.

(3) 조난사실의 신고 등(제15조)

① 수상에서 조난사고가 발생한 때에는 다음 각 호의 어느 하나에 해당하는 자는 즉시 가까운 구조본부의 장이나 소방관서의 장에게 조난사실을 신고하여야 한다.

> 1. 조난된 선박 등의 선장 · 기장 또는 소유자
> 2. 수상에서 조난사실을 발견한 자
> 3. 조난된 선박 등으로부터 조난신호나 조난통신을 수신한 자
> 4. 조난사고 원인을 제공한 선박의 선장 및 승무원

② 선박 등의 소재가 불명하고 통신이 두절되어 실종의 위험이 있다고 인정되는 경우에는 그 선박 등의 소유자 · 운항자 또는 관리자는 지체 없이 그 사실을 구조본부의 장이나 소방관서의 장에게 신고하여야 한다.

③ 조난사실을 신고받거나 인지한 구조본부의 장 또는 소방관서의 장은 그 사실을 지체 없이 조난지역을 관할하는 구조본부의 장이나 소방관서의 장에게 통보하여야 한다.

⊕ PLUS 수색절차

수색구조 대응기본절차는 일반적으로 사고인지 → 초동조치 → 수색 → 구조 → 사후조치로 단계적으로 진행된다.

1. **인지단계**

(1) 조난상황 또는 긴급사태 등 상황이 존재하거나 가능성을 개인이나 기관이 인식하는 단계

(2) **사고인지 방법**

해상에 있는 타 선박으로부터 경고신호 또는 조난신호를 직접 또는 경유하여 수신하는 방법, 항공기로부터 조난신호 또는 메시지를 수신하는 방법, 선박의 조난경보장치로부터 육상국을 경유하여 중계받는 정보, 인근의 조난선박으로부터 시각신호 또는 음향신호를 수신하는 방법, 경비함정 등 구조기관이 현장에서 직접 인지하는 경우 등이 있다.

※ **SAR 협약 사고초기 긴급사태 단계 분류 및 조치사항**

단계	내용	조치
불확실단계	① 선박, 승선자의 안전이 불확실한 경우 ② 사람이 실종되거나 선박 또는 항공기의 도착이 지연되는 경우 ③ 선박 등이 예정된 위치나 안전보고가 없는 경우	사람, 선박 또는 기타 선주류의 안전을 확인하기 위해 조사를 개시
경계단계	① 불확실단계의 다음 단계 ② 선박, 승선자의 안전이 우려되는 경우 ③ 선박 등과 연락을 시도했으나 실패하고 기타 적절한 소식통에게 조회하였으나 성공하지 못한 경우 ④ 조난상황에 처해 있다고 판단되는 정도는 아니지만 운항 중인 선박 등의 상태가 정상적이지 않다고 판단되는 경우	① 실종자, 실종 선박 또는 실종 선주류에 대한 조사를 확대 ② 적절한 수색 및 구조업무를 위한 경보 발령
조난단계	① 경계단계의 다음 단계 ② 선박, 승선자가 중대하고 절박한 위험에 처하여 즉각적인 원조를 필요로 하는 상당한 정도의 확실성이 있는 경우 ③ 선박 등과 계속 연락을 시도하였으나 성공하지 못하고, 보다 넓은 범위의 조회에도 성공하지 못하여 조난상황이 존재할 가능성이 높다고 판단되는 경우 ④ 선박 등이 위험에 처해 즉각적인 원조가 필요하다는 확실한 정보를 입수한 경우, 조난상황에 처해 있다고 판단되는 정도로 선박 등의 상황정보를 입수한 경우	① 구조업무진행 ② 수색구조와 관련된 이용 가능한 통신에 관한 최신정보를 보유 ③ 선박 등에 대해 원조를 제공할 수 있는 선박의 위치, 항로, 속력이나 통신정보를 구비 ④ 수색구조를 위한 상세한 운영계획을 보유
긴급단계	선박, 승선자 위치가 불분명할 때	책임구조본부 지정을 위한 다른 구조본부와 협의

2. **초동조치의 단계**

사고 인지 후 상황판단, 상황전파 및 세력배치(수색구조세력의 출동)가 이루어지는 단계이다.

(1) 상황판단

선박위치와 상태, 승선원 수, 해상기상상황 등 수색구조활동을 위한 현장정보를 수집하고 관할해역 내 경비함정, 항공기, 해경구조대 등 자체 구조세력과 지원 가능한 민간 세력 등을 파악한다. 조난 위치 판단과 관련해서 조난자의 휴대폰 위치와 신고자의 신고내용, 표류예측시스템을 활용한다.

(2) 상황전파

사고인지 및 상황판단과정에서 습득한 정보를 수색구조 세력 및 유관기관에 전파한다. 상황전파는 현장세력 부서, 지원, 협조부서, 지휘, 참모 부서 등 우선순위에 따라 전파한다.

(3) 세력배치

함정, 항공기 등 수색구조세력의 위치를 확인하고 조난위치에 최초 도착한 함·정장 또는 구조본부장의 명을 받은 함·정장은 현장조정관임무를 수행한다.

3. **수색·구조단계**

- 수색구조세력을 해양사고 현장으로 이동, 수색계획에 따라 조난선박 또는 실종자 등을 찾는 활동단계이다.
- 기본적으로 수색계획을 수립할 때에는 표류의 영향을 고려하여 조난선박 또는 생존자의 존재가능성이 가장 높은 위치의 추정, 수색구역 결정, 이용할 수색구조세력의 선택, 현장조정 계획 등을 고려한다.

4. 구조단계
조난선박(항공기) 또는 실종자를 발견하여 생존자 구조, 지원, 생존자들에게 필요한 응급진료 제공, 사상자들을 의료시설로 이송하는 단계이다.
(1) 익수자 구조
자기점화 등이 부착된 구명환 또는 효과적인 부유물을 투하하여 익수자의 부상과 위치를 확인할 수 있도록 조치하고, 동시에 인명구조요원을 투입한다.
(2) 선박예인
엔진고장, 화재 등 선박이 정상적인 항행이 어려울 때 해양경찰함정이나 인근선박 등을 통해 예인하여 안전한 곳으로 이동시키는 활동으로 선박 예인시 통신망 유지, 견시자 배치 등을 통해 피예인선의 상태를 주시하여야 한다. 예인줄은 예인 중에 발생하는 급격한 장력을 흡수할 수 있도록 충분한 길이를 유지하여야 한다.

⊕ PLUS 수색방법

1. 확대사각수색(확대정방향)방법
① 수색선이 한 척일 경우 적합하며 추정점으로부터 정방향으로 확장하는 수색방식
② 수색대상의 위치가 다소 유동적이나 비교적 적은 범위 내에 있는 것으로 추정될 때 사용하는 방법
③ 수색목표물의 위치가 상대적으로 가까운 한계 내에 있는 것으로 알려졌을 때 가장 효과적

2. 부채꼴수색
① 수색대상의 위치가 명확하고 수색구역이 소규모일 때 효과적인 방법
② 원형수색이라고도 함.
③ 항공기와 함정 1척씩 병행사용하는 것이 유용하며, 최초 도착시 적절한 기준점을 만들어 수색패턴의 참조점 또는 항로표지로 사용하는 것이 좋다.

3. 항로수색
① 실종된 선박이나 항공기의 항로를 따라 신속하고 간편하게 이용하는 수색방법
② 초기수색단계에서 사용하는 방법
③ 항로왕복수색과 비왕복수색으로 구분

4. 평행수색
① 실종자의 위치가 불분명하고 광범위한 해역을 수색하는 대부분의 해상수색에 사용되는 항로 'ㄹ'자형의 방법
② 현장에서 여러 척의 함정이나 항공기의 동시수색이 필요한 수색방법
③ 수색에 장시간이 소요되고 수색효율성이 떨어진다는 단점

5. 크리핑라인수색(creeping line search)
① 기본적으로는 평행수색과 유사하나, 'ㄹ'자를 세운 형태의 수색방법
② 길이가 길고 폭이 좁은 해역의 수색에 사용
③ 수색대상이 통상 항로를 크게 벗어나서 표류할 것으로 추정되는 경우에 사용
④ 통상항로를 따라 광범위하게 수색 실시

6. 해 · 공합동수색
① 항공기와 함정을 병행하여 수색하는 입체 수색방법
② 다량의 인명구조시 사용
③ 항공기는 크리핑라인수색을 실시하고 선박은 수색구역의 중심축을 따라 수색하며, 항공기에서 조난자를 발견하면 함정에서 구조하는 방법

(4) 구조본부 등의 조치(제16조)

① 조난사실을 신고 또는 통보받거나 인지한 관할 구조본부의 장이나 소방관서의 장은 구조대에 구조를 지시 또는 요청하거나 조난현장의 부근에 있는 선박 등에게 구조를 요청하는 등 수난구호에 필요한 조치를 취하여야 한다.

② 구조의 지시 또는 요청을 받은 구조대의 장은 구조상황을 수시로 관할 구조본부의 장 또는 소방관서의 장에게 보고 하거나 통보하여야 한다.

③ 수난구호를 위하여 필요하다고 인정할 때에는 구조본부의 장 또는 소방관서의 장은 수난구호협력기관의 장, 수난구호민간단체에게 소속 구조지원요원 및 선박을 현장에 출동시키는 등 구조활동(조난된 선박 등의 예인을 포함한다)을 지원할 것을 요청할 수 있다. 이 경우 요청을 받은 수난구호협력기관의 장과 수난구호민간단체는 특별한 사유가 없는 한 즉시 이에 응하여야 한다.

④ 구조본부의 장 또는 소방관서의 장은 생존자의 구조를 위하여 필요한 경우 수중 수색구조활동을 실시할 수 있다. 다만, 그 업무를 수행하는 사람의 건강이나 생명에 중대한 위험을 초래할 우려가 있다고 판단되는 경우에는 실시하지 아니하거나 중지할 수 있다.

(5) 현장지휘(제17조)

① 조난현장에서의 수난구호활동의 지휘는 지역구조본부의 장 또는 소방서장이 행한다. 다만, 응급의료 및 이송 등과 관련된 사항에 대하여는 관련 수난구호협력기관의 장과 협의하여야 한다.

② 현장지휘는 다음 각 호의 사항에 관하여 행한다.

1. 조난현장에서의 수난구호활동 2. 수난구호협력기관, 수난구호민간단체, 자원봉사자 등의 임무 부여와 인력 및 장비의 배치와 운용 3. 추가 조난의 방지를 위한 응급조치 4. 사상자의 응급처치 및 의료기관으로의 이송 5. 수난구호에 필요한 물자 및 장비의 관리 6. 수난구호요원의 안전확보를 위한 조치 7. 현장접근 통제, 조난현장의 질서유지 등 효율적인 수난구호활동을 위하여 필요한 사항

③ 광역구조본부의 장 또는 소방본부장은 둘 이상의 지역구조본부의 장 또는 소방서장의 공동대응 등이 필요하다고 인정하는 경우에는 직접 현장지휘를 할 수 있다.

④ 중앙구조본부의 장 또는 소방청장은 대통령령으로 정하는 대규모의 수난이 발생하거나 그 밖에 필요하다고 인정하는 경우에는 직접 현장지휘를 할 수 있다.

⑤ 조난현장에서 수난구호활동에 임하는 수난구호요원, 조난된 선박의 선원 및 승객은 현장지휘관의 지휘·통제에 따라야 한다.

(6) 인근 선박 등의 구조지원(제18조)

① 조난현장의 부근에 있는 선박 등의 선장·기장 등은 조난된 선박 등이나 구조본부의 장 또는 소방관서의 장으로부터 **구조요청을 받은 때에는 가능한 한 조난된 사람을 신속히 구조할 수 있도록 최대한 지원을 제공**하여야 한다. 다만, 조난된 선박 또는 조난사고의 원인을 제공한 선박의 선장 및 승무원은 요청이 없더라도 조난된 사람을 신속히 구조하는 데 필요한 조치를 하여야 한다.

② 구조본부의 장 또는 소방관서의 장으로부터 구조요청을 받은 선박 등의 선장·기장 등은 구조에 착수하지 못할 경우에는 지체 없이 그 사유를 구조본부의 장 또는 소방관서의 장에게 통보하여야 한다.

(7) 조난된 선박 등의 구난작업 신고(제19조)

① 누구든지 다음 각 호의 장소에서 조난된 선박 등을 구난하려는 자는 구난작업을 시작하기 전에 **구조본부의 장 또는 소방관서의 장에게 그 사실을 신고**하여야 한다. 다만, 대통령령으로 정하는 소형선박을 구난하려는 경우, 제16조 제3항에 따른 구조본부의 장 또는 소방관서의 장의 요청으로 구난을 하려는 경우에는 그러하지 아니하며, 긴급구난을 하려는 경우에는 구난작업을 시작한 후 지체 없이 구조본부의 장 또는 소방관서의 장에게 알려야 한다.

1. 영해 및 접속수역법 제1조 및 제3조에 따른 영해 및 내수
2. 배타적 경제수역 및 대륙붕에 관한 법률에 따른 배타적 경제수역

② 구조본부의 장 또는 소방관서의 장은 제1항에 따른 신고를 받은 경우 그 내용을 검토하여 구난작업을 실시하는 데 적합하다고 인정할 때에는 신고를 수리하여야 한다. 이 경우 신고된 내용이 미흡하다고 인정할 때에는 필요한 사항을 보완한 후 다시 신고하게 할 수 있다.

(8) 구난작업 현장의 안전관리 등(제19조의2)

구조본부의 장 또는 소방관서의 장은 구난작업 현장의 안전관리와 환경오염 방지를 위하여 필요한 경우 구난작업 관계자에게 인력 및 장비의 보강, 인근 선박의 항행안전을 위한 조치 등을 할 것을 명할 수 있다.

(9) 조난된 선박 등의 구난작업시 보험가입(제20조)

누구든지 조난된 선박 등을 구난하려는 자는 안전사고 및 해양오염 발생에 대비하여 구난작업을 시작하기 전에 보험에 가입하여야 한다. 다만, 제19조 제1항의 단서에 따른 구난작업의 경우에는 그러하지 아니하다.

(10) 조난된 선박 등의 예인시 책임(제21조)

조난된 선박 등을 예인하는 자는 다음 각 호의 어느 하나에 해당하는 예인으로 인하여 조난된 선박 등이 파손되거나 멸실되더라도 고의 또는 중대한 과실이 없는 경우에는 민사상·형사상 책임을 지지 아니한다. 이 경우 조난된 선박 등을 예인하는 자는 피예인선의 선장이나 소유자에게 그 뜻을 미리 알려주어야 한다.

1. 수난구호민간단체에 소속된 선박이 제16조 제3항에 따른 구조본부의 장 또는 소방관서의 장의 요청을 받고 예인하는 경우
2. 민간에 소속된 선박이 보수(실비의 지급은 보수로 보지 아니한다)를 받지 아니하고 예인하는 경우. 이 경우 실비의 범위는 대통령령으로 한다.
3. 국가기관에 소속된 선박이 조난된 선박 등을 긴급히 구난하기 위하여 예인하는 경우

(11) 외국구조대의 영해진입 허가 등(제22조)

외국의 구조대가 신속한 수난구호활동을 위하여 우리나라와 체결한 조약에 따라 우리나라의 영해·영토 또는 그 상공에의 진입허가를 요청하는 때에는 중앙구조본부의 장은 지체 없이 이를 허가하고 그 사실을 관계 기관에 통보한다.

(12) 해외 수난 발생시 수색구조 등(제23조)

해외에서 우리나라 국민과 선박 등의 수난과 다른 나라 국민과 선박 등의 수난에 대하여 수색·구조가 필요한 경우 중앙구조본부의 장은 구조대를 파견할 수 있다.

(13) 구조활동의 종료 또는 중지(제24조)

구조본부의 장은 다음 각 호의 어느 하나에 해당하는 경우에는 구조활동을 종료 또는 중지할 수 있다.

1. 구조활동을 완료한 경우
2. 생존자를 구조할 모든 가능성이 사라지는 등 더 이상 구조활동을 계속할 필요가 없다고 인정되는 경우

⊕PLUS 해수온도에 따른 익수자 생존시간에 따른 추천 수색시간(IAMSAR 매뉴얼)

수온	50% 생존시간	추천 수색시간
5℃	약 1시간	6시간
10℃	약 2시간	12시간
15℃	약 6시간	18시간
20~30℃	24시간 이상	-
보온복 등 체온보호를 위해 특수한 보호복을 착용하지 않았을 경우		

(14) 국내 조난사고의 조사(제25조)

① 해양경찰청장은 해양에서 대규모의 조난사고가 발생한 경우에 관계 수난구호협력기관과 합동으로 사고조사단을 편성하여 사고원인과 피해상황에 관한 조사를 실시할 수 있다. 다만, 해양사고의 조사 및 심판에 관한 법률에 따라 조사하는 경우에는 그러하지 아니하다.

② 해양경찰청장은 제1항에 따른 사고조사단의 편성을 위하여 관계 수난구호협력기관의 장에게 소속 공무원 또는 직원의 파견을 요청할 수 있다. 이 경우 요청을 받은 관계 수난구호협력기관의 장은 특별한 사유가 없는 한 이에 응하여야 한다.

4. 민간구조활동의 지원 등

(1) 수난구호를 위한 종사명령 등(제29조)

① 구조본부의 장 및 소방관서의 장은 수난구호를 위하여 부득이하다고 인정할 때에는 필요한 범위에서 사람 또는 단체를 수난구호업무에 종사하게 하거나 선박, 자동차, 항공기, 다른 사람의 토지·건물 또는 그 밖의 물건 등을 **일시적으로 사용할 수 있다**. 다만, 노약자, 정신적 장애인, 신체장애인, 그 밖에 대통령령으로 정하는 사람에 대하여는 제외한다.

② 수난구호업무에의 종사명령을 받은 자는 **구조본부의 장 및 소방관서의 장의 지휘**를 받아 수난구호업무에 종사하여야 한다.

③ 국가 또는 지방자치단체는 제1항에 따라 수난구호 업무에 종사한 사람이 부상(신체에 장애를 입은 경우를 포함한다)을 입거나 사망(부상으로 인하여 사망한 경우를 포함한다)한 경우에는 그 부상자 또는 유족에게 **보상금을 지급하여야 한다**. 다만, 다른 법령에 따라 국가 또는 지방자치단체의 부담에 의한 같은 종류의 보상금을 지급받은 사람에 대하여는 그 보상금에 상당하는 금액은 지급하지 아니한다.

④ 구조본부의 장 또는 소방관서의 장은 제1항에 따라 수난구호 업무에 종사한 사람이 의사상자 등 예우 및 지원에 관한 법률의 적용대상자인 경우에는 같은 법에 따른 보상을 받을 수 있도록 적극 지원하여야 한다.

⑤ 보상금은 국가 또는 지방자치단체의 부담으로 하며, 그 기준 및 절차 등에 필요한 사항은 대통령령으로 정한다. 이 경우 특별한 사정이 없는 한 의사상자 등 예우 및 지원에 관한 법률의 보상기준을 준수하여야 한다.

⑥ 보상금을 지급받고자 하는 자는 해양수산부령으로 정하는 바에 따라 관할 지방자치단체의 장에게 신청하여야 한다.

⑦ 국가 또는 지방자치단체는 수난구호업무에 종사한 사람이 신체상의 부상을 입은 때에는 대통령령으로 정하는 바에 따라 치료를 실시하여야 한다.

(2) 민간해양구조대원 등의 처우(제30조)

① 민간해양구조대원은 해양경찰의 해상구조 및 조난사고 예방·대응 활동을 지원할 수 있다.

② 민간해양구조대원 및 수난구호참여자 중 해양수산부령으로 정하는 요건을 갖춘 자(이하 이 조에서 '민간해양구조대원 등'이라 한다)가 제1항에 따라 해상구조 및 조난사고 예방·대응 활동을 지원한 때에는 해양수산부령으로 정하는 바에 따라 수당 및 실비를 지급할 수 있다.

③ 지방자치단체의 장은 필요한 경우 관할 구역에서 민간해양구조대원등이 수난구호활동에 참여하는 데 소요되는 경비의 일부를 지원할 수 있다. 이 경우 수난구호활동 참여 소요경비 지원에 필요한 사항은 지방자치단체의 조례로 정한다.

④ 구조본부의 장은 민간해양구조대원의 구조활동에 **필요한 장비를 무상으로 대여**할 수 있다.

⑤ 구조본부의 장은 민간해양구조대원에 대한 교육·훈련을 실시하여야 한다. 이 경우 구조본부의 장은 그 교육·훈련을 협회 등에 위탁할 수 있다.

⑥ 민간해양구조대원에 대한 교육·훈련의 내용, 주기, 방법 등 필요한 사항은 해양수산부령으로 정한다.

⑦ 민간해양구조대원등이 구조업무 및 구조 관련 교육·훈련으로 인하여 질병에 걸리거나 부상(신체에 장애를 입은 경우를 포함한다)을 입거나 사망(부상으로 인하여 사망한 경우를 포함한다)한 경우의 치료 또는 보상금의 기준·절차 등은 제29조 제3항부터 제7항까지의 규정을 준용한다.

(3) 수상구조사(제30조의2)

① **해양경찰청장**은 수상에서 조난된 사람을 구조하기 위한 전문적인 능력을 갖추었다고 인정되는 사람에게 수상구조사 자격을 부여할 수 있다.

② 수상구조사가 되려는 사람은 해양경찰청장이 지정하는 관련 단체 또는 기관(이하 '교육기관'이라 한다)에서 교육과정을 이수한 후 해양경찰청장이 실시하는 시험에 합격하여야 한다.

③ 해양경찰청장은 수상구조사 시험에 합격한 사람에 대하여 해양수산부령으로 정하는 바에 따라 수상구조사 자격증(이하 '자격증'이라 한다)을 발급하여야 한다.

④ 수상구조사 자격의 효력은 자격증을 **발급받은 날부터 발생**한다.

⑤ 수상구조사 시험의 시행일을 기준으로 제30조의3의 결격사유에 해당하는 사람은 수상구조사 시험에 응시할 수 없다.

⑥ 제2항에 따른 수상구조사 시험의 시험과목, 시험방법, 그 밖에 시험에 필요한 사항은 대통령령으로 정하고, 교육기관의 지정 및 취소, 교육과정, 관리·감독 등에 필요한 사항은 해양수산부령으로 정한다.

⑦ 해양경찰청장은 수상구조사 시험의 실시에 관한 업무를 대통령령으로 정하는 바에 따라 시험관리 능력이 있다고 인정되는 관계 전문기관에 위탁할 수 있다.

(4) 결격사유 등(제30조의3)

① 다음 각 호의 어느 하나에 해당하는 사람은 수상구조사가 될 수 없다.

1. 피성년후견인·피한정후견인
2. 정신건강증진 및 정신질환자 복지서비스 지원에 관한 법률 제3조 제1호에 따른 정신질환자
3. 마약류 관리에 관한 법률 제2조 제2호부터 제4호까지의 규정에 따른 마약·향정신성의약품 또는 대마 중독자

> 4. 이 법 또는 다음 각 목의 어느 하나에 해당하는 죄에 의하여 금고 이상의 실형을 선고받고 그 집행이 끝나지 아니하거나 면제되지 아니한 사람
>   가. 이 법 제43조부터 제45조까지의 죄
>   나. 형법 제268조(수상에서의 안전관리 및 인명구조 업무와 관련한 과실만 해당한다)의 죄
>   다. 아동·청소년의 성보호에 관한 법률 제7조 및 제8조의 죄
>   라. 가목부터 다목까지의 죄로서 다른 법률에 따라 가중처벌되는 죄

② 개인정보를 가지고 있는 기관 중 대통령령으로 정하는 기관의 장은 수상구조사의 결격사유와 관련이 있는 개인정보를 해양경찰청장에게 통보하여야 한다.

(5) 부정행위에 대한 제재(제30조의4)

① 부정한 방법으로 수상구조사시험에 응시한 사람 또는 수상구조사시험에서 부정행위를 한 사람에 대하여는 그 시험을 정지시키거나 합격을 무효로 한다.

② 제1항에 따라 시험이 정지되거나 합격이 무효로 된 사람은 그 처분이 있은 날부터 **2년**간 수상구조사시험에 응시할 수 없다.

(6) 준수사항(제30조의5)

① 수상구조사는 다음 각 호에서 정하는 사항을 준수하여야 한다.

> 1. 구조 완료 후 구조된 사람에게 법령에 의하지 않은 금품 등의 대가를 요구하지 않을 것
> 2. 다른 사람에게 자기의 명의를 사용하게 하거나 그 자격증을 대여(貸與)하지 않을 것

② 누구든지 수상구조사 자격을 취득하지 아니하고 그 명의를 사용하거나 자격증을 대여받아서는 아니 되며, 명의의 사용이나 자격증의 대여를 알선하여서도 아니 된다.

(7) 비밀 준수 의무(제30조의6)

수상구조사는 조난된 사람의 구조 과정에서 알게 된 비밀을 누설하거나 공개하여서는 아니 된다.

(8) 자격유지(제30조의7)

① 수상구조사 자격을 취득한 사람은 다음 각 호의 구분에 따른 기간(이하 '보수교육 기간'이라 한다)에 해양수산부령으로 정하는 바에 따라 해양경찰청장이 실시하는 보수교육을 받아야 한다.

> 1. 최초 수상구조사 자격을 취득한 경우 자격증을 발급 받은 날부터 기산하여 2년이 되는 날부터 6개월 이내
> 2. 제1호 이외의 경우 직전의 보수교육을 받은 날부터 기산하여 2년이 되는 날부터 6개월 이내

② 다음 각 호의 어느 하나에 해당하는 사유로 인하여 보수교육 대상자가 보수교육 기간 중 보수교육을 받을 수 없다고 인정되는 경우 해양경찰청장은 해양수산부령으로 정하는 바에 따라 보수교육을 미리 받게 하거나 **6개월의 범위에서 연기**하도록 할 수 있다.

> 1. 보수교육 기간 중 해외에 체류가 예정되어 있거나 체류 중인 경우 또는 재해·재난을 당한 경우
> 2. 질병이나 부상으로 인하여 거동이 불가능한 경우
> 3. 법령에 따라 신체의 자유를 구속당한 경우
> 4. 군복무 중인 경우
> 5. 그 밖에 보수교육 기간에 보수교육을 받을 수 없는 부득이한 사유라고 인정되는 경우

③ 해양경찰청장은 보수교육을 교육기관에 위탁하여 실시할 수 있다.

④ 보수교육을 받지 않은 사람은 보수교육 기간이 **만료한 다음 날부터 수상구조사 자격이 정지**된다. 다만, 자격정지 후 **1년 이내**에 보수교육을 받은 경우 **보수교육을 받은 날부터 자격의 효력이 다시 발생**한다.

⑤ 해양경찰청장은 자격이 정지된 사람에게 자격 정지사실을 통보하여야 하고, 자격정지 통보를 받은 사람은 통보를 받은 날부터 **15일 이내**에 자격증을 해양경찰청장에게 반납하여야 한다.

(9) 자격의 취소 등(제30조의8)

① 해양경찰청장은 수상구조사가 다음 각 호의 어느 하나에 해당하는 경우에는 그 자격을 **취소하거나 1년의 범위에서 자격의 효력을 정지**시킬 수 있다. 다만, 제1호부터 제3호까지의 어느 하나에 해당하면 자격을 취소하여야 한다.

> 1. 거짓이나 그 밖의 부정한 방법으로 자격을 취득한 사실이 드러난 경우
> 2. 제30조의3 제1항 제1호부터 제4호까지의 결격사유 중 어느 하나에 해당하게 된 경우
> 3. 보수교육을 받지 않아 자격이 정지된 날부터 1년이 경과한 경우
> 4. 제30조의5 제1항에 따른 준수사항을 위반한 경우
> 5. 제30조의6에 따른 비밀 준수 의무를 위반한 경우

② 제1항 제1호(거짓이나 그 밖의 부정한 방법으로 자격을 취득한 사실이 드러난 경우)에 따라 자격이 취소된 사람은 그 처분이 있은 날부터 **2년간** 수상구조사 시험에 응시할 수 없다.

③ 자격이 취소된 사람은 취소된 날부터 **15일** 이내에 자격증을 해양경찰청장에게 반납하여야 한다.

(10) 심해잠수사의 양성 및 관리(제30조의12)

① 해양경찰청장은 심해(深海)에서의 잠수 및 수난구호를 전문으로 하는 심해잠수사의 양성 및 관리를 위하여 심해잠수구조훈련센터를 설치할 수 있다.

② 해양경찰청장은 심해잠수사(민간해양구조대원 중 해양수산부령으로 정하는 잠수사를 포함한다)를 대상으로 심해잠수에 적합한지를 확인하기 위한 신체검사를 실시할 수 있다.

5. 조난통신

(1) 해상구조조정본부 등(제31조)

① 해양경찰청장은 1979년 해상수색 및 구조에 관한 국제협약과 1944년 국제민간항공협약에 따른 해상구조조정본부와 해상구조조정지부를 지정·운영하여야 한다.

② 해상구조조정본부와 그 지부의 지정 및 운영 등에 필요한 사항은 해양경찰청장이 고시로 정한다.

> **해상구조조정본부 지정 등에 관한 고시**
>
> **제1조【목적】** 이 고시는 1979년 해상 수색 및 구조에 관한 국제협약 및 1944년 국제민간항공협약상의 해상구조조정본부 및 해상구조조정지부를 지정하여 수색 및 구조 구역 내에서 수색 및 구조업무의 효율적인 조직화를 촉진하고, 선박위치통보에 필요한 사항을 규정함을 목적으로 한다.
>
> **제2조【해상구조조정본부 등의 지정】** 해상구조조정본부(이하 '구조조정본부'라 한다)는 지방해양경찰청으로 하고 해상구조조정지부(이하 '구조조정지부'라 한다)는 해양경찰서로 한다.

(2) 조난통신의 수신(제32조)

해상구조조정본부의 장은 조난통신을 수신할 수 있는 통신시설을 갖추고 조난사실을 신속히 알 수 있도록 항상 조난통신을 청취하여야 한다.

(3) 선박위치통보 등(제33조)

① 선장은 선박이 항구 또는 포구로부터 출항하거나 해양경찰청장이 지정·고시하는 선박위치통보해역에 진입한 때에는 해상구조조정본부의 장에게 다음 각 호의 통보를 하여야 한다.

> 1. 항해계획통보
> 2. 위치통보
> 3. 변경통보
> 4. 최종통보

② 선박안전법 제30조에 따라 선박위치발신장치를 갖추고 항행하는 선박의 경우에는 제1항 제2호의 위치통보를 생략할 수 있다.

> **수상에서의 수색·구조 등에 관한 법률 시행규칙**
>
> **제13조 【선박위치통보 선박의 범위】** 법 제33조 제2항에 따라 선박의 위치를 통보하여야 하는 선박의 범위는 다음 각 호와 같다. 다만, 제3호부터 제5호까지의 규정에 해당하는 선박의 경우에는 해수면에서의 인명 안전을 위한 국제협약 및 관련 의정서에 따른 세계 해상조난 및 안전제도의 시행에 필요한 통신설비를 설치하고 있는 선박으로 한정한다.
> 1. 국제항해에 취항하는 여객선
> 2. 국제항해에 취항하는 총톤수 300t 이상의 선박 중 항행시간이 12시간 이상인 선박
> 3. 해사안전법 제2조 제12호부터 제14호까지의 규정에 따른 조종불능선(操縱不能船)·조종제한선(操縱制限船) 및 흘수제약선(吃水制約船)
> 4. 예인선열(曳引船列)의 길이가 200m를 초과하는 예인선
> 5. 석유류 액체화학물질 등 위험화물을 운송하고 있는 선박
>
> **제14조 【선박위치통보의 시기 등】** ① 법 제33조 제1항에 따른 선박위치통보(이하 '선박위치통보'라 한다)의 시기는 다음 각 호의 구분에 따른다.
> 1. 항해계획통보: 선박이 항구 또는 포구를 출항하기 직전 또는 그 직후나 해양경찰청장이 지정·고시하는 선박위치통보해역에 진입한 때
> 2. 위치통보: 항해계획 통보 후 약 12시간마다
> 3. 변경통보: 항해계획의 내용을 변경한 때, 선박이 예정위치에서 25해리 이상 벗어난 때 또는 목적지를 변경한 때
> 4. 최종통보: 목적지에 도착하기 직전이나 도착한 때 또는 해양경찰청장이 지정·고시하는 선박위치통보해역을 벗어난 때
>
> ② 선박위치통보는 서면 제출 또는 유선·무선통신 등의 방법으로 할 수 있다.

(4) 통신설비 등의 이용(제34조)

① 구조본부의 장 또는 소방관서의 장은 수난구호활동을 위하여 필요한 경우에는 전기통신사업법 제2조 제8호에 따른 전기통신사업자에게 전기통신 업무의 전부 또는 일부를 제한하거나 정지할 것을 요청하거나 방송법 제2조 제3호에 따른 방송사업자에 대하여 필요한 정보의 신속한 방송을 요청할 수 있다.

② 요청받은 기관의 장은 특별한 사유가 없는 한 이에 응하여야 한다.

6. 사후처리

(1) 구조된 사람 · 선박 등 · 물건의 인계(제35조)

① 구조본부의 장 또는 소방관서의 장은 구조된 사람이나 사망자에 대하여는 그 신원을 확인하고 보호자 또는 유족이 있는 경우에는 보호자 또는 유족에게 인계하여야 하며, 구조된 선박 등이나 물건에 대하여는 소유자가 확인된 경우에는 소유자에게 인계할 수 있다.

② 구조본부의 장 또는 소방관서의 장은 구조된 사람이나 사망자의 신원이 확인되지 아니하거나 인계받을 보호자 또는 유족이 없는 경우 및 구조된 선박 등이나 물건의 소유자가 확인되지 아니한 경우에는 구조된 사람, 사망자, 구조된 선박 등 및 물건을 특별자치도지사 또는 시장 · 군수 · 구청장에게 인계한다.

③ 표류물 또는 침몰품(이하 '표류물 등'이라 한다)을 습득한 자는 지체 없이 이를 특별자치도지사 또는 시장 · 군수 · 구청장에게 인도하여야 한다. 다만, 그 표류물 등의 소유자가 분명하고 그 표류물 등이 법률에 따라 소유 또는 소지가 금지된 물건이 아닌 경우에는 습득한 날부터 7일 이내에 직접 그 소유자에게 인도할 수 있다.

(2) 구조된 사람의 보호 등(제36조)

구조된 사람 등을 인계받은 특별자치도지사 또는 시장 · 군수 · 구청장은 구조된 사람에게 신속히 숙소 · 급식 · 의류의 제공과 치료 등 필요한 보호조치를 취하여야 하며, 사망자에 대하여는 영안실에 안치하는 등 적절한 조치를 취하여야 한다.

(3) 인계된 물건의 처리(제37조)

① 구조된 선박 등 또는 물건을 인계받거나 같은 조 제3항에 따라 습득한 표류물 등을 인도받은 특별자치도지사 또는 시장 · 군수 · 구청장은 이를 안전하게 보관하여야 한다.

② 조난된 선박 등의 선장 · 소유자 · 운항자 또는 관리자(이하 '선장 등'이라 한다)나 물건의 소유자는 특별자치도지사 또는 시장 · 군수 · 구청장이 상당하다고 인정하는 담보를 제공하고 해당 물건의 인도를 청구할 수 있으며, 이 경우 제1항에도 불구하고 그 선장 등이나 물건의 소유자에게 이를 인도할 수 있다.

③ 인계받은 물건이 다음 각 호의 어느 하나에 해당하여 보관이 부적당하다고 인정될 경우에는 대통령령으로 정하는 바에 따라 이를 **공매하여 그 대금을 보관**할 수 있다.

> 1. 멸실 · 손상 또는 부패의 염려가 있거나 가격이 현저히 감소될 우려가 있는 것
> 2. 폭발물, 가연성의 물건, 보건상 유해한 물건, 그 밖에 보관상 위험이 발생할 우려가 있는 것
> 3. 보관비용이 그 물건의 가격에 비하여 현저히 고가인 것

④ 특별자치도지사 또는 시장 · 군수 · 구청장이 공매를 하고자 할 경우에는 물건의 소유자 또는 선장 등에게 특별자치도지사 또는 시장 · 군수 · 구청장이 정하는 기간 내에 담보를 제공하고 물건을 인수하게 할 수 있으며, 담보를 제공하지 아니하거나 물건의 인도를 청구하지 아니하는 때에는 공매한다는 뜻을 미리 알려야 한다.

(4) 구조된 사람의 구호비용(제38조)

① 구조된 사람에 대하여 제36조에 따른 조치에 소요된 비용은 **구조된 사람의 부담**으로 한다.

② 구조된 사람은 비용을 특별자치도지사 또는 시장 · 군수 · 구청장이 지정하는 기한 내에 납부하여야 한다.

③ 구조된 사람이 비용을 납부할 수 없는 때에는 국고의 부담으로 한다. 이 경우 비용을 납부할 수 없는 기준은 해양수산부령으로 정한다.

④ 제1항부터 제3항까지의 규정은 사망자에 대하여 이를 준용한다. 이 경우 '구조된 사람'은 '유족'으로 본다.

(5) 수난구호비용의 지급(제39조)

① 제29조 제1항에 따른 명령에 따라 수난구호에 종사한 자와 일시적으로 사용된 토지 · 건물 등의 소유자 · 임차인 또는 사용인은 특별자치도지사 또는 시장 · 군수 · 구청장으로부터 수난구호비용을 지급받을 수 있다. 다만, 다음 각 호의 어느 하나에 해당하는 자의 경우에는 그러하지 아니하다.

1. 구조된 선박 등의 선장 등 및 선원 등
2. 고의 또는 과실로 인하여 조난을 야기한 자
3. 정당한 거부에도 불구하고 구조를 강행한 자
4. 조난된 물건을 가져간 자

② 제1항의 '수난구호비용'이란 다음 각 호의 어느 하나에 해당하는 비용을 말한다.

1. 제16조 제3항에 따른 조난된 선박 등의 예인에 소요된 비용
2. 제29조 제1항의 명령에 따라 조난된 선박 등과 그 여객 · 승무원의 수난구호에 종사한 자의 노무에 대한 보수와 그 밖의 구조비용
3. 제29조 제1항에 따른 선박 · 자동차 · 항공기 · 토지 · 건물, 그 밖의 물건 등의 사용에 대한 손실보상비용
4. 구조된 물건의 운반 · 보관 또는 공매에 소요된 비용

(6) 수난구호비용의 금액과 납부고지(제40조)

① 수난구호비용의 금액은 대통령령으로 정하는 바에 의하여 특별자치도지사 또는 시장 · 군수 · 구청장이 해양경찰서장 또는 소방서장과 협의하여 정한다.

② 특별자치도지사 또는 시장 · 군수 · 구청장은 수난구호비용의 금액을 조난 선박 등의 선장 등에게 고지하고 기간을 정하여 이를 납부하게 하여야 한다.

③ 조난된 선박 등의 선장 등이 특별자치도지사 또는 시장 · 군수 · 구청장이 정한 기간 내에 구호비용을 납부하지 아니한 때에는 특별자치도지사 또는 시장 · 군수 · 구청장은 대통령령으로 정하는 바에 따라 그 선장 등이 보관하는 물건을 공매하여 그 대금으로 구호비용에 충당하고, 잔여금액이 있는 경우에는 선장 등에게 이를 환급한다.

(7) 수난구호비용의 지급신청(제41조)

제39조에 따라 수난구호비용을 지급받고자 하는 자는 특별자치도지사 또는 시장 · 군수 · 구청장이 정하는 기한 내에 조난지역을 관할하는 해양경찰서장 또는 소방서장을 거쳐 특별자치도지사 또는 시장 · 군수 · 구청장에게 이를 청구하여야 한다.

(8) 이해관계인의 서류열람(제42조)

구조된 선박 등의 선장 등과 그 밖의 이해관계인은 수난구호비용에 관하여 특별자치도지사 또는 시장 · 군수 · 구청장이 작성한 서류를 열람할 수 있다.

03 구조본부 구성 및 운영 등에 관한 훈령

1. 서설

(1) 목적(제1조)

이 훈령은 수상에서의 수색·구조 등에 관한 법률 제5조, 같은 법 시행령 제4조, 제5조에 따라 해양경찰청, 지방해양경찰청, 해양경찰서에 설치되는 중앙·광역·지역구조본부의 구성 및 운영에 필요한 사항을 규정함을 목적으로 한다.

(2) 정의(제2조)

이 규정에서 사용하는 용어의 뜻은 다음과 같다.

구분	내용
중앙·광역·지역구조본부(이하 '각급 구조본부'라 한다)	수상에서의 수색·구조 등에 관한 법률(이하 '법'이라 한다) 제5조 및 같은 법 시행령(이하 '영'이라 한다) 제4조부터 제5조까지에 따른 구조본부를 말한다.
수색구조 주관부서	중앙구조본부는 해양경찰청(이하 '해경청'이라 한다) 수색구조과, 광역구조본부는 지방해양경찰청(이하 '지방청'이라 한다) 구조안전과, 지역구조본부는 해양경찰서(이하 '해경서'이라 한다) 경비구조과를 말한다. 단, 구조안전과가 설치되지 않은 광역구조본부는 경비안전과를 말한다.
종합상황실	법 제8조에 따라 각급 구조본부에 설치·운영하는 것으로서 해경청, 지방청, 해경서에서 각각 운영 중인 상황센터 또는 상황실을 말한다.
구조본부 비상 가동	사고 또는 재난대응에 있어 종합상황실을 중심으로 평상단계로 운영하던 구조본부를 대비단계 또는 대응단계로 격상하여 운영하는 것을 말한다.
대응부	대응계획부·자원지원부·현장대응부·긴급복구부·정보관·공보관을 말한다.
대응반	각 대응부에 소속된 하부기능을 말하며, '지휘참모'란 소관 분야에 있어서 필요할 경우 구조본부장의 임무수행을 보좌하거나 지휘·판단을 위한 조언 등을 행하는 사람을 말한다.
구조본부 운영요원	해양 사고 또는 재난이 발생하여 구조본부를 비상 가동하는 경우 해당 업무 수행에 필요한 직원으로 지정된 사람을 말한다.

(3) 적용범위(제3조)

각급 구조본부의 구성 및 운영 등에 관하여 다른 법령에서 특별히 정한 사항이 없으면 이 규정이 정하는 바에 따른다.

2. 구조본부 구성

(1) 평상시 운영체계(제4조)

평상시 각급 구조본부의 수색구조 주관부서는 영 제4조 제3항에 열거된 수난구호대책을 총괄 조정하기 위한 사무를 맡아 처리하고, 종합상황실은 구조본부 비상 가동기준에 미치지 못하는 해양 사고에 대한 상황관리 및 처리업무를 수행한다.

(2) 구조본부 비상 가동시 구성 및 담당사무(제5조)

① 중앙구조본부는 영 제4조에 따라 본부장 · 부본부장 각 1명과 중앙조정관 1명을 두는 외에 하부조직으로 대응계획부 · 자원지원부 · 현장대응부 · 긴급복구부 및 공보관, 정보관을 둘 수 있고, 담당사무는 별표 1(중앙구조본부 구성 및 담당사무)과 같다. 이때 중앙구조본부장이 따로 지명하지 않는 한 부본부장은 해경청 차장이 되고, 중앙조정관은 구조안전국장이 된다.

② 광역 · 지역구조본부는 영 제5조에 따라 본부장 1명과 광역조정관 1명을 두는 외에 하부조직으로 대응계획부 · 자원지원부 · 현장대응부 · 긴급복구부 및 공보관, 연락관, 정보관을 둘 수 있고, 담당사무는 별표 1(광역 · 지역구조본부 구성 및 담당사무)과 같다. 이때 광역 · 지역구조본부장이 따로 지명하지 않는 한 광역조정관은 지방청의 안전총괄부장이 되고, 지역조정관은 경비구조과장이 된다. 단, 안전총괄부장이 없는 지방청은 구조안전과장이, 구조안전과장이 없는 지방청은 경비안전과장이 광역조정관이 된다.

③ 제1항 및 제2항에 따른 각급 구조본부별 하부조직은 제6조의 운영기준에 따라 단계별로 운영한다.

(3) 운영기준(제6조)

① 각급 구조본부장은 별표 2의 운영기준에 따라 **대비단계, 대응 1단계, 강화 대응 1단계, 대응 2단계 및 대응 3단계**로 구분하여 구조본부를 비상 가동한다. 다만, 사고의 규모, 사회적 파장, 구조활동 추이 등에 따라 비상단계 및 단계별 근무인원, 인원구성, 임무 등을 달리 운영할 수 있고, 상급 구조본부는 하급 구조본부의 설정 단계와 같거나 낮은 단계로 설정하는 것을 원칙으로 한다.

② 태풍 등 자연재난의 대비목적으로 구조본부를 운영하는 경우 **대비단계 또는 대응 1단계 가동을 원칙**으로 하고, 상황모니터링 강화 등 확대 대응이 필요할 경우에는 강화 대응 1단계로 상향하여 구조본부를 비상 가동한다. 다만, 자연재난에 의한 해양사고 발생시에는 제1항에 따라 대응 2단계 이상으로 상향하여 운영 할 수 있다.

③ 제1항에도 불구하고 상급 구조본부장은 하급 구조본부의 운영 단계가 해양 사고 또는 재난 관리에 적절하지 않다고 판단하는 경우 하급 구조본부의 운영 단계를 상향하도록 지시할 수 있다.

(4) 지휘체계(제8조)

① 상급 구조본부와 하급 구조본부가 동시에 가동되는 경우 수색구조활동에 관한 직접적인 지휘는 법 제17조를 적용하여 사고 발생지 관할 지역구조본부장이 우선적으로 권한과 책임을 가지며, 상급 구조본부장을 비롯한 다른 구조본부장은 지휘권을 인수하지 않는 한 지역구조본부장의 현장 대응에 대한 판단에 혼선을 주어서는 안 된다. 단, 상급 구조본부장이 서면 또는 전자매체를 이용하여 지시하는 경우는 예외로 한다.

② 제1항에도 불구하고 중앙구조본부장은 사고의 규모 및 양상을 감안하여 사고 발생지를 관할하는 광역구조본부장으로 하여금 지역구조본부장으로부터 지휘권을 인수하여 직접 지휘하도록 지시할 수 있으며, 상급 구조본부장은 하급 구조본부를 통합하여 직접 지휘하는 것이 효율적이라고 판단하는 경우 지휘권을 발동하고 하급 구조본부의 인력 및 장비 등을 통합하여 운영할 수 있다.

③ 하급 구조본부장이 수색구조활동을 지휘할 경우 상급 구조본부장은 지휘 구조본부에 대한 지원 및 임무 조정 역할을 수행한다.

④ 같은 등급의 구조본부장간 지휘권을 이양할 경우에는 공통의 상급 구조본부장의 허가를 받아야 한다.

⑤ 상급 구조본부장은 둘 이상의 하급 구조본부의 공동대응 등이 필요하다고 판단하는 경우 하급 구조본부장 중 주된 지휘권을 행사하는 구조본부장을 지정할 수 있으며, 그 외의 구조본부장은 지휘권을 지정받은 구조본부장의 요청에 적극 협조하여야 한다.

⑥ 제2항, 제4항 및 제5항에 따라 지휘권을 이양할 경우에는 지휘권 공백이 발생하지 않도록 별지 제1호 서식을 작성하여 서면으로 지휘권을 이양하며, 부득이한 경우에는 유·무선 통신망 등을 활용하여 지휘권을 이양할 수 있다.

⑦ 중앙·광역·지역 구조본부를 불문하고, 사고대응을 직접 지휘하는 구조본부는 '지휘 구조본부'로, 그 외 가동되는 구조본부는 '지원 구조본부'로 구별하나, 이는 역할에 관한 구분일 뿐이고 명칭은 법령상의 규정을 그대로 따른다.

(5) 상황판단회의(제9조)

① 각급 구조본부장은 다음 각 호의 사항을 분석·판단하기 위하여 각 대응부장 및 사고 유형별 관련 부서장을 소집하여 상황판단회의를 개최할 수 있다.

> 1. 해양 사고 및 재난의 양상, 인명 및 재산 피해 정도
> 2. 수색구조 진행 상황 및 세력 동원 현황
> 3. 피해 규모의 확대가능성
> 4. 구조본부의 가동과 종료 등에 관한 사항
> 5. 대응단계 설정 및 단계별 근무인원 증감 등에 관한 사항
> 6. 기타 수색구조 활동의 효과성 제고를 위해 필요한 사항

② 상황판단회의의 개최는 종합상황실의 장이 건의함을 원칙으로 하되, 필요시 관련 부서장도 건의할 수 있다.

③ 각급 구조본부장은 필요시 부본부장 또는 조정관, 그 외 구조본부장이 지명하는 사람으로 하여금 상황판단회의를 개최토록 할 수 있고, 이 경우 상황판단회의를 주관한 사람은 상황판단회의 결과를 지체 없이 구조본부장에게 보고하여야 한다.

④ 각급 구조본부장은 상황의 중요성, 시급성 및 사회적 파장 등을 고려하여 별도의 상황판단회의 없이 구조본부의 비상 가동을 지시할 수 있고, 각급 조정관은 구조본부장의 지시가 없더라도 상황판단회의 없이 제6조에 따른 비상단계 중 대비단계 근무를 지시할 수 있다.

(6) 운영요원 비상소집(제10조)

① 상황판단회의를 개최하기로 하였거나 구조본부의 비상 가동이 결정된 경우 종합상황실의 장은 지체 없이 상황판단회의 참석대상자 또는 결정된 비상단계의 운영요원을 비상소집하여야 한다.

② 구조본부 운영요원 및 상황판단회의 참석대상에 대한 비상소집은 종합상황실의 크로샷 음성메시지 시스템 등으로 실시한다.

③ 응소명령을 받은 소집 대상자는 가능한 최단시간 내 제11조에 따른 구조본부 설치 장소로 집결하여 상황판단회의에 참석 또는 본인이 속한 대응부별 임무에 따라 근무한다.

④ 상황판단회의 및 구조본부 비상 가동은 상황대응의 긴급성에 따라 최소 핵심 인원이 소집되었을 때 개시할 수 있고, 비상소집에 대해 즉시 응소가 곤란한 사람은 직무수행이 가능한 업무 대행자로 하여금 비상소집에 응소하도록 할 수 있다.

⑤ 주말 및 공휴일 등 긴급상황 대응을 위한 비상 대기자 명단, 현황 등이 별도로 갖추어져 있어 그에 따라 비상소집이 이루어진 경우, 비상 소집된 인원을 활용하여 구조본부를 운영할 수 있다. 다만, 이러한 경우에도 구조본부장은 제14조에 따른 운영요원을 가능한 최단시간 내 소집하여 구조본부에 합류하도록 하여야 한다.

(7) 구조본부 및 현장지휘소 설치(제11조)

① 각급 구조본부는 해양 사고 또는 재난 현장의 수색구조세력을 적절히 지휘·통제할 수 있도록 현장 상황의 정보가 집결되고, 현장세력과 교신할 수 있는 복수의 통신체계가 구축되어 있는 종합상황실 또는 그러한 시설·장비가 구축되어 있는 종합상황실 연계 공간에 설치함을 원칙으로 한다.
② 각급 구조본부장은 직접 현장에서 지휘 또는 지원하는 것이 효율적이라고 판단되는 경우 경비함정 또는 사고현장 인근 해안가에 현장지휘소를 설치·운영 할 수 있다.

(8) 구조본부 운영 보고(제12조)

① 구조본부를 대응단계로 가동하는 경우 각급 조정관은 별표 4 '일일정기보고서'를 작성하여 1일 2회(6시, 17시) 해당 구조본부장 및 상급 구조본부장에게 보고하여야 한다. 단, 상황의 추이에 따라 구조본부장은 일일 정기보고의 시간 및 횟수를 조정할 수 있다.
② 대응단계의 구조본부 가동이 종료된 경우 수색구조 주관부서장은 15일 이내 '구조본부 운영 결과보고서'를 작성하여 해당 구조본부장 및 상급 구조본부장에게 보고하여야 한다. 단, 구조본부 운영 사항이 포함된 사고대응 종합 결과보고서를 따로 작성하여 보고하는 경우에는 이를 생략할 수 있다.

(9) 구조본부 종료(제13조)

구조본부장은 상황의 전개 추이 등에 따라 재난상황이 축소, 해소되거나 구조본부 운영기준을 벗어나는 경우 구조본부 운영을 종료한다.

3. 운영체계

(1) 운영요원 선발 · 포상(제14조)

① 수색구조 주관부서의 장은 매년 정기발령시 구조본부 운영요원을 선발하여 대상자에게 공지하여야 한다. 단, 수시발령으로 인해 구조본부 운영요원이 타 부서로 전출하는 경우 해당 인원만큼 재선발하여야 한다.
② 선발된 근무자가 불가피한 사유로 근무할 수 없는 경우 그 소속부서장은 해당사유를 수색구조 주관부서의 장에게 미리 알리고, 대체 인력을 편성하여 명단을 제출하여야 한다.
③ 구조본부 운영요원을 선발하는 경우 각급 구조본부에 속한 부서장은 정당한 사유가 없으면 이에 적극 협조하여야 한다.
④ 각급 구조본부장은 운영요원에 대해 근무평정 및 상훈, 특별승진·승급, 모범공무원, 포상휴가 등 인사 상의 혜택을 줄 수 있다.

(2) 운영요원 근무 등(제15조)

① 구조본부장, 부본부장, 조정관, 정보관 및 공보관 등 단일 직위이거나 전문성이 요구되어 교대근무가 곤란한 직위는 상황의 변화 추이에 따라 근무시간을 탄력적으로 운영한다. 다만, 제6조 제1항에 따른 강화 대응 1단계 운영으로 장기근무가 예상되는 경우 조정관, 대응계획부장, 지휘참모는 별표 3(구조본부 단계별 조직체계 및 담당업무)에 따른 교대근무를 하여야 한다.
② 제1항의 직위를 제외한 구조본부 운영요원은 **09시부터 다음 날 09시까지 24시간 근무 후 다른 운영요원으로 교대함을 원칙**으로 하되, 구조본부장은 상황에 따라 이를 조정할 수 있다.
③ 각급 구조본부장은 제2항에 따라 평일 야간 근무를 실시한 운영요원에 대하여 일정시간 휴무하게 하고, 공휴일 근무를 실시한 운영요원에 대해서는 1주일 이내의 기간 중 정상 근무일을 대체휴무하게 한다. 이 경우 휴무 등 복무에 관한 사항은 국가공무원 복무규정에 따른다.

(3) 운용요원 복제(제16조)

① 각급 구조본부장은 소속 구조본부 운영요원으로 근무하는 사람에게 이 훈령에서 정하는 복장을 착용하게 할 수 있다.

② 구조본부 운영요원 복장의 형상 및 색상 등은 별표 5와 같다.

(4) 구조본부 운영 훈련(제17조)

① 수색구조 주관부서의 장은 구조본부 운영 요원의 임무숙지와 적응·숙달을 위해 특별한 사정이 없는 한 분기 1회 이상 구조본부 운영훈련을 실시하는 것을 원칙으로 하고, 각 운영요원은 정당한 사유가 없는 한 훈련에 적극 참여하여야 한다.

② 제1항의 훈련은 해양에서 발생할 수 있는 각종 해양사고 및 재난 상황을 설정하여 단계별 조직 구성과 임무수행을 점검하는 형태로 진행한다.

③ 제1항에도 불구하고 실제 해양사고 발생 또는 자연재난에 대비하여 구조본부를 비상 가동하였을 때는 해당 분기에 구조본부 운영훈련을 실시한 것으로 본다.

제2절 해양안전관리

01 서설

1. 의의

해양안전관리란 해양에서의 안전정책 수립, 집행 기타 이와 관련된 활동을 통해 국민들이 안전하게 해양을 이용할 수 있도록 하는 일체의 활동을 의미한다.

해양안전관리는 파출소, 출장소를 중심으로 한 선박입출항 관리 및 각종 해양사고 발생시 초동조치와 유선 및 도선안전관리, 해상교통 안전관리, 수상레저 안전관리, 해수욕장 및 연안체험 안전관리, 낚시어선 안전관리 등이 있다.

2. 해양안전관리의 특성

구분	내용
장소적 특성	해양안전업무는 바다라는 장소를 대상으로 수행되고 있으며, 해양의 특성상 불확정성, 격리성, 광활성, 위험성 등 인위적으로 경계 설정 및 분리가 곤란하다.
인적 특성	해양안전관리의 주 대상은 과거 어민과 해상여객 및 해상운송업자뿐만 아니라 해양레저, 관광객 등 일반국민으로 그 대상이 확대되고 있다.
물적 특성	해양안전관리의 물적 특성은 전통적인 선박 외에 최근에는 수상레저기구, 등대, 항만 등 통항시설, 장비 등이 중요한 대상으로 등장하고 있다. 오늘날은 연안해역을 둘러싸고 이용, 보존과 개발이라는 상충된 가치로 인해 다양한 갈등과 분쟁이 일어나고 있다.

3. 해양경찰 안전관리 임무

해양경찰 조직은 해양안전을 확보하기 위해 일반적인 안전관리업무 외에도 다중이용 선박 안전관리업무, 수상레저업무, 해상교통안전관리업무 등을 수행하고 있다.

02 파출소 및 출장소 운영 규칙

1. 서설

(1) 목적(제1조)

이 규칙은 체계적이고 효율적인 안전관리와 치안활동을 위해 파출소 출장소의 조직과 운영 등에 필요한 사항을 규정함을 목적으로 한다.

(2) 정의(제2조)

구분	내용
파출소	해양경찰서장의 소관 사무를 분장하기 위하여 해양경찰서장 소속하에 설치하는 지방관서를 말한다.
출장소	해양경찰서장의 소관 사무를 분장하기 위하여 파출소장 소속하에 설치한다.
지역경찰 활동	지역사회의 주민과 기관·단체 등과 협력을 통해 범죄와 안전사고를 예방하고 민원사항이나 지역주민의 의견을 청취하여 치안활동에 반영하며 해양경찰활동에 지역주민의 이해와 참여를 이끌어내어 함께하는 해양경찰 활동을 말한다.
연안구조정	연안해역의 안전관리와 해상치안활동을 위해 파출소 및 출장소에 배치하여 운용하는 선박 등을 말한다.
연안구조장비	파출소 및 출장소에 배치하여 운용하는 연안구조정 및 수상오토바이 등을 말한다.
교대근무	근무조를 나누어 일정한 계획에 의한 반복 주기에 따라 교대로 업무를 수행하는 근무형태를 말한다.
일근	국가공무원 복무규정 제9조 제1항에 규정된 근무형태를 말한다.
당번	교대근무자가 일정한 계획에 따라 근무하는 날 또는 시간을 말하며, 주간근무와 야간근무를 포함한다.
상황대기근무	파출소장이 파출소의 전반적 안전관리와 긴급상황에 대응하기 위해 토요일·공휴일 및 일과시간 후에 근무하는 것을 말한다.
휴무	근무일에 해당함에도 불구하고 누적된 피로 회복 등 건강 유지를 위하여 근무에서 벗어나 자유롭게 쉬는 것을 말한다.
비번	교대근무자가 다음 근무시작 전까지 자유롭게 쉬는 것을 말한다.
휴게	교대근무자 또는 연일 근무자 등을 대상으로 근무 중 청사 내에서 자유롭게 쉬는 시간을 말한다.

(3) 적용범위(제3조)

이 규칙은 파출소와 출장소의 관리운영 및 지역경찰활동 등과 관련된 해양경찰청 관서 및 업무에 적용한다.

2. 조직 및 구성

(1) 설치 및 폐지(제4조)

지방해양경찰청장은 인구, 선박, 해수욕장, 해상교통, 범죄, 해양사고 등 치안수요 및 지리적 여건 등을 고려하여 **해양경찰서의 관할구역을 나누고, 해양경찰청장의 승인**을 얻어 **파출소 또는 출장소를 설치, 폐지**한다.

(2) 파출소 및 출장소

<table>
<tr><th colspan="2">구분</th><th colspan="2">내용</th></tr>
<tr><td colspan="2">명칭 및 관할
(제5조)</td><td colspan="2">① 파출소, 출장소의 명칭, 위치 및 관할구역은 해양경찰청과 그 소속기관 직제 시행규칙, 중부지방해양경찰청과 소속 해양경찰서 사무분장 규칙, 동해지방해양경찰청과 소속 해양경찰서 사무분장 규칙, 남해지방해양경찰청과 소속 해양경찰서 사무분장 규칙, 서해지방해양경찰청과 소속 해양경찰서 사무분장 규칙 및 제주지방해양경찰청과 소속 해양경찰서 사무분장 규칙에 따른다.
② 출장소는 파출소 소속하에 설치한다.
③ 출장소의 관할구역은 파출소 관할구역의 일부로 하되 해양경찰서장이 지정한다.</td></tr>
<tr><td rowspan="5">파출소</td><td>파출소장
(제8조)</td><td colspan="2">① 파출소의 사무를 통할하고 소속 출장소를 지휘·감독하기 위해 파출소장을 둔다.
② 파출소장은 경감 또는 경위로 보한다.
③ 파출소장은 다음 각 호의 직무를 수행한다.
1. 관내 해양안전·치안 분석 및 대책 수립
2. 파출소 및 관할 출장소의 시설, 예산, 무기·탄약 및 장비의 관리
3. 해양안전·치안에 대한 대민홍보 및 협력활동
4. 관내 순시 및 상황 처리 지휘
5. 관내 대행신고소에 대한 지도 및 교육
6. 소속 경찰관 및 의경의 근무지정, 순찰 지시 등 근무와 관련된 제반사항에 대한 지휘 및 감독
7. 그 밖에 해양경찰서장의 지시사항 업무처리 등</td></tr>
<tr><td>파출소의 하부조직
(제9조)</td><td colspan="2">① 파출소에는 상시·교대근무로 운영하는 복수의 순찰구조팀을 둔다.
② 순찰구조팀의 수와 구성인원은 파출소의 안전관리 등 치안·안전 수요 및 인력여건 등을 고려하여 파출소장이 정한다.</td></tr>
<tr><td rowspan="3">순찰
구조팀
(제10조)</td><td colspan="2">순찰구조팀은 범죄, 안전사고 예방과 각종 사건사고에 대한 초동조치 등 현장의 치안 및 안전관리 활동을 담당하며, 순찰구조팀장은 파출소장이 지정한다.</td></tr>
<tr><td>순찰구조팀장</td><td>① 근무교대시 주요 취급사항, 무기·탄약 및 장비 등의 인계인수
② 순찰구조팀원에 대한 일일 근무편성 및 지휘·감독
③ 관내 사건사고 발생시 초동조치 및 현장 상황처리
④ 연안구조정, 순찰차 등 보유장비 관리
⑤ 관내 안전관리, 순찰 등 지역경찰 활동
⑥ 파출소장 부재시 업무 대행
⑦ 그 밖에 파출소장 지시사항 처리 등</td></tr>
<tr><td>순찰구조팀원</td><td>① 관내 안전관리, 순찰 및 지역경찰 활동
② 각종 사건사고 초동조치 및 상황전파
③ 연안구조정, 순찰차 등 보유장비 관리
④ 그 밖에 파출소장 지시사항 처리 등</td></tr>
<tr><td colspan="2">구조거점파출소
(제11조)</td><td colspan="2">① 해양경찰서 구조대와 원거리에 위치하고 해양사고빈발해역을 관할하는 파출소의 현장대응 역량 강화를 위하여 구조거점파출소를 운영할 수 있다.
② 구조거점파출소장은 경정 또는 경감으로 보한다.
③ 구조거점파출소에는 잠수구조요원을 배치·운영할 수 있다.</td></tr>
</table>

<table>
<tr><td rowspan="4">출장소
(제12조)</td><td colspan="2">① 파출소의 관할 구역을 나누어 출장소를 설치·운영하며 안전관리 등 치안수요 및 인력 여건 등을 고려하여 '탄력근무형 출장소', '순찰형 출장소'를 운영할 수 있다.
② 출장소에서는 '제7조 각 호'의 업무를 처리한다.</td></tr>
<tr><td>탄력근무형
출장소
(제13조)</td><td>① 탄력근무형 출장소는 상주 근무자를 두지 않고, 해당 출장소를 관할하는 파출소 경찰관이 출장소에 일정시간 근무하다, 파출소로 귀소하는 방법으로 운영한다.
② 해양경찰서장은 지역의 치안·안전 수요와 인력운영 여건 등을 고려하여 탄력근무형 출장소의 근무시간을 탄력적으로 조정할 수 있다.
③ 탄력근무형 출장소의 관할은 따로 지정하지 아니한다.</td></tr>
<tr><td>순찰형
출장소
(제14조)</td><td>① 순찰형 출장소는 상주 근무자를 배치하지 않고, 관할 파출소에서 탄력적으로 기동순찰하며 치안업무를 수행하는 출장소를 말한다.
② 파출소장은 치안·안전 수요를 고려하여 순찰형 출장소에 대하여 구체적으로 순찰지시하여야 한다.
③ 순찰형 출장소에 원활한 선박출입항 업무를 위하여 대행신고소를 병행하여 운영할 수 있다.</td></tr>
<tr><td>출장
소장
(제15조)</td><td>① 출장소장은 다음 각 호의 직무를 수행한다.
1. 선박 출입항 신고 접수 및 통제
2. 각종 해양사고 초동조치
3. 출장소 시설, 장비의 관리
4. 민원, 주민협력체계 구축 등 지역경찰 활동
5. 관내 대행신고소에 대한 지도 및 교육
6. 무기·탄약 및 장비관리와 인계인수
7. 소속 경찰관 및 의경의 근무지정, 순찰 지시 등 근무와 관련된 제반사항에 대한 지휘 및 감독
8. 그 밖에 파출소장이 지시한 업무처리 등
② 교대근무시에는 출장소장을 따로 정하지 않고, 각 조별 선임 경찰관이 출장소장의 직무를 수행한다.</td></tr>
</table>

⊕ PLUS 파출소와 출장소의 임무

파출소 임무(제6조)	출장소 임무(제7조)
파출소의 임무는 다음 각 호와 같다. 1. 범죄의 예방, 단속 및 치안·안전 정보의 수집 2. 다중이용선박 및 수상레저활동 안전관리 3. 선박 출입항 신고 접수 및 통제 4. 연안해역 안전관리 5. 각종 해양사고 예방 및 초동조치 6. 민원, 주민협력체계 구축 등 지역경찰 활동 7. 국가기관, 지방자치단체 등의 공익을 위한 행정지원 8. 그 밖에 해양경찰서장이 지시하는 업무처리 등	출장소의 임무는 다음 각 호와 같다. 1. 선박 출입항 신고 접수 및 통제 2. 각종 해양사고 초동조치 3. 민원, 주민협력체계 구축 등 지역경찰 활동 4. 그 밖에 파출소장이 지시하는 업무처리 등

(3) 지휘 및 감독(제16조)

파출소 및 출장소에 대한 지휘 및 감독은 다음 각 호에 따른다.

> 1. 해양경찰서장: 파출소 및 출장소 운영에 관하여 총괄 지휘 및 감독
> 2. 해양경찰서 각 과장: 해양안전과장 협조 하에 각 과의 소관업무와 관련된 파출소 및 출장소 업무에 대한 지휘, 감독
> 3. 파출소장: 소속 파출소와 출장소(월 1회 이상) 근무에 관한 제반사항 지휘·감독. 다만, 도서 지역 출장소는 기상, 선박운항 등 입도여건 감안 자체 조정 가능
> 4. 순찰구조팀장: 근무시간 중 파출소 근무자에 대한 지휘 및 감독

3. 근무

(1) 복장의 착용(제17조)

파출소 및 출장소 근무자는 해양경찰청 소속 경찰공무원 복제에 관한 규칙 제14조에 규정된 근무복장을 단정하게 착용하여야 한다. 다만 해양경찰서장이 특별히 지정한 경우에는 별도의 복장을 할 수 있다.

(2) 장비의 휴대 등(제18조)

① 파출소 및 출장소 근무 경찰관은 다음 각 호의 장비를 연안구조정에 비치하거나 개인 휴대하여야 한다. 다만, 제1호에 해당하는 장비는 필요시에만 휴대한다.

> 1. 경찰장비: 권총 및 가스총 등 무기와 경찰봉, 수갑, 포승 등의 경찰장구
> 2. 인명구조장비: 구명조끼, 구명줄 및 구조 튜브 등
> 3. 통신장비: LTE 통신기, 모바일오피스 등

② 파출소장은 치안상황 및 임무수행의 특성 등을 고려하여 비치 및 휴대장비를 조정할 수 있다.

(3) 근무방법(제19조)

① 파출소장은 일근을 원칙으로 한다. 다만, 도서지역 파출소장의 근무는 교대근무로 운영할 수 있다.
② 해양경찰서장은 매월 일정한 계획에 따라 파출소장의 상황대기근무를 명할 수 있다.
③ 파출소의 순찰구조팀 및 출장소의 근무는 **3교대 근무를 원칙**으로 한다.
④ 해양경찰서장은 파출소 및 출장소의 근무방법(교대시간, 근무시간 주기 등)을 치안·안전 수요와 인력운영 여건 등을 고려하여 지역별 취약시간에 인력을 집중할 수 있도록 운영하여야 한다. 다만, 도서지역 파출소 및 출장소 교대근무제는 지역별 실정에 맞게 해양경찰서장이 정할 수 있다.
⑤ 지방해양경찰청장은 지역별 취약시간에 인력을 집중하기 위하여 교대근무 운영 취지에 부합하는 범위 내에서 파출소의 교대근무제를 변형하여 운영할 수 있다.
⑥ 파출소 및 출장소에 근무하는 의무경찰은 해양경찰청 의무경찰 관리규칙에 규정한 범위 내에서 파출소장 및 출장소장이 인력운영 및 치안여건을 고려하여 지정하되, 주간근무 종료 이후 시간에는 휴식이 최대한 보장되도록 하여야 한다.

(4) 근무

① 근무의 종류(제20조)

파출소 및 출장소의 근무는 행정근무, 상황근무, 순찰근무, 대기근무 및 그 밖에 근무로 구분한다.

② 근무교대 요령(제21조)

근무교대는 매일 근무시작 전 30분 내에서 파출소장 또는 출장소장 책임하에 주요 취급사항, 중요 업무 지시사항, 장비 등을 정확하게 인계인수하여 업무의 연속성을 유지하고, 업무처리에 차질이 없도록 하여야 한다.

구분	내용
행정근무 (제22조)	행정근무를 지정받은 경찰관은 파출소 및 출장소 내에서 다음 각 호의 업무를 수행한다. 1. 문서의 접수 및 처리 2. 시설 · 장비의 관리 및 예산의 집행 3. 각종 현황, 통계, 자료 등 관리 4. 그 밖에 파출소장이 지시한 업무 등 행정업무
상황근무 (제23조)	상황근무를 지정받은 경찰관은 파출소 및 출장소 내에서 다음 각 호의 업무를 수행한다. 1. 민간구조세력 등 관내 안전관리 및 치안상황 파악, 전파 2. 중요사건 · 사고 및 수배사항 전파 3. 민원 및 사건의 접수, 조사, 처리 4. 피보호자 또는 피의자, 수배자에 대한 보호 · 감시 5. 순찰 근무자와의 무전상황 유지 및 자체경비 6. 그 밖에 파출소장이 지시한 업무
순찰근무 (제24조)	① 순찰근무는 파출소장 및 출장소장의 지시에 따라 파출소 또는 출장소의 관내를 순회하는 근무를 말하며, 해상순찰과 해안순찰로 구분하되 주로 해상순찰을 중심으로 하여야 한다. ② 파출소장 및 출장소장은 관내의 순찰요점, 순찰코스, 순찰방법, 순찰근무 중 착안사항 등을 구체적으로 지시하여야 한다. ③ 순찰근무자는 순찰활동 사항, 검문검색 등 순찰근무 중 취급사항을 근무일지에 기록한다. ④ 파출소장 및 출장소장은 관내 사건사고 현황 분석, 조치사항 및 사건사고 유형별 처리요령과 관내 지리적 · 인문적 참고자료 등을 담은 순찰자료집을 파출소, 순찰차 및 순찰정 내에 비치하여 순찰근무에 활용하여야 한다.
대기근무 (제25조)	① 각종 사건사고 또는 신고에 따른 출동 등 안전 · 치안상황에 대응하기 위하여 일정시간 지정된 장소에서 근무태세를 갖추고 있는 형태의 근무를 말한다. ② 대기근무의 장소는 파출소 및 출장소 내로 한다. ③ 대기근무를 지정받은 경찰관은 지정된 장소에서 대기하되, 통신기기를 청취하며 5분 이내 출동이 가능한 상태를 유지하여야 한다.
기타근무 (제26조)	① 그 밖에 근무는 안전관리 및 치안상황에 효과적으로 대응하기 위하여 제22조부터 제25조까지 해당되지 않는 근무 형태를 말한다. ② 그 밖에 근무의 근무내용 및 방법 등은 파출소장이 정한다.

③ 일일근무 지정(제27조)

㉠ 파출소장은 근무인원, 치안수요 및 그 밖의 업무량 등을 고려하여 일일근무를 지정하여야 한다.

㉡ 파출소 순찰구조팀장 및 출장소장은 제1항에 따라 해당 근무시간 내 근무자의 개인별 근무종류, 근무시간 등을 별지 제1호 서식의 근무일지에 구체적으로 지정하여야 한다.

㉢ 순찰구조팀장 및 출장소장은 지역의 안전관리 및 치안활동이 효율적으로 수행될 수 있도록 다음 각 호의 사항을 고려하여야 한다.

> 1. 시간대별, 장소별 안전관리 및 치안수요
> 2. 안전사고 및 각종 사건사고 발생
> 3. 순찰인력 및 가용 장비
> 4. 관할 해안선, 해역 및 교통, 지리적 여건 등

(5) 선박출입항 업무(제28조)

① 선박 출입항 신고에 관한 업무는 선박안전 조업규칙 및 선박통제규정 등 관련 규정에 따른다.

② 선박출입항 신고 접수 시에는 신속하게 선박출입항관리 종합정보시스템에 입력을 하여야 한다. 단, 대행신고소의 선박출입항 신고 자료는 30일 이내에 입력하여야 한다.

(6) 경찰관서 등의 출입(제29조)

경찰관서 출입은 파출소 및 출장소 근무 경찰관이 조회, 회의, 교육훈련, 신병인계, 물품수령 및 그 밖의 사유로 해양경찰서 및 지정된 장소에 출입하는 것을 말한다.

(7) 민원 접수 · 처리(제30조)

① 파출소 및 출장소에서는 고소, 고발, 진정 및 탄원과 범죄 또는 피해신고에 관한 민원 등을 접수하였을 때에는 신속하게 해양경찰서에 이송한다. 다만, 출장소에서 접수한 경우에는 파출소장을 경유하여야 한다.

② 파출소 및 출장소에서 발급할 수 있는 민원서류는 다음 각 호와 같다.

> 1. 선원 승선신고 사실 확인서(별지 제3호 서식)
> 2. 선박 출항 · 입항신고 사실 확인서(별지 제4호 서식, 별지 제5호 서식)

③ 파출소 및 출장소에서 제2항의 민원서류를 발급하는 경우에는 신청인에게 별지 제6호 서식의 발급신청서를 작성하게 하고, 주민등록증 · 여권 · 자동차운전면허증 등 신청인의 신분증을 확인한 후 발급하여야 한다.

④ 발급신청서의 보존기간은 3년으로 하고, 파출소 및 출장소에서 2년간 보관한 다음 소속 해양경찰서로 이관한다.

(8) 사건 · 사고 처리 및 수사(제31조)

① 사건 · 사고 처리 및 수사는 다음 각 호에 따라 처리하여야 한다.

> 1. 범죄현장의 보존, 증거의 수집, 피해현황과 범죄 실황조사 등 범죄 현장을 중심으로 필요한 초동조치와 수사를 행한다.
> 2. 해양경찰서의 수사 전문경찰관이 현장에 도착하면 이를 인계하고 사건 조사에 협조하여야 한다.

② 해양사고 또는 해양오염사고의 신고를 받았거나, 사고 발생사항을 인지하였을 때에는 다음 각 호에 정하는 바에 따른다.

> 1. 해양경찰서장에게 즉시 보고와 동시에 현장에 임하여 인명과 재산피해의 확대 방지와 필요한 초동조치를 취하여야 한다.
> 2. 사고현장을 보존하고 조사를 행하여야 한다.

> 3. 해양경찰서 구조담당자 또는 해양오염방제 담당자 등이 현장에 도착하면 상황을 인계하고, 사고 처리에 협조하여야 한다.
> 4. 경미한 사건·사고에 대하여는 파출소장이 직접 처리할 수 있으며, 이 경우에는 조사 또는 처리 사항을 해양경찰서장에게 보고하여야 한다.

③ 변사사건이 발생하였을 때에는 변사체의 발견 연월일시, 변사자의 인적사항, 변사체 발견 장소와 그 상황, 변사체 발견자의 성명, 그 밖의 참고사항을 조사하여 보고하여야 한다.

(9) 근무내용의 변경(제32조)

① 파출소 및 출장소 근무자가 물품구입, 경찰관서 등의 출입, 사건사고 처리 등 파출소 및 출장소 업무수행으로 인하여 지정된 근무종류 및 근무시간 등을 변경하고자 할 경우에는 **파출소 순찰구조팀장 및 출장소장에게 보고**하여야 한다.

② 근무내용을 변경할 경우 별지 제1호 서식의 근무일지에 그 사유를 기재하고, 근무편성을 수정하여야 하며, 수정 전의 내용을 알 수 있도록 행정 효율과 협업 촉진에 관한 규정 시행규칙 제14조에 따라 수정하여야 한다.

(10) 휴게 및 휴무 등 지정(제33조)

① 파출소 및 출장소 근무자의 업무효율과 건강관리를 위하여 치안수요 등을 감안하여 휴게를 실시하여야 한다.

> 1. 3교대 근무자는 8시간당 1시간씩 야간 3시간 이내(2교대 근무시에는 24시간당 야간 4시간 이내)
> 2. 도서, 벽지 연일근무자는 1일 8시간(주간 4시간, 야간 4시간) 이내

② 휴게 방법, 휴게 시간, 휴무 횟수 등 구체적인 사항은 해양경찰서장이 정한다.

③ 파출소장은 지정된 휴게 시간이라 할지라도 업무수행상 부득이 하다고 인정되는 경우에는 제1항의 규정에 따른 휴게 시간을 주지 아니하거나, 근무를 조정할 수 있다.

④ 파출소장은 2교대 근무자에 대하여 별도로 매월 정기적으로 휴무일을 지정할 수 있다.

(11) 경찰관 등 동원(제34조)

① 지방해양경찰청장 또는 해양경찰서장은 다음 각 호 중 특히, 필요하다고 인정되는 경우에 한하여 파출소 및 출장소의 기본근무에 지장을 초래하지 않은 범위 내에서 근무자를 다른 근무에 동원할 수 있다.

> 1. 해상집단행동 및 다중범죄의 진압
> 2. 대간첩작전 수행 및 통합방위사태 선포 등 그 밖의 비상사태
> 3. 경호경비 또는 각종 경기, 대회의 경비
> 4. 중요범인 체포 및 밀입국 등의 차단, 검거
> 5. 해양사고 및 해양오염 등 중요사건의 발생
> 6. 그 밖의 다수 경찰관의 동원을 필요로 하는 행사 또는 업무

② 파출소 및 출장소 동원은 근무자 동원을 원칙으로 하고, 불가피한 경우에 한하여 비번자, 휴무자 순으로 동원할 수 있다.

③ 지방해양경찰청장 또는 해양경찰서장은 비번자와 휴무자를 동원한 경우에는 초과근무수당을 지급하거나 추가 휴무를 부여하여야 한다.

(12) 파출소 및 출장소 지원근무(제35조)

① 파출소 및 출장소의 안전관리 등 치안수요가 증가되어 근무인력이 부족한 경우에는 해양경찰서장이 파출소 및 출장소 지원근무계획을 수립하여 부족한 인력을 한시적으로 지원할 수 있다.

② 파출소 및 출장소 지원근무 계획에 따른 지원근무자에게는 초과근무수당 등 관계규정에 따라 예산의 범위 내에서 수당을 지급할 수 있다.

③ 파출소 및 출장소의 지원근무에 필요한 사항과 절차 및 근무지침은 해양경찰서장이 정한다.

4. 장비

<table>
<tr><th>구분</th><th colspan="2">내용</th></tr>
<tr><td>순찰차 등
(제36조)</td><td colspan="2">① 파출소장 및 출장소장은 순찰차 및 이륜차량 등을 항상 안전관리 및 치안활동에 투입할 수 있도록 선량한 관리자로서의 의무를 다하여야 한다.
② 순찰차 등의 활동 구역은 담당 파출소 관내로 한정함을 원칙으로 하나, 해양경찰서장은 관내 치안여건 등을 감안하여 순찰 권역별로 통합 운영할 수 있다.
③ 순찰차는 불가피한 경우를 제외하고는 2명 이상 탑승을 원칙으로 하고, 순찰차 운전요원은 제2종 보통운전면허 이상, 이륜차량 운전요원은 원동기장치 자전거면허 이상을 소지하여야 한다.
④ 순찰차 등은 순찰 이외에 경찰관서 출입, 출장소 감독순시 등 파출소 및 출장소의 효율적인 업무수행을 위하여 운용할 수 있다.
⑤ 그 밖의 순찰차 및 이륜차량의 관리운용에 관한 사항은 경찰차량 관리규칙을 준용한다.</td></tr>
<tr><td rowspan="2">연안구조정
(제37조)</td><td colspan="2">① 연안구조정은 파출소 및 출장소의 임무수행을 위하여 파출소 및 출장소에 배치하며, 소속 해양경찰서장의 지시를 받아 파출소장이 운용한다.
② 연안구조정의 활동구역은 파출소 관할해역으로 한정함을 원칙으로 한다. 다만, 해양사고 등 그 밖의 상황에 대처하기 위하여 필요하다고 인정될 때에는 관할해역 밖의 해역에서도 임무를 수행할 수 있다.
③ 연안구조정은 상시 운용하여야 한다. 다만, 항해 · 야간 장비의 보유 여부, 장비의 성능, 치안수요 및 기상 등을 고려하여 소속 파출소장이 변경하여 운용할 수 있다.
④ 파출소장은 연안구조정을 근무자들이 원활하게 운용할 수 있도록 교육훈련을 실시하고 관내 지형과 특성을 숙지시켜야 한다.
⑤ 연안구조정 근무자는 출 · 입항 및 해상순찰 근무시에는 1시간 간격으로 파출소에 위치 및 해상상황을 보고하고, 연안구조정의 행동사항, 검문검색 등 중요 순찰결과를 입항 즉시 파출소장에게 보고 및 별지 제1호 서식의 근무일지에 기록한다.</td></tr>
<tr><td>안전사항
(제38조)</td><td>① 연안구조정의 근무자는 안전을 위하여 필요한 예방조치와 인명 및 재산의 보호에 최선을 다하여야 한다.
② 연안구조정의 근무자는 기상악화나 농무 등으로 인하여 임무수행이 불가능하거나 안전에 위험이 있다고 판단될 때에는 파출소장의 승인을 받아 안전해역으로 피항 또는 양육하여야 한다. 다만, 사전승인을 받을 시간적 여유가 없는 경우에는 먼저 조치 후, 지체 없이 보고하여 승인을 받아야 한다.
③ 연안구조정의 근무자는 연안구조정 운용시에 구명조끼, 구명환 등 인명구조장비와 무전기, LTE 통신기 등 통신장비를 필히 적재하여야 한다.</td></tr>
</table>

	장비관리 (제39조)	① 파출소장은 연안구조정 등의 고장예방과 효율적인 장비관리를 위하여 관리책임자를 지정할 수 있다. ② 연안구조정 등 관리책임자는 정박시 이상 유무를 확인하고, 다음 각 호의 사항을 이행하여야 한다. 1. 순찰정 PMS 이행 및 기록관리 2. 계류색, 수밀상태, 기관실 빌지 상태 및 SEA CHEST 밸브 확인 등 3. 워터제트식 추진기의 경우 해상 이물질에 의한 추진기의 흡입구가 막히지 않도록 이물질 제거 4. 평소 장비설명서(매뉴얼)에 따른 주기별 점검 및 관리 5. 긴급출동이 가능하도록 항상 최상의 장비상태 유지 6. 기상 악화 등으로 운용이 불가능한 경우 피항 또는 양육 및 도난 예방 등 ③ 해양경찰서장은 효율적인 장비관리를 위하여 연안구조정 등을 집중보관할 수 있다. ④ 해양경찰서장은 제3항에 따라 집중보관할 경우에는 관리책임자를 지정할 수 있고, 관리책임자는 제2항 각 호의 사항을 확인, 점검하여야 한다.
무기 · 탄약 및 장비관리 (제40조)	파출소 순찰구조팀장 및 출장소장은 근무교대 전에 무기 · 탄약 및 순찰차, 연안구조정, 구조장비 등 주요장비의 이상 유무를 확인 후, 인계인수를 하여야 한다.	

5. 인사관리 및 교육 · 평가

(1) 정원 및 현원 관리(제42조)

① 지방해양경찰청장은 파출소 및 출장소의 관할구역, 안전관리 및 치안수요 등을 고려하여 적정한 인력을 배치하여야 한다.

② 지방해양경찰청장 및 해양경찰서장은 파출소 및 출장소의 정원은 다른 부서에 우선하여 충원하며, 인명구조관련 자격취득, 경력경쟁채용 또는 전문교육(5년 이내) 이수자가 파출소 근무자의 30% 이상 유지되도록 하여야 한다.

③ 지방해양경찰청장은 파출소 및 출장소의 충원 현황을 연 2회 점검하고, 현원이 정원에 미달할 경우, 별도의 충원 대책을 수립 · 시행하여야 한다.

(2) 교육훈련(제43조)

① 해양경찰교육원장은 파출소 및 출장소 경찰관의 역량 강화를 위하여 파출소 및 출장소 근무에 필요한 교목을 편성한 전문과정을 운영하여야 한다.

② 지방해양경찰청장 및 해양경찰서장은 파출소 및 출장소 근무 경찰관의 올바른 직무수행 및 자질향상을 위하여 교육훈련 전담반을 운영할 수 있으며, 다양한 교육훈련을 실시하여야 한다.

③ 파출소 및 출장소 경찰관의 교육훈련 종목 · 시간 등은 해양경찰서장이 정할 수 있다.

(3) 평가와 포상(제44조)

① 해양경찰청장, 지방해양경찰청장 및 해양경찰서장은 파출소 및 출장소 경찰관의 구조안전역량을 강화하고 업적에 대한 공정한 평가와 경찰관의 사기진작을 위하여 우수 경찰관을 발굴 · 포상하여야 한다.

② 해양경찰청장은 파출소 및 출장소 교육훈련과 업무실적에 대한 평가가 해양경찰청 성과평가 또는 우수파출소 평가와 연계되도록 하여야 하고, 매년 평가계획을 별도로 수립할 수 있다.

(4) 지도방문(제45조)

① 해양경찰서장은 분기별 지도방문 계획을 수립하여 파출소 및 출장소의 근무실태를 점검 · 지도하고, 현장의 문제점을 발굴 · 개선하여야 한다.

② 지도방문자는 다음 각 호를 중점으로 확인한다.

> 1. 창의성과 우수성이 뛰어난 공적 발굴, 장려
> 2. 파출소, 출장소의 애로 · 건의사항 청취
> 3. 현장의 업무 모범사례 발굴, 전파 및 확산
> 4. 해양경찰 주요정책 이행실태 및 각급 상사 지시사항 이행 여부

6. 사무관리

(1) 문서 및 부책(제46조)

① 파출소 및 출장소에는 다음 각 호와 법령 또는 다른 행정규칙에 정한 경우에만 문서 및 부책을 비치한다. 다만, 관련 시스템을 구축 · 운영할 경우 이를 갈음할 수 있다.

> 1. 근무일지
> 2. 관서운영경비 지출증명서류
> 3. 보안자재관리 기록부
> 4. 통고처분 처리부
> 5. 사건사고 처리대장(별지 제2호 서식)

② 다른 행정규칙에 의하여 비치하는 문서 및 부책은 법령이나 현실여건의 변화 등을 검토하여 이 규칙 시행 후 3년이 경과되기 전에 비치 여부를 재검토 하여야 한다.

(2) 파출소 관리시스템의 구축 · 운영(제47조)

해양경찰청장은 파출소의 사무를 효율적으로 관리하기 위하여 파출소 관리시스템을 구축 · 운영할 수 있다.

(3) 근무일지 작성 및 보관(제48조)

① 파출소 근무일지의 보존기간을 3년으로 하고 매월 일자별로 편철하여 2년간 파출소에 보관한 다음 소속 해양경찰서로 이관한다.

② 출장소 근무일지의 보존기간은 3년으로 하고 매월 일자별로 편철하여 다음 달 5일까지 파출소장의 결재를 받아 2년간 출장소에 보관한 다음 소속 해양경찰서로 이관한다.

③ 파출소 관리시스템으로 근무일지를 작성한 경우에는 제1항 및 제2항을 시행한 것으로 간주한다.

(4) 사무 간소화(제49조)

① 지방해양경찰청장 및 해양경찰서장은 연 2회 파출소 및 출장소 행정사무 실태 점검을 실시하여 불필요한 행정사무를 감축하여야 한다.

② 해양경찰서 각 기능에서 파출소에 각종 현황 및 통계 등을 정기 또는 수시로 보고하도록 지시할 경우 반드시 해양안전과의 협조를 받아야 하며, 이 경우에도 지시의 효력은 최초 보고를 받은 날로부터 1년이 경과하면 자동으로 소멸한다.

③ 파출소 보고에 대한 지시 효력을 연장할 필요가 있는 경우에는 소속 해양경찰서 해양안전과장의 협조와 해양경찰서장의 승인을 받아 1년 단위로 연장할 수 있다.

03 연안사고 예방에 관한 법률

1. 서설

(1) 목적(제1조)

이 법은 연안해역에서 발생하는 연안사고의 예방에 필요한 사항을 규정함으로써 국민의 생명 · 신체 및 재산을 보호하고 공공의 안전을 도모함을 목적으로 한다.

(2) 정의(제2조)

이 법에서 사용하는 용어의 뜻은 다음과 같다.

구분	내용
연안해역	연안관리법 제2조 제2호의 지역(무인도서의 보전 및 관리에 관한 법률 제2조 제1호에 따른 무인도서를 포함한다)을 말한다.
연안사고	연안해역에서 발생하는 인명에 위해를 끼치는 다음 각 목의 사고를 말한다. 다만, 해양사고의 조사 및 심판에 관한 법률 제2조 제1호에 따른 해양사고는 제외한다. 가. 갯벌 · 갯바위 · 방파제 · 연육교 · 선착장 · 무인도서 등에서 바다에 빠지거나 추락 · 고립 등으로 발생한 사고 나. 연안체험활동 중에 발생한 사고
연안체험활동	연안해역에서 이루어지는 체험활동으로서 해양수산부령으로 정하는 활동을 말한다. **연안사고 예방에 관한 법률 시행규칙** **제2조 【연안체험활동】** 연안사고 예방에 관한 법률(이하 '법'이라 한다) 제2조 제3호에서 '해양수산부령으로 정하는 활동'이란 다음 각 호의 어느 하나에 해당하는 체험활동을 말한다. 1. 수상(水上)형 체험활동: 선박법 제1조의2 제1항에 따른 선박이나 수상레저안전법 제2조 제3호에 따른 수상레저기구를 이용하지 않고 수상에서 이루어지는 체험활동. 다만, 체험활동 과정의 일부가 수중에서 이루어지는 경우에도 활동 내용의 주된 부분이 수상에서 이루어지는 체험활동은 전체를 수상형 체험활동으로 본다. 2. 수중(水中)형 체험활동: 수중에서 이루어지는 체험활동. 다만, 체험활동 과정의 일부가 수상에서 이루어지는 경우에도 활동 내용의 주된 부분이 수중에서 이루어지는 체험활동은 전체를 수중형 체험활동으로 본다. 3. 일반형 체험활동: 제1호 또는 제2호에 따른 체험활동 외에 연안해역에서 이루어지는 체험활동

(3) 국가 등의 책무(제3조)

① 국가와 지방자치단체는 연안사고로부터 국민의 생명 · 신체 및 재산을 보호하기 위하여 필요한 시책을 강구하고 추진하여야 한다.

② 국가와 지방자치단체는 연안사고를 효과적으로 예방하기 위한 안전체계 구축 및 기반조성에 노력하여야 한다.

③ 국가와 지방자치단체는 연안사고의 예방을 위하여 필요한 안전교육이 실시될 수 있도록 노력하여야 한다.

(4) 다른 법률과의 관계(제4조)

연안사고 예방에 관하여 다른 법률에 특별한 규정이 있는 경우를 제외하고는 이 법에서 정하는 바에 따른다.

2. 연안사고 예방 기본계획 등

(1) 연안사고 예방 기본계획의 수립 등(제5조)

① **해양경찰청장**은 연안사고 예방을 위하여 **5년마다 연안사고 예방 기본계획**(이하 '**기본계획**'이라 한다)을 **수립·추진**하여야 한다.

② 해양경찰청장은 기본계획을 수립하려는 경우 미리 소방청장, 광역시장·도지사·특별자치도지사 및 특별시·광역시·특별자치시·도·특별자치도의 교육감(이하 '시·도교육감'이라 한다)의 의견을 들어야 한다. 대통령령으로 정하는 중요한 사항을 변경하려는 경우에도 또한 같다.

③ 해양경찰청장은 기본계획의 수립 또는 변경에 필요한 경우에는 관계 행정기관의 장에게 관련 자료의 제출을 요청할 수 있다. 이 경우 자료의 제출을 요청받은 관계 행정기관의 장은 특별한 사유가 없으면 이에 따라야 한다.

(2) 기본계획의 내용(제6조)

기본계획에는 다음 각 호의 사항이 포함되어야 한다.

1. 연안사고 예방에 관한 정책의 기본방향
2. 연안사고 예방에 필요한 안전체계 구축에 관한 사항
3. 연안해역의 특성을 고려한 연안사고 예방 방안에 관한 사항
4. 연안사고 예방을 위한 전문인력의 양성 및 운영에 관한 사항
5. 연안사고 예방에 필요한 재원의 조달방안에 관한 사항
6. 그 밖에 연안사고 예방에 필요한 사항

(3) 시행계획의 수립·시행(제7조)

① **해양경찰청장**은 기본계획에 따라 **매년 연안사고 예방 시행계획**(이하 이 조에서 '**시행계획**'이라 한다)을 **수립·시행**하여야 한다.

② 시행계획의 수립·시행에 필요한 사항은 해양수산부령으로 정한다.

(4) 연안사고예방협의회(제8조)

① 연안사고 예방에 관하여 필요한 사항을 협의하기 위하여 해양경찰청장 소속으로 중앙연안사고예방협의회를 두고, 지방해양경찰청 및 해양경찰서에 각각 광역연안사고예방협의회 및 지역연안사고예방협의회를 둔다.

② 연안사고예방협의회의 구성과 기능 및 운영 등에 필요한 사항은 대통령령으로 정한다.

3. 연안사고 안전관리규정 등

(1) 연안사고 안전관리규정의 작성·시행(제9조)

① 해양경찰청장은 연안사고를 예방하기 위하여 소방청장, 특별자치도지사·시장·군수·구청장(자치구의 구청장을 말한다. 이하 같다) 및 시·도교육감의 의견을 들어 연안사고 안전관리규정(이하 이 조에서 '안전관리규정'이라 한다)을 작성하여 시행하여야 한다. 안전관리규정을 변경하려는 때에도 또한 같다.

② 안전관리규정에는 다음 각 호의 사항이 포함되어야 한다.

> 1. 인명사고가 자주 발생하는 연안해역에 관한 사항
> 2. 인명사고 예방조치에 관한 사항
> 3. 인명사고 위험구역 설정 및 위험경보에 관한 사항
> 4. 위험표지판 등 안전관리 시설물의 설치에 관한 사항
> 5. 연안해역 안전점검 주기 및 안전점검 결과에 따른 응급조치에 관한 사항
> 6. 그 밖에 해양수산부령으로 정하는 사항

③ 특별자치도지사 · 시장 · 군수 · 구청장은 안전관리규정을 준수하여야 한다.

(2) 출입통제 등(제10조)

① 해양경찰청장은 연안사고 예방을 위하여 특별자치도지사 · 시장 · 군수 · 구청장, 소방서장 및 항만에 관한 업무를 관장하는 해양수산부 소속 기관의 장의 의견을 들어 인명사고가 자주 발생하거나 발생할 우려가 높은 다음 각 호의 장소에 대하여 출입통제를 할 수 있다.

> 1. 너울성 파도가 잦은 해안가 또는 방파제
> 2. 물살이 빠르고 갯골이 깊은 갯벌 지역
> 3. 사고발생이 빈번하고 구조활동이 용이하지 아니한 섬 또는 갯바위
> 4. 연안절벽 등 해상추락이 우려되는 지역
> 5. 그 밖에 연안사고가 자주 발생하는 장소

② 해양경찰청장은 제1항에 따른 출입통제를 하려는 경우에는 그 사유와 기간 등 해양수산부령으로 정하는 사항을 포함하여 공고하고, 정보통신매체를 통하여 이를 적극 알려야 한다.
③ 해양경찰청장은 제1항에 따른 출입통제 사유가 없어졌거나 필요가 없다고 인정하는 경우에는 즉시 출입통제 조치를 해제하고 제2항에 따른 공고 등을 하여야 한다.
④ 출입통제의 공고 절차와 방법 등에 필요한 사항은 해양수산부령으로 정한다.

(3) 연안체험활동 안전수칙(제11조)

① 해양경찰청장은 연안체험활동 중 발생할 수 있는 사고를 예방하기 위하여 다음 각 호의 사항이 포함된 연안체험활동 안전수칙(이하 '안전수칙'이라 한다)을 정하여야 한다.

> 1. 안전관리요원의 자격과 배치기준
> 2. 안전장비의 종류와 배치기준
> 3. 그 밖에 해양수산부령으로 정하는 사항

② 연안체험활동에 참가하려는 자(이하 '연안체험활동 참가자'라 한다)를 모집하여 연안체험 프로그램을 운영하려는 자(이하 '연안체험활동 운영자'라 한다)는 안전수칙을 준수하여야 한다.

(4) 연안체험활동 안전교육(제11조의2)

① 연안체험활동 운영자 및 제11조 제1항 제1호의 안전관리요원은 연안체험활동의 안전에 관하여 해양수산부령으로 정하는 바에 따라 해양경찰청장이 실시하는 안전교육을 받아야 한다.
② 해양경찰청장은 연안체험활동 운영자 및 안전관리요원에 대한 안전교육을 효율적으로 수행하기 위하여 연안체험활동 안전에 관한 교육을 전문적으로 실시하는 교육기관을 지정하여 제1항에 따른 안전교육을 실시하게 할 수 있다.

③ 해양경찰청장은 제2항에 따라 지정된 안전교육 위탁기관(이하 '위탁기관'이라 한다)이 다음 각 호의 어느 하나에 해당하는 경우에는 지정을 취소하거나 6개월 이내의 기간을 정하여 위탁업무를 정지할 수 있다. 다만, 제1호에 해당하는 경우에는 지정을 취소하여야 한다.

> 1. 거짓이나 그 밖의 부정한 방법으로 지정을 받은 경우
> 2. 거짓이나 그 밖의 부정한 방법으로 안전교육 수료에 관한 증서를 발급한 경우
> 3. 제5항에 따른 위탁기관의 지정기준에 미치지 못하게 된 경우

④ 안전교육을 받으려는 사람은 해양수산부령으로 정하는 바에 따라 수수료를 납부하여야 한다.

(5) 연안체험활동 신고(제12조)

① 연안체험활동 운영자는 해양수산부령으로 정하는 절차와 방법에 따라 **해양경찰서장에게 연안체험활동 안전관리 계획서(이하 '계획서'라 한다)를 작성하여** 신고하여야 한다. 다만, 다음 각 호의 경우는 제외한다.

> 1. 수상레저안전법, 유선 및 도선 사업법, 낚시 관리 및 육성법, 수중레저활동의 안전 및 활성화 등에 관한 법률, 청소년활동 진흥법, 체육시설의 설치·이용에 관한 법률, 도시와농어촌간의교류촉진에관한법률, 수산업법, 양식산업발전법 등 다른 법률에서 지도·감독 등을 받는 법인 또는 단체가 운영하는 경우
> 2. 삭제 <2021.4.13.>
> 3. 연안체험활동 참가자 수가 해양수산부령으로 정하는 규모 이하인 경우

> **연안사고 예방에 관한 법률 시행규칙**
>
> **제9조 【연안체험활동 신고 제외】** 법 제12조 제1항 제3호에서 "해양수산부령으로 정하는 규모 이하인 경우"란 다음 각 호의 어느 하나에 해당되는 연안체험활동을 말한다.
> 1. 연안체험활동 참가자가 10명 미만인 수상형 체험활동
> 2. 연안체험활동 참가자가 5명 미만인 수중형 체험활동
> 3. 연안체험활동 참가자가 20명 미만인 일반형 체험활동

② 계획서에는 다음 각 호의 사항이 포함되어야 한다.

> 1. 연안체험활동의 기간과 장소 및 유형
> 2. 제11조 제1항에 따른 안전수칙 준수에 관한 사항
> 3. 제13조에 따른 보험 또는 공제(이하 '보험 등'이라 한다)의 가입사실
> 4. 연안체험활동 중 사고발생시 연안체험활동 운영자의 관계 기관에 대한 신고의무 부과 등 대처계획에 관한 사항

③ 연안체험활동 운영자는 계획서의 신고가 수리되기 전에는 연안체험활동 참가자의 모집을 하여서는 아니 된다.

④ 해양경찰서장은 제1항 본문에 따른 신고를 받은 날부터 7일 이내에 신고수리 여부를 신고인에게 통지하여야 한다.

⑤ 해양경찰서장이 제4항에서 정한 기간 내에 신고수리 여부 또는 민원 처리 관련 법령에 따른 처리기간의 연장을 신고인에게 통지하지 아니하면 그 기간(민원 처리 관련 법령에 따라 처리기간이 연장 또는 재연장된 경우에는 해당 처리기간을 말한다)이 끝난 날의 다음 날에 신고를 수리한 것으로 본다.

⑥ 해양경찰서장은 계획서의 신고를 수리한 경우(제5항에 따라 신고를 수리한 것으로 보는 경우를 포함한다)에는 그 사실을 특별자치도지사 · 시장 · 군수 · 구청장에게 통보하여야 한다.
⑦ 연안체험활동 운영자 또는 안전관리요원은 연안체험활동 관련 사고로 사람이 사망하거나 실종된 경우 또는 중상을 입은 경우에는 해양수산부령으로 정하는 바에 따라 지체 없이 해양경찰관서나 소방관서 또는 경찰관서 등 관계 행정기관에 신고하여야 한다.

(6) 보험 등의 가입(제13조)

① 연안체험활동 운영자는 연안체험활동 참가자 및 안전관리요원에게 발생한 생명 · 신체의 손해를 배상하기 위하여 보험 등에 가입하여야 한다.
② 보험 등에 가입하여야 할 연안체험활동의 유형 및 보험 등 금액 등은 대통령령으로 정한다.

(7) 보험 등의 가입 정보 제공 등(제13조의2)

① 연안체험활동 운영자는 제13조에 따른 보험 등의 가입 정보를 대통령령으로 정하는 바에 따라 연안체험활동 참가자 및 안전관리요원에게 알려야 한다.
② 해양경찰청장 또는 해양경찰서장은 제13조에 따른 보험 등의 가입을 확인하기 위하여 연안체험활동 운영자의 동의를 받아 보험회사 및 공제사업자(이하 이 조에서 '보험회사 등'이라 한다) 또는 보험업법 제175조에 따른 보험협회, 같은 법 제176조에 따른 보험요율 산출기관 및 같은 법 제178조에 따른 보험 관계 단체(이하 이 조에서 '보험협회 등'이라 한다)에 필요한 자료 또는 정보의 제공을 요청할 수 있다.
③ 보험회사 등은 제2항에 따라 자료 또는 정보의 제공을 요청받은 경우 보험협회 등을 통하여 해당 자료 또는 정보를 제공할 수 있다.
④ 제2항에 따라 자료 및 정보의 제공을 요청받은 자는 정당한 사유가 없으면 그 요청에 따라야 한다.

(8) 연안체험활동의 제한 등(제14조)

① 관할 해양경찰서장은 다음 각 호의 어느 하나에 해당하는 경우로서 연안체험활동이 곤란하거나 연안체험활동 참가자의 안전에 위해를 끼칠 우려가 있다고 인정하는 때에는 연안체험활동의 전부 또는 일부를 금지하거나 제한할 수 있다.

1. 자연재해의 예보 · 경보 등이 발령된 경우
2. 유류오염 · 적조 · 부유물질 · 유해생물이 발생하거나 출현하는 경우
3. 어망 등 해상장애물이 많은 경우
4. 그 밖에 연안사고 예방을 위하여 대통령령으로 정하는 경우

② 관할 해양경찰서장은 연안체험활동의 금지 또는 제한의 원인이 되는 사유가 소멸되거나 완화된 경우 연안체험활동의 금지 또는 제한의 전부 또는 일부를 해제할 수 있다.
③ 관할 해양경찰서장은 제1항 및 제2항에 따라 연안체험활동의 금지 · 제한 또는 금지 · 제한을 해제한 경우 지체 없이 특별자치도지사 · 시장 · 군수 · 구청장에게 알리고, 정보통신매체 등을 통하여 공고하여야 한다.

(9) 연안체험활동 안전점검(제15조)

① 관할 해양경찰서장은 소속 경찰공무원으로 하여금 연안사고 예방을 위하여 연안체험활동 장소에 출입하여 다음 각 호의 사항에 대한 안전점검을 하게 할 수 있다.

> 1. 제11조 제1항에 따른 안전수칙 준수 여부
> 2. 연안체험활동 상황
> 3. 그 밖에 해양수산부령으로 정하는 사항

② 관할 해양경찰서장은 제1항에 따른 안전점검의 결과 안전수칙을 위반하였거나 안전확보에 중대한 문제가 있다고 판단되는 경우에는 해양수산부령으로 정하는 바에 따라 시정명령 등 필요한 조치를 하거나 관계 법률에 따른 영업정지 등의 조치를 관계 행정기관의 장에게 요청할 수 있다.

③ 안전점검을 하는 경찰공무원은 그 신분을 나타내는 증표를 지니고 이를 관계인에게 내보여야 한다.

④ 관할 해양경찰서장은 안전점검의 중복 등으로 인하여 연안체험활동에 지장이 발생하지 아니하도록 노력하여야 한다.

(10) 연안순찰대의 편성 · 운영(제16조)

① 해양경찰청장은 연안사고 예방을 위한 순찰 · 지도 등의 업무를 수행하기 위하여 연안순찰대를 편성하여 운영할 수 있다.

② 연안순찰대원의 자격기준, 복무 등에 필요한 사항은 대통령령으로 정한다.

> **연안사고 예방에 관한 법률 시행령**
>
> **제8조【122연안순찰대원의 자격】** 법 제16조 제2항에 따른 122연안순찰대원(이하 '연안순찰대원'이라 한다)은 수상레저안전법 시행령 제37조 제1항에 따른 인명구조요원의 자격을 갖춘 해양경찰청 및 그 소속기관의 경찰공무원(이하 '해양경찰공무원'이라 한다)으로서 다음 각 호의 요건을 모두 갖춘 사람으로 한다.
>
> 1. 다음 각 목의 어느 하나에 해당하는 사람일 것
>   가. 연안순찰대원으로 배치하려는 지역을 관할하는 해양경찰 파출소 · 출장소에서 2년 이상 근무한 사람
>   나. 연안순찰대원으로 배치하려는 지역을 관할하는 수상에서의 수색 · 구조 등에 관한 법률 시행령 제16조 제1항 제1호에 따른 122구조대의 구조대원으로 2년 이상 근무한 사람
>   다. 해양경찰청함정(100t 미만의 함정으로 한정한다)에서 2년 이상 근무한 사람
>   라. 응급의료에 관한 법률 제36조에 따른 응급구조사 자격을 갖춘 사람
> 2. 다음 각 목의 어느 하나에 해당하는 면허가 있는 사람일 것
>   가. 도로교통법 제80조 제2항 제1호에 따른 제1종 운전면허 중 대형면허 또는 보통면허
>   나. 수상레저안전법 제4조 제2항 제1호에 따른 일반조종면허
>
> **제9조【연안순찰대원의 임무 등】** ① 연안순찰대원의 임무는 다음 각 호와 같다.
>
> 1. 연안해역의 순찰 및 연안사고 예방 활동 등 안전관리규정의 시행
> 2. 법 제10조에 따른 출입통제 장소의 관리
> 3. 법 제14조에 따른 연안체험활동의 금지 또는 제한
> 4. 법 제15조에 따른 연안체험활동 안전점검
> 5. 연안사고 발생시 긴급구조 등의 조치
> 6. 그 밖에 연안사고 예방과 연안사고 발생시 구호(救護)에 관한 업무

> ② 연안순찰대원은 제1항에 따른 임무를 수행하는 경우 특별한 사정이 없으면 해양경찰공무원의 근무복을 착용하여야 한다.
> ③ 연안순찰대원의 구체적인 근무방법, 근무일지의 작성, 교대 등에 필요한 사항은 해양경찰청장이 정한다.

(11) 연안안전지킴이 위촉(제17조)

① 해양경찰청장은 지역주민으로서 연안해역의 특성을 잘 아는 사람 등을 연안안전지킴이로 위촉하여 연안사고예방을 위한 순찰 · 지도업무를 보조하게 할 수 있다.
② 연안안전지킴이가 그 직무를 수행하는 경우에는 신분을 표시하는 증표를 지니고 이를 관계인에게 내보여야 한다.
③ 연안안전지킴이의 위촉방법, 활동범위, 수당의 지급 등에 관한 사항은 해양수산부령으로 정한다.
④ 지방자치단체의 장은 필요한 경우 관할 구역에서 연안안전지킴이가 활동하는 데 소요되는 경비의 전부 또는 일부를 지원할 수 있다.

(12) 무인도서 안전관리(제18조)

① 특별자치도지사 · 시장 · 군수 · 구청장은 무인도서의 보전 및 관리에 관한 법률 제2조 제1호에 따른 무인도서로서 해양수산부령으로 정하는 무인도서에서 발생할 수 있는 인명사고의 예방을 위하여 필요한 안전관리체계를 마련하여야 한다.
② 관할 해양경찰서장은 제1항의 무인도서에서 발생하는 인명사고에 효과적으로 대처하기 위하여 특별자치도지사 · 시장 · 군수 · 구청장과 협의하여 긴급신고망을 운영할 수 있다.

4. 안전문화시책 등

(1) 안전문화시책의 수립 등(제19조)

① 해양경찰청장은 연안사고 예방을 위하여 국민의 안전의식을 높이고 안전문화를 정착시키는 데 필요한 시책을 마련하여 추진하여야 한다.
② 해양경찰청장은 연안사고 예방의 중요성을 인식시키고 안전문화를 실천할 수 있도록 안전체험시설을 설치 · 운영할 수 있다.

(2) 연안안전의 날과 안전점검 주간(제20조)

① 연안사고 예방을 위한 활동에 국민의 참여분위기를 조성하고 안전의식을 확산하기 위하여 매년 연안안전의 날과 안전점검 주간(週間)을 설정한다.
② 연안안전의 날과 안전점검 주간 및 그 행사에 필요한 사항은 대통령령으로 정한다.

(3) 연안사고 예방 및 피해경감 연구(제21조)

① 해양경찰청장은 연안사고 예방 및 피해경감을 위한 조사 · 연구를 할 수 있다.
② 해양경찰청장은 제1항에 따른 연안사고 예방 및 피해경감을 위한 조사 · 연구를 위하여 필요한 경우 특별자치도지사 · 시장 · 군수 · 구청장에게 관련 자료를 요청할 수 있다. 이 경우 특별자치도지사 · 시장 · 군수 · 구청장은 특별한 사유가 없으면 이에 따라야 한다.

(4) 위임 · 위탁(제22조)

① 이 법에 따른 해양경찰청장의 권한은 대통령령으로 정하는 바에 따라 그 일부를 그 소속 기관의 장에게 위임할 수 있다.

② 해양경찰청장은 이 법에 따른 업무의 일부를 대통령령으로 정하는 바에 따라 해양 관련 전문기관이나 단체에 위탁할 수 있다.

(5) 벌칙 적용에서 공무원 의제(제22조의2)

제22조 제2항에 따라 해양경찰청장이 위탁한 업무에 종사하는 기관 또는 단체의 임직원은 형법 제129조부터 제132조까지의 규정에 따른 벌칙을 적용할 때에는 공무원으로 본다.

(6) 청문(제22조의3)

해양경찰청장은 제11조의2 제3항에 따라 위탁기관의 지정을 취소하거나 위탁업무를 정지하려는 경우에는 청문을 하여야 한다.

04 해수욕장의 이용 및 관리에 관한 법률

1. 서설

(1) 목적(제1조)

이 법은 해수욕장의 이용 · 관리에 관한 사항을 규정함으로써 해수욕장을 안전하고 쾌적한 국민휴양공간으로 조성하며 국민의 삶의 질 향상과 국민복리 증진에 이바지함을 목적으로 한다.

(2) 정의

구분	내용
해수욕장	천연 또는 인공으로 조성되어 물놀이 · 일광욕 · 모래찜질 · 스포츠 등 레저활동이 이루어지는 수역 및 육역으로서 제6조에 따라 지정 · 고시된 구역을 말한다.
해수욕장시설	해수욕장 안에 있는 다음 각 목의 시설을 말한다. 가. 기본 및 기능시설 1) 백사장(모래, 자갈 등 토양의 재질에 상관없이 일광욕 · 모래찜질 · 스포츠 등을 할 수 있는 육역을 말한다) 2) 산책로 3) 탈의시설, 샤워시설, 화장실, 식수대, 주차장, 야영장, 공중이용통신시설, 차양시설 등 이용객 편의시설 4) 인명구조선, 구명보트, 안전부표, 유영가능구역부표, 조명시설, 감시탑 등 안전시설 5) 오수 · 폐수처리시설, 수질오염방지시설, 쓰레기집하 · 처리시설 등 환경시설 나. 지원시설 1) 관리사무소, 진료시설 등 행정시설 2) 체육시설 3) 판매 · 대여시설 다. 그 밖에 해수욕장의 효용을 높이기 위한 시설로서 해양수산부령으로 정하는 시설
해수욕장시설사업	해수욕장시설을 신설 · 증설 · 개축 · 보수 · 복구 및 복원하는 사업을 말한다.
물놀이구역	물놀이 · 일광욕 · 모래찜질 등의 활동이 이루어지고 부표 · 안전선 등으로 구분되어지는 구역으로서 제17조 제1항에 따라 지정된 구역을 말한다.

수상레저구역	주로 수상레저안전법 제2조 제1호에 따른 수상레저활동이 이루어지는 구역으로서 제17조 제1항에 따라 지정된 구역을 말한다.
관리청	해수욕장이 소재한 지역을 관할하는 특별자치도지사 또는 시장 · 군수 · 구청장(자치구의 구청장을 말한다. 이하 같다)을 말한다.

(3) 다른 법률과의 관계(제5조)

① 해수욕장에서의 구조 · 구급에 관한 사항은 119구조 · 구급에 관한 법률과 수상에서의 수색 · 구조 등에 관한 법률에서 정하는 바에 따른다.

② 해수욕장의 이용 · 관리에 관하여 다른 법률에 특별한 규정이 있는 경우를 제외하고는 이 법에서 정하는 바에 따른다.

2. 해수욕장의 지정 등

(1) 해수욕장의 지정(제6조)

① 관리청은 관할 지역에서 대통령령으로 정하는 시설 및 환경 기준에 적합한 구역을 해수욕장으로 지정할 수 있다. 다만, 군사기지 및 군사시설 보호법 제2조 제6호에 따른 군사기지 및 군사시설 보호구역은 제외하며, 다음 각 호의 어느 하나에 해당하는 지역에 해수욕장을 지정하려는 경우에는 관계 행정기관의 장과 미리 협의하여야 한다.

1. 자연공원법 제2조 제1호에 따른 자연공원
2. 국토의 계획 및 이용에 관한 법률 제2조 제6호에 따른 기반시설 중 유원지, 같은 법 제6조 제4호에 따른 자연환경보전지역
3. 관광진흥법 제2조 제6호 및 제7호에 따른 관광지 및 관광단지
4. 해양환경관리법 제15조에 따른 환경관리해역

② 관리청은 제1항에 따라 해수욕장을 지정하려는 때에는 미리 관계 행정기관의 장 및 제20조에 따른 해수욕장협의회의 의견을 들어야 한다.

③ 관리청은 제1항에 따라 해수욕장을 지정한 때에는 해양수산부장관, 관계 광역시장 · 도지사(이하 '시 · 도지사'라 한다) 및 관계 행정기관의 장에게 통보하고, 해양수산부령으로 정하는 바에 따라 해수욕장의 명칭 · 위치 · 주요시설현황 및 그 밖에 필요한 사항을 공보에 고시하여야 한다.

(2) 해수욕장 지정의 변경 및 해제(제7조)

① 관리청은 다음 각 호의 어느 하나에 해당하는 경우에는 제6조에 따라 지정 · 고시된 해수욕장의 구역을 변경하거나 그 구역의 전부 또는 일부를 해제할 수 있다.

1. 연안침식, 지형의 변화 등으로 해수욕장으로서의 기능을 상실하거나 해수욕장 이용자의 안전을 해칠 우려가 있는 경우
2. 희귀생물의 서식지 보호 등 생태계 보전을 위하여 필요한 경우
3. 그 밖에 지정 후 여건변화에 관한 사항으로서 대통령령으로 정하는 경우

② 해수욕장 지정의 변경 및 해제 절차 등에 관하여는 제6조 제2항 및 제3항을 준용한다.

3. 해수욕장 기본계획 등

(1) 해수욕장 기본계획의 수립(제9조)

① 해양수산부장관은 해수욕장의 지속가능한 이용 · 관리를 위하여 10년마다 해수욕장 기본계획(이하 '기본계획'이라 한다)을 수립 · 시행하고 이에 필요한 재원을 확보하기 위하여 노력하여야 한다.

② 해양수산부장관은 기본계획을 수립하려면 미리 시 · 도지사의 의견을 듣고 관계 중앙행정기관의 장과 협의를 거쳐 연안관리법 제30조에 따른 중앙연안관리심의회의 심의를 거쳐야 한다.

③ 해양수산부장관은 기본계획을 수립하는 경우 해수욕장의 안전관리에 관한 사항에 대해서는 해양경찰청장의 의견을 들어야 한다.

④ 해양수산부장관은 기본계획을 수립하기 위하여 필요한 경우에는 관계 중앙행정기관의 장 또는 지방자치단체의 장에게 필요한 자료의 제출을 요청할 수 있다. 이 경우 자료의 제출을 요청받은 관계 중앙행정기관의 장 또는 지방자치단체의 장은 특별한 사유가 없으면 이에 따라야 한다.

(2) 해수욕장 관리계획의 수립(제13조)

① 관리청은 기본계획의 범위에서 관할 해수욕장의 관리에 관한 계획(이하 '관리계획'이라 한다)을 수립 · 시행하여야 한다.

② 관리청은 관리계획을 수립할 때에는 해양공간계획 및 관리에 관한 법률 제7조에 따른 해양공간관리계획을 고려하여야 한다.

③ 관리청은 관리계획을 수립하려면 해양수산부령으로 정하는 바에 따라 지역주민 및 관계 전문가의 의견을 듣고 관계 행정기관의 장과 협의하여야 한다.

④ 관리청은 관리계획을 수립한 때에는 지체 없이 그 사실을 공보에 고시하고, 관계 행정기관의 장에게 통보하며, 일반인이 열람할 수 있도록 조치하여야 한다.

4. 해수욕장의 안전 및 환경관리

(1) 안전관리지침(제24조)

① **해양경찰청장**은 해수욕장에서의 안전사고를 예방하고 효과적으로 대처하기 위하여 시 · 도지사의 의견을 듣고 관계 중앙행정기관의 장과 협의를 거쳐 해수욕장 안전관리에 관한 지침(이하 '안전관리지침'이라 한다)을 정하고 이를 관계 중앙행정기관의 장 및 관리청에 통보하여야 한다.

② 관계 중앙행정기관의 장 또는 관리청은 안전관리지침의 변경이 필요하다고 판단되는 경우 해양경찰청장에게 그 변경을 요청할 수 있다.

③ 안전관리지침의 적용범위, 고시방법 등에 필요한 사항(구조 · 구급에 관한 사항은 제외한다)은 대통령령으로 정한다.

(2) 안전관리조치 등(제25조)

① 관리청은 안전관리지침의 범위에서 관할 해수욕장의 안전관리에 필요한 조치(이하 이 조에서 '안전관리조치'라 한다)를 시행하여야 한다.

② 관리청은 안전관리조치를 위하여 필요한 경우 관계 행정기관의 장에게 소속 직원의 파견, 장비의 지원 등을 요청할 수 있다. 이 경우 관계 행정기관의 장은 특별한 사유가 없으면 이에 따라야 한다.

③ 관리청은 지원이 있는 경우 이에 소요되는 비용 및 시설의 전부 또는 일부를 부담하거나 제공할 수 있다.

④ 관리청은 해수욕장 이용에 유용한 안전에 관한 정보를 알려야 한다. 이 경우 안전에 관한 정보의 내용 · 고지방법과 시기 등 필요한 사항은 해양수산부령으로 정한다.

(3) 수상레저기구의 운용 등(제26조)

① 수상레저안전법 제2조 제3호에 따른 수상레저기구를 이용하는 자 및 같은 법 제39조 제1항에 따른 수상레저사업을 경영하는 자는 물놀이구역에서 수상레저기구를 이용 또는 운용하여서는 아니 된다.

② 관리청은 해수욕장 이용자의 안전을 위하여 수상레저기구의 이용 및 운용에 대한 공유수면 점용·사용허가시 물놀이구역에의 수상레저기구 출입금지 등 조건을 붙일 수 있다.

(4) 해수욕장시설의 안전점검(제27조)

① 관리청은 해수욕장시설에 대하여 주기적으로 안전점검을 하여야 한다. 이 경우 관리청은 안전점검의 효율성을 높이기 위하여 관계 기관 및 전문가와 합동하여 안전점검을 할 수 있다.

② 해수욕장시설 중 해수면에 설치된 안전시설에 대하여는 관할 해양경찰서장이 안전점검을 할 수 있다.

③ 관리청 또는 해양경찰서장은 안전점검을 한 결과 해수욕장 이용자의 안전을 저해할 우려가 있다고 인정하는 경우에는 지체 없이 해당 시설의 소유자 또는 관리자에게 정비·보수 등 필요한 조치를 명하여야 한다.

④ 관리청의 정비·보수 등 조치 명령에도 불구하고 해당 시설의 소유자 또는 관리자가 필요한 조치를 하지 아니하는 경우 관리청은 3개월 이내의 기간을 정하여 해당 시설의 운영 정지를 명할 수 있다.

(5) 해수욕장의 이용 제한 등(제28조)

① 관리청은 해수욕장 이용자의 안전 확보를 위하여 유해물질의 유입, 유해생물의 출현, 기상악화 등 대통령령으로 정하는 사유가 발생한 경우에는 관계 행정기관의 장과 협의를 거쳐 해수욕장의 전부 또는 일부에 대하여 그 이용을 금지하거나 제한할 수 있다. 다만, 상황이 급박하여 협의할 시간이 없는 경우에는 관계 행정기관의 장과 협의를 거치지 아니할 수 있다.

② 관계 행정기관의 장은 해수욕장 이용자의 안전을 위협하는 요소가 발생하거나 발생할 우려가 있다고 인정되는 경우에는 관리청에게 해수욕장 이용의 금지나 제한을 요청할 수 있다. 이 경우 관리청은 특별한 사유가 없으면 이에 따라야 한다.

③ 관할 해양경찰서장은 해수욕장 이용자의 안전을 위협하는 요소가 발생하거나 발생할 우려가 있어 해수면에서의 물놀이가 적절하지 아니하다고 인정하는 때에는 이를 금지하거나 제한할 수 있다. 이 경우 관할 해양경찰서장은 지체 없이 그 사실을 관리청에 통보하여야 한다.

④ 관리청은 해수욕장 이용의 금지 또는 제한의 원인이 되는 사유가 소멸되거나 완화된 경우 관계 행정기관의 장과 협의를 거쳐 해수욕장 이용의 금지 또는 제한을 전부 또는 일부 해제할 수 있다.

⑤ 관리청은 해수욕장 이용의 금지 또는 제한, 해수욕장 이용의 금지 또는 제한 해제의 사실을 지체 없이 특별자치도·시·군·구의 공보 또는 인터넷 홈페이지 등을 통하여 알려야 한다.

05 선박 출·입항 관리

1. 어선안전조업법

(1) 출입항 신고(제8조)

① 항포구에 출입항하려는 어선의 소유자 또는 선장은 신고기관에 신고하여야 한다. 다만, 수산업법 제27조 제1항에 따라 관리선 사용지정을 받은 어선 또는 같은 조 제3항에 따라 사용승인을 받은 어선은 다음 각 호의 어느 하나에 해당하는 해역에 출어하는 경우에만 신고한다.

> 1. 특정해역
> 2. 조업자제해역
> 3. 관할 해양경찰서장이 치안유지나 국방을 위하여 필요하다고 인정하여 관계 기관의 장과 협의를 거쳐 지정한 해역

② 제1항에도 불구하고 어선법 제5조의2 제1항 단서에 따라 해양경찰청장이 정하는 어선위치발신장치를 갖추고 이를 정상적으로 작동하여 출입항하는 어선은 제1항에 따른 출입항 신고를 한 것으로 본다. 다만, 다음 각 호의 어느 하나에 해당하는 경우에는 그러하지 아니하다.

> 1. 최초로 신고하는 경우
> 2. 승선원 명부 등 어선출입항신고서의 내용에 변동이 있는 경우
> 3. 특정해역이나 조업자제해역에 출어하는 경우

③ 출입항 신고를 하려는 어선의 소유자 또는 선장은 신고인 인적사항, 승선원 명부 등 해양수산부령으로 정하는 사항을 기재한 어선출입항신고서를 제출하여야 한다.

④ 출입항 신고의 절차 및 방법과 그 밖에 필요한 사항은 해양수산부령으로 정한다.

(2) 항포구의 출입항 제한(제9조)

① 어선은 신고기관이 설치되지 아니한 항포구에는 출입항하여서는 아니 된다. 다만, 기상 악화에 따른 피항, 기관 고장 등으로 인한 표류, 그 밖의 부득이한 사정이 있는 경우에는 그러하지 아니하다.

② 제1항 단서에 따라 어선이 항포구에 입항한 경우 어선의 선장은 입항한 항포구 인근에 있는 신고기관에 신고하여야 한다.

(3) 출항 등의 제한(제10조)

① 신고기관의 장은 해상에 대하여 기상특보가 발효된 때에는 어선의 출항을 제한할 수 있다.

② 어선의 선장은 해상에 대하여 기상특보가 발효된 때에는 해양수산부령으로 정하는 어선의 안전조치 및 준수사항에 따라야 한다.

③ 제1항에 따른 출항제한의 기준 · 방법 및 절차에 필요한 사항은 해양수산부령으로 정한다.

2. 선박안전 조업규칙

(1) 적용 범위(제2조)

이 규칙은 **총톤수 100t 미만의 선박**(이하 '선박'이라 한다)에 대해 적용한다. 다만, 어선법 제2조 제1호에 따른 어선, 정부나 공공단체가 소유하는 선박, 여객선 및 국외에 취항하는 선박은 제외한다.

(2) 선박 출항 · 입항 종합정보시스템의 구축 · 운영(제14조의2)

해양경찰청장은 선박의 출항 및 입항을 효율적으로 관리하기 위하여 선박 출항 · 입항 종합정보시스템을 구축 · 운영할 수 있다.

(3) 출입항의 신고(제15조)

① 선박이 항포구에 출입하려는 경우 선박의 소유자 또는 선장은 별지 제2호 서식의 선박출(입)항신고(확인)서와 별지 제3호 서식의 선원명부를 출입항하려는 항포구를 관할하는 신고기관(어선안전조업법 제2조 제9호에 따른 신고기관을 말한다. 이하 같다)에 제출하여 확인을 받은 후 해당 확인서를 선박에 갖춰 두어야 한다.

② 제1항에도 불구하고 제14조의2에 따른 선박 출항·입항 종합정보시스템에 의한 선박 출입항 발신 장치를 갖추고 이를 정상적으로 작동하여 출입항하는 선박은 제1항에 따라 출입항 신고를 한 것으로 본다. 다만 다음 각 호의 어느 하나에 해당하는 경우에는 그렇지 않다.

1. 최초로 신고하는 경우
2. 선원명부 또는 선박출(입)항신고(확인)서의 내용에 변동이 있는 경우

③ 신고기관의 장은 제1항에 따라 확인한 내용을 제14조의2에 따른 선박 출항·입항 종합정보시스템에 기록·관리해야 한다.

(4) 출항·입항의 제한(제18조)

신고기관이 설치되지 아니한 항·포구에는 선박이 출항·입항하여서는 아니 된다. 다만, 기상 악화에 따른 피항, 기관 고장으로 인한 표류, 그 밖의 부득이한 사정이 있는 경우에는 예외로 한다.

3. 어선 출입항신고 관리 규칙

(1) 목적(제1조)

이 규칙은 어선안전조업법에 따른 어선 출입항 신고기관의 설치 및 운영에 필요한 사항을 규정함을 목적으로 한다.

(2) 정의(제2조)

구분	내용
출입항 신고	항포구에 출입항하려는 어선의 소유자 또는 선장이 어선안전조업법(이하 '법'이라 한다) 제2조 제9호에 따른 신고기관(이하 '신고기관'이라 한다)에 어선의 출입항 사항을 신고하는 것을 말한다.
입항하지 않는 어선	어선안전조업법 시행규칙(이하 '시행규칙'이라 한다) 별지 제1호 서식의 어선출입항신고서(이하 '출입항신고서'라 한다)에 기재한 입항예정 일시까지 입항하지 않는 어선을 말한다.
대행신고소	민간인으로 하여금 출입항 신고의 접수업무를 대행하게 하는 신고기관을 말한다.
어선출입항 종합정보시스템	어선출입항 신고관리 업무를 전자적으로 처리하기 위해 구축한 시스템(http://coss.kcg.go.kr/NMPA)을 말한다.
어선용 선박패스(V-Pass)장치	어선법 제5조의2 제1항 단서에 따라 어선의 위치를 자동으로 발신하고 출입항 신고를 자동으로 처리할 수 있는 장치를 말한다.
선박패스(V-Pass)시스템	선박패스 장치를 통해 선박의 위치정보를 활용하는 시스템을 말한다.
지능형 해상교통정보서비스 단말기(e-Nav)	지능형 해상교통정보서비스의 제공 및 이용 활성화에 관한 법률 제18조에 따라 어선에 설치한 장치로서 어선의 위치를 자동으로 발신하고 출입항 신고를 자동으로 처리할 수 있는 장치를 말한다.

(3) 적용 범위(제3조)

어선출입항 신고관리 등은 다른 법령이나 규칙에 특별한 규정이 있는 경우를 제외하고는 이 규칙에서 정하는 바에 따른다.

(4) 출입항 신고(제4조)

① 법 제8조 제1항에 따라 항포구에 출입항하려는 어선의 소유자 또는 선장은 출입항신고서를 작성하여 신고기관에 제출한 후에 신고기관장의 확인을 받아야 하며, 출항시에는 출입항신고서를 어선에 보관해야 한다.

② 신고기관의 장은 출입항신고서를 접수한 때에는 그 사실을 확인하여 어선출입항 종합정보시스템에 입력하고 신고인에게 교부해야 한다.

③ 신고기관의 장은 시행규칙 제2조 제2항에 따라 전화 또는 정보통신망의 방법으로 출입항신고를 접수한 때에는 지체 없이 그 사실을 어선출입항 종합정보시스템에 입력해야 한다. 다만, 대행신고소에서 접수한 출입항 신고사항은 관할 파출소 및 출장소(이하 '해양경찰서 신고기관'이라 한다)에서 매월 1회 이상(해양경찰서 신고기관이 없는 도서지역은 분기 1회 이상) 입력할 수 있다.

(5) 입항하지 않는 어선에 대한 조치(제5조)

① 출항지의 신고기관의 장은 입항하지 않는 어선이 발생한 경우에는 그 어선의 소재를 파악하고 소재가 확인되지 않을 때에는 지체 없이 관할 해양경찰서장에게 보고해야 하며, 보고를 받은 해양경찰서장은 해당 어선을 전국에 수배한다. 다만, 5t 미만의 어선은 인접 시 · 도까지만 수배할 수 있다.

② 입항하지 않는 어선의 발생통보를 받은 해양경찰서장은 관내 신고기관 및 출동 중인 함정에 어선의 소재를 파악하도록 조치해야 한다. 이 경우 입항하지 않은 어선의 소재가 확인되었을 때에는 출항지 관할 해양경찰서장에게 통보해야 한다.

③ 입항하지 않는 어선이 발생한 경우의 보고 및 수배내용은 다음 각 호와 같다.

> 1. 출항일시 및 장소
> 2. 어선제원(선명 · 톤수 · 마력수 · 승선인원) 및 어선의 특징
> 3. 조업해역 또는 항해구역
> 4. 입항 예정일시 및 장소

06 기초질서 위반사범의 단속

1. 서설

기초질서 위반사범이란 일상생활에서 흔히 범하게 되는 경미한 법익의 침해행위를 한 사람을 말한다. 현행법상 **경범죄 처벌법과 도로교통법** 등에 그 법칙금통고처분의 대상에 해당하는 기초질서 위반행위 유형들이 규정되어 있다.

2. 경범죄 처벌법

경범죄 처벌법(이하 '법'이라 한다)은 경범죄의 종류 및 처벌에 필요한 사항을 정함으로써 국민의 자유와 권리를 보호하고 사회공공의 질서유지에 이바지함을 목적으로 한다.

(1) 남용금지(제2조)

이 법을 적용할 때에는 국민의 권리를 부당하게 침해하지 아니하도록 세심한 주의를 기울여야 하며, 본래의 목적에서 벗어나 다른 목적을 위하여 이 법을 적용하여서는 아니 된다.

(2) 경범죄의 종류와 처벌(제3조)

10만원 이하의 벌금, 구류 또는 과료	① (빈집 등에의 침입) 다른 사람이 살지 아니하고 관리하지 아니하는 집 또는 그 울타리·건조물(建造物)·배·자동차 안에 정당한 이유 없이 들어간 사람 ② (흉기의 은닉휴대) 칼·쇠몽둥이·쇠톱 등 사람의 생명 또는 신체에 중대한 위해를 끼치거나 집이나 그 밖의 건조물에 침입하는 데에 사용될 수 있는 연장이나 기구를 정당한 이유 없이 숨겨서 지니고 다니는 사람 ③ (폭행 등 예비) 다른 사람의 신체에 위해를 끼칠 것을 공모(共謀)하여 예비행위를 한 사람이 있는 경우 그 공모를 한 사람 ④ 삭제 <2013.5.22.> ⑤ (시체 현장변경 등) 사산아(死産兒)를 감추거나 정당한 이유 없이 변사체 또는 사산아가 있는 현장을 바꾸어 놓은 사람 ⑥ (도움이 필요한 사람 등의 신고불이행) 자기가 관리하고 있는 곳에 도움을 받아야 할 노인, 어린이, 장애인, 다친 사람 또는 병든 사람이 있거나 시체 또는 사산아가 있는 것을 알면서 이를 관계 공무원에게 지체 없이 신고하지 아니한 사람 ⑦ (관명사칭 등) 국내외의 공직(公職), 계급, 훈장, 학위 또는 그 밖에 법령에 따라 정하여진 명칭이나 칭호 등을 거짓으로 꾸며 대거나 자격이 없으면서 법령에 따라 정하여진 제복, 훈장, 기장 또는 기념장(記念章), 그 밖의 표장(標章) 또는 이와 비슷한 것을 사용한 사람 ⑧ (물품강매·호객행위) 요청하지 아니한 물품을 억지로 사라고 한 사람, 요청하지 아니한 일을 해주거나 재주 등을 부리고 그 대가로 돈을 달라고 한 사람 또는 여러 사람이 모이거나 다니는 곳에서 영업을 목적으로 떠들썩하게 손님을 부른 사람 ⑨ (광고물 무단부착 등) 다른 사람 또는 단체의 집이나 그 밖의 인공구조물과 자동차 등에 함부로 광고물 등을 붙이거나 내걸거나 끼우거나 글씨 또는 그림을 쓰거나 그리거나 새기는 행위 등을 한 사람 또는 다른 사람이나 단체의 간판, 그 밖의 표시물 또는 인공구조물을 함부로 옮기거나 더럽히거나 훼손한 사람 또는 공공장소에서 광고물 등을 함부로 뿌린 사람 ⑩ (마시는 물 사용방해) 사람이 마시는 물을 더럽히거나 사용하는 것을 방해한 사람 ⑪ (쓰레기 등 투기) 담배꽁초, 껌, 휴지, 쓰레기, 죽은 짐승, 그 밖의 더러운 물건이나 못쓰게 된 물건을 함부로 아무 곳에나 버린 사람 ⑫ (노상방뇨 등) 길, 공원, 그 밖에 여러 사람이 모이거나 다니는 곳에서 함부로 침을 뱉거나 대소변을 보거나 또는 그렇게 하도록 시키거나 개 등 짐승을 끌고 와서 대변을 보게 하고 이를 치우지 아니한 사람 ⑬ (의식방해) 공공기관이나 그 밖의 단체 또는 개인이 하는 행사나 의식을 못된 장난 등으로 방해하거나 행사나 의식을 하는 자 또는 그 밖에 관계 있는 사람이 말려도 듣지 아니하고 행사나 의식을 방해할 우려가 뚜렷한 물건을 가지고 행사장 등에 들어간 사람 ⑭ (단체가입 강요) 싫다고 하는데도 되풀이하여 단체가입을 억지로 강요한 사람 ⑮ (자연훼손) 공원·명승지·유원지나 그 밖의 녹지구역 등에서 풀·꽃·나무·돌 등을 함부로 꺾거나 캔 사람 또는 바위·나무 등에 글씨를 새기거나 하여 자연을 훼손한 사람 ⑯ (타인의 가축·기계 등 무단조작) 다른 사람 또는 단체의 소나 말, 그 밖의 짐승 또는 매어 놓은 배·뗏목 등을 함부로 풀어 놓거나 자동차 등의 기계를 조작한 사람 ⑰ (물길의 흐름 방해) 개천·도랑이나 그 밖의 물길의 흐름에 방해될 행위를 한 사람 ⑱ (구걸행위 등) 다른 사람에게 구걸하도록 시켜 올바르지 아니한 이익을 얻은 사람 또는 공공장소에서 구걸을 하여 다른 사람의 통행을 방해하거나 귀찮게 한 사람

⑲ (불안감조성) 정당한 이유 없이 길을 막거나 시비를 걸거나 주위에 모여들거나 뒤따르거나 몹시 거칠게 겁을 주는 말이나 행동으로 다른 사람을 불안하게 하거나 귀찮고 불쾌하게 한 사람 또는 여러 사람이 이용하거나 다니는 도로 · 공원 등 공공장소에서 고의로 험악한 문신(文身)을 드러내어 다른 사람에게 혐오감을 준 사람
⑳ (음주소란 등) 공회당 · 극장 · 음식점 등 여러 사람이 모이거나 다니는 곳 또는 여러 사람이 타는 기차 · 자동차 · 배 등에서 몹시 거친 말이나 행동으로 주위를 시끄럽게 하거나 술에 취하여 이유 없이 다른 사람에게 주정한 사람
㉑ (인근소란 등) 악기 · 라디오 · 텔레비전 · 전축 · 종 · 확성기 · 전동기(電動機) 등의 소리를 지나치게 크게 내거나 큰소리로 떠들거나 노래를 불러 이웃을 시끄럽게 한 사람
㉒ (위험한 불씨 사용) 충분한 주의를 하지 아니하고 건조물, 수풀 그 밖에 불붙기 쉬운 물건 가까이에서 불을 피우거나 휘발유 또는 그 밖에 불이 옮아붙기 쉬운 물건 가까이에서 불씨를 사용한 사람
㉓ (물건 던지기 등 위험행위) 다른 사람의 신체나 다른 사람 또는 단체의 물건에 해를 끼칠 우려가 있는 곳에 충분한 주의를 하지 아니하고 물건을 던지거나 붓거나 또는 쏜 사람
㉔ (인공구조물 등의 관리소홀) 무너지거나 넘어지거나 떨어질 우려가 있는 인공구조물이나 그 밖의 물건에 대하여 관계 공무원으로부터 고칠 것을 요구받고도 필요한 조치를 게을리하여 여러 사람을 위험에 빠트릴 우려가 있게 한 사람
㉕ (위험한 동물의 관리 소홀) 사람이나 가축에 해를 끼치는 버릇이 있는 개나 그 밖의 동물을 함부로 풀어놓거나 제대로 살피지 아니하여 나다니게 한 사람
㉖ (동물 등에 의한 행패 등) 소나 말을 놀라게 하여 달아나게 하거나 개나 그 밖의 동물을 시켜 사람이나 가축에게 달려들게 한 사람
㉗ (무단소등) 여러 사람이 다니거나 모이는 곳에 켜 놓은 등불이나 다른 사람 또는 단체가 표시를 하기 위하여 켜 놓은 등불을 함부로 끈 사람
㉘ (공중통로 안전관리소홀) 여러 사람이 다니는 곳에서 위험한 사고가 발생하는 것을 막을 의무가 있으면서도 등불을 켜 놓지 아니하거나 그 밖의 예방조치를 게을리한 사람
㉙ (공무원 원조불응) 눈 · 비 · 바람 · 해일 · 지진 등으로 인한 재해, 화재 · 교통사고 · 범죄 그 밖의 급작스러운 사고가 발생하였을 때에 현장에 있으면서도 정당한 이유 없이 관계 공무원 또는 이를 돕는 사람의 현장출입에 관한 지시에 따르지 아니하거나 공무원이 도움을 요청하여도 도움을 주지 아니한 사람
㉚ (거짓 인적사항 사용) 성명, 주민등록번호, 등록기준지, 주소, 직업 등을 거짓으로 꾸며대고 배나 비행기를 타거나 인적사항을 물을 권한이 있는 공무원이 적법한 절차를 거쳐 묻는 경우 정당한 이유 없이 다른 사람의 인적사항을 자기의 것으로 거짓으로 꾸며댄 사람
㉛ (미신요법) 근거 없이 신기하고 용한 약방문인 것처럼 내세우거나 그 밖의 미신적인 방법으로 병을 진찰 · 치료 · 예방한다고 하여 사람들의 마음을 홀리게 한 사람
㉜ (야간통행제한 위반) 전시 · 사변 · 천재지변 그 밖에 사회에 위험이 생길 우려가 있을 경우에 경찰청장이나 해양경찰청장이 정하는 야간통행제한을 위반한 사람
㉝ (과다노출) 공개된 장소에서 공공연하게 성기 · 엉덩이 등 신체의 주요한 부위를 노출하여 다른 사람에게 부끄러운 느낌이나 불쾌감을 준 사람
㉞ (지문채취불응) 범죄 피의자로 입건된 사람의 신원을 지문조사 외의 다른 방법으로는 확인할 수 없어 경찰공무원이나 검사가 지문을 채취하려고 할 때에 정당한 이유 없이 이를 거부한 사람
㉟ (자릿세 징수 등) 여러 사람이 모이거나 쓸 수 있도록 개방된 시설 또는 장소에서 좌석이나 주차할 자리를 잡아 주기로 하거나 잡아주면서, 돈을 받거나 요구하거나 돈을 받으려고 다른 사람을 귀찮게 따라다니는 사람

	㊱ (행렬방해) 공공장소에서 승차·승선, 입장·매표 등을 위한 행렬에 끼어들거나 떠밀거나 하여 그 행렬의 질서를 어지럽힌 사람 ㊲ (무단출입) 출입이 금지된 구역이나 시설 또는 장소에 정당한 이유 없이 들어간 사람 ㊳ (총포 등 조작장난) 여러 사람이 모이거나 다니는 곳에서 충분한 주의를 하지 아니하고 총포, 화약류, 그 밖에 폭발의 우려가 있는 물건을 다루거나 이를 가지고 장난한 사람 ㊴ (무임승차 및 무전취식) 영업용 차 또는 배 등을 타거나 다른 사람이 파는 음식을 먹고 정당한 이유 없이 제 값을 치르지 아니한 사람 ㊵ (장난전화 등) 정당한 이유 없이 다른 사람에게 전화·문자메시지·편지·전자우편·전자문서 등을 여러 차례 되풀이하여 괴롭힌 사람 ㊶ (지속적 괴롭힘) 상대방의 명시적 의사에 반하여 지속적으로 접근을 시도하여 면회 또는 교제를 요구하거나 지켜보기, 따라다니기, 잠복하여 기다리기 등의 행위를 반복하여 하는 사람
20만원 이하의 벌금, 구류 또는 과료	① (출판물의 부당게재 등) 올바르지 아니한 이익을 얻을 목적으로 다른 사람 또는 단체의 사업이나 사사로운 일에 관하여 신문, 잡지 그 밖의 출판물에 어떤 사항을 싣거나 싣지 아니할 것을 약속하고 돈이나 물건을 받은 사람 ② (거짓광고) 여러 사람에게 물품을 팔거나 나누어 주거나 일을 해주면서 다른 사람을 속이거나 잘못 알게 할 만한 사실을 들어 광고한 사람 ③ (업무방해) 못된 장난 등으로 다른 사람, 단체 또는 공무수행 중인 자의 업무를 방해한 사람 ④ (암표매매) 흥행장, 경기장, 역, 나루터, 정류장 그 밖에 정하여진 요금을 받고 입장시키거나 승차 또는 승선시키는 곳에서 웃돈을 받고 입장권·승차권 또는 승선권을 다른 사람에게 되판 사람
60만원 이하의 벌금, 구류 또는 과료	① (관공서에서의 주취소란) 술에 취한 채로 관공서에서 몹시 거친 말과 행동으로 주정하거나 시끄럽게 한 사람 ② (거짓신고) 있지 아니한 범죄나 재해 사실을 공무원에게 거짓으로 신고한 사람

(3) 교사·방조(제4조)

경범죄 처벌법상의 죄를 짓도록 **시키거나 도와준 사람**은 죄를 지은 사람에 **준하여 벌한다.**

(4) 형의 면제와 병과(제5조)

경범죄 처벌법을 위반한 자를 벌할 때에는 그 사정과 형편을 헤아려서 그 형을 **면제**하거나 **구류와 과료**를 함께 과(科)할 수 있다.

(5) 경범죄 처벌의 특례

① **범칙행위**: **범칙행위**란 제3조 제1항(**10만원 이하의 벌금, 구류 및 과료에 처하는 행위**) 각 호 및 제2항(**20만원 이하의 벌금, 구류 및 과료에 처하는 행위**) 각 호의 어느 하나에 해당하는 위반행위를 말하며, 그 구체적인 범위는 대통령령으로 정한다.

근거 법조문	범칙행위	범칙금액
법 제3조 제1항 제1호 (빈집 등에의 침입)	다른 사람이 살지 않고 관리하지 않는 집 또는 그 울타리·건조물(建造物)·배·자동차 안에 정당한 이유 없이 들어간 경우	8만원
법 제3조 제1항 제2호 (흉기의 은닉휴대)	칼·쇠몽둥이·쇠톱 등 사람의 생명 또는 신체에 중대한 위해를 끼치거나 집이나 그 밖의 건조물에 침입하는 데에 사용될 수 있는 연장이나 기구를 정당한 이유 없이 숨겨서 지니고 다니는 경우	8만원

법 제3조 제1항 제3호 (폭행 등 예비)	다른 사람의 신체에 위해를 끼칠 것을 공모(共謀)하여 예비행위를 한 사람이 있는 경우 그 공모를 한 경우	8만원
법 제3조 제1항 제5호 (시체 현장변경 등)	사산아(死産兒)를 감추거나 정당한 이유 없이 변사체 또는 사산아가 있는 현장을 바꾸어 놓은 경우	8만원
법 제3조 제1항 제6호 (도움이 필요한 사람 등의 신고불이행)	자기가 관리하고 있는 곳에 도움을 받아야 할 노인, 어린이, 장애인, 다친 사람 또는 병든 사람이 있거나 시체 또는 사산아가 있는 것을 알면서 이를 관계 공무원에게 지체 없이 신고하지 않은 경우	8만원
법 제3조 제1항 제7호 (관명사칭 등)	국내외의 공직(公職), 계급, 훈장, 학위 또는 그 밖에 법령에 따라 정해진 명칭이나 칭호 등을 거짓으로 꾸며 대거나 자격이 없으면서 법령에 따라 정해진 제복, 훈장, 기장 또는 기념장(記念章), 그 밖의 표장(標章) 또는 이와 비슷한 것을 사용한 경우	8만원
법 제3조 제1항 제8호 (물품강매·호객행위)	요청하지 않은 물품을 억지로 사라고 한 사람, 요청하지 않은 일을 해주거나 재주 등을 부리고 그 대가로 돈을 달라고 한 경우	8만원
	여러 사람이 모이거나 다니는 곳에서 영업을 목적으로 떠들썩하게 손님을 부른 경우	5만원
법 제3조 제1항 제9호 (광고물 무단부착 등)	다른 사람 또는 단체의 집이나 그 밖의 인공구조물과 자동차 등에 함부로 광고물 등을 붙이거나 내걸거나 끼우거나 글씨 또는 그림을 쓰거나 그리거나 새기는 행위 등을 한 사람 또는 공공장소에서 광고물 등을 함부로 뿌린 경우	5만원
	다른 사람이나 단체의 간판 그 밖의 표시물 또는 인공구조물을 함부로 옮기거나 더럽히거나 훼손한 경우	8만원
법 제3조 제1항 제10호 (마시는 물 사용방해)	사람이 마시는 물을 더럽히거나 사용하는 것을 방해한 경우	8만원
법 제3조 제1항 제11호 (쓰레기 등 투기)	쓰레기, 죽은 짐승 그 밖의 더러운 물건(나목에 규정된 것은 제외한다)이나 못쓰게 된 물건을 함부로 아무 곳에나 버린 경우	5만원
	담배꽁초, 껌, 휴지를 아무 곳에나 버린 경우	3만원
법 제3조 제1항 제12호 (노상방뇨 등)	길, 공원 그 밖에 여러 사람이 모이거나 다니는 곳에서 대소변을 보거나 또는 그렇게 하도록 시키거나 개 등 짐승을 끌고 와서 대변을 보게 하고 이를 치우지 않은 경우	5만원
	길, 공원, 그 밖에 여러 사람이 모이거나 다니는 곳에서 함부로 침을 뱉은 경우	3만원
법 제3조 제1항 제13호 (의식방해)	공공기관이나 그 밖의 단체 또는 개인이 하는 행사나 의식을 못된 장난 등으로 방해하거나 행사나 의식을 하는 경우 또는 그 밖에 관계있는 사람이 말려도 듣지 않고 행사나 의식을 방해할 우려가 뚜렷한 물건을 가지고 행사장 등에 들어간 경우	8만원
법 제3조 제1항 제14호 (단체가입 강요)	싫다고 하는데도 되풀이하여 단체가입을 억지로 강요한 경우	5만원

법 제3조 제1항 제15호 (자연훼손)	공원 · 명승지 · 유원지나 그 밖의 녹지구역 등에서 풀 · 꽃 · 나무 · 돌 등을 함부로 꺾거나 캔 경우 또는 바위 · 나무 등에 글씨를 새기거나 하여 자연을 훼손한 경우	5만원
법 제3조 제1항 제16호 (타인의 가축 · 기계 등 무단조작)	다른 사람 또는 단체의 소나 말, 그 밖의 짐승 또는 매어 놓은 배 · 뗏목 등을 함부로 풀어 놓거나 자동차 등의 기계를 조작한 경우	8만원
법 제3조 제1항 제17호 (물길의 흐름 방해)	개천 · 도랑이나 그 밖의 물길의 흐름에 방해될 행위를 한 경우	2만원
법 제3조 제1항 제18호 (구걸행위 등)	다른 사람에게 구걸하도록 시켜 올바르지 않은 이익을 얻은 경우	8만원
	공공장소에서 구걸을 하여 다른 사람의 통행을 방해하거나 귀찮게 한 경우	5만원
법 제3조 제1항 제19호 (불안감조성)	정당한 이유 없이 길을 막거나 시비를 걸거나 주위에 모여들거나 뒤따르거나 몹시 거칠게 겁을 주는 말이나 행동으로 다른 사람을 불안하게 하거나 귀찮고 불쾌하게 한 경우 또는 여러 사람이 이용하거나 다니는 도로 · 공원 등 공공장소에서 고의로 험악한 문신(文身)을 드러내어 다른 사람에게 혐오감을 준 경우	5만원
법 제3조 제1항 제20호 (음주소란 등)	공회당 · 극장 · 음식점 등 여러 사람이 모이거나 다니는 곳 또는 여러 사람이 타는 기차 · 자동차 · 배 등에서 몹시 거친 말이나 행동으로 주위를 시끄럽게 하거나 술에 취하여 이유 없이 다른 사람에게 주정한 경우	5만원
법 제3조 제1항 제21호 (인근소란 등)	악기 · 라디오 · 텔레비전 · 전축 · 종 · 확성기 · 전동기(電動機) 등의 소리를 지나치게 크게 내거나 큰소리로 떠들거나 노래를 불러 이웃을 시끄럽게 한 경우	3만원
법 제3조 제1항 제22호 (위험한 불씨 사용)	충분한 주의를 하지 않고 건조물, 수풀, 그 밖에 불붙기 쉬운 물건 가까이에서 불을 피우거나 휘발유 또는 그 밖에 불이 옮아붙기 쉬운 물건 가까이에서 불씨를 사용한 경우	8만원
법 제3조 제1항 제23호 (물건 던지기 등 위험행위)	다른 사람의 신체나 다른 사람 또는 단체의 물건에 해를 끼칠 우려가 있는 곳에 충분한 주의를 하지 않고 물건을 던지거나 붓거나 또는 쏜 경우	3만원
법 제3조 제1항 제24호 (인공구조물 등의 관리 소홀)	무너지거나 넘어지거나 떨어질 우려가 있는 인공구조물이나 그 밖의 물건에 대하여 관계 공무원으로부터 고칠 것을 요구받고도 필요한 조치를 게을리하여 여러 사람을 위험에 빠트릴 우려가 있게 한 경우	5만원
법 제3조 제1항 제25호 (위험한 동물의 관리 소홀)	사람이나 가축에 해를 끼치는 버릇이 있는 개나 그 밖의 동물을 함부로 풀어놓거나 제대로 살피지 않아 나다니게 한 경우	5만원
법 제3조 제1항 제26호 (동물 등에 의한 행패 등)	소나 말을 놀라게 하여 달아나게 한 경우	5만원
	개나 그 밖의 동물을 시켜 사람이나 가축에게 달려들게 한 경우	8만원

법 제3조 제1항 제27호 (무단소등)	여러 사람이 다니거나 모이는 곳에 켜 놓은 등불이나 다른 사람 또는 단체가 표시를 하기 위하여 켜 놓은 등불을 함부로 끈 경우	5만원
법 제3조 제1항 제28호 (공중통로 안전관리소홀)	여러 사람이 다니는 곳에서 위험한 사고가 발생하는 것을 막을 의무가 있으면서도 등불을 켜 놓지 않거나 그 밖의 예방조치를 게을리한 경우	5만원
법 제3조 제1항 제29호 (공무원 원조불응)	눈 · 비 · 바람 · 해일 · 지진 등으로 인한 재해, 화재 · 교통사고 · 범죄 그 밖의 급작스러운 사고가 발생하였을 때에 현장에 있으면서도 정당한 이유 없이 관계 공무원 또는 이를 돕는 사람의 현장출입에 관한 지시에 따르지 않거나 공무원이 도움을 요청하여도 도움을 주지 않은 경우	5만원
법 제3조 제1항 제30호 (거짓 인적사항 사용)	성명, 주민등록번호, 등록기준지, 주소, 직업 등을 거짓으로 꾸며대고 배나 비행기를 타거나 인적사항을 물을 권한이 있는 공무원이 적법한 절차를 거쳐 묻는 상황에서 정당한 이유 없이 다른 사람의 인적사항을 자기의 것으로 거짓으로 꾸며댄 경우	8만원
법 제3조 제1항 제31호 (미신요법)	근거 없이 신기하고 용한 약방문인 것처럼 내세우거나 그 밖의 미신적인 방법으로 병을 진찰 · 치료 · 예방한다고 하여 사람들의 마음을 홀리게 한 경우	2만원
법 제3조 제1항 제32호 (야간통행제한 위반)	전시 · 사변 · 천재지변 그 밖에 사회에 위험이 생길 우려가 있는 상황에서 경찰청장이나 해양경찰청장이 정하는 야간통행제한을 위반한 경우	3만원
법 제3조 제1항 제33호 (과다노출)	공개된 장소에서 공공연하게 성기 · 엉덩이 등 신체의 주요한 부위를 노출하여 다른 사람에게 부끄러운 느낌이나 불쾌감을 준 사람	5만원
법 제3조 제1항 제34호 (지문채취불응)	범죄 피의자로 입건된 사람의 신원을 지문조사 외의 다른 방법으로는 확인할 수 없어 경찰공무원이나 검사가 지문을 채취하려고 할 때에 정당한 이유 없이 이를 거부한 경우	5만원
법 제3조 제1항 제35호 (자릿세 징수 등)	여러 사람이 모이거나 쓸 수 있도록 개방된 시설 또는 장소에서 좌석이나 주차할 자리를 잡아 주기로 하거나 잡아주면서 돈을 받거나 요구하거나 돈을 받으려고 다른 사람을 귀찮게 따라다니는 경우	8만원
법 제3조 제1항 제36호 (행렬방해)	공공장소에서 승차 · 승선, 입장 · 매표 등을 위한 행렬에 끼어들거나 떠밀거나 하여 그 행렬의 질서를 어지럽힌 경우	5만원
법 제3조 제1항 제37호 (무단출입)	출입이 금지된 구역이나 시설 또는 장소에 정당한 이유 없이 들어간 경우	2만원
법 제3조 제1항 제38호 (총포 등 조작장난)	여러 사람이 모이거나 다니는 곳에서 충분한 주의를 하지 않고 총포, 화약류 그 밖에 폭발의 우려가 있는 물건을 다루거나 이를 가지고 장난한 경우	8만원
법 제3조 제1항 제39호 (무임승차 및 무전취식)	영업용 차 또는 배 등을 타거나 다른 사람이 파는 음식을 먹고 정당한 이유 없이 제 값을 치르지 않은 경우	5만원

법 제3조 제1항 제40호 (장난전화 등)	정당한 이유 없이 다른 사람에게 전화·문자메시지·편지·전자우편·전자문서 등을 여러 차례 되풀이하여 괴롭힌 경우	8만원
법 제3조 제1항 제41호 (지속적 괴롭힘)	상대방의 명시적 의사에 반하여 지속적으로 접근을 시도하여 면회 또는 교제를 요구하거나 지켜보기, 따라다니기, 잠복하여 기다리기 등의 행위를 반복하여 하는 경우	8만원
법 제3조 제2항 제1호 (출판물의 부당게재 등)	올바르지 않은 이익을 얻을 목적으로 다른 사람 또는 단체의 사업이나 사사로운 일에 관하여 신문, 잡지, 그 밖의 출판물에 어떤 사항을 싣거나 싣지 않을 것을 약속하고 돈이나 물건을 받은 경우	16만원
법 제3조 제2항 제2호 (거짓광고)	여러 사람에게 물품을 팔거나 나누어 주거나 일을 해주면서 다른 사람을 속이거나 잘못 알게 할 만한 사실을 들어 광고한 경우	16만원
법 제3조 제2항 제3호 (업무방해)	못된 장난 등으로 다른 사람, 단체 또는 공무수행 중인 자의 업무를 방해한 경우	16만원
법 제3조 제2항 제4호 (암표매매)	흥행장, 경기장, 역, 나루터, 정류장 그 밖에 정해진 요금을 받고 입장시키거나 승차 또는 승선시키는 곳에서 웃돈을 받고 입장권·승차권 또는 승선권을 다른 사람에게 되판 경우	16만원

비고: 범칙금의 납부 통고를 받은 사람이 통고처분을 불이행하여 경범죄 처벌법 제9조 제1항에 따라 통고받은 범칙금에 가산금을 더하여 납부할 경우에 최대 납부할 금액은 경범죄 처벌법 제3조 제1항 각 호의 행위로 인한 경우에는 10만원으로 하고, 경범죄 처벌법 제3조 제2항 각 호의 행위로 인한 경우에는 20만원으로 한다.

② **범칙자**: 범칙행위를 한 사람으로서 다음의 어느 하나에 **해당하지 아니하는 사람**을 말한다.

㉠ 범칙행위를 **상습적**으로 하는 사람

㉡ 죄를 지은 동기나 수단 및 결과를 헤아려볼 때 **구류처분**을 하는 것이 적절하다고 인정되는 사람

㉢ **피해자**가 있는 행위를 한 사람

㉣ **18세** 미만인 사람

③ **범칙금**: 범칙자가 통고처분에 따라 국고 또는 제주특별자치도의 금고에 납부하여야 할 금전을 말한다.

④ **통고처분(제7조)**

㉠ 경찰서장, **해양경찰서장**, 제주특별자치도지사 또는 철도특별사법경찰대장은 범칙자로 인정되는 사람에 대하여 그 이유를 명백히 나타낸 서면으로 범칙금을 부과하고 이를 납부할 것을 **통고할 수 있다.** 다만, 다음의 어느 하나에 해당하는 사람에게는 통고하지 아니한다.

ⓐ 통고처분서 받기를 **거부**한 사람

ⓑ **주거 또는 신원**이 확실하지 아니한 사람

ⓒ 그 밖에 통고처분을 하기가 **매우 어려운 사람**

㉡ 통고할 범칙금의 액수는 범칙행위의 종류에 따라 대통령령으로 정한다.

㉢ 제주특별자치도지사, 철도특별사법경찰대장이 통고처분을 한 경우에는 관할 경찰서장에게 그 사실을 통보하여야 한다.

⑤ **범칙금의 납부(제8조)**

✎ 범칙금을 납부한 사람은 그 범칙행위에 대하여 다시 처벌받지 아니한다.

구분	내용
1차 납부기한	통고처분서를 받은 사람은 통고처분서를 받은 날부터 10일 이내에 경찰청장 · 해양경찰청장 또는 철도특별사법경찰대장이 지정한 은행, 그 지점이나 대리점, 우체국 또는 제주특별자치도지사가 지정하는 금융기관이나 그 지점에 범칙금을 납부하여야 한다. 다만, 천재지변이나 그 밖의 부득이한 사유로 말미암아 그 기간 내에 범칙금을 납부할 수 없을 때에는 그 부득이한 사유가 없어지게 된 날부터 5일 이내에 납부하여야 한다.
2차 납부기한	1차 납부기간에 범칙금을 납부하지 아니한 사람은 납부기간의 마지막 날의 다음 날부터 20일 이내에 통고받은 범칙금에 그 금액의 100분의 20을 더한 금액을 납부하여야 한다.

경범죄 처벌법

제8조의2【범칙금의 납부】 ① 범칙금은 제8조에 따른 납부 방법 외에 대통령령으로 정하는 범칙금 납부대행기관을 통하여 신용카드, 직불카드 등(이하 '신용카드 등'이라 한다)으로 낼 수 있다. 이 경우 '범칙금 납부대행기관'이란 정보통신망을 이용하여 신용카드 등에 의한 결제를 수행하는 기관으로서 대통령령으로 정하는 바에 따라 범칙금 납부대행기관으로 지정받은 자를 말한다.
② 제1항에 따라 신용카드 등으로 내는 경우에는 범칙금 납부대행기관의 승인일을 납부일로 본다.
③ 범칙금 납부대행기관은 납부자로부터 신용카드 등에 의한 과태료 납부대행 용역의 대가로 대통령령으로 정하는 바에 따라 납부대행 수수료를 받을 수 있다.
④ 범칙금 납부대행기관의 지정 및 운영, 납부대행 수수료 등에 관하여 필요한 사항은 대통령령으로 정한다.

⑥ **통고처분 불이행자 등의 처리(제9조)**

㉠ **즉결심판의 청구**: 경찰서장, **해양경찰서장** 및 제주특별자치도지사는 다음의 어느 하나에 해당하는 사람에 대하여는 지체 없이 **즉결심판을 청구하여야 한다**. 다만, 즉결심판이 청구되기 전까지 통고받은 범칙금에 그 금액의 **100분의 50을 더한 금액**을 납부한 사람에 대하여는 그러하지 아니하다.

ⓐ 경범죄 처벌법 제7조 제1항 각 호(통고처분 제외 대상자)의 어느 하나에 해당하는 사람

ⓑ 경범죄 처벌법 제8조 제2항에 따른 납부기간에 범칙금을 납부하지 아니한 사람

㉡ **즉결심판 청구의 취소**

ⓐ 즉결심판이 청구된 피고인이 통고받은 범칙금에 그 금액의 **100분의 50**을 더한 금액을 납부하고 그 증명서류를 **즉결심판 선고 전까지** 제출하였을 때에는 경찰서장, 해양경찰서장 및 제주특별자치도지사는 그 피고인에 대한 즉결심판 청구를 **취소하여야 한다**.

ⓑ **범칙금을 납부한 사람은 그 범칙행위에 대하여 다시 처벌받지 아니한다.**

3. 즉결심판에 관한 절차법

즉결심판에 관한 절차법(이하 '법'이라 한다)은 범증이 명백하고 죄질이 경미한 범죄사건을 신속 · 적정한 절차로 심판하기 위하여 즉결심판에 관한 절차를 정함을 목적으로 한다.

(1) 즉결심판의 대상(제2조)

지방법원, 지원 또는 시 · 군법원의 판사(이하 '판사'라 한다)는 즉결심판절차에 의하여 피고인에게 **20만원 이하의 벌금, 구류 또는 과료**에 처할 수 있다.

(2) 즉결심판의 절차

구분	내용
즉결심판청구 (제3조)	① 즉결심판은 관할 경찰서장 또는 관할 해양경찰서장(이하 '경찰서장'이라 한다)이 관할 법원에 이를 청구한다. ② 즉결심판을 청구함에는 즉결심판청구서를 제출하여야 하며, 즉결심판청구서에는 피고인의 성명 기타 피고인을 특정할 수 있는 사항, 죄명, 범죄사실과 적용법조를 기재하여야 한다. ③ 즉결심판을 청구할 때에는 사전에 피고인에게 즉결심판의 절차를 이해하는 데 필요한 사항을 서면 또는 구두로 알려주어야 한다.
관할에 대한 특례 (제3조의2)	지방법원 또는 그 지원의 판사는 소속 지방법원장의 명령을 받아 소속 법원의 관할 사무와 관계없이 즉결심판청구사건을 심판할 수 있다.
서류 · 증거물의 제출(제4조)	경찰서장은 즉결심판의 청구와 동시에 즉결심판을 함에 필요한 서류 또는 증거물을 판사에게 제출하여야 한다.
청구의 기각 등 (제5조)	① 판사는 사건이 즉결심판을 할 수 없거나 즉결심판절차에 의하여 심판함이 적당하지 아니하다고 인정할 때에는 결정으로 즉결심판의 청구를 기각하여야 한다. ② 제1항의 결정이 있는 때에는 경찰서장은 지체 없이 사건을 관할 지방검찰청 또는 지청의 장에게 송치하여야 한다.
심판(제6조)	즉결심판의 청구가 있는 때에는 판사는 제5조 제1항의 경우를 제외하고 즉시 심판을 하여야 한다.
개정 (제7조)	① 즉결심판절차에 의한 심리와 재판의 선고는 공개된 법정에서 행하되, 그 법정은 경찰관서(해양경찰관서를 포함한다) 외의 장소에 설치되어야 한다. ② 법정은 판사와 법원서기관, 법원사무관, 법원주사 또는 법원주사보(이하 '법원사무관 등'이라 한다)가 열석하여 개정한다. ③ 제1항 및 제2항의 규정에 불구하고 판사는 상당한 이유가 있는 경우에는 개정 없이 피고인의 진술서와 제4조의 서류 또는 증거물에 의하여 심판할 수 있다. 다만, 구류에 처하는 경우에는 그러하지 아니하다.
피고인의 출석 (제8조)	피고인이 기일에 출석하지 아니한 때에는 이 법 또는 다른 법률에 특별한 규정이 있는 경우를 제외하고는 개정할 수 없다.
불출석심판 (제8조의2)	① 벌금 또는 과료를 선고하는 경우에는 피고인이 출석하지 아니하더라도 심판할 수 있다. ② 피고인 또는 즉결심판출석통지서를 받은 자(이하 '피고인 등'이라 한다)는 법원에 불출석심판을 청구할 수 있고, 법원이 이를 허가한 때에는 피고인이 출석하지 아니하더라도 심판할 수 있다. ③ 제2항의 규정에 의한 불출석심판의 청구와 그 허가절차에 관하여 필요한 사항은 대법원규칙으로 정한다.
기일의 심리 (제9조)	① 판사는 피고인에게 피고사건의 내용과 형사소송법 제283조의2에 규정된 진술거부권이 있음을 알리고 변명할 기회를 주어야 한다. ② 판사는 필요하다고 인정할 때에는 적당한 방법에 의하여 재정하는 증거에 한하여 조사할 수 있다. ③ 변호인은 기일에 출석하여 제2항의 증거조사에 참여할 수 있으며 의견을 진술할 수 있다.
증거능력 (제10조)	즉결심판절차에 있어서는 형사소송법 제310조, 제312조 제3항 및 제313조의 규정은 적용하지 아니한다.

(3) 즉결심판의 선고 등

구분	내용
즉결심판의 선고 (제11조)	① 즉결심판으로 유죄를 선고할 때에는 형, 범죄사실과 적용법조를 명시하고 피고인은 7일 이내에 정식재판을 청구할 수 있다는 것을 고지하여야 한다. ② 참여한 법원사무관 등은 제1항의 선고의 내용을 기록하여야 한다. ③ 피고인이 판사에게 정식재판청구의 의사를 표시하였을 때에는 이를 제2항의 기록에 명시하여야 한다. ④ 제7조 제3항 또는 제8조의2의 경우에는 법원사무관 등은 7일 이내에 정식재판을 청구할 수 있음을 부기한 즉결심판서의 등본을 피고인에게 송달하여 고지한다. 다만, 제8조의2 제2항의 경우에 피고인 등이 미리 즉결심판서의 등본송달을 요하지 아니한다는 뜻을 표시한 때에는 그러하지 아니하다. ⑤ 판사는 사건이 무죄·면소 또는 공소기각을 함이 명백하다고 인정할 때에는 이를 선고·고지할 수 있다.
즉결심판서 (제12조)	① 유죄의 즉결심판서에는 피고인의 성명 기타 피고인을 특정할 수 있는 사항, 주문, 범죄사실과 적용법조를 명시하고 판사가 서명·날인하여야 한다. ② 피고인이 범죄사실을 자백하고 정식재판의 청구를 포기한 경우에는 제11조의 기록작성을 생략하고 즉결심판서에 선고한 주문과 적용법조를 명시하고 판사가 기명·날인한다.
즉결심판서 등의 보존 (제13조)	즉결심판의 판결이 확정된 때에는 즉결심판서 및 관계 서류와 증거는 관할 경찰서 또는 지방해양경찰관서가 이를 보존한다.

(4) 정식재판의 청구 등

구분	내용
정식재판의 청구 (제14조)	① 정식재판을 청구하고자 하는 피고인은 즉결심판의 선고·고지를 받은 날부터 7일 이내에 정식재판청구서를 경찰서장에게 제출하여야 한다. 정식재판청구서를 받은 경찰서장은 지체 없이 판사에게 이를 송부하여야 한다. ② 경찰서장은 제11조 제5항의 경우에 그 선고·고지를 한 날부터 7일 이내에 정식재판을 청구할 수 있다. 이 경우 경찰서장은 관할 지방검찰청 또는 지청의 검사(이하 '검사'라 한다)의 승인을 얻어 정식재판청구서를 판사에게 제출하여야 한다. ③ 판사는 정식재판청구서를 받은 날부터 7일 이내에 경찰서장에게 정식재판청구서를 첨부한 사건기록과 증거물을 송부하고, 경찰서장은 지체 없이 관할 지방검찰청 또는 지청의 장에게 이를 송부하여야 하며, 그 검찰청 또는 지청의 장은 지체 없이 관할 법원에 이를 송부하여야 한다. ④ 형사소송법 제340조 내지 제342조, 제344조 내지 제352조, 제354조, 제454조, 제455조의 규정은 정식재판의 청구 또는 그 포기·취하에 이를 준용한다.
즉결심판의 실효 (제15조)	즉결심판은 정식재판의 청구에 의한 판결이 있는 때에는 그 효력을 잃는다.
즉결심판의 효력 (제16조)	즉결심판은 정식재판의 청구기간의 경과, 정식재판청구권의 포기 또는 그 청구의 취하에 의하여 확정판결과 동일한 효력이 생긴다. 정식재판청구를 기각하는 재판이 확정된 때에도 같다.

유치명령 등 (제17조)	① 판사는 구류의 선고를 받은 피고인이 일정한 주소가 없거나 또는 도망할 염려가 있을 때에는 5일을 초과하지 아니하는 기간 경찰서유치장(지방해양경찰관서의 유치장을 포함한다)에 유치할 것을 명령할 수 있다. 다만, 이 기간은 선고기간을 초과할 수 없다. ② 집행된 유치기간은 본형의 집행에 산입한다. ③ 형사소송법 제334조의 규정은 판사가 벌금 또는 과료를 선고하였을 때에 이를 준용한다.
형의 집행 (제18조)	① 형의 집행은 경찰서장이 하고 그 집행결과를 지체 없이 검사에게 보고하여야 한다. ② 구류는 경찰서유치장·구치소 또는 교도소에서 집행하며 구치소 또는 교도소에서 집행할 때에는 검사가 이를 지휘한다. ③ 벌금, 과료, 몰수는 그 집행을 종료하면 지체 없이 검사에게 이를 인계하여야 한다. 다만, 즉결심판 확정 후 상당기간 내에 집행할 수 없을 때에는 검사에게 통지하여야 한다. 통지를 받은 검사는 형사소송법 제477조에 의하여 집행할 수 있다. ④ 형의 집행정지는 사전에 검사의 허가를 얻어야 한다.
형사소송법의 준용 (제19조)	즉결심판절차에 있어서 이 법에 특별한 규정이 없는 한 그 성질에 반하지 아니한 것은 형사소송법의 규정을 준용한다.

07 주취운항 단속

1. 주취운항의 의의

주취운항이란 혈중알코올농도 0.03% 이상인 상태에서 선박의 조타기를 조작하거나 그 지시하는 경우 또는 도선을 한 경우를 말하며, 술을 마신 상태에서 운항을 한 음주운항보다 좁은 개념이다.

2. 단속 근거

(1) 해사안전법

해사안전법

제41조【술에 취한 상태에서의 조타기 조작 등 금지】 ① 술에 취한 상태에 있는 사람은 운항을 하기 위하여 선박직원법 제2조 제1호에 따른 선박[총톤수 5t 미만의 선박과 같은 호 나목 및 다목에 해당하는 외국선박을 포함하고, 시운전선박(국내 조선소에서 건조 또는 개조하여 진수 후 인도 전까지 시운전하는 선박을 말한다) 및 이동식 시추선·수상호텔 등 선박안전법 제2조 제1호에 따라 해양수산부령으로 정하는 부유식 해상구조물은 제외한다. 이하 이 조 및 제41조의2에서 같다]에 따른 선박의 조타기(操舵機)를 조작하거나 조작할 것을 지시하는 행위 또는 도선법 제2조 제1호에 따른 도선(이하 '도선'이라 한다)을 하여서는 아니 된다.

② 해양경찰청 소속 경찰공무원은 다음 각 호의 어느 하나에 해당하는 경우에는 운항을 하기 위하여 조타기를 조작하거나 조작할 것을 지시하는 사람(이하 '운항자'라 한다) 또는 제1항에 따른 도선을 하는 사람(이하 '도선사'라 한다)이 술에 취하였는지 측정할 수 있으며, 해당 운항자 또는 도선사는 해양경찰청 소속 경찰공무원의 측정 요구에 따라야 한다. 다만, 제3호에 해당하는 경우에는 반드시 술에 취하였는지를 측정하여야 한다.

1. 다른 선박의 안전운항을 해치거나 해칠 우려가 있는 등 해상교통의 안전과 위험방지를 위하여 필요하다고 인정되는 경우

2. 제1항을 위반하여 술에 취한 상태에서 조타기를 조작하거나 조작할 것을 지시하였거나 도선을 하였다고 인정할 만한 충분한 이유가 있는 경우
3. 해양사고가 발생한 경우

③ 제2항에 따라 술에 취하였는지를 측정한 결과에 불복하는 사람에 대하여는 해당 운항자 또는 도선사의 동의를 받아 혈액채취 등의 방법으로 다시 측정할 수 있다.

④ 삭제 <2018.4.17.>

⑤ 제1항에 따른 술에 취한 상태의 기준은 혈중알코올농도 0.03퍼센트 이상으로 한다.

⑥ 제1항부터 제5항까지의 규정에 따른 측정에 필요한 세부 절차 및 측정기록의 관리 등에 필요한 사항은 해양수산부령으로 정한다.

제41조의2【약물복용 등의 상태에서 조타기 조작 등 금지】 약물(마약류 관리에 관한 법률 제2조 제1호에 따른 마약류를 말한다. 이하 같다)·환각물질(화학물질관리법 제22조 제1항에 따른 환각물질을 말한다. 이하 같다)의 영향으로 인하여 정상적으로 다음 각 호의 행위를 하지 못할 우려가 있는 상태에서는 해당 행위를 하여서는 아니 된다.

1. 선박직원법 제2조 제1호에 따른 선박의 조타기를 조작하거나 조작할 것을 지시하는 행위
2. 선박직원법 제2조 제1호에 따른 선박의 도선

제104조【벌칙】 다음 각 호의 어느 하나에 해당하는 자는 3년 이하의 징역 또는 3천만원 이하의 벌금에 처한다.

3. 제41조의2를 위반하여 약물·환각물질의 영향으로 인하여 정상적으로 선박직원법 제2조 제1호에 따른 선박의 조타기를 조작하거나 그 조작을 지시하는 행위 또는 도선을 하지 못할 우려가 있는 상태에서 조타기를 조작하거나 그 조작을 지시한 운항자 또는 도선을 한 자

제104조의2【벌칙】 ① 제41조 제1항을 위반하여 술에 취한 상태에서 선박직원법 제2조 제1호에 따른 선박(같은 호 각 목의 어느 하나에 해당하는 외국선박을 포함한다)의 조타기를 조작하거나 그 조작을 지시한 운항자 또는 도선을 한 사람은 다음 각 호의 구분에 따라 처벌한다.

1. 혈중알코올농도가 0.2퍼센트 이상인 사람은 2년 이상 5년 이하의 징역이나 2천만원 이상 3천만원 이하의 벌금
2. 혈중알코올농도가 0.08퍼센트 이상 0.2퍼센트 미만인 사람은 1년 이상 2년 이하의 징역이나 1천만원 이상 2천만원 이하의 벌금
3. 혈중알코올농도가 0.03퍼센트 이상 0.08퍼센트 미만인 사람은 1년 이하의 징역이나 1천만원 이하의 벌금

② 제41조 제1항을 위반하여 2회 이상 술에 취한 상태에서 선박직원법 제2조 제1호에 따른 선박(같은 호 각 목의 어느 하나에 해당하는 외국선박을 포함한다)의 조타기를 조작하거나 그 조작을 지시한 운항자 또는 도선을 한 사람은 2년 이상 5년 이하의 징역이나 2천만원 이상 3천만원 이하의 벌금에 처한다.

③ 제41조 제2항을 위반하여 해양경찰청 소속 경찰공무원의 측정 요구에 따르지 아니한 선박직원법 제2조 제1호에 따른 선박(같은 호 각 목의 어느 하나에 해당하는 외국선박을 포함한다)의 조타기를 조작하거나 그 조작을 지시한 운항자 또는 도선을 한 사람은 다음 각 호의 구분에 따라 처벌한다.

1. 측정 요구에 1회 따르지 아니한 사람은 3년 이하의 징역이나 3천만원 이하의 벌금
2. 측정 요구에 2회 이상 따르지 아니한 사람은 2년 이상 5년 이하의 징역이나 2천만원 이상 3천만원 이하의 벌금

제107조【벌칙】 다음 각 호의 어느 하나에 해당하는 자는 500만원 이하의 벌금에 처한다.

2의3. 제41조 제1항을 위반하여 술에 취한 상태에서 선박직원법 제2조 제1호 가목 단서에 해당하지 아니하는 총톤수 5t 미만 선박(한국선박에 한정한다)의 조타기를 조작하거나 그 조작을 지시한 운항자

2의4. 제41조 제2항을 위반하여 해양경찰청 소속 경찰공무원의 측정 요구에 따르지 아니한 선박직원법 제2조 제1호 가목 단서에 해당하지 아니하는 총톤수 5t 미만 선박(한국선박에 한정한다)의 조타기를 조작하거나 그 조작을 지시한 운항자

(2) 유선 및 도선사업법

유선 및 도선 사업법

제12조 【유선사업자 등의 안전운항 의무】 ③ 유선사업자와 선원은 음주, 약물중독, 그 밖의 사유로 정상적인 조종을 할 수 없는 우려가 있는 경우에는 유선을 조종하여서는 아니 된다. 이 경우 음주로 정상적인 조종을 할 수 없는 우려가 있는 경우란 해사안전법 제41조 제5항에 따른 술에 취한 상태를 말한다.

제16조 【도선사업자 등의 안전운항 의무】 ③ 도선사업자와 선원은 음주, 약물중독, 그 밖의 사유로 정상적인 조종을 할 수 없는 우려가 있는 경우에는 도선을 조종하여서는 아니 된다. 이 경우 음주로 정상적인 조종을 할 수 없는 우려가 있는 경우란 해사안전법 제41조 제5항에 따른 술에 취한 상태를 말한다.

제40조 【벌칙】 다음 각 호의 어느 하나에 해당하는 자는 1년 이하의 징역 또는 1천만원 이하의 벌금에 처한다.

4. 제12조 제3항 또는 제16조 제3항을 위반하여 유선 또는 도선을 조종한 자

(3) 수상레저안전법

수상레저안전법

제22조 【주취 중 조종 금지】 ① 누구든지 술에 취한 상태(해사안전법 제41조 제5항에 따른 술에 취한 상태를 말한다. 이하 같다)에서 동력수상레저기구를 조종하여서는 아니 된다.

② 다음 각 호에 해당하는 사람(이하 이 조에서 "관계공무원"이라 한다)은 동력수상레저기구를 조종한 사람이 제1항을 위반하였다고 인정할 만한 상당한 이유가 있는 경우에는 술에 취하였는지를 측정할 수 있다. 이 경우 동력수상레저기구를 조종한 사람은 그 측정에 따라야 한다.

1. 경찰공무원
2. 시 · 군 · 구 소속 공무원 중 수상레저안전업무에 종사하는 사람

③ 제2항에 따라 관계공무원(근무복을 착용한 경찰공무원은 제외한다)이 술에 취하였는지 여부를 측정하는 때에는 그 권한을 표시하는 증표를 지니고 이를 해당 동력수상레저기구를 조종한 사람에게 제시하여야 한다.

④ 제2항에 따라 술에 취하였는지 여부를 측정한 결과에 불복하는 사람에 대해서는 본인의 동의를 받아 혈액채취 등의 방법으로 다시 측정할 수 있다.

⑤ 삭제 <2016.1.7.>

제23조 【약물복용 등의 상태에서 조종 금지】 누구든지 마약류 관리에 관한 법률 제2조에 따른 마약 · 향정신성의약품 · 대마의 영향, 화학물질관리법 제22조에 따른 환각물질의 영향, 그 밖의 사유로 인하여 정상적으로 조종하지 못할 우려가 있는 상태에서 동력수상레저기구를 조종하여서는 아니 된다.

제56조 【벌칙】 다음 각 호의 어느 하나에 해당하는 자는 1년 이하의 징역 또는 1천만원 이하의 벌금에 처한다.

2. 제22조 제1항을 위반하여 술에 취한 상태에서 동력수상레저기구를 조종한 자
3. 술에 취한 상태라고 인정할 만한 상당한 이유가 있는데도 제22조 제2항에 따른 관계공무원의 측정에 따르지 아니한 자

3의2. 제23조를 위반하여 약물복용 등으로 인하여 정상적으로 조종하지 못할 우려가 있는 상태에서 동력수상레저기구를 조종한 자

(4) 낚시 관리 및 육성법

낚시 관리 및 육성법

제30조 【술에 취한 상태에서의 조종 금지 등】 ① 낚시어선업자 및 선원은 술에 취한 상태에서 낚시어선을 조종하거나 술에 취한 상태에 있는 낚시어선업자 또는 선원에게 낚시어선을 조종하게 하여서는 아니 된다. 이 경우 "술에 취한 상태"란 해사안전법 제41조 제5항에 따른 술에 취한 상태를 말한다.

② 다음 각 호에 해당하는 사람(이하 이 조에서 '관계 공무원'이라 한다)은 낚시어선업자 및 선원이 제1항을 위반하였다고 인정할 만한 상당한 이유가 있는 경우에는 술에 취하였는지를 측정할 수 있다. 이 경우 낚시어선업자 및 선원은 그 측정에 따라야 한다.

1. 경찰공무원
2. 시 · 군 · 구 소속 공무원 중 수상안전업무에 종사하는 사람

③ 제2항에 따라 관계공무원(근무복을 착용한 경찰공무원은 제외한다)이 술에 취하였는지 여부를 측정하는 때에는 그 권한을 표시하는 증표를 지니고 이를 해당 낚시어선업자 및 선원에게 보여 주어야 한다.

④ 제2항에 따른 측정의 결과에 불복하는 낚시어선업자 및 선원에 대하여는 해당 낚시어선업자 및 선원의 동의를 받아 혈액채취 등의 방법으로 다시 측정할 수 있다.

⑤ 관계 공무원은 낚시어선업자 또는 선원이 제2항 또는 제4항에 따른 측정결과가 제1항 후단에 따른 술에 취한 상태에 해당하는 경우에는 해당 낚시어선업자 또는 선원에 대하여 조종 · 승선 제한 등 필요한 조치를 하여야 한다.

제31조 【약물복용의 상태에서의 조종 금지】 낚시어선업자 및 선원은 약물복용의 상태에서 낚시어선을 조종하거나 약물복용의 상태에 있는 낚시어선업자 또는 선원에게 낚시어선을 조종하게 하여서는 아니 된다. 이 경우 "약물복용의 상태"란 마약류관리에 관한 법률 제2조에 따른 마약 · 향정신성의약품 · 대마 또는 화학물질관리법 제22조에 따른 환각물질의 영향으로 정상적인 조종을 할 수 없는 우려가 있는 경우를 말한다.

제53조 【벌칙】 ② 다음 각 호의 어느 하나에 해당하는 자는 6개월 이하의 징역 또는 500만원 이하의 벌금에 처한다.

5. 해상항행선박이 항행을 계속할 수 없는 하천 · 호소 등 해사안전법의 적용대상이 아닌 장소에서 제30조 제1항을 위반하여 술에 취한 상태에서 낚시어선을 조종하거나 술에 취한 상태에 있는 자에게 낚시어선을 조종하게 한 자
6. 해상항행선박이 항행을 계속할 수 없는 하천 · 호소 등 해사안전법의 적용대상이 아닌 장소에서 술에 취한 상태라고 인정할 만한 상당한 이유가 있는데도 제30조 제2항에 따른 관계공무원의 측정에 따르지 아니한 자

6의2. 해상항행선박이 항행을 계속할 수 없는 하천 · 호소 등 해사안전법의 적용대상이 아닌 장소에서 제31조를 위반하여 약물복용의 상태에서 낚시어선을 조종하거나 약물복용의 상태에 있는 자에게 낚시어선을 조종하게 한 자

제55조 【과태료】 ① 다음 각 호의 어느 하나에 해당하는 자에게는 300만원 이하의 과태료를 부과한다.

12. 해상항행선박이 항행을 계속할 수 없는 하천 · 호소 등 해사안전법의 적용대상이 아닌 장소에서 제30조 제5항에 따른 조종 · 승선 제한 등의 조치를 위반한 자

제3절 수상레저

01 수상레저안전법

1. 서설

(1) 목적(제1조)

이 법은 수상레저활동의 안전과 질서를 확보하고 수상레저사업의 건전한 발전을 도모함을 목적으로 한다.

(2) 정의(제2조)

이 법에서 사용하는 용어의 뜻은 다음과 같다.

<table>
<tr><th>구분</th><th>내용</th></tr>
<tr><td>수상
레저활동</td><td>수상(水上)에서 수상레저기구를 이용하여 취미·오락·체육·교육 등을 목적으로 이루어지는 활동을 말한다.</td></tr>
<tr><td>래프팅</td><td>무동력수상레저기구를 이용하여 계곡이나 하천에서 노를 저으며 급류 또는 물의 흐름 등을 타는 수상레저활동을 말한다.</td></tr>
<tr><td>수상
레저기구</td><td>수상레저활동에 이용되는 선박이나 기구로서 대통령령으로 정하는 것을 말한다.

수상레저안전법 시행령
제2조 【정의】 ① 수상레저안전법(이하 ‘법’이라 한다) 제2조 제3호에서 “대통령령으로 정하는 것”이란 다음 각 호의 어느 하나에 해당하는 것을 말한다.
1. 모터보트
2. 세일링요트(돛과 기관이 설치된 것을 말한다. 이하 같다)
3. 수상오토바이
4. 고무보트
5. 스쿠터
6. 공기부양정(호버크래프트)
7. 수상스키
8. 패러세일
9. 조정
10. 카약
11. 카누
12. 워터슬레드
13. 수상자전거
14. 서프보드
15. 노보트
16. 그 밖에 제1호부터 제15호까지의 수상레저기구와 비슷한 구조·형태 및 운전방식을 가진 것으로서 해양수산부령으로 정하는 것</td></tr>
</table>

동력수상 레저기구	추진기관이 부착되어 있거나 추진기관을 부착하거나 분리하는 것이 수시로 가능한 수상레저기구로서 대통령령으로 정하는 것을 말한다. **제2조 【정의】** ② 법 제2조 제4호에서 "대통령령으로 정하는 것"이란 다음 각 호의 어느 하나에 해당하는 것을 말한다. 1. 제1항 제1호부터 제6호까지의 어느 하나에 해당하는 것 2. 제1항 제16호에 해당하는 것(제1호와 비슷한 구조 · 형태 및 운전방식을 가진 것에 한정한다) 중 해양수산부령으로 정하는 것
수상	해수면과 내수면을 말한다.
해수면	바다의 수류나 수면을 말한다.
내수면	하천, 댐, 호수, 늪, 저수지, 그 밖에 인공으로 조성된 담수나 기수(汽水)의 수류 또는 수면을 말한다.

(3) 적용 배제(제3조)

① 이 법은 다음 각 호의 경우에는 적용하지 아니한다.

> 1. 유선 및 도선사업법에 따른 유 · 도선사업 및 그 사업과 관련된 수상에서의 행위를 하는 경우
> 2. 체육시설의 설치 · 이용에 관한 법률에 따른 체육시설업 및 그 사업과 관련된 수상에서의 행위를 하는 경우
> 3. 낚시 관리 및 육성법에 따른 낚시어선업 및 그 사업과 관련된 수상에서의 행위를 하는 경우

② 제1항에도 불구하고 다른 법률에서 제4조의 조종면허를 자격요건으로 규정한 경우에는 제12조 및 제13조를 적용한다.

2. 조종면허

(1) 조종면허(제4조)

① 동력수상레저기구를 조종하는 자는 제6조에 따른 면허시험에 합격한 후 **해양경찰청장**의 동력수상레저기구 조종면허(이하 '조종면허'라 한다)를 받아야 한다.

② 조종면허는 다음 각 호와 같이 구분한다.

> 1. 일반조종면허: 제1급 조종면허, 제2급 조종면허
> 2. 요트조종면허

③ 일반조종면허의 경우 제2급 조종면허를 취득한 자가 제1급 조종면허를 취득한 때에는 제2급 조종면허의 효력은 상실된다.

④ 조종면허의 기준 · 절차 및 방법 등에 필요한 사항은 대통령령으로 정한다.

> **수상레저안전법 시행령**
>
> **제3조 【조종면허 대상 · 기준 등】** ① 법 제4조 제1항에 따라 해양경찰청장의 동력수상레저기구조종면허(이하 '조종면허'라 한다)를 받아야 하는 동력수상레저기구는 제2조 제2항에 해당하는 동력수상레저기구 중 추진기관의 최대 출력이 5마력 이상인 것을 말한다.

② 조종면허의 발급대상은 다음 각 호와 같이 구분한다.
1. 일반조종면허
가. 제1급 조종면허: 법 제39조 제1항에 따라 등록된 수상레저사업의 종사자 및 제11조 제1항 제1호에 따른 시험대행기관의 시험관
나. 제2급 조종면허: 제1항에 따라 조종면허를 받아야 하는 동력수상레저기구(세일링요트는 제외한다)를 조종하려는 사람
2. 요트조종면허: 세일링요트를 조종하려는 사람

(2) 외국인에 대한 조종면허의 특례(제4조의)

① 수상레저활동을 하려는 외국인이 국내에서 개최되는 국제경기대회에 참가하여 수상레저기구를 조종하는 경우에는 제4조 제1항 및 제20조를 적용하지 아니한다.
② 외국인이 수상레저기구를 조종하는 경우 수상레저기구의 종류 · 조종기간 및 지역, 국제경기대회의 종류와 규모 등에 필요한 사항은 해양수산부령으로 정한다.

(3) 조종면허의 결격사유 등(제5조)

① 다음 각 호의 어느 하나에 해당하는 자는 조종면허를 받을 수 없다.

1. 14세 미만인 자. 다만, 제7조 제1항 제1호에 해당하는 자는 제외한다.
2. 정신질환자(정신건강증진 및 정신질환자 복지서비스 지원에 관한 법률 제3조 제1호의 정신질환자를 말한다. 이하 같다) 중 수상레저활동을 할 수 없다고 인정되어 대통령령으로 정하는 자
3. 마약 · 향정신성의약품 또는 대마 중독자(마약류 관리에 관한 법률 제2조 제2호부터 제4호까지의 규정의 마약 · 향정신성의약품 · 대마를 말한다. 이하 같다) 중 수상레저활동을 할 수 없다고 인정되어 대통령령으로 정하는 자
4. 제13조 제1항에 따라 조종면허가 취소된 날부터 1년이 지나지 아니한 자
5. 제20조 각 호 외의 부분 본문을 위반하여 조종면허를 받지 아니하고 동력수상레저기구를 조종한 자로서 그 위반한 날부터 1년(사람을 사상한 후 구호 등 필요한 조치를 하지 아니하고 달아난 자는 이를 위반한 날부터 4년)이 지나지 아니한 자

② 개인정보를 가지고 있는 기관 중 대통령령으로 정하는 기관의 장은 조종면허의 결격사유와 관련이 있는 개인정보를 해양경찰청장에게 통보하여야 한다.
③ 제2항에 따라 해양경찰청장에게 통보하여야 하는 개인정보의 내용 및 통보방법과 그 밖에 개인정보의 통보에 필요한 사항은 대통령령으로 정한다.

(4) 면허시험(제6조)

① 조종면허를 받으려는 자는 해양경찰청장이 실시하는 시험(이하 '면허시험'이라 한다)에 합격하여야 한다.
② 면허시험은 필기시험 · 실기시험으로 구분하여 실시한다.
③ 면허시험의 실기시험 시행일을 기준으로 제5조의 결격사유에 해당하는 사람은 면허시험에 응시할 수 없다.
④ 면허시험의 과목과 방법 등에 필요한 사항은 대통령령으로 정한다.

(5) 면허시험의 면제(제7조)

① 해양경찰청장은 다음 각 호의 어느 하나에 해당하는 사람에 대하여 면허시험 과목의 전부 또는 일부를 면제할 수 있다. 다만, 제6호에 해당하는 때에는 면허시험(제2급 조종면허와 요트조종면허에 한정한다) 과목의 전부를 면제한다.

1. 대통령령으로 정하는 체육 관련 단체에 동력수상레저기구의 선수로 등록된 사람
2. 다음 각 목의 요건을 모두 갖춘 사람
   가. 고등교육법 제2조에 따른 학교에서 대통령령으로 정하는 동력수상레저기구 관련 학과를 졸업하였을 것(법령에 따라 이와 같은 수준의 학력이 있다고 인정되는 경우를 포함한다)
   나. 해당 면허와 관련된 동력수상레저기구에 관한 과목을 이수하였을 것
3. 선박직원법 제4조 제2항 각 호에 따른 해기사면허 중 대통령령으로 정하는 면허를 가진 사람
4. 삭제 <2011.6.15.>
5. 한국해양소년단연맹 육성에 관한 법률에 따른 한국해양소년단연맹 또는 국민체육진흥법 제2조 제11호에 따른 경기단체에서 동력수상레저기구의 이용 등에 관한 교육 · 훈련업무에 1년 이상 종사한 사람으로서 해당 단체의 장의 추천을 받은 사람
6. 해양경찰청장이 지정 · 고시하는 기관이나 단체(이하 '면허시험 면제교육기관'이라 한다)에서 실시하는 교육을 이수한 사람
7. 제1급 조종면허 필기시험에 합격한 후 제2급 조종면허 실기시험으로 변경하여 응시하려는 사람

② 제1항에 따른 시험 면제의 기준 등에 필요한 사항은 대통령령으로 정한다.

③ 면허시험 면제교육기관은 제2급 조종면허와 요트조종면허 교육을 위하여 필요한 교육내용을 운영하여야 하고, 인적 기준 및 장비 · 시설 기준을 갖추어야 한다.

(6) 면허시험 면제교육기관의 지정취소 등(제7조의2)

① 해양경찰청장은 면허시험 면제교육기관이 다음 각 호의 어느 하나에 해당하는 경우 그 지정을 취소하거나 6개월의 범위에서 기간을 정하여 업무를 정지할 수 있다. 다만, 제1호에 해당하면 그 지정을 취소하여야 한다.

1. 거짓이나 그 밖의 부정한 방법으로 지정을 받은 경우
2. 면허시험 면제교육기관이 해양경찰청장에게 교육 이수 결과를 거짓으로 제출하여 제7조 제1항 제6호에 따른 교육을 이수하지 아니한 사람에게 면허시험 과목의 전부를 면제하게 한 경우
3. 제7조 제3항에 따른 교육내용을 지키지 아니한 경우
4. 제7조 제5항에 따른 지정 기준에 미치지 못하게 된 경우

② 면허시험 면제교육기관의 지정취소 및 업무정지에 관한 세부 기준 및 절차는 해양수산부령으로 정한다.

(7) 부정행위자에 대한 제재(제8조)

① 해양경찰청장은 면허시험에서 부정행위를 한 자에 대하여 그 시험을 중지하게 하거나 무효로 할 수 있다.

② 해당 시험의 중지 또는 무효의 처분을 받은 자는 그 시험 시행일부터 2년간 면허시험에 응시할 수 없다.

(8) 조종면허증의 갱신 등(제9조)

① 조종면허를 받은 사람은 다음 각 호에 따른 동력수상레저기구 조종면허증(이하 '면허증'이라 한다) 갱신 기간 이내에 해양경찰청장으로부터 면허증을 갱신하여야 한다. 다만, 면허증을 갱신하려는 사람이 군복무 등 대통령령으로 정하는 사유로 인하여 그 기간 이내에 면허증을 갱신할 수 없는 경우에는 대통령령으로 정하는 바에 따라 갱신을 미리 하거나 연기할 수 있다.

> 1. 최초의 면허증 갱신 기간은 면허증 발급일부터 기산하여 7년이 되는 날부터 6개월 이내
> 2. 제1호 외의 면허증 갱신 기간은 직전의 면허증 갱신 기간이 시작되는 날부터 기산하여 7년이 되는 날부터 6개월 이내

② 면허증을 갱신하지 아니한 경우에는 갱신기간이 만료한 다음 날부터 조종면허의 효력은 정지된다. 다만, 조종면허의 효력이 정지된 후 면허증을 갱신한 경우에는 갱신한 날부터 조종면허의 효력이 다시 발생한다.

(9) 수상안전교육(제10조)

① 조종면허를 받으려는 사람은 제6조에 따라 면허시험 응시원서를 접수한 후부터, 면허증을 갱신하려는 사람은 제9조에 따른 면허증 갱신 기간 이내에 각각 해양경찰청장이 실시하는 다음 각 호의 수상안전교육(이하 '안전교육'이라 한다)을 받아야 한다. 다만, 최초 면허시험 합격 전의 안전교육의 유효기간은 6개월로 하며, 대통령령으로 정하는 사람에 대해서는 안전교육을 면제할 수 있다.

> 1. 수상안전에 관한 법령
> 2. 수상레저기구의 사용과 관리에 관한 사항
> 3. 그 밖에 수상안전을 위하여 필요한 사항

② 해양경찰청장은 안전교육에 관한 사무의 전부 또는 일부를 해양경찰청장이 지정하는 기관이나 단체(이하 '안전교육 위탁기관'이라 한다)에 위탁하여 실시할 수 있다.

③ 안전교육 위탁기관의 인적 기준, 장비·시설 등의 지정 기준 및 절차는 대통령령으로 정한다.

(10) 안전교육 위탁기관의 지정취소 등(제10조의2)

① 해양경찰청장은 안전교육 위탁기관이 다음 각 호의 어느 하나에 해당하는 경우 그 지정을 취소하거나 6개월의 범위에서 기간을 정하여 업무를 정지할 수 있다. 다만, 제1호에 해당하면 그 지정을 취소하여야 한다.

> 1. 거짓이나 그 밖의 부정한 방법으로 지정을 받은 경우
> 2. 거짓이나 그 밖의 부정한 방법으로 안전교육 수료에 관한 증서를 발급한 경우
> 3. 제10조 제3항에 따른 지정 기준에 미치지 못하게 된 경우

② 안전교육 위탁기관의 지정취소 및 업무정지에 관한 세부기준 및 절차는 해양수산부령으로 정한다.

(11) 면허증 발급(제11조)

① 해양경찰청장은 다음 각 호의 어느 하나에 해당하는 경우에는 해양수산부령으로 정하는 바에 따라 면허증을 발급하여야 한다.

> 1. 제6조 제1항에 따른 면허시험에 합격하여 면허증을 발급하거나 재발급하는 경우
> 2. 제9조에 따라 면허증을 갱신하는 경우

② 면허증을 잃어버렸거나 면허증이 헐어 못쓰게 된 경우 해양수산부령으로 정하는 바에 따라 해양경찰청장에게 신고하고 다시 발급받을 수 있다.

③ 조종면허의 효력은 면허증을 본인이나 그 대리인에게 **발급한 때부터 발생**한다.

(12) 면허증 휴대 및 제시 의무(제12조)

① 동력수상레저기구를 조종하는 자는 면허증을 지니고 있어야 한다.

② 조종자는 조종 중에 관계공무원이 면허증의 제시를 요구하면 면허증을 내보여야 한다.

(13) 조종면허의 취소 · 정지(제13조)

① 해양경찰청장은 조종면허를 받은 사람이 다음 각 호의 어느 하나에 해당하는 경우에는 해양수산부령으로 정하는 바에 따라 조종면허를 취소하거나 1년의 범위에서 기간을 정하여 그 조종면허의 효력을 정지할 수 있다. 다만, 제1호 · 제2호 · 제3호의2 또는 제4호에 해당하면 조종면허를 취소하여야 한다.

1. 거짓이나 그 밖의 부정한 방법으로 조종면허를 받은 경우
2. 조종면허 효력정지 기간에 조종을 한 경우
3. 조종면허를 받은 자가 동력수상레저기구를 이용하여 살인 또는 강도 등 해양수산부령으로 정하는 범죄행위를 한 경우

3의2. 제5조 제1항 제2호 또는 제3호에 해당하는 경우

4. 제22조 제1항 또는 제2항을 위반하여 술에 취한 상태에서 조종을 하거나 술에 취한 상태라고 인정할 만한 상당한 이유가 있음에도 불구하고 관계공무원의 측정에 따르지 아니한 경우
5. 삭제 <2011.6.15.>
6. 조종 중 고의 또는 과실로 사람을 사상하거나 다른 사람의 재산에 중대한 손해를 입힌 경우
7. 면허증을 다른 사람에게 빌려주어 조종하게 한 경우
8. 제23조를 위반하여 약물의 영향으로 인하여 정상적으로 조종하지 못할 염려가 있는 상태에서 동력수상레저기구를 조종한 경우
9. 그 밖에 이 법 또는 이 법에 따른 수상레저활동의 안전과 질서 유지를 위한 명령을 위반한 경우

② 조종면허가 취소되거나 그 효력이 정지된 사람은 조종면허가 취소되거나 그 효력이 정지된 날부터 **7일 이내**에 해양경찰청장에게 면허증을 반납하여야 한다.

(14) 면허시험 업무의 대행(제14조)

① 해양경찰청장은 면허시험 실시에 관한 업무의 전부 또는 일부를 해양경찰청장이 지정하는 기관이나 단체(이하 '시험대행기관'이라 한다)로 하여금 대행하게 할 수 있다.

② 해양경찰청장은 시험대행기관이 다음 각 호의 어느 하나에 해당하는 경우에는 그 지정을 취소하거나 6개월의 범위에서 그 업무를 정지할 수 있다. 다만, 제1호 또는 제1호의2에 해당하면 그 지정을 취소하여야 한다.

1. 거짓이나 그 밖의 부정한 방법으로 지정을 받은 경우

1의2. 시험대행기관의 장, 책임운영자 또는 종사자가 면허시험에 관하여 부정행위를 한 경우(지시 또는 묵인한 경우를 포함한다)

2. 제5항에 따른 지정기준에 미치지 못하게 된 경우
3. 이 법 또는 이 법에 따른 면허시험 대행업무를 적정하게 수행하지 못할 사유가 발생한 경우

③ 시험대행기관은 제1항에 따라 대행하는 면허시험 실시업무에 대하여 해양경찰청장에게 보고하여야 한다.

④ 해양경찰청장은 제3항에 따라 보고받은 대행업무에 대하여 처리 내용을 확인하고, 이 법 또는 이 법에 따른 명령을 위반한 사실을 발견하면 필요한 조치를 할 수 있다.

(15) 교육(제16조)

① 면허시험 면제교육기관, 안전교육 위탁기관, 시험대행기관 및 제38조에 따른 안전검사 대행 기관이나 단체에서 시험·교육·검사 업무에 종사하는 자는 해양경찰청장이 실시하는 교육을 받아야 한다.

② 제1항에 따른 교육의 시기·대상 등에 필요한 사항은 해양수산부령으로 정한다.

3. 안전준수의무

(1) 안전장비의 착용(제17조)

수상레저활동을 하는 자는 구명조끼 등 인명안전에 필요한 장비를 해양수산부령으로 정하는 바에 따라 착용하여야 한다.

(2) 운항규칙(제18조)

수상레저활동을 하는 자가 수상레저기구를 조종하여 운항할 때에는 대통령령으로 정하는 바에 따라 운항속도·운항방법 등에 관한 운항규칙을 지켜야 한다.

(3) 원거리 수상레저활동의 신고 등(제19조)

① 출발항으로부터 **10해리** 이상 떨어진 곳에서 수상레저활동을 하려는 자는 해양수산부령으로 정하는 바에 따라 해양경찰관서나 경찰관서에 신고하여야 한다. 다만, 선박의 입항 및 출항 등에 관한 법률 제4조에 따른 출입 신고를 하거나 선박안전 조업규칙 제15조에 따른 출항·입항 신고를 한 선박인 경우에는 그러하지 아니하다.

② 제1항에도 불구하고 제30조 제3항에 따른 등록 대상 동력수상레저기구가 아닌 수상레저기구로 수상레저활동을 하려는 자는 출발항으로부터 10해리 이상 떨어진 곳에서 수상레저활동을 하여서는 아니 된다. 다만, 안전관리 선박의 동행, 선단의 구성 등 해양수산부령으로 정하는 경우에는 그러하지 아니하다.

③ 수상레저활동을 하는 자는 수상레저기구에 동승한 자가 사고로 사망·실종 또는 중상을 입은 경우에는 해양수산부령으로 정하는 바에 따라 지체 없이 해양경찰관서나 경찰관서 또는 소방관서 등 관계 행정기관의 장에게 신고하여야 한다.

④ 제1항에 따른 신고를 받은 관계 행정기관의 장은 인명구조 활동, 사고 수습 등을 위하여 필요한 조치를 하여야 한다.

(4) 면허조종의 금지(제20조) 누구든지 조종면허를 받아야 조종할 수 있는 동력수상레저기구를 조종면허를 받지 아니하고(조종면허의 효력이 정지된 경우를 포함한다) 조종하여서는 아니 된다. 다만, 다음 각 호의 어느 하나에 해당하는 경우에는 그러하지 아니하다.

1. 1급 조종면허가 있는 자의 감독하에 수상레저활동을 하는 경우로서 해양수산부령으로 정하는 경우
2. 조종면허를 가진 자와 동승하여 조종하는 경우로서 해양수산부령으로 정하는 경우

(5) 야간 수상레저활동의 금지(제21조)

① 누구든지 해진 후 30분부터 해뜨기 전 30분까지는 수상레저활동을 하여서는 아니 된다. 다만, 해양수산부령으로 정하는 바에 따라 야간 운항장비를 갖춘 수상레저기구를 이용하는 경우에는 그러하지 아니하다.

② 해양경찰서장이나 시장·군수·구청장(구청장은 자치구의 구청장을, 특별자치시의 경우에는 특별자치시장을, 특별자치도의 경우에는 특별자치도지사를, 서울특별시 한강의 경우에는 서울특별시의 한강 관리에 관한 업무를 관장하는 기관의 장을 말한다. 이하 이 장, 제4장, 제6장 및 제7장에서 같

다)은 필요하다고 인정하면 일정한 구역에 대하여 해양수산부령으로 정하는 바에 따라 제1항 본문에 따른 시간을 조정할 수 있다.

③ 해양경찰서장이나 시장 · 군수 · 구청장은 제2항에 따라 시간을 조정한 경우에는 수상레저활동을 하는 자가 보기 쉬운 장소에 그 사실을 공고하여야 한다.

(6) 주취 중 조종 금지(제22조)

① 누구든지 술에 취한 상태(해사안전법 제41조 제5항에 따른 술에 취한 상태를 말한다. 이하 같다)에서 동력수상레저기구를 조종하여서는 아니 된다.

② 다음 각 호에 해당하는 사람(이하 이 조에서 '관계공무원'이라 한다)은 동력수상레저기구를 조종한 사람이 제1항을 위반하였다고 인정할 만한 상당한 이유가 있는 경우에는 술에 취하였는지를 측정할 수 있다. 이 경우 동력수상레저기구를 조종한 사람은 그 측정에 따라야 한다.

1. 경찰공무원
2. 시 · 군 · 구 소속 공무원 중 수상레저안전업무에 종사하는 사람

③ 관계공무원(근무복을 착용한 경찰공무원은 제외한다)이 술에 취하였는지 여부를 측정하는 때에는 그 권한을 표시하는 증표를 지니고 이를 해당 동력수상레저기구를 조종한 사람에게 제시하여야 한다.

④ 술에 취하였는지 여부를 측정한 결과에 불복하는 사람에 대해서는 본인의 동의를 받아 혈액채취 등의 방법으로 다시 측정할 수 있다.

(7) 약물복용 등의 상태에서 조종 금지(제23조)

누구든지 마약류 관리에 관한 법률 제2조에 따른 마약 · 향정신성의약품 · 대마의 영향, 화학물질관리법 제22조에 따른 환각물질의 영향, 그 밖의 사유로 인하여 정상적으로 조종하지 못할 우려가 있는 상태에서 동력수상레저기구를 조종하여서는 아니 된다.

(8) 정원 초과 금지(제24조)

누구든지 대통령령으로 정하는 바에 따라 그 수상레저기구의 정원을 초과하여 사람을 태우고 운항하여서는 아니 된다.

4. 안전관리

(1) 수상레저활동 금지구역의 지정 등(제25조)

① 해양경찰서장 또는 시장 · 군수 · 구청장은 수상레저활동의 안전을 위하여 필요하다고 인정하면 수상레저활동 금지구역(수상레저기구별 수상레저활동 금지구역을 포함한다)을 지정할 수 있다.

② 누구든지 제1항에 따라 지정된 금지구역에서 수상레저활동을 하여서는 아니 된다.

(2) 시정명령(제26조)

해양경찰서장 또는 시장 · 군수 · 구청장은 수상레저활동의 안전을 위하여 필요하다고 인정하면 수상레저활동을 하는 사람 또는 수상레저활동을 하려는 사람에게 다음 각 호의 사항을 명할 수 있다. 다만, 수상레저활동을 하려는 사람에 대한 시정명령은 사고의 발생이 명백히 예견되는 경우로 한정한다.

1. 수상레저기구의 탑승(수상레저기구에 의하여 밀리거나 끌리는 경우를 포함한다. 이하 같다) 인원의 제한 또는 조종자의 교체
2. 수상레저활동의 일시정지
3. 수상레저기구의 개선 및 교체

(3) 일시정지 · 확인 등(제27조)

① 관계 공무원은 수상레저기구를 타고 있는 자가 이 법 또는 이 법에 따른 명령을 위반하였다고 인정하는 경우에는 수상레저기구를 멈추게 하고 이를 확인하거나 그 수상레저활동을 하는 자에게 면허증이나 신분증의 제시를 요구할 수 있다.

② 관계 공무원은 수상레저기구를 멈추게 하고 면허증 등의 제시를 요구하는 경우에는 그 권한을 표시하는 증표를 지니고 이를 관계인에게 내보여야 한다.

(4) 관계 행정기관의 협조(제28조)

① 해양경찰청장, 해양경찰서장 또는 시장 · 군수 · 구청장은 수상레저활동의 안전을 위하여 필요하다고 인정하면 관계 행정기관의 장에게 협조를 요청할 수 있다. 이 경우 협조 요청을 받은 관계 행정기관의 장은 특별한 사유가 없으면 그 요청에 따라야 한다.

② 시장 · 군수 · 구청장은 관할 내수면에서의 수상레저활동의 효율적인 안전관리를 위하여 필요하다고 인정하면 해양경찰청장이나 해양경찰서장에게 관계 경찰공무원을 파견하거나 일정 구역의 수상레저활동에 관한 안전관리업무를 담당하여 줄 것을 요청할 수 있다. 이 경우 요청을 받은 해양경찰청장이나 해양경찰서장은 특별한 사유가 없으면 그 요청에 따라야 한다.

(5) 안전관리계획의 수립 등(제29조의2)

① 시 · 도지사 또는 해양경찰서장은 매년 수상레저안전관리계획을 수립 · 시행하여야 한다.

② 해양경찰청장은 제1항의 안전관리계획의 수립에 지침을 정하고 그 시행에 관하여 필요한 지도 · 감독을 할 수 있다.

5. 동력수상레저기구 등록 및 검사

(1) 등록(제30조)

① 동력수상레저기구(선박법 제8조에 따라 등록된 선박은 제외한다. 이하 이 조에서 같다)의 소유자(이하 '소유자'라 한다)는 주소지를 관할하는 시장 · 군수 · 구청장(구청장은 자치구의 구청장을, 특별자치시의 경우에는 특별자치시장을, 특별자치도의 경우에는 특별자치도지사를 말한다. 이하 이 장에서 같다)에게 동력수상레저기구를 소유한 날부터 1개월 이내에 등록신청을 하여야 한다.

② 시장 · 군수 · 구청장은 다음 각 호의 어느 하나에 해당하는 경우 등록신청을 거부할 수 있다.

> 1. 등록신청 사항에 거짓이 있는 경우
> 2. 동력수상레저기구의 구조와 장치가 제37조 제1항에 따른 신규검사기준에 맞지 아니한 경우

③ 제1항에 따라 등록의 대상이 되는 동력수상레저기구는 수상레저활동에 이용하거나 이용하려는 것으로서 다음 각 호의 어느 하나에 해당하는 것을 말한다. <신설 2011.6.15.>

> 1. 수상오토바이
> 2. 선내기 또는 선외기인 모터보트로서 대통령령으로 정하는 모터보트
> 3. 공기를 넣으면 부풀고 접어서 운반할 수 있는 고무보트를 제외한 대통령령으로 정하는 고무보트
> 4. 총톤수 20t 미만으로 대통령령으로 정하는 요트

④ 제1항에 따른 등록의 요건 및 신청절차 등 등록에 필요한 사항은 대통령령으로 정한다.

> **수상레저안전법 시행령**
>
> **제22조【등록의 대상】** 법 제30조 제3항 제2호부터 제4호까지의 규정에 따라 등록의 대상이 되는 동력수상레저기구는 다음 각 호와 같다.
>
> 1. 총톤수(선박법 제3조 제1항 제2호에 따른 총톤수를 말한다) 20t 미만의 모터보트
> 2. 추진기관 30마력 이상의 고무보트
> 3. 세일링요트

(2) 등록원부 등(제31조)

① 시장 · 군수 · 구청장은 제30조 제1항에 따라 등록신청을 받으면 동력수상레저기구 등록원부(이하 "등록원부"라 한다)에 등록하고 신청인에게 동력수상레저기구 등록증(이하 '등록증'이라 한다)과 등록번호판을 내주어야 한다.

② 등록원부를 열람하거나 등록원부의 사본을 발급받으려는 자는 시장 · 군수 · 구청장에게 열람 또는 발급을 신청하여야 한다.

③ 시장 · 군수 · 구청장은 제2항의 신청에 따라 등록원부를 열람하게 하거나 그 사본을 발급하는 경우 개인정보의 유출을 방지하기 위하여 해양수산부령으로 정하는 바에 따라 그 내용의 일부를 표시하지 아니할 수 있다.

④ 시장 · 군수 · 구청장은 소유자로부터 등록증, 등록번호판에 대한 재발급 신청이 있는 경우에는 재발급하여야 한다.

(3) 보험 등의 가입(제34조)

등록 대상 동력수상레저기구의 소유자는 동력수상레저기구의 운항으로 다른 사람이 사망하거나 부상한 경우에 피해자(피해자가 사망한 경우에는 손해배상을 받을 권리를 가진 자를 말한다)에 대한 보상을 위하여 소유일부터 1개월 이내에 대통령령으로 정하는 바에 따라 보험이나 공제(이하 '보험 등'이라 한다)에 가입하여야 한다.

(4) 등록번호판의 부착(제35조)

소유자는 해양수산부령으로 정하는 바에 따라 동력수상레저기구의 잘 보이는 곳에 등록번호판을 부착하여야 한다.

(5) 안전검사(제37조)

① 등록 대상 동력수상레저기구를 수상레저활동에 이용하려는 자는 해양수산부령으로 정하는 안전검사의 절차, 검사 방법 및 준비사항 등에 따라 해양경찰청장이 실시하는 다음 각 호의 검사를 받아야 한다.

> 1. 신규검사: 제30조에 따른 등록을 하려는 경우에 하는 검사
> 2. 정기검사: 등록 후 5년마다 정기적으로 하는 검사
> 3. 임시검사: 동력수상레저기구의 구조, 장치, 정원 또는 항해구역을 변경하려는 경우에 하는 검사. 이 경우 정원의 변경은 해양경찰청장이 정하여 고시하는 최대승선정원의 범위 내로 한정한다.

② 제39조에 따른 수상레저사업을 하는 자(이하 '수상레저사업자'라 한다)는 등록 대상 동력수상레저기구에 대하여 영업구역이 해수면인 경우 해양경찰청장으로부터, 영업구역이 내수면인 경우 그 지역을 관할하는 시 · 도지사로부터 각각 안전검사(이하 '안전검사'라 한다)를 받아야 한다.

③ 제1항과 제2항에 따른 검사 대상 동력수상레저기구 중 수상레저사업에 이용되는 동력수상레저기구는 1년마다, 그 밖의 동력수상레저기구는 5년마다 정기검사를 받아야 한다.
④ 소유자는 검사를 받지 아니하거나 검사에 합격하지 못한 동력수상레저기구를 수상레저활동에 사용하여서는 아니 된다. 다만, 해양수산부령으로 정하는 경우에는 그러하지 아니하다.
⑤ 동력수상레저기구의 안전검사증을 발급 또는 재발급받으려는 자는 해양경찰청장, 시·도지사 또는 제38조 제1항의 검사대행자(이하 이 조에서 '해양경찰청장 등'이라 한다)에게 신청하여야 한다.
⑥ 신청이 있는 때에는 해양경찰청장등은 해양수산부령으로 정하는 바에 따라 안전검사증을 발급 또는 재발급하여야 한다.

(6) 안전검사 업무의 대행 등(제38조)

① 해양경찰청장 또는 시·도지사는 동력수상레저기구의 안전검사에 관한 업무의 전부 또는 일부를 해양경찰청장 또는 시·도지사가 지정하는 기관이나 단체(이하 '검사대행자'라 한다)로 하여금 대행하게 할 수 있다.
② 해양경찰청장 또는 시·도지사는 검사대행자가 다음 각 호의 어느 하나에 해당하는 경우에는 그 지정을 취소하거나 6개월의 범위에서 기간을 정하여 업무의 전부 또는 일부의 정지를 명할 수 있다. 다만, 제1호에 해당하면 그 지정을 취소하여야 한다.

1. 거짓이나 그 밖의 부정한 방법으로 지정을 받은 경우 1의2. 고의 또는 중대한 과실로 사실과 다르게 안전검사를 한 경우 2. 제5항에 따른 기준에 맞지 아니하게 된 경우 3. 이 법 또는 이 법에 따른 명령이나 지정조건을 위반한 경우 4. 업무와 관련하여 부정한 금품을 수수하거나 그 밖의 부정한 행위를 한 경우

③ 검사대행자는 대행하는 업무에 대하여 해양경찰청장 또는 시·도지사에게 보고하여야 한다.
④ 해양경찰청장 또는 시·도지사는 검사대행자가 보고한 사항에 대하여 그 내용을 확인하고, 이 법 또는 이 법에 따른 명령을 위반한 사실이 발견되면 필요한 조치를 할 수 있다.
⑤ 검사대행자가 갖추어야 할 동력수상레저기구 검사원의 수, 검사시설·장비 등의 기준, 지정절차 및 검사대행자에 대한 감독 등에 필요한 사항은 대통령령으로 정한다.

(7) 임시운항의 허가(제38조의2)

① 제37조 제1항 제1호의 신규검사를 받기 전에 국내에서 동력수상레저기구로 시험운전(조선소 등에서 건조·개조·수리 중 제30조 제3항에 따른 등록 대상 동력수상레저기구를 운전하는 것을 말한다)을 하고자 하는 자는 대통령령으로 정하는 바에 따라 해양경찰서장 또는 시장·군수·구청장(이하 '임시운항허가 관서의 장'이라 한다)의 허가(이하 '임시운항허가'라 한다)를 받아야 한다.
② 임시운항허가 관서의 장은 임시운항허가의 신청을 받은 경우에는 임시운항을 허가할 수 있다. 이 경우 임시운항허가증을 발급하여야 한다.
③ 임시운항허가를 받은 자는 제2항의 허가 목적 및 기간 내에서 운항하여야 한다.
④ 임시운항허가를 받은 자는 제3항의 기간이 만료된 경우에는 대통령령으로 정하는 바에 따라 임시운항허가증을 반납하여야 한다.

6. 수상레저사업

(1) 수상레저사업의 등록 등(제39조)

① 수상레저기구를 빌려 주는 사업 또는 수상레저활동을 하는 자를 수상레저기구에 태우는 사업(이하 '수상레저사업'이라 한다)을 경영하려는 자는 하천이나 그 밖의 공유수면의 점용 또는 사용의 허가 등에 관한 사항을 다음 각 호의 구분에 따른 자에게 등록을 하여야 한다. 이 경우 수상레저기구를 빌려 주는 사업을 경영하려는 수상레저사업자에게는 해양수산부령으로 정하는 바에 따라 등록기준을 완화할 수 있다.

> 1. 영업구역이 해수면인 경우: 해당 지역을 관할하는 해양경찰서장
> 2. 영업구역이 내수면인 경우: 해당 지역을 관할하는 시장 · 군수 · 구청장
> 3. 영업구역이 둘 이상의 해양경찰서장 또는 시장 · 군수 · 구청장의 관할 지역에 걸쳐 있는 경우: 수상레저사업에 사용되는 수상레저기구를 주로 매어두는 장소를 관할하는 해양경찰서장 또는 시장 · 군수 · 구청장

② 등록을 한 수상레저사업자는 등록 사항에 변경이 있으면 해양수산부령으로 정하는 바에 따라 변경등록을 하여야 한다.

③ 등록 또는 변경등록 신청을 받은 해양경찰서장 또는 시장 · 군수 · 구청장은 그 등록 전에 해당 영업구역을 관할하는 다른 해양경찰서장 또는 시장 · 군수 · 구청장과 협의하여야 한다.

④ 등록기준 · 절차 및 영업구역 조정 등 수상레저사업의 안전관리에 필요한 사항은 해양수산부령으로 정한다.

(2) 사업등록의 유효기간 등(제39조의3)

① 제39조 제1항에 따른 수상레저사업의 등록 유효기간은 10년으로 하되, 10년 미만으로 영업하려는 경우에는 해당 영업기간을 등록 유효기간으로 한다.

② 등록 유효기간이 지난 후 계속하여 수상레저사업을 하려는 자는 해양수산부령으로 정하는 바에 따라 등록을 갱신하여야 한다.

(3) 수상레저사업 등록의 결격사유(제40조)

다음 각 호의 어느 하나에 해당하는 자는 수상레저사업 등록을 할 수 없다.

> 1. 미성년자, 피성년후견인, 피한정후견인
> 2. 이 법을 위반하여 징역 이상의 실형(實刑)을 선고받고 그 집행이 끝나거나 집행이 면제된 날부터 2년이 지나지 아니한 자
> 3. 이 법을 위반하여 징역 이상의 형의 집행유예를 선고받고 그 유예기간 중에 있는 자
> 4. 제51조에 따라 등록이 취소(이 조 제1호에 해당하여 등록이 취소된 경우는 제외한다)된 날부터 2년이 지나지 아니한 자

(4) 휴업 등의 신고(제42조)

① 수상레저사업자가 등록된 사업기간 중에 휴업하거나 폐업하려는 경우에는 해양수산부령으로 정하는 바에 따라 해양경찰서장 또는 시장 · 군수 · 구청장에게 신고하여야 한다.

② 수상레저사업자가 휴업한 수상레저사업을 다시 개업하려는 경우에는 해양수산부령으로 정하는 바에 따라 해양경찰서장 또는 시장 · 군수 · 구청장에게 신고하여야 한다. 이 경우 해양경찰서장 또는 시장 · 군수 · 구청장은 그 내용을 검토하여 이 법에 적합하면 신고를 수리하여야 한다.

③ 휴업이나 폐업 또는 재개업의 신고를 받은 해양경찰서장 또는 시장·군수·구청장은 수상레저사업장 소재지의 관할 세무서에 휴업이나 폐업 또는 재개업 사실을 통보하여야 한다.

(5) 보험 등의 가입(제44조)

수상레저사업자는 대통령령으로 정하는 바에 따라 그 종사자와 이용자의 피해를 보전하기 위하여 보험 등에 가입하여야 한다.

(6) 안전점검(제45조)

① 해양경찰서장 또는 시장·군수·구청장은 수상레저활동의 안전을 위하여 관계공무원으로 하여금 수상레저기구와 선착장 등 수상레저시설에 대하여 안전점검을 실시하도록 하여야 한다.

② 해양경찰서장 또는 시장·군수·구청장은 안전점검 결과 해양수산부령으로 정하는 바에 따라 정비 또는 원상복구를 명할 수 있다. 이 경우 정비 또는 원상복구에 필요한 기간을 정하여 해당 수상레저기구의 사용정지를 함께 명할 수 있다.

③ 점검을 하는 공무원은 그 권한을 표시하는 증표를 지니고 이를 관계인에게 내보여야 한다.

④ 안전점검이나 대상 항목 등에 필요한 사항은 대통령령으로 정한다.

(7) 사업자의 안전점검 등 조치(제48조)

① 수상레저사업자와 그 종사자는 수상레저활동의 안전을 위하여 다음 각 호의 조치를 하여야 한다.

1. 수상레저기구와 시설의 안전점검
2. 영업구역의 기상·수상 상태의 확인
3. 영업구역에서 사고가 발생하는 경우 구호조치 및 해양경찰관서·경찰관서·소방관서 등 관계 행정기관에 통보
4. 이용자에 대한 안전장비 착용조치 및 탑승 전 안전교육
5. 사업장 내 인명구조요원이나 래프팅가이드의 배치 또는 탑승
6. 비상구조선(수상레저사업장과 그 영업구역의 순시 및 인명구조를 위하여 사용되는 동력수상레저기구를 말한다. 이하 이 조에서 같다)의 배치

② 수상레저사업자와 그 종사자는 영업구역에서 다음 각 호의 행위를 하여서는 아니 된다.

1. 14세 미만인 사람(보호자를 동반하지 아니한 사람으로 한정한다), 술에 취한 사람 또는 정신질환자를 수상레저기구에 태우거나 이들에게 수상레저기구를 빌려 주는 행위
2. 수상레저기구의 정원을 초과하여 태우는 행위
3. 수상레저기구 안에서 술을 판매·제공하거나 수상레저기구 이용자가 수상레저기구 안으로 이를 반입하도록 하는 행위
4. 영업구역을 벗어나 영업을 하는 행위
5. 제21조에 따른 수상레저활동시간 외에 영업을 하는 행위
6. 대통령령으로 정하는 폭발물·인화물질 등의 위험물을 이용자가 타고 있는 수상레저기구로 반입·운송하는 행위
7. 제37조에 따른 안전검사를 받지 아니하거나 안전검사에 합격하지 못한 동력수상레저기구 또는 제45조에 따른 안전점검을 받지 아니한 동력수상레저기구를 영업에 이용하는 행위
8. 비상구조선을 그 목적과 다르게 이용하는 행위

③ 제1항 제5호에 따른 인명구조요원이나 래프팅가이드의 자격 및 배치기준, 제1항 제6호에 따른 비상구조선의 배치에 필요한 사항 등은 대통령령으로 정한다.

(8) 등록 대상이 아닌 수상레저기구 운영 사업자 등의 준수사항(제48조의2)

등록 대상 동력수상레저기구가 아닌 수상레저기구를 운영하는 수상레저사업자와 그 종사자는 수상레저기구의 운영, 안전기준 등에 관하여 해양수산부령으로 정하는 사항을 준수하여야 한다.

(9) 영업의 제한 등(제49조)

① 해양경찰서장 또는 시장 · 군수 · 구청장은 다음 각 호의 어느 하나에 해당하는 경우에는 수상레저사업자에게 영업구역이나 시간의 제한 또는 영업의 일시정지를 명할 수 있다. 다만, 제3호부터 제5호까지에 해당하는 경우에는 이용자의 신체가 직접 수면에 닿는 수상레저기구 등 대통령령으로 정하는 수상레저기구를 이용한 영업행위에 대해서만 이를 명할 수 있다.

1. 기상 · 수상 상태가 악화된 경우
2. 수상사고가 발생한 경우
3. 유류 · 화학물질 등의 유출 또는 녹조 · 적조 등의 발생으로 수질이 오염된 경우
4. 부유물질 등 장애물이 발생한 경우
5. 사람의 신체나 생명에 피해를 줄 수 있는 유해생물이 발생한 경우
6. 그 밖에 대통령령으로 정하는 사유가 발생한 경우

② 해양경찰서장 또는 시장 · 군수 · 구청장은 제1항 각 호의 사유가 소멸되거나 완화되었다고 판단되는 경우 영업구역이나 시간의 제한 또는 영업의 일시정지를 해제하여야 한다.

(10) 자료 제출 등(제50조)

해양경찰서장 또는 시장 · 군수 · 구청장은 수상레저활동의 안전을 위하여 필요하다고 인정하면 대통령령으로 정하는 바에 따라 수상레저사업자에게 관련 서류나 자료를 제출하게 할 수 있다.

(11) 수상레저사업의 등록취소 등(제51조)

해양경찰서장 또는 시장 · 군수 · 구청장은 수상레저사업자가 다음 각 호의 어느 하나에 해당하는 경우에는 해양수산부령으로 정하는 바에 따라 수상레저사업의 등록을 취소하거나 3개월의 범위에서 영업의 전부 또는 일부의 정지를 명할 수 있다. 다만, 제1호, 제2호 또는 제2호의2에 해당하면 수상레저사업의 등록을 취소하여야 한다.

1. 거짓이나 그 밖의 부정한 방법으로 등록을 한 경우
2. 제40조 각 호의 어느 하나에 해당하게 된 경우

2의2. 공유수면의 점용 또는 사용 허가기간 만료 이후에도 사업을 계속하는 경우

3. 수상레저사업자 또는 그 종사자의 고의 또는 과실로 사람을 사상한 경우
4. 수상레저사업자가 제30조, 제32조, 제33조 및 제35조부터 제37조까지의 규정을 위반한 수상레저기구를 수상레저사업에 이용한 경우
5. 제39조 제2항에 따라 변경등록을 하지 아니한 경우
6. 제43조부터 제45조까지, 제48조, 제48조의2 및 제49조의 규정 또는 명령을 위반한 경우

제4절 선박교통관제

01 서설

1. 선박교통관제(VTS)의 의의 및 원리

선박교통관제 즉 VTS(Vessel Traffic Service)란 항행의 안전 및 효율성을 증진하기 위해 항행선박에 해상교통정보 등을 제공하는 국가적 해상교통 관제서비스를 말한다.

2. 법적 근거

VTS는 공식적으로 SOLAS/74에 반영되었고 IMO에서는 선박교통관제의 필요성과 그 운영지침에 관한 결의서(VTS 가이드라인)를 1997년에 채택하였다. 국내법으로 해사안전법, 선박의 입항 및 출항 등에 관한 법률 및 선박교통관제에 관한 법률 등을 들 수 있다.

02 선박교통관제에 관한 법률

1. 서설

(1) 목적(제1조)

이 법은 선박교통관제에 필요한 사항을 규정함으로써 선박교통의 안전 및 항만운영의 효율성을 높이고 해양환경을 보호하는 데 이바지함을 목적으로 한다.

(2) 정의(제2조) 이 법에서 사용하는 용어의 정의는 다음과 같다.

구분	내용
선박교통관제	선박교통의 안전을 증진하고 해양환경과 해양시설을 보호하기 위하여 선박의 위치를 탐지하고 선박과 통신할 수 있는 설비를 설치·운영함으로써 선박의 동정을 관찰하며 선박에 대하여 안전에 관한 정보 및 항만의 효율적 운영에 필요한 항만운영정보를 제공하는 것을 말한다.
선박교통관제구역	선박교통관제를 시행하기 위하여 해양경찰청장이 해양수산부장관과 협의하여 고시하는 수역을 말한다.
선박교통관제사	해양수산부령으로 정하는 자격을 갖추고 선박교통관제를 시행하는 사람을 말한다.

(3) 적용범위(제3조)

이 법은 대한민국의 영해 및 접속수역법 제1조 및 제3조에 따른 영해 및 내수(해상항행선박이 항행을 계속할 수 없는 하천·호수·늪 등은 제외한다)에 있는 선박 중에서 제13조에 따른 관제대상선박에 대하여 적용한다.

(4) 국가의 책무(제4조)

국가는 선박교통의 안전 및 효율성을 높이고 해양환경을 보호하기 위하여 선박교통관제에 필요한 시책을 마련하고 시행하여야 한다.

(5) 선박소유자의 책무(제5조)

① 선박소유자는 국가의 선박교통관제에 관한 시책에 협력하여 자기가 소유·관리하거나 운영하는 선박이 선박교통관제에 따르도록 운항자에 대하여 다음 각 호의 사항을 포함하는 교육·훈련 등을 실시하고 제반 안전규정을 준수하여야 한다.

> 1. 선박교통관제의 목적·용어, 통신절차 및 정보교환 방법
> 2. 선박교통관제의 관련 규정 및 제반 준수사항
> 3. 국내 선박교통관제 운영 현황
> 4. 그 밖에 해양수산부령으로 정하는 사항

② 운항자에 대한 교육·훈련의 내용·방법 등 교육에 필요한 사항은 대통령령으로 정한다.

(6) 국제 교류·협력의 증진(제6조)

해양경찰청장은 선박교통관제 관련 국제기구 및 외국의 정부·단체 등과 선박교통관제에 관한 정보교환 및 공동 조사·연구 등 국제 교류·협력의 증진을 위하여 관계 중앙행정기관의 의견을 들어 필요한 조치를 할 수 있다.

(7) 다른 법률과의 관계(제7조)

선박교통관제에 관하여는 다른 법률에 특별한 규정이 있는 경우를 제외하고는 이 법에 따른다.

2. 선박교통관제 계획

(1) 선박교통관제 기본계획(제8조)

① 해양경찰청장은 선박교통관제 기본계획(이하 '기본계획'이라 한다)을 5년 단위로 수립하여야 한다.
② 기본계획은 해사안전법 제6조 제1항에 따른 국가해사안전기본계획의 내용에 부합되어야 한다.
③ 기본계획에는 다음 각 호의 사항이 포함되어야 한다.

> 1. 선박교통관제 정책의 기본방향 및 목표
> 2. 선박교통관제 운영에 관한 사항
> 3. 선박교통관제를 위한 시설의 구축 및 유지·관리에 관한 사항
> 4. 선박교통관제사의 교육·훈련에 관한 사항
> 5. 선박교통관제 관련 국제 협력에 관한 사항
> 6. 선박교통관제의 중장기 발전계획에 관한 사항
> 7. 그 밖에 선박교통관제에 관한 사항으로서 해양경찰청장이 필요하다고 인정하는 사항

④ 해양경찰청장은 기본계획을 수립하거나 변경하는 경우 관계 중앙행정기관의 장과 협의하여야 한다.
⑤ 해양경찰청장은 기본계획의 수립을 위하여 필요한 경우 관계 중앙행정기관의 장, 공공기관의 운영에 관한 법률 제4조에 따른 공공기관의 장, 그 밖의 관계 기관에 자료의 제출, 의견의 진술 또는 그 밖에 필요한 협력을 요청할 수 있다.
⑥ 기본계획의 수립 절차·방법 등에 관한 사항은 대통령령으로 정한다.

(2) 선박교통관제 시행계획(제9조)

① 해양경찰청장은 기본계획을 시행하기 위하여 **매년** 선박교통관제 시행계획(이하 '시행계획'이라 한다)을 수립하여야 한다.

② 해양경찰청장은 시행계획의 수립을 위하여 필요한 경우 관계 중앙행정기관의 장, 공공기관의 운영에 관한 법률 제4조에 따른 공공기관의 장, 그 밖의 관계 기관에 자료의 제출, 의견의 진술 또는 그 밖에 필요한 협력을 요청할 수 있다.

③ 시행계획에 포함할 내용과 수립 절차·방법 등에 관한 사항은 대통령령으로 정한다.

(3) 기본계획 및 시행계획의 국회제출 등(제10조)

① 해양경찰청장은 기본계획 및 시행계획을 수립하거나 변경한 때에는 관계 중앙행정기관의 장 및 특별시장·광역시장·도지사·특별자치도지사에게 통보하고 **지체 없이 국회 소관 상임위원회에 제출**하여야 한다.

② 해양경찰청장은 기본계획 및 시행계획을 수립하거나 변경한 때에는 대통령령으로 정하는 바에 따라 이를 공표하여야 한다.

3. 선박교통관제

(1) 선박교통관제의 시행(제11조)

① 해양경찰청장은 선박교통의 안전을 도모하기 위하여 선박교통관제를 시행하여야 한다.

② 선박교통관제를 시행하기 위한 선박교통관제구역의 설정기준은 대통령령으로 정한다.

③ 해양경찰청장은 효율적인 선박교통관제의 시행을 위하여 선박교통관제관서를 설치 및 운영할 수 있다.

④ 선박교통관제관서(이하 '선박교통관제관서'라 한다)의 설치 및 운영에 필요한 사항은 해양수산부령으로 정한다.

(2) 선박교통관제에 관한 규정(제12조)

① 해양경찰청장은 관할 선박교통관제구역에서 제13조에 따른 관제대상선박이 따라야 할 선박교통관제에 관한 규정을 대통령령으로 정하는 바에 따라 고시하여야 한다.

② 해양경찰청장이 선박교통관제에 관한 규정을 고시하는 경우 선박교통의 안전을 확보하기 위하여 관계 중앙행정기관의 의견을 들어야 한다.

(3) 관제대상선박(제13조)

선박교통관제를 실시하는 대상 선박(이하 '관제대상선박'이라 한다)은 다음 각 호와 같다.

1. 국제항해에 취항하는 선박
2. 총톤수 300t 이상의 선박(다만, 어선법 제2조 제1호에 따른 어선 중 국내항 사이만을 항행하는 내항어선은 제외한다)
3. 해사안전법 제2조 제6호에 따른 위험화물운반선
4. 그 밖에 관할 선박교통관제구역에서 이동하는 선박의 특성 등에 따라 해양경찰청장이 고시하는 선박

(4) 선장의 의무 등(제14조)

① 관제대상선박의 선장은 선박교통관제에 따라야 한다. 다만, 선박교통관제에 따를 경우 선박을 안전하게 운항할 수 없는 명백한 사유가 있는 경우에는 선박교통관제에 따르지 아니할 수 있다.

② 관제대상선박의 선장은 선박교통관제사의 관제에도 불구하고 그 선박의 안전운항에 대한 책임을 면제받지 아니한다.

③ 관제대상선박의 선장은 선박교통관제구역을 출입하려는 때에는 해당 선박교통관제구역을 관할하는 선박교통관제관서에 신고하여야 한다.

> **선박교통관제에 관한 법률 시행령**
>
> **제8조【관제대상선박의 신고】** ① 관제대상선박의 선장은 법 제14조 제3항에 따라 다음 각 호의 구분에 따른 내용을 선박교통관제관서에 신고해야 한다.
>
> 1. 진입 신고: 선박교통관제구역으로 들어오는 경우
>   가. 선박명, 호출부호, 통과위치
>   나. 선박교통관제구역 안에 있는 항만법 제2조 제5호 가목 1)에 따른 정박지(이하 '정박지'라 한다) 또는 같은 목 4)에 따른 계류시설(이하 '계류시설'이라 한다)에 입항하는 선박의 경우에는 입항 예정 시각, 입항 시각 및 입항 장소
>   다. 그 밖에 해양경찰청장이 정하는 사항
> 2. 진출 신고: 선박교통관제구역에서 나가는 경우
>   가. 선박명, 통과위치
>   나. 선박교통관제구역 안에 있는 정박지 또는 계류시설에서 출항하는 선박의 경우에는 출항 예정 시각, 출항 시각 및 출항 장소
>   다. 그 밖에 해양경찰청장이 정하는 사항
>
> ② 제1항에 따른 신고의 절차·내용 및 방법에 관한 구체적인 사항은 해양경찰청장이 선박교통관제구역별로 정하여 고시한다.

④ 관제대상선박의 선장은 선박교통관제구역을 출입·이동하는 경우 해양수산부령으로 정하는 무선설비와 관제통신 주파수를 갖추고 관제통신을 항상 청취·응답하여야 한다. 다만, 통신의 장애로 인하여 선박교통관제사와 지정된 주파수로 통화가 불가능할 때에는 휴대전화 등 다른 통신주파수를 이용하여 보고할 수 있다.

⑤ 선박교통관제구역 내에서 항행 중인 관제대상선박의 선장은 항로상의 장애물이나 해양사고 발생 등으로 선박교통의 안전을 해치거나 해칠 우려가 있다고 인지한 경우에는 지체 없이 이를 선박교통관제관서에 신고하여야 한다.

⑥ 관제대상선박의 신고 절차, 관제구역별 관제통신의 제원(諸元) 등 필요한 사항은 대통령령으로 정한다.

> **선박교통관제에 관한 법률 시행령**
>
> **제9조【관제통신의 제원】** 해양경찰청장은 법 제14조 제6항에 따라 다음 각 호의 사항이 포함된 선박교통관제관서별 관제통신 제원(諸元)을 고시해야 한다.
>
> 1. 호출부호
> 2. 관제통신시설
> 3. 조난·긴급·안전 통신용 채널
> 4. 관제통신용 채널
> 5. 운용시간

(5) 관제통신의 녹음(제15조)

① 선박교통관제관서와 대통령령으로 정하는 선박의 선장은 제14조 제4항에 따른 관제통신을 녹음하여 보존하여야 한다.

> **선박교통관제에 관한 법률 시행령**
>
> **제10조 【관제통신 녹음】** ① 법 제15조 제1항에서 "대통령령으로 정하는 선박"이란 관제대상선박으로서 다음 각 호의 어느 하나에 해당하는 선박을 말한다.
>
> 1. 국제항해에 취항하는 다음 각 목의 선박
>   가. 13명 이상의 여객을 운송할 수 있는 선박
>   나. 가목 외의 선박으로서 총톤수 3천t 이상의 선박
> 2. 해운법 제4조에 따른 해상여객운송사업에 사용되는 선박으로서 국내항해에 종사하는 총톤수 300t 이상의 여객선

② 제1항에서 규정한 사항 외에 관제통신 녹음방법 및 보존기간 등 필요한 사항은 대통령령으로 정한다.

4. 선박교통관제사

(1) 선박교통관제사의 자격 등(제16조)

① 관제업무는 선박교통관제사가 수행하여야 한다.

② 선박교통관제사는 해양수산부령으로 정하는 공무원 중에서 해양경찰청장이 시행하는 선박교통관제사 교육을 이수하고 평가를 통과한 사람으로 한다.

③ 선박교통관제사는 직무수행에 필요한 정기적인 교육 및 평가를 받아야 한다.

④ 선박교통관제사 교육 및 평가에 필요한 사항은 대통령령으로 정한다.

(2) 전문교육기관의 지정 등(제17조)

① 해양경찰청장은 선박교통관제사를 육성하기 위하여 해양수산부령으로 정하는 바에 따라 선박교통관제사 전문교육기관(이하 '전문교육기관'이라 한다)을 지정할 수 있다.

② 전문교육기관의 장은 교육의 시행에 관한 세부적인 사항은 해양경찰청장과 협의 후 실시하여야 한다.

③ 해양경찰청장은 전문교육기관에 대하여 예산의 범위에서 필요한 경비의 전부 또는 일부를 지원할 수 있다.

④ 전문교육기관의 지정기준은 해양수산부령으로 정한다.

⑤ 해양경찰청장은 제1항에 따라 전문교육기관으로 지정된 기관이 다음 각 호의 어느 하나에 해당하는 경우에는 그 지정을 취소할 수 있다. 다만, 제1호에 해당하는 경우에는 지정을 취소하여야 한다.

> 1. 거짓이나 그 밖의 부정한 방법으로 지정을 받은 경우
> 2. 제4항에 따른 지정기준을 충족하지 못하게 된 경우
> 3. 제4항에 따라 지정받은 내용과 다르게 교육·훈련을 실시한 경우
> 4. 거짓이나 그 밖의 부정한 방법으로 교육·훈련생의 교육·훈련과정 이수 처리를 한 경우

⑥ 해양경찰청장은 제5항에 따라 전문교육기관의 지정을 취소하는 경우에는 청문을 하여야 한다.

(3) 선박교통관제사의 업무(제18조)

선박교통관제사는 다음 각 호의 업무를 수행한다.

1. 선박교통관제구역에서 출입하거나 이동하는 선박에 대한 관찰확인, 안전정보의 제공 및 안전에 관한 조언 · 권고 · 지시
2. 혼잡한 교통상황의 발생을 예방하기 위한 선박교통정보 및 기상청에서 발표한 기상특보 등의 제공
3. 선박의 입항 및 출항 등에 관한 법률 제2조 제2호에 따른 무역항의 수상구역 등에서 항만의 효율적 운영에 필요한 선박 출입신고 · 선석(船席) · 정박지(碇泊地) · 도선(導船) · 예선(曳船) 정보 등 항만운영정보의 제공
4. 선박의 입항 및 출항 등에 관한 법률 제8조부터 제18조까지의 규정에 따른 무역항 질서 단속에 관한 정보의 제공
5. 해사안전법 제38조에 따른 선박 출항통제 관련 정보의 제공
6. 그 밖에 선박교통안전과 효율성 증진을 위하여 해양수산부령으로 정하는 업무

(4) 관제업무 절차(제19조)

선박교통관제사가 관제업무에 종사하는 경우에는 해양수산부령으로 정하는 절차에 따라 업무수행을 하여야 한다. 다만, 선박교통관제사가 선박이 명백한 사고위험에 처할 우려가 있다고 판단하는 경우에는 관제업무 절차를 따르지 아니할 수 있다.

(5) 선박교통관제사의 권한(제20조)

① 선박교통관제사는 선박교통관제구역 내 해상기상상태, 항로상태, 해상교통량 및 해양사고 등을 고려하여 선박의 안전 확보를 위하여 필요하다고 판단되는 경우 선박의 입항 · 출항 및 이동시간을 조정할 수 있다.

② 선박교통관제사는 선박교통관제구역에서 해양사고가 발생한 경우 즉시 경비함정 출동과 도선 또는 예선의 지원을 요청할 수 있다.

5. 관제시설

(1) 관제시설의 설치 · 관리(제21조)

① 해양경찰청장은 선박교통관제의 시행을 위하여 레이더, 초단파 무선전화, 선박자동식별장치 등 관제업무를 위한 시설(이하 '관제시설'이라 한다)을 설치하여야 한다.

② 해양경찰청장은 관제시설의 관리를 위하여 관제시설의 수리 등에 필요한 시설 · 장비를 확보하고 이를 유지하여야 한다.

③ 관제시설의 설치 및 관리에 필요한 사항은 해양수산부령으로 정한다.

(2) 관제시설의 기술기준(제22조)

① 관제시설은 전파법 제45조에 따른 기술기준에 적합하여야 한다.

② 해양경찰청장은 관제시설을 새로이 설치하거나 그 성능을 개량하려는 때에는 국제적으로 인정되는 규격과 기준에 따라야 한다.

③ 해양경찰청장은 관제시설의 기능 및 규격을 통일하기 위하여 그 기준을 해양수산부령으로 정한다.

(3) 기술의 개발 · 지원(제23조)

해양경찰청장은 대통령령으로 정하는 바에 따라 관제시설의 기술개발을 추진하고 이에 필요한 지원을 할 수 있다.

03 선박교통관제에 관한 규정

1. 서설

(1) 목적(제1조)

이 규칙은 선박교통관제에 관한 법률 제2조 제2호, 제12조 제1항, 제13조 및 같은 법 시행령 제7조부터 제9조까지, 제10조 제4항에서 해양경찰청장에게 위임된 사항과 그 시행에 필요한 사항을 규정함을 목적으로 한다.

(2) 적용 범위(제2조)

이 규칙은 선박교통관제에 관한 법률(이하 '법'이라 한다) 제11조 제3항에 따른 선박교통관제관서(이하 '선박교통관제관서'라 한다)와 법 제2조 제2호에 따른 선박교통관제구역(이하 '선박교통관제구역'이라 한다)에서의 법 제13조에 따른 관제대상선박(이하 '관제대상선박'이라 한다)에 적용한다.

(3) 다른 법령 · 규칙과의 관계(제3조)

선박교통관제구역에서 선박교통관제에 관하여 다른 법령이나 규칙에 특별한 규정이 있는 경우를 제외하고는 이 규칙을 적용한다.

2. 선박교통관제

(1) 진입 · 진출 신고 등(제7조)

① 관제대상선박의 선장은 선박교통관제구역 안에서 이동하거나 해당 선박에 도선사가 승선 · 하선하는 경우 관할 선박교통관제관서와 관제통신을 해야 한다.

② 관제대상선박의 선장은 선박교통관제구역에 진입하거나 진출하려는 경우 관할 선박교통관제관서에 신고해야 한다.

③ 관제대상선박의 선장이 선박교통관제관서와 관제통신하거나 신고하는 경우 초단파 무선전화를 이용해야 한다. 다만, 신고사항을 선박자동식별장치 등에 입력하여 관할 선박교통관제관서에서 이를 확인할 수 있는 경우 해당 정보를 신고한 것으로 본다.

(2) 선박운항통제(제8조)

관제대상선박의 선장은 다음 각 호의 경우에는 선박교통관제관서의 선박운항통제(안전한 장소로 대피하는 것을 포함한다)에 따라야 한다.

> 1. 선박교통관제구역 내 기상특보(풍랑 · 폭풍해일 · 태풍)가 발효되거나 시계가 500m 이하로 불량한 경우
> 2. 해사안전법 제38조 제1항에 따라 선박의 출항이 통제된 경우

(3) 해상교통 안전조치(제9조)

'해상교통의 안전을 위해 해양경찰청장이 필요하다고 인정하는 사항'이란 다음 각 호와 같다.

> 1. 지정된 항로 및 항법 준수
> 2. 선박교통관제구역에서 긴급한 경우를 제외하고는 지정된 항행 최고속력의 범위에서 항행

(4) 관제통신 녹음 보존기간(제11조)

① 영 제10조 제4항에 따른 관제통신 녹음정보의 보존기간은 60일로 한다. 다만, 선박교통관제관서 및 관제대상선박으로서 영 제10조 제1항 각 호의 어느 하나에 해당하는 선박의 선장은 해양사고의 조사 및 심판 등에 관한 업무와 관련되는 기관으로부터 관제통신 녹음정보를 요청받았을 경우 특별한 사유가 없는 한 해당 해양사고 조사 및 심판 등이 종료될 때까지 보존기간을 연장해야 한다.

② 영 제10조 제2항에 따라 관제통신 녹음을 수기(手記)로 대체한 경우에도 보존기간의 연장에 관하여 제1항을 준용한다.

04 선박교통관제 운영규칙

1. 서설

(1) 목적(제1조)

이 규칙은 선박교통관제에 관한 법률, 같은 법 시행령 및 같은 법 시행규칙에서 선박교통관제와 관련하여 위임된 사항과 그 시행에 필요한 사항을 정하고 해상교통관제센터의 효율적인 운영에 필요한 사항을 규정함을 목적으로 한다.

(2) 정의(제2조)

이 규칙에서 사용하는 용어의 뜻은 다음과 같다.

구분	내용
관제시설	선박교통관제에 관한 법률(이하 '법'이라 한다) 제21조 제1항에 따른 선박교통관제업무를 위한 시설을 말한다.
해상교통관제센터	법 제11조 제3항에 따라 효율적인 선박교통관제의 시행을 위해 설치하여 운영하는 선박교통관제관서를 말한다.
레이더 탐지범위	선박교통관제 운영 시스템을 운영하기 위하여 설치한 레이더 시스템이 식별한 물표가 지속적으로 신뢰할 수 있는 거리를 말한다.
선박교통관제업무	법 제2조 제2호에 따른 선박교통관제구역(이하 '선박교통관제구역'이라 한다)에서 통항하는 선박에 대하여 선박교통의 안전과 효율성을 증진하고, 해양환경과 해양시설을 보호하기 위하여 선박의 위치를 탐지하고 선박과 통신할 수 있는 설비를 설치 · 운영함으로써 선박의 동정을 관찰하며 선박에 대한 안전정보 및 항만의 운영에 필요한 항만운영정보를 제공하여 주는 업무를 말한다.
관찰확인	선박교통관제구역 내에서 법 제13조에 따른 관제대상선박(이하 '관제대상선박'이라 한다)이 충돌 등 해양사고 위험이 있는지 관찰하는 것을 말한다.
정보제공	법 제2조 제3호에 따른 선박교통관제사(이하 '선박교통관제사'라 한다)가 필요하다고 인정하거나 선박에서 요구할 경우 선박교통의 안전을 위하여 다른 선박의 위치 및 식별, 항로 및 기상조건, 선박통항의 위험요소 등 필요한 정보를 제공하는 것을 말한다.
조언	선박교통관제사가 인지하고 있는 정보 및 지식 · 경험을 토대로 관제대상선박에 선박교통의 안전을 위한 조치를 취하여 줄 것을 권유하는 것을 말하며, '권고'란 될 수 있으면 따라주기를 바라는 적극성을 가진 조언을 말한다.
지시	관제대상선박이 명백한 해양사고 위험에 처할 우려가 있는 경우 선박의 안전운항을 위한 선장의 전문적인 판단을 방해하거나 간섭하지 않는 범위 내에서 시정 또는 안전조치를 요구하는 것을 말한다.

교대근무	근무조를 나누어 일정한 계획에 의한 반복 주기에 따라 교대로 업무를 수행하는 근무형태를 말한다.
일근	국가공무원 복무규정 제9조 제1항에 규정된 근무형태를 말한다.
비번	교대근무자가 다음 근무시작 전까지 자유롭게 쉬는 것을 말한다.
관제근무	지정된 관제석에서 선박운항 관찰 및 안전정보제공 등 본연의 업무를 수행하는 것을 말한다.
대기근무	관제근무 후 사무처리, 다음 업무수행의 준비, 사고 대응 등을 위하여 해상교통관제센터 내 해상교통관제센터장(이하 '센터장'이라 한다) 또는 관제팀장의 지휘 · 감독하에 대기하는 근무형태를 말한다.
휴게	교대근무자의 관제집중도 유지 및 업무 효율성 확보를 위하여 근무 중 해상교통관제센터 내에서 자유롭게 쉬는 시간을 말한다.
선임선박교통관제사	선박교통관제업무 경력이 5년 이상이고, 선임선박교통관제사 교육과정 이수 및 평가를 통과하여 선임선박교통관제사 증서를 취득한 사람을 말한다.

(3) 적용범위(제3조)

이 규칙은 선박교통관제업무를 수행하기 위해 해상교통관제센터에 소속된 경찰공무원 및 일반직 공무원에 적용한다.

(4) 다른 법령 · 규칙과의 관계(제4조)

선박교통관제의 운영 및 해상교통관제센터의 복무 등에 관하여 다른 법령이나 규칙 등에 특별한 규정이 있는 경우를 제외하고는 이 규칙을 적용한다.

2. 선박교통관제 운영

(1) 운용시간(제5조)

해상교통관제센터의 운용시간은 전파법에서 정한 무선국 허가증에 기재된 운용시간을 적용한다.

(2) 사용언어(제6조)

선박교통관제사가 선박교통관제업무를 수행하기 위하여 사용하는 언어는 **한국어 또는 영어**로 한다.

(3) 선박교통관제구역 구분(제7조)

지방해양경찰청장(이하 '지방청장'이라 한다)은 효율적인 선박교통관제업무의 수행을 위하여 선박교통관제에 관한 법률 시행령(이하 '영'이라 한다) 제6조에 따라 설정된 선박교통관제구역을 해상교통관제센터별로 섹터와 관제통신용 채널로 나누어 관제할 수 있다.

(4) 선박교통관제구역 경계 관리(제8조)

지방청장은 해상교통관제센터 간 선박교통관제구역이 서로 맞닿아 있거나 인접하여 해양사고 위험이 높은 경계에 대해서는 별도의 규칙을 제정하여 운영할 수 있다. 다만, 경계를 관할하는 지방해양경찰청이 다른 경우는 지방청장간 협의해야 한다.

(5) 청취 · 응답 의무(제9조)

① 센터장은 선박교통관제구역을 출입 · 이동하는 관제대상선박과 선박교통관제사가 초단파 무선전화와 관제통신 주파수를 갖추고 관제통신을 항상 청취 · 응답할 수 있도록 해야 한다.
② 센터장은 통신의 장애로 인하여 지정된 주파수로 직접 통화가 불가능할 때에는 휴대전화 등 다른 통신망을 이용하여 보고하도록 할 수 있다.

(6) 선박교통관제사의 업무(제10조)

선박교통관제에 관한 법률 시행규칙 제7조 제4호에 따른 "선박교통관제관서 운영에 필요한 업무로서 해양경찰청장이 정하는 업무"란 다음 각 호와 같다.

> 1. 선박교통관제업무를 수행 중 필요하다고 판단하거나 관제대상선박의 선장이 정보 요구가 있을 경우 항행안전 및 항만운영 정보의 제공
> 2. 선박교통관제구역을 통항하는 선박의 항행안전을 위하여 다음 각 목의 사항을 인지한 경우 또는 필요한 시간에 항행안전방송의 시행
>   가. 기상특보 사항
>   나. 해양사고시 구조에 관한 사항
>   다. 항행경보에 관한 사항
>   라. 공사 및 장애물 등으로 인한 항행제한에 관한 사항
>   마. 그 밖에 해상교통안전에 필요한 사항
> 3. 선박교통관제업무를 수행함에 있어 항법 관련 법규 준수 여부를 감시하여 필요하다고 판단되는 경우 선박운항의 의사결정에 필요한 다음 각 목의 사항을 조언
>   가. 접근선박의 침로와 속력 또는 항행 방향
>   나. 항행로와 변침점에 대한 상대적인 위치
>   다. 위험화물운반선, 흘수제약선, 조종불능선 및 조종제한선의 위치 등
>   라. 위험상황에 처할 우려가 있는 선박에 대한 경고방송
> 4. 유관기관으로부터 다음 각 목의 사항에 대한 요청을 받은 경우 이에 대한 지원 및 정보의 제공
>   가. 선박안전법 제68조 제4항에 따라 해양수산부장관으로부터 출항정지 명령을 받은 선박에 대한 확인요청
>   나. 태풍 내습시 피항 선박 현황 정보의 제공
>   다. 해양사고 발생시 사고수습을 위해 필요한 정보의 제공

(7) 선박운항통제(제11조)

① 센터장은 다음 각 호의 경우 관제대상선박을 대상으로 선박운항통제(안전한 장소로 대피하는 것을 포함한다)를 할 수 있다.

> 1. 선박교통관제구역 내 기상특보(풍랑 · 폭풍해일 · 태풍)가 발효되거나 시계가 500m 이하로 불량하여 해양사고 발생의 우려가 있다고 판단되는 경우
> 2. 해사안전법 제38조 제1항에 따라 선박의 출항이 통제된 경우

② 선박의 운항을 통제한 경우에는 선박교통관제구역 내 시정측정, 통제일시 등에 대한 구체적인 사항을 제14조에 따른 관제매뉴얼에 별도 서식을 정하여 기록 · 유지해야 한다.

(8) 관제절차(제12조)

① 선박교통관제사는 선박교통관제구역에서 운항하는 선박의 효율적인 선박교통관제업무 수행을 위해 관제상황에 따라 다음 각 호의 단계별 절차대로 시행한다. 다만, 사고위험 등 긴급한 사유가 있는 경우 자체 판단에 따라 절차 중 일부를 생략하고, 다음 단계를 시행할 수 있다.

> 1. 1단계: 관찰확인
> 2. 2단계: 정보제공
> 3. 3단계: 조언 · 권고
> 4. 4단계: 지시

② 제1항에도 불구하고 영 제6조 제2호부터 제3호까지의 해역을 담당하는 선박교통관제사는 1단계부터 3단계까지 시행함을 원칙으로 한다. 다만, 선박이 명백한 해양사고의 위험에 처할 우려가 있다고 판단하는 경우에는 4단계를 시행할 수 있다.

(9) 경비함정 출동요청(제13조)

선박교통관제사는 관할 선박교통관제구역에서 해양사고가 발생하거나 선박교통관제업무 관련 법규를 위반한 선박의 단속을 위해 필요한 경우 즉시 관할 해양경찰서장 또는 서해5도 특별경비단장에게 경비함정의 출동을 요청할 수 있다.

(10) 관제매뉴얼(제14조)

① 센터장은 소속 직원의 복무, 관제 운영 및 관제시설 관리 등에 대한 세부적인 내용 및 절차를 관제매뉴얼로 정하여 업무에 활용해야 한다.
② 센터장은 관제매뉴얼에 대해 법령의 제·개정, 신규 제도의 도입 등으로 내용을 수정하거나 보완할 필요가 있는 경우 그 내용을 반영하여 지체 없이 개정해야 한다.
③ 해양경찰청장은 매년 해상교통관제센터별 소관 관제매뉴얼에 대해 구성 체계, 체계적 관리 및 활용도 제고 여부 등을 점검하고 개선·조치할 수 있다.

3. 해상교통관제센터 복무

(1) 조직·감독(제15조)

① 해상교통관제센터는 해양경찰청과 그 소속기관 직제 제32조에 따라 지방청장 소속하에 둔다.
② 센터장은 해양경찰청과 그 소속기관 직제 시행규칙 제32조에 따라 해상교통관제센터 소관업무를 총괄하며 소속직원의 사무분장에 대한 사항을 지휘·감독한다.

(2) 소속직원(제16조)

해상교통관제센터에는 관제업무를 담당하는 선박교통관제사와 관제시설에 대한 설치·관리 또는 정보보호 업무를 담당하는 시설관리자를 둔다.

(3) 시설관리자의 지정(제17조)

시설관리자는 국가기술자격법에 따른 다음 각 호의 등급 이상 자격증 또는 경력을 가지고 해양경찰청장이 시행하는 시설관리자 직무교육을 이수해야 한다.

1. 전자기기·통신기기·통신선로·정보기기운용·전파전자통신·무선설비·방송통신·정보처리 기능사 중 하나 이상의 자격증을 소지하고 2년 이상 관련 분야에서 연구 또는 근무한 경력을 가진 자
2. 전자·정보통신·통신선로·사무자동화·전파전자통신·무선설비·방송통신·정보처리·전자계산기제어·정보보안 산업기사
3. 전자·정보통신·전파전자통신·무선설비·방송통신·정보처리·전자계산기·전자계산기조직응용·정보보안 기사
4. 전자응용·정보통신·컴퓨터시스템응용·정보관리 기술사
5. 멀티미디어콘텐츠제작전문가

(4) 소속직원 업무지정 등(제18조)

① 센터장은 선임선박교통관제사를 관제팀장으로 지정한다. 다만, 해상교통관제센터에 선임선박교통관제사 자격을 갖춘 자가 없는 경우에는 선박교통관제사 중에 적임자를 관제팀장으로 지정한다.

② 센터장은 해상교통관제센터의 시설관리자 중에 관제시설 설치관리 업무를 담당하는 시설담당자와 관제시설 정보보호업무를 담당하는 정보보호담당자를 지정한다.

③ 센터장은 해상교통관제센터의 선박교통관제사나 시설관리자 중에 관제행정 업무를 담당하는 행정담당자와 관제행정 · 관제시설 설치관리 · 정보보호업무를 총괄하는 시설행정팀장을 지정한다. 이 경우 해상교통관제센터의 여건에 따라 시설담당자나 정보보호담당자에게 행정담당자나 시설행정팀장에 해당하는 업무를 겸임하게 할 수 있다.

④ 센터장은 소속직원 중 관제팀장, 선박교통관제사, 시설행정팀장, 시설담당자, 정보보호담당자, 행정담당자에게 사무분장에 따른 업무를 수행하도록 해야 한다.

(5) 근무복장(제19조)

해상교통관제센터 소속 경찰공무원은 해양경찰청 소속 경찰공무원 복제에 관한 규칙에 따른 근무복장을 착용하며, 일반직 공무원은 해양오염방제 및 해상교통관제요원 복제 규칙에 따른 근무복장을 착용해야 한다. 다만, 해양경찰청장의 별도 지시가 있을 때에는 그 지시에 따른다.

(6) 근무방법 및 운영기준(제20조)

① 센터장은 선박교통관제사의 다음 달 근무계획표를 **매월 작성**해야 한다.

② 센터장은 교대근무자의 근무방식이 3교대인 경우 **주간 – 야간 – 비번**, 4교대인 경우 **주간 – 야간 – 비번 – 비번**의 순서로 정하는 것을 원칙으로 하고, 그 밖의 근무자는 일근을 하도록 할 수 있다.

③ 제2항에 따른 근무 방식 중 주간근무는 매일 09:00부터 18:00까지, 야간근무는 매일 18:00부터 다음 날 09:00까지로 한다.

④ 센터장은 교대근무자의 관제근무 시간이 주간에는 2시간 야간에는 3시간 이상 연속되지 않도록 하며, 비번자에게 충분한 휴식을 보장하고, 비상소집에 대비하도록 조치해야 한다.

⑤ 센터장은 근무자가 교육 · 출장 · 휴가 등의 사유로 불가피하게 근무계획표상의 업무를 수행할 수 없을 때에는 24시간 교대근무를 초과하지 않는 범위 내에서 대체 근무자를 지정하거나 제1항에 따른 근무계획표를 변경할 수 있다.

⑥ 센터장은 교대근무자의 관제근무, 대기근무, 휴게를 지정하고 근무일지에 기록 · 유지해야 한다.

⑦ 센터장은 근무일지상 지정된 관제근무시간 외에는 해상교통관제센터 내에서 선박교통관제사의 휴식이 최대한 보장되도록 해야 한다.

⑧ 지방청장은 해상교통관제센터별 관제인력, 근무여건, 선박 통항량 및 선박교통관제 업무량 등을 고려하여 제2항 및 제3항에 따른 근무방식, 제4항에 따른 관제근무 시간을 조정 · 변경할 수 있다.

(7) 인계 · 인수(제21조)

선박교통관제사는 **근무 교대 30분 전에 출근**하여 이전 근무자와 **15분간** 다음 각 호의 사항을 인계 · 인수하고 **15분간** 합동근무 후 교대한다.

1. 해상교통상황 등 선박관제현황
2. 기상상태 및 특보사항
3. 관제시설 일일점검 결과 등 특이상태
4. 각종 지시사항 및 그 밖에 선박교통관제업무에 필요한 사항 등

(8) 상황처리 보고 요령(제22조)

센터장은 관할 선박교통관제구역 내 상황발생시 지체 없이 소속 지방해양경찰청 종합상황실(해양경찰서 종합상황실을 포함한다) 및 유관기관에 보고 또는 통보해야 한다. 단, 긴급상황 발생시에는 선(先)조치 후(後) 보고한다.

(9) 해상교통관제일지 등의 기록(제23조)

① 센터장은 다음 각 호의 업무 내용이 포함된 근무일지와 해상교통관제일지(이하 '관제일지'라 한다)를 기록·유지해야 한다.

> 1. 근무일지: 근무자명, 근무시간, 관제장비 운용상태, 기상특보사항, 일일관제 통계, 인계인수사항, 그 밖에 특이사항 등
> 2. 관제일지: 선박명, 교신시각, 선박이동사항, 항행안전 지원 및 조치사항, 담당자, 전산입력사항 등. 다만 선박교통관제사가 수기의 특성상 미처 기재하지 못한 세부사항은 필요한 경우 녹취록 등을 활용하여 확인할 수 있다.

② 전자적 수단으로 근무일지를 입력한 경우에는 제1항을 시행한 것으로 간주한다.

③ 제1항에 따른 근무일지 및 관제일지에 기록된 모든 항목들은 명백하게 식별이 가능하고 불필요한 표시나 주석이 없도록 작성되어야 하며, 관제일지에 작성된 항목을 정정할 경우에는 최초 작성한 선박교통관제사가 부정확한 항목에 단일 선을 긋고 서명한 후 정정날짜·시간을 기록해야 한다.

(10) 관제통신 녹음시설의 고장(제24조)

선박교통관제사는 관제통신 녹음시설의 고장 등으로 통신녹음이 불가능하다고 인지한 경우 다음 각 호에서 정하는 바에 따라 관제일지에 그 내용을 기록해야 한다.

> 1. 관제통신 녹음시설의 고장 시각 및 사유 기록
> 2. 고장 당시 사용한 관제통신용 채널 또는 채널 변경 사유 기록
> 3. 관제시설 고장시 중단 기간·통신 상태·취해진 조치 기록
> 4. 그 밖에 선박교통관제사가 필요하다고 판단되는 추가정보 사항 기록

(11) 녹음 등 보존기간(제25조)

① 공공기록물 관리에 관한 법률 시행령별표 1의 기록물 보관기간별 책정 기준에 따라 녹음·녹화정보 및 각종일지의 보존기간은 다음 각 호와 같다.

> 1. 관제통신 녹음정보 및 관제운영상황 녹화정보: 60일
> 2. 근무일지: 1년
> 3. 관제일지: 3년

② 센터장은 제1항 제1호에 따른 관제통신 녹음정보 및 관제운영상황 녹화정보를 해양사고 조사 및 심판, 수사 등에 관한 업무와 관련되는 기관에서 요청하는 경우 해양사고의 조사 및 심판, 수사 등이 종료될 때까지 보존해야 한다.

③ 영 제10조 제3항에 따라 관제통신 녹음정보를 수기(手記)로 대체한 경우에도 보존기간에 관하여 제2항을 준용한다.

④ 센터장은 관제통신 녹음정보 및 관제운영상황 녹화정보를 선박교통관제사의 직무교육, 관제사례 발표회 및 학술연구 등을 할 목적으로 활용할 수 있다. 이 경우, 개인정보 보호법등 관련 법령을 준수해야 한다.

police.Hackers.com

제3장 해양수사

01 해양수사의 의의

1. 해양수사의 개념

해양경찰조직은 형사소송법에 근거하여 해양범죄에 대한 수사임무를 수행하고 있다. 해양수사란 해양에서 발생한 범죄사실에 대하여 공소의 제기 및 유지를 위한 사전 절차로 해양에서 발생한 범죄사실을 탐지하고, 범인을 체포하는 활동 및 증거를 수집·보전하는 일련의 활동을 말한다.

2. 형식적 의미의 수사와 실질적 의미의 수사

(1) 형식적 의미의 수사

형식적 의미의 수사란 수사를 하는 과정에서 어떤 수단과 방법을 선택할 것인가하는 **절차적인 측면의 개념**이다. 형사소송법에 관련 규정이 존재하며 합법성이 요구된다. 또한 형사소송법의 절차적인 이념인 인권보장과 공공복리의 조화가 중요하다.

(2) 실질적 의미의 수사

실질적 의미의 수사란 목적 또는 내용에 관한 실체적 측면에서의 수사를 의미한다. 실질적 의미의 수사에서는 합리성과 합목적성이 요구된다. 형사소송법의 실질적인 이념인 실체적 진실발견을 추구한다.

3. 해양수사기관

수사기관이란 법률상 수사의 권한이 인정되어 있는 국가기관을 의미하며 검사와 사법경찰관은 수사, 공소제기 및 공소유지에 관하여 서로 협력하여야 한다.

(1) 검사

검사는 범죄의 혐의가 있다고 사료하는 때에는 범인, 범죄사실과 증거를 수사한다.

(2) 사법경찰관리

경무관, 총경, 경정, 경감, 경위는 사법경찰관으로서 범죄의 혐의가 있다고 사료하는 때에는 범인, 범죄사실과 증거를 수사한다. 경사, 경장, 순경은 사법경찰리로서 수사의 보조를 하여야 한다.

(3) 특별사법경찰관리

사법경찰관리의 직무를 수행할 자와 그 직무범위를 위한 법률에 근거하여 교도소장 등, 산림 보호에 종사하는 공무원, 검사장의 지명에 의한 사법경찰관리 등이 특별한 사항에 관하여 사법경찰관리의 직무를 수행한다.

4. 수사의 개시와 종결

구분	내용
개시	① 수사는 범죄혐의가 있다고 판달될 때 개시한다. ② 범죄혐의의 유무를 확인하는 단계인 내사나 불심검문, 변사체 검시 등은 수사에 해당하지 않는다.
종결	① 수사는 주로 공소제기 이전 단계에 종결된다. ② 공소제기 이후 공소유지를 위한 준비행위로서 수사가 행해지는 경우도 있다.

5. 수사의 조건

(1) 수사의 필요성

구분	내용
범죄혐의	① 검사와 사법경찰관은 범죄혐의가 있다고 인식하는 때에 수사를 개시할 수 있다. ② 수사는 수사기관의 주관적 혐의에 의해 개시된다. 혐의는 주관적 혐의로 충분하며 객관적 혐의일 것을 요구하지 않는다. ③ 주관적 혐의는 구체적 사실에 근거를 둔 혐의일 것을 요한다.
수사와 소송조건	① 법률에 의해 고소나 고발이 있어야 논할 수 있는 죄에 있어서 고소 또는 고발 이른바 소추조건에 불과하고 당해 범죄성립요건이나 수사조건은 아니다. ② 범죄에 관하여 고소나 고발이 있기 전에 수사를 하였더라도 그 수사가 장차 고소나 고발의 가능성이 없는 상태하에서 행해졌다는 등의 특단의 사정이 없는 한, 고소나 고발이 있기 전에 수사를 하였다는 이유만으로 그 수사가 위법하게 되는 것은 아니다.

(2) 수사의 상당성

구분	내용
수사비례의 원칙	① 수사에 관하여는 그 목적을 달성하기 위해 필요한 조사를 할 수 있다. ② 강제처분은 형사소송법에 특별한 규정이 있는 경우에 한하며, 필요한 최소한도의 범위 안에서만 하여야 한다.
수사의 신의칙	① 본래 범의를 가지지 아니한 자에 대하여 수사기관이 사술이나 계략 등을 사용하여 범의를 유발하게 하여 범죄인을 검거하는 함정수사는 위법이다. ② 구체적인 사건에 있어서 위법한 함정수사에 해당하는지 여부는 해당 범죄의 종류와 성질, 유인자의 지위와 역할, 유인의 경위와 방법, 유인에 따른 피유인자의 반응, 피유인자의 처벌 전력 및 유인행위 자체의 위법성 등을 종합하여 판단해야 한다.

6. 수사의 여러 원칙

(1) 범죄수사의 3대 원칙

구분	내용
신속착수의 원칙	모든 범죄수사는 가급적 신속히 착수하여 증거가 인멸되기 전에 수사를 수행 · 종결하여야 한다.
현장보존의 원칙	범죄현장의 철저한 보존과 관찰이 요구된다. 범죄현장은 증거의 보고이다.
공중협력의 원칙	범죄흔적은 목격자나 전문가의 기억에 오래 남는 것이므로 수사관은 사건 수사 때는 물론 평소에도 공중의 적극적인 협력을 얻기 위해 노력해야 한다. 목격자나 전문가가 살고 있는 사회는 '증거의 바다'라고 할 수 있다.

(2) 수사실행의 5대 원칙

구분	내용
수사자료 완전수집의 원칙	수사의 기본방법 중 제1조건은 문제해결의 관건이 되는 자료를 누락한다든지 또는 자료가 없어지는 일이 없도록 전력을 다하여 자료를 수집하는 완전수집의 원칙이 필수적이다.
수사자료 감식 및 검토의 원칙	수사는 단순한 수사관의 상식적 검토나 판단에만 그칠 것이 아니라 감식과학이나 과학적 지식 또는 그 시설장비를 유용하게 최대한 이용해야 한다.
적절한 추리의 원칙	추측시에 수집된 자료를 기초로 합리적인 판단을 하고 추측은 가상적인 판단(가설)이므로 그 진실성이 확인될 때까지는 추측을 진실이라고 주장, 확실해서는 안 된다.
검증적 수사의 원칙	여러 가지 추측 중에서 과연 어느 추측이 정당한 것인가를 가리기 위해서는 추측된 내용을 모든 각도에서 검토해야 한다. 즉 수사사항의 결정 ➜ 수사실행이라는 순서에 따라 검토한다.
사실판단 증명의 원칙	수사관의 판단의 진실성이 증명되기 위해서는 누구에게나 진위가 확인될 수 있어야 하며, 판단이 언어나 문자로 표현되고 판단의 근거를 제시해서 객관화하여야 한다. 즉, 수사관의 판단이 진실이라는 이유 또는 객관적 증거를 제시하여 증명해야 한다.

(3) 수사의 지도원리

구분	내용
실체적 진실주의	사안의 진상을 규명하여 객관적 진실을 발견하려는 절차법상의 이념이다. 실체적 진실주의는 공판절차에서뿐만 아니라 수사절차에 있어서도 지도원리로 작용한다.
적정절차의 법리	법에 내재하는 법의 일반원리로서 특히 인권보장이 요구되는 수사절차에 있어서 더욱 강조된다.
무죄추정의 법리	형사절차의 피고인 또는 피의자는 유죄판결이 확정될 때까지 무죄로 추정한다는 법리이다. 현행법상 임의수사의 원칙, 구속적부심사제도, 접견교통권의 보장, 고문의 절대적 금지 등은 무죄추정의 법리를 이념적 기초로 하고 있다.
필요최소한의 법리	수사처분은 강제수사뿐만 아니라 임의수사의 경우에도 인권제한적 처분이므로 필요한 범위 내에서만 허용되어야 한다.

(4) 범죄수사의 기본원칙

구분	내용
임의수사의 원칙	① 해양경찰의 수사는 임의수사를 원칙으로 하고 예외적으로 강제수사를 허용한다. ② 무죄추정의 원칙이나 필요최소한의 원칙의 제도적 표현이다.
강제수사 법정주의	형사소송법 등 수사에 관한 법률에 근거규정이 있는 경우에만 강제수사가 가능하다.
영장주의	① 수사기관의 강제처분에 관해서는 영장주의가 적용되며, 이는 헌법상의 원칙이다. ② 일정한 경우 영장주의에 대한 예외가 인정된다.
수사비례의 원칙	① 수사의 결과로 얻을 수 있는 이익과 수사 대상자에 대한 법익의 침해가 부당하게 균형을 잃어서는 안 된다. ② 강제수사뿐만 아니라 임의수사에도 적용되는 원칙이다.
수사비공개의 원칙	① 원칙적으로 수사의 개시와 실행은 공개하지 아니한다. ② 범인의 발견 및 검거, 증거의 발견·수집 및 보전을 위해 필요한 원칙으로 피해자·참고인 및 피의자 등 수사에 관계된 대상자들에 대한 인권보호를 위해 요청되는 원칙이다.
자기부죄(自己負罪) 및 알리바이 강요 금지의 원칙	① 자기부죄 및 알리바이(현장부재증명)에 대해 거부할 수 있음이 헌법에 명시되어 있다. ② 형사소송법은 피의자의 진술거부권을 명시하고 있다. ③ 피의자에 대한 고문은 절대 금지된다.
제출인 환부의 원칙	수사기관이 압수한 압수물은 그 압수물의 제출인에게 환부하는 것이 원칙이다.

02 형사소송법

1. 보완수사요구(형사소송법 제197조의2)

(1) 검사는 다음 각 호의 어느 하나에 해당하는 경우에 사법경찰관에게 **보완수사를 요구**할 수 있다.
① 송치사건의 공소제기 여부 결정 또는 공소의 유지에 관하여 필요한 경우
② 사법경찰관이 신청한 영장의 청구 여부 결정에 관하여 필요한 경우

(2) 사법경찰관은 제1항의 요구가 있는 때에는 정당한 이유가 없는 한 지체 없이 이를 이행하고, 그 결과를 검사에게 통보하여야 한다.

(3) 검찰총장 또는 각급 검찰청 검사장은 사법경찰관이 정당한 이유 없이 제1항의 요구에 따르지 아니하는 때에는 권한 있는 사람에게 해당 사법경찰관의 직무배제 또는 징계를 요구할 수 있고, 그 징계 절차는 공무원 징계령 또는 경찰공무원 징계령에 따른다.

2. 시정조치요구 등(제197조의3)

① 검사는 사법경찰관리의 수사과정에서 법령위반, 인권침해 또는 현저한 수사권 남용이 의심되는 사실의 신고가 있거나 그러한 사실을 인식하게 된 경우에는 사법경찰관에게 사건기록 등본의 송부를 요구할 수 있다.
② 제1항의 송부 요구를 받은 사법경찰관은 지체 없이 검사에게 사건기록 등본을 송부하여야 한다.
③ 제2항의 송부를 받은 검사는 필요하다고 인정되는 경우에는 사법경찰관에게 시정조치를 요구할 수 있다.
④ 사법경찰관은 제3항의 시정조치 요구가 있는 때에는 정당한 이유가 없으면 지체 없이 이를 이행하고, 그 결과를 검사에게 통보하여야 한다.

⑤ 제4항의 통보를 받은 검사는 제3항에 따른 시정조치 요구가 정당한 이유 없이 이행되지 않았다고 인정되는 경우에는 사법경찰관에게 사건을 송치할 것을 요구할 수 있다.
⑥ 제5항의 송치 요구를 받은 사법경찰관은 검사에게 사건을 송치하여야 한다.
⑦ 검찰총장 또는 각급 검찰청 검사장은 사법경찰관리의 수사과정에서 법령위반, 인권침해 또는 현저한 수사권 남용이 있었던 때에는 권한 있는 사람에게 해당 사법경찰관리의 징계를 요구할 수 있고, 그 징계 절차는 공무원 징계령 또는 경찰공무원 징계령에 따른다.
⑧ 사법경찰관은 피의자를 신문하기 전에 수사과정에서 법령위반, 인권침해 또는 현저한 수사권 남용이 있는 경우 검사에게 구제를 신청할 수 있음을 피의자에게 알려주어야 한다.

3. 수사의 경합(제197조의4)

① 검사는 사법경찰관과 동일한 범죄사실을 수사하게 된 때에는 사법경찰관에게 사건을 **송치할 것을 요구할 수 있다.**
② 제1항의 요구를 받은 사법경찰관은 **지체 없이 검사에게 사건을 송치하여야 한다.** 다만, 검사가 영장을 청구하기 전에 동일한 범죄사실에 관하여 사법경찰관이 영장을 신청한 경우에는 해당 영장에 기재된 범죄사실을 계속 수사할 수 있다.

03 수사서류

1. 의의

(1) 협의의 수사서류

수사서류란 수사기관이 당해사건의 유죄판결을 받을 목적으로 공소제기 및 유지를 위해 수사기관이 작성한 서류와 수사기관 이외의 자가 작성한 서류로서 수사기관이 수집한 서류 중 내용적 의의만이 증거로 되는 것을 말한다.
수사서류의 작성원칙은 선증후포의 수사원칙과 같이 증거가 되는 사항을 먼저 작성하고 최종적으로 피의자를 체포·신문해야 한다.

(2) 광의의 수사서류

광의의 수사서류는 협의의 수사서류는 물론 내사종결 서류, 수사에 관하여 작성한 모든 서류, 수사행정에 관한 서류 등을 말한다.

2. 수사서류의 종류

(1) 수사기관이 작성하는 서류

구분	내용
진술서류	피의자진술조서, 참고인진술조서, 피의자신문조서, 대질조서 등
보고서류	범죄인지보고서, 현행범인체포서, 수사보고서, 수사결과보고서 등
기타서류	압수조서, 사실조회서, 촉탁서, 수사협조의뢰서 등

(2) 사인(私人)이 작성한 서류

사인이 작성하는 서류에는 고소장, 고발장, 신고서, 청원서, 탄원서, 사실조회에 대한 회보서 등이 있다.

3. 수사서류의 작성[(해양경찰청) 범죄수사규칙]

구분	내용
수사서류의 작성 (제36조)	① 경찰관이 범죄수사에 사용하는 문서와 장부는 해양경찰수사규칙 별지 제1호 서식부터 제124호 서식 그리고 이 규칙의 별표 3 및 별지 제1호 서식부터 제174호 서식에 따른다. ② 경찰관이 수사서류를 작성할 때에는 다음 각 호의 사항에 주의해야 한다. 1. 일상용어로 쉬운 문구를 사용 2. 복잡한 사항은 항목을 나누어 적음 3. 사투리, 약어, 은어 등을 사용하는 경우에는 그대로 적은 다음에 괄호를 하고 적당한 설명을 붙임 4. 외국어 또는 학술용어에는 그 다음에 괄호를 하고 간단한 설명을 붙임 5. 지명, 인명의 경우 읽기 어렵거나 특이한 칭호가 있을 때에는 그 다음에 괄호를 하고 음을 적음
기명날인 또는 서명 등 (제38조)	① 수사서류에는 작성연월일, 경찰관의 소속 관서와 계급을 적고 기명날인 또는 서명해야 한다. ② 날인은 문자 등 형태를 알아볼 수 있도록 해야 한다. ③ 수사서류의 작성자는 수사서류의 매 장마다 간인한다. 다만, 전자문서 출력물의 간인은 면수 및 총면수를 표시하는 방법으로 한다. ④ 수사서류의 여백이나 공백에는 사선을 긋고 날인한다. ⑤ 제3항에도 불구하고 피의자신문조서와 진술조서는 진술자가 간인한 후 기명날인 또는 서명하게 한다. 다만, 진술자가 기명날인 또는 서명을 할 수 없거나 이를 거부할 경우, 그 사유를 조서말미에 적어야 한다. ⑥ 인장이 없으면 날인 대신 무인하게 할 수 있다.
통역과 번역의 경우의 조치 (제39조)	① 경찰관이 수사상 필요하여 통역인을 위촉하고, 그 협조를 얻어서 조사했을 때에는 피의자신문조서나 진술조서에 그 사실과 통역인을 통하여 열람하게 하거나 읽어주었다는 사실을 적고, 통역인의 기명날인 또는 서명을 받아야 한다. ② 경찰관은 수사상 필요하여 번역인에게 피의자 그 밖의 관계자가 제출한 서면, 그 밖의 수사자료인 서면을 번역하게 하였을 때에는 그 번역문을 기재한 서면에 번역한 사실을 적고, 번역인의 기명날인을 받아야 한다.
서류의 대서 (제40조)	경찰관이 진술자의 문맹 등 부득이한 이유로 서류를 대신 작성한 경우에는 그 내용이 진술자의 의사와 다르지 않음을 확인한 후 그 확인한 사실과 대신 작성한 이유를 적고 진술자와 함께 기명날인 또는 서명해야 한다.
문자의 삽입 · 삭제 (제41조)	① 경찰관이 수사서류를 작성할 때에는 임의로 문자를 고쳐서는 안 되며, 다음 각 호와 같이 고친 내용을 알 수 있도록 해야 한다. 1. 문자를 삭제할 때에는 삭제할 문자에 두 줄의 선을 긋고 날인하고 그 왼쪽 여백에 "몇자 삭제"라고 적되 삭제한 부분의 내용을 알아볼 수 있도록 해야 함 2. 문자를 삽입할 때에는 행의 상부에 삽입할 문자를 적고 그 부분에 날인해야 하며 그 왼쪽 여백에 "몇자 추가"라고 적음 3. 1행 중에 두 곳 이상 문자를 삭제 또는 삽입할 때에는 각 자수를 합하여 "몇자 삭제" 또는 "몇자 추가"라고 적음 4. 여백에 적을 때에는 기재한 곳에 날인하고 "몇자 추가"라고 적음

	② 피의자신문조서와 진술조서의 경우 문자를 삽입 또는 삭제할 때에는 "몇자 추가" 또는 "몇자 삭제"라고 적고 그곳에 진술자에게 날인 또는 무인하게 해야 한다.
서류의 접수 (제42조)	경찰관은 수사서류를 접수한 때에는 즉시 여백 또는 그 밖의 적당한 곳에 접수연월일을 적고 특히 필요하다고 인정되는 서류는 접수 시각을 적어야 한다.

04 수사

1. 내사(內査)

(1) 내사의 개념

수사기관은 수사를 개시하기 전에 범죄혐의가 있는지 여부를 확인하기 위해 조사활동을 할 수 있다. 수사의 개시에 앞서 이루어지는 일련의 조사활동을 일반적으로 내사라고 한다. 내사에 의해 범죄혐의가 확인되면 곧이어 수사로 넘어가게 된다.

수사의 개시에 앞서 이루어지는 조사활동에 기초하여 범죄혐의가 있는가 없는가에 대해 내린 수사기관의 판단은 수사기관의 재량에 속하는 사항이다. 형사소송법은 내사에 관한 규정을 전혀 두고 있지 않다. 따라서 원칙적으로 내사는 형사소송법의 적용대상은 아니다.

해양경찰수사규칙

제19조【입건 전 조사】 ① 사법경찰관은 수사준칙 제16조 제3항에 따른 입건 전에 범죄를 의심할 만한 정황이 있어 수사 개시 여부를 결정하기 위한 사실관계의 확인 등 필요한 조사(이하 '내사'라고 한다)에 착수하기 위해서는 해당 사법경찰관이 소속된 해양경찰관서의 수사 부서의 장(이하 '소속수사부서장'이라 한다)의 지휘를 받아야 한다.

② 사법경찰관은 내사한 사건을 다음 각 호의 구분에 따라 처리해야 한다.

1. 입건: 범죄의 혐의가 있어 수사를 개시하는 경우
2. 내사종결: 제110조 제1항 제1호부터 제3호까지의 규정에 따른 사유가 있는 경우
3. 내사중지: 피혐의자 또는 참고인 등의 소재불명으로 내사를 계속할 수 없는 경우
4. 이송: 관할이 없거나 범죄특성 및 병합처리 등을 고려하여 다른 해양경찰관서 또는 기관(해당 기관과 협의된 경우로 한정한다)에서 내사할 필요가 있는 경우
5. 공람종결: 진정 · 탄원 · 투서 등 서면으로 접수된 신고가 다음 각 목의 어느 하나에 해당하는 경우
   가. 같은 내용으로 3회 이상 반복하여 접수되고 2회 이상 그 처리 결과를 통지한 신고와 같은 내용인 경우
   나. 무기명 또는 가명으로 접수된 경우
   다. 단순한 풍문이나 인신공격적인 내용인 경우
   라. 완결된 사건 또는 재판에 불복하는 내용인 경우
   마. 민사소송 또는 행정소송에 관한 사항인 경우

제20조【불입건 결정 통지】 ① 사법경찰관은 수사준칙 제16조 제4항에 따라 피혐의자(제19조 제2항 제2호에 따라 내사종결한 경우만 해당한다)와 진정인 · 탄원인 · 피해자 또는 그 법정대리인(피해자가 사망한 경우에는 그 배우자 · 직계친족 · 형제자매를 포함한다. 이하 '진정인 등'이라 한다)에게 입건하지 않는 결정을 통지하는 경우에는 그 결정을 한 날부터 7일 이내에 통지해야 한다. 다만, 피혐의자나 진정인 등의 연락처를 모르거나 소재가 확인되지 않으면 연락처나 소재를 알게 된 날부터 7일 이내에 통지해야 한다.

② 제1항에 따른 통지는 서면, 전화, 팩스, 전자우편, 문자메시지 등 피혐의자 또는 진정인 등이 요청한 방법으로 할 수 있으며, 별도로 요청한 방법이 없는 경우에는 서면 또는 문자메시지로 한다. 이 경우 서면으로 하는 통지는 별지 제12호 서식 또는 별지 제13호 서식의 불입건 결정 통지서에 따른다.

③ 사법경찰관은 서면으로 통지한 경우에는 그 사본을, 그 밖의 방법으로 통지한 경우에는 그 취지를 적은 서면을 사건기록에 편철해야 한다.
④ 사법경찰관은 제1항에도 불구하고 통지로 인해 보복범죄 또는 2차 피해 등이 우려되는 다음 각 호의 경우에는 불입건 결정을 통지하지 않을 수 있다. 이 경우 그 사실을 내사보고서로 작성하여 사건기록에 편철해야 한다.
1. 혐의 내용 및 동기, 진정인 또는 피해자와의 관계 등에 비추어 통지로 인해 진정인 또는 피해자의 생명·신체·명예 등에 위해(危害) 또는 불이익이 우려되는 경우
2. 사안의 경중 및 경위, 진정인 또는 피해자의 의사, 피진정인·피혐의자와의 관계, 분쟁의 종국적 해결에 미치는 영향 등을 고려하여 통지하지 않는 것이 타당하다고 인정되는 경우

(2) 내사의 기본원칙[(해양경찰청) 내사사건 처리 규칙 제2조]

① 내사는 청탁에 의하지 않아야 하며 항상 법령·규칙을 준수하고 업무편의에 앞서 사건관계인의 인권보호에 유의해야 한다.
② 내사를 빙자하여 정당한 사유 없이 관계인의 출석을 요구하거나 물건을 압수해서는 안 된다.
③ 내사는 신속·공정·성실하게 진행해야 한다.
④ 내사혐의 및 내사관계인 등의 정보가 외부로 유출되거나 공표되는 일이 없도록 주의해야 한다.

(3) 내사의 대상과 분류[(해양경찰청) 내사사건 처리 규칙 제3조]

① 내사는 범죄첩보, 진정·탄원 및 범죄에 관한 언론·출판물·인터넷 등의 정보, 신고 또는 풍문 중에서 출처·사회적 영향 등을 고려하여 그 진상을 확인할 가치가 있는 사안을 그 대상으로 한다.
② 내사는 다음과 같이 분류한다.
㉠ **진정내사**: 진정·탄원·투서 등 서면으로 접수된 신고에 대한 내사
㉡ **신고내사**: 제1호를 제외한 유·무선신고·방문신고 등 서면이 아닌 방법으로 접수된 각종 신고에 대한 내사
㉢ **첩보내사**: 경찰관이 서면으로 작성한 범죄첩보에 대한 내사
㉣ **기타내사**: ㉠부터 ㉢까지를 제외한 범죄에 관한 정보·풍문 등 진상을 확인할 가치가 있는 사안에 대한 내사

(4) 내사의 착수[(해양경찰청) 내사사건 처리 규칙 제4조]

① **진정내사**는 소속 해양경찰관서 **수사부서의 장의 지휘**를 받아 내사에 착수한다.
② **신고내사**는 접수 즉시 신속히 현장확인 등 조치를 하여야 하고, 신고에 의해 작성된 서류에 대하여 소속 해양경찰관서 수사부서의 장의 지휘를 받아 내사에 착수한다.
③ **첩보내사**는 해당 범죄첩보의 사본을 첨부하고 내사할 대상, 내용 및 내사가 필요한 이유 등을 기재한 별지 제1호 서식의 내사착수보고서를 작성하여 소속 해양경찰관서 수사부서의 장에게 보고하고 지휘를 받아 내사에 착수한다.
④ **기타내사**는 다음에 따라 처리한다.
㉠ 내사가 필요하다고 판단되는 경우에는 내사할 대상 및 내용, 내사가 필요한 이유 등을 기재한 별지 제1호 서식의 내사착수보고서에 의하여 소속 해양경찰관서 수사부서의 장에게 보고하고 지휘를 받아 내사에 착수한다.
㉡ 수사부서의 장은 수사단서로서 내사할 가치가 있다고 판단한 경우 제3조 제2항 각 호의 내사보고를 받지 않고도 소속 경찰관에게 내사를 지휘할 수 있다. 이 경우 별지 제2호 서식의 내사착수지휘서에 의하여야 한다.

⑤ 경찰관서의 수사부서의 장은 내사사건의 특성 등을 파악하여 내사사건을 배당하고 지휘하여야 하며 주요한 사건으로 인정할 경우 소속 해양경찰관서의 장에게 이를 보고하여야 한다.

(5) 내사착수의 신중[(해양경찰청) 내사사건 처리 규칙 제5조]

① 익명 또는 존재하지 않는 사람 명의의 신고·제보, 진정·탄원 및 투서로 그 내용상 수사단서로서의 가치가 없다고 인정될 때에는 소속 수사부서의 장의 지휘를 받아 내사하지 않을 수 있다.
② 수사부서의 장은 제4조에 따라 내사착수를 지휘할 때에는 내사착수 단서의 신빙성, 내사착수의 적정성, 내사착수로 인한 피내사자의 인권침해 가능성 등을 종합적으로 판단하여 신중히 지휘하여야 한다.

(6) 내사의 진행[(해양경찰청) 내사사건 처리 규칙]

구분	내용
내사의 방식 (제7조)	내사는 임의적인 방법으로 함을 원칙으로 한다.
내사기간 및 책임(제8조)	① 제5조의2를 제외하고 경찰관서의 수사팀장은 내사사건을 무책임하게 이첩하거나 장기간 방치해서는 안 된다. ② 내사기간이 3개월을 초과하는 경우 경찰관은 별지 제5호 서식의 내사진행상황보고서를 작성하여 소속 해양경찰관서의 장에게 보고하고 신속히 종결되도록 노력하여야 한다.
내사지휘의 방식 (제8조의2)	① 내사지휘는 내사지휘권이 있는 자가 명시적인 이유를 근거로 구체적으로 하여야 한다. ② 내사지휘권자가 다음의 사항에 대해 내사지휘를 할 경우에는 서면으로 하는 것을 원칙으로 한다. 1. 영장에 의한 압수·수색·검증에 관한 사항 2. 종결의견에 관한 사항 3. 사건 이송에 관한 사항 ③ 내사지휘권자가 제2항에 따라 서면으로 내사지휘를 할 때에는 별지 제6호 서식의 내사지휘서를 작성하거나 내사서류의 결재·지휘란에 기재해야 한다. ④ 경찰관은 제3항에 따라 작성된 내사지휘서 등 내사지휘 내용이 기재된 서면을 사건기록에 편철하여야 하며, 내사의 긴급 등 불가피한 사유로 제2항 각 호에 관한 내용에 대해 구두로 내사지휘를 받은 경우 별지 제7호 서식의 내사보고서에 관련 사항을 기재하여 사건기록에 편철하여야 한다.

(7) 내사의 종결[(해양경찰청) 내사사건 처리 규칙]

구분	내용
수사절차로의 전환 (제11조)	사법경찰관은 내사과정에서 범죄혐의가 있다고 판단될 때에는 내사를 종결하고 범죄인지서를 작성하여 수사를 개시하여야 한다. 이 경우 지체 없이 소속 해양경찰관서장에게 보고하여야 한다.
내사병합 (제11조의2)	진행 중인 사건과 동일 또는 유사한 내용의 내사사건이 있거나 경합범으로 다른 내사사건과 병합처리할 필요가 있는 경우 내사병합할 수 있다.

불입건 결정 지휘(제11조의3)	수사부서의 장은 내사에 착수한 후 6개월 이내에 수사절차로 전환하지 않은 사건에 대하여 해양경찰수사규칙 제17조 제2항 제2호부터 제5호까지의 사유에 따라 불입건 결정 지휘를 하여야 한다. 다만, 다수의 사건관계인 조사, 관련자료 추가확보·분석, 외부 전문기관 감정의 장기화 등의 사유로 인해 계속 내사가 필요하여 그 구체적 사유가 소명된 경우에는 6개월 연장할 수 있다.

2. 수사

(1) 수사의 개시

실무에서는 입건이라는 표현을 사용한다. 입건 이후에는 혐의자를 피의자로 부르게 되며, 범죄인지서를 작성하고 범죄사건부에 사건을 기재하고 사건번호를 부여한다.
일반적으로 입건은 인지, 고소·고발 등이 있을 때 이루어진다.

해양경찰수사규칙

제18조 【수사의 개시】 ① 사법경찰관은 법 제197조 제1항에 따라 구체적인 사실에 근거를 둔 범죄의 혐의를 인식한 때에는 수사를 개시한다.
② 사법경찰관은 제1항에 따라 수사를 개시할 때에는 지체 없이 별지 제11호 서식의 범죄인지서를 작성하여 사건기록에 편철해야 한다.

(2) 수사의 단서

수사기관이 범죄혐의가 있다고 판단하게 된 원인을 수사의 단서라고 한다. 수사의 단서가 존재한다고 해서 반드시 수사를 개시해야 하는 것은 아니다. 고소, 고발, 자수가 있는 때에는 즉시 수사가 개시되나, 그 이외의 경우에는 범죄혐의를 확인하기 위하여 내사단계를 거치기도 한다.

구분	내용	
수사관 자신의 체험	현행범인의 체포	범죄인지에 의한 수사개시
	변사자 검시	
	불심검문	
	다른 사건 수사 중의 범죄발견·기사·세평·풍설	
타인의 체험	고소	즉시 수사개시
	고발	
	자수	
	진정·탄원·투서·범죄신고	범죄인지에 의한 수사개시

① 범죄첩보

㉠ 개념

범죄첩보란 범죄수사에 참고가 될 만한 일체의 자료를 의미한다. 범죄첩보에 의해 내사를 하거나 수사를 개시해야 한다. 수사의 단서로 범죄첩보는 범죄수사를 개시할 수 있을 정도의 자료, 즉 범죄로 이행된다고 예상되는 사항이나 이미 발생한 범죄에 관한 사항으로 한정된다.
범죄수사를 함에 있어 수사의 단서를 수동적으로만 입수하기에는 한계가 따르고 수사기관의 신속하고 전략적인 범죄첩보 수집활동이 요구된다.

㉡ 범죄첩보의 특징

구분	내용
시한성	범죄첩보는 시간이 지남에 따라 가치가 감소되므로, 수집시기 및 내사착수 시기의 타이밍이 중요하다.
가치변화성	범죄첩보는 일반인에게는 불필요한 내용이라고 하더라도 수사기관의 필요성에 따라 중요한 내용이 될 수도 있다.
결합성	각각의 범죄첩보는 서로 결합되고 가공되어져 더 구체적인 범죄첩보가 된다.
혼합성	범죄첩보는 단순한 사실의 나열이 아니고 그 속에 하나의 원인과 결과를 포함하고 있는 개념이다.
결과지향성	범죄첩보는 수사에 착수하여 사건으로 나타나야 한다. 범죄첩보가 사건으로서 결과를 얻지 못하면 범죄첩보로서의 가치는 떨어진다.

② 고소 및 고발

구분	고소	고발
개념	고소는 서면 또는 구술로써 검사 또는 사법경찰관에게 하여야 하는 것을 말한다. 그러나 피해자가 피고인을 심리하고 있는 법원에서 범죄사실을 적시하고 피고인을 엄벌에 처하라는 내용의 진술서를 제출하거나 증인으로서 증언하면서 판사의 신문에 대해 피고인의 처벌을 바란다는 취지의 진술을 하였다 하더라도 이는 고소로서의 효력은 없다.	고발이란 범죄사실을 수사기관에 고하여 그 소추를 촉구하는 것으로 범인을 지적할 필요가 없는 것이고 또한 고발에서 지정한 범인이 진범인이 아니더라도 고발의 효력에는 영향이 없다.
주체	범죄로 인한 피해자는 고소할 수 있다. 또한 피해자의 법정대리인은 독립하여 고소할 수 있다. 피해자가 사망한 때에는 그 배우자, 직계친족 또는 형제자매는 고소할 수 있다. 단, 피해자의 명시한 의사에 반하지 못한다.	누구든지 범죄가 있다고 사료하는 때에는 고발할 수 있다. 공무원은 그 직무를 행함에 있어 범죄가 있다고 사료하는 때에는 고발해야 한다.

③ 자수

자수는 서면 또는 구술로써 검사 또는 사법경찰관에게 하여야 한다. 구술에 의한 자수일 경우 검사 또는 사법경찰관은 조서를 작성해야 한다. 자수가 있을 경우 사법경찰관은 신속히 조사하여 관계 서류와 증거물을 검사에게 송부해야 한다.

④ 변사자의 검시

변사자 검시의 대상은 자연사 또는 통상의 병사로 인하지 않은 사체(익사 또는 천재지변에 의한 사망)를 포함하는 견해와 범죄로 인한 사망의 의심이 있는 사체에 한정한다는 견해가 있다.

⑤ 피해신고

경찰관은 범죄로 인한 피해신고가 있는 경우에는 관할구역 여부를 불문하고 이를 접수하여야 한다. 경찰관은 피해신고 중 범죄에 의한 것이 아님이 명백한 경우 피해자 구호 등 필요한 조치를 행한 후 범죄인지는 하지 않는다.

(3) 임의수사(해양경찰수사규칙)

① 출석요구와 조사 등

구분	내용
출석요구 (제34조)	수사준칙 제19조 제3항 본문 또는 같은 조 제6항에 따라 피의자 또는 피의자 외의 사람에게 출석요구를 하려는 경우에는 별지 제20호 서식 또는 별지 제21호 서식의 출석요구서에 따른다.
수사상 임의동행 (제35조)	사법경찰관리는 수사준칙 제20조에 따른 임의동행 고지를 하고 임의동행한 경우에는 별지 제22호 서식의 임의동행 동의서를 작성하여 사건기록에 편철하거나 별도로 보관해야 한다.
심야조사 제한 (제36조)	① 사법경찰관은 수사준칙 제21조 제2항 제4호에 따라 심야조사를 하려는 경우에는 심야조사의 내용 및 심야조사가 필요한 사유를 소속 해양경찰관서에서 인권보호 업무를 담당하는 부서의 장에게 보고하고 허가를 받아야 한다. ② 사법경찰관은 제1항에 따라 허가를 받은 경우 수사보고서를 작성하여 사건기록에 편철해야 한다.
장시간 조사 제한 (제37조)	사법경찰관리는 피의자나 사건관계인으로부터 수사준칙 제22조 제1항 제1호에 따라 조서 열람을 위한 조사연장을 요청받은 경우에는 별지 제23호 서식의 조사연장 요청서를 제출받아야 한다.
신뢰관계인 동석 (제38조)	① 수사준칙 제24조 제2항에 따른 동석신청서는 별지 제24호 서식 또는 별지 제25호 서식에 따른다. ② 사법경찰관은 피의자, 피해자 또는 그 법정대리인이 제1항의 동석신청서를 작성할 시간적 여유가 없는 경우 등에는 이를 제출받지 않고 조서 또는 수사보고서에 그 취지를 기재하는 것으로 동석신청서 작성을 갈음할 수 있으며, 조사의 긴급성 또는 동석의 필요성 등이 현저한 경우에는 예외적으로 동석 조사 이후에 신뢰관계인과 피의자와의 관계를 소명할 자료를 제출받아 기록에 편철할 수 있다. ③ 사법경찰관은 동석 신청이 없더라도 동석이 필요하다고 인정되면 피의자 또는 피해자와의 신뢰관계 유무를 확인한 후 직권으로 신뢰관계에 있는 사람을 동석하게 할 수 있다. 이 경우 그 관계 및 취지를 조서나 수사보고서에 적어야 한다. ④ 사법경찰관은 신뢰관계인의 동석으로 인하여 신문이 방해되거나, 수사기밀이 누설되는 등 정당한 사유가 있는 경우에는 동석을 거부할 수 있으며, 신뢰관계인이 피의자신문 또는 피해자 조사를 방해하거나 그 진술의 내용에 부당한 영향을 미칠 수 있는 행위를 하는 등 수사에 현저한 지장을 초래하는 경우에는 피의자신문 또는 피해자 조사 중에도 동석을 제한할 수 있다. ⑤ 피해자 이외의 사건관계인 조사에 관하여는 제1항부터 제4항까지의 규정을 준용한다.
조서와 진술서 (제39조)	① 사법경찰관리가 법 제244조 제1항에 따라 피의자의 진술을 조서에 적는 경우에는 별지 제26호 서식 또는 별지 제27호 서식의 피의자신문조서에 따른다. ② 사법경찰관리가 피의자가 아닌 사람의 진술을 조서에 적는 경우에는 별지 제28호 서식 또는 별지 제29호 서식의 진술조서에 따른다. ③ 사법경찰관리는 피의자 또는 피의자가 아닌 사람의 진술을 듣는 경우 진술 사항이 복잡하거나 진술인이 서면진술을 원하면 진술서를 작성하여 제출하게 할 수 있다. ④ 피의자신문조서와 진술조서에는 진술자로 하여금 간인(間印)한 후 기명날인 또는 서명하게 한다.

수사과정의 기록 (제40조)	사법경찰관리는 수사준칙 제26조 제1항에 따라 조사 과정의 진행경과를 별도의 서면에 기록하는 경우에는 별지 제30호 서식 또는 별지 제31호 서식의 수사 과정 확인서에 따른다.
실황조사 (제41조)	① 사법경찰관리는 범죄의 현장 또는 그 밖의 장소에서 피의사실을 확인하거나 증거물의 증명력을 확보하기 위해 필요한 경우 실황조사를 할 수 있다. ② 사법경찰관리는 실황조사를 하는 경우에는 거주자, 관리자 그 밖의 관계자 등을 참여하게 할 수 있다. ③ 사법경찰관리는 실황조사를 한 경우에는 별지 제32호 서식의 실황조사서에 조사 내용을 상세하게 적고, 현장도면이나 사진이 있으면 이를 실황조사서에 첨부해야 한다.
감정의 위촉	사법경찰관은 법 제221조 제2항에 따라 감정을 위촉하는 경우에는 별지 제33호 서식의 감정위촉서에 따른다. 법 제221조의4에 따라 감정에 필요한 허가장을 발부받아 위촉하는 경우에도 또한 같다.

② 영상녹화

구분	내용
영상녹화 (제43조)	① 사법경찰관리는 법 제221조 제1항 또는 제244조의2 제1항에 따라 피의자 또는 피의자가 아닌 사람을 영상녹화하는 경우 그 조사의 시작부터 조서에 기명날인 또는 서명을 마치는 시점까지의 모든 과정을 영상녹화해야 한다. 다만, 조사 도중 영상녹화의 필요성이 발생한 때에는 그 시점에서 진행 중인 조사를 중단하고, 중단한 조사를 다시 시작하는 때부터 조서에 기명날인 또는 서명을 마치는 시점까지의 모든 과정을 영상녹화해야 한다. ② 사법경찰관리는 제1항에도 불구하고 조사를 마친 후 조서 정리에 오랜 시간이 필요한 경우에는 조서 정리과정을 영상녹화하지 않고, 조서 열람시부터 영상녹화를 다시 시작할 수 있다. ③ 제1항 및 제2항에 따른 영상녹화는 조사실 전체를 확인할 수 있고 조사받는 사람의 얼굴과 음성을 식별할 수 있도록 해야 한다. ④ 사법경찰관리는 피의자에 대한 조사 과정을 영상녹화하는 경우 다음 각 호의 사항을 고지해야 한다. 1. 조사자 및 법 제243조에 따른 참여자의 성명과 직책 2. 영상녹화 사실 및 장소, 시작 및 종료 시각 3. 법 제244조의3에 따른 진술거부권 등 4. 조사를 중단·재개하는 경우 중단 이유와 중단 시각, 중단 후 재개하는 시각 ⑤ 사법경찰관리는 피의자가 아닌 사람의 조사 과정을 영상녹화하는 경우에는 별지 제34호 서식의 영상녹화 동의서로 영상녹화 동의 여부를 확인하고, 제4항 제1호, 제2호 및 제4호의 사항을 고지해야 한다. 다만, 피혐의자에 대해서는 제4항 제1호부터 제4호까지의 규정에 따른 사항을 고지해야 한다.
영상녹화물의 제작 및 보관 (제44조)	① 사법경찰관리는 조사시 영상녹화를 한 경우에는 영상녹화용 컴퓨터에 저장된 영상녹화 파일을 이용하여 영상녹화물(CD, DVD 등을 말한다. 이하 같다) 2개를 제작한 후, 피조사자 또는 변호인 앞에서 지체 없이 제작된 영상녹화물을 봉인하고 피조사자로 하여금 기명날인 또는 서명하게 해야 한다. ② 사법경찰관리는 제1항에 따라 영상녹화물을 제작한 후 영상녹화용 컴퓨터에 저장되어 있는 영상녹화 파일을 데이터베이스 서버에 전송하여 보관할 수 있다.

	③ 사법경찰관리는 손상 또는 분실 등으로 제1항의 영상녹화물을 사용할 수 없는 경우에는 데이터베이스 서버에 보관되어 있는 영상녹화 파일을 이용하여 다시 영상녹화물을 제작할 수 있다.

③ 수배

구분	내용
지명수배 (제45조)	① 사법경찰관리는 다음 각 호의 어느 하나에 해당하는 사람의 소재를 알 수 없을 때에는 지명수배를 할 수 있다. 1. 법정형이 사형, 무기 또는 장기 3년 이상의 징역이나 금고에 해당하는 죄를 범했다고 의심할 만한 상당한 이유가 있어 체포영장 또는 구속영장이 발부된 사람 2. 제47조에 따른 지명통보의 대상인 사람 중 지명수배를 할 필요가 있어 체포영장 또는 구속영장이 발부된 사람 ② 제1항에도 불구하고 법 제200조의3 제1항에 따른 긴급체포를 하지 않으면 수사에 현저한 지장을 초래하는 경우, 영장을 발부받지 않고 지명수배할 수 있다. 이 경우 지명수배 후 신속히 체포영장을 발부받아야 하며, 체포영장을 발부받지 못한 때에는 즉시 지명수배를 해제해야 한다.
지명수배자 발견시 조치 (제46조)	① 사법경찰관리는 제45조 제1항에 따라 지명수배된 사람(이하 '지명수배자'라 한다)을 발견한 때에는 체포영장 또는 구속영장을 제시하고, 수사준칙 제32조 제1항에 따라 권리 등을 고지한 후 체포 또는 구속하며 별지 제35호 서식의 권리 고지 확인서를 받아야 한다. 다만, 체포영장 또는 구속영장을 소지하지 않은 경우 긴급하게 필요하면 지명수배자에게 영장이 발부되었음을 고지한 후 체포 또는 구속할 수 있으며 사후에 지체 없이 그 영장을 제시해야 한다. ② 사법경찰관은 제45조 제2항에 따라 영장을 발부받지 않고 지명수배한 경우에는 지명수배자에게 긴급체포한다는 사실과 수사준칙 제32조 제1항에 따른 권리 등을 고지한 후 긴급체포해야 한다. 이 경우 지명수배자로부터 별지 제35호 서식의 권리 고지 확인서를 받고 제51조 제1항에 따른 긴급체포서를 작성해야 한다.
지명통보 (제47조)	사법경찰관리는 다음 각 호의 어느 하나에 해당하는 사람의 소재를 알 수 없을 때에는 지명통보를 할 수 있다. 1. 법정형이 장기 3년 미만의 징역 또는 금고, 벌금에 해당하는 죄를 범했다고 의심할 만한 상당한 이유가 있고, 출석요구에 응하지 않은 사람 2. 법정형이 장기 3년 이상의 징역이나 금고에 해당하는 죄를 범했다고 의심되더라도 사안이 경미하고, 출석요구에 응하지 않은 사람
지명통보자 발견시 조치 (제48조)	사법경찰관리는 제47조에 따라 지명통보된 사람(이하 '지명통보자'라 한다)을 발견한 때에는 지명통보자에게 지명통보된 사실, 범죄사실의 요지 및 지명통보한 해양경찰관서(이하 이 조 및 제49조에서 '통보관서'라 한다)를 고지하고, 발견된 날부터 1개월 이내에 통보관서에 출석해야 한다는 내용과 정당한 사유 없이 출석하지 않을 경우 지명수배되어 체포될 수 있다는 내용을 통지해야 한다.
지명수배 · 지명통보 해제 (제49조)	사법경찰관리는 다음 각 호의 어느 하나에 해당하는 경우에는 즉시 지명수배 또는 지명통보를 해제해야 한다. 1. 지명수배자를 검거한 경우 2. 지명통보자가 통보관서에 출석하여 조사에 응한 경우 3. 공소시효의 완성, 친고죄에서 고소의 취소, 피의자의 사망 등 공소권이 소멸된 경우

4. 지명수배됐으나 체포영장 또는 구속영장의 유효기간이 지난 후 체포영장 또는 구속영장이 재발부되지 않은 경우
5. 그 밖에 지명수배 또는 지명통보의 필요성이 없어진 경우

(4) 강제수사

강제수사 수단 중 가장 대표적인 것은 형사소송법에 근거하는 체포와 구속이다.

형사소송법

제200조의2 【영장에 의한 체포】 ① 피의자가 죄를 범하였다고 의심할 만한 상당한 이유가 있고, 정당한 이유 없이 제200조의 규정에 의한 출석요구에 응하지 아니하거나 응하지 아니할 우려가 있는 때에는 검사는 관할 지방법원판사에게 청구하여 체포영장을 발부받아 피의자를 체포할 수 있고, 사법경찰관은 검사에게 신청하여 검사의 청구로 관할지방법원판사의 체포영장을 발부받아 피의자를 체포할 수 있다. 다만, 다액 50만원 이하의 벌금, 구류 또는 과료에 해당하는 사건에 관하여는 피의자가 일정한 주거가 없는 경우 또는 정당한 이유 없이 제200조의 규정에 의한 출석요구에 응하지 아니한 경우에 한한다.
② 제1항의 청구를 받은 지방법원판사는 상당하다고 인정할 때에는 체포영장을 발부한다. 다만, 명백히 체포의 필요가 인정되지 아니하는 경우에는 그러하지 아니하다.
③ 제1항의 청구를 받은 지방법원판사가 체포영장을 발부하지 아니할 때에는 청구서에 그 취지 및 이유를 기재하고 서명날인하여 청구한 검사에게 교부한다.
④ 검사가 제1항의 청구를 함에 있어서 동일한 범죄사실에 관하여 그 피의자에 대하여 전에 체포영장을 청구하였거나 발부받은 사실이 있는 때에는 다시 체포영장을 청구하는 취지 및 이유를 기재하여야 한다.
⑤ 체포한 피의자를 구속하고자 할 때에는 체포한 때부터 48시간 이내에 제201조의 규정에 의하여 구속영장을 청구하여야 하고, 그 기간 내에 구속영장을 청구하지 아니하는 때에는 피의자를 즉시 석방하여야 한다.

제200조의3 【긴급체포】 ① 검사 또는 사법경찰관은 피의자가 사형·무기 또는 장기 3년 이상의 징역이나 금고에 해당하는 죄를 범하였다고 의심할 만한 상당한 이유가 있고, 다음 각 호의 어느 하나에 해당하는 사유가 있는 경우에 긴급을 요하여 지방법원판사의 체포영장을 받을 수 없는 때에는 그 사유를 알리고 영장 없이 피의자를 체포할 수 있다. 이 경우 긴급을 요한다 함은 피의자를 우연히 발견한 경우 등과 같이 체포영장을 받을 시간적 여유가 없는 때를 말한다.
1. 피의자가 증거를 인멸할 염려가 있는 때
2. 피의자가 도망하거나 도망할 우려가 있는 때
② 사법경찰관이 제1항의 규정에 의하여 피의자를 체포한 경우에는 즉시 검사의 승인을 얻어야 한다.
③ 검사 또는 사법경찰관은 제1항의 규정에 의하여 피의자를 체포한 경우에는 즉시 긴급체포서를 작성하여야 한다.
④ 제3항의 규정에 의한 긴급체포서에는 범죄사실의 요지, 긴급체포의 사유 등을 기재하여야 한다.

제200조의4 【긴급체포와 영장청구기간】 ① 검사 또는 사법경찰관이 제200조의3의 규정에 의하여 피의자를 체포한 경우 피의자를 구속하고자 할 때에는 지체 없이 검사는 관할지방법원판사에게 구속영장을 청구하여야 하고, 사법경찰관은 검사에게 신청하여 검사의 청구로 관할지방법원판사에게 구속영장을 청구하여야 한다. 이 경우 구속영장은 피의자를 체포한 때부터 48시간 이내에 청구하여야 하며, 제200조의3 제3항에 따른 긴급체포서를 첨부하여야 한다.
② 제1항의 규정에 의하여 구속영장을 청구하지 아니하거나 발부받지 못한 때에는 피의자를 즉시 석방하여야 한다.
③ 제2항의 규정에 의하여 석방된 자는 영장 없이는 동일한 범죄사실에 관하여 체포하지 못한다.

④ 검사는 제1항에 따른 구속영장을 청구하지 아니하고 피의자를 석방한 경우에는 석방한 날부터 30일 이내에 서면으로 다음 각 호의 사항을 법원에 통지하여야 한다. 이 경우 긴급체포서의 사본을 첨부하여야 한다.
1. 긴급체포 후 석방된 자의 인적사항
2. 긴급체포의 일시·장소와 긴급체포하게 된 구체적 이유
3. 석방의 일시·장소 및 사유
4. 긴급체포 및 석방한 검사 또는 사법경찰관의 성명
⑤ 긴급체포 후 석방된 자 또는 그 변호인·법정대리인·배우자·직계친족·형제자매는 통지서 및 관련 서류를 열람하거나 등사할 수 있다.
⑥ 사법경찰관은 긴급체포한 피의자에 대하여 구속영장을 신청하지 아니하고 석방한 경우에는 즉시 검사에게 보고하여야 한다.

제201조【구속】 ① 피의자가 죄를 범하였다고 의심할 만한 상당한 이유가 있고 제70조 제1항 각 호의 1에 해당하는 사유가 있을 때에는 검사는 관할지방법원판사에게 청구하여 구속영장을 받아 피의자를 구속할 수 있고 사법경찰관은 검사에게 신청하여 검사의 청구로 관할지방법원판사의 구속영장을 받아 피의자를 구속할 수 있다. 다만, 다액 50만원 이하의 벌금, 구류 또는 과료에 해당하는 범죄에 관하여는 피의자가 일정한 주거가 없는 경우에 한한다.
② 구속영장의 청구에는 구속의 필요를 인정할 수 있는 자료를 제출하여야 한다.
③ 제1항의 청구를 받은 지방법원판사는 신속히 구속영장의 발부 여부를 결정하여야 한다.
④ 제1항의 청구를 받은 지방법원판사는 상당하다고 인정할 때에는 구속영장을 발부한다. 이를 발부하지 아니할 때에는 청구서에 그 취지 및 이유를 기재하고 서명날인하여 청구한 검사에게 교부한다.
⑤ 검사가 제1항의 청구를 함에 있어서 동일한 범죄사실에 관하여 그 피의자에 대하여 전에 구속영장을 청구하거나 발부받은 사실이 있을 때에는 다시 구속영장을 청구하는 취지 및 이유를 기재하여야 한다.

제211조【현행범인과 준현행범인】 ① 범죄를 실행하고 있거나 실행하고 난 직후의 사람을 현행범인이라 한다.
② 다음 각 호의 어느 하나에 해당하는 사람은 현행범인으로 본다.
1. 범인으로 불리며 추적되고 있을 때
2. 장물이나 범죄에 사용되었다고 인정하기에 충분한 흉기나 그 밖의 물건을 소지하고 있을 때
3. 신체나 의복류에 증거가 될 만한 뚜렷한 흔적이 있을 때
4. 누구냐고 묻자 도망하려고 할 때

제212조【현행범인의 체포】 현행범인은 누구든지 영장 없이 체포할 수 있다.

제213조【체포된 현행범인의 인도】 ① 검사 또는 사법경찰관리 아닌 자가 현행범인을 체포한 때에는 즉시 검사 또는 사법경찰관리에게 인도하여야 한다.
② 사법경찰관리가 현행범인의 인도를 받은 때에는 체포자의 성명, 주거, 체포의 사유를 물어야 하고 필요한 때에는 체포자에 대하여 경찰관서에 동행함을 요구할 수 있다.

제213조의2【준용규정】 제87조, 제89조, 제90조, 제200조의2 제5항 및 제200조의5의 규정은 검사 또는 사법경찰관리가 현행범인을 체포하거나 현행범인을 인도받은 경우에 이를 준용한다.

제214조【경미사건과 현행범인의 체포】 다액 50만원 이하의 벌금, 구류 또는 과료에 해당하는 죄의 현행범인에 대하여는 범인의 주거가 분명하지 아니한 때에 한하여 제212조 내지 제213조의 규정을 적용한다.

① 체포 · 구속

구분	내용
체포영장의 신청 (제50조)	사법경찰관은 법 제200조의2 제1항에 따라 체포영장을 신청하는 경우에는 별지 제36호 서식의 체포영장 신청서에 따른다. 이 경우 현재 수사 중인 다른 범죄사실에 관하여 그 피의자에 대해 발부된 유효한 체포영장이 있는지를 확인해야 하며 해당사항이 있는 경우에는 그 사실을 체포영장 신청서에 적어야 한다.
긴급체포 (제51조)	① 법 제200조의3 제3항에 따른 긴급체포서는 별지 제37호 서식에 따른다. ② 수사준칙 제27조 제2항 본문에 따른 긴급체포 승인요청서는 별지 제38호 서식에 따른다. ③ 사법경찰관은 수사준칙 제27조 제4항 후단에 따라 긴급체포된 피의자의 석방 일시와 사유 등을 검사에게 통보하는 경우에는 별지 제39호 서식의 석방 통보서에 따른다.
현행범인 체포 및 인수 (제52조)	① 사법경찰관리는 법 제212조에 따라 현행범인을 체포할 때에는 현행범인에게 도망 또는 증거인멸의 우려가 있는 등 당장에 체포하지 않으면 안 될 정도의 급박한 사정이 있는지 또는 체포 외에는 현행범인의 위법행위를 제지할 다른 방법이 없는지 등을 고려해야 한다. ② 사법경찰관리는 법 제212조에 따라 현행범인을 체포한 때에는 별지 제40호 서식의 현행범인체포서를 작성하고, 법 제213조에 따라 현행범인을 인도받은 때에는 별지 제41호 서식의 현행범인인수서를 작성해야 한다. ③ 사법경찰관리는 제2항의 현행범인체포서 또는 현행범인인수서를 작성하는 경우 현행범인에 대해서는 범죄와의 시간적 접착성과 범죄의 명백성이 인정되는 상황을, 준현행범인에 대해서는 범죄와의 관련성이 인정되는 상황을 구체적으로 적어야 한다.
호송 (제57조)	① 사법경찰관리는 체포 · 구속한 피의자를 호송할 때에는 피의자의 도망 · 자살 · 신변안전 · 증거인멸 등에 주의해야 한다. ② 사법경찰관리는 체포 · 구속한 피의자를 호송할 때 필요한 경우에는 가장 근접한 경찰관서에 피의자를 임시로 유치할 수 있다.

② 압수 · 수색 · 검증

구분	내용
압수 · 수색 또는 검증영장의 신청 등 (제63조)	① 사법경찰관은 수사준칙 제37조에 따라 압수 · 수색 또는 검증영장을 신청하는 경우에는 별지 제62호 서식부터 별지 제64호 서식까지의 압수 · 수색 · 검증영장 신청서에 따른다. 이 경우 압수 · 수색 또는 검증의 필요성 및 해당 사건과의 관련성을 인정할 수 있는 자료를 신청서에 첨부해야 한다. ② 압수 · 수색 또는 검증영장의 집행 및 반환에 관하여는 제55조 제1항 · 제2항 및 제58조를 준용한다.
압수물의 환부 및 가환부 (제66조)	① 사법경찰관은 법 제218조의2 제1항 및 제4항에 따라 압수물에 대해 그 소유자, 소지자, 보관자 또는 제출인(이하 이 조에서 '소유자 등'이라 한다)으로부터 환부 또는 가환부의 청구를 받거나 법 제219조에서 준용하는 법 제134조에 따라 압수장물을 피해자에게 환부하려는 경우에는 별지 제71호 서식의 압수물 처분 지휘 요청서를 작성하여 검사에게 제출해야 한다. ② 사법경찰관은 제1항에 따른 압수물의 환부 또는 가환부의 청구를 받은 경우 소유자 등으로부터 별지 제72호 서식의 압수물 환부 · 가환부 청구서를 제출받아 별지 제71호 서식의 압수물 처분 지휘 요청서에 첨부한다. ③ 사법경찰관은 압수물을 환부 또는 가환부한 경우에는 피해자 및 소유자 등으로부터 별지 제73호 서식의 압수물 환부 · 가환부 영수증을 받아야 한다.

(5) 수사의 종결

구분	내용
해양경찰에 의한 수사종결	① 수사종결 지휘: 수사부서의 장은 범죄인지 후 1년이 지난 사건은 수사종결 지휘하여야 한다. 그럼에도 불구하고 계속 수사가 필요한 경우에는 그 사유를 소명하여 상급 수사부서의 장의 승인을 받아 수사할 수 있다. ② 사건송치: 수사를 종결하였을 때에는 해양경찰관서장의 지휘를 받아 사건을 모두 관할지방검찰청 검사장 또는 지청장에게 송치하여야 한다.
검사에 의한 수사종결	① 검사의 공소제기: 검사는 수사결과 범죄의 객관적 혐의가 충분하고 소송조건이 구비되어 유죄판결을 받을 수 있다고 인정할 때에 는 공소를 제기한다. 공소제기는 수사종결의 가장 전형적인 형태라고 할 수 있는데, 검사가 공소장을 관할 법원에 제출함으로써 이뤄진다. ② 검사의 불기소처분: 검사가 공소를 제기하지 않은 처분을 하는 것을 불기소처분이라고 한다. 불기소처분에는 기소유예와 협의의 불기소처분이 있다. 검사의 불기소처분은 확정력이 없어서 나중에 재수를 통해 공소제기를 하더라도 전혀 문제되지 않는다.

(6) 장물수사

장물수배란 수사 중인 사건의 장물에 관하여 다른 해양경찰관서 및 경찰관서에 그 발견을 요청하는 수배를 말한다. 경찰관은 장물수배를 할 때에는 발견해야 할 장물의 명칭, 모양, 상표, 품질, 품종 그 밖의 특징 등을 명백히 하여야 하며 사진, 도면, 동일한 견본·조각을 첨부하는 등 필요한 조치를 하여야 한다.

구분	내용
특별중요장물수배서	수사본부를 설치하고 수사하고 있는 사건에 관하여 발하는 경우의 장물수배서를 말한다.
중요장물수배서	수사본부를 설치하고 수사하고 있는 사건 이외의 중요한 사건에 관하여 발하는 경우의 장물수배서를 말한다.
보통장물수배서	그 밖의 사건에 관하여 발하는 경우의 장물수배서를 말한다.

05 해양경찰청 피의자 유치 및 호송규칙

1. 서설

(1) 목적(제1조)

이 규칙은 피의자(피고인, 구류 처분을 받은 자 및 의뢰 입감자를 포함한다. 이하 같다)의 유치 및 호송에 필요한 사항을 규정함을 목적으로 한다.

(2) 인권의 존중(제2조)

경찰관은 유치 중인 피의자(이하 '유치인'이라 한다)의 인권을 존중하고 보호해야 한다.

(3) 관리책임(제4조)

① 해양경찰서장은 피의자의 유치 및 유치장의 관리에 전반적인 지휘·감독을 해야 하며 그 책임을 져야 한다.

② 해양경찰서 수사과장(이하 '유치인보호주무자'라 한다)은 해양경찰서장을 보좌하여 유치인 보호 및 유치장 관리를 담당하는 경찰관(이하 '유치인보호관'이라 한다)을 지휘·감독하고 피의자의 유치 및 유치장의 관리에 관한 책임을 진다.
③ 해양경찰서장이 지정하는 자는 유치인보호주무자를 보조하여 피의자의 유치에 관한 사무를 수행하고 유치장을 적절히 관리해야 한다.
④ 일과 후 또는 토요일·공휴일에는 당직사령(당직관) 또는 해양경찰서장이 지정하는 자가 유치인보호주무자의 직무를 대리하여 그 책임을 진다.

2. 유치

(1) 유치장소(제6조)

피의자를 유치할 때에는 유치장을 사용해야 한다. 다만, 질병 그 밖에 특별한 사유가 있어 해양경찰서장이 필요하다고 인정할 때에는 의료기관 등 다른 적절한 장소에 유치할 수 있다.

(2) 피의자의 유치 등(제7조)

① 피의자를 유치장에 입감시키거나 출감시킬 때에는 유치인보호주무자가 발부하는 별지 제2호 서식 피의자 입감·출감 지휘서에 따라야 하며 동시에 **3인 이상**의 피의자를 입감시킬 때에는 경위 이상 경찰관이 입회하여 순차적으로 입감시켜야 한다.
② 형사범과 구류 처분을 받은 자, 19세 이상의 사람과 19세 미만의 사람, 신체 장애인 및 사건관련의 공범자 등은 유치실이 허용하는 범위 내에서 분리하여 유치해야 하며, 신체 장애인에 대하여는 신체장애를 고려한 처우를 해야 한다.
③ 사건을 담당하는 등 피의자의 입감을 의뢰하는 자(이하 '입감의뢰자'라 한다)는 범죄사실의 요지, 구속사유, 성격적 특징, 사고 우려와 질병유무 등 유치인 보호에 필요하다고 인정되는 사항을 유치인보호주무자에게 알려야 하며, 유치인보호주무자는 제1항의 입감지휘서 등을 통하여 이를 유치인보호관에게 알려야 한다.
④ 유치인보호관은 새로 입감한 유치인에 대하여는 유치장 내에서의 일과표, 접견, 연락절차, 별표 제3의 유치인에 대한 인권보장 등에 대하여 설명하고, 인권침해를 당했을 때에는 국가인권위원회법 시행령 제6조에 따라 진정할 수 있음을 알리고 그 방법을 안내해야 한다.
⑤ 해양경찰서장과 유치인보호주무자는 외국인이 제4항의 내용을 이해할 수 있게 다양한 방법을 마련해야 하고, 청각 및 언어 장애인 등의 요청이 있을 때에는 수화 통역사를 연계하는 등 원활한 의사소통을 위한 조치를 취해야 한다.

(3) 신체 등의 검사(제8조)

① 유치인보호관은 피의자를 유치하는 과정에서 유치인의 생명신체에 대한 위해를 방지하고, 유치장 내의 안전과 질서를 유지하기 위하여 필요하다고 인정될 때에는 유치인의 신체, 의류, 휴대품 및 유치실을 검사할 수 있다.
② 신체, 의류, 휴대품(이하 '신체 등'이라 한다)의 검사는 동성의 유치인보호관이 실시하여야 한다. 다만, 여성유치인보호관이 없을 경우에는 미리 지정하여 신체 등의 검사방법을 교양받은 여성경찰관으로 하여금 대신하게 할 수 있다.
③ 유치인보호관은 신체 등의 검사를 하기 전에 유치인에게 신체 등의 검사 목적과 절차를 설명하고, 스스로 제9조의 위험물 등을 제출할 것을 고지하여야 한다.

④ 신체 등의 검사는 유치인보호주무자가 제7조 제1항의 피의자 입(출)감 지휘서에 지정하는 방법으로 유치장 내 신체검사실에서 하여야 하며, 그 종류와 기준 및 방법은 다음과 같다.

㉠ **외표검사**: 죄질이 경미하고 동작과 언행에 특이사항이 없으며 위험물 등을 은닉하고 있지 않다고 판단되는 유치인에 대하여는 신체 등의 외부를 눈으로 확인하고 손으로 가볍게 두드려 만져 검사한다.

㉡ **간이검사**: 일반적으로 유치인에 대하여는 탈의막 안에서 속옷은 벗지 않고 신체검사의를 착용(유치인의 의사에 따른다)하도록 한 상태에서 위험물 등의 은닉 여부를 검사한다.

㉢ **정밀검사**: 살인, 강도, 절도, 강간, 방화, 마약류, 조직폭력 등 죄질이 중하거나 근무자 및 다른 유치인에 대한 위해 또는 자해할 우려가 있다고 판단되는 유치인에 대하여는 탈의막 안에서 속옷을 벗고 신체검사의로 갈아입도록 한 후 정밀하게 위험물 등의 은닉 여부를 검사하여야 한다.

⑤ 제4항 제1호와 제2호의 신체 등의 검사를 통하여 위험물 등을 은닉하고 있을 상당한 개연성이 있다고 판단되는 유치인에 대하여는 유치인보호주무자에게 보고하고 제4항 제3호의 정밀검사를 해야 한다. 다만, 위험물 등의 제거가 즉시 필요한 경우에는 정밀검사 후 유치인보호주무자에게 신속히 보고해야 한다.

⑥ 제4항과 제5항에 의한 신체 등의 검사를 하는 경우에는 부당하게 이를 지연하거나 신체에 대한 굴욕감을 주는 언행 등으로 유치인의 고통이나 수치심을 유발하는 일이 없도록 주의해야 하며, 그 결과를 근무일지에 기록하고 특이사항에 대하여는 해양경찰서장과 유치인보호주무자에게 즉시 보고해야 한다.

⑦ 유치인보호주무자는 제1항에 따라 검사한 결과 제9조의 위험물 등이 발견되면 제9조 제1항에 따른 조치를 취해야 한다.

3. 호송

(1) 정의

구분	내용
호송관	피호송자의 호송을 담당하는 경찰관을 말한다.
호송관서	피호송자를 호송하고자 하는 해양경찰관서를 말한다.
인수관서	호송된 피호송자를 인수하는 관서를 말한다.
이감호송	피호송자의 수용장소를 다른 곳으로 이동하거나 특정관서에 인계하기 위한 호송을 말한다.
왕복호송	피호송자를 특정장소에 호송하여 필요한 용무를 마치고 다시 발송관서 또는 호송관서로 호송하는 것을 말한다.
집단호송	한 번에 다수의 피호송자를 호송하는 것을 말한다.
비상호송	전시, 사변 또는 이에 준하는 국가비상 사태나 천재, 지변에 있어서 피호송자를 다른 곳에 수용하기 위한 호송을 말한다.
호송수단	호송에 필요한 수송수단을 말한다.

(2) 호송관리 책임(제47조)

① 호송관서의 장(해양경찰청은 수사국장, 지방해양경찰청은 수사과장을 말한다. 이하 같다)은 피호송자의 호송업무에 관하여 전반적인 관리 및 지휘·감독을 해야 한다.

② 지방해양경찰청의 수사과장 및 해양경찰서의 수사과장은 피호송자의 호송업무에 관하여 호송주무관으로서 직접 지휘·감독해야 하며 호송의 안전과 적정 여부를 확인해야 한다.

③ 해양경찰서장은 호송주무관으로 하여금 호송 출발 직전에 호송경찰관에게 호송임무 수행이 필요한 전반적인 교양을 반드시 실시토록 해야 한다.
④ 제3항의 규정에 의하여 교양을 실시함에 있어서는 심적 대비, 포승 및 시정방법, 승차방법, 도로변 또는 교량 등 통행방법, 중간연락 및 보고방법, 사고발생시의 조치방법, 숙식, 물품구매 교부방법, 용변 및 식사시의 주의사항을 치밀하게 실시해야 한다.
⑤ 호송관서의 장은 호송관의 지정 및 운영에 관한 호송계획을 수립하여 시행해야 한다.

(3) 호송관의 결격사유 및 수(제48조)

① 호송관서의 장은 다음의 어느 하나에 해당하는 자를 호송관으로 지명할 수 없다.
㉠ 피호송자와 친족 또는 가족 등의 특수한 신분관계가 있거나 있었던 자
㉡ 신체 및 건강상태가 호송업무를 감당하기 곤란하다고 인정되는 자
㉢ 그 밖에 호송근무에 부적합하다고 인정되는 자
② 호송관서의 장은 호송수단과 호송하고자 하는 피호송자의 죄질, 형량, 범죄경력, 성격, 체력, 사회적 지위, 인원, 호송거리, 도로사정, 기상 등을 고려하여 호송관 수를 결정해야 한다. 다만, 호송인원은 어떠한 경우라도 2명 이상 지정해야 하며, 조건부순경 또는 의무경찰만으로 지명할 수 없다.
③ 호송관서의 장은 호송관이 5인 이상일 경우에는 경위 1인을 지휘·감독관으로 지정해야 한다.

(4) 피호송자의 신체검색(제49조)

① 호송관은 반드시 호송주무관의 지휘에 따라 포박하기 전에 피호송자에 대하여 안전호송에 필요한 신체검색을 실시해야 한다.
② 여자인 피호송자의 신체검색은 여자경찰관이 행하거나 성년의 여자를 참여시켜야 한다.

(5) 호송시간(제54조)

호송은 **일출 전 또는 일몰 후**에 할 수 없다. 다만, 기차, 선박 및 차량을 이용하는 때 또는 특별한 사유가 있는 때에는 그러하지 아니한다.

(6) 호송수단(제55조)

① 호송수단은 경찰 호송차 그 밖에 경찰이 보유하고 있는 차량(이하 '경찰차량'이라 한다)에 의함을 원칙으로 해야 한다. 다만, 경찰차량을 사용할 수 없거나 그 밖에 특별한 사유가 있는 때에는 도보나 경비함·정, 경찰항공기 또는 일반 교통수단을 이용할 수 있다.
② 호송관서의 장은 호송사정을 참작하여 호송수단을 결정해야 한다.
③ 집단호송은 가능한 경찰차량을 사용해야 한다.
④ 호송에 사용되는 경찰차량에는 커튼 등을 설치하여 피호송자의 신분이 외부에 노출되지 않도록 해야 한다.

(7) 도보호송(제56조)

피호송자를 도보로서 호송할 때에는 다음 각 호에 의해야 한다.

1. 피호송자 1인을 호송할 때에는 피호송자의 1보 뒤, 좌 또는 우측 1보의 위치에서 손으로 포승을 잡고 인수관서 또는 특정지까지 호송해야 한다.
2. 피호송자 2인 이상 5인까지를 호송할 때에는 포박한 피호송자를 1보 거리로 세로줄을 지어 연결 포승하고 그 뒤에서 호송관 1인은 제1호의 방법에 의하고 다른 호송관은 피호송자열 좌우에 위치하여 피호송자열과 1보 내지 2보 거리를 항상 유지하면서 호송해야 한다.
3. 피호송자가 6인 이상일 때에는 도로의 사정에 따라 2열 내지 3열 종대로 하여 제1호 및 제2호의 방법에 의해야 한다.

(8) 차량호송(第57條)

피호송자를 경찰차량 또는 일반차량 등에 의하여 호송할 때에는 다음 각 호에 의해야 한다.

1. 피호송자는 운전자 바로 옆, 뒷자리나 출입문의 앞, 뒤, 옆자리가 아닌 곳에 승차시켜야 한다. 다만, 소형 차량이거나 특별한 사유가 있을 때에는 그러하지 아니할 수 있다.
2. 호송관은 제1호 단서에 의하여 피호송자를 승차시켰을 때에는 도주 및 그 밖에 사고의 방지를 위한 조치를 해야 한다.
3. 호송관은 차량의 구조에 따라 감시에 적당한 장소에 위치하여 항시 피호송자를 감시해야 한다.
4. 화물자동차 등 복개가 없는 차량에 의하여 호송할 때에는 호송관은 적재함 가장자리에 위치하며, 피호송자의 도주 그 밖에의 사고를 방지해야 한다.

(9) 열차호송(第58條)

피호송자를 열차에 의하여 호송할 때에는 다음 각 호에 의해야 한다.

1. 피호송자를 열차의 객실 또는 화물차 안에 승차시켜야 하며, 열차의 승강구, 연결장소, 출입문, 세면장소 및 화장실 등에 승차시켜서는 안 된다.
2. 호송관은 열차의 구조, 일반승객 그 밖에 주위의 사정을 고려하여 감시에 적당한 장소에 위치하여 항상 감시해야 한다.
3. 피호송자가 좌석에 앉아 있을 때에는 창문을 열지 못하게 해야 한다. 다만, 각별한 안전조치가 강구된 경우에는 예외로 한다.
4. 피호송자를 승·하차시킬 때에는 일반 승객들이 승·하차한 뒤에 해야 한다. 이 경우에는 사전에 한국철도공사 관계자의 협조를 구할 수 있다.

(10) 선박호송(第59條)

피호송자를 선박의 객실 또는 화물실에 승선시켜야 하며, 그 이외의 장소에 승선시켜서는 안 된다. 다만, 소형선박이거나 그 밖에 특별한 사유가 있을 때에는 그러하지 아니할 수 있다.

(11) 항공기호송(第60條)

피호송자를 항공기의 조종석 바로 뒤 또는 출입문 바로 앞, 뒤, 옆 이외의 장소에 탑승시켜야 한다. 다만, 소형 항공기거나 그 밖에 특별한 사유가 있을 때에는 그러하지 아니할 수 있다.

제4장 해양국제정보

제1절 해양정보경찰

01 정보의 기본개념

1. 정보의 개념

(1) 정보와 첩보의 의의

① 정보의 의의

정보란 정보를 필요로 하는 분야에 따라 여러 가지로 정의할 수 있으나 원래는 군대에서 사용하던 전문용어로 '적국의 동정에 관하여 알림'이라는 의미가 있다. 정보란 '특정한 상황에서 가치가 평가되고 체계화된 지식'으로 '2차 정보' 또는 '지식'이라고도 한다.

② 정보의 정의

구분	내용
제프리 리첼슨 (Jeffery T. Richelson)	정보는 외국이나 국외지역과 관련된 제반 첩보자료들을 수집·평가·분석·종합·판단의 과정을 거쳐 생성된 산출물이다.
마이클 허만 (Michael Herman)	정보란 정부 내에서 조직된 지식을 말한다.
에이브럼 슐스키 (Abram N. Shulsky)	정보란 국가안보 이익을 극대화하고 실제적 또는 잠재적 적대세력의 위험을 취급하는 정부의 정책수립과 정책의 구현과 연관된 자료이다.
마크 로웬탈 (Mark M. Lowenthal)	정보란 정책결정자의 필요성에 부응하는 지식을 말하며 이를 위해 수집·가공된 것을 말한다.
마이클 워너 (Michael Warner)	정보는 아측에 해악을 끼칠 수 있는 다른 국가나 다양한 적대세력의 영향을 완화시키거나, 그에 영향을 미치거나 또는 단지 그들을 이해하기 위한 노력을 지원하는 비밀스러운 그 무엇이다.
셔먼 켄트 (Sherman Kent)	정보란 지식이며 조직이고 활동이다.
노버트 위너 (Norvert Wiener)	정보란 인간이 외계에 적응하려고 행동하고 또 그 조절행동의 결과를 외계로부터 감지할 때에 외계와 교환하는 내용이다.
칼 클라우제비츠 (Carl von Clausewitz)	정보란 적과 적국에 관한 우리들의 지식의 총체를 의미하며 전쟁에 있어 아군의 계획 및 행동의 기초를 이루는 것이다.
데이비스 (G. B. Davis)	정보란 받아들이는 사람에게 필요한 형태로 처리된 데이터이며 현재 또는 정책의 의사결정에 있어서 실현되든가 또는 가치를 인정받는 것이다.
미국 CIA	우리를 둘러싸고 있는 주변 세계에 대한 지식과 선지로서 민간 지도자나 군지휘관에 관계없이 (정보)소비자들로 하여금 다양한 정책선택과 그 결과를 고려하게 하는 것이다.

정보기관이 내리는 정보에 대한 정의	① 정보란 국가의 정책결정을 위하여 수집된 첩보를 평가, 분석, 종합 및 해석한 결과로 얻은 지식을 말한다. ② 국가정책이나 전략기획을 수립하거나 의사를 결정하기 위한 사용자에게 가치 있고 유용한 지식이다. ③ 정보는 1차 정보 또는 생정보인 첩보의 평가·분석 등의 일련의 과정을 통하여 생산된 제2차적, 종합적, 창조적 지식이다.

③ **첩보의 의의**

㉠ 첩보란 **목적성을 가지고 의도적으로 수집한 데이터**를 말한다. 첩보는 의식적으로 수집하여야 하며, 아직 분석이나 평가 등의 정보처리과정을 거치지 않은 것이므로 다소 **불확실하다는 특징**을 가지고 있다. 그러므로 첩보는 다소 조잡하고 경우에 따라서는 용도에 맞지 않을 때도 있다. 근거가 희박한 풍문, 소문, 루머도 첩보의 일종에 해당한다.

㉡ 첩보의 질을 결정짓는 요소에는 첩보수집기법, 수집자의 자질, 망원의 자질 등이 있다.

(2) 정보와 첩보의 관계

① **정보와 첩보의 비교**

첩보의 수집은 정보생산의 전 단계이므로 첩보의 범주는 정보보다 훨씬 넓다. 정보활동의 궁극적 목적이 국가안전보장과 국가발전에 있으므로 첩보와 정보는 당연히 국가정책과 연계되어야 한다. 현재는 민주화 시대의 도래와 함께 국가이익 우선주의 사상에서 탈피하여 각종 첩보활동에 대한 민주적 통제가 강화되어가는 추세에 있다.

② **정보와 첩보의 구분기준**

구분	정보	첩보
정확성	객관적으로 평가된 정확한 지식	부정확한 견문지식을 포함
완전성	특정한 사용목적에 맞도록 평가·분석·종합·해석하여 만든 완전한 지식	기초적·단편적·불규칙적·미확인 상태의 불완전한 지식
적시성	정보사용자가 필요로 하는 때에 제공되어야 하는 적시성이 특히 요구됨	시간에 구애받지 않고 과거와 현재의 것을 불문
사용자의 목적성	사용자의 목적에 맞도록 작성된 지식	사물에 대해 보고 들은 상태 그 자체의 묘사이므로 목적성이 없음
생산과정의 특수성	첩보의 요구·수집 및 정보의 생산·배포 등의 과정을 거치면서 여러 사람의 협동작업을 통하여 생산	협동작업이 아닌 단편적이고 개인의 식견에 의한 지식
공통점	정보와 첩보 모두 지식으로서의 자료적 가치가 있음	

(3) 정보와 정책과의 관계

① **전통주의**

전통주의란 **정보와 정책에 대한 일정수준의 분리의 필요성**을 강조한 입장으로 대표적 학자로는 Mark M. Lowenthal을 들 수 있다.

㉠ **정보는 정책에 의존하여 존재하지만, 정책은 정보의 지지 없이도 존재할 수 있다.**

㉡ 정보생산자는 정보의 제공과 정보의 조작을 구분해야 한다.

㉢ 고위정책결정자들은 고위정보관에게 자문을 구할 수 있어야 한다.

㉣ **정보는 정책결정에 조언을 주는 방향으로만 기능해야 한다.**

㉤ 전통주의를 따를 경우 **현용정보**에 치중하게 되는 경향이 있다.

② **행동주의**

정보와 정책이 공생관계에 있기 때문에 **상호 관련성을 강조**한 입장으로 CIA가 채택한 입장이다. 대표적 학자로는 Roger Hilsman이 있다.

㉠ **정보생산자는 정책결정과정에 대한 연구와 이해가 있어야 한다.**

㉡ **정보생산자는 정보사용자에게 의미가 있는 사안들에 정보역량을 동원한다.**

㉢ **정보와 정책간에 환류체제가 필요하다.**

2. 정보의 학문적 특성

(1) 정보의 특성

특성	내용
필요성	정보는 정보사용자가 현재 당면하고 있거나 당면하게 될 문제해결을 위해 필요한 내용을 제공할 때 가치가 있다.
적시성	① 정보는 정보사용자의 의사결정에 필요한 시기에 제공되어야 가치가 있다. ② 일반적으로 시간이 지체될수록 정보의 가치가 줄어든다.
비이전성	정보는 타인에게 전달해도 본인에게 그 가치가 그대로 남는다.
누적효과성	정보는 축적되면 될수록 그 가치가 커진다.
신용가치성	정보는 출처(정보원)의 신용 정도에 따라 가치가 달라진다.
무한가치성	정보는 필요한 사람이면 누구에게나 가치를 가진다.
정보제공의 빈도	정보는 정보사용자에게 제시되는 빈도에 따라 그 가치가 달라진다.
완벽성	정보는 특정 상황에 대한 전반적이고 체계적인 내용을 모두 전달해 줄 수 있는가에 따라 가치가 달라진다.

(2) 정보의 가치에 대한 평가요소와 효용성

① **정보의 가치**

㉠ 정보는 그 자체로 아무리 훌륭하다고 하더라도 그 정보를 필요로 하는 사람에 의해 적절히 사용되지 않는다면 아무런 가치가 없는 것이 된다.

㉡ **동일한 정보라도 사용자가 다르면 그 가치는 달라진다.**

㉢ 정보는 신속하고 정확하게 사용자의 목적에 도움을 줄 수 있을 때에 그 가치가 인정되며, 정보를 사용하는 사용자의 지식과 경험에 따라서도 정보의 활용성은 달라진다.

② **정보의 가치에 대한 평가요소**

요소	내용
적실성	정보가 정보 사용자의 사용목적에 얼마나 관련된 것인가의 여부에 대한 평가요소이다.
필요성	관련 정보가 사용자에게 필요한 지식인지에 대한 평가요소이다.
정확성	수집된 정보가 얼마나 정확한 것이냐에 대한 평가요소이다.
적시성	㉠ 정보가 사용자가 필요한 때에 사용될 수 있도록 제공되느냐에 대한 평가요소이다. ㉡ 정보의 적시성 문제를 평가할 때 그 기준이 되는 시점은 '사용자의 사용시점'이다. ㉢ 정보가 너무 이른 시기에 전달될 경우 불확실한 변수로 인한 오류가 있게 되고 보안성이 상실되기 쉬우며, 지나치게 늦게 제공될 경우 정보가치가 상실되거나 감소한다.
완전성	제시된 주제와 관련하여 얼마나 완전한 내용의 정보가 제공되느냐에 대한 평가요소이다.

객관성	정보가 생산자나 사용자의 의도에 따라 주관적으로 왜곡되면 선호 정책의 합리화 도구로 전락할 수 있다.
정보제공의 빈도	㉠ 정보의 사용자에게 얼마나 자주 제공되느냐에 대한 평가요소이다. ㉡ 정보가 자주 제공될수록 사용자에게는 도움이 될 가능성이 높으므로 그만큼 정보의 가치도 높아진다.

③ **정보의 효용성**

정보의 질적 요건을 갖춘 정보를 어떻게 사용하면 정책결정에 기여할 수 있는가에 대한 기준을 정보의 효용성이라고 한다.

구분	내용
형식효용	㉠ 정보는 정보사용자가 요구하는 형식에 부합할 때 형식효용이 높다고 평가를 받게 된다. ㉡ 형식효용은 보고서 1면주의와 관련이 있다. ㉢ 전략정보는 높은 수준의 정책결정자가 보는 만큼 형식효용에 있어서도 중요한 요소만을 압축한 형태(1면주의)가 바람직하지만, 전술정보는 낮은 수준의 정책결정자나 실무자에게 제공되므로 비교적 상세하고 구체적일 필요가 있다.
시간효용	㉠ 정보는 정보사용자가 정보를 필요로 하는 시점에 제공될 때 시간효용이 높다는 평가를 받는다. ㉡ 정보의 적시성과 가장 밀접하게 관련된 것은 시간효용이다.
소유효용	㉠ 정보는 상대적으로 많이 소유할수록 집적의 효과를 발휘할 수 있다. ㉡ 소유효용은 "정보는 국력이다"라는 말로 표현될 수 있다.
접근효용	정보는 정보사용자가 쉽게 접근할 수 있어야 한다.
통제효용	㉠ 정보는 정보를 필요로 하는 사람들에게 필요한 만큼 제공되도록 통제되어야 한다. ㉡ 차단의 원칙이나 방첩활동은 통제효용과 관련이 깊다.

(3) 정보의 구분

① **사용수준(성질)에 따른 구분**

구분	내용
전략정보	㉠ 전략정보라 함은 국가정책과 안전보장에 막대한 영향을 주는 국가수준의 정보를 의미한다. ㉡ 전시는 물론이고 평시에도 요구되는 국가수준의 정보이다.
전술정보	㉠ 전략정보의 기본적인 방침하에서 이를 구체적으로 수행하기 위한 세부적 · 부분적인 정보를 말한다. ㉡ 전략정보가 국가의 기본적 종합정보인 데 비하여 전술정보는 세부적이고 부분적인 정보이다.

⊕ PLUS

방첩정보란 적 또는 집단의 정보공작에 대항하기 위한 정보를 말한다.
전략정보와 전술정보는 항상 상대적인 개념으로 파악되고 있으며 또한 방첩정보와 구별하여 적극정보로서의 성격을 가진다.

② 출처에 따른 구분

㉠ 근본출처와 부차적 출처

구분	내용
근본출처	ⓐ 정보가 획득되는 실질적인 원천 ⓑ 이 출처에서 획득되는 정보가 중간기관이나 전달자에 의한 변조 없이 원형 그대로 입수할 수 있는 장점이 있음
부차적 출처	ⓐ 근본출처에 의해 입수된 첩보가 중간기관에 의하여 부분적으로 평가, 요약, 변형된 것을 제공받는 출처 ⓑ 이 출처에서는 진실을 위장한 역정보와 과장 및 모략정보 그리고 조작정보가 산출될 소지가 많음

㉡ 정기출처와 우연출처

구분	내용
정기출처	ⓐ 정기적으로 정보를 획득할 수 있는 출처 ⓑ 정기간행물, 방송, 신문 등의 매스컴 출처와 정기적인 회의, 기타 정기적인 제보를 해주는 망원(網員) 등이 이에 해당
우연출처	ⓐ 한때 우연히 정보가 제공되는 출처 ⓑ 소극적인 경우: 사람이 많이 모인 장소, 다방이나 공원, 시장 등지에서 우연한 기회에 정보를 입수하는 것 ⓒ 적극적인 경우: 평소 주위 사람들과 원만한 인간관계를 이루어 주변 사람들로 하여금 발생된 정보를 자발적으로 제공해 올 수 있도록 하는 경우

㉢ **비밀출처와 공개출처**: 비밀출처는 취재원이 보호를 받는 출처이며, 공개출처는 취재원이 공개된 출처를 말한다. 출처가 개방되고 공개되어 있다하여 공개출처에서 얻은 첩보가 비밀출처보다 가치가 떨어지는 것은 아니며 오히려 우리가 얻는 정보의 대부분은 공개출처에서 얻어지고 있음을 감안할 때 공개출처의 중요성은 더욱 강조되고 있다고 할 수 있다.

③ 입수형태에 따른 구분

구분	내용
직접정보	㉠ 직접정보는 정보입수에 있어 어떠한 매체도 통하지 않고 직접 입수하는 형태 ㉡ 신뢰도가 가장 높음
간접정보	간접정보는 입수시에 중간매체를 통하여 입수한 정보

④ 요소별 구분

정치정보, 경제정보, 사회정보, 군사정보, 과학정보, 산업정보 등으로 분류할 수 있다.

⑤ 대상(사용목적)을 중심으로 한 구분

구분	내용
적극정보	국가의 경찰기능에 필요한 정보 이외의 모든 정보
소극정보 (보안정보)	국가안전보장을 위태롭게 하는 간첩활동, 태업 및 전복에 대비할 국가적 취약점의 분석과 판단에 관한 정보로서 국가의 경찰기능을 위한 정보

⑥ 기능(분석형태)에 따른 구분 – 기본정보, 현용정보, 판단정보

구분	내용
기본정보	㉠ 모든 사상과 정적인 상태를 기술한 정보이다. ㉡ 기술적 · 서술적 또는 일반자료적 유형의 정보 ㉢ 비교적 변화가 적은 기초적인 사항을 내용으로 한다. ㉣ 기본정보가 취급할 내용은 사실상 모든 변화의 기초라고 할 수 있다. ㉤ 기본정보는 현용정보 또는 판단정보의 작성자가 사용할 정보로서 일반적으로 정보수집록에 보관하였다가 백과사전화할 수 있는 정보이다.
현용정보	㉠ 모든 사상의 동태를 현재의 시점에서 객관적으로 기술한 정보 ㉡ 정책결정자 또는 의사결정자에게 현재 상황을 즉시 알리기 위한 정보 ㉢ 상황속보를 의미한다.
판단정보	㉠ 어떤 사실 또는 사상에 대한 장래를 예고하고 정책결정에 대한 책임이 있는 정보사용자에게 적당한 사전지식을 주는 것이 주목적인 정보 ㉡ 판단정보는 장래에 있을 어떤 상태에 관한 예측평가 또는 보고 유형의 정보로서 정보생산자의 능력과 재능을 가장 많이 요구 ㉢ 기획정보라고도 한다.

⑦ 수집활동(방법)에 따른 구분 – 인간정보 · 기술정보

구분	내용
인간정보 (Human Intelligence)	㉠ 인적수단을 사용하여 수집한 정보(HUMINT; Human Intelligence) ㉡ 정보를 수집하는 임무를 수행하는 공무원인 정보요원(IO; Intelligence Officer)이 대표적인 수단 ㉢ 해외에 주재하면서 주재국의 정보를 수집하는 외교관도 공적인 인적수단에 해당 ㉣ 공적인 인적수단 외에도 인간이 정보수집의 대상이 되는 경우가 많다. 공작원이나 협조자 또는 망명자, 여행객 등이 그 대표적인 사례 ㉤ 인간 자원을 통해 생산하는 정보로 주로 전술적으로 접촉에 의한 적접적인 관찰이나 기만수단, 포로, 서류, 장비, 공작원에 의한 장거리 정찰 · 청음 및 관측소, 군사 및 준 군사 부대와 접촉 그리고 접적지역에 있는 아군 부대의 보고에 의해 얻어지는 정보
기술정보 (Technical Intelligence)	㉠ 기술정보란 기술적 수단을 사용하여 수집된 정보 ㉡ 기술정보(TECHINT; Technical Intelligence)는 첩보위성을 활용한 영상정보(IMINT; Imagery Intelligence)와 각종 신호(인간의 음성, 레이더 신호, 방사능 반응 등)를 대상으로 하는 신호정보(SIGINT; Signal Intelligence)로 구분

3. 정보공개 제도와 정보제공

구분	정보공개	정보제공
의미	국민이 원하는 정보를 접근 · 이용할 수 있게 하는 것	정부가 홍보 · 선전용으로 국민에게 제공하는 것
제공정보	가공되지 않은 정보를 제공	가공된 홍보성 정보를 제공
청구 유무	원칙적으로 공개청구를 필요로 함	공개청구 유무에 관계없음
제공의무	법령에 의해 공개가 의무화	정보제공 여부의 선택이 재량사항

사례	① 법령에 의한 의무적 공표제도 ② 행정절차에 의한 이해관계인에 대한 정보 공개 ③ 쟁송에 있어 증거의 제출 ④ 정보공개제도에 의한 정보공개 ⑤ 자기정보공개청구제도에 의한 자기정보의 공개	① 홍보·공청회제도에 의한 행정홍보 ② 보도기관에 대한 정보제공 ③ 행정창구나 행정자료실에 의한 일반정보 서비스

4. 프라이버시와 정보활동

(1) 프라이버시의 개념

구분	내용
Samuel Warren & Louise Brandeis	개인의 혼자 있을 권리로 이해하여 민주주의에서 가장 중요한 자유로서 헌법에 반영되어야 한다고 주장
Alan F. Westin	개인, 그룹 또는 조직이 자기에 관한 정보를 언제, 어떻게 또는 어느 정도 타인에게 전달할까 하는 것을 스스로 결정할 권리
Edward Bloustine	인간의 인격권의 법익이므로 인격의 침해, 개인의 자주성, 존엄과 완전성을 보호하는 것
Ruth Gavison	프라이버시의 3가지 요소로 비밀, 익명성, 고독을 가지고 있으며 그것이 자신의 선택에 의해서 또는 타인의 행위에 의해서 상실될 수 있는 상태

(2) W. L. Prosser의 프라이버시 침해 유형

침해유형	내용
사적인 일에의 침입	① 개인의 일상적이고 정상적인 사생활을 침해하여 불안이나 불쾌감 등을 유발하는 행위를 말한다. ② 개인뿐만 아니라 공권력에 의해서도 일어날 수 있다. ③ 개인정보취득의 수단이 비정상적이고 불법적이면 목적에 관계없이 프라이버시의 침해가 된다. ④ 도청, 타인의 은행계좌의 불법 추적 등이 사적인 일에의 침입에 해당하는 사례라고 할 수 있다.
사적인 사실의 공개	① 공개를 원치 않는 사적인 사실을 일반에게 공개하는 행위로서 주로 신문, 잡지, 방송 등의 대중매체에 의해서 이루어질 수 있다. ② 표현의 자유와의 충돌문제가 거론될 수 있지만 본인이 희망하지 않는 한 프라이버시가 우선되어야 한다고 본다. ③ 범죄경력 사실을 공개하면 현재의 정상적인 생활을 침해하는 경우나 특정인의 기형적인 신체 상태를 공개하여 누구나 식별할 수 있도록 하는 행위 등이 그 예가 될 수 있다.
사생활에 관한 판단의 오도	① 내용의 본질을 왜곡시켜 대중의 판단을 그릇되게 하여 해당 개인의 신상에 침해를 주는 행위를 말한다. ② 특정인에 대한 허위 또는 허구사실을 발표하거나, 타인사진의 무단사용 및 무단전재 등을 자행하여 일반인의 눈에 해당인이 진실과 다르게 보이도록 하여 해당 개인에게 정신적인 고통을 주는 행위를 말한다. ③ 형법상 명예훼손죄가 될 수도 있다. ④ 특정인의 사진을 현상수배자 리스트에 넣는 행위 등을 그 예로 들 수 있다.

사적인 일의 영리적 이용	① 특정 개인의 인격적 이익을 침해하여 경제상의 이익을 취하는 행위를 의미한다. ② 특정인의 성명을 영업적 이익의 확보를 위해 이용하는 행위 등이 사적인 일의 영리적 이용에 해당한다.

02 해양정보경찰의 정보활동

1. 정보경찰

(1) 정보경찰의 의의

① **정보경찰의 개념**

정보경찰은 공공의 안녕과 질서에 대한 위험 또는 경찰 위반의 상태를 제거하기 위하여 치안정보 또는 그 배경이 되는 국내외의 정치·경제·사회·문화 등의 일반적 정보 등을 수집·분석·작성·배포하는 경찰활동이다.

② **정보경찰 활동의 법적 근거**

해양경찰법 제14조와 경찰관 직무집행법 제2조가 **'공공안녕에 대한 위험의 예방과 대응을 위한 정보의 수집·작성 및 배포'**를 규정하고 있으므로 해양경찰의 사물관할의 범위로서 정보활동의 법적 근거가 된다.

(2) 정보경찰의 특성

① **목적상 특성**

정보경찰은 국민의 생명·신체·재산을 보호하고 사회공공의 안녕과 질서를 유지하는 것을 목적으로 하지만 단순히 개인적 법익을 침해하는 범죄나 질서유지를 위한 일시적인 해양경찰권 발동의 대상은 정보경찰의 직접적인 활동 대상이라고 볼 수 없다. 그러므로 **국가목적적 작용**이라고 보아야 할 것이다.

② **수단상 특성**

정보경찰은 국가의 안전을 위해하는 요소에 대한 **사전적 활동**에 해당하며 활동수단은 **비공개적**이라는 특징이 있다.

③ **조직상 특성**

정보조직은 목적달성을 위해 기획기능·첩보수집기능·분석 및 생산기능·수요자에게 적시에 배포하는 모든 기능을 할 수 있도록 조직되어 있다. 그러므로 정보조직은 총괄성과 전문성이라는 원칙을 융합시키기 위해 조정이 필요하다.

2. 해양경찰의 정보활동

(1) 해양경찰의 정보활동의 필요성

① **예방수단으로서 정보활동**

예방수단으로서의 정보활동을 통하여 공공의 안녕과 질서에 대한 위험이나 해양경찰위반의 상태를 야기하는 경비상황 또는 범죄를 사전에 방지할 수 있다.

② **사후수단으로서의 정보활동**

해양경찰은 사태가 발생한 후에라도 **진압 또는 검거를 위한 사후수단**으로서의 정보활동을 통하여 위해의 최소화를 도모하고 적절한 조치가 가능해진다.

(2) 해양경찰의 정보활동의 한계

① **실정법상의 한계**

㉠ 헌법상 보장된 기본권은 국민의 모든 자유와 권리는 국가안전보장·질서유지 또는 공공복리를 위하여 필요한 경우에 한하여 법률로써 제한할 수 있으며, 제한하는 경우에도 자유와 권리의 본질적인 내용을 침해할 수 없다.

㉡ 정보경찰활동도 원칙적으로 헌법과 법률이 허용하는 범위 내의 활동이어야 정당성이 인정된다.

② **조리상의 한계**

㉠ **의의**: 정보활동은 그 특성상 활동목적이나 수단 등을 법제화하는 것이 불가능하다. 따라서 정보경찰권 발동의 한계가 문제되는데 현저한 국가이익이나 위해예방 및 제거가 필요한 경우에는 국가이익의 보호차원에서 적합성, 필요성, 상당성의 원리에 따라야 할 것이다.

㉡ **구체적 예시**

ⓐ **망원(網員)을 이용한 정보활동**: 개인의 인격을 적극적으로 침해하는 경우를 제외하고 망원을 이용하여 정보활동을 할 수 있다.

ⓑ (간첩사실 구증을 위한 경우) 감청, 사진촬영, 고도의 국가이익이나 안전보장을 위한 도청, 사진촬영 등의 정보경찰활동이 가능하다.

ⓒ 법령에 의한 시찰, 보호관찰업무, 법령에 의한 개인의 동향을 파악하거나 행동을 규제하는 경우 정보경찰활동이 가능하다.

(3) 해양경찰의 정보활동의 특색

특징	내용
기초활동성	① 경비정보, 범죄정보, 보안정보, 외사정보, 기타정보 등의 정보수집활동은 각종 해양경찰활동을 하는 데 있어 기초가 되는 활동이다. ② 정보기능에는 최종적인 조치권한이 수반되어 있지 않으며, 그러한 권한은 다른 기능 또는 다른 기관에서 수행한다.
사실행위성	정보수집활동은 각종 해양경찰활동을 하는 데 있어 기초가 되는 활동으로서, 그 법적 성질은 사실행위에 속한다.
비권력성	정보활동은 국민과의 관계에서 국민의 자유 또는 권리를 침해하는 권력적 작용이 아니라 임의 수단에 의한 비권력 작용이다.
광범성	해양정보경찰활동은 모든 해양경찰활동을 위한 기초활동이기 때문에, 대상의 측면에서나 사태 또는 범죄의 전후 여부 등에 제한이 없다.

03 정보의 순환

1. 정보의 순환과정

(1) 정보순환의 의의

① **정보순환의 개념**

정보의 순환과정은 정보산출의 과정으로 '**정보의 요구 → 첩보의 수집 → 정보의 생산 → 정보의 배포**' 과정이 계속적, 반복적으로 진행하여 순환하는 형식을 취한다.

② **정보순환의 성격**

정보순환의 각 단계는 소순환과정을 거치며 전체 순환과정에 연결된다. 정보의 순환은 **연속적 또는 동시에** 이루어질 수도 있다.

③ 정보의 순환과정

단계	내용
정보요구단계	정보의 사용자가 첩보의 수집활동을 집중 지시하는 단계로서 정보활동의 기초가 된다.
첩보수집단계	수집기관의 수집지시 및 요구에 의해 첩보를 수집하고 이를 지시 또는 요구한 사용자에게 제공하는 단계이다.
정보생산과정	수집된 첩보를 선택 · 기록 · 평가 · 분석 · 종합 · 해석하는 특수처리과정을 통해 정보로 전환하여 처리하는 단계로서 학문적 성격이 가장 강한 단계이다.
정보배포단계	생산된 정보가 정보를 필요로 하는 정보의 사용자에게 유용한 형태(구두, 서면, 도식 등)로 배포되는 단계이다.

: 두문자

정보의 순환과정

요수생포

(2) 정보의 요구

① 정보요구의 의의

정보의 사용자가 필요에 따라 첩보의 수집활동을 집중 지시하는 것(정보활동의 기초)으로 정보순환의 첫 단계로서 필요성을 결정하고 이러한 결정 내용을 지시하는 단계에 해당한다.

② 정보요구의 소순환과정

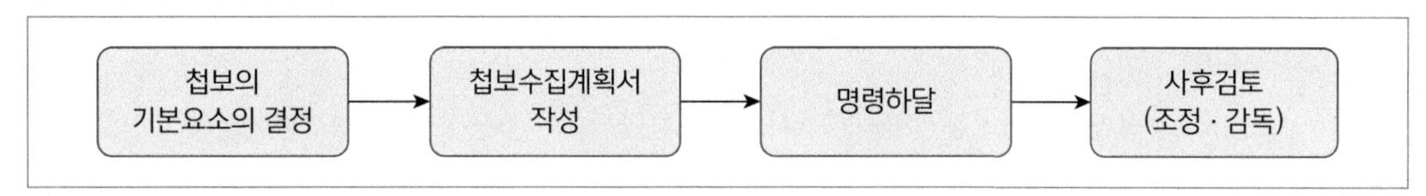

③ 정보요구의 소순환과정의 내용

㉠ **첩보의 기본요소 결정**: 먼저 정치, 경제, 사회 등 어느 부문의 정보를 요구할 것인가에 대하여 첩보의 기본요소를 결정하여야 한다.

㉡ **첩보수집계획서 작성**: 사전에 어떤 내용을 누가 언제까지 어떤 방법으로 수집 · 보고할 것인가에 관한 계획서(명령서)를 작성하여 지시한다. 그러나 첩보수집계획서의 작성과정에서는 **첩보의 출처에 대한 내용이 고려되지는 않는다.**

㉢ **명령하달**: 수집계획서가 완성되면 수집활동에 적합한 시기에 요구내용을 명령하게 되는데 이때는 구두나 서면 등 상황에 따라 알맞은 방법이 사용된다.

㉣ **정보활동의 감독 · 조정(사후검토)**: 요구한 내용이 잘 수집되고 있는지, 수집지시된 내용 중 필요 없는 내용이 없는지 검토하는 등 지속적인 감독 · 조정이 요구된다.

④ 정보요구의 방법

㉠ PNIO(Priority of National Intelligence Objective)

ⓐ **국가정보목표 우선순위**

ⓑ 국가안전보장이나 정책에 관련되어 정부에서 기획된 연간 기본정책을 수행함에 있어 필요로 하는 자료를 목표로 하여 선정하는 **한 국가의 1년간 기본정보운용지침**

ⓒ 우선적인 정보목표일 뿐만 아니라 국가의 모든 **정보기관** 활동의 기본방침

㉡ EEI(Essential of Information)

ⓐ 첩보의 기본요소

ⓑ 임무를 효과적으로 수행하기 위하여 우선적으로 필요로 하는 정보요구사항

ⓒ 첩보수집계획서(정보수집계획서)의 핵심을 이루는 기준이며, **해당 기관**의 정보활동에 대한 기본 방침에 해당

ⓓ 가장 기본적인 요구일 뿐만 아니라 **계속적·반복적**인 요구이며, **광범위한 지역**에 걸쳐 수집되어야 할 요구사항인 동시에 **일반적으로 항상 필요한 사항**의 요구

㉢ SRI(Special Requirement for Information)

ⓐ 특정 첩보요구

ⓑ 어떤 돌발사항에 대하여 필요한 한도 내에서 **단편적·지역적인 특수사건을 단기에 해결**하기 위해 필요한 경우에 정보를 요구하는 방법

㉣ OIR(Other Intelligence Requirement)

ⓐ 기타 정보요구

ⓑ 국가정책목표 수행여건의 변화 등으로 **정책상 수정이 요구**되거나 또는 이를 위한 자료가 절실히 요구될 때 **PNIO에 우선**하여 정보목표를 달성하기 위한 정보요구

EEI와 SRI의 비교

구분	EEI	SRI
성질	계속적·반복적·전국적 사항의 첩보요구	임시적·돌발적·특수적·지역적인 특수사항에 대한 단기적 첩보요구
의의	첩보수집요구의 기본적 지침	단기적인 문제 해결의 즉응적 첩보 요구방법(EEI에 비해 구체적, 전문적)
사전계획서	필요	불필요
활동기관	공개적이고 문서화되어 사회연구기관에서 담당	통상정보기관의 정보활동
형식	서면원칙	구두원칙

(3) 첩보의 수집

① 의의

첩보수집기관이 출처를 확보하여 첩보를 입수·획득하고 이를 정보작성기관에 전달하는 과정이다. 첩보의 수집단계는 정보의 순환과정 중에서 가장 중요하고 **어려운 단계**이다.

② 첩보수집의 소순환과정

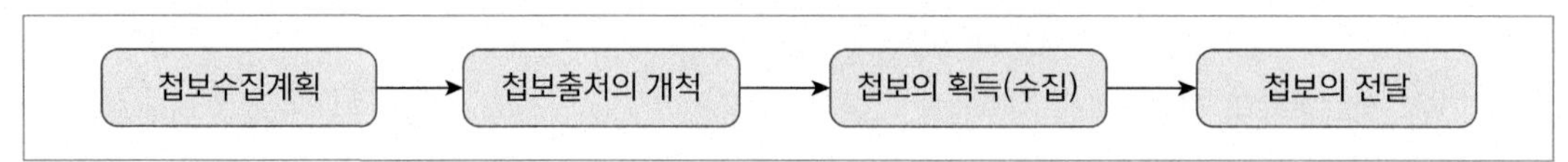

⊕ PLUS

단일출처를 통한 첩보수집의 경우 첩보를 비교할 대상이 없으므로 해당 첩보의 정확성을 판단하기가 어렵다. 그러므로 정보의 생산시 첩보에 대한 정확한 분석이나 비교를 위해서는 이중출처를 활용하는 것이 바람직하다.

③ **첩보수집시 우선순위를 결정할 때 고려해야 할 기준**

원칙	내용
고이용정보 우선의 원칙	이용가치가 높은 정보부터 수집
참신성의 원칙	지금까지 알려지지 않은 정보부터 수집
긴급성의 원칙	긴급한 정보부터 수집
수집가능성의 원칙	수집가능성이 있는 정보부터 수집
경제성의 원칙	경제성이 있는 정보부터 수집

: 두문자

우선순위 결정기준

고참긴수경

(4) 정보의 생산

① **정보생산의 의의**

㉠ 첩보를 정보로 산출하는 정보순환의 단계로서 정보사용자의 요구에 맞도록 생산기관에서 첩보의 기록 및 보관, 첩보의 평가 · 분석 · 종합 · 해석의 과정을 거쳐 보고서를 작성하여 정보를 생산하는 과정이다. 정보순환의 단계 중에서 **학문적 성격이 가장 많이 지배**하는 단계에 해당한다.

㉡ 양질의 정보생산을 좌우하는 변수에는 첩보의 질, 정보처리의 전문성, 첩보수집 요원의 자질 등이 있다.

② **정보의 생산과정**

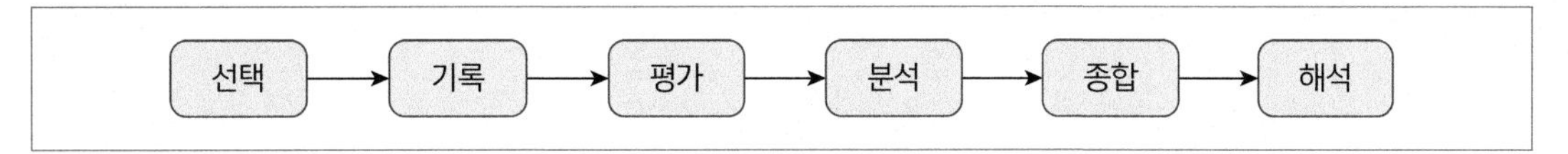

㉠ **첩보의 선택**

ⓐ 수집된 첩보 중에서 우선 불필요한 첩보를 골라내고 긴급성, 유효성 등을 기준으로 필요한 것들을 걸러내는 **초기적 평가과정**

ⓑ 정보생산단계의 소순환 과정 중 **제1차적 평가과정**

ⓒ 첩보는 긴급성, 유용성, 신뢰성, 적합성 등을 평가하여 선택한다.

㉡ **첩보의 기록**: 당장 사용할 필요가 없는 자료는 가급적 그 양을 최소화하여 기록 · 보관한다. 또한 필요한 자료만을 선별적으로 보관하여야 하며, 필요할 때 신속하고 용이하게 사용할 수 있도록 **기록하여 보관**해야 한다.

㉢ **첩보의 평가**: 첩보의 타당성을 판정하는 생산과정이다.

ⓐ **수집된 첩보를 평가하는 과정에서 검토되어야 할 사항**

ⅰ 첩보의 **적절성**

ⅱ 첩보를 제공한 출처 및 기관에 대한 **신뢰성**

ⅲ 내용에 대한 **가망성**

ⓑ **첩보의 가망성 검토의 요건**

ⅰ **견실성**: 내용이 얼마나 충실하고 전후 모순이 없는지 여부

ⅱ **상세성**: 보고내용이 얼마나 내용을 상세히 포함하는지 여부

ⅲ **타당성**: 평가자의 보유정보로 보아 얼마나 타당성이 있는지 여부

ⅳ **일치성**: 타 출처에서 입수된 첩보와 얼마나 내용이 일치하는지 여부

⊕ PLUS

가망성은 기존성 또는 정확성으로 해석되기도 한다. 첩보 자체의 가망성은 출처의 신뢰성과는 관계없이 검토되는 것이 바람직하다.

㉣ **첩보의 분석**: 분석은 **평가된 첩보**를 기본요소별로 분류하고 기존자료에 관계있는 것과 비교하여 유사한 것끼리 재분류를 하는 과정으로서 수집된 첩보를 **재평가**하는 과정에 해당한다.

㉤ **첩보의 종합**: 부여된 주제에 대한 정보를 생산하기 위하여 동류의 것끼리 분류된 사실을 하나의 통일체로 **결합하는 과정**으로서 **분석에서 확인된** 각각의 단편적인 자료와 그에 관련된 여러 가지 사실을 맞추어 하나의 통일체로 만드는 작업이다.

㉥ **첩보의 해석**: **평가, 분석, 종합된 생정보(1차 정보)**에 대하여 그 의미와 중요성을 결정하여 건전한 **결론도출**을 가능하게 하는 과정이다.

(5) 정보의 배포

① 정보배포의 의의

정보의 배포란 정보를 필요로 하는 개인이나 기관에게 적합한 형태와 내용을 갖추어 적당한 시기에 제공하는 과정이다. 정보는 소요시기와 사용목적에 따라 시급하고 중요한 정보를 우선적으로 배포해야지 **먼저 생산되었다고 우선적으로 배포하는 것은 적절하지 않다.**

② 정보배포의 원칙

원칙	내용
필요성	정보는 반드시 알아야 할 필요가 있는 대상에게만 알려야 한다.
적당성	정보는 사용자의 능력과 상황에 맞추어서 적당한 양을 조절하여 필요한 만큼만 적절한 전파수단을 통해 전달되어야 한다.
보안성	정보의 배포시에는 보안을 갖추기 위한 장치가 필요하다.
적시성	① 정보는 정보사용자의 정보소요시기에 배포되어야 한다. ② 정보의 배포시기를 결정하는 기준은 적시성이며 정확하고 완전한 정보라 할지라도 배포과정에서 지연되어 사용시기를 놓치거나 너무 일찍 전달되면 정보의 가치는 상실되기 때문에 생산된 정보가 적시에 배포될 수 있도록 정보사용자의 정보소요시기를 계속적으로 연구해야 한다. ③ 정보배포시 적시성의 원칙이 중시되는 이유는 정보가 의사결정을 위한 자료이기 때문이다. 사용자가 의사결정을 이미 했을 때는 무용하고 너무 일찍 배포해도 상황변화 등으로 내용이 변동되어 자료가치가 상실될 가능성이 있기 때문이다.
계속성	이미 배포된 정보와 관련성을 가진 새로운 정보를 조직적이고 계속적으로 배포해야 한다.

③ 배포수단과 방법을 결정하는 요인

정보내용의 형태와 양, 정보의 긴급성, 비밀등급, 이용 가능한 전달방법, 정보의 사용 목적, 요구되는 부수(수량), 수수기관의 형태 등에 따라 배포의 수단은 달라진다.

배포수단	내용
구두	정보의 배포수단 중 보안 유지가 가장 용이한 방법이다.
비공식적 방법	① 통상 개인적인 대화의 형태로 이루어지며, 질문에 대한 답변이나 토의 형태로 직접 전달하는 방법이다. ② 정보생산자와 정보사용자 개인간 대화의 형태로 이루어지는 것이 일반적이다.
브리핑 (Briefing)	정보사용자 또는 다수 인원에게 신속히 전달하는 경우에 이용되는 방법으로 강연식이나 문답식으로 진행되며, 현용정보의 배포수단으로 많이 이용된다.
메모(Memo)	① 정보분석관이 가장 많이 활용하는 방법으로 정기간행물에 포함시키는 것이 적절하지 못한 긴급한 정보를 전달하는 데 주로 사용되며, 신속성이 중요하다. ② 현용정보의 배포에 주로 사용된다. ③ 요약된 내용이나 결론만 기재되므로 다소 정확도가 떨어진다는 단점이 있다. ④ 브리핑과 달리 필기내용이 증거로 남으며, 서류철로 보관이 가능하다는 장점이 있다.
일일정보 보고서	① 매일 24시간에 걸친 정치, 경제, 사회, 문화 등 제반 정세의 변화를 중점적으로 망라한 보고서로 사전에 고안된 양식에 의해 매일 작성되며, 제한된 범위에서 배포된다. ② 미리 정해진 보고서 양식에 따라 매일 작성되고, 일반적으로 제한된 대상에게만 배포한다.
정기간행물	① 주간 또는 월간의 형태로 발행된다. ② 다수인을 대상으로 광범위한 배포를 목적으로 한다.
특별보고서	수집된 정보가 다수의 사용자나 기관에 대하여 이해관계가 있거나 가치가 있을 때 사용한다.
서적	수집된 정보가 다수인에게 참고자료나 교범으로 이용될 때 사용하는 배포수단이다.
전화	① 돌발적이고 긴급한 경우에 사용하는 정보의 배포수단이다. ② 주로 해외에 주재하는 정보생산자가 국내의 정보사용자에게 정보를 신속하게 전달하기 위해 사용한다. ③ 다른 정보배포수단보다 보안의 유지가 중요하다.
문자메시지	① 정보사용자가 공식적 행사나 회의 등에 참석 중이라 물리적인 접촉이 불가능한 경우에 사용한다. ② 일반적으로 사실확인 차원의 단순보고에 활용한다.

④ 정보보고서

㉠ 정보보고서의 종류

종류	내용
견문보고서	경찰관이 오관의 작용을 통해 근무 및 일상생활 중 지득한 여러 견문을 신속, 정확하게 수집 · 보고하는 보고서
특별보고서	국내 치안상 중대한 위해를 미치거나 사회에 물의를 야기시킬 사항, 중요시책자료에 제공할 사항에 관한 보고서
정보판단서	타 견문과 자료를 종합 · 분석하여 작성한 보고서로서 지휘관으로 하여금 상황에 대한 조치를 하게 하는 보고서

㉡ 정보보고서 작성시 판단을 나타내는 용어

구분	내용
판단됨	어떠한 징후가 나타나거나 상황이 전개될 것이 거의 확실시되는 근거가 있는 경우
예상됨	첩보 등을 분석한 결과 단기적으로 어떠한 상황이 전개될 것이 비교적 확실한 경우
전망됨	과거의 움직임이나 현재동향, 미래의 계획 등으로 미루어 장기적으로 활동의 윤곽이 어떠하리라 예측을 할 경우
우려됨	구체적인 징후는 없으나 전혀 그 가능성을 배제하기 곤란하여 최소한의 대비가 필요한 때
추정됨	구체적인 근거는 없이 현재 나타난 동향의 원인, 배경 등을 다소 막연히 추측할 때

(6) 정보순환과정의 장애요인

① 정보생산자로부터의 장애요인

구분	내용
다른 정보와의 경쟁	신문, 방송 및 인터넷 등을 통해 수많은 정보들이 거의 실시간으로 전파되고 있으며, 기업 정보부서, 증권가 등의 신설 정보지 등과도 경쟁한다.
편향적 분석의 문제	정보분석관의 객관적 분석의 결여, 정보기관의 집단적 편견 등이 정보순환과정 실패의 주요 원인이다.
적시성의 문제	정책결정자의 수요에 맞추어 제시간에 정보보고서를 제출할 수 있어야하며, 완벽한 보고서를 만든다고 시간변수를 간과한다면 좋은 정보보고서를 만들 수 없다.
적합성의 문제	정책결정자의 소요(필요)에 부합되지 않는다면 정책수립에 도움이 될 수 없다.
판단의 불명확성	정보의 속성상 정보는 애매하고 불명확한 사안을 다루고 있어 여러 가능성을 언급하는 경우가 많다.

② 정보사용자로부터의 장애요인

구분	내용
정책결정자의 시간적 제약성	정책결정자들은 각종 정책보고에서부터 관련 설명자료, 언론보도 내용 등 수많은 문서와 구두보고에 시달리고 있어 항상 시간적 제약을 받는다.
정책결정자의 선호정보	정책결정자는 선호정책을 뒷받침할 수 있는 정보를 원한다.
정책결정자의 자존심	정책결정자가 가지게 되는 자기분야에서의 최고라는 자신감이 자신의 견해를 반대하는 정보들을 비현실적이고 잘 알지 못한 데 따른 것이라면 무시한다.
정보에 대한 과도한 기대	정책결정자들은 정보가 문제에 대한 비밀스런 대답과 지침을 주기를 기대한다. 그러나 그 기대가 충족되지 못한 경우에는 정보에 대한 불신으로 이어지게 된다.
판단정보의 소외	정책결정자들은 현용정보를 가장 높이 평가하며, 판단정보는 그보다 낮게 평가한다.

04 해양경찰청 정보경찰 활동규칙

1. 서설

(1) 목적(제1조)

이 규칙은 경찰관 직무집행법 제2조, 해양경찰청과 그 소속기관 직제 제13조, 해양경찰청과 그 소속기관 직제 시행규칙 제8조에 따른 정보활동 과정에서 준수하여야 할 사항을 규정하는 것을 목적으로 한다.

(2) 정의(제2조)

이 규칙에서 사용하는 용어의 정의는 다음과 같다.

구분	내용
정보활동	해양에서의 공공안녕에 대한 위험의 예방과 대응을 위한 정보의 수집 · 분석 · 종합 · 작성 및 배포와 그에 수반되는 사실 확인과 조사 행위를 말한다.
정보관	해양경찰청과 그 소속기관 직제 제13조(수사정보국) 제3항 제4호 및 5호에 따른 직무를 수행하는 경찰관을 말한다.
공공기관	공공기관의 정보공개에 관한 법률 제2조 제3호에 따른 기관을 말한다.
국가중요시설	통합방위법 제2조에 따른 공공기관, 공항 · 항만, 주요 산업시설 등 적에 의하여 점령 또는 파괴되거나 기능이 마비될 경우 국가안보와 국민생활에 심각한 영향을 주게 되는 시설을 말한다.

(3) 적용범위(제3조)

정보관과 정보관의 소속 해양경찰 기관의 장은 정보경찰의 활동에 관하여 다른 법령에 특별한 규정이 있는 경우를 제외하고는 이 규칙이 정한 바에 따른다.

2. 정보활동의 원칙

(1) 정보활동의 범위(제4조)

정보관이 수행하는 정보활동의 범위는 다음과 같다.

① 범죄 정보
② 국가중요시설 · 주요 인사의 안전 및 보호에 관한 정보
③ 해양 관련, 집회 · 시위 등 사회갈등과 집단행동에 따른 질서 · 안전 유지에 관한 정보
④ 국민의 생명 · 신체의 안전이나 재산의 보호 등 생활의 평온과 관련된 정책의 입안 · 집행 · 평가에 관한 정보
⑤ 국민안전과 국가안보를 저해하는 위험 요인에 관한 정보
⑥ 그 밖에 해양에서의 공공안녕에 대한 위험의 예방과 대응에 관한 정보

(2) 기본원칙(제5조)

① 정보관의 정보활동은 국민의 자유와 권리를 보호하고 사회공공의 질서를 유지하는 것을 목적으로 하여야 한다.
② 정보관은 **직무 수행에 필요한 최소한도에서 정보활동을 수행**하여야 하고, 국민의 인권을 존중하여야 한다.

③ 정보관은 정보활동 과정에서 다음의 행위를 하여서는 아니 된다.
  ㉠ **정치**에 관여할 목적으로 정보를 수집하는 행위
  ㉡ 법령과 이 규칙의 **직무범위를 벗어나서** 개인의 사상이나 동향 등을 파악하기 위해 지속적으로 사생활에 대한 정보를 수집하는 행위
  ㉢ 상대방의 **명시적 의사**에 반해 자료의 제출 또는 의견표명을 강요하는 행위
  ㉣ **부당한 민원이나 청탁**을 직무관련자에게 전달하는 행위
  ㉤ 직무상 알게 된 **정보를 누설**하거나 사익을 위해 이용하는 행위
  ㉥ 직무와 **무관한 비공식적 직함**을 사용하는 행위
  ㉦ 그 밖에 각종 법령 또는 이 규칙을 위반하는 행위

(3) 정보 수집활동(제6조)

① 정보관이 정보를 수집할 때에는 **신분을 밝히고 정보수집의 목적을 설명**하여야 하며, 임의적인 방법을 사용하여야 한다.
② 정보관은 국민의 생명·신체의 안전과 국가안보에 긴박한 위험이 발생할 우려가 있는 경우와 범죄정보를 수집하는 경우에는 제1항에 따른 신분 밝힘과 목적 설명을 생략할 수 있다.
③ 정보관은 정보를 제공한 자가 불이익을 받지 않도록 비밀유지 등 필요한 조치를 한다.
④ 정보관은 정보수집의 목적이 달성되어 그 정보가 불필요하게 되었을 때는 지체 없이 이를 폐기한다.

(4) 정보의 제공(제7조)

① 정보관은 해양에서의 공공안녕에 대한 위험의 예방과 대응을 위해 필요한 경우 이 규칙에 따라 수집한 정보를 관계기관 및 관계자에게 **통보할 수 있다.**
② 해양경찰 기관의 장은 소속 정보관이 정보활동 과정에서 알게 된 공직자의 중대한 복무규정 위반사실 등을 관계기관에 **통보할 수 있다.**

(5) 정보수집을 위한 출입의 한계(제8조)

① 정보관은 언론·교육·종교·시민사회 단체, 기업 등 민간단체 및 정당사무소에 **상시적인 출입**을 하지 아니한다. 다만, 제4조에 규정된 직무 수행을 위해 필요한 경우 일시적으로 출입할 수 있다.
② 소속이 다른 정보관은 동일한 기관에 같은 목적으로 중복하여 출입하지 아니한다. 다만, 해양 관련 집회·시위 및 집단행동 등과 관련한 업무 또는 국가기관, 지방자치단체, 그 밖에 공공기관의 협조요청에 따른 업무를 수행하는 경우에는 그러하지 아니한다.

(6) 부당지시 금지 및 거부(제9조)

① 누구든지 정보관에게 법령과 이 규칙에 반하는 위법 또는 부당한 지시를 하여서는 아니 된다.
② 정보관은 명백히 위법한 지시라고 판단되는 경우 그 집행을 거부할 수 있다.
③ 정보관은 제2항에 따른 지시를 거부했다는 이유로 인사·직무 등과 관련된 어떠한 불이익도 받지 아니한다.

3. 분야별 정보활동

(1) 국가중요시설 등 보호 활동(제10조)

정보관은 국가중요시설과 주요 인사에 대한 위해를 예방하기 위한 활동을 할 수 있다.

(2) 해양 관련 집회·시위 보호 활동(제11조)

① 정보관은 해양 관련 집회·시위에 대한 정보활동 과정에서 자유를 보장하고 참가자의 언행을 경청하여 그 의사를 정확하게 이해하기 위해 노력하여야 한다.

② 정보관은 해양 관련 집회·시위의 주최자, 연락책임자 및 그 밖의 관계자와 상호연락 등을 통해 집회·시위 사항의 변경 여부 등을 확인할 수 있다.

③ 정보관은 해양 관련 집회·시위의 자유 보장과 참가자 등의 안전을 위하여 다음과 관련한 정보활동을 할 수 있다.

㉠ 지형·구조물 등 관련 안전사고의 예방

㉡ 다른 사람의 생명을 위협하거나 신체에 해를 끼칠 수 있는 물품의 휴대·반입 또는 시설물·해상교통로 점거 등 불법행위의 예방

㉢ 그 밖에 해양 관련 집회·시위 및 집단행동에 따른 질서·안전의 유지

④ 해양경찰 기관의 장은 해양 관련 집회·시위 및 집단행동 현장에서 대화·협의·안전 조치 등 업무를 수행하는 경찰관('소통경찰관')을 배치·운영할 수 있다.

(3) 집단민원현장에서의 활동(제12조)

① 다수인의 이해대립이 있는 집단민원현장은 이해관계자들간의 **자율해결을 원칙**으로 한다. 다만, 정보관은 공공안녕에 대한 위험에 관하여 정보활동을 할 수 있다.

② 정보관은 자율해결을 위하여 이해관계자들의 요청 또는 동의를 얻어 상호간의 대화를 제안·촉진하는 등 필요한 조치를 할 수 있다.

③ 정보관은 제1항 단서에도 불구하고 다음의 행위를 하여서는 아니 된다.

㉠ 분쟁의 구체적 내용에 부당하게 개입하는 행위

㉡ 이해관계자들에게 부당하게 화해를 강요하는 행위

㉢ 특정 이해관계자에 대하여 비방 또는 지지하는 내용의 의견을 표명하는 행위

(4) 국민의 안전이나 재산의 보호 활동(제13조)

① 정보관은 국민의 생명·신체의 안전이나 재산의 보호 등 국민 생활의 평온과 관련된 정책의 입안·집행·평가에 관한 정보를 수집할 수 있다.

② 정보관은 다른 공공기관이 소속 해양경찰 기관의 장에게 요청한 경우 제1항에 따른 정보를 수집할 수 있다.

제2절 해양보안경찰

01 서설

1. 해양보안경찰의 의의

(1) 해양보안경찰의 개념

해양보안경찰이란 국가안전보장을 위태롭게 하는 간첩활동 및 반국가활동세력에 대비하는 국가적 대공취약점에 대한 첩보수집과 분석 및 판단, 보안사범수사를 전담하는 해양경찰활동을 말한다.

(2) 해양보안경찰활동의 법적 근거

국가보안법, 해양경찰법, 경찰관 직무집행법, 형법 제98조(간첩) 등이 해양보안경찰활동의 근거법에 해당한다. 이 중 국가보안법은 반국가단체, 이적단체 등을 규정하고 있고 각종 이적활동에 대한 처벌을 규정하고 있으므로 해양보안경찰활동에 가장 근간이 되는 법률이다.

2. 해양보안경찰의 특징

(1) 해양보안경찰의 특징

① 해양보안경찰은 **국가안전·공공의 안녕과 질서유지를 목적**으로 한다는 점에서 해양정보경찰과 같은 특색을 가진다. 그러므로 국민의 생명·신체·재산의 보호를 직접적인 목적으로 하는 일반적인 경찰활동과 차이가 있다.

② 해양보안경찰은 고도의 보안을 요하는 **비공개활동,** 국가적·사회적 침해범죄를 대상으로 한다는 점에서 해양정보경찰과 동일하지만 **주 대상이 대공분야**라는 점에서 정보경찰과 차이가 있다.

(2) 해양보안경찰의 업무

① 간첩 등 중요 방첩공작수사
② 좌익사범수사
③ 반국가적 안보위해문건 수집 및 분석
④ 북한이탈주민, 남북교류 관련 업무 등

02 방첩활동

1. 서설

(1) 방첩의 의의

① **개념**

방첩이란 비밀유지, 보안유지라고도 하는데 이는 적국에 의한 태업·간첩·전복 등 위해로부터 국가안전을 보장하기 위한 일체의 활동을 말한다.

② **방첩의 대상**

구분	내용
간첩	타국에 대한 첩보수집행위, 태업행위, 전복행위 등을 목적으로 대상국 내에 잠입한 자 또는 이를 지원·동조하거나 협조하는 자를 말한다.
태업	대상국가의 전쟁수행능력과 방위능력을 약화시키기 위하여 행하여지는 직·간접적인 모든 손상 및 파괴행위를 말한다.
전복	공산주의자들의 프롤레타리아 혁명 또는 이와 유사한 불순 정치세력에 의하여 폭력수단을 사용하는 위헌적인 방법으로 정권을 탈취하는 행위를 말한다.

(2) 방첩의 기본원칙

구분	내용
완전협조의 원칙	방첩기관은 보조기관 및 일반대중으로부터의 완전한 협조가 필요하다.
치밀의 원칙	간첩은 치밀한 계획하에 침투준비를 하므로 이에 상응하는 치밀한 계획과 준비로 간첩활동에 대한 대비가 이루어져야 한다.
계속접촉의 원칙	① 조직망 전체가 파악될 때까지 계속 접촉을 유지하고 조직망의 파악 이후에 일망타진을 할 수 있도록 하여야 한다. ② 계속접촉의 유지는 '탐지 ➔ 판명 ➔ 주시 ➔ 이용 ➔ 검거'의 순서로 이루어진다.

(3) 방첩의 수단

구분	내용
적극적 방첩수단	① 적에 대한 첩보수집 ② 침투공작 전개 ③ 적의 첩보공작 분석 ④ 대상인물 감시 ⑤ 간첩신문 ⑥ 역용공작: 검거된 간첩을 전향시켜 충성, 협력할 것을 서약 받은 후 역용가치가 있을 경우에는 그 간첩을 활용하여 적의 첩보수집과 다른 간첩을 검거하는데 이용하는 것
소극적 방첩수단	① 정보 및 자재보안의 확립 ② 인원보안의 확립 ③ 시설보안의 확립 ④ 보안업무 규정화 확립 ⑤ 입법사항 건의
기만적 방첩수단 (심리전의 중요한 수단)	① **허위정보의 유포**: 사실을 허위 · 날조하여 우리가 기도하고 있는 바를 적이 오인하도록 하는 방법 ② **양동간계시위**: 거짓행동을 적에게 시위함으로써 우리가 기도한 바를 적이 오인 · 판단하도록 하는 방법 ③ **유언비어 유포**: 유언비어를 유포하여 적이 오인하도록 하는 방법

2. 간첩

(1) 간첩의 개념

① **의의**

한 국가(정치적 집단)의 이익을 위하여 비밀 또는 허위의 구실하에 정보수집을 하거나 태업, 전복활동을 하는 모든 조직적 구성분자를 말한다.

② **간첩의 구분**

㉠ **인원수에 의한 구분**

구분	대량형 간첩	지명형 간첩
내용	ⓐ 간첩활동에 필요한 교육을 받은 자들이 대상국가에 밀파되어 특수한 대상의 지목 없이 광범위한 분야의 정보를 수집하는 간첩이다. ⓑ 주로 전시에 파견된다. ⓒ 지명형 간첩의 보호를 위해 파견되는 경우도 있다.	ⓐ 특정 목표 및 임무를 부여받아 필요한 비밀활동 및 공작기술에 대한 교육을 받고 해당 정보를 수집하도록 개별적으로 지명하여 침투된 간첩이다. ⓑ 고정간첩인 경우가 많으며 전쟁 및 평상시를 불문하고 파견된다.
비교	대량형 간첩의 경우 대량의 정보를 단시간에 입수할 수 있지만 상대 국가가 색출하기 용이하므로 검거될 위험이 높다. 반면 지명형 간첩의 경우 상대 국가가 색출해내기 어려우며, 상대 국가에 상당한 수준의 위험을 미칠 수 있다.	

ⓛ 활동방법에 의한 구분

구분	내용
고정간첩	ⓐ 일정한 공작기간이 없다. ⓑ 지역적 연고권과 생업을 유지하며 합법적으로 보장된 신분을 구비한다. ⓒ 일정지역에서 장기간 · 고정적으로 간첩활동을 하도록 임무를 부여받고 활동한다.
배회간첩	ⓐ 일정한 공작기간이 설정되어 있다. ⓑ 일정한 주거장소 없이 전국을 배회하며 임무를 수행한다. ⓒ 배회기간 중 확고한 토대가 구축되고 합법적 신분을 획득하는 경우 고정간첩으로 변경될 수 있다.
공행간첩	ⓐ 상사 주재원, 외교관 등과 같이 공용의 목적으로 입국하여 합법적인 신분을 가지고 있는 간첩이다. ⓑ 대상 국가에 입국할 때 합법적 신분을 보장받는다는 특징이 있다.

ⓒ 임무(사명)에 의한 구분

구분	내용
일반간첩	ⓐ 우리나라에 잠입한 대다수의 간첩이 일반간첩에 해당한다. ⓑ 일반적인 정보를 수집하거나 또는 태업공작 · 전복공작을 전개한다. ⓒ 기밀탐지 · 수집 등의 활동을 하는 가장 전형적인 형태의 간첩이다.
증원간첩	ⓐ 이미 구성된 간첩망의 보강을 위해 파견되는 간첩이다. ⓑ 간첩으로 이용할 일반인 등의 납치 · 월북 유도 등을 주된 임무로 한다.
보급간첩	ⓐ 간첩을 파견하기 위해 필요한 일정한 장소에서 토대를 구축한다. ⓑ 남파간첩의 공작활동에 필요한 공작금품, 장비, 증명서 원본 등 물적 지원의 임무를 담당한다. ⓒ 일본 등 주변국에 거점을 형성하고 있다.
무장간첩	ⓐ 특별한 훈련을 받으며 요인암살, 남파간첩의 호송, 월북안내, 연락 및 남파루트 등을 개척한다. ⓑ 부수적으로 휴전선 일대의 군사정보수집을 그 임무로 한다.

ⓔ 대상에 의한 구분

구분	내용
군사적 간첩	전쟁 전이나 전쟁 중에 적의 세력 및 의도의 정확한 파악을 위한 전쟁기술의 하나로 활용하는 간첩을 말한다.
정치적 간첩	국가가 다른 국가나 국민에 대하여 정치적 정보를 수집하려고 정탐하는 간첩을 말한다.
경제적 간첩	산업기술 등 경제적 사항을 대상으로 하는 간첩이다.

⊕PLUS 손자의 간첩 구분

1. **향간**
   적국의 시민을 사용하여 정보활동을 하는 것
2. **내간**
   적의 관리를 매수하여 정보활동을 시키는 것
3. **반간**
   적의 간첩을 역으로 이용하여 아군을 위해 활동하는 것
4. **사간**
   배반할 염려가 있는 아군의 간첩으로 하여금 고의로 조작된 허위정보를 사실로 알고 적에게 전언 또는 누설하게 하는 것으로 이 경우 간첩은 대체로 피살되기 마련이므로 사간이라 함
5. **생간**
   적국 내에 잠입하여 정보활동을 하고 돌아와 보고하는 간첩

(2) 간첩망의 형태

구분	구성방식	장점	단점
단일형	단독으로 활동	보안유지 및 신속한 활동 가능	① 활동범위 협소 ② 공작성과가 낮음
삼각형	지하당 구축을 하명 받은 간첩이 3명 이내의 공작원을 포섭하여 공작원간의 횡적 연락을 차단하고 직접 지휘하는 형태	① 보안유지 용이 ② 일망타진이 어려움	① 활동범위 협소 ② 공작원 검거시 주공작원의 정체노출
피라미드형	간첩 밑에 주공작원 2~3명을 두고 다시 주공작원이 각각 2~3명의 공작원을 두는 조직형태	① 일시에 많은 공작을 입체적으로 수행 ② 활동범위 넓음	① 노출 가능성 ② 일망타진 가능성 ③ 조직 구성에 많은 시간 소요
레포형	피라미드형 조직에 있어서 간첩과 주공작원간, 행동공작원 상호간에 연락원을 두고 종횡으로 연결하는 방식(레포는 연락 또는 연락원을 뜻하는 공산당 용어, 현재는 사용하지 않음)		
써클형	합법적 신분으로 침투, 대상국 정치·사회문제를 통해 적국의 이념이나 사상에 동조토록 유도하여 공작목표를 달성하기 위한 조직형태	① 간첩활동 용이 ② 대중적 조직의 구성과 대중동원이 가능	간첩 정체 폭로시 외교적 문제 야기

3. 태업

(1) 태업의 의의

방첩분야에서의 태업이란 대상국가의 전쟁 수행능력, 방위력을 약화시키기 위하여 행하여지는 **직접적·간접적인 모든 손상, 파괴행위**를 말한다.

(2) 태업의 대상

① 전략, 전술적인 가치를 가진 것
② 태업에 필요한 기구를 **용이하게 입수**할 수 있고, **접근이** 가능한 것
③ 일단 파괴되면 수리하거나 **대체하기가 어렵고** 많은 시간이 소요되는 것

(3) 태업의 형태

구분	종류	내용
물리적 태업	방화태업	① 인화물질로 목표물에 화재를 발생하게 하는 태업방법 ② 특징 ㉠ 가장 파괴력이 강함 ㉡ 어떠한 목표에 대해서도 위력 발휘가 가능 ㉢ 우연한 사고로 가장하기 용이 ㉣ 인화물질의 습득이 용이
	폭파태업	① TNT, 다이너마이트 등 폭발물을 사용하여 목표물을 파괴하는 태업 ② 특징 ㉠ 파괴가 전체적이고 즉각적일 때 사용 ㉡ 목표물을 파괴하는 목적을 달성하기 위하여 강한 절단력, 분쇄력을 필요로 할 때 사용
	기계태업	① 기계, 기구에 손상을 가하거나 조작하여 큰 파괴를 유발시키는 태업(열차탈선, 전복, 충돌 등) ② 특징 ㉠ 범행이 용이 ㉡ 목표물에 접근하여 있는 자가 실행 ㉢ 특별한 도구나 수단이 필요 없음 ㉣ 사용자가 사전에 결함을 발견하기 어려워 성공도가 높음
심리적 태업	선전태업	허위사실 또는 유언비어의 유포, 반정부 선동 등으로 민심을 혼란시키고 사회불안을 일으켜 전쟁수행능력에 영향을 미치게 하는 태업
	경제태업	위조통화·증권의 유통, 대규모 부도사태 촉발, 악성 노동쟁의행위 확산 등 대상국의 경제질서를 혼란 또는 마비시키는 태업
	정치태업	정치적 갈등과 분열을 일으켜 국민적 불신과 불화를 조장하고 일체성을 파괴하는 태업

4. 전복

(1) 전복의 개념

전복이란 폭력수단동원 등과 같은 **위헌적인 방법**으로 헌법에 의하여 설치된 국가기관을 강압적인 방법으로 변혁하거나 기능을 저하시키기 위하여 취하여지는 실력행사를 말한다.

(2) 전복의 형태

구분	내용
국가전복	협의의 혁명으로 피치자(피지배자)가 치자(지배자)를 무력으로 타도하여 정권을 탈취하는 행위를 말하며 헌법의 파기라고도 한다.
정부전복	동일계급 내의 일부세력이 집권세력을 폭력으로 기습·제압하여 정권을 차지하거나 권력을 강화하는 쿠데타를 말한다. 헌법의 폐지라고도 한다.

(3) 전복의 수단

전복의 수단에는 전위당(공산당) 조직, 통일전선전술, 선전 및 선동, 게릴라전술, 테러전술, 파업과 폭동 등이 있다.

(4) 대전복활동

① **대전복활동의 의의**

대전복활동이란 국가사회의 기본질서를 폭력적으로 파괴하려는 전복책동을 예방 · 적발 · 분쇄하는 활동을 말한다.

② **대전복활동의 대상**

대전복활동은 공산세력, 좌경급진세력, 불법 · 폭력적 대중운동 등을 대상으로 하여 이루어지는 것이 일반적이다.

③ **대전복활동의 내용**

대전복활동 대상에 대한 기본정보의 수집 · 분석 · 검토와 지속적인 감시를 통하여 대전복활동이 전개된다. 또한 국민계몽이나 적의 선전으로부터의 차단, 반공단체의 육성 및 대전복활동에 대한 전문적 연구 등도 이루어진다.

5. 공작

(1) 공작일반

① **공작활동의 의의**

공작이란 정보기관이 어떠한 목적하에 주어진 목표에 대하여 계획적으로 수행하는 비밀활동을 말한다.

② **비밀공작의 성격**

구분	내용
헌신성	비밀공작 종사요원에 대하여 국가목적적 헌신성이 요구됨
비밀성	공작의 계획 추진과정에는 물론 종료 후에도 비밀유지
전제성	강력한 통제하에 수행되며 지령에 대한 이의를 불허
복선성	노출에 대비 주관자는 철저한 위장대책의 수립이 필요
변화성(비정형성)	현실상황에 따라 다양한 대처로 비정형성을 띰
다양성	적대국, 제3국, 우방 등 다양한 대상에 전개
장기성	목적의 성과보다 장기에 걸친 활동효과 추구

:두문자

비밀공작의 성격

헌비전복변다장

③ **공작의 4대 요소**

구분	내용
주관자	㉠ 상부의 지령에 따르는 하나의 집단 ㉡ 이 집단의 대표자를 공작관이라고 함
공작목표	㉠ 공작목적 수행을 위한 지정대상 ㉡ 공작진행에 따라 구체화, 세분화되는 것이 특징

공작원	주공작원	공작관의 명령하달에 의거 자기 공작망 산하 공작원에 대한 지휘 · 조종 책임 담당
	행동공작원	㉠ 공작목표에 대한 실제 첩보수집 기타 공작임무 수행 ㉡ 주공작원의 지휘 · 감독을 받음
	지원공작원	㉠ 공작원 및 조직체에 필요한 물자, 기술 등을 지원 ㉡ 주공작원의 지휘 · 감독을 받음
공작금		공작목적 달성을 위한 제한활동의 효율적 수행을 위한 자금

④ **공작의 구분**

구분	내용
운영기구에 따른 분류	통합공작(연락공작, 연합공작), 합동공작
대상지역에 따른 분류	대북공작, 대공산권공작, 대우방국공작
목적에 따른 분류	첩보수집공작, 태업공작, 지원공작, 와해모략공작(심리적 공작), 역용공작 등

⑤ **비밀공작의 순환과정**

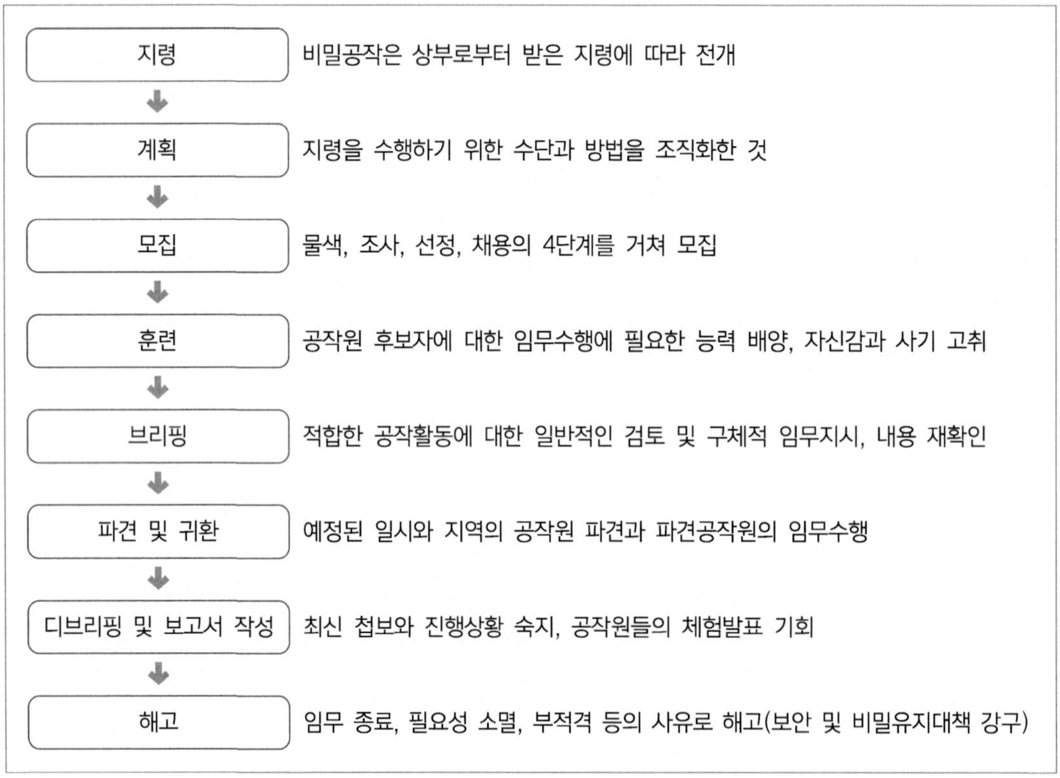

단계	내용
지령	비밀공작은 상부로부터 받은 지령에 따라 전개
↓	
계획	지령을 수행하기 위한 수단과 방법을 조직화한 것
↓	
모집	물색, 조사, 선정, 채용의 4단계를 거쳐 모집
↓	
훈련	공작원 후보자에 대한 임무수행에 필요한 능력 배양, 자신감과 사기 고취
↓	
브리핑	적합한 공작활동에 대한 일반적인 검토 및 구체적 임무지시, 내용 재확인
↓	
파견 및 귀환	예정된 일시와 지역의 공작원 파견과 파견공작원의 임무수행
↓	
디브리핑 및 보고서 작성	최신 첩보와 진행상황 숙지, 공작원들의 체험발표 기회
↓	
해고	임무 종료, 필요성 소멸, 부적격 등의 사유로 해고(보안 및 비밀유지대책 강구)

⑥ 비밀공작망의 형태

구분	직접망	주공작원망	혼합망
개념	일선 공작원이 직접 공작관과 연락되어 조정 및 통제를 받는 형태	공작관의 위임을 받은 주공작원이 공작망을 조정 및 통제	직접망과 주공작망의 혼합형태
장점	㉠ 공작원의 통제 및 테스트 용이 ㉡ 공작비 절감 ㉢ 양질의 첩보수집과 보안유지 가능	㉠ 많은 공작원의 간접 조정 가능 ㉡ 공작관의 노출가능성이 희박 ㉢ 언어 장벽 해소 ㉣ 능률을 높일 수 있음	㉠ 직접적인 주공작원 통제 가능 ㉡ 첩보 보고의 진위 여부 확인 용이
단점	㉠ 조직 노출우려 ㉡ 공작원의 업무량 과다 ㉢ 대량공작 불가	㉠ 행동 공작원의 직접 통제 불가능 ㉡ 공작비 과다 ㉢ 공작원테스트 곤란 ㉣ 공작원의 해고 곤란	

(2) 가장

① 개념

정보활동에 관계되는 여러 요소의 정체가 외부에 노출되지 않도록 하기 위한 외적 · 내적 여러 형태를 말한다.

② 종류

㉠ 자연적 가장과 인공적 가장

구분	내용
자연적 가장	기존사실 그대로 가장하는 것
인공적 가장	새로운 신분이나 직업 등을 조작하여 허위의 가장을 사용하는 것

㉡ 신분가장과 행동가장

구분	내용
신분가장	공작지역 체류시 자연스럽도록 신분이나 상태를 보호하는 것
행동가장	공작을 위한 행동을 정상적인 행동처럼 보이도록 꾸미는 것

㉢ 기본적 가장과 부차적 가장

구분	내용
기본적 가장	제1차적이고 기본이 되는 가장
부차적 가장	기본적 가장 폭로나 사용 불가시 마련된 제2차적 가장

㉣ 중가장과 경가장

구분	내용
중가장	가장을 위한 가장구실, 증명 문건 등의 완전 구비로 실체파악을 어렵게 하는 것
경가장	입증문건 등의 구비 불비로 평범한 수사에도 쉽게 노출될 수 있는 가장

ⓜ 개인가장 · 조직가장과 집단가장

구분	내용
개인가장	개개인을 비밀활동에 적합하게 가장하는 것
조직가장	비밀공작조직 자체를 정보활동 수행에 적합한 명칭이나 사업체처럼 가장하는 것
집단가장	정보기관 종사자가 집단적으로 행동을 취하게 되는 경우 정보활동과의 관련성으로부터 은폐하기 위한 것

(3) 잠복전술

구분		내용
비합법	기술잠복	가장 기본적인 것으로 침투지점부터 공작지역까지 침투, 복귀시, 공작지역에 체류하는 기관에 기본적으로 은거하는 잠복(잠복 장소 - 비트)
	자연잠복	비트를 마련할 여건이 안 되는 경우에 자연적 · 지리적 조건과 지형지물을 이용하여 잠복
반합법	기술잠복	유흥업소 종사자와 동거, 동숙하는 등 신분확인이 곤란한 점을 이용하여 합법적인 인물처럼 공개적으로 잠복
	엄호잠복	침투간첩들이 포섭된 대상의 엄호를 받으며, 포섭된 대상의 거주지나 영업소에 은거하여 합법적 인물로 가장 잠복

(4) 연락

① **연락의 의의**

연락이란 비밀공작을 수행함에 있어서 상 · 하급인원이나 기관 상호간에 비밀을 은폐하려고 기도하는 방법이다.

② **연락의 3대 요소**

연락에 있어서는 **안전성, 정확성, 신속성**이 확보되어야 한다.

③ **연락선**

㉠ **의의**: 연락선이란 변동하는 각종 상황하에서도 비밀조직 내의 인원이나 기관 사이에 연락이 유지될 수 있도록 체계를 구성하는 것을 말한다.

㉡ **종류**

구분			내용
정상선	의의		정상적인 공작상황하에서 지령, 첩보, 문서 등 통신내용을 전달하기 위하여 조직한 접촉수단
	종류	기본선	ⓐ 정기적 접촉을 목적으로 한 최초의 연락선 ⓑ 가장 안전한 상태하에서 이루어짐 ⓒ 개인회합과 같은 연락수단을 이용하는 경우가 많음
		보조선	ⓐ 기본선의 과중한 사용을 피하기 위하여 마련한 연락선 ⓑ 기본선의 사고발생시를 대비하여 기본선을 보호하기 위한 방법으로서 조직된 연락선 ⓒ 주로 수수소와 같은 연락수단을 사용
		긴급선	ⓐ 시간적으로 긴급한 지령이나 첩보를 전달함에 있어서 기본선과 보조선을 이용할 시간적 여유가 없을 때의 연락을 위하여 조직하는 연락선 ⓑ 전화 및 전보와 같은 연락수단을 사용

예비선	ⓐ 조직원의 교체 또는 조직의 확장·부활·변동 등에 대비하여 서로 알지 못하는 조직원간의 최초 접촉을 위한 연락선 ⓑ 예비선을 이용한 연락을 통해 신임공작관이나 상급기관의 피지명인이 기성조직과의 접촉에 있어 진실성을 입증할 수 있음
비상선(경고선)	위급상황하에서 공작의 중단이나 정지를 알리기 위해 조직된 연락선

④ **연락수단**

㉠ **의의**: 연락수단이란 본부와 공작원간 또는 공작원 상호간에 첩보, 지령, 보고문서 등의 통신물이나 공작물자 등을 비밀리에 전달, 수령하는 수단을 말한다.

㉡ **연락수단의 종류**

구분		내용
개인회합	개념	비밀조직 내의 구성원(기관) 사이에 접촉을 유지하며 첩보를 보고하거나, 지령·공작자료를 전달 또는 연락하기 위하여 직접 대면하는 연락수단
	장점	공작원의 능력파악, 첩보의 대량 전달, 하급공무원의 사기 문제 및 이중간첩화 여부의 파악이 용이
	단점	부분화의 원칙을 적용하기 어렵고, 가장 구축이 곤란하며 상급자가 하급자의 함정에 빠질 염려가 있음
차단	비밀조직 내 구성원(기관) 사이에 직접 접촉 없이 연락을 은폐·보호할 수 있는 매개자나 매개물을 통한 연락수단	

차단의 종류

종류	내용
수수자(유인포스트)	조직원간 직접 접촉 없이 목적물의 전달을 위해 선정된 제3자(중계인)
연락원(레포)	비밀문서·물자·관념을 다른 곳으로 전달하는 공작원(연락원 체포시 공작원도 위험)
수수소(무인포스트)	조직원간 대면 없이 목적물을 간접 전달하는 중계소로 이용되는 장소나 시설물
편의주소관리인	비밀공작과 관계없는 제3주소의 관리인
광고	일시에 전체에게 전달시, 비상선을 사용한 경고시, 공작시행 여부 및 공작원의 출발·도착의 고지시, 두절선 재접촉시 이용
방송	하향선의 경우 공작기관에서의 방송을 이용 행하는 지령이나 신호로, 공작원은 이를 청취·해독

(5) 신호

① **의의**

비밀공작 활동시 조직원간 은밀한 의사소통과 연락을 위해 사전에 약정해 놓은 표시(자연성, 명백성, 공개성, 간단성, 확실성, 안전성)를 말한다.

② **신호의 구분**

구분	내용
인식신호	첫 대면하는 양자의 상호식별을 위해 사용하는 신호(약정된 동작, 태도, 착의, 소지품 등)

확인신호	인식신호 후 쌍방 재확인을 위해 약속된 신호(물자교환이나 약속된 대화 등)
안전 · 위협신호	공작상황(인원 · 시설 · 지역 · 단체의 현재상태 등)의 안전 또는 위험을 알리기 위한 신호
행동신호	공작활동의 가능 여부를 연락하기 위한 신호

(6) 관찰묘사와 사전정찰

① 관찰 · 묘사의 의의

일정 목적하에 사물의 현상 및 사건의 전말을 감지하는 과정(첩보수집단계)을 말하며 묘사는 관찰한 경험을 재생하여 표현 기술하는 것(보고단계)을 말한다.

⊕ PLUS 관찰묘사의 순서

생활화, 객관성, 묘사의 전제, 가치판단, 대상지식 등이 필요하며, 주의 ➜ 감지 ➜ 기억의 순서에 의한다.

② 사전정찰

사전정찰이란 계획된 공작활동을 위한 목표 · 지역에 대한 예비지식을 수집하는 사전조사활동을 말하며 목표지역에 대한 예비지식, 적합한 가장, 임무에 대한 완전한 이해, 목표지역의 입지조건 연구, 접근로와 탈출로의 파악 등이 사전정찰에 해당하는 활동이다.

⊕ PLUS 사전정찰의 절차

(7) 감시

① 감시의 의의

공작대상의 인물, 시설, 물자 및 지역 등에 대한 정보를 획득하기 위한 목적으로 시각 · 청각 등을 사용하여 대상을 관찰하는 것이다. 이러한 감시에 관하여 대통령 등의 경호에 관한 법률 등에 직 · 간접적인 법적 근거가 존재한다.

② 감시의 형태

구분		내용
일반적인 형태	신중감시	㉠ 감시대상자가 감지하지 못하도록 행하는 감시 ㉡ 행위 중단 방지, 접촉인물 파악 후 연락선 · 조직 정체 규명시 사용
	근접감시 (직접감시)	대상자를 절대 놓쳐서는 안 될 경우, 대상자의 공작을 방해하기 위한 경우, 대상자가 중요한 행동을 하는 경우에 사용(접선 · 도주 · 자해 · 중요증거인멸 등)
	완만감시	㉠ 계속적인 감시의 필요가 없는 대상자에 대해 필요한 시간 · 장소 등을 정하여 행하는 감시방법 ㉡ 대상자가 이미 노출된 자로 중점적인 감시 요구시, 인적 · 물적 · 시간적 사정이 여의치 않을시, 적은 인원으로 많은 감시효과를 올리고자 할 때 활용
실행(활동) 방법에 의한 형태	고정감시	일정한 감시장소에서 고정으로 대상의 활동 · 정황을 관찰하는 감시방법
	기술감시	단순한 육체적 · 물리적 감시방법을 지양한 기술적인 수단에 의한 감시방법
	이동감시	대상자의 모든 활동 관찰을 위해 미행하면서 감시하는 방법

(8) 선전

① **선전의 의의**

특정집단의 심리를 자극하여 해당 집단의 감정이나 견해를 공작국가측에 유리하도록 유도하기 위해 계획적으로 특정 주장 · 지식 등을 전파하는 심리전 기술이다.

② **선전의 출처공개 여부에 따른 분류**

구분	의미	특징
백색선전	주체 · 출처 등을 밝히면서 공개적으로 행하는 선전활동	공식보도에 의하므로 주제의 선정과 용어사용이 제한을 받지만 신뢰도가 높음. 공공연한 심리전
회색선전	㉠ 출처가 불분명한 선전활동 ㉡ 백색선전의 효과 감쇠에 유리, 신뢰도 낮음	㉠ 선전이라는 선입감 없이 효과 창출 ㉡ 적의 역선전시 대항하기 어려움
흑색선전	주체 · 출처의 위장 후 암암리에 행하는 선전	㉠ 특수목표를 대상으로 한 계층에 대한 즉각적 · 집중적 선전 가능 ㉡ 적 스스로 내부에 모순을 드러내어 내부분열 · 혼란으로 사기 저하 유도 ㉢ 출처미상으로 역선전이 어려움

③ **심리전의 운용에 따른 분류**

구분	내용
전략 심리전	㉠ 광범위하고 장기적인 목표 아래 대상국의 전 국민을 대상으로 실시하는 심리전 ㉡ 공산국가의 국민들을 대상으로 행하는 대공산권 방송 등이 이에 해당
전술 심리전	㉠ 단기적인 목표하에 즉각적인 효과를 기대하고 실시하는 심리전 ㉡ 간첩을 체포했을 때 널리 공개하는 것이 이에 해당

④ **심리전의 목적에 따른 분류**

구분	내용
선무 심리전	아군 후방지역의 사기를 고취시키거나 수복지역 주민들의 협조를 얻고 질서를 유지하는 선전활동을 말하며 타협 심리전이라고도 함
공격적 심리전	적측에 대해 특정의 목적을 달성하기 위해 공격적으로 행하는 심리전
방어적 심리전	적측이 가해 오는 공격을 와해 · 축소시키기 위해 방어적으로 행하는 심리전

⑤ **선전과 선동의 구별**

선전	선동
특정문제에 대한 체계적 · 학문적 · 이론적인 설득으로 그 목적을 달성	대중의 감정을 고조시켜 폭동화 함
특정문제에 대한 전문가 · 학자에 의해 행해짐	웅변 · 예언 등에 뛰어난 사람, 대중의 인기를 모을 수 있는 사람에 의해 행해짐

(9) 유언비어

유언비어란 국가불안이나 국론분열 등 공작목표에 따라 확실한 근거가 없고 출처가 불분명한 풍문을 퍼뜨리는 심리전의 한 방법으로 인위적으로 조작하여 전파시키는 경우와 사회환경의 변화 등에 의해 자연발생적으로 발생하는 경우가 있다.

(10) 불온선전물

① 불온선전물이란 북한이 민심교란, 관민이간, 반정부 · 반미선동, 사회 불안조성 등 대남심리전의 목적으로 대한민국의 정치 · 경제 · 사회 · 문화 · 군사 및 외교 등의 문제를 그때그때의 시사성에 민감하게 맞추어 왜곡 · 선전하는 내용을 담은 각종 삐라 · 책자 · 신문 · 화보 · 팸플릿 등의 선전물을 뜻한다.

② 북한 불온선전물은 북한이 선전선동 등 대남심리전의 일환으로 살포한 것으로서 국내에서 집회 · 시위 또는 인권운동의 수단으로 정치 · 사회 · 노동단체 · 학생 등이 제작 · 살포하는 국내 불온유인물과는 구별된다.

03 국가보안법

1. 국가보안법의 일반적 특성

(1) 국가보안법의 목적

국가보안법은 국가의 안전을 위태롭게 하는 **반국가활동을 규제**하여 국가의 안전과 국민의 생존 및 자유의 확보를 목적으로 하며 형법의 특별법으로 존재한다.

(2) 국가보안법의 법적 성격

구분	내용
형사특별법	국가보안법은 '반국가활동'이라는 특정한 행위에 대하여 특별한 처벌규정과 절차를 두고 있으므로 일반형법과 형사소송법에 대한 특별법이다.
형사사법법	국가보안법은 반국가적 행위에 대한 재판의 준거가 되는 법률이며 국가형벌권의 실현을 목적으로 하는 형사사법법에 해당한다.

(3) 국가보안법의 법률상 특성

구분		내용
고의범		국가보안법 위반사범의 경우 고의범만을 처벌하며 과실범에 대한 처벌규정이 없다.
미수 · 예비 · 음모죄의 확장		① 모든 반국가적 범죄에 대하여 원칙적으로 미수는 물론 예비 · 음모행위도 처벌 ② 반국가단체의 구성 · 가입(제3조), 목적수행죄(제4조), 자진지원죄(제5조), 잠입 · 탈출죄(제6조), 이적단체의 구성 · 가입죄(제7조), 무기류 등의 편의제공죄(제9조)는 예비 · 음모를 처벌한다. ③ **불**고지죄(제10조), **특**수직무유기죄(제11조), **무**고 · 날조죄(제12조)는 미수범을 처벌하지 않는다. :두문자 **미수범 처벌 ×** 불특무
특수한 범죄의 성립 인정	편의제공죄 (제9조)	본범의 실행행위에 편의를 제공한 자도 종범이 아니라 별개의 독립된 편의제공죄의 정범으로 처벌
	선동 · 선전 및 권유죄 (제7조 제1항)	국가보안법은 반국가적 행위의 다양화 및 조직화 · 집단화에 효율적으로 대처하기 위하여 선동 · 선전행위를 종범이 아닌 별도의 범죄로 규정하여 정범으로 처벌

	불고지죄 (제10조)	국가보안법에 의하여 보호되는 법익은 국가의 안전보장이라는 매우 중대한 사항이므로 국가보안법 제10조에 의하면 반국가단체구성 등 죄, 목적수행죄, 자진지원죄 등은 모든 국민에 대하여 일반적으로 고지의무를 부과하고 이를 위반한 경우에는 범죄가 되어 처벌하는 것으로 규정

(4) 수사절차상 특징

구분	내용
참고인의 구인·유치 (제18조)	① 검사 또는 사법경찰관으로부터 이 법에 정한 죄의 참고인으로 출석을 요구받은 자가 정당한 이유 없이 2회 이상 출석요구에 불응한 때에는 관할 법원판사의 구속영장을 발부받아 구인할 수 있다. ② 구속영장에 의하여 참고인을 구인하는 경우에 필요한 때에는 근접한 경찰서 기타 적당한 장소에 임시로 유치할 수 있다.
구속기간의 연장 (제19조)	사법경찰관은 구속기간의 연장을 1차까지 연장이 가능하므로 20일, 검사의 경우는 구속기간의 연장을 2차까지 연장이 가능하므로 30일, 총 50일간 구속수사가 가능(**찬양·고무죄, 불고지죄, 특수직무유기죄, 무고·날조죄는 제외**) :두문자 **구속기간 연장** × 찬불특무

국가보안법

제19조【구속기간의 연장】 ① 지방법원판사는 제3조 내지 제10조의 죄로서 사법경찰관이 검사에게 신청하여 검사의 청구가 있는 경우에 수사를 계속함에 상당한 이유가 있다고 인정한 때에는 형사소송법 제202조의 구속기간의 연장을 1차에 한하여 허가할 수 있다.

② 지방법원판사는 제1항의 죄로서 검사의 청구에 의하여 수사를 계속함에 상당한 이유가 있다고 인정한 때에는 형사소송법 제203조의 구속기간의 연장을 2차에 한하여 허가할 수 있다.

③ 제1항 및 제2항의 기간의 연장은 각 10일 이내로 한다.

형사소송법

제202조【사법경찰관의 구속기간】 사법경찰관이 피의자를 구속한 때에는 10일 이내에 피의자를 검사에게 인치하지 아니하면 석방하여야 한다.

제203조【검사의 구속기간】 검사가 피의자를 구속한 때 또는 사법경찰관으로부터 피의자의 인치를 받은 때에는 10일 이내에 공소를 제기하지 아니하면 석방하여야 한다.

제205조【구속기간의 연장】 ① 지방법원판사는 검사의 신청에 의하여 수사를 계속함에 상당한 이유가 있다고 인정한 때에는 10일을 초과하지 아니하는 한도에서 제203조의 구속기간의 연장을 1차에 한하여 허가할 수 있다.

판례 |

국가보안법(1980.12.31. 법률 제3318호, 개정 1991.5.31. 법률 제4373호) 제19조 중 제7조 및 제10조의 죄에 관한 구속기간 연장부분은 헌법에 위반된다(헌재 1992.4.14, 90헌마82).

(5) 중형주의

구분	내용
재범자의 특수가중 (제13조)	이 법, 군형법 제13조, 제15조 또는 형법 제2편 제1장 내란의 죄·제2장 외환의 죄를 범하여 금고 이상의 형의 선고를 받고 그 형의 집행을 종료하지 아니한 자 또는 그 집행을 종료하거나 집행을 받지 아니하기로 확정된 후 5년이 경과하지 아니한 자가 제3조 제1항 제3호 및 제2항 내지 제5항, 제4조 제1항 제1호 중 형법 제94조 제2항, 제97조 및 제99조, 동항 제5호 및 제6호, 제2항 내지 제4항, 제5조, 제6조 제1항 및 제4항 내지 제6항, 제7조 내지 제9조의 죄를 범한 때에는 그 죄에 대한 법정형의 최고를 사형으로 한다.
자격정지형의 병과 (제14조)	이 법의 죄에 관하여 유기징역형을 선고할 때에는 그 형의 장기 이하의 자격정지를 병과할 수 있다.
몰수·추징 및 압수물의 처분 (제15조)	① 이 법의 죄를 범하고 그 보수를 받은 때에는 이를 몰수한다. 다만, 이를 몰수할 수 없을 때에는 그 가액을 추징한다. ② 검사는 이 법의 죄를 범한 자에 대하여 소추를 하지 아니할 때에는 압수물의 폐기 또는 국고귀속을 명할 수 있다.

판례 |

국가보안법(1980.12.31. 법률 제3318호로 전문개정된 것) 제13조 중 "이 법, 군형법 제13조, 제15조 또는 형법 제2편 제1장 내란의 죄·제2장 외환의 죄를 범하여 금고 이상의 형의 선고를 받고 그 형의 집행을 종료하지 아니한 자 또는 그 집행을 종료하거나 집행을 받지 아니하기로 확정된 후 5년이 경과하지 아니한 자가 … 제7조 제5항, 제1항의 죄를 범한 때에는 그 죄에 대한 법정형의 최고를 사형으로 한다." 부분은 헌법에 위반된다(헌재 2002.11.28, 2002헌가5).

(6) 형의 감면(제16조)

다음의 어느 하나에 해당한 때에는 **그 형을 감경 또는 면제한다.**

① 이 법의 죄를 범한 후 **자수**한 때

② 이 법의 죄를 범한 자가 이 법의 죄를 범한 타인을 **고발**하거나 타인이 이 법의 죄를 범하는 것을 **방해**한 때

(7) 공소보류제도(제20조)

① **검사는** 이 법의 죄를 범한 자에 대하여 형법 제51조의 사항을 참작하여 공소제기를 보류할 수 있다.

② ①에 의하여 공소보류를 받은 자가 공소의 제기 없이 **2년**을 경과한 때에는 소추할 수 없다.

③ 공소보류를 받은 자가 법무부장관이 정한 감시·보도에 관한 규칙에 위반한 때에는 공소보류를 **취소할 수 있다.**

④ 위 ③에 의하여 공소보류가 취소된 경우에는 형사소송법 제208조의 규정에 불구하고 **동일한 범죄사실로 재구속할 수 있다.**

형사소송법

제208조 【재구속의 제한】 ① 검사 또는 사법경찰관에 의하여 구속되었다가 석방된 자는 다른 중요한 증거를 발견한 경우를 제외하고는 동일한 범죄사실에 관하여 재차 구속하지 못한다.

② 전항의 경우에는 1개의 목적을 위하여 동시 또는 수단결과의 관계에서 행하여진 행위는 동일한 범죄사실로 간주한다.

2. 구성요건

(1) 반국가단체의 구성 · 가입 · 가입권유죄

국가보안법

제2조 【정의】 ① 이 법에서 '반국가단체'라 함은 정부를 참칭하거나 국가를 변란할 것을 목적으로 하는 국내외의 결사 또는 집단으로서 지휘통솔체제를 갖춘 단체를 말한다.
② 삭제 <1991.5.31.>

제3조 【반국가단체의 구성 등】 ① 반국가단체를 구성하거나 이에 가입한 자는 다음의 구별에 따라 처벌한다.
1. 수괴의 임무에 종사한 자는 사형 또는 무기징역에 처한다.
2. 간부 기타 지도적 임무에 종사한 자는 사형 · 무기 또는 5년 이상의 징역에 처한다.
3. 그 이외의 자는 2년 이상의 유기징역에 처한다.
② 타인에게 반국가단체에 가입할 것을 권유한 자는 2년 이상의 유기징역에 처한다.
③ 제1항 및 제2항의 미수범은 처벌한다.
④ 제1항 제1호 및 제2호의 죄를 범할 목적으로 예비 또는 음모한 자는 2년 이상의 유기징역에 처한다.
⑤ 제1항 제3호의 죄를 범할 목적으로 예비 또는 음모한 자는 10년 이하의 징역에 처한다.

① **반국가단체의 의의**: 국가보안법 제2조 제1항은 "반국가단체라 함은 정부를 참칭하거나 국가를 변란할 것을 목적으로 하는 국내 · 외의 결사 또는 집단으로서 지휘통솔체제를 갖춘 단체를 말한다."라고 규정하여 반국가단체의 개념을 분명히 하고 있다(판례를 통하여 인정 ×).

② **반국가단체의 성립조건**

구분	내용
정부를 참칭하거나 국가를 변란할 것을 목적으로 할 것	㉠ 함부로 단체를 조직하여 정부를 사칭하는 것은 정부 참칭에 해당 – 정부와 동일한 명칭을 사용할 필요는 없고, 일반인이 정부로 오인할 정도면 충분함 ㉡ 국가변란이란 정부를 전복하여 새로운 정부를 조직하는 것을 의미 – 정부전복은 정부를 구성하고 있는 자연인의 사임이나 교체만으로는 부족하고, 정부조직이나 제도 그 자체를 파괴 또는 변혁하는 것을 의미함 ㉢ 형법상 내란죄의 국헌문란은 국가보안법상 반국가단체의 국가변란보다는 넓은 개념에 해당함
결사 또는 집단일 것	㉠ 반드시 구성원이 2인 이상이어야 하고, 그 구성원은 특정되어야 함 ㉡ 계속성이 있어야 함(일시적인 집합은 결사 ×) – 영구히 존속하거나 사실상 계속하여 존속함을 요하지 않으며 일정한 기간 존속하게 할 의도하에 조직된 것이면 충분함
지휘 · 통솔체제를 갖출 것	2인 이상의 특정 다수인 사이에 단체의 내부질서를 유지하고 그 단체를 유지하기 위하여 일정한 위계(수괴의 임무에 종사한 자 · 간부 기타 지도적 임무에 종사한 자 · 그 이외의 자) 및 분담 등의 체계를 갖춘 결합체를 의미함

판례 | 간첩 · 간첩방조 · 국가보안법 위반 · 법령 제5호 위반

구 국가보안법(1958.12.26. 법률 제500호로 폐지제정되기 전의 것) 제1조, 제3조는 "국헌을 위배하여 정부를 참칭하거나 그에 부수하여 국가를 변란할 목적으로 결사 또는 집단을 구성한 자로서 수괴와 간부는 무기, 3년 이상의 징역 또는 금고에 처하고, 그 목적으로서 그 목적한 사항의 실행을 협의 선동 또는 선전한 자는 10년 이하의 징역에 처한다."고 규정하고 있다. 여기에서 '국헌을 위배하여'라 함은 대한민국 헌법에 위반하는 것을, '정부를 참칭한다'고 함은 합법적 절차에 의하지 않고 임의로 정부를 조직하여 진정한 정부인 것처럼 사칭하는 것을, '국가를 변란한다'고 함은 정부를 전복하여 새로운 정부를 구성하는 것을 각 의미하고, '결사 또는 집단'이라 함은 공동의 목적을 가진 2인 이상 특정 다수인의 임의적인 계속적 또는 일시적 결합체를 말한다. 그러므로 위 법 제1조, 제3조의 구성요건을 충족하기 위해서는 그 구성된 결사나 집단의 공동목적으로서 정부를 참칭하거나 그에 부수하여 국가를 변란할 목적, 즉 주관적 요건을 갖추어야 하고, 그와 같은 목적을 가지고 있는지 여부는 그 결사나 집단의 강령이나 규약에 의하여 판단하는 것이 보통이나, 외부적으로 표방한 목적이 무엇인가에 구애되지 않고 그 결사 또는 집단이 실제로 추구하는 목적이 무엇인가에 의하여 판단되어야 하며, 어느 구성원 한 사람의 내심의 의도를 가지고 그 결사 또는 집단의 공동목적이라고 단정해서는 아니 된다(대판 2011.1.20, 2008재도11).

③ **반국가단체 구성 · 가입 · 가입권유죄의 처벌 여부**

구분	예비 · 음모	미수	기수	구성원의 지위
구성 · 가입죄	○	○	○	법정형의 차이 ○
가입권유죄	×	○	○	법정형의 차이 ×

(2) 목적수행죄

국가보안법

제4조【목적수행】 ① 반국가단체의 구성원 또는 그 지령을 받은 자가 그 목적수행을 위한 행위를 한 때에는 다음의 구별에 따라 처벌한다.

1. 형법 제92조 내지 제97조, 제99조, 제250조 제2항, 제338조 또는 제340조 제3항에 규정된 행위를 한 때에는 그 각 조에 정한 형에 처한다.
2. 형법 제98조에 규정된 행위를 하거나 국가기밀을 탐지 · 수집 · 누설 · 전달하거나 중개한 때에는 다음의 구별에 따라 처벌한다.
   가. 군사상 기밀 또는 국가기밀이 국가안전에 대한 중대한 불이익을 회피하기 위하여 한정된 사람에게만 지득이 허용되고 적국 또는 반국가단체에 비밀로 하여야 할 사실, 물건 또는 지식인 경우에는 사형 또는 무기징역에 처한다.
   나. 가목 외의 군사상 기밀 또는 국가기밀의 경우에는 사형 · 무기 또는 7년 이상의 징역에 처한다.
3. 형법 제115조, 제119조 제1항, 제147조, 제148조, 제164조 내지 제169조, 제177조 내지 제180조, 제192조 내지 제195조, 제207조, 제208조, 제210조, 제250조 제1항, 제252조, 제253조, 제333조 내지 제337조, 제339조 또는 제340조 제1항 및 제2항에 규정된 행위를 한 때에는 사형 · 무기 또는 10년 이상의 징역에 처한다.
4. 교통 · 통신, 국가 또는 공공단체가 사용하는 건조물 기타 중요시설을 파괴하거나 사람을 약취 · 유인하거나 함선 · 항공기 · 자동차 · 무기 기타 물건을 이동 · 취거한 때에는 사형 · 무기 또는 5년 이상의 징역에 처한다.
5. 형법 제214조 내지 제217조, 제257조 내지 제259조 또는 제262조에 규정된 행위를 하거나 국가기밀에 속하는 서류 또는 물품을 손괴 · 은닉 · 위조 · 변조한 때에는 3년 이상의 유기징역에 처한다.
6. 제1호 내지 제5호의 행위를 선동 · 선전하거나 사회질서의 혼란을 조성할 우려가 있는 사항에 관하여 허위사실을 날조하거나 유포한 때에는 2년 이상의 유기징역에 처한다.

② 제1항의 미수범은 처벌한다.
③ 제1항 제1호 내지 제4호의 죄를 범할 목적으로 예비 또는 음모한 자는 2년 이상의 유기징역에 처한다.
④ 제1항 제5호 및 제6호의 죄를 범할 목적으로 예비 또는 음모한 자는 10년 이하의 징역에 처한다.

목적수행죄의 행위태양

구분		내용
의의		국가보안법 제4조는 정부를 참칭하거나 국가를 변란할 목적으로 조직된 결사·집단(반국가단체)의 구성원 또는 그 지령을 받은 자가 그 결사·집단의 목적수행을 위하여 행하는 간첩·인명살상·시설파괴 등의 범죄를 특별히 중하게 처벌하기 위하여 마련된 조항이다.
행위태양	제1호	외환의 죄, 존속살해죄, 강도살인죄, 강도치사죄 등
	제2호	간첩죄, 간첩방조죄, 국가기밀탐지·수집·누설 등의 죄
	제3호	소요죄, 폭발물사용죄, 방화죄, 살인죄 등
	제4호	중요시설파괴죄, 약취유인죄, 항공기·무기 등의 이동·취거 등의 범죄
	제5호	유가증권위조죄, 상해죄, 국가기밀서류·물품의 손괴·은닉 등의 범죄
	제6호	선전·선동죄, 허위사실날조·유포 등의 범죄

⊕ PLUS 목적수행 간첩(국가보안법 제4조 제1항 제2호)

1. 의의

국가보안법 제4조 제1항 2호는 '반국가단체의 구성원 또는 그 지령을 받은 자가 그 목적을 위하여 형법 제98조에 규정된 행위를 하거나 국가기밀을 탐지·수집·누설·전달·중개하는 것'을 처벌 대상으로 규정하고 있다.

형법

제98조【간첩】 ① 적국을 위하여 간첩하거나 적국의 간첩을 방조한 자는 사형, 무기 또는 7년 이상의 징역에 처한다.

② 군사상의 기밀을 적국에 누설한 자도 전항의 형과 같다.

2. 구성요건

구분	내용
주체	본죄의 주체는 반국가단체의 구성원 또는 그 지령을 받은 자이어야 함
행위의 객체	① 본죄의 객체는 군사상 기밀 ② 군사상 기밀이란 순수한 군사에 관한 사항뿐만 아니라 정치·경제·사회·문화 등 각 방면에 걸쳐 적국에 알리지 아니하거나 확인되지 아니함이 우리나라의 국가이익 내지 국가정책상 필요한 모든 기밀사항을 포함 ③ 적법한 절차 등을 거쳐 이미 일반인에게 널리 알려진 공지의 사실 등은 기밀에 해당하지 않음
행위의 태양	대한민국의 군사상 기밀을 탐지·수집하는 것

3. 기수, 미수 및 예비·음모

구분	내용
기수	① 본죄의 기수시기에 관하여는 반국가단체에 통보할 의사로써 대한민국의 군사상의 기밀에 속하는 사항을 탐지, 수집함으로써 간첩행위는 완성 ② 간첩이 군사기밀을 수집하였으나 자료가 지령자에게 도달하지 않은 경우에도 본죄의 기수가 성립
미수 (실행의 착수시기)	① 간첩죄의 미수범(제4조 제2항)이 성립하기 위해서는 일단 간첩행위의 실행에 착수하였을 것이 요구 ② 북괴 남파간첩의 경우 간첩의 목적으로 남하하여 대한민국 지역에 침입하면 이미 예비단계를 지나 간첩행위에 착수한 것으로 인정
예비·음모	본조의 범행이 실행의 착수에 이르지 못한 경우에는 예비 또는 음모죄로 처벌

4. 간첩방조죄

- 개념간첩을 방조함으로써 성립하는 범죄로서 간첩이라는 정을 알면서 간첩의 임무수행과 관련하여 간첩행위자의 범의를 강화시키거나 또는 간첩의 범의에 의한 실행행위를 용이하게 하는 일체의 행위를 말한다.
- 구성요건

구분	내용
주체	반국가 단체의 간첩이라는 인식만 있으면 주체에 해당
객체	본죄의 객체는 간첩
행위	무기나 금품의 제공 등과 같은 물질적 방법(유형방조)에 의하거나, 격려 등과 같은 정신적 방법(무형방조)에 의하건 아무런 상관이 없음

5. 처벌

국가보안법상 간첩죄와 간첩방조죄는 그 처벌이 동일하다.

(3) 자진지원죄(제5조 제1항)

국가보안법

제5조 【자진지원 · 금품수수】 ① 반국가단체나 그 구성원 또는 그 지령을 받은 자를 지원할 목적으로 자진하여 제4조 제1항 각 호에 규정된 행위를 한 자는 제4조 제1항의 예에 의하여 처벌한다.
③ 제1항 및 제2항의 미수범은 처벌한다.
④ 제1항의 죄를 범할 목적으로 예비 또는 음모한 자는 10년 이하의 징역에 처한다.
⑤ 삭제 <1991.5.31.>

① **의의:** 본조는 반국가단체의 구성원 또는 그 지령을 받은 자 이외의 자가 반국가단체나 그 구성원 또는 그 지령을 받은 자를 지원할 목적으로 자진하여 외환유치 · 간첩 · 소요 · 중요시설파괴 · 유가증권위조 · 선동 등 국가보안법 제4조 제1항 각 호에 규정된 행위를 함으로써 성립하는 범죄이다.

② **구성요건**

구분	내용
주체	본 죄는 반국가단체의 구성원 또는 그 지령을 받은 자를 제외한 자만이 주체가 될 수 있다.
행위태양	㉠ 자진하여 제4조 제1항 각 호에 규정된 행위를 하여야 한다. ㉡ '자진하여'란 반국가단체나 그 구성원 또는 그 지령을 받은 자의 요구나 권유 등에 의하지 아니하고 아무런 의사의 연락 없이 스스로의 의사에 의하여 범행함을 의미한다. ㉢ 타인의 요구나 권유 등에 의하여 본 죄를 범한 경우, 그 타인이 반국가단체의 구성원이나 그 지령을 받은 자가 아닐 경우에는 입법취지에 비추어 본 죄의 성립에 아무런 지장이 없다.

(4) 금품수수죄(제5조 제2항)

국가보안법

제5조 【자진지원 · 금품수수】 ② 국가의 존립 · 안전이나 자유민주적 기본질서를 위태롭게 한다는 정을 알면서 반국가단체의 구성원 또는 그 지령을 받은 자로부터 금품을 수수한 자는 7년 이하의 징역에 처한다.
③ 제1항 및 제2항의 미수범은 처벌한다.

① **의의:** 본죄는 국가의 존립 · 안전이나 자유민주적 기본질서를 위태롭게 한다는 정을 알면서 반국가단체의 구성원 또는 그 지령을 받은 자로부터 금품을 수수함으로써 성립하는 범죄이다.

② 성립요건

구분	내용
주체	본죄의 주체에는 아무런 제한이 없음(자진지원죄와는 달리 반국가단체의 구성원이나 그 지령을 받은 자도 본죄의 주체가 될 수 있다).
행위태양	㉠ 반국가단체의 구성원 또는 그 지령을 받은 자로부터 금품을 수수하는 것 ㉡ 금품은 사람의 수요나 욕망을 충족시킬 수 있는 일체의 물건 또는 이익을 말함

판례 | 국가보안법 위반

국가보안법 제5조 제2항의 금품수수죄는 반국가단체의 구성원이나 그 지령을 받은 자라는 정을 알면서 또는 국가의 존립, 안전이나 자유민주적 기본질서를 위태롭게 한다는 정을 알면서 반국가단체의 구성원이나 그 지령을 받은 자로부터 금품을 수수함에 의하여 성립하는 것으로서, 그 수수가액이나 가치는 물론 그 목적도 가리지 아니하고, 그 금품수수가 대한민국을 해할 의도가 있는 경우에 한하는 것도 아니다(대판 1995.9.26, 95도1624).

(5) 잠입 · 탈출죄

국가보안법

제6조 【잠입 · 탈출】 ① 국가의 존립 · 안전이나 자유민주적 기본질서를 위태롭게 한다는 정을 알면서 반국가단체의 지배하에 있는 지역으로부터 잠입하거나 그 지역으로 탈출한 자는 10년 이하의 징역에 처한다.

② 반국가단체나 그 구성원의 지령을 받거나 받기 위하여 또는 그 목적수행을 협의하거나 협의하기 위하여 잠입하거나 탈출한 자는 사형 · 무기 또는 5년 이상의 징역에 처한다.

③ 삭제 <1991.5.31.>

④ 제1항 및 제2항의 미수범은 처벌한다.

⑤ 제1항의 죄를 범할 목적으로 예비 또는 음모한 자는 7년 이하의 징역에 처한다.

⑥ 제2항의 죄를 범할 목적으로 예비 또는 음모한 자는 2년 이상의 유기징역에 처한다.

구분	대상지역	목적
단순잠입 · 탈출죄	반국가단체의 지배하에 있는 지역	없음
특수잠입 · 탈출죄	제한 없음	반국가단체나 그 구성원의 지령을 받거나 또는 목적수행을 협의하거나 협의하기 위하여

PLUS 잠입 · 탈출죄의 행위태양

1. 본죄의 행위태양은 반국가단체의 지배하에 있는 지역으로부터 잠입하거나 그 지역으로 탈출하는 것
2. 반국가단체의 지배하에 있는 지역이란 반국가단체가 사실상 지배하고 있는 모든 지역을 지칭
3. 북괴의 불법적 지배하에 있는 지역은 물론 외국에 있는 북한공관이나 공작원의 교육, 공작 등에 이용되는 소위 안전가옥과 해상에 있는 공작선 등도 포함
4. 잠입이란 반국가단체의 지배하에 있는 지역으로부터 대한민국의 통치권이 실제로 행사되는 지역, 즉 사실상의 영토 내로 들어오는 것을 의미
5. 육로로 들어올 경우에는 휴전선 월경시, 해상 또는 공로로 들어올 경우에는 영해 · 영공 침범시 각각 기수가 성립

(6) 찬양 · 고무죄

국가보안법

제7조 【찬양 · 고무 등】 ① 국가의 존립 · 안전이나 자유민주적 기본질서를 위태롭게 한다는 정을 알면서 반국가단체나 그 구성원 또는 그 지령을 받은 자의 활동을 찬양 · 고무 · 선전 또는 이에 동조하거나 국가변란을 선전 · 선동한 자는 7년 이하의 징역에 처한다.

② 삭제 <1991.5.31.>

③ 제1항의 행위를 목적으로 하는 단체를 구성하거나 이에 가입한 자는 1년 이상의 유기징역에 처한다.

④ 제3항에 규정된 단체의 구성원으로서 사회질서의 혼란을 조성할 우려가 있는 사항에 관하여 허위사실을 날조하거나 유포한 자는 2년 이상의 유기징역에 처한다.

⑤ 제1항 · 제3항 또는 제4항의 행위를 할 목적으로 문서 · 도화 기타의 표현물을 제작 · 수입 · 복사 · 소지 · 운반 · 반포 · 판매 또는 취득한 자는 그 각항에 정한 형에 처한다.

⑥ 제1항 또는 제3항 내지 제5항의 미수범은 처벌한다.

⑦ 제3항의 죄를 범할 목적으로 예비 또는 음모한 자는 5년 이하의 징역에 처한다.

구분		내용
의의		본죄는 이적동조 등, 이적단체 구성 · 가입, 이적단체구성원의 허위사실날조 · 유포, 안보위해문건제작 등의 행위를 처벌함을 목적으로 한다.
유형	이적동조 등	① 찬양 · 고무 · 선전 · 동조행위 또는 국가변란을 선전 · 선동하는 행위를 말한다. ② 행위주체에는 아무런 제한이 없다.
	이적단체 구성 · 가입죄	① 행위주체에는 아무런 제한이 없다. ② 반국가단체의 구성원은 물론 그 지령을 받거나 그러한 자들로부터 다시 지령을 받은 자도 주체가 될 수 있다. ③ 반국가단체나 그 구성원 또는 그 지령을 받은 자의 활동을 찬양 · 고무 · 선전 · 동조 또는 국가변란 선전 · 선동행위를 목적으로 단체를 구성하거나 이에 가입함으로써 성립한다. ④ 본죄는 반국가단체구성 및 가입죄와는 달리 지위와 역할에 따른 법정형에 차등이 없다.
	이적단체구성원의 허위사실날조 · 유포죄	이적단체의 구성원만이 본죄의 주체가 될 수 있다.
	안보위해문건 제작 등의 죄	① 문서 · 도화 기타의 표현물을 제작 · 수입 · 복사 · 소지 · 운반 · 반포 · 판매 · 취득하는 일체의 행위를 처벌한다. ② 문서는 형법상의 개념과는 다르며, 명의의 유무불문, 초고 · 초안 · 사본 등도 해당한다. ③ 이적동조 등, 이적단체의 구성 · 가입, 이적단체구성원의 허위사실날조 · 유포의 행위를 할 목적이 있어야 한다.

⊕ PLUS 반국가단체와 이적단체의 구분기준

단체가 정부참칭이나 국가변란 자체를 1차적인 목적으로 삼고 있다면 반국가단체에 해당하고, 별개의 반국가단체의 존재를 전제로 하여 그 반국가단체의 활동을 찬양하는 방법으로 동조하는 것을 목적(2차적)으로 하는 경우에는 이적단체에 해당한다.

판례 |

1 국가보안법 위반

[1] 국가보안법 제2조에 의한 반국가단체로서의 지휘통솔체제를 갖춘 단체라 함은 2인 이상의 특정 다수인 사이에 단체의 내부질서를 유지하고, 그 단체를 주도하기 위하여 일정한 위계 및 분담 등의 체계를 갖춘 결합체를 의미한다. [2] 국가보안법상 반국가단체나 이적단체 모두 그 궁극적인 목적은 동일한 것에 귀결되나, 반국가단체와 이적단체의 구별은 각 단체가 그 활동을 통하여 직접 달성하려고 하는 목적을 기준으로 하여, 그 단체가 정부 참칭이나 국가의 변란 자체를 직접적이고도 1차적인 목적으로 삼고 있는 때에는 반국가단체에 해당되고, 별개의 반국가단체의 존재를 전제로 하여 그 반국가단체의 활동을 찬양하는 등 방법으로 동조하는 것을 목적으로 하는 경우에는 이적단체에 해당한다고 보아야 한다(대판 1995.7.28, 95도1121).

2 국가보안법 위반(반국가단체의 구성 등)(인정된 죄명: 국가보안법 위반(찬양·고무 등)·국가보안법 위반(회합·통신 등)(변경된 죄명, 일부 인정된 죄명: 국가보안법 위반(찬양·고무 등)·국가보안법 위반(찬양·고무 등)

국가보안법상 반국가단체와 이적단체를 구별하기 위하여는 그 단체가 그 활동을 통하여 직접 달성하려고 하는 목적을 기준으로 하여, 그 단체가 정부 참칭이나 국가의 변란 그 자체를 직접적이고도 1차적인 목적으로 삼고 있는 때에는 반국가단체에 해당하고, 별개의 반국가단체의 존재를 전제로 하여 그 반국가단체의 활동에 동조하는 것을 직접적, 1차적 목적으로 하는 경우에는 이적단체에 해당한다(대판 1999.9.3, 99도2317).

(7) 회합·통신죄

국가보안법

제8조【회합·통신 등】 ① 국가의 존립·안전이나 자유민주적 기본질서를 위태롭게 한다는 정을 알면서 반국가단체의 구성원 또는 그 지령을 받은 자와 회합·통신 기타의 방법으로 연락을 한 자는 10년 이하의 징역에 처한다.

② 삭제 <1991.5.31.>

③ 제1항의 미수범은 처벌한다.

④ 삭제 <1991.5.31.>

구분	내용
주체	상대방이 반국가단체의 구성원 또는 그 지령을 받은 자이면 본죄의 주체에는 제한이 없다.
특징	① 단순한 신년인사나 안부편지 등은 특별한 사정이 없는 한 본죄를 구성하지 아니한다. ② 목적수행활동과 관련이 없는 경우 본죄가 성립하지 않는다.
행위	회합은 2인 이상이 일정한 장소에서 만나는 것을 의미하며, 통신은 우편·전신·전화 등을 통하여 서로의 의사를 전달하는 행위를 말한다.

(8) 편의제공죄

국가보안법

제9조 【편의제공】 ① 이 법 제3조 내지 제8조의 죄를 범하거나 범하려는 자라는 정을 알면서 총포·탄약·화약 기타 무기를 제공한 자는 5년 이상의 유기징역에 처한다.
② 이 법 제3조 내지 제8조의 죄를 범하거나 범하려는 자라는 정을 알면서 금품 기타 재산상의 이익을 제공하거나 잠복·회합·통신·연락을 위한 장소를 제공하거나 기타의 방법으로 편의를 제공한 자는 10년 이하의 징역에 처한다. 다만, 본범과 친족관계가 있는 때에는 그 형을 감경 또는 면제할 수 있다.
③ 제1항 및 제2항의 미수범은 처벌한다.
④ 제1항의 죄를 범할 목적으로 예비 또는 음모한 자는 1년 이상의 유기징역에 처한다.
⑤ 삭제 <1991.5.31.>

구분	내용
무기류 등의 편의제공	예비·음모를 처벌함
단순편의제공	본범과 편의를 제공한 자가 친족관계에 있는 경우 그 형을 감면할 수 있음

(9) 불고지죄

국가보안법

제10조 【불고지】 제3조, 제4조, 제5조 제1항·제3항(제1항의 미수범에 한한다)·제4항의 죄를 범한 자라는 정을 알면서 수사기관 또는 정보기관에 고지하지 아니한 자는 5년 이하의 징역 또는 200만원 이하의 벌금에 처한다. 다만, 본범과 친족관계가 있는 때에는 그 형을 감경 또는 면제한다.

① 반국가단체를 구성하거나 반국가단체에 가입한 자 또는 그 구성원, 구성원으로부터 지령을 받은 자의 일정한 범죄행위 또는 그들에 대한 자진지원행위를 알면서도 그 사실을 수사기관에 신고하지 아니함으로써 본 죄는 성립한다. 본조의 입법취지는 국가보안법 위반사범에 대한 불가비호성(不可庇護性)에 있다.
② 국가보안법상의 범죄에 대한 형벌 중 **유일하게 벌금형을 규정**하고 있으며, **본범과 친족관계가 있을 때에는 그 형을 감경 또는 면제한다.**

(10) 특수직무유기죄

국가보안법

제11조 【특수직무유기】 범죄수사 또는 정보의 직무에 종사하는 공무원이 이 법의 죄를 범한 자라는 정을 알면서 그 직무를 유기한 때에는 10년 이하의 징역에 처한다. 다만, 본범과 친족관계가 있는 때에는 그 형을 감경 또는 면제할 수 있다.

① 범죄 수사 또는 정보의 직무에 종사하는 공무원이 국가보안법에 규정된 죄를 범한 자라는 것을 인지하고도 그 직무를 유기하기 위하여 수사 등 필요한 조치를 취하지 아니하는 경우를 가중처벌하기 위한 규정이다.
② **본범과 친족관계에 있을 경우 그 형을 감경 또는 면제할 수 있다.**

(11) 무고 · 날조죄

국가보안법

제12조 【무고 · 날조】 ① 타인으로 하여금 형사처분을 받게 할 목적으로 이 법의 죄에 대하여 무고 또는 위증을 하거나 증거를 날조 · 인멸 · 은닉한 자는 그 각 조에 정한 형에 처한다.
② 범죄수사 또는 정보의 직무에 종사하는 공무원이나 이를 보조하는 자 또는 이를 지휘하는 자가 직권을 남용하여 제1항의 행위를 한 때에도 제1항의 형과 같다. 다만, 그 법정형의 최저가 2년 미만일 때에는 이를 2년으로 한다.

⊕ PLUS

타인으로 하여금 형사처벌을 받게 할 목적으로 국가보안법에 규정된 죄에 대하여 무고 · 위증하거나 증거를 날조 · 인멸 · 은닉하는 행위를 처벌하는 규정이다.

구분	내용
일반무고 · 날조죄	주체에 아무런 제한이 없다.
직권남용무고 · 날조죄	범죄 수사 또는 정보의 직무에 종사하는 공무원이나 이를 보조하는 자 또는 이를 지휘하는 자만이 본 죄의 주체가 될 수 있다.

3. 보상과 원호

구분	내용
상금 (제21조)	① 이 법의 죄를 범한 자를 수사기관 또는 정보기관에 통보하거나 체포한 자에게는 대통령령이 정하는 바에 따라 상금을 지급한다. ② 이 법의 죄를 범한 자를 인지하여 체포한 수사기관 또는 정보기관에 종사하는 자에 대하여도 제1항과 같다. ③ 이 법의 죄를 범한 자를 체포할 때 반항 또는 교전상태하에서 부득이한 사유로 살해하거나 자살하게 한 경우에는 제1항에 준하여 상금을 지급할 수 있다.
보로금 (제22조)	① 제21조의 경우에 압수물이 있는 때에는 상금을 지급하는 경우에 한하여 그 압수물 가액의 2분의 1에 상당하는 범위 안에서 보로금을 지급할 수 있다. ② 반국가단체나 그 구성원 또는 그 지령을 받은 자로부터 금품을 취득하여 수사기관 또는 정보기관에 제공한 자에게는 그 가액의 2분의 1에 상당하는 범위 안에서 보로금을 지급할 수 있다. 반국가단체의 구성원 또는 그 지령을 받은 자가 제공한 때에도 또한 같다. ③ 보로금의 청구 및 지급에 관하여 필요한 사항은 대통령령으로 정한다.
보상 (제23조)	이 법의 죄를 범한 자를 신고 또는 체포하거나 이에 관련하여 상이를 입은 자와 사망한 자의 유족은 대통령령이 정하는 바에 따라 국가유공자 등 예우 및 지원에 관한 법률에 따른 공상군경 또는 순직군경의 유족이나 보훈보상대상자 지원에 관한 법률에 따른 재해부상군경 또는 재해사망군경의 유족으로 보아 보상할 수 있다.

⊕PLUS 국가보안법

제24조 【국가보안유공자 심사위원회】 ① 이 법에 의한 상금과 보로금의 지급 및 제23조에 의한 보상대상자를 심의·결정하기 위하여 법무부장관 소속하에 국가보안유공자 심사위원회(이하 '위원회'라 한다)를 둔다.
② 위원회는 심의상 필요한 때에는 관계자의 출석을 요구하거나 조사할 수 있으며, 국가기관 기타 공·사단체에 조회하여 필요한 사항의 보고를 요구할 수 있다.
③ 위원회의 조직과 운영에 관하여 필요한 사항은 대통령령으로 정한다.

제25조 【군법 피적용자에 대한 준용규정】 이 법의 죄를 범한 자가 군사법원법 제2조 제1항 각 호의 어느 하나에 해당하는 자인 때에는 이 법의 규정 중 판사는 군사법원군판사로, 검사는 군검찰부 군검사로, 사법경찰관은 군사법경찰관으로 본다.

국가보안법 주요 내용

구분	내용
신분범	① 목적수행죄: 반국가단체의 구성원 또는 그 지령을 받은 자 ② 자진지원죄: 반국가단체의 구성원 또는 그 지령을 받은 자 이외의 자 ③ 허위사실날조·유포: 이적단체의 구성원 ④ 특수직무유기죄: 범죄수사 또는 정보의 직무에 종사하는 공무원 ⑤ 직권남용무고·날조죄: 범죄수사 또는 정보의 직무에 종사하는 공무원이나 이를 보조하는 자 또는 이를 지휘하는 자
목적범	① 자진지원죄 ② 특수잠입·탈출죄 ③ 이적단체구성·가입죄 ④ 안보위해문건제작 등의 죄 ⑤ 무고·날조죄 ⑥ 국가보안법상의 각 죄의 예비·음모에 관한 죄
예비·음모의 처벌	① 반국가단체의 구성·가입죄(가입권유 ×) ② 목적수행죄 ③ 자진지원죄 ④ 잠입·탈출죄 ⑤ 이적단체구성·가입죄 ⑥ 무기류 등의 편의제공죄
본범과 친족관계가 있을 경우의 감경 또는 면제	① 단순편의제공: 임의적 감면 ② 불고지죄: 필요적 감면 ③ 특수직무유기죄: 임의적 감면

04 북한이탈주민의 보호 및 정착지원에 관한 법률

1. 서설

북한이탈주민의 보호 및 정착지원에 관한 법률(이하 '법'이라 한다)은 군사분계선 이북지역에서 벗어나 대한민국의 보호를 받으려는 군사분계선 이북지역의 주민이 정치, 경제, 사회, 문화 등 모든 생활 영역에서 신속히 적응·정착하는 데 필요한 보호 및 지원에 관한 사항을 규정함을 목적으로 한다.

(1) 정의(제2조)

이 법에서 사용하는 용어의 뜻은 다음과 같다.

구분	내용
북한이탈주민	군사분계선 이북지역(이하 '북한'이라 한다)에 주소, 직계가족, 배우자, 직장 등을 두고 있는 사람으로서 북한을 벗어난 후 외국 국적을 취득하지 아니한 사람을 말한다.
보호대상자	이 법에 따라 보호 및 지원을 받는 북한이탈주민을 말한다.
정착지원시설	보호대상자의 보호 및 정착지원을 위하여 제10조 제1항에 따라 설치·운영하는 시설을 말한다.
보호금품	이 법에 따라 보호대상자에게 지급하거나 빌려주는 금전 또는 물품을 말한다.

(2) 적용범위(제3조)

이 법은 대한민국의 보호를 받으려는 **의사를 표시한 북한이탈주민에 대하여 적용한다.**

(3) 기본원칙(제4조)

① 대한민국은 보호대상자를 **인도주의**에 입각하여 특별히 보호하고 외국에 체류하고 있는 북한이탈주민의 보호 및 지원 등을 위하여 외교적 노력을 다하여야 한다.

② 보호대상자는 대한민국의 자유민주적 법질서에 적응하여 건강하고 문화적인 생활을 할 수 있도록 노력하여야 한다.

③ 통일부장관은 북한이탈주민에 대한 보호 및 지원 등을 위하여 북한이탈주민의 실태를 파악하고, 그 결과를 정책에 반영하여야 한다.

(4) 국가의 책무(제4조의2)

① **국가 및 지방자치단체**는 보호대상자의 성공적인 정착을 위하여 보호대상자의 보호·교육·취업·주거·의료 및 생활보호 등의 지원을 지속적으로 추진하고 이에 필요한 재원을 안정적으로 확보하기 위하여 노력하여야 한다.

② **국가 및 지방자치단체**는 ①에 따라 보호대상자에 대한 지원시책을 마련하는 경우 아동·청소년·여성·노인·장애인 등에 대하여 특별히 배려·지원하도록 노력하여야 한다.

2. 북한이탈주민의 보호

(1) 보호기준 등(제5조)

① 보호대상자에 대한 보호 및 지원기준은 나이, 성별, 세대 구성, 학력, 경력, 자활 능력, 건강 상태 및 재산 등을 고려하여 합리적으로 정하여야 한다.

② 이 법에 따른 보호 및 정착지원은 원칙적으로 **개인을 단위**로 하되, 필요하다고 인정하는 경우에는 대통령령으로 정하는 바에 따라 세대를 단위로 할 수 있다.

③ 보호대상자를 **정착지원시설에서 보호하는 기간은 1년 이내**로 하고, **거주지에서 보호하는 기간은 5년**으로 한다. 다만, 특별한 사유가 있는 경우에는 **북한이탈주민 보호 및 정착지원협의회**의 심의를 거쳐 그 기간을 단축하거나 연장할 수 있다.

(2) 보호신청 등(제7조)

① 북한이탈주민으로서 이 법에 따른 보호를 받으려는 사람은 재외공관이나 그 밖의 행정기관의 장(각급 군부대의 장을 포함한다. 이하 '재외공관장 등'이라 한다)에게 보호를 직접 신청하여야 한다. 다만, 보호를 **직접 신청**하지 아니할 수 있는 대통령령으로 정하는 사유가 있는 경우에는 그러하지 아니하다.

② 보호신청을 받은 재외공관장 등은 지체 없이 그 사실을 소속 중앙행정기관의 장을 거쳐 통일부장관과 국가정보원장에게 통보하여야 한다. 통보를 받은 국가정보원장은 보호신청자에 대하여 보호결정 등을 위하여 필요한 조사 및 일시적인 신변안전조치 등 임시보호조치를 한 후 지체 없이 그 결과를 통일부장관에게 통보하여야 한다.

③ 국가정보원장은 ②에 따른 조사 및 임시보호조치를 하기 위한 시설(이하 '임시보호시설'이라 한다)을 설치 · 운영하여야 한다.

④ ②에 따른 조사 및 임시보호조치의 내용 및 방법과 ③에 따른 임시보호시설의 설치 · 운영에 필요한 사항은 대통령령으로 정한다.

(3) 보호결정 등(제8조)

① **통일부장관**은 통보를 받으면 협의회의 심의를 거쳐 보호 여부를 결정한다. 다만, 국가안전보장에 현저한 영향을 줄 우려가 있는 사람에 대하여는 **국가정보원장**이 그 보호 여부를 결정하고, 그 결과를 지체 없이 통일부장관과 보호신청자에게 통보하거나 알려야 한다.

② 보호 여부를 결정한 통일부장관은 그 결과를 지체 없이 관련 중앙행정기관의 장을 거쳐 재외공관장 등에게 통보하여야 하고, 통보를 받은 재외공관장 등은 이를 보호신청자에게 즉시 알려야 한다.

(4) 보호결정의 기준(제9조)

보호 여부를 결정할 때 다음의 어느 하나에 해당하는 사람은 보호대상자로 결정하지 **아니할 수 있다.**

① 항공기 납치, 마약거래, 테러, 집단살해 등 국제형사범죄자

② 살인 등 중대한 비정치적 범죄자

③ 위장탈출 혐의자

④ **삭제**

⑤ **국내 입국 후 3년**이 지나서 보호신청한 사람(체류국이나 체류 중인 북한이탈주민에게 대통령령으로 정하는 부득이한 사정이 있는 경우에는 그러하지 아니하다)

⑥ 그 밖에 국가안전보장 · 질서유지 · 공공복리에 대한 중대한 위해 발생 우려, 보호신청자의 경제적 능력 및 해외체류 여건 등을 고려하여 보호대상자로 정하는 것이 부적당하거나 보호 필요성이 현저히 부족하다고 대통령령으로 정하는 사람

3. 정착지원시설에서의 보호(제11조)

(1) 정착지원시설을 설치 · 운영하는 기관의 장은 보호대상자가 거주지로 전출할 때까지 정착지원시설에서 보호하여야 한다.

(2) 정착지원시설을 설치 · 운영하는 기관의 장은 정착지원시설에서 보호받는 보호대상자에게 대통령령으로 정하는 바에 따라 보호금품을 지급할 수 있다.

(3) 정착지원시설을 설치 · 운영하는 기관의 장은 보호대상자가 정착지원시설에서 보호받고 있는 동안 신원 및 북한이탈 동기의 확인, 건강진단, 그 밖에 정착지원에 필요한 조치를 할 수 있다.

⊕ PLUS

1. 정착지원시설의 설치(제10조)

   통일부장관은 보호대상자에 대한 보호 및 정착지원을 위하여 정착지원시설을 설치·운영한다. 다만, 국가정보원장이 보호하기로 결정한 사람을 위하여는 국가정보원장이 별도의 정착지원시설을 설치·운영할 수 있다. 통일부장관 또는 국가정보원장은 정착지원시설을 설치하는 경우 보호대상자의 건강하고 쾌적한 생활과 적응활동이 이루어질 수 있도록 숙박시설과 그 밖의 필요한 시설을 갖추어야 한다.

2. 등록대장(제12조)

   정착지원시설을 설치·운영하는 기관의 장은 보호결정을 한 때에는 대통령령으로 정하는 바에 따라 보호대상자의 등록기준지, 가족관계, 경력 등 필요한 사항을 기록한 등록대장을 관리·보존하여야 한다. 통일부장관은 모든 등록대장을 통합하여 관리·보존하여야 한다. 이를 위하여 국가정보원장은 관리·보존하고 있는 등록대장의 기록사항을 통일부장관에게 통보하여야 한다.

4. 보호의 내용

구분	내용
학력 인정 (제13조)	보호대상자는 대통령령으로 정하는 바에 따라 북한이나 외국에서 이수한 학교 교육의 과정에 상응하는 학력을 인정받을 수 있다.
자격 인정 (제14조)	① 보호대상자는 관계 법령에서 정하는 바에 따라 북한이나 외국에서 취득한 자격에 상응하는 자격 또는 그 자격의 일부를 인정받을 수 있다. ② 통일부장관은 자격 인정 신청자에게 대통령령으로 정하는 바에 따라 자격 인정을 위하여 필요한 보수교육 또는 재교육을 실시할 수 있다.
특별임용 (제18조)	① 북한에서의 자격이나 경력이 있는 사람 등 북한이탈주민으로서 공무원으로 채용하는 것이 필요하다고 인정되는 사람에 대하여는 국가공무원법 제28조 제2항 및 지방공무원법 제27조 제2항에도 불구하고 북한을 벗어나기 전의 자격·경력 등을 고려하여 국가공무원 또는 지방공무원으로 특별임용할 수 있다. ② 북한의 군인이었던 보호대상자가 국군에 편입되기를 희망하면 북한을 벗어나기 전의 계급, 직책 및 경력 등을 고려하여 국군으로 특별임용할 수 있다.
주민등록번호 정정의 특례 (제19조의3)	① 북한이탈주민 중 정착지원시설의 소재지를 기준으로 하여 주민등록번호를 부여받은 사람은 거주지의 시장·군수·구청장 또는 특별자치도지사에게 자신의 주민등록번호 정정을 한 번만 신청할 수 있다. ② 제1항에 따른 신청을 받은 시장·군수·구청장 또는 특별자치도지사는 특별한 사정이 없으면 현 거주지를 기준으로 하여 주민등록번호를 정정하여야 한다.

5. 보호의 변경(제27조)

통일부장관은 보호대상자가 다음의 어느 하나에 해당하는 경우에는 협의회의 심의를 거쳐 보호 및 정착지원을 중지하거나 종료할 수 있다.

① 1년 이상의 징역 또는 금고의 형을 선고받고 그 형이 확정된 경우

② 고의로 국가이익에 반하는 거짓 정보를 제공한 경우

③ 사망선고나 실종선고를 받은 경우

④ 북한으로 되돌아가려고 기도(企圖)한 경우

⑤ 이 법 또는 이 법에 따른 명령을 위반한 경우

⑥ 그 밖에 대통령령으로 정하는 사유에 해당한 경우

6. 이의신청(제32조)

(1) 이 법에 따른 보호 및 지원에 관한 처분에 이의가 있는 보호대상자는 그 처분의 통지를 받은 날부터 **90일 이내에 통일부장관에게 서면으로 이의신청을 할 수 있다.**

(2) 통일부장관은 이의신청을 받은 때에는 지체 없이 이를 검토하여 처분이 위법 또는 부당하다고 인정되는 경우에는 그 시정이나 그 밖의 필요한 조치를 할 수 있다. 이 경우 미리 협의회의 심의를 거쳐야 한다.

> **⊕ PLUS 북한이탈주민 보호 및 정착지원협의회(제6조)**
>
> 1. 설치목적
> 북한이탈주민에 관한 정책을 협의 · 조정하고 보호대상자의 보호 및 정착지원에 관한 다음의 사항을 심의하기 위하여 통일부에 북한이탈주민 보호 및 정착지원협의회의(이하 '협의회'라 한다)를 둔다.
>
> 2. 심의사항
> • 제5조 제3항 단서에 따른 보호 및 정착지원기간의 단축 또는 연장에 관한 사항
> • 제4조의3에 따른 기본계획 및 시행계획의 수립 · 시행에 관한 사항
> • 제8조 제1항 본문에 따른 보호 여부의 결정에 관한 사항
> • 제17조의2 제2항에 따른 취업보호의 중지 또는 종료에 관한 사항
> • 제27조 제1항에 따른 보호 및 정착지원의 중지 또는 종료에 관한 사항
> • 제32조 제2항 전단에 따른 시정 등의 조치에 관한 사항
> • 그 밖에 보호대상자의 보호 및 정착지원에 관하여 대통령령으로 정하는 사항
>
> 3. 위원장
> 통일부차관이 되며, 협의회의 업무를 총괄한다.
>
> 4. 협의회의 구성
> 협의회는 위원장 1명을 포함한 25명 이내의 위원으로 구성한다.

05 남북교류협력에 관한 법률

1. 서설

(1) 목적(제1조)

이 법은 군사분계선 이남지역과 그 이북지역간의 상호 교류와 협력을 촉진하기 위하여 필요한 사항을 규정함으로써 한반도의 평화와 통일에 이바지하는 것을 목적으로 한다.

(2) 정의(제2조)

이 법에서 사용하는 용어의 뜻은 다음과 같다.

구분	내용
출입장소	군사분계선 이북지역(이하 '북한'이라 한다)으로 가거나 북한으로부터 들어올 수 있는 군사분계선 이남지역(이하 '남한'이라 한다)의 항구, 비행장, 그 밖의 장소로서 대통령령으로 정하는 곳을 말한다.
교역	남한과 북한간의 물품, 대통령령으로 정하는 용역 및 전자적 형태의 무체물(이하 '물품 등'이라 한다)의 반출 · 반입을 말한다.
반출 · 반입	매매, 교환, 임대차, 사용대차, 증여, 사용 등을 목적으로 하는 남한과 북한간의 물품 등의 이동(단순히 제3국을 거치는 물품 등의 이동을 포함한다)을 말한다.

협력사업	남한과 북한의 주민(법인 · 단체를 포함한다)이 공동으로 하는 환경, 경제, 학술, 과학기술, 정보통신, 문화, 체육, 관광, 보건의료, 방역, 교통, 농림축산, 해양수산 등에 관한 모든 활동을 말한다.

(3) 다른 법률과의 관계(제3조)

남한과 북한의 왕래 · 접촉 · 교역 · 협력사업 및 통신 역무(役務)의 제공 등 남한과 북한간의 상호 교류와 협력(이하 '남북교류 · 협력'이라 한다)을 목적으로 하는 행위에 관하여는 이 법률의 목적 범위에서 다른 법률에 우선하여 이 법을 적용한다.

2. 남북한 방문(제9조)

(1) 남한의 주민이 북한을 방문하거나 북한의 주민이 남한을 방문하려면 대통령령으로 정하는 바에 따라 **통일부장관의 방문승인**을 받아야 하며, 통일부장관이 발급한 증명서(이하 '방문증명서'라 한다)를 소지하여야 한다.

(2) 방문증명서는 유효기간을 정하여 북한방문증명서와 남한방문증명서로 나누어 발급하며, 다음 각 호와 같이 구분한다.

① 한 차례만 사용할 수 있는 방문증명서

② 유효기간이 끝날 때까지 여러 차례 사용할 수 있는 방문증명서(이하 '복수방문증명서'라 한다)

(3) 복수방문증명서의 유효기간은 5년 이내로 하며, 5년의 범위에서 연장할 수 있다.

⊕ PLUS 남북교류협력에 관한 법률 시행령

제12조【방문승인 신청】 ① 법 제9조 제1항 · 제6항 단서 및 제8항 단서에 따라 북한을 방문하기 위하여 통일부장관의 방문승인을 받으려는 남한의 주민과 재외국민(법 제9조 제8항 각 호의 어느 하나에 해당하는 사람을 말한다. 이하 같다)은 방문 7일 전까지 방문승인 신청서에 다음 각 호의 서류를 첨부하여 통일부장관에게 제출하여야 한다. 다만, 제18조에 따른 가족인 북한주민을 방문하기 위하여 통일부장관이 정하는 바에 따라 신청인 본인의 신원에 관한 서류를 미리 제출한 경우에는 제1호의 서류를 첨부하지 아니할 수 있다.

1. 방문승인 신청인 인적사항
2. 북한 당국이나 단체 등의 초청 의사를 확인할 수 있는 서류
3. 방문증명서용 사진(발급신청일 전 3개월 이내에 촬영한 모자를 쓰지 않은 천연색 상반신 사진으로서 가로 3.5cm · 세로 4.5cm인 것을 말한다) 1매
4. 그 밖에 통일부장관이 필요하다고 인정하는 서류

② 법 제9조 제1항 및 제6항 단서에 따라 남한을 방문하기 위하여 통일부장관의 방문승인을 받으려는 북한의 주민은 방문 7일 전까지 방문승인 신청서에 제1항 제3호 및 제4호의 서류를 첨부하여 통일부장관에게 제출하여야 한다.

③ 통일부장관은 방문승인을 하는 경우 법 제9조 제1항에 따른 방문증명서(이하 '방문증명서'라 한다)를 발급한다. 다만, 방문승인을 받은 사람이 유효기간이 끝나지 아니한 복수방문증명서(법 제9조 제2항 제2호에 따른 복수방문증명서를 말한다. 이하 같다)를 가지고 있는 경우에는 그러하지 아니하다.

④ 복수방문증명서는 남북교류 및 협력을 추진하기 위하여 수시로 남북한을 방문할 필요가 있다고 통일부장관이 인정하는 사람에게 발급한다.

3. 남북한 주민 접촉(제9조의2)

① 남한의 주민이 북한의 주민과 회합·통신, 그 밖의 방법으로 접촉하려면 **통일부장관에게 미리 신고**하여야 한다. 다만, 대통령령으로 정하는 부득이한 사유에 해당하는 경우에는 접촉한 후에 신고할 수 있다.
② 방문증명서를 발급받은 사람이 그 방문 목적의 범위에서 당연히 인정되는 접촉을 하는 경우 등 대통령령으로 정하는 경우에 해당하면 제1항의 접촉신고를 한 것으로 본다.
③ 통일부장관은 제1항 본문에 따라 접촉에 관한 신고를 받은 때에는 남북교류·협력을 해칠 명백한 우려가 있거나 국가안전보장, 질서유지 또는 공공복리를 해칠 명백한 우려가 있는 경우에만 신고의 수리(受理)를 거부할 수 있다.
④ 제1항 본문에 따른 접촉신고를 받은 통일부장관은 남북교류·협력의 원활한 추진을 위하여 대통령령으로 정하는 바에 따라 북한주민접촉결과보고서 제출 등 조건을 붙이거나, 3년 이내의 유효기간을 정하여 수리할 수 있다. 다만, 대통령령으로 정하는 가족인 북한주민과의 접촉을 목적으로 하는 경우에는 5년 이내의 유효기간을 정할 수 있다.
⑤ 통일부장관은 필요하다고 인정할 경우 제4항에 따른 유효기간을 3년의 범위에서 연장할 수 있다.

⊕ PLUS 남북교류협력에 관한 법률 시행령

제16조 【접촉신고】 ① 법 제9조의2 제1항 본문에 따라 미리 신고하려는 남한의 주민은 접촉 7일 전까지 북한주민접촉 신고서에 다음 각 호의 서류를 첨부하여 통일부장관에게 제출하여야 한다. 다만, 가족인 북한주민을 접촉하기 위하여 남북 이산가족 생사확인 및 교류 촉진에 관한 법률 시행령 제4조에 따라 신고인 본인의 신원에 관한 서류를 미리 제출한 경우에는 제1호의 서류를 첨부하지 아니할 수 있다.
1. 북한주민접촉 신고인 인적사항
2. 그 밖에 통일부장관이 필요하다고 인정하는 서류

4. 반출·반입의 승인(제13조)

(1) 물품 등을 반출하거나 반입하려는 자는 대통령령으로 정하는 바에 따라 그 물품 등의 품목, 거래형태 및 대금결제 방법 등에 관하여 **통일부장관의 승인**을 받아야 한다. 승인을 받은 사항 중 대통령령으로 정하는 주요 내용을 변경할 때에도 또한 같다.

(2) 통일부장관은 제1항의 승인 또는 변경승인을 할 때에는 중요하다고 인정되는 사항은 미리 관계 행정기관의 장과 협의하여야 한다.

(3) 통일부장관은 제1항에 따라 반출이나 반입을 승인하는 경우 남북교류·협력의 원활한 추진을 위하여 대통령령으로 정하는 바에 따라 반출·반입의 목적 등 조건을 붙이거나, 승인의 유효기간을 정할 수 있다.

(4) 통일부장관은 제1항에 따라 반출이나 반입을 승인할 때에는 물품 등의 품목, 거래형태 및 대금결제 방법 등에 관하여 일정한 범위를 정하여 포괄적으로 승인할 수 있다.

(5) 통일부장관은 제1항에 따라 물품 등의 반출이나 반입을 승인받은 자(이하 '교역당사자'라 한다)가 다음 각 호의 어느 하나에 해당하는 경우에는 그 승인을 취소할 수 있다. 다만, ①의 경우에는 그 승인을 취소하여야 한다.
① 거짓이나 그 밖의 부정한 방법으로 반출이나 반입을 승인받은 경우
② 제3항에 따른 조건을 위반한 경우

③ 제14조에 따라 공고된 사항을 위반한 경우
④ 제15조 제1항에 따른 조정명령을 따르지 아니한 경우
⑤ 제15조 제3항에 따른 보고를 하지 아니하거나 거짓으로 보고한 경우
⑥ 남북교류 · 협력을 해칠 명백한 우려가 있는 경우
⑦ 국가안전보장, 질서유지 또는 공공복리를 해칠 명백한 우려가 있는 경우

⊕ PLUS

남북교류협력에 관한 법률
제12조(남북한 거래의 원칙) 남한과 북한간의 거래는 국가간의 거래가 아닌 민족내부의 거래로 본다.

남북교류협력에 관한 법률 시행령
제25조 【반출 · 반입의 승인 신청】 ① 법 제13조 제1항 전단에 따라 물품 등의 반출 · 반입 승인을 받으려는 자는 반출 · 반입 7일 전까지 반출 · 반입 승인 신청서에 다음 각 호의 서류를 첨부하여 통일부장관에게 제출하여야 한다. 다만, 통일부장관은 반출 · 반입의 목적 등을 고려하여 다음 각 호의 서류 중 일부를 첨부하지 아니하게 할 수 있다.
1. 반출 · 반입 계획서
2. 북한측 상대자와의 반출 · 반입 계약을 증명하는 서류(중개인을 통한 계약인 경우 신청인과 중개인 간의 계약서 및 중개인과 북한측 상대자간의 계약서를 포함한다)
3. 물품 등의 취급 등에 관하여 관련 법령에 따라 발급받은 면허증, 허가증 또는 등록증 등의 사본
4. 대외무역법 시행령 제21조 제1항 제1호에 따른 무역거래자별 고유번호를 확인할 수 있는 서류
5. 그 밖에 통일부장관이 필요하다고 인정하는 서류

제3절 해양외사경찰

01 서설

1. 해양외사경찰의 개념

해양외사경찰이란 대한민국의 안전과 사회공공의 안녕 및 질서유지를 목적으로 외국인 해외교포 또는 외국과 관련된 기관, 단체 등 외사대상에 대하여 이들의 동정을 관찰하고 이들과 관련된 범죄를 예방 단속하는 것을 주된 임무로 하는 경찰활동이다.

2. 해양외사경찰의 특징

(1) 해양외사경찰의 대상

① 해양외사경찰은 주한 외국인 또는 외국기관 · 단체가 대한민국 내에서 저지른 범죄와 내국인 또는 해외교포가 외국에서 저지른 범죄, 내국인이 외국인 또는 외국기관 · 단체 등과 연계하여 저지른 범죄를 그 대상으로 한다.
② 외국인이 외국에서 대한민국 또는 대한민국 국민을 대상으로 저지른 범죄 및 내국인이 국내에서 외국 · 외국인을 대상으로 저지른 범죄와 간첩 · 불순분자 등의 제3국을 통한 우회침투를 방지 색출하고 무장 · 과격분자 또는 국제범죄단체 등에 의한 테러와 납치 등 국제성 범죄를 담당한다.

(2) 외사업무

외사요원 관리규칙 제2조는 외사기획업무, 외사정보업무, 외사수사업무, 해외주재업무를 취급하는 경찰공무원을 외사요원이라고 규정하여 외사업무의 범위를 규정하고 있다.

(3) 활동범위의 광범성과 전문성

① **활동범위의 광범성**

해양외사경찰은 해양외사정보, 해양외사보안활동은 물론, 해양외사범죄의 수사, 국제협력활동 등 광범위한 업무를 취급한다.

② **해양외사경찰의 전문성**

해양외사경찰은 그 대상의 특성으로 인하여 외국어는 물론 국제안보, 경제, 외교, 국제범죄조직의 동향, 컴퓨터 등 전문적인 지식을 필요로 한다.

3. 외국인

(1) 외국인의 개념

① **외국인의 의의**

대한민국의 국적을 가지지 않은 자로 광의의 외국인이 해양외사경찰의 대상이 되는 외국인에 해당한다. 외국인 여부는 인종이나 언어 등에 의하여 결정되는 것이 아니라 우리나라의 국적 유무에 의하여 결정된다. 외국인이란 사인으로서의 외국인을 말하며, 외국의 외교관 및 군대와 같이 외국의 공적 기관이나 공적 지위에 있는 자는 포함되지 않는 개념이다.

② **외국인의 일반적 지위**

외국인을 자국민과 평등하게 대우하여야 한다는 국제법상의 원칙은 아직까지 확립된 것이 아니며, 외국인은 체류국의 통치권에 복종해야 하며 자국의 통치권에도 복종해야 하는 이중적 복종의 지위에 있다.

③ **외국인의 권리와 의무**

㉠ **외국인의 권리**: 공법상의 권리에 있어서는 **원칙적으로 참정권인 선거권, 피선거권, 공무담임권 등과 생활권인 근로의 권리, 교육을 받을 권리 등은 인정되지 않는다.** 일반적으로 자유권인 신체의 자유, 종교의 자유, 언론 출판의 자유, 통신의 자유, 학문의 자유 등과 재판청구권인 민사재판청구권, 형사재판청구권, 행정재판청구권 등은 인정된다.

㉡ **외국인의 의무**: 공법상의 의무에 있어서는 원칙적으로 내국인과 동일하게 체류국의 통치권에 복종할 의무를 지므로 체류국의 **재판권, 경찰권, 과세권에 복종**하여야 한다. 그러나 외국인은 내국인이 부담하는 국방(병역)의 의무, 교육의 의무, 사회보장가입의무 등은 부담하지 않는다.

(2) 외국인의 구분

구분	정의
최광의의 외국인	① 자국의 국적을 갖고 있지 않은 모든 사람을 의미한다. ② 무국적자와 외국 국적을 가진 자가 포함된다.
광의의 외국인	① 무국적자와 외국의 국적을 가진 자 중에서 사인만을 의미한다. ② 외교사절 등 공적 기관의 지위에 있는 자는 포함되지 않는다. ③ 일반적으로 외국인의 국제법상 지위를 논할 때의 외국인을 의미한다.
협의의 외국인	① 외국의 국적을 갖고 있는 모든 사람을 의미한다. ② 무국적자가 포함되지 않는다.

⊕ PLUS

1. 외교관
   (1) 외교사절
   외교사절이란 외교교섭 기타의 정치적 임무를 수행하기 위하여 외국에 파견되는 국가의 대외적 대표기관을 말한다.
   (2) 외교특권
   ① 의의
   ㉠ 외교특권의 근거: 외교관계에 관한 비엔나 협약
   ㉡ 외교사절의 계급은 그 직무나 특권에 있어서는 아무런 영향이나 차이가 없다.
   ② 내용
   ㉠ 불가침권: 외교관은 신체, 관사, 문서의 불가침권을 향유한다.
   - 신체의 불가침(동 협약 제29조): 외교관의 신체는 불가침이다. 그러나 긴급방어, 긴급사태의 경우에 일시적 신체 구속이 가능하다.
   - 관사의 불가침(동 협약 제22조 및 제30조): 공관뿐만 아니라 외교관의 개인주택도 불가침이다. 관사의 소유 또는 임차 여부를 불문하며 관사는 본 건물뿐만 아니라 부속건물, 정원, 차고 등도 포함하는 개념이다. 관사에 대한 불가침에 준하여 외교사절의 승용차, 보트, 비행기 등 교통수단도 불가침의 특권을 누린다. 그러나 예외적으로 화재나 전염병의 발생과 같이 공안을 유지하기 위하여 긴급을 요하는 경우에는 사절의 동의 없이 공관에 들어갈 수 있는데 이는 국제적 관습으로 인정된 내용이며, 불가침의 대상인 관사라고 하더라도 범죄인의 비호권은 인정되지 않는다.
   - 문서의 불가침(동 협약 제24조): 외교공관의 문서와 서류는 언제, 어디서나 불가침의 특권을 향한다. 외교관의 개인서류, 통신문서 및 그의 개인 소유의 재산도 또한 불가침이며 문서가 어느 장소에 있든지를 불문하며 심지어 외교단절의 경우에도 문서에 대한 불가침권이 인정된다. 그러나 관사 내의 문서가 간첩행위의 명백한 서증이 되는 경우는 불가침권을 상실한다.

   ㉡ 치외법권(면제권)
   - 사법권으로부터의 면제: 외교사절은 접수국의 형사재판관할권으로부터 면제되고 공무수행 중에 행하여진 행위에 대해서뿐만 아니라 개인자격으로 행한 행위에 대해서도 형사재판 관할권에서 면제된다. 그러나 외교사절이라 할지라도 일정한 경우에는 민사 및 행정재판권으로부터 면제되지 않는다. 개인부동산에 관한 소송, 상속에 관한 소송, 공무 이외의 영업 및 상업 활동에 관한 소송에 대해서는 접수국의 재판관할권이 인정된다. 또한 재판 당사자로서의 증언의무는 면제되지 않으나, 당사자가 아닌 경우에는 증언의무가 면제된다.
   - 경찰권의 면제
   - 과세권의 면제: 간접세, 사유부동산에 대한 조세, 상속세 및 개인영업상의 투자에 관한 등록세, 법원의 수수료 등은 면제되지 않는다.

   ✎ 주한미군은 재판권, 과세권, 경찰권으로부터 면제되지 않고 특별한 보호를 받을 뿐이다.

   ③ 외교특권의 포기: 외교특권은 외교사절 개인의 권리가 아니라 국가의 권리라는 견해에 의하면 치외법권의 포기는 그의 파견국의 명시적 의사에 의해서만 가능하다.
   (3) 외교사절의 파견과 접수
   ① 아그레망(agrement)의 요청: 특정의 인물을 외교사절로 임명하기 전에 상대국에게 사전 동의를 구하는 것을 아그레망의 요청이라고 하고, 이에 대하여 이의가 없다고 회답하는 것을 아그레망의 부여라고 한다. 파견국의 아그레망의 요청에 대해 이의가 없음을 회답하는 것을 '아그레망을 부여한다.'고 하며, 아그레망을 받은 사람을 페르소나 그라타(persona grata), 아그레망을 받지 못한 사람을 페르소나 논 그라타(persona non grata)라고 한다.
   ② 외교사절의 파견
   ㉠ 외교사절의 파견절차: 아그레망요청 및 부여 ➜ 임명 ➜ 신임장 부여 ➜ 파견
   ㉡ 직무개시 및 특권부여
   - 외교사절의 직무의 개시: 신임장의 원본이 접수국 정부에 정식으로 수리되었을 때부터 외교사절의 임무가 개시된다.
   - 외교사절의 특권 향유시기: 외교사절의 특권은 입국시부터 향유하며, 출국시까지 외교특권을 누릴 수 있다. 이는 외교관계가 단절되더라도 향유할 수 있는 권리이며, 접수국이 상당한 기간을 정하여 출국을 요청한 경우 상당한 기간까지 외교특권을 향유한다.

2. 영사

영사는 국가 경제적 목적수행과 자국민의 보호를 위하여 국가간에 파견된 공식 기관이다. 외교사절과 달리 국가를 대표하여 외교 교섭을 할 권한이 없고, 파견에 아그레망이 필요 없으며, 비정치적 목적을 수행한다. 영사에게도 외교사절의 특권만큼은 아니지만 역시 특권이 인정된다.

외교사절과 영사의 비교

구분	외교사절	영사
성질	정치적 기관(정치목적)	통상기관(경제목적)
외교교섭	가능	불가능
아그레망	필요	불필요
임무개시	신임장의 제출	위임장의 제출(인가장의 발부)
공관	외교공관은 통상 접수국의 수도에 한 곳 뿐임	영사관은 여러 개가 존재할 수 있음
신체의 불가침	포괄적 (안전을 위한 일시적 구속 가능)	공무에 한함 (체포, 구속, 기소 가능)
공관의 불가침	포괄적(공관 · 사저)	공관만 향유
문서의 불가침	포괄적(공 · 사문서)	공문서만 보호 (영사직원 입회하에 개봉요구 가능)
면제권	포괄적 향유	공무상 행위만 해당
파견, 접수, 직무, 특권의 규제	일반국제법 (국제관습, 협약)	개별적 조약 (통상항해조약, 영사조약 등)

⊕ PLUS 외국군함

1. 군함자체의 지위(군함이 외국의 영해 내에 있는 경우의 지위)
   - 불가침권: 범인이 외국군함 내로 도피한 경우에는 함장의 동의를 얻어 들어가거나 인도를 요청하여야 하며, 함장이 인도를 거부할 때에는 외교경로(범죄인의 인도절차)를 통하여 인도를 요구해야 한다.
   - 비호권: 군함은 범죄자에 대한 비호권이 없다.
   - 치외법권: 군함은 군함 내에서 발생한 민사 또는 형사사건, 군함 자체에 관한 사건에 대해서 연안국의 재판관할권으로부터 면제된다. 다만, 동 선박 국적 영사의 요청이 있는 경우, 동 범죄의 결과가 영해국에 영향을 준 경우, 영해국의 평화와 질서를 해친 경우, 중대한 범죄인 경우 등에는 영해국의 형사재판관할권이 미친다.

2. 군함승무원의 지위
   - 공무상 외국의 영토에 상륙한 승무원의 지위: 연안국은 일시적으로 그 신체를 구속할 수 있으나 처벌할 수는 없으며 함장으로부터 인도의 요구가 있으면 이에 응하여야 한다.
   - 공무 외 외국의 영토에 상륙한 승무원의 지위: 원칙적으로 치외법권이 인정되지 않으나 관례상 연안국이 재판권을 행사하지 않고 범인을 군함에 인도하는 것이 일반적이다.
   - 탈주 승무원의 지위: 지휘관은 그를 육상에서 체포하려고 해서는 아니 되며 본국의 영사를 통해 연안국 관계 기관에 체포를 요청하여야 한다.

02 출입국관리법

1. 서설

(1) 목적(제1조)

출입국관리법(이하 '법'이라 한다)법은 대한민국에 입국하거나 대한민국에서 출국하는 모든 국민 및 외국인의 출입국관리를 통한 안전한 국경관리, 대한민국에 체류하는 외국인의 체류관리와 사회통합 등에 관한 사항을 규정함을 목적으로 한다.

(2) 정의(제2조)

이 법에서 사용하는 용어의 뜻은 다음과 같다.

구분	내용
국민	대한민국의 국민을 말한다.
외국인	대한민국의 국적을 가지지 아니한 사람을 말한다.
난민	난민법 제2조 제1호에 따른 난민을 말한다.
여권	대한민국정부·외국정부 또는 권한 있는 국제기구에서 발급한 여권 또는 난민여행증명서나 그 밖에 여권을 갈음하는 증명서로서 대한민국정부가 유효하다고 인정하는 것을 말한다.
선원신분증명서	대한민국정부나 외국정부가 발급한 문서로서 선원임을 증명하는 것을 말한다.
출입국항	출국하거나 입국할 수 있는 대한민국의 항구·공항과 그 밖의 장소로서 대통령령으로 정하는 곳을 말한다.
보호	출입국관리공무원이 제46조 제1항 각 호에 따른 강제퇴거대상에 해당된다고 의심할 만한 상당한 이유가 있는 사람을 출국시키기 위하여 외국인보호실, 외국인보호소 또는 그 밖에 법무부장관이 지정하는 장소에 인치하고 수용하는 집행활동을 말한다.
출입국사범	제93조의2, 제93조의3, 제94조부터 제99조까지, 제99조의2, 제99조의3 및 제100조에 규정된 죄를 범하였다고 인정되는 자를 말한다.
생체정보	이 법에 따른 업무에서 본인일치 여부 확인 등에 활용되는 사람의 지문·얼굴·홍채 및 손바닥 정맥 등의 개인정보를 말한다.

2. 국민의 출입국

(1) 국민의 출국(제3조)

대한민국에서 대한민국 밖의 지역으로 출국(이하 '출국'이라 한다)하려는 국민은 **유효한 여권**을 가지고 출국하는 출입국항에서 출입국관리공무원의 출국심사를 받아야 한다. 다만, 부득이한 사유로 출입국항으로 출국할 수 없을 때에는 관할 지방출입국·외국인관서의 장의 허가를 받아 출입국항이 아닌 장소에서 출입국관리공무원의 출국심사를 받은 후 출국할 수 있다.

⊕PLUS 여권과 여행증명서

1. 여권

(1) 발급

여권법

제3조【발급권자】 여권은 외교부장관이 발급한다.

제21조【사무의 대행 등】 ① 외교부장관은 여권 등의 발급, 재발급과 기재사항변경에 관한 사무의 일부를 대통령령으로 정하는 바에 따라 영사(領事)나 지방자치단체의 장에게 대행(代行)하게 할 수 있다.

② 여권 등의 발급, 재발급과 기재사항변경을 신청하려는 사람은 그의 주소지를 관할하지 아니하는 지방자치단체의 장에게도 이를 신청할 수 있다.

(2) 여권의 발급 등의 거부·제한(여권법 제12조)

외교부장관은 다음에 해당하는 사람에 대하여는 여권의 발급 또는 재발급의 거부가 가능하다.

① 장기 2년 이상의 형에 해당하는 죄를 범하고 기소되어 있는 사람

② 장기 3년 이상의 형에 해당하는 죄를 범하고 국외로 도피하여 기소중지된 사람

③ 여권법 제24조부터 제26조까지에 규정된 죄를 범하여 형을 선고받고 그 집행이 종료되지 아니하거나 집행을 받지 아니하기로 확정되지 아니한 사람

④ 그 외의 범죄로 금고 이상의 형을 선고받고 그 집행이 종료되지 아니하거나 그 집행을 받지 아니하기로 확정되지 아니한 사람

⑤ 국외에서 대한민국의 안전보장·질서유지나 통일·외교정책에 중대한 침해를 야기할 우려가 있는 경우로서 다음에 해당하는 사람

- 출국할 경우 테러 등으로 생명이나 신체의 안전이 침해될 위험이 큰 사람
- 보안관찰처분을 받고 그 기간 중에 있으면서 보안관찰법 제22조에 따라 경고를 받은 사람

2. 여행증명서(여권법 제14조)

(1) 의의

여행증명서란 긴급하거나 부득이 필요한 경우에 외교부장관이 여권에 대신하여 발급하는 연청색 증명서를 말한다.

(2) 유효기간

유효기간은 1년 이내이며 그 증명서의 발급목적이 성취된 때에는 그 효력을 상실한다.

(3) 여행증명서의 발급대상자

① 출국하는 무국적자(無國籍者)

② 국외에 체류하거나 거주하고 있는 사람으로서 여권을 잃어버리거나 유효기간이 만료되는 등의 경우에 여권 발급을 기다릴 시간적 여유가 없이 긴급히 귀국하거나 제3국에 여행할 필요가 있는 사람

③ 국외에 거주하고 있는 사람으로서 일시 귀국한 후 여권을 잃어버리거나 유효기간이 만료되는 등의 경우에 여권 발급을 기다릴 시간적 여유가 없이 긴급히 거주지국가로 출국하여야 할 필요가 있는 사람

④ 해외 입양자

⑤ 남북교류협력에 관한 법률 제10조에 따라 여행증명서를 소지하여야 하는 사람으로서 여행증명서를 발급할 필요가 있다고 외교부장관이 인정하는 사람

⑥ 출입국관리법 제46조에 따라 대한민국 밖으로 강제퇴거되는 외국인으로서 그가 국적을 가지는 국가의 여권 또는 여권을 갈음하는 증명서를 발급받을 수 없는 사람

⑦ ①부터 ⑥까지의 규정에 준하는 사람으로서 긴급하게 여행증명서를 발급할 필요가 있다고 외교부장관이 인정하는 사람

(2) 출국의 금지(제4조)

① 출국금지사유

법무부장관은 다음의 어느 하나에 해당하는 **국민에 대하여**는 기간을 정하여 **출국을 금지할 수 있다.** 출입국관리공무원은 출국심사를 할 때에 출국이 금지된 사람을 출국시켜서는 아니 된다.

구분		내용
6개월 이내		① 형사재판에 계속 중인 사람 ② 징역형이나 금고형의 집행이 끝나지 아니한 사람 ③ 대통령령으로 정하는 금액 이상의 벌금(1천만원)이나 추징금(2천만원)을 내지 아니한 사람 ④ 대통령령으로 정하는 금액 이상의 국세 · 관세(5천만원) 또는 지방세(3천만원)를 정당한 사유 없이 그 납부기한까지 내지 아니한 사람 ⑤ 양육비 이행확보 및 지원에 관한 법률 제21조의4 제1항에 따른 양육비 채무자 중 양육비이행심의위원회의 심의 · 의결을 거친 사람 ⑥ 그 밖에 ①부터 ⑤까지의 규정에 준하는 사람으로서 대한민국의 이익이나 공공의 안전 또는 경제질서를 해칠 우려가 있어 그 출국이 적당하지 아니하다고 법무부령으로 정하는 사람
범죄 수사	원칙	1개월 이내
	예외	① 소재를 알 수 없어 기소중지 또는 수사중지(피의자중지로 한정한다)된 사람 또는 도주 등 특별한 사유가 있어 수사진행이 어려운 사람: 3개월 이내 ② 기소중지 또는 수사중지(피의자중지로 한정한다)된 경우로서 체포영장 또는 구속영장이 발부된 사람: 영장 유효기간 이내

② 출국금지의 요청

중앙행정기관의 장 및 법무부장관이 정하는 관계 기관의 장은 소관 업무와 관련하여 출국금지사유에 해당하는 사람이 있다고 인정할 때에는 **법무부장관에게 출국금지를 요청할 수 있다.**

③ 출국금지기간의 연장(제4조의2)

법무부장관은 출국금지기간을 초과하여 계속 출국을 금지할 필요가 있다고 인정하는 경우에는 그 기간을 연장할 수 있다.

④ 출국금지의 해제(제4조의3)

법무부장관은 출국금지사유가 없어졌거나 출국을 금지할 필요가 없다고 인정할 때에는 즉시 출국금지를 해제하여야 하며, 출국금지를 요청한 기관의 장은 출국금지사유가 없어졌을 때에는 즉시 법무부장관에게 출국금지의 해제를 요청하여야 한다.

⑤ 출국금지결정 등의 통지(제4조의4)

법무부장관은 출국을 금지하거나 출국금지기간을 연장하였을 때에는 즉시 당사자에게 그 사유와 기간 등을 밝혀 서면으로 통지하여야 하며, 출국금지를 해제하였을 때에도 이를 즉시 당사자에게 통지하여야 한다.

⊕ PLUS 출국금지(출국금지기간의 연장)통지의 예외

1. 대한민국의 안전 또는 공공의 이익에 중대하고 명백한 위해를 끼칠 우려가 있다고 인정되는 경우
2. 범죄수사에 중대하고 명백한 장애가 생길 우려가 있다고 인정되는 경우. 다만, 연장기간을 포함한 총 출국금지기간이 3개월을 넘는 때에는 당사자에게 통지하여야 한다.
3. 출국이 금지된 사람이 있는 곳을 알 수 없는 경우

⑥ **긴급출국금지(제4조의6)**

㉠ **긴급출국금지의 요청**

ⓐ 수사기관은 범죄 피의자로서 **사형 · 무기 또는 장기 3년 이상의 징역이나 금고**에 해당하는 죄를 범하였다고 의심할 만한 상당한 이유가 있고, 다음의 어느 하나에 해당하는 사유가 있으며, 긴급한 필요가 있는 때에는 **출국심사를 하는 출입국관리공무원에게 출국금지를 요청할 수 있다.**

ⅰ 피의자가 증거를 인멸할 염려가 있는 때

ⅱ 피의자가 도망하거나 도망할 우려가 있는 때

ⓑ 긴급출국금지요청을 받은 출입국관리공무원은 출국심사를 할 때에 출국금지가 요청된 사람을 출국시켜서는 아니 된다.

㉡ **법무부장관의 승인**

ⓐ 수사기관은 긴급출국금지를 요청한 때로부터 **6시간 이내**에 법무부장관에게 긴급출국금지 승인을 요청하여야 한다. 이 경우 검사의 수사지휘서 및 범죄사실의 요지, 긴급출국금지의 사유 등을 기재한 긴급출국금지보고서를 첨부하여야 한다.

ⓑ 법무부장관은 수사기관이 긴급출국금지 승인요청을 하지 아니한 때에는 수사기관 요청에 따른 출국금지를 해제하여야 한다. 수사기관이 긴급출국금지 승인을 요청한 때로부터 **12시간 이내**에 법무부장관으로부터 긴급출국금지 승인을 받지 못한 경우에도 또한 같다.

㉢ **긴급출국금지의 재요청 금지**: 법무부장관에게 긴급출국금지의 승인을 요청하지 않았거나 승인을 얻지 못해 출국금지가 해제된 경우에 수사기관은 동일한 범죄사실에 관하여 다시 긴급출국금지 요청을 할 수 없다.

⑦ **출국금지결정 등에 대한 이의신청(제4조의5)**

㉠ 출국이 금지되거나 출국금지기간이 연장된 사람은 출국금지결정이나 출국금지기간 연장의 통지를 받은 날 또는 그 사실을 안 날부터 **10일 이내에 법무부장관에게** 출국금지결정이나 출국금지기간 연장결정에 대한 **이의를 신청할 수 있다.**

㉡ 법무부장관은 이의신청을 받으면 그날부터 **15일 이내**에 이의신청의 타당성 여부를 결정하여야 한다. 다만, 부득이한 사유가 있으면 15일의 범위에서 한 차례만 그 기간을 연장할 수 있다.

㉢ 법무부장관은 이의신청이 이유 있다고 판단하면 즉시 출국금지를 해제하거나 출국금지기간의 연장을 철회하여야 하고, 그 이의신청이 이유 없다고 판단하면 이를 기각하고 당사자에게 그 사유를 서면에 적어 통보하여야 한다.

⑧ **국민의 여권 등의 보관(제5조)**

출입국관리공무원은 위조되거나 변조된 국민의 여권 또는 선원신분증명서를 발견하였을 때에는 회수하여 보관할 수 있다.

(3) 국민의 입국(제6조)

① 대한민국 밖의 지역에서 대한민국으로 입국(이하 '입국'이라 한다)하려는 국민은 **유효한 여권**을 가지고 입국하는 출입국항에서 출입국관리공무원의 입국심사를 받아야 한다. 다만, 부득이한 사유로 출입국항으로 입국할 수 없을 때에는 지방출입국 · 외국인관서의 장의 허가를 받아 출입국항이 아닌 장소에서 출입국관리공무원의 입국심사를 받은 후 입국할 수 있다.

② 출입국관리공무원은 국민이 유효한 여권을 잃어버리거나 그 밖의 사유로 이를 가지지 아니하고 입국하려고 할 때에는 확인절차를 거쳐 입국하게 할 수 있다.

3. 외국인의 입국 및 상륙

(1) 외국인의 입국(제7조)

① 외국인이 입국할 때에는 **유효한 여권과 법무부장관이 발급한 사증(査證)**을 가지고 있어야 한다. 그러나 다음의 어느 하나에 해당하는 외국인은 사증 없이 입국할 수 있다.

㉠ 재입국허가를 받은 사람 또는 재입국허가가 면제된 사람으로서 그 허가 또는 면제받은 기간이 끝나기 전에 입국하는 사람

㉡ 대한민국과 사증면제협정을 체결한 국가의 국민으로서 그 협정에 따라 면제대상이 되는 사람

㉢ 국제친선, 관광 또는 대한민국의 이익 등을 위하여 입국하는 사람으로서 대통령령으로 정하는 바에 따라 따로 입국허가를 받은 사람

㉣ 난민여행증명서를 발급받고 출국한 후 그 유효기간이 끝나기 전에 입국하는 사람

> **⊕ PLUS 사증발급권한의 위임**
>
> 법무부장관은 사증발급에 관한 권한을 대통령령으로 정하는 바에 따라 재외공관의 장에게 위임할 수 있다(출입국관리법 제8조 제2항).

② 대한민국과 수교하지 아니한 국가나 법무부장관이 외교부장관과 협의하여 지정한 국가의 국민은 대통령령으로 정하는 바에 따라 재외공관의 장이나 지방출입국·외국인관서의 장이 발급한 외국인 입국허가서를 가지고 입국할 수 있다.

(2) 입국의 금지(제11조)

법무부장관은 다음의 어느 하나에 해당하는 외국인에 대하여는 **입국을 금지할 수 있다.**

① 감염병환자, 마약류중독자, 그 밖에 공중위생상 위해를 끼칠 염려가 있다고 인정되는 사람

② 총포·도검·화약류 등의 안전관리에 관한 법률에서 정하는 총포·도검·화약류 등을 위법하게 가지고 입국하려는 사람

③ 대한민국의 이익이나 공공의 안전을 해치는 행동을 할 염려가 있다고 인정할 만한 상당한 이유가 있는 사람

④ 경제질서 또는 사회질서를 해치거나 선량한 풍속을 해치는 행동을 할 염려가 있다고 인정할 만한 상당한 이유가 있는 사람

⑤ 사리 분별력이 없고 국내에서 체류활동을 보조할 사람이 없는 정신장애인, 국내체류비용을 부담할 능력이 없는 사람, 그 밖에 구호가 필요한 사람

⑥ 강제퇴거명령을 받고 출국한 후 5년이 지나지 아니한 사람

⑦ **1910년 8월 29일부터 1945년 8월 15일까지 사이에 다음의 어느 하나에 해당하는 정부의 지시를 받거나 그 정부와 연계하여 인종, 민족, 종교, 국적, 정치적 견해 등을 이유로 사람을 학살·학대하는 일에 관여한 사람**

㉠ 일본 정부

㉡ 일본 정부와 동맹 관계에 있던 정부

㉢ 일본 정부의 우월한 힘이 미치던 정부

⑧ ①부터 ⑦까지의 규정에 준하는 사람으로서 법무부장관이 그 입국이 적당하지 아니하다고 인정하는 사람

(3) 외국인의 상륙

① **승무원의 상륙허가(제14조)**

출입국관리공무원은 다음의 어느 하나에 해당하는 외국인승무원에 대하여 선박 등의 장 또는 운수업자나 본인이 신청하면 **15일**의 범위에서 승무원의 상륙을 허가할 수 있다. 다만, 입국금지사유의 어느 하나에 해당하는 외국인승무원에 대하여는 그러하지 아니하다.

㉠ 승선 중인 선박 등이 대한민국의 출입국항에 정박하고 있는 동안 휴양 등의 목적으로 상륙하려는 외국인승무원

㉡ 대한민국의 출입국항에 입항할 예정이거나 정박 중인 선박 등으로 옮겨 타려는 외국인승무원

② **관광상륙허가(제14조의2)**

출입국관리공무원은 관광을 목적으로 대한민국과 외국 해상을 국제적으로 순회(巡廻)하여 운항하는 여객운송선박 중 법무부령으로 정하는 선박에 승선한 외국인승객에 대하여 그 선박의 장 또는 운수업자가 상륙허가를 신청하면 **3일**의 범위에서 승객의 관광상륙을 허가할 수 있다. 다만, 입국금지사유의 어느 하나에 해당하는 외국인승객에 대하여는 그러하지 아니하다.

③ **긴급상륙허가(제15조)**

출입국관리공무원은 선박 등에 타고 있는 **외국인(승무원을 포함한다)이 질병**이나 그 밖의 사고로 긴급히 상륙할 필요가 있다고 인정되면 그 선박 등의 장이나 운수업자의 신청을 받아 **30일**의 범위에서 긴급상륙을 허가할 수 있다.

④ **재난상륙허가(제16조)**

지방출입국 · 외국인관서의 장은 **조난을 당한 선박** 등에 타고 있는 외국인(승무원을 포함한다)을 긴급히 구조할 필요가 있다고 인정하면 그 선박 등의 장, 운수업자, 수상에서의 수색 · 구조 등에 관한 법률에 따른 구호업무 집행자 또는 그 외국인을 구조한 선박 등의 장의 신청에 의하여 **30일**의 범위에서 재난상륙허가를 할 수 있다.

⑤ **난민 임시상륙허가(제16조의2)**

지방출입국 · 외국인관서의 장은 선박 등에 타고 있는 외국인이 난민법 제2조 제1호에 규정된 이유나 그 밖에 이에 준하는 이유로 그 생명 · 신체 또는 신체의 자유를 침해받을 공포가 있는 영역에서 도피하여 곧바로 대한민국에 비호(庇護)를 신청하는 경우 그 외국인을 상륙시킬 만한 상당한 이유가 있다고 인정되면 **법무부장관의 승인**을 받아 **90일**의 범위에서 난민 임시상륙허가를 할 수 있다. 이 경우 **법무부장관은 외교부장관과 협의**하여야 한다.

(4) 외국인의 출국

① **출국심사(제28조)**

외국인이 출국할 때에는 유효한 여권을 가지고 출국하는 출입국항에서 출입국관리공무원의 출국심사를 받아야 한다.

② **외국인의 출국정지**

㉠ **출국정지사유**: **법무부장관**은 다음의 어느 하나에 해당하는 **외국인**에 대하여는 **출국을 정지할 수 있다.**

구분	내용
3개월 이내	㉠ 형사재판에 계속 중인 사람 ㉡ 징역형이나 금고형의 집행이 끝나지 아니한 사람 ㉢ 대통령령으로 정하는 금액 이상의 벌금(1천만원)이나 추징금(2천만원)을 내지 아니한 사람

		㉣ 대통령령으로 정하는 금액 이상의 국세 · 관세(5천만원) 또는 지방세(3천만원)를 정당한 사유 없이 그 납부기한까지 내지 아니한 사람 ㉤ 양육비 이행확보 및 지원에 관한 법률 제21조의4 제1항에 따른 양육비 채무자 중 양육비이행심의위원회의 심의 · 의결을 거친 사람 ㉥ 그 밖에 ㉠부터 ㉤까지의 규정에 준하는 사람으로서 대한민국의 이익이나 공공의 안전 또는 경제질서를 해칠 우려가 있어 그 출국이 적당하지 아니하다고 법무부령으로 정하는 사람
범죄 수사	원칙	1개월 이내
	예외	㉠ 도주 등 특별한 사유가 있어 수사진행이 어려운 사람: 3개월 이내 ㉡ 소재를 알 수 없어 기소중지 또는 수사중지(피의자중지로 한정한다) 된 사람: 3개월 이내 ㉢ 기소중지 또는 수사중지(피의자중지로 한정한다)가 된 경우로서 체포영장 또는 구속영장이 발부된 사람: 영장 유효기간 이내

㉡ **출국정지의 절차**: 외국인의 출국정지는 국민의 출국금지절차를 준용한다.

6. 강제퇴거의 대상자

(1) 지방출입국 · 외국인관서의 장은 이 장에 규정된 절차에 따라 다음의 어느 하나에 해당하는 외국인을 대한민국 밖으로 강제퇴거 시킬 수 있다(제46조).

① 유효한 여권과 사증 또는 외국인입국허가서 없이 입국한 사람
② 허위초청 등의 행위로 입국한 외국인
③ **입국금지사유가 입국 후에 발견되거나 발생한 사람**
④ **출입국심사규정 위반자**
⑤ 조건부 입국허가에 따라 지방출입국 · 외국인관서의 장이 붙인 허가조건을 위반한 사람
⑥ 상륙허가를 받지 아니하고 상륙한 사람
⑦ 지방출입국 · 외국인관서의 장 또는 출입국관리공무원이 붙인 상륙허가조건을 위반한 사람
⑧ 체류자격 외의 활동을 하거나 체류기간 연장허가를 위반한 사람
⑨ 허가를 받지 아니하고 근무처를 변경 · 추가하거나 제21조 제2항을 위반하여 외국인을 고용 · 알선한 사람
⑩ 법무부장관이 정한 거소 또는 활동범위의 제한이나 그 밖의 준수사항을 위반한 사람
⑪ 제26조(허위서류 제출 등의 금지)를 위반한 외국인
⑫ **출국심사규정을 위반하여 출국하려고 한 사람**
⑬ 외국인등록 의무를 위반한 사람
⑭ 제33조의3(외국인등록증 등의 채무이행 확보수단 제공 등의 금지)를 위반한 외국인
⑮ **금고 이상의 형을 선고받고 석방된 사람**
⑯ 그 밖에 위 ①부터 ⑩까지, ⑪, ⑫, ⑬, ⑭ 또는 ⑮에 준하는 사람으로서 **법무부령**으로 정하는 사람

(2) 영주자격을 가진 사람은 (1)에도 불구하고 대한민국 밖으로 강제퇴거되지 아니한다. 다만, 다음의 어느 하나에 해당하는 사람은 그러하지 아니하다.

① 형법 제2편 제1장 내란의 죄 또는 제2장 외환의 죄를 범한 사람
② 5년 이상의 징역 또는 금고의 형을 선고받고 석방된 사람 중 법무부령으로 정하는 사람
③ 제12조의3 제1항 또는 제2항을 위반하거나 이를 교사(敎唆) 또는 방조(幇助)한 사람

출입국관리법상 출국금지와 출국정지의 비교

<table>
<tr><th>사유</th><th>내국인의 출국금지</th><th>외국인의 출국정지</th></tr>
<tr><td>① 형사재판에 계속(係屬) 중인 사람
② 징역형이나 금고형의 집행이 끝나지 아니한 사람
③ 대통령령으로 정하는 금액 이상의 벌금(1천만원)이나 추징금(2천만원)을 내지 아니한 사람
④ 대통령령으로 정하는 금액(5천만원) 이상의 국세 · 관세(5천만원) 또는 지방세(3천만원)를 정당한 사유 없이 그 납부기한까지 내지 아니한 사람
⑤ 양육비 이행확보 및 지원에 관한 법률 제21조의4 제1항에 따른 양육비 채무자 중 양육비이행심의위원회의 심의 · 의결을 거친 사람
⑥ 그 밖에 ①부터 ⑤까지의 규정에 준하는 사람으로서 대한민국의 이익이나 공공의 안전 또는 경제질서를 해칠 우려가 있어 그 출국이 적당하지 아니하다고 법무부령으로 정하는 사람</td><td>6개월 이내</td><td>3개월 이내</td></tr>
<tr><td>범죄수사를 위하여 출국이 적당하지 아니하다고 인정되는 사람</td><td>1개월 이내</td><td>1개월 이내</td></tr>
<tr><td>소재를 알 수 없어 기소중지 또는 수사중지(피의자중지로 한정한다)된 사람</td><td rowspan="2">3개월 이내</td><td>3개월 이내</td></tr>
<tr><td>도주 등 특별한 사유가 있어 수사진행이 어려운 외국인</td><td>3개월 이내</td></tr>
<tr><td>기소중지 또는 수사중지(피의자중지로 한정한다)된 경우로서
체포영장 또는 구속영장이 발부된 사람</td><td>영장 유효기간 이내</td><td>영장 유효기간 이내</td></tr>
</table>

제4절 국제협력

01 국제형사사법공조법

1. 서설

(1) 목적(제1조)

국제형사사법 공조법(이하 '법'이라 한다)은 형사사건의 수사 또는 재판과 관련하여 외국의 요청에 따라 실시하는 공조(共助) 및 외국에 대하여 요청하는 공조의 범위와 절차 등을 정함으로써 범죄를 진압하고 예방하는 데에 국제적인 협력을 증진함을 목적으로 한다.

(2) 정의(제2조)

이 법에서 사용하는 용어의 뜻은 다음과 같다.

구분	내용
공조	대한민국과 외국간에 형사사건의 수사 또는 재판에 필요한 협조를 제공하거나 제공받는 것을 말한다.
공조조약	대한민국과 외국간에 체결된 공조에 관한 조약 · 협정 등을 말한다.
요청국	대한민국에 공조를 요청한 국가를 말한다.
공조범죄	공조의 대상이 되어 있는 범죄를 말한다.

(3) 공조조약과의 관계(제3조)

공조에 관하여 공조조약에 이 법과 다른 규정이 있는 경우에는 그 규정에 따른다.

(4) 국제형사사법 공조의 원칙

구분	내용
상호주의 (제4조)	공조조약이 체결되어 있지 아니한 경우에도 동일하거나 유사한 사항에 관하여 대한민국의 공조요청에 따른다는 요청국의 보증이 있는 경우에는 이 법을 적용한다.
쌍방가벌성의 원칙	국제형사사법 공조의 대상이 되는 범죄는 피요청국과 요청국 모두에서 처벌이 가능한 범죄이어야 한다.
특정성의 원칙	요청국이 공조에 의하여 취득한 증거를 공조요청의 대상이 된 범죄 이외의 수사나 재판에 사용하여서는 안 된다는 의미와 피요청국의 증인 등이 공조요청에 따라 요청국에 출두한 경우 피요청국을 출발하기 이전의 행위로 인해 구금·소추를 비롯한 어떠한 자유도 제한받지 않는다는 의미를 포함한다.

2. 공조의 범위와 제한

(1) 공조의 범위(제5조)

공조의 범위는 다음과 같다.

① 사람 또는 물건의 소재에 대한 수사
② 서류·기록의 제공
③ 서류 등의 송달
④ 증거수집, 압수·수색 또는 검증
⑤ 증거물 등 물건의 인도(引渡)
⑥ 진술청취, 그 밖에 요청국에서 증언하게 하거나 수사에 협조하게 하는 조치

> **국제형사사법 공조법**
>
> **제38조 【국제형사경찰기구와의 협력】** ① 행정안전부장관은 국제형사경찰기구로부터 외국의 형사사건 수사에 대하여 협력을 요청받거나 국제형사경찰기구에 협력을 요청하는 경우에는 다음 각 호의 조치를 취할 수 있다.
> 1. 국제범죄의 정보 및 자료 교환
> 2. 국제범죄의 동일증명(同一證明) 및 전과 조회
> 3. 국제범죄에 관한 사실 확인 및 그 조사
>
> ② 제1항 각 호를 제외한 협력요청이 이 법에 따른 공조에 관한 것인 경우에는 이 법에 따른다.

(2) 공조의 제한(제6조)

다음의 어느 하나에 해당하는 경우에는 **공조를 하지 아니할 수 있다(임의적 공조거절사유)**.

① **대한민국의 주권**, 국가안전보장, 안녕질서 또는 미풍양속을 해칠 우려가 있는 경우
② **인종, 국적, 성별, 종교, 사회적 신분** 또는 특정 사회단체에 속한다는 사실이나 정치적 견해를 달리한다는 이유로 처벌되거나 형사상 불리한 처분을 받을 우려가 있다고 인정되는 경우
③ 공조범죄가 **정치적 성격**을 지닌 범죄이거나, 공조요청이 정치적 성격을 지닌 다른 범죄에 대한 수사 또는 재판을 할 목적으로 한 것이라고 인정되는 경우
④ 공조범죄가 **대한민국의 법률**에 의하여는 범죄를 구성하지 아니하거나 공소를 제기할 수 없는 범죄인 경우
⑤ 이 법에 요청국이 보증하도록 규정되어 있음에도 불구하고 **요청국의 보증이 없는 경우**

(3) 공조의 연기(제7조)

대한민국에서 수사가 진행 중이거나 재판에 계속(係屬)된 범죄에 대하여 외국의 공조요청이 있는 경우에는 그 수사 또는 재판 절차가 끝날 때까지 공조를 연기할 수 있다.

(4) 외국으로의 송환을 위한 구속(제10조)

외국에서 구금되어 있던 사람이 공조에 따라 대한민국에 인도되는 경우에는, 공조 목적을 이행한 후 그 사람을 다시 외국으로 송환하기 위하여 공조요청한 곳을 관할하는 지방법원 판사가 발부한 **영장에 의하여 구속할 수 있다.**

3. 수사공조

(1) 외국의 요청에 따른 수사에 관한 공조

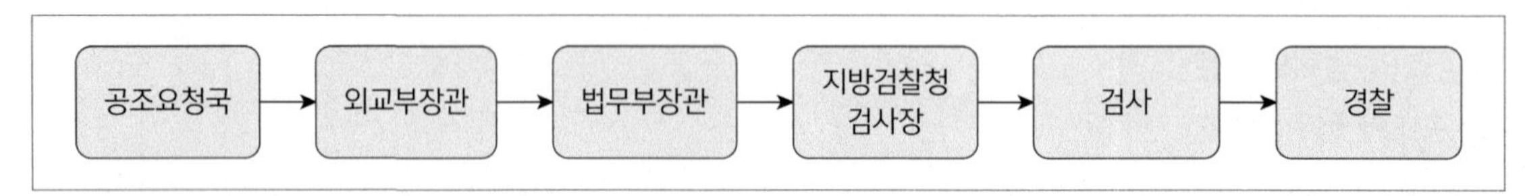

① **공조요청의 접수 및 공조 자료의 송부(제11조)**

공조요청 접수 및 요청국에 대한 공조 자료의 송부는 **외교부장관**이 한다. 다만, 긴급한 조치가 필요한 경우나 특별한 사정이 있는 경우에는 법무부장관이 외교부장관의 동의를 받아 이를 할 수 있다.

② **공조요청서(제12조)**

㉠ 공조요청은 다음의 사항을 기재한 서면(이하 '공조요청서'라 한다)으로 한다.

ⓐ 공조요청과 관련된 수사 또는 재판을 담당하는 기관

ⓑ 공조요청 사건의 요지

ⓒ 공조요청의 목적과 내용

ⓓ 그 밖에 공조를 하기 위하여 필요한 사항

㉡ 공조요청이 증인신문, 물건의 인도, 요청국에서의 증언 등의 협조에 관한 것일 때에는 그것이 수사 또는 재판에 반드시 필요하다는 요청국의 소명(疏明)이 있어야 한다.

③ **공조의 방식(제13조)**

요청국에 대한 공조는 **대한민국의 법률에서 정하는 방식**으로 한다. 다만, 요청국이 요청한 공조 방식이 대한민국의 법률에 저촉되지 아니하는 경우에는 그 방식으로 할 수 있다.

(2) 외국에 대한 수사에 관한 공조요청

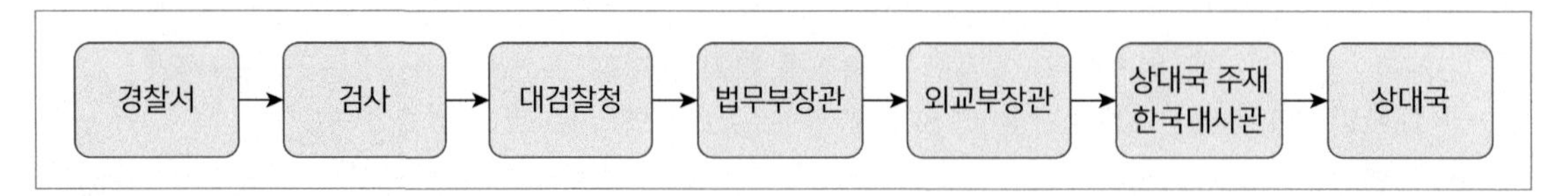

① **검사의 공조요청(제29조)**

검사는 외국에 수사에 관한 공조요청을 하려면 법무부장관에게 공조요청서를 송부하여야 하고, 사법경찰관은 검사에게 신청하여 법무부장관에게 공조요청서를 송부하여야 한다.

② **법무부장관의 조치(제30조)**

공조요청서를 받은 법무부장관은 외국에 공조요청하는 것이 타당하다고 인정하는 경우에는 그 공조요청서를 외교부장관에게 송부하여야 한다. 다만, 긴급한 조치가 필요한 경우나 특별한 사정이 있는 경우에는 외교부장관의 동의를 받아 공조요청서를 직접 외국에 송부할 수 있다.

③ **외교부장관의 조치(제31조)**

외교부장관은 법무부장관으로부터 공조요청서를 받았을 때에는 이를 외국에 송부하여야 한다. 다만, 외교 관계상 공조요청하는 것이 타당하지 아니하다고 인정하는 경우에는 이에 관하여 법무부장관과 협의하여야 한다.

4. 형사재판공조

(1) 외국의 요청에 따른 형사재판에 관한 공조

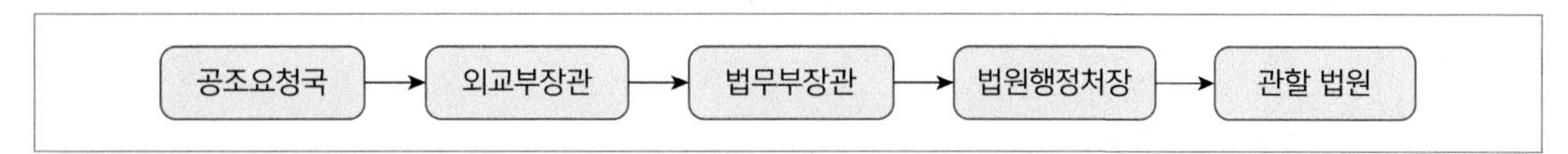

① **법무부장관의 조치(제23조)**

㉠ 법무부장관은 법원에서 하여야 할 형사재판에 관한 공조요청서를 받았을 때에는 이를 **법원행정처장에게 송부**하여야 한다. 다만, 이 법 또는 공조조약에 따라 공조할 수 없거나 공조하지 아니하는 것이 타당하다고 인정하는 경우에는 그러하지 아니하다.

㉡ 법무부장관은 공조하지 아니하는 것이 타당하다고 인정하는 경우에는 법원행정처장과 협의하여야 한다.

② **법원행정처장의 조치(제24조)**

법원행정처장은 법무부장관으로부터 공조요청서를 받았을 때에는 이를 관할 **지방법원장에게 송부**하여야 한다.

③ **관할 법원(제25조)**

형사재판에 관한 공조는 서류 등의 송달에 관한 요청인 경우에는 송달할 장소를 관할하는 지방법원이 하고, 증거조사에 관한 요청인 경우에는 증인 등의 주거지나 증거물 또는 검증·감정 목적물의 소재지를 관할하는 지방법원이 한다.

(2) 외국에 대한 형사재판에 관한 공조요청

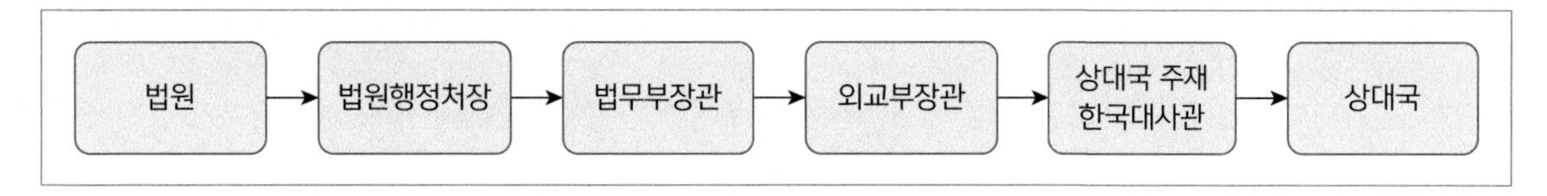

① **법원의 공조요청(제33조)**

㉠ 법원이 형사재판에 관하여 외국에 공조요청을 하는 경우에는 법원행정처장에게 공조요청서를 송부하여야 한다. 이 경우 법원은 그 사실을 검사에게 통지하여야 한다.

㉡ 법원행정처장은 공조요청서를 받았을 때에는 법무부장관에게 이를 송부하여야 한다.

② **법원행정처장과의 협의(제34조)**

공조요청서를 받은 법무부장관은 외국에 공조요청을 하는 것이 타당하지 아니하다고 인정하는 경우에는 법원행정처장과 협의하여야 한다.

02 범죄인 인도법

1. 서설

(1) 목적(제1조)

범죄인 인도법(이하 '법'이라 한다)은 범죄인 인도(引渡)에 관하여 그 범위와 절차 등을 정함으로써 범죄진압 과정에서의 국제적인 협력을 증진함을 목적으로 한다.

(2) 정의(제2조)

이 법에서 사용하는 용어의 뜻은 다음과 같다.

구분	내용
인도조약	대한민국과 외국간에 체결된 범죄인의 인도에 관한 조약·협정 등의 합의를 말한다.
청구국	범죄인의 인도를 청구한 국가를 말한다.
인도범죄	범죄인의 인도를 청구할 때 그 대상이 되는 범죄를 말한다.
범죄인	인도범죄에 관하여 청구국에서 수사나 재판을 받고 있는 사람 또는 유죄의 재판을 받은 사람을 말한다.
긴급인도구속	도망할 염려가 있는 경우 등 긴급하게 범죄인을 체포·구금(拘禁)하여야 할 필요가 있는 경우에 범죄인 인도청구가 뒤따를 것을 전제로 하여 범죄인을 체포·구금하는 것을 말한다.

(3) 범죄인 인도사건의 전속관할(제3조)

이 법에 규정된 범죄인의 인도심사 및 그 청구와 관련된 사건은 **서울고등법원과 서울고등검찰청의 전속관할로 한다.**

(4) 인도조약과의 관계(제3조의2)

범죄인 인도에 관하여 인도조약에 이 법과 다른 규정이 있는 경우에는 그 규정에 따른다.

(5) 범죄인 인도의 여러 원칙

구분	내용
상호주의	인도조약이 체결되어 있지 아니한 경우에도 범죄인의 인도를 청구하는 국가가 같은 종류 또는 유사한 인도범죄에 대한 대한민국의 범죄인 인도청구에 응한다는 보증을 하는 경우에는 이 법을 적용한다(제4조).
쌍방가벌성의 원칙 (쌍벌가능성의 원칙)	① 청구국과 피청구국 쌍방의 법률에 의하여 범죄를 구성하지 않는 경우에는 범죄인을 인도하지 않는다는 원칙 ② 대한민국과 청구국의 법률에 따라 인도범죄가 사형, 무기징역, 무기금고, 장기(長期) 1년 이상의 징역 또는 금고에 해당하는 경우에만 범죄인을 인도할 수 있다(제6조에 명시).
최소 중요성의 원칙	① 범죄인 인도 기술상 요청되는 원칙이며, 어느 정도 중요한 범죄인만 인도한다는 원칙이다. ② 대한민국과 청구국의 법률에 따라 인도범죄가 사형, 무기징역, 무기금고, 장기(長期) 1년 이상의 징역 또는 금고에 해당하는 경우에만 범죄인을 인도할 수 있다(제6조에 명시).
특정성의 원칙	인도된 범죄인이 인도가 허용된 범죄 외의 범죄로 처벌받지 아니하고 제3국에 인도되지 아니한다는 청구국의 보증이 없는 경우에는 범죄인을 인도하여서는 안 된다는 원칙(제10조에 명시)

자국민 불인도의 원칙	① 자국민은 인도하지 않는다는 원칙이며 일반적으로 대륙법계 국가들은 채택, 영미법계 국가들은 채택하지 않고 있다. ② 범죄인이 대한민국 국민인 경우에는 인도하지 아니할 수 있다(임의적 인도거절사유)(제9조에 명시).
유용성의 원칙	① 실제로 처벌하기 위해 필요한 범죄자만 인도한다는 원칙이다. ② 시효완성, 사면 등으로 처벌하지 못하는 범죄자는 인도 대상에서 제외된다(제7조에 명시).
정치범 불인도의 원칙	**범죄인 인도법** **제8조【정치적 성격을 지닌 범죄 등의 인도거절】** ① 인도범죄가 정치적 성격을 지닌 범죄이거나 그와 관련된 범죄인 경우에는 범죄인을 인도하여서는 아니 된다. 다만, 인도범죄가 다음 각 호의 어느 하나에 해당하는 경우에는 그러하지 아니하다. 1. 국가원수(國家元首)·정부수반(政府首班) 또는 그 가족의 생명·신체를 침해하거나 위협하는 범죄 2. 다자간 조약에 따라 대한민국이 범죄인에 대하여 재판권을 행사하거나 범죄인을 인도할 의무를 부담하고 있는 범죄 3. 여러 사람의 생명·신체를 침해·위협하거나 이에 대한 위험을 발생시키는 범죄 ② 인도청구가 범죄인이 범한 정치적 성격을 지닌 다른 범죄에 대하여 재판을 하거나 그러한 범죄에 대하여 이미 확정된 형을 집행할 목적으로 행하여진 것이라고 인정되는 경우에는 범죄인을 인도하여서는 아니 된다. ① 범죄인 인도법은 정치범 불인도에 관한 명문규정을 두고 있다(제8조에 명시). 그러나 정치범죄에 대한 명확한 개념정의를 하는 경우 외국과의 정치적 분쟁상황에 탄력성 있게 대처하기가 어려울 수도 있으므로 정치범의 개념에 관한 명문규정은 두고 있지 않다. ② 정치범죄의 예외 ㉠ 국제법 위반 범죄는 비록 정치적인 관련성을 갖는다 하더라도 성질상 국제형법을 위반하는 범죄로서 정치범죄의 예외가 되어 일반적으로 인도의 대상에 해당한다. ㉡ 국제범죄의 유형: UN헌장에서 규정하고 있는 침략행위, UN총회에서 결의한 Nuremberg 원칙에 포함된 인류에 반하는 죄, 집단살해, 전쟁범죄, 해적행위, 항공기 납치, 노예, 인신매매, 기타 부녀자·아동·거래, 국제법 보호대상 인물과 민간인의 납치, 위조, 마약거래, 인종차별, 고문 등이 있다. ③ 가해조항(암살조항): 범죄인 인도법에서는 정치범이라도 국가원수·정부수반 또는 그 가족의 생명·신체를 침해하거나 위협하는 범죄에 대해서는 인도거절사유에서 제외하고 있다.
군사범 불인도의 원칙 (명문의 규정 없음)	군사범죄 즉 탈영, 항명 등의 범죄자는 인도하지 않는다는 원칙이다.

2. 외국으로의 범죄인 인도

(1) 인도의 사유와 인도의 제한

① 인도에 관한 원칙(제5조)

대한민국 영역에 있는 범죄인은 이 법에서 정하는 바에 따라 청구국의 인도청구에 의하여 소추(訴追), 재판 또는 형의 집행을 위하여 청구국에 인도할 수 있다.

② 인도범죄(제6조)

대한민국과 청구국의 법률에 따라 인도범죄가 **사형, 무기징역, 무기금고, 장기(長期) 1년 이상의 징역 또는 금고**에 해당하는 경우에만 범죄인을 인도할 수 있다.

(2) 절대적 인도거절사유(제7조)

다음의 어느 하나에 해당하는 경우에는 범죄인을 **인도하여서는 아니 된다.**

㉠ 대한민국 또는 청구국의 법률에 따라 인도범죄에 관한 **공소시효 또는 형의 시효가 완성된 경우**

㉡ **인도범죄에 관하여 대한민국 법원에서 재판이 계속(係屬) 중이거나 재판이 확정된 경우**

㉢ 범죄인이 인도범죄를 범하였다고 의심할 만한 **상당한 이유가 없는 경우**. 다만, 인도범죄에 관하여 청구국에서 유죄의 재판이 있는 경우는 제외한다.

㉣ 범죄인이 **인종, 종교, 국적, 성별, 정치적 신념 또는 특정 사회단체에 속한 것** 등을 이유로 처벌되거나 그 밖의 불리한 처분을 받을 염려가 있다고 인정되는 경우

(3) 임의적 인도거절사유(제9조)

다음의 어느 하나에 해당하는 경우에는 범죄인을 **인도하지 아니할 수 있다.**

㉠ 범죄인이 **대한민국 국민**인 경우

㉡ 인도범죄의 **전부 또는 일부가 대한민국 영역**에서 범한 것인 경우

㉢ 범죄인의 **인도범죄 외의 범죄**에 관하여 대한민국 법원에 재판이 계속 중인 경우 또는 범죄인이 형을 선고받고 그 집행이 끝나지 아니하거나 면제되지 아니한 경우

㉣ 범죄인이 인도범죄에 관하여 **제3국(청구국이 아닌 외국을 말한다)에서 재판을 받고 처벌되었거나 처벌받지 아니하기로 확정된 경우**

㉤ 인도범죄의 성격과 범죄인이 처한 환경 등에 비추어 범죄인을 인도하는 것이 **비인도적(非人道的)**이라고 인정되는 경우

(4) 인도가 허용된 범죄 외의 범죄에 대한 처벌금지에 관한 보증(제10조)

인도된 범죄인이 다음의 어느 하나에 해당하는 경우를 제외하고는 인도가 허용된 범죄 외의 범죄로 처벌받지 아니하고 제3국에 인도되지 아니한다는 청구국의 보증이 없는 경우에는 범죄인을 **인도하여서는 아니 된다.**

㉠ 인도가 허용된 범죄사실의 범위에서 유죄로 인정될 수 있는 범죄 또는 인도된 후에 범한 범죄로 범죄인을 처벌하는 경우

㉡ 범죄인이 인도된 후 청구국의 영역을 떠났다가 자발적으로 청구국에 재입국한 경우

㉢ 범죄인이 자유롭게 청구국을 떠날 수 있게 된 후 45일 이내에 청구국의 영역을 떠나지 아니한 경우

㉣ 대한민국이 동의하는 경우

(5) 동의요청에 대한 법무부장관의 조치(제10조의2)

법무부장관은 범죄인을 인도받은 청구국으로부터 인도가 허용된 범죄 외의 범죄로 처벌하거나 범죄인을 제3국으로 다시 인도하는 것에 관한 동의요청을 받은 경우 그 요청에 타당한 이유가 있다고 인정될 때에는 이를 승인할 수 있다. 다만, 청구국이나 제3국에서 처벌하려는 범죄가 절대적 인도거절사유 또는 정치적 성격을 지닌 범죄에 해당되는 경우에는 그 요청을 승인하여서는 아니 된다.

3. 인도심사 절차

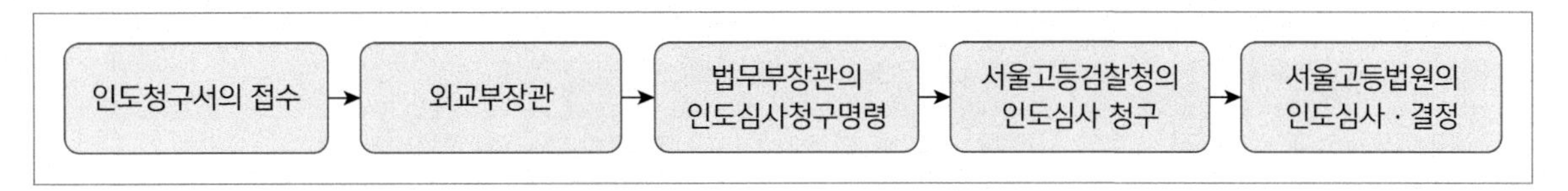

(1) 인도청구를 받은 외교부장관의 조치(제11조)

외교부장관은 청구국으로부터 범죄인의 인도청구를 받았을 때에는 인도청구서와 **관련 자료를 법무부장관에게 송부**하여야 한다.

(2) 법무부장관의 인도심사청구명령(제12조)

① **법무부장관**은 외교부장관으로부터 인도청구서 등을 받았을 때에는 이를 **서울고등검찰청 검사장(檢事長)**에게 송부하고 그 소속 검사로 하여금 서울고등법원(이하 '법원'이라 한다)에 범죄인의 인도허가 여부에 관한 **심사(이하 '인도심사'라 한다)를 청구하도록 명하여야 한다**. 다만, 인도조약 또는 이 법에 따라 범죄인을 인도할 수 없거나 인도하지 아니하는 것이 타당하다고 인정되는 경우에는 그러하지 아니하다.

② 법무부장관은 인도심사청구명령을 하지 아니하는 경우에는 그 사실을 외교부장관에게 통지하여야 한다.

> **범죄인 인도법**
>
> **제18조【인도심사청구명령의 취소】** ① 외교부장관은 제11조에 따른 서류를 송부한 후에 청구국으로부터 범죄인의 인도청구를 철회한다는 통지를 받았을 때에는 그 사실을 법무부장관에게 통지하여야 한다.
>
> ② 법무부장관은 제12조 제1항 본문에 따른 인도심사청구명령을 한 후에 외교부장관으로부터 제1항에 따른 통지를 받거나 제12조 제1항 단서에 해당하게 되었을 때에는 인도심사청구명령을 취소하여야 한다.
>
> ③ 검사는 제13조 제1항에 따른 인도심사청구를 한 후에 인도심사청구명령이 취소되었을 때에는 지체 없이 인도심사청구를 취소하고 범죄인에게 그 내용을 통지하여야 한다.
>
> ④ 제3항에 따른 인도심사청구의 취소는 서면으로 하여야 한다.

(3) 인도심사청구(제13조)

① **검사**는 법무부장관의 인도심사청구명령이 있을 때에는 지체 없이 법원에 **인도심사를 청구하여야 한다**. 다만, 범죄인의 소재(所在)를 알 수 없는 경우에는 그러하지 아니하다.

② 범죄인이 인도구속영장에 의하여 구속되었을 때에는 구속된 날부터 **3일 이내**에 인도심사를 청구하여야 한다.

(4) 법원의 인도심사(제14조)

법원은 인도심사의 청구를 받았을 때에는 지체 없이 인도심사를 시작하여야 한다. 법원은 범죄인이 인도구속영장에 의하여 구속 중인 경우에는 구속된 날부터 **2개월 이내**에 인도심사에 관한 결정(決定)을 하여야 한다.

(5) 법원의 결정(제15조)

법원은 인도심사의 청구에 대하여 다음의 구분에 따라 결정을 하여야 한다.

구분	내용
인도심사청구 각하결정	인도심사의 청구가 적법하지 아니하거나 취소된 경우
인도거절결정	범죄인을 인도할 수 없다고 인정되는 경우
인도허가결정	범죄인을 인도할 수 있다고 인정되는 경우

범죄인 인도법

제15조의2【범죄인의 인도 동의】 ① 범죄인이 청구국으로 인도되는 것에 동의하는 경우 법원은 신속하게 제15조에 따른 결정을 하여야 한다. 이 경우 제9조에 해당한다는 이유로 인도거절결정을 할 수 없다.
② 제1항에 따른 동의는 서면으로 법원에 제출되어야 하며, 법원은 범죄인의 진의(眞意) 여부를 직접 확인하여야 한다.
③ 제1항에 따른 결정이 있는 경우 법무부장관은 제34조 제1항에 따른 명령 여부를 신속하게 결정하여야 한다.

제16조【인도청구의 경합】 ① 법무부장관은 둘 이상의 국가로부터 동일 또는 상이한 범죄에 관하여 동일한 범죄인에 대한 인도청구를 받은 경우에는 범죄인을 인도할 국가를 결정하여야 하며, 필요한 경우 외교부장관과 협의할 수 있다.
② 제1항에 따른 결정을 할 때에는 인도범죄의 발생일시, 발생장소, 중요성, 인도청구 날짜, 범죄인의 국적 및 거주지 등을 고려하여야 한다.

제17조【물건의 양도】 ① 법원은 인도범죄로 인하여 생겼거나 인도범죄로 인하여 취득한 물건 또는 인도범죄에 관한 증거로 사용될 수 있는 물건 중 대한민국 영역에서 발견된 것은 검사의 청구에 의하여 청구국에 양도할 것을 허가할 수 있다. 범죄인의 사망 또는 도망으로 인하여 범죄인 인도가 불가능한 경우에도 또한 같다.
② 제1항에 따라 청구국에 양도할 물건에 대한 압수·수색은 검사의 청구로 서울고등법원 판사(이하 '판사'라 한다)가 발부하는 압수·수색영장에 의하여 한다.
③ 제2항의 경우에는 그 성질에 반하지 아니하는 범위에서 형사소송법 제1편 제10장을 준용한다.

4. 범죄인의 인도구속

(1) 인도구속영장의 발부(제19조)

검사는 **법무부장관의 인도심사청구명령이 있을 때**에는 인도구속영장에 의하여 범죄인을 구속하여야 한다. 다만, 범죄인이 주거가 일정하고 도망할 염려가 없다고 인정되는 경우에는 그러하지 아니하다.

(2) 인도구속영장의 집행(제20조)

인도구속영장은 검사의 지휘에 따라 사법경찰관리가 집행한다.

(3) 교도소 등에의 구금(제21조)

검사는 인도구속영장에 의하여 구속된 범죄인을 인치받으면 인도구속영장에 기재된 사람과 동일인인지를 확인한 후 지체 없이 교도소, 구치소 또는 그 밖에 인도구속영장에 기재된 장소에 구금하여야 한다.

(4) 인도구속의 적부심사(제22조)

인도구속영장에 의하여 구속된 범죄인 또는 그 변호인, 법정대리인, 배우자, 직계친족, 형제자매, 가족이나 동거인 또는 고용주는 법원에 구속의 적부심사를 청구할 수 있다.

(5) 인도구속의 집행정지와 효력 상실(제23조)

① 검사는 타당한 이유가 있을 때에는 인도구속영장에 의하여 구속된 범죄인을 친족, 보호단체 또는 그 밖의 적당한 자에게 맡기거나 범죄인의 주거를 제한하여 구속의 집행을 정지할 수 있다.

② 검사는 범죄인이 다음의 어느 하나에 해당할 때에는 구속의 집행정지를 취소할 수 있다.

㉠ 도망하였을 때

㉡ 도망할 염려가 있다고 믿을 만한 충분한 이유가 있을 때

㉢ 주거의 제한이나 그 밖에 검사가 정한 조건을 위반하였을 때

③ 검사는 법무부장관으로부터 범죄인에 대하여 인도장(引渡狀)이 발부되었을 때에는 지체 없이 구속의 집행정지를 취소하여야 한다.

03 인터폴(국제형사경찰기구; I.C.P.O)

1. 서설

(1) 인터폴의 연혁

① 1914년 **모나코**에서 국제형사경찰회의(International Criminal Police Congress)가 개최되어 국제범죄 기록보관소 설립, 범죄인 인도절차의 표준화 등에 대하여 논의하였는데 이것이 국제경찰협력의 기초가 되었다.

② 1923년 오스트리아 **비엔나**에서 열린 제2차 국제형사경찰회의 때 19개국 경찰기관장이 참석하여 인터폴의 전신인 국제형사경찰위원회(ICPC)를 항구적 기구로 만들고 사무국을 두기로 결정했다.

③ 1956년 **비엔나**에서 열린 26차 총회 때 비로소 55개 회원국의 결의로 현행 인터폴로 기구를 바꾸어 출발, 사무총국을 **파리**에 두게 됐다. 1989년에 사무총국을 **리옹(Lyon)으로 이전**하였다.

(2) 인터폴의 기능

① 인터폴(INTERPOL; International Criminal Police Organization)은 **수사기관이 아니고** 정보와 자료를 교환하고 범인체포와 인도에 관하여 상호 협조하는 **국제형사 공조기구**이다.

② 인터폴 내에는 자체적인 국제수사관이 없고, 국경에 구애됨 없이 자유로이 왕래하면서 범인을 추적·체포·구속 등을 행할 수 있는 권한이 없기 때문에 국제수사기관이 아니다.

(3) 인터폴 조직

구분	내용
총회	인터폴의 최고 의결기관이며 매년 1회 개최된다.
사무총국	상설행정기관으로 프랑스의 리옹(Lyon)에 위치한다. 사무총국 제2국이 연락 및 범죄정보의 배포 등 핵심적 기능을 수행한다.
국가중앙사무국	모든 회원국에 설치된 상설기구로 회원국간의 각종 공조요구에 대응한다.
기타	집행위원회, 고문 등으로 구성된다.
공용어	영어, 프랑스어, 아랍어, 스페인어

⊕ PLUS

우리나라는 경찰청 외사국 인터폴국제공조과 인터폴계에서 국가중앙사무국의 업무를 수행하고 있으며 인터폴 대한민국 국가중앙사무국장은 외사국장이다.

(4) 공조거절

인터폴은 **군사적, 정치적, 종교적 또는 인종적 성격**을 지닌 범죄에 대해서는 협조를 하지 않는다.

2. 인터폴을 통한 공조의 절차

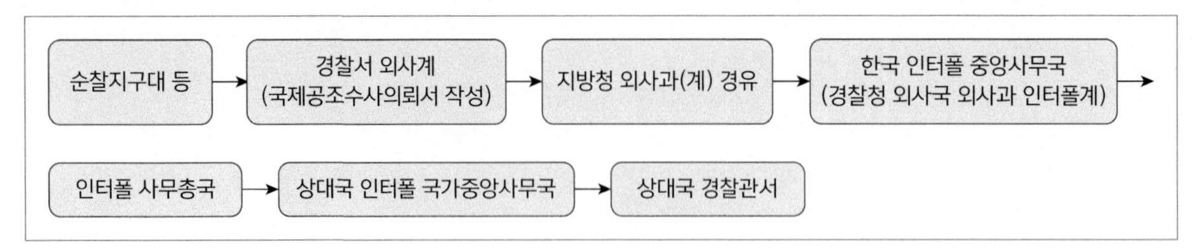

3. 국제수배서의 종류

구분	내용
적색수배서 (국제체포수배서 · Red Notice)	① 일반형법을 위반하여 체포영장이 발부된 범죄인에 대하여 범죄인 인도를 목적으로 하는 경우에 발행 ② 범죄인 인도조약이 체결된 국가의 경찰이 피수배자를 발견한 때 긴급인도구속 가능함
청색수배서 (국제정보조회 수배서 · Blue Notice)	① 일반형법 위반자로 범죄인 인도를 요청할 가능성이 있는 자의 신원과 소재파악을 위해 발행(수배자의 도피처가 명확한 경우에 한하여 발행) ② 피수배자의 소재 · 신원확인시는 사무총장 및 수배요청국에 통보하여 외교정차를 밟아 해결
녹색수배서 (상습국제범죄자 수배서 · Green Notice)	① 여러 국가에서 상습적으로 범행하였거나 범행할 우려가 있는 국제범죄자의 동향을 파악하여 사전에 그 범행을 방지할 목적으로 발행 ② 전과의 정도, 범죄의 종류, 국제범죄조직원 여부 등을 고려하여 중요한 국제적 범죄자라고 판단되는 경우에 한하여 발행 ③ 상습 국제범죄자 발견시 계속 동향을 감시하여 범죄행위를 사전에 예방조치하고, 어떤 범법행위가 있으면 사무총국 및 수배요청국에 통보하여 외교절차를 통해 해결
황색수배서 (가출인 수배서 · Yellow Notice)	가출인 소재확인 또는 기억상실자 등의 신원을 확인할 목적으로 발행
흑색수배서 (사망자 수배서 · Black Notice)	① 사망자의 신원을 확인할 수 없거나 사망자가 가명을 사용하였을 경우 정확한 신원을 파악할 목적으로 발행 ② 사체의 사진과 지문 · 치아상태 · 문신 등 신체적 특징, 의복 및 소지품의 상표 등 사망자의 신원파악에 도움이 될 수 있는 자료가 수록되어 있음
장물수배서 (Stolen Property Notice)	① 도난당하거나 또는 불법으로 취득한 것으로 보이는 물건, 문화재 등에 대해 수배하는 것 ② 상품적 가치 및 문화적 가치 등을 고려하여 발행되며 장물의 특징과 사진 등이 첨부되어 있음

자주색수배서 (범죄수법 수배서, Purple Notice)	① 사무총국에서는 국제수배서의 한 종류로 분류하고 있으나 단순한 범죄정보의 자료라 할 수 있음 ② 세계 각국에서 범인들이 범행시 사용한 새로운 범죄수법 등을 사무총국에서 집중 관리하여 각 회원국에 배포
오렌지색수배서 (보안경고서)	폭발물 · 테러범(위험인물) 등에 대하여 보안을 경고하기 위하여 발행
INTERPOL-United Nations Security Council Special Notice	UN 안전보장이사회 제재위원회(UN Security Council Sanctions Committees)의 의결대상이 된 집단이나 개인에 대하여 발행하는 수배서

⊕ PLUS 인터폴 적색수배 요청기준

장기 2년 이상 징역이나 금고에 해당하는 죄를 범하여 체포영장 · 구속영장이 발부된 자 중
1. 살인, 강도, 강간 등 강력범죄 관련 사범
2. 조직폭력, 전화금융사기 등 조직범죄 관련 사범
3. 다액(5억원 이상) 경제사범
4. 사회적 파장 및 사안의 중대성을 고려하여 수사관서에서 특별히 적색수배를 요청한 중요사범

국제형사사법 공조법

제38조【국제형사경찰기구와의 협력】 ① 행정안전부장관은 국제형사경찰기구로부터 외국의 형사사건 수사에 대하여 협력을 요청받거나 국제형사경찰기구에 협력을 요청하는 경우에는 다음 각 호의 조치를 취할 수 있다.

1. 국제범죄의 정보 및 자료 교환
2. 국제범죄의 동일증명(同一證明) 및 전과 조회
3. 국제범죄에 관한 사실 확인 및 그 조사

제5장 해양오염방제

제1절 서설

01 해양오염의 의의

해양오염방제에 관한 제도적 사항은 해양환경관리법에서 규정하고 있다. 해양환경관리법에서는 해양오염을 해양에 유입되거나 해양에서 발생되는 물질 또는 에너지로 인하여 해양환경에 해로운 결과를 미치거나 미칠 우려가 있는 상태로 정의하고 있다
또한 방제조치는 오염물질의 배출방지, 배출된 오염물질의 확산방지 및 제거, 배출된 오염물질의 수거 및 처리하는 활동으로 정의하고 있다.

02 해양오염의 종류

하수오물, 산업폐기물, 준설토, 원유탐사 및 생산, 선박유오염, 방사능폐기물, 열오염, 선박폐기물, 선저방오도료, 발라스트 수(Ballast water) 등에 의한 오염 등이 있다.

⊕ PLUS

1. 기수역
   강물이 바다로 들어가 바닷물과 서로 섞이는 곳을 말한다. 하구역이라고도 한다.
2. 영양염
   식물플랑크톤이나 해조류의 골격물질을 구성하고 그것들의 유기물질 합성에 제약요인이 되는 규산염, 인산염, 질산염, 아질산염 등을 총칭해서 영양염이라 한다.

03 해양오염에 영향을 미치는 환경요소

구분	내용
바람	① 바람은 공기의 움직임으로 해상에서 해류와 파를 발생시키는 구동력이 된다. ② 바람은 해상에 유출된 기름을 이동시키고 상하 혼합되게 하며 오염방제 장비의 선택 및 작업과정에도 중요한 영향을 미친다.
해류	① 해류는 바닷물의 일정한 흐름으로 일반적으로 해안에서 멀리 떨어져 흐르기 때문에 연안해역에서 발생한 유류오염에 큰 영향을 주지 않는다. ② 그러나 연안해역에서도 기상요인 및 밀도차 등으로 인해 해류가 발생하기 때문에 해류도 해상에 유출된 기름의 이동에 어느 정도 영향을 미친다.

조류	① 조류는 태양과 달 등에 의한 해수면 상하 운동인 조석현상에 따라 일어나는 해수의 주기적인 흐름이다. ② 조류에 의한 해수의 흐름은 유막을 이동시키며, 교대로 나타나는 고조 및 저조로 인한 조간대의 형성으로 유출유의 기계적 회수를 어렵게 한다.
파랑	① 파랑은 수면과 접하는 대기의 혼란 즉 바람에 의해 생긴 수면상의 풍랑과 풍랑이 다른 해역까지 진행하면서 감쇠하여 생긴 너울을 말한다. ② 바다 표면이 수직으로 움직이는 것으로 해양오염 발생시 방제자들의 안전을 위협하며, 방제선 등의 운항을 제한시킬 수 있고, 유출유 회수를 어렵게 한다.

04 해양오염물질의 특성

1. 유류의 종류별 특성

구분	내용
원유	① 원유는 지하의 기름층에서 채굴한 후, 가공을 거치지 않은 천연 그대로의 탄화수소혼합물로서 정제되지 않은 자연상태 그대로의 기름을 의미한다. ② 중질원유가 해상 유출시 30~40% 정도가 증발되며, 에멀션이 형성되면 부피가 4~5배 정도 증가될 수 있다. ③ 유출 후 기름의 온도가 낮아지면 점도와 비중이 증가하는 특성이 있다.
휘발성 기름	① 납사, 휘발유, 항공유, 유기용매, 등유 등이 있으며, 휘발성 기름이 해상에 유출되면 약 1시간 이내에 대부분 증발·소멸된다. ② 유증기를 형성하여 화재 및 폭발사고가 발생할 수 있다. ③ 유증기가 있는 지역 내에는 선박과 인력을 차단하여야 한다.
경유	① 주로 선박유로 사용되는 경유에는 MGO(Marine Gas Oil)과 MDO(Marine Diesel Oil)가 있다. ② 파도가 있는 맑은 해역에서는 약 12시간 이내에 확산, 소멸된다. ③ MDO는 중질유인 벙커 C유가 약 30% 정도 함유되어 있어 지속성이 있기 때문에 동절기, 저기압, 안개해역에서는 3~4일 동안 잔존해 있을 수 있다. ④ 외해에서는 지속적으로 추적, 감시하고 만약 연안으로 많은 양이 이동하게 되면 회수해야 한다.
벙커 A유	① 경질중유인 벙커 A유는 유출 후 빠르게 에멀션화하여 황갈색으로 변화되며 점도의 상승으로 부피가 3배 이상 팽창한다. ② 하절기에는 기온이 상승하여 쉽게 확산, 소멸되나, 해안암벽, 자갈, 모래 등에 부착될 경우에는 장시간 부착이 지속된다. ③ 동절기에는 기온이 낮아서 점도가 높아지기 때문에 장시간 부착이 지속된다.
벙커 B·C유	① 국내에서 선박연료유로 MF 60~460 범위를 사용하며, 보일러의 연료유는 저유황 벙커 C유, 고유황 벙커 C유 등을 사용하고 있다. ② 벙커 B·C유는 장기 지속성 기름으로 반드시 방제작업을 해야 하며, 하절기에는 고형화되지 않으나 에멀션화되어 점도가 증가한다. ③ 동절기에는 기온이 낮아져 고형화되는 경향이 있다.

2. 유류의 물리적 특성

구분	내용
밀도	① 밀도는 물질의 질량을 부피로 나눈 값이다. 기름의 밀도가 물보다 높으면 물에 가라앉으며, 낮으면 물에 뜨게 된다. ② 일반적으로 기름은 비중이 담수, 해수보다 비중이 같거나 낮다. ③ 보편적으로 비중이 낮은 기름은 휘발성이 높고, 점성은 약한 특성이 있으며 점착성이 낮아 유동적이고 에멀션화되기 쉽다.
점도	① 유체의 점성 정도를 나타내는 것으로 기름이 물 위에서 퍼지는 성질에 영향을 준다. ② 점도는 유회수의 어려움과 회수된 기름의 펌프이송에도 영향을 준다. ③ 점도가 높은 기름은 흐리기 어려우며, 반면에 점도가 낮은 기름은 유동성이 매우 높다. ④ 점도는 온도가 상승함에 따라 감소되는 특성을 가진다.
휘발도	① 유류의 대기 중으로의 확산 또는 증발의 난이도를 말한다. ② 유류의 온도를 상승시킴에 따라 끓어서 증발되는 성분의 분포를 의미한다. ③ 증류특성은 기름의 휘발도를 대변하는 물리적 성질로 끓는점과 끓는 영역과 연관되어 있고 끓는점과 끓는 영역의 온도가 낮을수록 증발현상은 빨리 발생한다.
유동점	① 석유제품을 냉각했을 때에 유동상태가 없어지는 온도를 의미한다. ② 유동점 이하의 온도에서는 반고체 상태가 되어 흐르지 않는다. ③ 유동점에서 기름은 고화 또는 겔화되기 시작하며 원유의 일반적인 유동점은 -35~+45℃ 사이에서 형성된다.
아스팔트 함량	① 유류 중에 함유된 극성화합물로써 아스팔트 성분은 기름이 물과 혼합되어 에멀션의 형성과 안정성에 영향을 준다. ② 아스팔트 성분이 적은 기름은 일반적으로 안정된 에멀션이 일어나지 않는다.

제2절 해양오염 방제장비 및 자재, 약제

01 방제장비

구분	내용
오일펜스	① 커텐형 오일펜스: 스커트가 유연한 재질로 구성되는 펜스로 고형식, 강제팽창식, 자동팽창식이 있다. ② 펜스형 오일펜스: 스커트가 고정되거나 판넬로 구성된 펜스 ③ 특수목적용 오일펜스: 해안용, 내화용, 넷트형 **⊕ PLUS 스커트** 유류가 오일펜스 밑으로 빠져나가는 것을 방지하기 위해 부력체 아래 부분에 위치한 차단막
유회수기	① 해상에 유출된 유류를 흡입 또는 흡착방식으로 수거하는 장비이다. ② 유류를 회수하는 원리는 물과 유류의 비중차, 유류의 점성 및 유동하는 특성 등을 이용해 유출된 유류를 회수한다. 유회수기는 동력부, 회수부, 이송부(펌프와 호스)로 구성되어 있으며, 회수유 저장장치, 유출유 포집장치, 원격조정장치, 자항장치, 호스 릴 등을 추가로 설치 가능하다.

02 자재 및 약재

1. 유흡착재

흡착재는 해상에서 유출된 오염물질을 흡수 또는 흡착하여 회수하는 물질로서 유출량이 적거나 좁은 지역에서 회수기의 사용이 곤란한 경우, 양식장 및 산란지 등 민감해역에서 방제작업이 제한된 경우에 주로 사용한다. 매트형, 롤형, 쿠션형, 붐형 및 로프형 등이 있다.

2. 유처리제

유처리제의 의한 분산처리방법은 해상에서 발생하는 각종 유출사고시 물리적인 수거가 불가능할 경우에 오염에 민감한 지역의 피해를 사전에 대응하기 위해 제한적으로 사용되는 유출유 방제방법이다. 유출사고로 인한 생태계의 피해를 감소시키고 예측되는 각종 위험을 최소화하려는 데 그 사용목적이 있다.

03 방제정 및 방제바지

1. 방제정

방제정이란 유회수기 및 유류이송펌프 등 방제장비와 회수한 유류를 저장할 수 있는 시설을 갖추어 유출된 기름을 회수하거나 저장할 수 있는 선박으로 해양오염방제 및 예방활동을 주로 하는 함정을 말한다. 소형방제정이란 총톤수 25t 미만의 방제정을 말한다.

2. 방제바지

방제바지는 평상시 해양경찰서 관할해역 내 정박 대기하고, 해양오염사고 발생시에는 사고 현장에 출동하여 해양오염방제작업 등 부여된 임무를 수행할 수 있다. 방제바지는 아래의 임무를 수행한다.

① 평상시 정박대기 및 방제장비 등 탑재
② 방제장비 및 방제기자재 등 운반
③ 기름 이적 작업 등 지원
④ 수거된 폐유 및 폐기물 등 운반 및 처리

04 방제활동

1. 해상방제

구분	내용
유회수기 사용	① 유출유의 기계적 회수는 해면상의 기름을 오일 붐으로 한 곳에 포집한 후 유회수기로 회수해 저장탱크로 이송하는 방법이다. ② 하지만 고비용소요, 계속적인 물자지원, 기상상태에 따른 작업 영향, 회수유의 처리방법 등 문제가 발생할 수 있다.
유흡착제 사용	① 기름을 회수할 때 유회수기 다음으로 많이 사용된다. ② 유흡착제는 흡착작용으로 기름을 표면에 붙게 하고 흡수작용으로 그 기름이 내부 속으로 침투하게 한다. ③ 유흡착제는 유회수기 사용이 곤란한 장소에서 기름을 제거하고자 할 때나 오염방제작업 과정의 마지막 단계에서 사용된다.

	④ 흡착제는 반드시 기름 위에 투하하여 사용하고 기름이 흡착된 흡착제는 반드시 다시 걷어서 폐기물로 처리해야 한다.
유처리제 사용	① 유처리제는 반드시 사전계획에 따라 사용해야 하며 일반형은 원액그대로를 분무하듯이 살포해야 한다. ② 선박, 헬기 또는 항공기에 살포붐 등 살포장치를 설치해 살포한다.
현장 소각방법	① 현장소각이란 오염해역의 수면상 유출유를 현장에서 태우는 것을 말한다. ② 유출유는 해안에서도 태울 수 있지만, 해양환경에 더 많은 문제가 야기되므로 보통 해상에서 실시한다. ③ 점화방법으로는 불꽃 점화기 점화방식, 레이저 점화방식, 공중 점화방식 등이 있다.
화학약재 사용	유회수기 등 기름회수와 현장소각에 의한 기름제거방법 외에 참강제, 유겔화제 및 유화방지제 같은 화학약제를 유막에 적용시키는 방법과 미생물을 이용해 기름을 분해시키는 생물학적 방법을 사용한다.

2. 해안방제

구분	내용
물리적 수거	① 해안에 부착된 기름을 방치할 경우 조석에 따른 2차 오염을 야기시킬 수 있는 벌크 상태의 두꺼운 유층의 기름을 물리적으로 수거하는 단계이다. ② 해안오염방제대응 1단계의 방제기술에서 사용하는 방법이다.
갯닦이	① 두꺼운 유층이 제거된 후 바위나, 암반, 암벽 등에 비교적 두꺼운 기름층을 걸레 등을 닦아내거나 기타 손 도구를 이용해 기름을 닦아내는 수작업을 말한다. ② 갯닦이는 유층이 얇아지는 어느 단계에서는 더 이상 효과가 없으므로 해안의 용도 및 특성을 고려해 고압세척, 저압세척 또는 자연정화의 방법으로 전환이 요구된다.
파도세척	① 오염된 모래나 자갈층을 해안 하부로 이동시켜 작은 둑을 쌓아 부서지는 파도의 힘을 이용하는 방법이다. ② 파도의 힘에 의해 해안상부로 이동하는 과정에서 모래, 자갈 사이의 기름을 부상시키고 입자끼리의 마찰에 의해 부착기름을 제거하는 데 효과적이다. ③ 주기적인 모니터링이 반드시 동반해야 한다.
저압세척	① 대용량의 저압수를 이용해 모래 및 자갈층의 침투유나 바위 밑에 갇힌 기름을 부상시켜 유흡착재 등을 이용해 제거하는 방법이다. ② 비교적 운반이 용이한 펌프를 이용하므로 거의 모든 해안에 적용이 가능하다. ③ 기름점도가 높은 경우 온수를 이용함으로써 세척 효율을 높일 수 있다.
모래경작	① 기름이 30cm 이내의 깊이로 침적된 모래해안을 트랙터를 이용해 갈아 이랑에서 부서지는 파도의 힘에 의해 침적유를 부상시키는 방법이다. ② 통상적으로 해안선과 평행한 방향으로 틸링하는 방법과 상황에 따라서 직각 방향의 틸링을 시도할 수 있다.
고온고압세척	① 아주 높은 수준의 방제가 요구되는 지역에서 마지막 단계에 사용되는 방법이다. ② 방제효과가 큰 반면 생태계 회복을 지연시키는 악영향을 초래할 수도 있다. ③ 생태계 보전측면보다 미관이 중요시되는 관광지나 방파제, 방조제 및 항만안벽 등 인공구조물의 방제에 적용한다.

3. 방제종료

기름유출사고는 단지 해양환경뿐만 아니라 지역 내 경제활동 및 여가활동을 포함한 해양이 사회에 제공하는 혜택을 받을 수 있는 모든 분야에 영향을 미칠 수 있기 때문에 환경적 용인을 모두 분석해 적절한 시기를 선정해야 한다.

제3절 해양환경관리법

01 서설

1. 목적(제1조)

이 법은 선박, 해양시설, 해양공간 등 해양오염물질을 발생시키는 발생원을 관리하고, 기름 및 유해액체물질 등 해양오염물질의 배출을 규제하는 등 해양오염을 예방, 개선, 대응, 복원하는 데 필요한 사항을 정함으로써 국민의 건강과 재산을 보호하는 데 이바지함을 목적으로 한다.

2. 정의(제2조)

이 법에서 사용하는 용어의 뜻은 다음과 같다.

구분	내용
해양환경	해양환경 보전 및 활용에 관한 법률 제2조 제1호에 따른 해양환경을 말한다.
해양오염	해양환경 보전 및 활용에 관한 법률 제2조제3호에 따른 해양오염을 말한다. **해양환경 보전 및 활용에 관한 법률** **제2조 【정의】** 이 법에서 사용하는 용어의 뜻은 다음과 같다. 3. '해양오염'이란 해양에 유입되거나 해양에서 발생되는 물질 또는 에너지로 인하여 해양환경에 해로운 결과를 미치거나 미칠 우려가 있는 상태를 말한다.
배출	오염물질 등을 유출(流出)·투기(投棄)하거나 오염물질 등이 누출(漏出)·용출(溶出)되는 것을 말한다. 다만, 해양오염의 감경·방지 또는 제거를 위한 학술목적의 조사·연구의 실시로 인한 유출·투기 또는 누출·용출을 제외한다.
폐기물	해양에 배출되는 경우 그 상태로는 쓸 수 없게 되는 물질로서 해양환경에 해로운 결과를 미치거나 미칠 우려가 있는 물질(제5호·제7호 및 제8호에 해당하는 물질을 제외한다)을 말한다.
기름	석유 및 석유대체연료 사업법에 따른 원유 및 석유제품(석유가스를 제외한다)과 이들을 함유하고 있는 액체상태의 유성혼합물(이하 '액상유성혼합물'이라 한다) 및 폐유를 말한다.
유해방오도료(有害防汚塗料)	생물체의 부착을 제한·방지하기 위하여 선박 또는 해양시설 등에 사용하는 도료(이하 '방오도료'라 한다) 중 유기주석 성분 등 생물체의 파괴작용을 하는 성분이 포함된 것으로서 해양수산부령이 정하는 것을 말한다.

02 해양오염방제를 위한 조치

구분	내용
국가긴급방제계획의 수립 · 시행 (제61조)	① 해양경찰청장은 해양수산부령으로 정하는 오염물질이 해양에 배출될 우려가 있거나 배출되는 경우를 대비하여 대통령령이 정하는 바에 따라 해양오염의 사전예방 또는 방제에 관한 국가긴급방제계획을 수립 · 시행하여야 한다. 이 경우 해양경찰청장은 미리 해양수산부장관의 의견을 들어야 한다. ② 국가긴급방제계획은 해양수산발전 기본법 제7조에 따른 해양수산발전위원회의 심의를 거쳐 확정한다.
방제대책본부 등의 설치 (제62조)	① 해양경찰청장은 해양오염사고로 인한 긴급방제를 총괄 지휘하며, 이를 위하여 해양경찰청장 소속으로 방제대책본부를 설치할 수 있다. ② 해양경찰청장은 제1항에 따라 설치한 방제대책본부의 조치사항 및 결과에 대하여 해양수산부령으로 정하는 바에 따라 해양수산부장관에게 보고하여야 한다. ③ 제1항에 따른 방제대책본부의 구성 · 운영 등에 필요한 사항은 대통령령으로 정한다.
오염물질이 배출되는 경우의 신고의무 (제63조)	① 대통령령이 정하는 배출기준을 초과하는 오염물질이 해양에 배출되거나 배출될 우려가 있다고 예상되는 경우 다음 각 호의 어느 하나에 해당하는 자는 지체 없이 해양경찰청장 또는 해양경찰서장에게 이를 신고하여야 한다. 1. 배출되거나 배출될 우려가 있는 오염물질이 적재된 선박의 선장 또는 해양시설의 관리자. 이 경우 해당 선박 또는 해양시설에서 오염물질의 배출원인이 되는 행위를 한 자가 신고하는 경우에는 그러하지 아니하다. 2. 오염물질의 배출원인이 되는 행위를 한 자 3. 배출된 오염물질을 발견한 자 ② 제1항의 규정에 따른 신고절차 및 신고사항 등에 관하여 필요한 사항은 해양수산부령으로 정한다.
오염물질이 배출된 경우의 방제조치 (제64조)	① 제63조 제1항 제1호 및 제2호에 해당하는 자(이하 '방제의무자'라 한다)는 배출된 오염물질에 대하여 대통령령이 정하는 바에 따라 다음 각 호에 해당하는 조치(이하 '방제조치'라 한다)를 하여야 한다. 1. 오염물질의 배출방지 2. 배출된 오염물질의 확산방지 및 제거 3. 배출된 오염물질의 수거 및 처리 ② 오염물질이 항만의 안 또는 항만의 부근 해역에 있는 선박으로부터 배출되는 경우 다음 각 호의 어느 하나에 해당하는 자는 방제의무자가 방제조치를 취하는 데 적극 협조하여야 한다. 1. 해당 항만이 배출된 오염물질을 싣는 항만인 경우에는 해당 오염물질을 보내는 자 2. 해당 항만이 배출된 오염물질을 내리는 항만인 경우에는 해당 오염물질을 받는 자 3. 오염물질의 배출이 선박의 계류 중에 발생한 경우에는 해당 계류시설의 관리자 4. 그 밖에 오염물질의 배출원인과 관련되는 행위를 한 자 ③ 해양경찰청장은 방제의무자가 자발적으로 방제조치를 행하지 아니하는 때에는 그 자에게 시한을 정하여 방제조치를 하도록 명령할 수 있다. ④ 해양경찰청장은 방제의무자가 제3항의 규정에 따른 방제조치명령에 따르지 아니하는 경우에는 직접 방제조치를 할 수 있다. 이 경우 방제조치에 소요된 비용은 대통령령이 정하는 바에 따라 방제의무자가 부담한다. ⑤ 제4항의 규정에 따라 직접 방제조치에 소요된 비용의 징수에 관하여는 행정대집행법 제5조 및 제6조의 규정을 준용한다.

	⑥ 제1항부터 제4항까지의 규정에 따라 오염물질의 방제조치에 사용되는 자재 및 약제는 제110조 제4항 · 제6항 및 제7항에 따라 형식승인 · 검정 및 인정을 받거나 제110조의2 제3항에 따른 검정을 받은 것이어야 한다. 다만, 오염물질의 방제조치에 사용되는 자재로서 긴급방제조치에 필요하고 해양환경에 영향을 미치지 아니한다고 해양경찰청장이 인정하는 경우에는 그러하지 아니한다.
오염물질이 배출될 우려가 있는 경우의 조치 등 (제65조)	① 선박의 소유자 또는 선장, 해양시설의 소유자는 선박 또는 해양시설의 좌초 · 충돌 · 침몰 · 화재 등의 사고로 인하여 선박 또는 해양시설로부터 오염물질이 배출될 우려가 있는 경우에는 해양수산부령이 정하는 바에 따라 오염물질의 배출방지를 위한 조치를 하여야 한다. ② 제64조 제3항 및 제4항의 규정은 제1항의 규정에 따른 오염물질의 배출방지를 위한 조치에 관하여 준용한다. 이 경우 '방제의무자'는 '선박의 소유자 또는 선장, 해양시설의 소유자'로 본다.
자재 및 약제의 비치 등(제66조)	① 항만관리청 및 선박 · 해양시설의 소유자는 오염물질의 방제 · 방지에 사용되는 자재 및 약제를 보관시설 또는 해당 선박 및 해양시설에 비치 · 보관하여야 한다. ② 제1항에 따라 비치 · 보관하여야 하는 자재 및 약제는 제110조 제4항 · 제6항 및 제7항에 따라 형식승인 · 검정 및 인정을 받거나, 제110조의2 제3항에 따른 검정을 받은 것이어야 한다. ③ 제1항에 따라 비치 · 보관하여야 하는 자재 및 약제의 종류 · 수량 · 비치방법과 보관시설의 기준 등에 필요한 사항은 해양수산부령으로 정한다.
방제선등의 배치 등 (제67조)	① 다음 각 호의 어느 하나에 해당하는 선박 또는 해양시설의 소유자는 기름의 해양유출사고에 대비하여 대통령령으로 정하는 기준에 따라 방제선 또는 방제장비(이하 '방제선 등'이라 한다)를 해양수산부령으로 정하는 해역 안에 배치 또는 설치하여야 한다. 1. 총톤수 500t 이상의 유조선 2. 총톤수 1만t 이상의 선박(유조선을 제외한 선박에 한한다) 3. 신고된 해양시설로서 저장용량 1만km 이상의 기름저장시설 ② 제1항의 규정에 따라 방제선등을 배치하거나 설치하여야 하는 자(이하 '배치의무자'라 한다)는 대통령령이 정하는 바에 따라 방제선 등을 공동으로 배치 · 설치하거나 이를 제96조 제1항의 규정에 따른 해양환경공단에게 위탁할 수 있다. ③ 해양경찰청장은 방제선 등을 배치 또는 설치하지 아니한 자에 대하여 선박입출항금지 또는 시설사용정지를 명령할 수 있다. ④ 해양경찰청장은 제1항의 규정에 따른 선박 또는 해양시설로부터 오염물질이 배출되거나 배출될 우려가 있는 경우에는 배치의무자로 하여금 방제조치 및 제65조의 규정에 따른 배출방지조치를 하게 하여야 한다. 이 경우 배치의무자가 제2항의 규정에 따라 방제선 등을 공동으로 배치 · 설치하거나 해양환경공단에게 위탁한 때에는 공동 배치 · 설치자 또는 해양환경공단에 대하여 공동으로 방제조치 및 배출방지조치를 하게 하여야 한다.
행정기관의 방제조치와 비용부담 (제68조)	① 해양경찰청장은 방제의무자의 방제조치만으로는 오염물질의 대규모 확산을 방지하기가 곤란하거나 긴급방제가 필요하다고 인정하는 경우에는 직접 방제조치를 하여야 한다. ② 제1항에도 불구하고 해안의 자갈 · 모래 등에 달라붙은 기름에 대하여는 다음 각 호의 구분에 따라 해당 지방자치단체의 장 또는 행정기관의 장이 방제조치를 하여야 한다. 1. 기름이 하나의 시장 · 군수 또는 구청장(자치구의 구청장을 말한다. 이하 같다) 관할 해안에만 영향을 미치는 경우: 해당 시장 · 군수 또는 구청장 2. 기름이 둘 이상의 시장 · 군수 또는 구청장 관할 해안에 영향을 미치는 경우: 해당 시 · 도지사. 이 경우 기름이 둘 이상의 시 · 도지사 관할 해안에 영향을 미치는 경우에는 각각의 관할 시 · 도지사로 한다.

	3. 군사시설과 그 밖에 대통령령으로 정하는 시설이 설치된 해안에 대한 방제조치: 해당 시설관리기관의 장 ③ 해양경찰청장은 시장 · 군수 또는 구청장과 시 · 도지사가 제2항에 따른 방제조치를 하는 경우에는 방제에 사용되는 자재 · 약제, 방제장비, 인력 및 기술 등을 지원하여야 한다. ④ 제1항 및 제2항에 따른 방제조치에 소요되는 비용은 대통령령이 정하는 바에 따라 선박 또는 해양시설의 소유자가 부담하게 할 수 있다. 다만, 천재 · 지변 등 대통령령이 정하는 사유에 해당하는 경우에는 그러하지 아니하다. ⑤ 제4항에 따라 부담하게 한 비용의 징수는 행정대집행법 제5조 및 제6조를 준용한다.
해양자율방제대 (제68조의2)	① 해양경찰청장은 지역의 자율적인 해양오염방제 기능을 강화하기 위하여 수산업협동조합법 제15조에 따른 어촌계에 소속된 어업인, 지역주민 등으로 해양자율방제대를 구성 · 운영할 수 있다. ② 해양경찰청장은 해양자율방제대 구성원의 역량강화를 위하여 교육 · 훈련을 실시할 수 있다. ③ 해양경찰청장은 예산의 범위에서 해양자율방제대와 구성원에게 그 활동에 필요한 경비를 지급할 수 있다. ④ 해양경찰청장은 해양자율방제대의 구성원이 해양오염방제 활동 등에 참여 또는 교육 · 훈련으로 인하여 질병에 걸리거나 부상을 입거나 사망한 때에는 해양수산부령으로 정하는 바에 따라 보상금을 지급하여야 한다. ⑤ 제1항에 따른 해양자율방제대의 구성원의 자격, 구성 · 운영 및 임무 등에 관하여 필요한 사항은 해양수산부령으로 정한다.
방제분담금 (제69조)	① 배치의무자는 기름 등의 유출사고에 따른 방제조치 및 배출방지조치 등 해양오염방제조치에 소요되는 방제분담금(이하 '방제분담금'이라 한다)을 납부하여야 한다. ② 방제분담금과 제69조의2 제1항에 따른 가산금은 제97조 제1항 제3호에 따른 사업을 위하여 사용되어야 한다. ③ 방제분담금은 제96조 제1항의 규정에 따른 해양환경공단에 납부하여야 하며, 제1항 및 제2항의 규정에 따른 방제분담금의 부과기준 · 부과절차 등에 관하여 필요한 사항은 대통령령으로 정한다.
방제분담금 및 가산금의 강제징수 (제69조의2)	① 제96조 제1항에 따른 해양환경공단은 방제분담금의 납부의무자가 납부기한까지 방제분담금을 내지 아니하면 그 납부기한의 다음 날부터 납부한 날까지의 기간에 대하여 대통령령으로 정하는 가산금을 징수한다. 이 경우 가산금은 체납된 방제분담금의 100분의 3을 초과하여서는 아니 된다. ② 제96조 제1항에 따른 해양환경공단은 방제분담금의 납부의무자가 납부기한까지 방제분담금을 내지 아니하면 30일 이상의 기간을 정하여 독촉하고, 그 지정된 기간 내에 방제분담금과 제1항에 따른 가산금을 내지 아니하면 해양수산부장관의 승인을 받아 국세 체납처분의 예에 따라 징수할 수 있다.

제4절 방제대책본부 운영 규칙

01 서설

1. 목적(제1조)

이 규칙은 해양환경관리법 제62조 및 같은 법 시행령 제45조의 규정에 따른 방제대책본부의 설치, 구성 및 운영에 관한 사항을 규정함을 목적으로 한다.

2. 정의(제2조)

이 규칙에서 사용하는 용어의 정의는 다음 각 호와 같다.

구분	내용
지속성 기름	유류오염손해배상 보장법 제2조 제5호를 말한다.
비지속성 기름	휘발유, 경유 등 지속성 기름 이외의 기름을 말한다.
위험 · 유해물질	해양환경관리법 시행규칙 제26조 제2항에서 정한 것을 말한다.
해안오염조사평가팀	해양오염사고로 오염된 해안의 기름 상태 및 지형특성 등을 조사 · 평가하고 적절한 방제방법 및 우선 순위 등의 결정을 위하여 해양경찰서장이 구성 · 운영하는 비상설 조직을 말한다.
기동방제지원팀	해양경찰청장 또는 지방해양경찰청장이 대규모 해양오염사고 발생에 대비하여 해양오염방제요원 중 방제경험이 풍부한 사람으로 구성 · 운영하는 비상설 조직을 말한다.

3. 적용 범위(제3조)

이 규칙은 해양오염사고에 따른 긴급방제를 수행하기 위하여 방제대책본부를 설치하였을 경우에 적용하며 다른 법령에 규정된 것을 제외하고는 이 규칙이 정하는 바에 따른다.

02 방제대책본부의 설치 및 운영

구분	내용
방제대책본부의 설치 기준 (제4조)	① 해양경찰청장은 다음 각 호의 어느 하나에 해당하는 경우에는 방제대책본부를 설치해야 한다. 1. 지속성기름이 10kℓ 이상이 유출되거나 유출될 우려가 있는 경우 2. 비지속성기름 또는 위험 · 유해물질이 100kℓ 이상이 유출되거나 유출될 우려가 있는 경우 3. 제1호 및 제2호에서 규정한 사고 이외의 경우라도 국민의 재산이나 해양환경에 현저한 피해를 미치거나 미칠 우려가 있어 해양경찰청장이 방제대책본부의 설치가 필요하다고 인정하는 경우 ② 제1항에도 불구하고 다음 각 호의 경우에는 방제대책본부를 설치하지 않을 수 있다. 1. 육지로부터 먼 해상에서 해양오염사고가 발생하여 연안유입 우려가 없는 경우 2. 단기간 내 방제조치 완료가 예상될 경우 3. 침몰한 선박 등에서 장기간에 걸쳐 소량씩 유출되어 대규모 오염피해의 우려가 없는 경우

	③ 제1항 및 제2항에 따른 방제대책본부의 설치 여부는 해양경찰청 종합상황실 운영 규칙에 따른 상황대책팀 회의를 통해 결정한다. 다만, 긴급한 경우에는 해양경찰서장이 상황대책팀 회의 개최 이전에 설치를 지시할 수 있다.
방제대책본부의 설치 방법 (제5조)	① 해양경찰청장은 오염물질의 유출 규모를 고려하여 다음 각 호의 기준에 따라 방제대책본부를 구분하여 운영할 수 있다. 다만, 유출 규모를 판단하기 곤란한 사고 초기에는 지역방제대책본부를 우선 설치하고, 이후 사고 상황을 평가하여 광역 또는 중앙방제대책본부로 전환하여 운영할 수 있다. 1. 중앙방제대책본부 가. 지속성 기름이 500kℓ 이상 유출되거나 유출될 우려가 있는 경우 나. 중앙재난안전대책본부 또는 중앙사고수습본부가 설치된 경우 2. 광역방제대책본부: 지속성 기름이 50kℓ 이상(비지속성 기름 또는 위험 · 유해물질은 300kℓ 이상) 유출되거나 유출될 우려가 있는 경우 3. 지역방제대책본부: 지속성 기름이 10kℓ 이상(비지속성 기름 또는 위험 · 유해물질은 100kℓ 이상) 유출되거나 유출될 우려가 있는 경우 ② 제1항에 따른 방제대책본부장(이하 '본부장'이라 한다)은 다음 각 호와 같다. 1. 중앙방제대책본부장: 해양경찰청장 2. 광역방제대책본부장: 지방해양경찰청장 3. 지역방제대책본부장: 해양경찰서장 ③ 제1항에 따른 방제대책본부는 사고발생 해역을 관할하는 해양경찰서에 설치하는 것을 원칙으로 한다. 다만, 사고상황에 따라 필요한 경우에는 해양경찰청, 관할 지방해양경찰청 또는 별도의 장소에 설치할 수 있다.
방제대책본부의 구성 (제6조)	① 제5조 제1항의 방제대책본부 운영기준에 따른 방제대책본부의 조직체계와 담당 업무는 별표 1과 같다. 다만, 사고의 규모 및 상황 등을 고려하여 반 또는 팀을 통합하여 운영할 수 있다. ② 방제대책본부의 구성원은 해양경찰공무원, 관계 기관의 장이 파견한 사람과 해양환경관리법 제64조 및 제65조에 따른 방제의무자(방제의무자가 지정한 해상보험 · 감정, 해양오염방제 또는 해상구난 관련 단 · 업체의 임직원 등의 대리인을 포함한다. 이하 같다) 등으로 구성한다. ③ 해양경찰서장은 매년 정기발령 후 1개월 이내에 방제대책본부 운영 요원을 선발하여 대상자에게 공지해야 한다. ④ 제3항에 따른 운영 요원을 선발한 이후에 변경사항이 있는 경우에는 후임자 또는 대행자가 그 임무를 수행한다. 이 경우 해당부서의 장은 그 사실을 해양오염방제과장에게 통지해야 한다.
직무대행 (제6조의2)	본부장이 부득이한 사유로 직무를 수행할 수 없을 때에는 부본부장 또는 대응계획부장이 그 직무를 대행한다.
운영 요원의 파견 요청 등 (제7조)	① 본부장은 소속 기관 또는 관계 기관의 장에게 방제대책본부 운영 요원을 파견할 것을 요청할 수 있다. ② 파견을 요청받은 기관의 장은 특별한 사유가 없으면 이에 따라야 하며, 이 경우 본부장에게 파견근무자 명단을 즉시 통보해야 한다. ③ 방제대책본부로 파견된 근무자는 본부장의 명령에 따라 지정된 장소에서 근무해야 한다. ④ 본부장은 파견근무자가 업무를 성실히 수행하지 않는 경우에는 해당 기관의 장에게 다른 근무자를 파견해 줄 것을 요청할 수 있다.

본부장의 임무 (제8조)	① 본부장은 다음 각 호의 임무를 수행한다. 1. 오염사고 분석·평가 및 방제 총괄 지휘 2. 인접 국가간 방제지원 및 협력 3. 오염물질 유출 및 확산의 방지 4. 방제인력·장비 등 동원범위 결정과 현장 지휘·통제 5. 방제전략의 수립과 방제방법의 결정·시행 6. 제1호부터 제5호까지에서 규정한 사항 외에 방제조치를 위해 필요한 사항 ② 본부장은 해양환경관리법 시행령 제45조 제4항 및 제5항에 따른 방제기술지원협의회 및 지역방제대책협의회를 운영할 수 있다.
방제대책회의 (제9조)	① 본부장은 오염사고의 상황분석·평가 및 합리적 방제조치를 위해 방제대책회의를 개최할 수 있다. ② 제1항에 따른 방제대책회의는 본부장 주관으로 1일 1회 이상 개최하는 것을 원칙으로 한다. 다만, 회의안건 또는 방제조치 사항이 없는 경우에는 생략할 수 있다. ③ 삭제 ④ 제1항에 따른 방제대책회의를 개최하는 경우에는 과학적 방제와 원활한 방제협력·지원을 위하여 다음 각 호의 사람을 참여하게 할 수 있다. 1. 방제기술지원협의회 위원 2. 지역방제대책협의회 위원 3. 방제의무자 4. 제1호부터 제3호까지에서 규정한 사람 외에 본부장이 필요하다고 인정하는 사람 ⑤ 제4항 제1호, 제2호 및 제4호에 해당하는 사람이 방제대책회의에 참여한 경우에는 예산의 범위에서 수당, 여비 등을 지급할 수 있다. ⑥ 본부장은 방제대책회의를 개최한 경우에는 발언자, 발언내용 및 결정사항 등 회의내용을 별지 서식에 따라 기록·보존해야 한다.
보고체계 (제10조)	① 광역 또는 지역방제대책본부장은 제4조에 따라 방제대책본부를 설치한 경우에 방제대책본부의 조치사항 및 결과 등을 해양경찰청장에게 보고해야 한다. ② 제1항에 따른 보고는 별표 2의 보고양식에 따라 1일 2회 이상 실시해야 한다.
운영 요원의 근무 (제11조)	① 제6조에도 불구하고 다음 각 호의 경우에는 방제대책본부 운영 요원을 추가로 선발할 수 있다. 1. 방제대책본부 운영 기간이 2주일 이상 지속되는 경우 2. 기존 구성 요원만으로는 지정된 기한 안에 임무 수행이 불가능하다고 본부장이 인정한 경우 ② 본부장은 사고상황의 변화에 따라 방제대책본부 운영 요원의 일부만 근무하게 하거나 교대근무조 편성 등의 방법으로 근무시간을 탄력적으로 운영할 수 있다. ③ 본부장은 방제대책본부의 운영에 지장이 없는 범위에서 야간 또는 휴일에 근무한 운영요원과 기동방제지원요원에 대하여 그 근무 종료시각이 속하는 날의 전부 또는 일부를 휴무하게 할 수 있다.
운영 요원의 복장 (제12조)	① 본부장은 방제대책본부에 근무하는 사람에게 지정된 복장을 착용하게 할 수 있다. ② 제1항에 따른 복장의 형상과 색상은 구조본부 구성 및 운영 등에 관한 훈령 제16조를 준용한다.

방제대책본부의 해체 등 (제13조)	① 해양오염방제 진행정도를 감안하여 방제대책본부를 광역방제대책본부 또는 지역방제대책본부로 전환하거나 해체할 수 있다. ② 제1항에 따른 방제대책본부의 해체 또는 전환은 방제대책회의를 거쳐 결정한다. ③ 본부장은 제2항에 따라 방제대책본부를 해체하기로 결정한 경우, 다음 각 호의 사항을 포함한 방제대책본부의 조치사항 및 결과를 해양수산부장관에게 보고해야 한다. 1. 해양오염사고 발생 개요 2. 방제대책본부의 구성 및 운영에 관한 사항(설치시기 · 장소 및 방제대책회의 결과 등 포함) 3. 해양오염 현황 4. 방제조치 현황 및 조치결과 5. 그 밖의 필요한 사항 ④ 방제대책본부를 해체하는 경우에는 방제대책본부에서 수행한 모든 서류 및 자료를 사고발생해역을 관할하는 해양경찰서장에게 인계해야 한다. ⑤ 방제대책본부의 해체 후 해양경찰청 또는 지방해양경찰청에서 수행하던 업무는 사고발생해역을 관할하는 해양경찰서로 인계해야 한다.
사후평가 (제13조의2)	본부장은 방제대책본부 해체 전후에 방제조치에 대한 평가 · 분석을 위하여 평가회의를 개최할 수 있다.

03 보칙

1. 기동방제지원팀의 지원 요청 등(제14조)

① 본부장은 신속한 사고수습을 위하여 해양경찰청장 또는 지방해양경찰청장에게 기동방제지원팀 지원을 요청할 수 있다.

② 기동방제지원팀 지원을 요청받은 각 기관의 장은 정당한 사유가 없으면 이에 적극 협조해야 한다.

③ 방제대책본부에 동원된 중앙해양특수구조단 및 기동방제지원팀은 본부장의 지휘감독을 받아 방제업무를 수행한다.

2. 방제현장지휘소 등의 설치 · 운영(제15조)

① 본부장은 긴급방제조치를 위하여 필요한 경우 방제현장지휘소 및 방제보급소 등을 지정 운영할 수 있다.

② 해양경찰서장은 해양오염사고 발생시 신속한 초동대응을 위하여 방제현장지휘소 및 방제보급소 설치 가능 장소를 사전에 파악해야 한다.

3. 홍보(제16조)

① 본부장은 방제대책본부를 설치하는 경우 대변인을 지정해야 한다.

② 본부장은 대변인으로 하여금 사고수습 상황 및 방제조치 등에 관한 정보를 주기적으로 보도기관에 제공하도록 해야 한다.

③ 해양수산부에 해당 해양오염사고처리를 위해 중앙사고수습본부가 설치되는 경우에는 본부장은 중앙사고수습본부장과 협의하여 대변인을 통합 · 운영할 수 있다.

해커스경찰
이상훈 해양경찰학개론 기본서

초판 1쇄 발행 2021년 9월 10일

지은이	이상훈
펴낸곳	해커스패스
펴낸이	해커스경찰 출판팀
주소	서울특별시 강남구 강남대로 428 해커스경찰
고객센터	1588-4055
교재 관련 문의	gosi@hackerspass.com 해커스경찰 사이트(police.Hackers.com) 교재 Q&A 게시판 카카오톡 플러스 친구 [해커스경찰]
학원 강의 및 동영상강의	police.Hackers.com
ISBN	979-11-6662-668-5 (13350)
Serial Number	01-01-01